Psicologia Forense

Matthew T. Huss é professor de psicologia na Creighton University (Nebraska, EUA). Atuou como consultor para diversos importantes periódicos.

H972p   Huss, Matthew T.
         Psicologia forense : pesquisa, prática clínica e aplicações / Matthew T. Huss ; tradução: Sandra Maria Mallmann da Rosa ; revisão técnica: José Geraldo Vernet Taborda. – Porto Alegre : Artmed, 2011.
         432 p. ; 25 cm.

         ISBN 978-85-363-2430-2

         1. Psicologia. 2. Psicologia forense. I. Título.

CDU 159.9:343

Catalogação na publicação: Ana Paula M. Magnus – CRB 10/2052

MATTHEW T. HUSS

Psicologia Forense

**PESQUISA,
PRÁTICA CLÍNICA
E APLICAÇÕES**

Tradução:
Sandra Maria Mallmann da Rosa

Consultoria, supervisão e revisão técnica desta edição:
José Geraldo Vernet Taborda, MD, PhD
Psiquiatra Forense. Professor Adjunto, Departamento de Clínica Médica,
Universidade Federal de Ciências da Saúde de Porto Alegre.
Presidente, Section of Forensic Psychiatry, World Psychiatric Association.
Membro Fundador e Ex-Coordenador, Departamento de Ética e Psiquiatria Legal,
Associação Brasileira de Psiquiatria.

artmed

2011

Obra originalmente publicada sob o título *Forensic Psychology: Research, Clinical Practice, and Applications*
ISBN 9781405151382

©2009. Authorised translation from the English language edition published by Blackwell Publishing Limited. Responsibility for the accuracy of the translation rests solely wtih Artmed Editora S.A. and is not the responsibility of Blackwell Publishing Limited. No part of this book may be reproduced in any form without the written permission of the original copyright holder, Blackwell Publishing Limited. All Rights Reserved.

Capa: *Paola Manica*

Preparação de original: *Lara Frichenbruder Kengeriski*

Leitura final: *Ingrid Frank de Ramos*

Editora sênior - Ciências Humanas: *Mônica Ballejo Canto*

Editora responsável por esta obra: *Amanda Munari*

Projeto e editoração: *Techbooks*

Reservados todos os direitos de publicação, em língua portuguesa, à
ARTMED® EDITORA S.A.
Av. Jerônimo de Ornelas, 670 - Santana
90040-340 Porto Alegre RS
Fone (51) 3027-7000 Fax (51) 3027-7070

É proibida a duplicação ou reprodução deste volume, no todo ou em parte, sob quaisquer formas ou por quaisquer meios (eletrônico, mecânico, gravação, fotocópia, distribuição na Web e outros), sem permissão expressa da Editora.

SÃO PAULO
Av. Embaixador Macedo Soares, 10.735 - Pavilhão 5 - Cond. Espace Center
Vila Anastácio 05095-035 São Paulo SP
Fone (11) 3665-1100 Fax (11) 3667-1333

SAC 0800 703-3444

IMPRESSO NO BRASIL
PRINTED IN BRAZIL

Agradecimentos

Inúmeras pessoas contribuíram para este livro. No entanto, aqueles que mais contribuíram foram as centenas de estudantes que sofreram por anos durante as minhas aulas de psicologia forense sem que houvesse nenhum livro que fosse adequado. As suas perguntas e comentários contribuíram imensamente para a organização deste livro, e as suas queixas quanto à compilação dos artigos ou os livros fracos foram a força impulsionadora por trás da produção do mesmo. Especificamente, gostaria de agradecer à Nicole Thurston por todo o seu trabalho árduo como minha assistente de pesquisa nesse projeto e à Sarah Norris por ajudar com os *slides*.

Gostaria de agradecer aos colegas anônimos que revisaram este livro e deram ótimos *feedbacks* críticos que, com certeza, melhoraram a qualidade do texto. Gostaria de mencionar especificamente John Edens por fornecer um *feedback* detalhado ao primeiro rascunho do texto e a Eric Elbogen por seus comentários mais informais e por servir de um modo geral como caixa de ressonância para algumas das minhas ideias, frequentemente sem que eu me desse conta. Outros colegas estavam mais afastados da produção deste livro, mas são igualmente importantes. Jenny Langhinrichsen-Rohling e Alan Tomkins forneceram de forma consistente *feedbacks* sobre a minha produção e eu acredito que toda a sua frustração comigo está refletida neste livro. Eu também gostaria de agradecer a Steve Davis, que me carregou em seus ombros durante algum tempo e ajudou a estabelecer o contato entre mim e a Blackwell, que iniciou esse projeto. Eu gostaria de agradecer às pessoas da Blackwell. À editora executiva, Christine Cardone, e à editora do projeto original, Sarah Coleman, que demonstraram grande paciência e compreensão nas orientações a um novo autor durante todo o processo.

Por fim, gostaria de fazer um agradecimento mais pessoal à minha família. Sem meus pais, Darrell e Cheryl, eu provavelmente seria uma das pessoas sobre as quais falo neste livro em vez da pessoa que as avalia e trata. E o mais importante, gostaria de dizer um enorme obrigado à minha esposa, Joanie, por editar alguns dos rascunhos mais áridos deste texto, me dando um *feedback* útil, não ficando muito zangada quando eu ignorava o seu *feedback*, por me aguentar quando se aproximavam os prazos e por ser em geral apoiadora enquanto criamos nossas filhas, Lexi e Samantha. Eu não teria conseguido fazer isso sem qualquer um de vocês.

Prefácio

A psicologia forense está se tornando cada vez mais popular, tanto em nível de especialização quanto de graduação. No entanto, o próprio termo *psicologia forense* é interpretado de maneiras diferentes pelos estudiosos e pelo público em geral. Alguns especialistas na área o utilizam para descrever o amplo campo da psicologia e do direito que inclui a prática clínica da psicologia, a psicologia penitenciária, psicologia policial e áreas não clínicas da psicologia e do direito (p. ex., comportamento do júri, identificação de testemunhas oculares). Existem diversos livros disponíveis que focalizam o campo mais amplo. Contudo, faltam livros de qualidade que focalizem unicamente a prática da psicologia forense, que é principalmente exemplificada na avaliação e tratamento de indivíduos que interagem com o sistema legal, para estudantes de graduação e até para recém-formados. Este livro foi concebido para focar a definição mais restrita ou tradicional da psicologia forense – a prática da psicologia clínica forense. Por conseguinte, este livro possui vários objetivos específicos voltados à apresentação desse tema aos estudantes.

1. É enfatizada a necessidade de os psicólogos clínicos atuarem dentro do seu *âmbito da prática* como psicólogos forenses. O âmbito de sua atuação é definido pela adesão à literatura empírica, atuação dentro da própria experiência e evitar a atuação como um ator legal (p. ex., advogado, juiz e júri) e, em vez disso, atuar como psicólogo dentro do contexto legal. Ao longo deste livro, são mencionadas questões relativas ao âmbito da atuação e, por vezes, explicadas em maior profundidade. Além disso, são discutidas as ramificações éticas e legais da atuação realizada fora do âmbito da atuação do profissional.

2. Desse modo, o livro enfoca a prática clínica apoiada empiricamente e coloca pouca ênfase nos aspectos da psicologia forense que atualmente têm pouco apoio empírico ou são puramente sensacionalistas. Não está dentro do escopo deste livro identificar a melhor prática clínica, mas será dada ênfase ao uso da pesquisa e à necessidade de que os psicólogos forenses sejam conhecedores atuantes. Parte dessa ênfase será avaliar criticamente aspectos da prática clínica que precisam de maior apoio empírico.

3. O texto também coloca os estudantes diante da jurisprudência e do direito codificado necessários à prática da psicologia forense. Os estudantes de-

vem reconhecer que os psicólogos forenses precisam estar familiarizados com as leis de uma determinada jurisdição para que possam ser úteis aos tribunais. A discussão significativa da jurisprudência e do direito codificado também possibilita que os estudantes entendam o papel da lei na formação dos contornos da psicologia forense e na vida das pessoas que sofrem impacto da psicologia forense.

4. Este livro encoraja o conhecimento da lei como uma entidade viva e que respira na prática da psicologia forense e também na sua capacidade de ser terapêutica ou antiterapêutica para as pessoas que são afetadas por ela. O termo jurisprudência terapêutica é utilizado em um sentido amplo nesta obra, como um modo de alertar os alunos para a importância da lei, e pretende sugerir que a lei pode ter efeitos positivos ou negativos, dependendo da sua determinação original e do modo como é aplicada.

5. O livro busca incorporar exemplos do mundo real que prendam a atenção dos estudantes. Estudos de caso e exemplos da vida real são recorrentes, por meio de quadros com textos especiais e da sua integração ao próprio livro. Esse objetivo é especificamente importante em um livro que enfoca a prática da psicologia clínica no sentido de dar ao estudante uma visão introdutória da prática real da psicologia forense.

6. Esta obra pretende ser útil tanto para estudantes quanto para instrutores. O estilo da sua redação tem a intenção de ser especializado, mas acessível aos estudantes. Este livro focaliza não só a aplicação da psicologia forense como também a ajuda aos estudantes para que obtenham uma compreensão adequada do treinamento/educação necessários e do emprego das oportunidades disponíveis. Para o instrutor, existem alguns capítulos iniciais para tornar o resto do texto flexível, de modo que ele possa escolher os capítulos de acordo com o seu interesse/conhecimentos ou complementar o texto como desejar.

O livro está organizado em cinco partes diferentes. A primeira parte do texto abrange os Fundamentos da Psicologia Forense e é composta por três capítulos. O Capítulo 1 serve como o principal capítulo introdutório, "O que é psicologia forense?", e começa a introduzir as ideias que os estudantes vão encontrar ao longo do livro. O Capítulo 1 se concentra em definir o que a psicologia forense é e o que ela não é. Os aspectos mais sensacionalistas da psicologia forense são mencionados juntamente com descrições frequentemente imprecisas na mídia. O campo mais amplo da psicologia e do direito será referido, mas deixamos claro que o foco principal deste livro será a prática clínica da psicologia forense. O capítulo conclui discutindo o treinamento e educação necessários para se tornar um psicólogo forense. O Capítulo 2, "Avaliação, tratamento e consultoria em psicologia forense", serve como mais um capítulo introdutório e descreve a avaliação clínica e tratamento de uma forma ampla e dentro de um contexto forense. Especificamente, ele discute os desafios peculiares que os psicólogos forenses com frequência enfrentam clínica, legal e eticamente. É apresentado o termo *âmbito da prática* e explica-se como ele será integrado ao longo de todo o texto. O capítulo final dessa parte, "Testemunho pericial e o papel de um perito", oferece uma introdução sobre a importância do direito na prática da psicologia forense. Os leitores são incentivados a pensar sobre os efeitos de longo alcance da lei não somente em termos de prática da psicologia forense, mas também sobre as pessoas que estão diretamente envolvidas no sistema legal. A ideia de *jurisprudência terapêutica* é introduzida e será usada durante todo o livro como um tema. Todo esse material está organizado em torno do papel de ampliação e do impacto potencial dos peritos forenses e o testemunho dos peritos.

A segunda parte do livro está organizada sob a categoria de "Violência e Psicologia Forense". O Capítulo 4 é dedicado inteiramente a uma discussão da psicopatia. É dada atenção especial à distinção entre psicopatia e transtorno da personalidade antissocial. Esse capítulo revisa a literatura geral que enfoca a psicopatia e, especificamente, a sua relevância para a violência. O Capítulo 5, "Avaliação do risco de violência", revisa a história da avaliação clínica e do risco atuarial, juntamente com as limitações de ambos. Uma discussão específica sobre diversas abordagens atuariais ou estruturadas para avaliação de risco serão feitas dentro do contexto da realização da avaliação de risco e manejo do risco em contextos e situações clínicas. O capítulo final dessa parte, "Agressores sexuais", examina a agressão sexual contra adultos e crianças, uma vez que vem recebendo atenção crescente por parte por da mídia e da literatura específica. Esse capítulo discute o tratamento, avaliação e avaliação de risco dos agressores sexuais. Também é dada atenção especial às diferentes leis que afetam os agressores sexuais, tais como a notificação à comunidade, leis de registro e leis para o predador sexualmente violento (SVP).

A terceira parte, "Leis de Saúde Mental e Psicologia Forense", começa pelo Capítulo 7, "Inimputabilidade e responsabilidade criminal". Esse capítulo é o primeiro de três que são focar o papel geral da aptidão mental e a ideia de que a lei muda com frequência quanto a como define doença mental dependendo da questão legal. Os padrões variáveis de inimputabilidade são discutidos juntamente com outras mudanças relevantes para as questões legais relacionadas. As medidas clínicas relevantes e os vários mitos que rondam a inimputabilidade são examinados em profundidade. Várias outras defesas legais envolvendo responsabilidade criminal também são discutidas brevemente. O Capítulo 8, "Capacidade civil e criminal", enfoca questões em torno da capacidade civil e criminal e a distinção entre capacidade criminal e inimputabilidade. Ele examina os diferentes pontos ao longo do processo de julgamento em que a capacidade pode ser avaliada e os casos legais relevantes e medidas usadas na prática clínica, com boa parte do foco na capacidade para se submeter a julgamento. O Capítulo 9, "Restrição civil", define a internação civil, descreve sua base histórica e discute a evolução mais recente em procedimentos de internação civil. Especificamente, internação sem hospitalização, diretivas psiquiátricas prévias e coerção são examinadas com alguma profundidade. Os alunos são expostos à inter-relação entre internação civil, insanidade e capacidade.

Na quarta parte do livro, "Crianças e a Família na Psicologia Forense", cada um dos três capítulos aborda alguns aspectos da família. O Capítulo 10, "Violência doméstica e perseguição (*stalking*)", começa definindo violência doméstica e discute a importância do exame crítico da literatura referente às taxas de prevalência. Esse capítulo focaliza a etiologia, avaliação, avaliação de risco e tratamento dos perpetradores de violência doméstica. O Capítulo 11, "Delinquência juvenil e justiça juvenil", enfoca o papel de mudança das cortes juvenis como reação à percepção pública do crime juvenil e as realidades da violência juvenil. São examinadas as diferenças entre os infratores juvenis e os infratores adultos, sendo dada uma atenção específica aos mitos e realidades em torno dos tiroteios em escolas. O Capítulo 12, "Guarda dos filhos", expõe os estudantes à literatura legal e psicológica que envolve determinações sobre a guarda dos filhos. É dada atenção especial às diferenças entre avaliações para guarda dos filhos e avaliações psicológicas junto com temas de objetivo da prática que estão envolvidos nessa área difícil da prática. Além disso, é discutido o abuso infantil de um modo geral e em termos da sua relevância para as situações de guarda dos filhos.

A parte final do livro consiste de um capítulo, mas abrange diversos aspectos do direito civil relevantes para a prática forense. O Capítulo 13, "Danos pessoais e discriminação no direito civil", enfoca diversas áreas da psicologia forense que são menos sensacionalistas e muito pouco estudadas. No entanto, a área pode representar o campo maior da prática forense. O Capítulo 13 descreve áreas como danos pessoais, avaliações médicas psicológicas independentes, reivindicações de indenização de trabalhadores e assédio sexual e discriminação no emprego. Essas áreas da psicologia forense são frequentemente ignoradas nas pesquisas, mas oferecem uma oportunidade única para a prática da psicologia forense.

Sumário

PARTE I Fundamentos da psicologia forense 19

1 O que é psicologia forense? Uma introdução.............................. 21

O que é psicologia forense?............... 21
    Isto é psicologia forense?.............. 21
    A origem da psicologia forense...................................... 23
    Nossa definição de psicologia forense...................................... 23
    História da psicologia forense...... 24
Principais áreas da psicologia forense...................................... 26
    Estrutura do sistema legal.............. 29
    Carreiras na psicologia forense...................................... 31
As relações entre direito e psicologia...................................... 32
    O conflito entre o direito e a psicologia...................................... 33
Educação e treinamento em psicologia forense................................ 34
    Como me torno um psicólogo forense?...................................... 34

2 Avaliação, tratamento e consultoria em psicologia forense.. 41

Avaliação forense............................... 41
    Tarefas importantes na avaliação forense...................................... 42
    Conceitos básicos em avaliação: confiabilidade e validade............... 43
    Distinguindo avaliação terapêutica de avaliação forense...................................... 44
    Métodos e procedimentos: entrevista.. 45
    Métodos e procedimentos: testagem psicológica...................... 48
    Informações de arquivo................. 52
    Utilização de relatórios escritos em avaliações forenses e diretrizes... 53
Tratamento em contextos forenses...................................... 55
    Quem estamos tratando? 57
    Tipos de tratamento........................ 58
    Sucesso de programas para criminosos... 59

Programas de sucesso com criminosos 60
Consultoria forense 61

3 Testemunho pericial e o papel de um perito 65

História do testemunho pericial 66
Admissibilidade do testemunho pericial 68
    Padrão *Frye* 68
    Daubert vs. Merrell Dow 69
    O restante da trilogia de *Daubert* 71
Questionamentos ao testemunho pericial 72
    Exame cruzado 72
    Perito opositor 73
    Instruções judiciais 73
Fatores que influenciam a credibilidade da testemunha especialista 74
Críticas ao testemunho pericial 74
    Assumindo o controle da sala do tribunal 75
    Testemunho de opinião final 75
    Corrupção da ciência 76
Ética do perito 79
    Competência 80
    Consentimento esclarecido e confidencialidade 81
    Combinações financeiras 82

Relações múltiplas 83
Evidência de síndrome: área controversa de testemunho pericial 83
    Perfil e evidência de síndrome 84

PARTE II Violência e psicologia forense 89

4 Psicopatia 91

A natureza da psicopatia 91
    Uma operacionalização popular da psicopatia: o inventário da psicopatia 93
Relação entre comportamento criminal e violência com psicopatia 97
    Violência em geral e comportamento criminal 97
    Violência sexual 100
    Violência em pacientes psiquiátricos civis 101
    Violência entre perpetradores de violência doméstica 102
O que mais sabemos sobre a psicopatia? 102
    Aspectos interpessoais/afetivos da psicopatia 102
    Déficits cognitivos e de aprendizagem associados à psicopatia 104
    Base biológica para a psicopatia 105

Tratamento da psicopatia	106
Grupos especiais e psicopatia	108
Mulheres	108
Questões étnicas e transculturais	110
Crianças e adolescentes	111
Questões éticas e legais envolvendo a psicopatia	112
Sentença capital e o uso da psicopatia	113

5 Avaliação do risco de violência.... 117

Natureza da violência e avaliação do risco de violência	117
Definição de violência	117
Violência como uma escolha	118
Realidades legais das avaliações do risco de violência	120
A evolução da avaliação de risco	122
Começo da história da avaliação de risco	123
Avaliações de risco clínicas, atuariais e estruturadas	125
Avaliações clínicas da violência ...	125
Medidas atuariais da violência	126
Julgamentos profissionais estruturados	129
Fatores de risco e de proteção	132
Fatores de risco estáticos	132
Fatores de risco dinâmicos	133
Fatores de proteção	134
Exatidão da avaliação de risco	135

Dificuldades na avaliação de risco	136
Quando somos bons na avaliação de risco?	137
Comunicando o risco	138

6 Agressores sexuais 141

O que é um agressor sexual?	141
Avaliação dos agressores sexuais	144
Avaliação falométrica: pletismógrafo peniano (PPG)	144
Avaliação psicológica	146
Avaliação de risco e reincidência	148
Instrumentos para avaliação de risco em agressores sexuais	150
Tratamento e manejo dos agressores sexuais	153
Os programas de tratamento para o agressor sexual têm sucesso?	154
Componentes dos programas com potencial de sucesso	156
Grupos especiais de agressores sexuais	157
Agressores sexuais juvenis	157
Mulheres agressoras sexuais	159
Agressores sexuais pertencentes ao clero	160
Legislação para o agressor sexual.....	161
Leis de registro e notificação	162
Leis de residência	163
Leis para predadores sexualmente violentos	164

Parte III Leis de saúde mental e psicologia forense...169

7 Inimputabilidade e responsabilidade criminal 171

Justificativa para defesa por inimputabilidade 171
Padrões de inimputabilidade 173
    Padrão da besta selvagem 173
    M'Naghten 174
    A regra do produto e *Durham* 176
    A regra do Instituto Americano de Direito (ALI) e *Brawner* 177
    Lei de reforma da defesa por inimputabilidade (1984) 178
    Culpado porém mentalmente doente 179
    Desafios à defesa por inimputabilidade 180
Estudos que avaliam os padrões de inimputabilidade em júris simulados 182
Mitos sobre inimputabilidade 183
    Avaliações de inimputabilidade 187
    Procedimentos comuns para avaliações de inimputabilidade 188
    Confiabilidade e validade das avaliações de inimputabilidade 188
Instrumentos de avaliação forense 190
    Simulação e inimputabilidade 191
Outros aspectos da responsabilidade criminal 192

8 Capacidade civil e criminal 197

Levantando a questão da capacidade em procedimentos criminais 198
Capacidade para submeter-se a julgamento (CST) 199
    Prevalência da CST 200
    Procedimentos em CST 201
    Avaliações de capacidade 202
    Medidas de capacidade 203
Outras variáveis relacionadas à capacidade 208
    Âmbito da prática nas avaliações de capacidade 209
Recuperação da capacidade 209
    Programas de recuperação da capacidade 211
Outras capacidades criminais 214
    Capacidade para ser executado 214
    Capacidade para renunciar aos direitos de Miranda 215
    Capacidade para recusar defesa por inimputabilidade 215
Capacidades civis 216
    Capacidade para tratamento 217
    Capacidade para executar um testamento 217
    Capacidade relacionada à curatela 218

9 Restrição civil 221
    O que é restrição civil? 222
    Critérios para restrição civil 225
        Doença mental 225
        Periculosidade 227
        Necessidade de tratamento 228
    Processo de restrição civil 229
        Restrição civil ambulatorial 230
        Exame empírico da restrição civil ambulatorial e outras mudanças nas leis de restrição 232
    Coerção das restrições civis 233
        O impacto da coerção na restrição civil 234
        Fontes e frequência da coerção 235
    Direito de tomar a decisão de tratamento e de recusar tratamento 236
        Capacidade para tomar decisões de tratamento 237
        Diretivas prévias para saúde mental 238
    Prática da restrição civil 239
        Avaliação e tratamento de pacientes psiquiátricos 239
        Avaliação do perigo para si mesmo 240
        Avaliação do perigo para os outros 240

PARTE IV Crianças e a família na psicologia forense 245

10 Violência doméstica e perseguição (*stalking*) 247
    Definindo e identificando a prevalência da violência doméstica 247
        Fatores que influenciam os números da prevalência 248
    Avaliação da violência doméstica entre parceiros íntimos 250
        Avaliação das consequências da violência doméstica 250
        Consequências psicológicas da violência doméstica 251
    Fatores de risco e avaliação de risco em violência doméstica 253
        Fatores de risco para violência doméstica 253
        Avaliando o risco e reincidência 258
    Tratamento da violência doméstica 261
        Tratamento educacional e psicológico 261
        Intervenções baseadas na comunidade 264
        Intervenções da justiça criminal 264
    Diferenças de gênero na perpetração de violência doméstica 266
    Perseguição (*stalking*) 267

11 Delinquência juvenil e justiça juvenil 273

História da corte juvenil 275
Processo nas cortes juvenis 277
Delinquência juvenil e delitos juvenis... 279
 Fatores de risco para delinquência juvenil 281
Violência juvenil 283
 Fatores de risco para violência não sexual... 283
 Fatores de risco para violência sexual 284
Papel do psicólogo forense nas cortes juvenis 286
 Avaliação da receptividade ao tratamento 286
 Oferta de tratamento...................... 287
 Avaliações para transferência....... 288
 Avaliações de capacidade.............. 289
 Avaliações de inimputabilidade.... 290
 Avaliação de risco 291
Questões especiais em relação aos jovens: violência na escola 292
 Violência e tiroteios em escolas 292

12 Guarda dos filhos 297

História legal e pressupostos sobre guarda dos filhos 298
 Padrões legais e preferências na guarda dos filhos............................. 299
 Outras preferências legais.............. 300
Leis de guarda de filhos e diretrizes profissionais... 301

Diretrizes profissionais para avaliações de guarda dos filhos..... 302
Prática forense nas avaliações de guarda dos filhos 304
 Formato e métodos utilizados em avaliações de guarda dos filhos 304
 Levantamentos da prática clínica e testagem psicológica 306
 Dificuldades nas avaliações de guarda dos filhos............................. 309
Efeitos da guarda e do divórcio nos filhos 311
 Efeitos do divórcio nos filhos 312
 Impacto dos acordos de guarda... 313
 Resultados positivos pós-divórcio................................... 314
Abuso infantil 315

Parte V Aspectos civis da psicologia forense 319

13 Danos pessoais e discriminação no direito civil 321

Base legal para casos de danos pessoais: atos ilícitos e o direito civil 322
Prática forense geral em casos de danos pessoais....................................... 324
 Simulação em casos de danos pessoais 325
Danos típicos envolvidos em queixas de danos pessoais 327
 Transtorno de estresse pós-traumático (TEPT) 328

Danos por traumatismo cranioencefálico (TCE) 331
Dor crônica 333
Avaliação clínica psicológica independente 336
Indenização ao trabalhador 337
Assédio sexual e discriminação no emprego 339

Glossário 343

Referências 351

Índice Onomástico 407

Índice Remissivo 411

PARTE I

Fundamentos da psicologia forense

Capítulo 1 O que é psicologia forense? Uma introdução

Capítulo 2 Avaliação, tratamento e consultoria em psicologia forense

Capítulo 3 Testemunho pericial e o papel de um perito

O que é psicologia forense?
Uma introdução

O que é psicologia forense?

Você abriu este livro buscando aprender alguma coisa sobre **psicologia forense**, uma das áreas que mais cresce em toda a psicologia. Mas você sabe realmente o que é psicologia forense? Ela é como aqueles programas da televisão, *CSI – Investigação criminal*? A psicologia forense envolve prender os *serial killers*? Deve ser como no cinema! *O Silêncio dos inocentes*? *Beijos que matam*? É esse o tipo de coisa que os psicólogos forenses fazem, não é? Sem dúvida, essas imagens retratam de forma limitada alguns dos aspectos da psicologia forense que atraem o público. Embora esses exemplos possam dar uma impressão pouco precisa da psicologia forense, eles proporcionam algum entendimento desse campo. Em última análise, essas imagens deixam as pessoas interessadas no assunto e nos estimulam a pensar sobre as coisas terríveis de que os seres humanos são capazes.

Raramente digo às pessoas quando as conheço que sou um psicólogo forense. Geralmente eu lhes digo que trabalho na universidade local. Meu orgulhoso pai acha que essa minha resposta soa como se eu lavasse o chão em vez de trabalhar como professor universitário. Entretanto, as imagens que vêm à mente da pessoa mediana quando você declara que é um psicólogo forense são muitas vezes difíceis de serem corrigidas. Nesse capítulo, vou inicialmente ocupar algum tempo esclarecendo a natureza e os limites da psicologia forense, oferecendo também uma definição específica da psicologia forense que usaremos durante o restante do livro. E não se preocupe: algumas dessas imagens que vêm à mente a partir do cinema e da televisão são verdadeiras. A Figura 1.1 mostra o Dr. Theodore Blau, ex-presidente da APA.

Isto é psicologia forense?

Muitas pessoas equiparam a psicologia forense à ciência forense ou à aplicação da lei. Elas acham que os psicólogos forenses chegam até a cena do crime, examinam a área e, por fim, identificam várias pistas que vão ajudar a capturar o criminoso. Continuamente você vê essas situações retratadas em programas de televisão, na mídia em notícias e no cinema. Na verdade, pesquisas sugerem que essas imagens na mídia podem conduzir a inúmeras percepções incorretas sobre a psicologia forense em geral (Pa-

Figura 1.1 O Dr. Theodore Blau, ex-presidente da APA, começou a trabalhar com psicologia forense testemunhando como perito psicológico e com frequência apresentava palestras na Academia do FBI, em Quantico, VA. Arquivos de Psicologia – Universidade de Akron © Skip Gandy, Gandy Photography, Inc., Tampa, FL.

try, Stinson e Smith, 2008). Entretanto, os psicólogos não são convocados rotineiramente para coletar amostras de DNA, analisar uma amostra de sujeira deixada para obter a localização geográfica de onde ela se originou ou até para traçar os assim chamados perfis psicológicos. Os psicólogos forenses não são biólogos ou químicos e raramente são investigadores na cena do crime ou oficiais no cumprimento da lei. Parece estranho, mas eles são simplesmente psicólogos. Eles estudam o comportamento humano e procuram aplicar esses princípios para auxiliar o sistema legal.

Quando uma velha amiga minha volta à nossa cidade, geralmente vou até a casa dos pais dela para comer um churrasco. Certa vez, seu pai me perguntou, sabendo que eu era psicólogo forense: "Como é que você faz terapia com pessoas mortas, meu Deus?". Bem, embora pelo menos ele estivesse pensando em psicólogos forenses em termos das tarefas que eles tipicamente desempenham (ou seja, tratamento da doença mental), ele não acertou quando pensou no meu trabalho como psicólogo forense. Eu não sou médium para falar com os mortos, mas seria realmente muito fácil predizer a probabilidade de violência futura em alguém que já está morto. Muitos estudantes me procuram interessados em usar sua especialização em psicologia ou justiça criminal e o conhecimento do comportamento humano que adquiriram para "pegar os caras maus". Eu geralmente explico a esses estudantes que raramente os psicólogos forenses são chamados para prender suspeitos; na verdade, um estudo recente apurou que apenas 10% dos psicólogos e psiquiatras forenses já realizaram um **perfil criminal** e apenas cerca de 17% acreditam que essa seja uma prática cientificamente confiável (Torres, Boccaccini e Miller, 2006). A maioria dos estudantes que estão interessados em pegar criminosos está direcionando o seu olhar para a aplicação da lei e não para a psicologia forense. Contudo, se você ainda está interessado na psicologia forense como uma carreira possível, deve saber que pode até passar um tempo considerável bancando o detetive, mas vai precisar muito mais do que isso depois.

A origem da psicologia forense

Parte da interpretação errônea do público em relação à psicologia forense provém da falta de conhecimento sobre a própria origem da palavra "forense". Embora algumas pessoas pensam na ciência forense e na aplicação da lei quando se trata de psicologia forense, outras podem pensar em palestras e debates nas escolas. Colocar o foco na solução de discussões ou sendo adversários verbais em uma competição de debates realmente nos aproxima um pouco mais do verdadeiro significado de psicologia forense. A palavra forense é originada da palavra latina *forensis* que significa *do fórum* e era usada para descrever um local na Roma Antiga. O Fórum era o local onde os cidadãos resolviam disputas, algo parecido com o nosso tribunal dos dias modernos (Blackburn, 1996; Pollock e Webster, 1993). A partir desse contexto, evoluiu o significado da psicologia forense. O papel do psicólogo forense é na verdade muito simples e direto: os psicólogos forenses auxiliam o sistema legal.

Nossa definição de psicologia forense

Não somente existe confusão entre o público em geral sobre a psicologia forense, como também ainda existe um debate entre os psicólogos a respeito da natureza da psicologia forense (Brigham, 1999). Esse debate ocorre não só nos Estados Unidos, onde as reformas nas leis de saúde mental e a crescente pressão das cortes pelo testemunho clínico levaram a um crescimento nesse campo, mas também no Canadá, Europa e outras partes do mundo (Blackburn, 1996; Ogloff, 2004). Falando de um modo mais abrangente, a psicologia forense se refere à aplicação da psicologia ao sistema legal. Contudo, muitos se referem a esse campo mais amplo como *psicologia e a lei* ou *estudos psicolegais*, enquanto especificam que a psicologia forense está focada na aplicação da **psicologia clínica** ao sistema legal (p. ex., Huss, 2001a). Essa definição mais estrita da psicologia forense, que enfoca apenas a psicologia clínica, exclui tópicos como identificação de testemunhas oculares (psicologia cognitiva), polígrafos (psicologia fisiológica), comportamento do júri (psicologia social) e testemunho de crianças no tribunal (psicologia do desenvolvimento). Os outros aspectos não clínicos têm um impacto poderoso sobre o sistema legal e são extremamente importantes no estudo psicológico da lei, mas eles estão além do objetivo deste livro. Os estudantes devem procurar em outras fontes se tiverem interesse nesses aspectos da relação entre a psicologia e a lei (p. ex., Brewer e Williams, 2005; Roesch, Hart e Ogloff, 1999; Schuller e Ogloff, 2001; Weiner e Hess, 2006).

Neste livro, vamos nos concentrar em uma definição mais estrita de psicologia forense, que se concentra unicamente na prática da psicologia clínica. Nossa definição de psicologia forense vai focar a interseção entre a psicologia clínica e o direito. A prática clínica da psicologia focaliza, em geral, a avaliação e tratamento dos indivíduos dentro de um contexto legal e inclui conceitos como psicopatia, inimputabilidade, avaliação de risco, danos pessoais e responsabilidade civil (Huss, 2001b). Além disso, evitaremos em geral os tópicos que são mais característicos da psicologia policial (perfil criminal, adequação para avaliações de responsabilidade, negociação de reféns) ou da psicologia penitenciária, que tem seu foco em questões pertinentes a instituições correcionais (prisões e cadeias), mas não servem diretamente como ajuda aos tribunais.

Ao utilizarmos essa definição de psicologia forense, também devemos diferenciar a prática da psicologia forense da psiquiatria forense. Os psicólogos clínicos e de aconselhamento são geralmente confundidos com os psiquiatras. Embora tanto os psicólogos quanto os psiquiatras sejam treinados para auxiliar os indivíduos com doença mental e dificuldades emocionais em geral, existem diferenças significativas (Grisso, 1993). Psiquiatras são doutores em medicina e obtêm graus MDs ou DOs. Os psicólogos tipicamente obtêm PhDs ou PsyDs. Por consequência, os psiquiatras são licenciados para prescrever medicação e enfatizar esse aspecto nos cuidados ao paciente. Tradicionalmente, os psicólogos não dirigem seu foco para a administração de medicação, especificamente medicação psicotrópica, e, em vez disso, focalizam a avaliação e o tratamento dos que são mentalmente doentes (ver Capítulo 2). Os psicólogos também têm geralmente um treinamento mais amplo na condução de pesquisas (Grisso, 1993) e, assim sendo, estão mais aptos a examinar muitas das ideias que vamos discutir neste livro. Haverá alguns aspectos em que nos deteremos e que são relevantes tanto para a psicologia forense quando para a psiquiatria forense. No entanto, discutiremos tais aspectos partir da perspectiva do psicólogo forense.

História da psicologia forense

A psicologia forense tem uma história profunda e extensa que se desenvolveu muito antes da cultura popular começar a focar nela. Veja a Tabela 1.1 para uma breve lista dos eventos importantes no desenvolvimento da psicologia forense. Hugo Munsterberg é geralmente identificado como um dos primeiros psicólogos a aplicar os princípios psicológicos ao direito em seu livro *On the Witness Stand* [No banco das testemunhas] (1908). O psicólogo alemão William Stern também direcionou o foco para a aplicação dos princípios psicológicos ao sistema legal por meio do estudo da identificação de testemunhas oculares no início dos anos de 1900. Contudo, a prática clínica da psicologia em sua relação com o sistema legal começou mais ou menos na mesma época. A prática clínica da psicologia forense se originou com Lightner Witmer

Tabela 1.1 Eventos importantes no desenvolvimento da psicologia forense

1908	Publicação de *On the witness stand*, de Hugo Munsterberg
1908	Lihtner Witmer ministra cursos sobre a psicologia do crime
1909	Fundação do Instituto Psicopático Juvenil de Chicago
1921	Psicólogo tem a permissão de testemunhar como perito em *Estado* vs. *Motorista*
1962	Psicólogos puderam testemunhar em casos de insanidade em *Jenkins* vs. *Estados Unidos*
1969	Criação da Sociedade Americana de Psicologia Jurídica
década de 1970	Fundação de periódicos especializados que publicam artigos exclusivos de psicologia forense

e William Healy. Witmer começou como professor dos cursos de psicologia do crime no início dos anos de 1900, e Healy fundou o Instituto Psicopático Juvenil de Chicago, em 1909, para tratar e avaliar delinquentes juvenis (Blackburn, 1996; Brigham, 1999), servindo, assim, como os primeiros exemplos significativos de psicólogos clínicos forenses.

Quando a psicologia, especificamente a prática da psicologia forense clínica, começou a se desenvolver na América do Norte, durante o século XX, os psicólogos foram chamados para aplicar seus conhecimentos rudimentares ao sistema legal como testemunhas peritas (ver Capítulo 3). Por exemplo, foi permitido que um psicólogo testemunhasse como testemunha perita nos Estados Unidos em *Estado* vs. *Motorista* (1921) sobre delinquência juvenil (conforme citado em Johnstone, Schopp e Shigaki, 2000). Embora a corte tenha rejeitado o testemunho posteriormente (Johnstone et al., 2000), ainda assim esse acontecimento foi um passo importante no desenvolvimento da psicologia forense. Decisões da corte como *Estado* vs. *Motorista* tenderam a legitimar a profissão, criaram um mercado para os psicólogos forenses e indicaram que o sistema legal recorria à psicologia como outro instrumento para chegar a resultados justos e legais.

Entretanto, foi uma decisão da Corte de Apelação no Distrito de Columbia, *Jenkins* vs. *Estados Unidos* (1962), que marcou um momento decisivo ainda mais significativo para todo o campo da psicologia forense. Em *Jenkins*, a corte determinou que fosse reconhecido o testemunho psicológico para determinar a responsabilidade criminal (isto é, inimputabilidade). Agora os psicólogos forenses testemunham rotineiramente em casos de inimputabilidade após avaliarem os réus. Essas avaliações são necessárias para determinar se os acusados exibiam aptidão mental suficiente no momento dos seus crimes para serem responsabilizados por eles. Antes da decisão de *Jenkins*, o testemunho psicológico sobre inimputabilidade tinha sido excluído de um modo geral em favor do testemunho de médicos e psiquiatras (Van Dorsten, 2002). *Jenkins* foi um dos primeiros exemplos em que a lei e o sistema legal influenciaram tanto a pesquisa quanto a prática da psicologia forense. Especificamente, pode-se dizer que a decisão em *Jenkins* levou a uma explosão da psicologia forense nos Estados Unidos durante as décadas de 1960 e 1970, porque os tribunais admitiram uma variedade de testemunhos não médicos (Loh, 1981). Embora o sistema legal canadense possivelmente tenha sido menos predisposto a permitir que psicólogos testemunhassem no tribunal, tem havido mudanças em anos recentes para aumentar o seu envolvimento (Schuller e Ogloff, 2001). Agora que os psicólogos estão sendo cada vez mais utilizados pelo sistema legal, vários outros sinais apontam para o crescimento do campo. A maior e possivelmente mais proeminente organização profissional em psicologia forense, a Sociedade Americana de Psicologia Jurídica, foi fundada em 1969 e já atinge mais de 3.000 membros (Grisso, 1991; Otto e Heilbrun, 2002). Além disso, vários periódicos de psicologia relacionados ao tema forense, como *Law and Human Behavior* e *Behavioral Sciences and the Law* começaram a ser publicados na década de 1970 (Melton, Huss e Tomkins, 1999). Todos esses avanços sugerem uma profissão vibrante e em crescimento.

Principais áreas da psicologia forense

No entanto, a natureza da psicologia forense provavelmente ainda não está clara para você. Uma maneira de obter uma ideia melhor é examinarmos as principais áreas da psicologia forense e as próprias leis em si. Tipicamente, a psicologia forense pode ser dividida em aspectos criminais e aspectos civis (ver Tabela 1.2 para exemplos de psicologia forense em ambos). Essa divisão dos papéis e tarefas da psicologia forense está baseada na separação legal entre o direito civil e criminal. O **direito criminal** tem seu foco nos atos contra a sociedade, e é o governo que assume a responsabilidade de se encarregar dos assuntos criminais por meio de oficiais da lei e promotores. O foco do direito criminal é punir os infratores para manter um senso de justiça na sociedade e prevenir o crime. O assassinato que ocorreu na noite passada ou o assalto na rua são considerados violações das leis criminais porque nós, como sociedade, não consideramos esse comportamento adequado e consideramos as violações das leis criminais como um delito contra qualquer um de nós. O estado, ou o governo, age em nome da sociedade como autor de um processo e apresenta uma acusação contra um réu quando considera que um indivíduo violou a lei criminal.

Existem inúmeras questões legais específicas do direito criminal que frequentemente desempenham um papel

Tabela 1.2 Exemplo de áreas da prática forense no direito civil e criminal

Direito criminal	Direito civil
Avaliação de risco no momento da sentença	Guarda dos filhos
Inimputabilidade e responsabilidade criminal	Responsabilidade civil
Capacidade para se submeter a julgamento	Danos pessoais
Tratamento de agressores sexuais	Indenização a trabalhadores
Transferência do jovem para tribunal adulto	Capacidade para tomar decisões médicas

importante na prática da psicologia forense. Por exemplo, **mens rea** é um princípio de responsabilidade criminal que está relacionado ao estado mental de um indivíduo. *Mens rea*, ou mente culpada, significa que um indivíduo cometeu um ato ilegal intencionalmente ou propositalmente. Esse princípio sugere culpabilidade. Embora os psicólogos não sejam chamados para dar opinião em todos os casos criminais quanto à questão de o réu ser ou não uma mente culpada, eles são chamados em situações específicas. Essas situações geralmente têm seu foco no tema da inimputabilidade. Em casos de inimputabilidade, é responsabilidade do psicólogo forense auxiliar a corte a identificar se o acusado sofria de uma doença mental e se esta o impedia de formar *mens rea* e, portanto, de cometer o crime intencionalmente. Outros exemplos relevantes no direito criminal incluem quando um jovem ou uma pessoa com retardo mental está enfrentando a pena de morte. Casos recentes na Corte Suprema decidiram que criminosos com menos de 18 anos (*Roper* vs. *Simmons*, 2005; Quadro 1.1) e acusados que sofrem de retardo mental (*Atkins* vs. *Virginia*, 2002) não têm capacidade suficiente para formar *mens rea* e ser legalmente responsáveis por um crime capital. Dessa maneira, não podem ser executados.

Em contraste, toda a violação da **lei civil** é considerada ofensa contra um indivíduo. O direito civil se refere aos direitos e reparações privados, não necessariamente o bem público. Se eu me envolver em um acidente de carro porque estou dirigindo em alta velocidade e atropelo outra pessoa, posso ser considerado civilmente responsável porque prejudiquei aquela pessoa de alguma maneira. Os **atos ilícitos** se enquadram no direito civil e consistem de um ato injusto que causa prejuízo a um indivíduo. Além disso, fica a critério da pessoa que foi prejudicada tomar ou não alguma atitude, não da sociedade. Os atos ilícitos consistem de quatro elementos legais diferentes ou exigências legais para que tenha ocorrido uma violação do direito civil. Para que um ato ilícito tenha acontecido: (1) o indivíduo deve ter responsabilidade; (2) essa responsabilidade deve ter sido violada; (3) a violação daquela responsabilidade deve ser a causa próxima de um dano sofrido e (4) deve ocorrer um dano e ele tem que envolver um direito legalmente protegido (Douglas, Huss, Murdoch, Washington e Koch, 1999).

Para que um ato ilícito tenha ocorrido no acidente de carro que exemplifiquei anteriormente, eu já deveria ter uma responsabilidade. É reconhecido em geral que operadores de veículos automotores têm o dever ou responsabilidade de não colidir com outros motoristas ou de obedecer mais apropriadamente os regulamentos de tráfego. Por exemplo, eu tenho a responsabilidade ou o dever de dobrar à esquerda somente quando estiver acesa a luz verde do semáforo ou desde que não haja tráfego na outra direção. Se eu colidisse com outro motorista por ter dobrado enquanto o semáforo estava vermelho, iria contra aquela responsabilidade. Uma quebra do dever pode ser intencional ou resultado de negligência. A negligência ocorre quando um indivíduo está abaixo de um nível comum ou razoável de cuidado. Então, mesmo que não pretendesse dobrar quando o sinal estava vermelho, isso pode ter sido negligente da minha

> **Quadro 1.1** Uma decisão da suprema corte em *Roper* vs. *Simmons* (2005)
>
> O tema da *mens rea* fez parte da decisão histórica em *Roper* vs. *Simmons* (2005). Em 1993, Christopher Simmons planejou e executou o assassinato de Shirley Crook, 7 meses antes de ele completar 18 anos. Além do mais, o crime não foi repentino e impulsivo. Simmons explicou seu plano em grandes detalhes a dois dos seus amigos a quem tentou envolver no plano. Ele lhes disse que ia arrombar uma casa, roubá-la, amarrar uma vítima e atirá-la de uma ponte. Ele inclusive se gabou de que eles se dariam bem com isso porque eram menores de idade. Em 9 de setembro de 1993, Simmons e seus amigos se encontraram para executar o plano. No entanto, um deles decidiu não participar. Dessa forma, Simmons e o seu único cúmplice, Charles Benjamin, foram até a casa de Shirley Crook. Eles arrombaram a casa, amarraram a Sra. Crook com uma fita adesiva, colocaram-na dentro da sua própria camionete e dirigiram até um parque estadual próximo, onde a atiraram de uma ponte e ela se afogou. Christopher Simmons foi preso em seguida, logo após ter se vangloriado para os amigos sobre ter matado a Sra. Crook, foi condenado por assassinato e sentenciado à morte.
>
> Na apelação, seus advogados argumentaram que a imposição da pena de morte a um menor de idade era cruel e uma punição incomum porque ele não possuía a capacidade mental ou *mens rea* para entender o crime e a sentença. A Associação Americana de Psicologia apresentou uma síntese **amicus curiae** perante a corte de que o corpo de pesquisas científicas indicava claramente que os menores (indivíduos com menos de 18 anos) não tinham a capacidade de assumir responsabilidade total pelos seus atos. A Suprema Corte dos Estados Unidos concordou e declarou oficialmente que a pena de morte representava uma punição cruel e incomum para menores devido a sua capacidade mental insuficiente para entender plenamente as suas ações.

parte porque uma pessoa razoável não teria dobrado naquele momento. Para que seja atingido o terceiro elemento de um ato civil ilícito intencional, a violação do dever deve ser a causa próxima do dano provocado pelo acusado. Causa próxima é normalmente considerado como algo que se segue naturalmente ou ocorre em uma sequência ininterrupta dos acontecimentos. Se um meteoro gigante cair do céu no exato momento em que eu estiver dobrando à esquerda no sinal vermelho, espatifar-se no carro do queixoso e depois eu colidir com ele, a minha violação das regras de trânsito não será a causa próxima do seu carro danificado. O meteoro gigante que cai do céu é a causa próxima do prejuízo, muito embora eu possa ter cumprido os dois primeiros elementos do ato ilícito. Para que ocorra um prejuízo, o outro motorista deve sofrer danos em seu carro, ser ferido física ou psicologicamente ou sofrer algum outro tipo de dano. Nesse exemplo, se eu tivesse me enquadrado nos três primeiros elementos de um ato ilícito, mas apenas tivesse batido no para-choque do outro motorista e não houvesse danos ao carro ou à sua pessoa, não teria ocorrido um ato ilícito porque ele não sofreu nenhum prejuízo. O direito civil geralmente reconhece que deve haver danos porque um dos propósitos da lei civil é compensar a vítima pelo dano sofrido e ainda restaurá-la ao seu estado anterior, seja física, psicológica ou financeiramente (Douglas et al., 1999).

No direito civil, uma das partes, o querelante, deve impetrar uma ação contra alguém que violou seus direitos, o acusado. No exemplo acima, presuma que a minha companhia de seguros e eu nos recusássemos a compensar a pessoa pelos danos causados. O querelante, a pessoa que atingi com meu carro, deve entrar com um processo contra mim e argumentar que causei o acidente de carro que resultou nos seus prejuízos. Nesse caso, um psicólogo forense deve avaliar o querelante para ver se sofreu algum dano psicológico. Por exemplo, o querelante pode sofrer de **transtorno de estresse pós-traumático (TEPT)** e ter medo de dirigir ou sentir uma ansiedade significativa quando dirige. Ele poderia reivindicar ser indenizado pelo seu trauma emocional e pelo custo de alguma assistência psicológica que procurasse.

Boa parte deste livro vai enfocar os aspectos criminais da psicologia, e os estudantes expressam maior interesse pelos aspectos criminais da psicologia forense. Contudo, os aspectos civis da psicologia, forense são amplamente estudados, especialmente porque o direito civil constitui uma porção maior da prática forense. Assim, alguns capítulos focalizarão quase que exclusivamente as questões civis (Capítulos 12 e 13) e a discussão dos aspectos civis de diferentes tópicos, como a capacidade (Capítulo 8).

Estrutura do sistema legal

Uma noção sobre a estrutura do sistema legal pode ser útil a esta altura. Nos Estados Unidos, existem dois tipos de sistemas de julgamento, as cortes estaduais e as cortes federais (ver Figura 1.2). Em alguns aspectos, esses dois sistemas diferentes são organizados de modo paralelo. As cortes estaduais tipicamente têm algum tipo de nível de entrada ou tribunal de primeira instância, as **varas distritais**, que permitem um processo de apelação e têm um tribunal que funciona como a corte mais superior naquele estado, normalmente a Suprema Corte. O sistema federal dos Estados Unidos está organizado de modo similar. Existem os tribunais de primeira instância em nível de entrada, as **cortes distritais**. Também existe uma variedade de diferentes tipos de **cortes de apelação**. Além disso, a Suprema Corte dos Estados Unidos é a mais alta corte de apelações nos Estados Unidos.

Frequentemente existe certa confusão sobre esses dois tipos de sistemas legais e as suas **jurisdições** máximas. Em geral, uma violação do código criminal e civil estadual ou local será levada à corte estadual. Uma violação da lei federal levará à corte federal. Entretanto, nem sempre fica claro qual jurisdição deve

Figura 1.2 O sistema judiciário nos Estados Unidos.

assumir um determinado caso. A batalha legal entre a antiga pôster da *Playboy* e atriz Anna Nicole Smith e os filhos do seu falecido marido em relação à herança dele é um exemplo sobre o qual se discute para qual jurisdição o caso deve ser encaminhado (ver Quadro 1.2). Nesse caso, uma das discussões era se o caso deveria ser julgado na Califórnia ou no Texas. Essa questão é importante porque cada estado tem leis diferentes que legislam sobre testamentos e podem ser mais ou menos favoráveis a uma das partes envolvidas no processo. Também existem muitos exemplos específicos em que as cortes federais têm jurisdição, como quando uma questão constitucional é central para um caso ou existe uma disputa entre dois estados. No entanto, as decisões da Suprema Corte dos Estados Unidos nem sempre estão vinculadas a todas as cortes estaduais. Por exemplo, em um caso que discutiremos no Capítulo 3, que focava a admissibilidade do testemunho de um especialista, *Daubert* vs. *Merrell Dow* (1993), os estados não tiveram que seguir a decisão da Suprema Corte porque envolvia uma inter-

---

Quadro 1.2 O caso Anna Nicole Smith

Anna Nicole Smith é relevante para a nossa discussão da psicologia forense devido ao seu caso nos tribunais, que envolveu duas cortes estaduais diferentes e o sistema da Justiça Federal. Antes da sua morte, em 2007, Anna Nicole Smith era modelo, atriz e celebridade que ganhou fama inicialmente como coelhinha da *Playboy*, mas depois apareceu em comerciais nacionais, teve seu próprio programa de televisão e fez vários filmes. Diz-se que o bilionário J. Howard Marshall prometeu se casar com a Srta. Smith em inúmeras ocasiões depois que ele a conheceu em um clube de *strip-tease*, antes que ela ganhasse fama. Depois do seu divórcio, ela se casou com Marshall, de 89 anos, quando tinha 26 anos. Muitos suspeitavam que aquele era um casamento de conveniência devido à disparidade de idades e à saúde de Marshall.

As questões legais começaram 13 meses depois do casamento, quando Marshall morreu. A Srta. Smith requeria metade dos bens do falecido marido, muito embora tivesse ficado fora do seu testamento. Essa ação levou a uma disputa com um dos filhos do seu marido, E. Pierce Marshall, que continuou por uma década em várias cortes estaduais e cortes federais. Em 2000, lhe foi concedido meio bilhão de dólares por um tribunal da Califórnia, mas foram negados todos os proventos dos bens de J. Howard Marshall por um tribunal do Texas, e ordenado que ela pagasse um milhão como honorários legais a E. Pierce Marshall.

Como agora havia um conflito entre duas cortes estaduais diferentes, a batalha foi transferida para a Justiça Federal. Em 2002, uma corte federal reduziu o que ela receberia para 88 milhões, mas posteriormente isso foi completamente revertido pela 9ª Corte de Apelações, quando esta decidiu que a Srta. Smith não era herdeira legítima e que não deveria receber nenhum bem. Entretanto, nessas disputas entre estados, a Suprema Corte dos Estados Unidos dá a palavra final. Em 2006, a Suprema Corte decidiu por unanimidade a favor da Srta. Smith, concluindo que ela tinha direito a requerer uma parte dos bens do seu marido e que a decisão não lhe concedera uma parte dos bens. Embora as duas partes no caso já tenham falecido, E. Pierce Marshall em 2006 e Anna Nicole Smith em 2007, seus herdeiros continuam a batalha legal e o caso permanece sem solução.

pretação federal da lei, não uma questão constitucional. Entretanto, as cortes estaduais geralmente acatam a Suprema Corte dos Estados Unidos quando ela apresenta uma decisão, mesmo que não esteja vinculada a elas. O sistema de corte que pode assumir um determinado caso pode ainda ser ditado pelos oficiais da força policial ou promotores. Em alguns casos é deles o critério se um réu em particular será acusado por um crime estadual ou federal, embora ele tenha cometido apenas um ato. A opção posterior do promotor vai ditar o sistema de corte que atenderá o caso.

Um último ponto deve ser comentado. A maioria das pessoas acredita que os legisladores nos EUA elaboram leis ao proporem projetos e então as fazem passar com algum tipo de voto da maioria. No entanto, as leis podem se originar tanto dos legisladores quanto dos tribunais. Quando um governo estadual ou federal põe em vigor uma lei legislativamente, ela é chamada de **lei codificada**. A **jurisprudência** é uma lei derivada de interpretação judicial da lei codificada existente ou de situações em que não existe uma lei formal. Tanto a lei codificada quanto a jurisprudência possuem peso igual. Às vezes, a jurisprudência é chamada de **common law**, mas a *common law* está baseada não somente em decisões judiciais anteriores como também nos costumes e na tradição. A tradição da *common law* das leis feitas pelos juízes difere do processo em muitos outros países. O termo *common law* sugere uma origem na Inglaterra e países que anteriormente eram colônias do império britânico. Irlanda, Austrália, Canadá (exceto Quebec) e Estados Unidos são citados como países de *common law* porque muitos dos seus sistemas legais refletem a noção de que os juízes têm autoridade para criar a lei.

Carreiras na psicologia forense

Quando o sistema legal começou a reconhecer o benefício da psicologia, as oportunidades de carreira também se ampliaram (Roberson, 2005). Como vamos discutir no Capítulo 2, os psicólogos forenses tipicamente se envolvem em três atividades principais: avaliação, tratamento e consultoria. Por exemplo, um psicólogo forense pode avaliar um acusado para estabelecer a imputabilidade (Capítulo 7) ou tentar determinar o melhor interesse de uma criança em uma situação de custódia (Capítulo 12). Um psicólogo forense pode tentar restaurar a capacidade de um acusado para que ele possa se submeter a julgamento (Capítulo 8). Um psicólogo forense pode avaliar psicopatia em um indivíduo (Capítulo 4) que poderia ser libertado da prisão como parte de uma avaliação de risco para determinar o seu potencial para violência futura (Capítulo 5). O psicólogo forense pode, então, ter que testemunhar em uma audiência ou julgamento a respeito dos seus achados. Contudo, a maioria das questões legais é resolvida sem que o psicólogo forense testemunhe como perito (Capítulo 3). Com a emergência da psicologia forense, surgiu um leque ainda mais amplo de opções de carreira. Os psicólogos forenses trabalham em uma variedade de contextos, tais como cadeias e prisões, hospitais estaduais, agências de polícia, agências do governo estadual e federal e até mesmo nas faculdades e universidades. Em qualquer um desses cenários um psicólogo forense pode trabalhar como administrador, terapeuta, pesquisador ou **avaliador de políticas**. Uma boa fonte de informação sobre as carreiras em psicologia forense e o campo mais amplo da psicologia e direito está disponível no APLS (Bottoms et al., 2004).

As relações entre direito e psicologia

Lembre-se, eu disse que a psicologia forense era a interseção da psicologia clínica e o direito. Tem havido muitas tentativas de explicar as relações entre a psicologia e o direito. Essas tentativas vão desde a descrição tripartite de Haney (1980) – psicologia em direito, psicologia e direito e psicologia da lei – até a teoria de Monahan e Walker (1988), que aponta que a ciência social recai sobre a autoridade social, o fato social e a estrutura social. Não vou me deter na abordagem dessas teorias, mas é importante saber que, nos dois exemplos, esses especialistas defenderam a aplicação da pesquisa em ciências sociais para auxiliar o sistema legal. Uma conceitualização teórica mais recente da relação entre a psicologia e o direito que vamos utilizar neste livro é algo chamado **jurisprudência terapêutica**. A jurisprudência terapêutica (JT) foi definida como "o uso das ciências sociais para estudar até que ponto uma regra ou prática legal promove o bem-estar psicológico e físico das pessoas que ela afeta" (Slobogin, 1996, p. 767). A jurisprudência terapêutica inclui não só o impacto da lei codificada ou da jurisprudência, mas também o processo legal menos formal que pode focar as ações dos juízes ou advogados. Como a JT se espalhou, ela também tem sido aplicada de modo mais geral para sugerir algum outro modo pelo qual a lei possa ser terapêutica (útil de alguma maneira) ou antiterapêutica (detrimental de alguma maneira). Além disso, a aplicação da JT não infere que uma ação particular deva ter algo a ver com psicoterapia ou mesmo a psicologia clínica em geral. Isso significa que a lei pode ter um impacto fora da rotina da culpa ou inocência de um acusado ou a negligência de um acusado em uma causa civil. A JT sugere que a lei importa além das leis de uma sala de audiências e pode ter um impacto profundo na prática da psicologia forense e em nossas vidas que vai muito além do que nós rotineiramente imaginamos.

Há uma variedade de maneiras pelas quais o sistema legal pode ter um impacto benéfico ou detrimental nas pessoas que ele afeta. Por exemplo, se um juiz nunca obriga a tratamento os perpetradores de violência doméstica que se apresentam diante dele, isso pode ter um impacto negativo na probabilidade de que aquele acusado perpetre o crime no futuro. Se uma corte de apelação decidir que existe sigilo paciente-cliente para os psicólogos, os clientes podem se dispor mais a compartilhar informações com o seu terapeuta. As leis de responsabilidade civil de um estado particular podem ser escritas de modo que os sem-teto tenham maior probabilidade de ser civilmente responsabilizados porque eles são um perigo para si mesmos sob condições severas de incapacidade de provisão. Todos esses são exemplos em que podemos examinar a lei a partir da perspectiva da JT e, o que se espera, melhorar a administração e aplicação da lei. Neste livro, a JT será importante porque vai enfatizar como a lei pode ter consequências reais sobre algum aspecto da psicologia forense, intencionalmente ou sem intenção. A lei pode ser uma entidade viva que respira, e essa constatação é importante para o nosso estudo da psicologia forense. Os psicólogos forenses devem estar conscientes das consequências da lei e do sistema legal quando dão assistência aos tribunais. A JT será usada como modo de destacar o impacto da lei na prática da psicologia forense. A JT não é certamente a única maneira de tornar isso claro e, para ser honesto, não existe nada de tão profundo em relação à JT. A ideia da jurisprudência terapêutica simplesmente destaca algumas formas importantes pelas quais a lei pode ter ramificações positivas e negativas na prática da psicologia forense e formas pelas quais a psicologia forense pode dar assistência ao sistema legal.

O conflito entre o direito e a psicologia

Algumas pessoas poderiam argumentar que a interseção entre a psicologia e o direito é na verdade uma colisão. A psicologia e o direito são duas disciplinas muito diferentes que abordam a solução dos problemas de maneiras também muito diferentes. Haney (1980) e Ogloff e Finkelman (1999) identificaram vários conflitos entre a psicologia e o direito.

Em geral, o direito tende a ser dogmático, e a psicologia tende a ser baseada empiricamente. Essa dicotomia sugere que o direito está baseado nos precedentes. O princípio de **stare decisis**, manter a decisão, está no cerne da lei. A lei se baseia muito em decisões legais anteriores e é resistente a mudar aquelas decisões anteriores. O sistema legal está organizado hierarquicamente, com regras e procedimentos específicos. A psicologia, por outro lado, tem seu foco na reunião de inúmeras informações, com conclusões que podem ser alteradas ao longo do tempo, pois a pesquisa examina uma determinada questão segundo diferentes perspectivas. A psicologia aceita que é provável haver mudanças durante a nossa busca da verdade.

Esses dois sistemas também diferem na maneira como chegam à verdade quando a compreendem. O direito usa o sistema adversarial, pelo menos em países da Comunidade Britânica, como Estados Unidos, Canadá, Reino Unido e Austrália, nos quais se espera que os dois lados opostos esforcem-se ao máximo para chegar à vitória. Espera-se que a verdade seja revelada como resultado do esforço desses dois lados em darem o melhor de si. Essa abordagem frequentemente entra em conflito com a psicologia, que, ao contrário, usa a experimentação, por meio da pesquisa objetiva. Embora haja vezes em que é introduzida a parcialidade no processo empírico, a intenção é revelar uma verdade objetiva. O direito e a psicologia também diferem pois, enquanto a psicologia é descritiva, o direito é prescritivo. A psicologia descreve o comportamento humano, e o direito dita ou prescreve como os humanos devem se comportar. Outra diferença fundamental entre os dois é que a psicologia é **nomotética** e o direito é **ideográfico**. A psicologia focaliza o agregado ou as teorias amplas que podem ser generalizadas para inúmeros casos. O direito focaliza um caso individual ou um padrão específico de fatos. Por fim, a psicologia é probabilística e o direito é definitivo. A psicologia fala da probabilidade de ocorrer um determinado evento ou não se trata de um erro aleatório que a ocorrência de um determinado evento. Em contraste, o direito tenta ser certeiro, direto. Um réu é culpado ou inocente. Cada uma das evidências é admissível ou não é admissível.

É claro que todas essas diferenças são artificiais de certo modo, porque são conceitualizadas como uma dicotomia e não uma dimensão. Nenhuma dessas diferenças é verdadeira para cada disciplina em todos os casos, mas elas são, em geral, mais verdadeiras para uma disciplina do que para outra. E o que é mais importante, essas diferenças vão até o cerne do conflito entre essas duas disciplinas e com frequência causam conflito para os psicólogos que escolhem trabalhar dentro do sistema legal. Por exemplo, uma advogada de defesa local certa vez me pediu para testemunhar em um caso em que uma mulher tinha agredido seu marido. Fazendo isso, ela queria que eu testemunhasse sobre a relevância da síndrome da mulher espancada (ver Capítulo 3) para esse caso. Entretanto, existem poucas pesquisas científicas válidas que garantam qual a constelação peculiar de traços que foram descritos como a síndrome da mulher espancada (SME) e as características que a separam do TEPT.

Contudo, ela estava convencida de que a SME era a melhor estratégia para o julgamento nesse caso, e não se importava que houvesse pouco embasamento científico para isso. Seu trabalho era defender a sua cliente. O meu trabalho era apresentar a pesquisa científica objetivamente. Por fim, eu não testemunhei no caso sobretudo porque a advogada não queria que eu testemunhasse de acordo com a minha interpretação da literatura científica. A psicologia forense está repleta desses tipos de conflitos entre a psicologia e o direito, e vamos examiná-los ao longo de todo este livro.

Educação e treinamento em psicologia forense*

Como me torno um psicólogo forense?

A questão de como se tornar um psicólogo forense é complexa. Além disso, fazer essa pergunta pode colocar o proverbial carro diante dos bois. Por exemplo, quantas pessoas crescem ouvindo a pergunta: "O que você quer ser quando crescer?". Todos nós já ouvimos isso uma vez ou outra. Quantos de nós respondemos dizendo: "Eu quero ser um estudante universitário!". É bastante improvável que algum de nós tenha dado essa resposta, mesmo se soubéssemos quando crianças o que era uma universidade. Entretanto, quem está interessado em ser um psicólogo forense deve se dar conta de que existe um meio (universidade) para atin-

---

*N. de R.: Os programas de ensino aqui descritos são disponibilizados nos EUA.

gir o objetivo (tornar-se um psicólogo forense) e que a pós-graduação pode não ser para todos.

Se você está interessado em se tornar um psicólogo forense, precisará buscar admissão em um programa de pós-graduação em psicologia. Contudo, a natureza do programa será tão variada quanto os papéis e responsabilidades dos psicólogos forenses. A primeira pergunta que você deve se fazer: Um doutorado ou mestrado é a melhor opção para mim? Existem várias publicações diferentes que falam das vantagens e desvantagens dos programas de mestrado e doutorado em geral (p. ex., Actkinson, 2000). Além dessas considerações gerais, existem algumas questões específicas da psicologia forense que devem ser levadas em consideração. A maioria dos estudantes interessados na psicologia forense tem seu foco na obtenção de um grau de doutorado (PhD ou PsyD). Embora os programas de doutorado proporcionem maior flexibilidade profissional e tenham vantagens em relação aos programas de mestrado, você também pode planejar uma carreira viável na psicologia forense depois de obter um grau de mestrado. Além disso, os programas de mestrado apresentam padrões de admissão menos competitivos, levam menos tempo para ser concluídos, permitem que você receba mais cedo um salário profissional, podem ser mais abundantes em uma determinada área geográfica e têm mais probabilidade de permitir um estudo de meio-turno. Além disso, pesquisas sugerem que não existem diferenças salientes na qualidade geral do serviço prestado por clínicos em nível de mestrado e doutorado (Clavelle e Turner, 1980), embora essa resposta não seja clara em relação ao trabalho forense especificamente. No entanto, aqueles que alcançam o grau de doutorado têm em geral muitas vantagens distintas em relação ao clínico com nível de mestrado. Essas vantagens incluem um maior alcance e profundidade da prática e a capacidade de praticar com maior independência, dependendo de onde você mora e das leis que governam a prática da psicologia. Essas vantagens podem ser acentuadas na psicologia forense, especificamente devido à necessidade de avaliação e habilidades para avaliação na prática forense.

Modelos de treinamento em psicologia forense

Programas de graduação conjunta. A próxima pergunta a ser feita depois de escolher o tipo de grau que você gostaria de buscar é o modelo ou tipo de treinamento que você gostaria de ter. Muitos estudantes acham que para se tornar um psicólogo forense você precisa obter um diploma tanto em psicologia quanto em direito (Melton et al., 1999). Eles então ficam frustrados quando não conseguem ser admitidos em um dos poucos programas de graduação conjunta. Entretanto, a graduação conjunta é apenas uma das formas de se tornar um psicólogo forense e pode até não ser o melhor caminho. Além do mais, a admissão em um programa de graduação conjunta é muito competitiva devido às altas exigências de admissão à maioria dos programas e à sua escassez. Um **programa de graduação conjunta** é um programa em que você obtém o grau tanto em psicologia quanto em direito. Esse processo significa obter o típico grau de advogado, um JD ou *Juris Doctorate* e PhD em psicologia. Algumas escolas, como a Universidade do Nebraska, oferecem uma variedade de combinações de graduação (PhD/MLS e MA/JD). Atualmente não existem programas de graduação conjunta no Canadá, mas os estudantes em programas de psicologia forense naquele país obtiveram informalmente Bacharelado em Direito, o equivalente a JDs fora dos Estados Unidos, durante o seu treinamento. Um programa de graduação conjunta pode ser vantajoso porque permite treinamento nas duas disciplinas simultaneamente, o que aumenta as chances de um entendimento verdadeiro da integração da psicologia e o direito. A formação dentro das duas disciplinas também aumenta as opções de carreira. Embora possa parecer atraente graduar-se em direito e psicologia, existem alguns inconvenientes (veja Melton et al., 1999).

As desvantagens de seguir o caminho da graduação conjunta se referem ao tempo, custos e esforço que envolve a obtenção de duas formações avançadas. Existe uma razão para que esses programas sejam raros e tenham padrões de admissão competitivos. Eles simplesmente não são para todos. É difícil transitar entre duas disciplinas diferentes, muito mais duas diferentes faculdades, maneiras de pensar ou até mesmo a localização do *campus*. Você também fica na faculdade por mais tempo e, conforme apontei anteriormente, as crianças não crescem ansiando pela glória de uma vida como estudante universitário. Enquanto está estudando, você não está tendo uma renda profissional, você está vivendo em nível de pobreza e pode estar incorrendo em despesas adicionais, como o pagamento por sua educação ou empréstimos educativos. Além do mais, a obtenção de uma graduação conjunta não significa necessariamente que você terá mais opções de carreira. Como mencionam Melton e colaboradores (1999), empregos relacionados à psicologia podem ponderar se você vai ser um advogado algum dia e os empregos relacionados a direito podem ponderar por que você tem esse PhD e como ele será útil na prática do direito. Embora seja necessário um conhecimento das leis, certamente não é preciso obter um diploma de advogado para adquirir esse conhecimento e atuar como psicólogo forense. Em consequência, os estudantes devem pensar seriamente se a graduação conjunta é a melhor opção para que eles se tornem psicólogos forenses.

Programas de especialização. Outro modelo de treinamento para psicologia forense é participar de um programa de pós-graduação que forneça especialização em treinamento forense. Nesses programas de especialização, os alunos focarão na obtenção de um grau em psicologia clínica, mas também receberão algum treinamento especializado em psicologia forense. O treinamento especializado pode consistir de seminários em temas forenses, prática ou estágios clínicos em ambientes forenses ou mesmo fazendo alguns cursos na escola de direito. Os alunos que participam desses programas de especialização frequentemente se envolvem em muitas das mesmas atividades que os alunos da graduação conjunta. Entretanto, eles não vão preencher os requisitos para obter um diploma em direito e poderão ter maior dificuldade com a integração da psicologia e o direito. Um programa como o oferecido pela Universidade Simon Fraser em British Columbia, no Canadá, é um exemplo de um programa com ênfase especial em psicologia forense. Os programas que oferecem ênfase em psicologia forense também são mais abundantes do que os programas de graduação conjunta e oferecem um treinamento mais abrangente em psicologia clínica em geral (ver Tabela 1.3).

Programas gerais. A maioria dos psicólogos forenses na verdade não obteve os seus diplomas em um programa de graduação conjunta ou de especialização. Em vez disso, eles participaram de um programa geral em psicologia clínica ou aconselhamento. Eles podem ter participado de uma prática na prisão local, obtido uma residência pré-doutorado em instituições forenses depois de terem concluído seu trabalho final ou tiveram uma oportunidade de treinamento pós-doutorado depois que obtiverem seu PhD. Embora nenhuma dessas opções tenha a mesma profundidade do treinamento forense que você recebe nos programas de graduação conjunta e de especialização, elas são mais abundantes e permitem mais abrangência de treinamento. Por exemplo, você pode entrar na graduação achando que deseja ser um psicólogo forense e então percebe, depois de obter alguma experiência, que essa não é a melhor opção para você. Esses programas gerais têm maior probabilidade de permitirem que você obtenha experiência em diversas áreas da psicologia clínica e não o for-

Tabela 1.3 Lista de programas de doutorado em psicologia forense por modelo de treinamento

Programas de graduação conjunta	Programas especializados
Universidade Estadual do Arizona (JD/PhD)	Universidade Carlos Albizu, em Miami (PsyD)
Universidade Drexel/Escola de Direito da Universidade Villanova (JD/PhD)	Universidade Drexel (PhD)
Escola de Direito da Universidade Golden Gate (JD/PhD)	Universidade Fordham (PhD)
Universidade do Arizona (JD/PhD)	Escola Illinois de Psicologia Profissional (PhD)
Universidade do Nebraska (JD/PhD, MLS/PhD, JD/MA)	Escola de Justiça Criminal John Jay (PhD)
Universidade Widener (JD/PsyD)	Universidade Nova Southeastern (PhD/PsyD)
	Escola Pacific de Graduação em Psicologia (PhD)
	Universidade Estadual Sam Houston (PhD)
	Universidade Simon Fraser (PhD)
	Universidade do Arizona (PhD)
	Universidade de Nebraska (PhD)

çam a se focar na psicologia forense tão no início do seu desenvolvimento profissional. Não está claro se alguma dessas opções é superior às outras em todos os aspectos. Isso na verdade depende do estudante individualmente e dos seus objetivos pessoais e profissionais.

Níveis de treinamento forense

Independentemente do modelo geral em que um programa se enquadra, Bersoff e colaboradores (1997) propõem três níveis diferentes de treinamento que um programa clínico pode oferecer ao treinar psicólogos forenses. O nível inferior é chamado de *o clínico legalmente informado*, e está baseado na ideia de que todo o psicólogo deve estar preparado para ser uma testemunha perita potencial e que os temas forenses fazem parte da prática clínica geral. Um clínico legalmente informado é aquele que não se autodenomina psicólogo forense, mas é instruído em algumas ideias forenses fundamentais, já que a lei se aplica até mesmo à prática na psicologia clínica. Um clínico legalmente informado é instruído em assuntos de confidencialidade, sigilo profissional e respostas a intimações judiciais no que se refere aos seus registros clínicos (Packer e Borum, 2003). Esses tópicos seriam incluídos nos cursos rotineiros oferecidos em programas clínicos como a ética necessária, avaliação clínica e psicoterapia (Bersoff et al., 1997). O *clínico com proficiência* recebe treinamento especializado em psicologia forense, tal como: treinamento clínico em hospitais forenses, prisões e instituições de detenção juvenil; preparo de avaliações forenses e testemunho como testemunha perita (Bersoff et al., 1997). Esse nível de especialização permite que os psicólogos clínicos que não se especializaram em psicologia forense se envolvam em alguns trabalhos forenses restritos. Por exemplo, quem é psicólogo infantil poderá realizar um número limitado de avaliações para custódia. Os *clínicos especialistas* são o nível mais alto desse treinamento teórico que consiste de uma experiência de treinamento integrado concebida especificamente para treinar psicólogos forenses. Os clínicos especialistas recebem amplo treinamento em casos judiciais e habilidades de prática forense em uma variedade de diferentes populações de pacientes. Parece haver uma ênfase crescente na especialização em psicologia forense (Packer e Borum, 2003). Essa ênfase pode não só incentivar os programas de graduação, oferecendo treinamento forense, mas também requer treinamento forense pós-doutorado e certificação em um nível avançado de habilidade concedida por organizações como a American Board of Professional Psychology (ABPP). Além disso, deve ficar bem claro que uma determinada quantidade de treinamento não possibilita que alguém exerça a psicologia forense. Para exercer a psicologia forense, você deve ser licenciado como psicólogo clínico ou atuante em um determinado estado. Os estudantes devem se certificar de que qualquer programa, não importa o modelo ou nível de treinamento que ele subscreve, produza graduados que atendam às exigências gerais para licenciamento e possam realmente praticar a psicologia clínica.

Resumo

Existe muita confusão a respeito da natureza e prática da psicologia forense. A confusão do público em geral é frequentemente o resultado da abundância em referências da mídia e cultura popular aos aspectos sensacionalistas da psicologia forense. O debate dentro da psicologia quanto às fronteiras precisas da psicologia também continua e contribui para a confusão. Nosso foco será na psicologia clínica forense, e psicologia forense será definida como a prática clínica da psicologia que tem o foco na avaliação e tratamento de indivíduos dentro de um contexto legal. A psicologia forense tem uma história antiga, mas se expandiu exponencialmente nos últimos 40 anos.

Uma parte importante da psicologia forense é o conhecimento do sistema legal. O sistema legal pode ser dividido em direito civil e criminal. Cada uma dessas duas áreas amplas do direito serve a diferentes propósitos, e os psicólogos forenses que trabalham em cada uma dessas áreas se defrontarão com questões e responsabilidades diferentes. Dentro do direito civil e criminal, o sistema legal apresenta uma estrutura hierárquica com uma variedade de tipos de cortes que servem a diferentes propósitos. Embora os órgãos legislativos recebam rotineiramente o poder de aprovar leis, a jurisprudência também é derivada das decisões do tribunal.

Os psicólogos forenses se defrontam continuamente com o conflito natural entre o direito e a psicologia. Cada disciplina tende a responder às perguntas de formas diferentes. O sistema legal tende a basear as decisões na razão humana, enquanto a psicologia procura fornecer respostas por meio da experimentação. Em consequência, muitas vezes surgem conflitos entre as duas disciplinas, e eles devem ser reconhecidos pelos psicólogos forenses. Uma teoria que tentou fazer uma ponte entre a psicologia e o direito é a jurisprudência terapêutica (JT). A JT reconhece o impacto do sistema legal na prática da psicologia clínica e procura aplicar a pesquisa psicológica ao sistema legal para promover o bem-estar psicológico e físico daqueles indivíduos que entram em contato com o sistema legal. A JT será usada durante todo este livro para chamar a atenção para o impacto do sistema legal tanto na prática da psicologia forense quanto nas pessoas que são pacientes e clientes dentro do sistema de saúde mental.

Embora as imagens na mídia com frequência sejam sensacionalistas, atualmente existe muito interesse pela psicologia forense, e os estudantes estão continuamente buscando respostas de como se tornar um psicólogo forense. Existem muitas maneiras de alguém ser treinado como psicólogo forense. Os estudantes podem tentar entrar em programas de graduação conjunta, programas de especialização em psicologia forense ou programas de treinamento geral em psicologia clínica ou aconselhamento. Na graduação, esses estudantes têm muitas oportunidades à sua disposição.

Termos-chave

amicus curiae
atos ilícitos
avaliador de políticas
common law
corte de apelação
corte distrital
direito criminal
ideográfico

lei civil
lei codificada
jurisdição
jurisprudência
jurisprudência terapêutica
mens rea
nomotética
perfil criminal

programa de graduação conjunta
psicologia clínica
psicologia forense
stare decisis
transtorno de estresse pós-traumático (TEPT)
vara distrital

Leitura complementar

Bersoff, D. N., Goodman-Delahunty, J., Grisso, J. T., Hans, V. P., Poythress, N. G., & Roesch, R. (1997). Training in law and psychology: Models from the Villanova Conference. *American Psychologist*, 52, 1301–1310.

Packer, I. K., & Borum, R. (2003). Forensic training in practice. In A. M. Goldstein (Ed.), *Handbook of psychology: Vol. 11. Forensic psychology* (pp. 21–32). Hoboken, NJ: Wiley.

Avaliação, tratamento e consultoria em psicologia forense

2

Até aqui você recebeu uma introdução à psicologia forense, mas neste capítulo iremos examinar mais de perto as principais áreas envolvidas na prática da psicologia forense. A prática forense pode ser dividida em três áreas específicas: avaliação, tratamento e consultoria. As duas primeiras áreas não são únicas da psicologia forense, mas são centrais para a prática da psicologia clínica e, portanto, devem lhe ser familiares se você já fez o curso de psicologia clínica. A avaliação forense normalmente consiste da avaliação de um indivíduo na tentativa de auxiliar os tribunais na abordagem de uma questão legal. Por consequência, existem inúmeras considerações éticas que são peculiares à avaliação forense (ver Capítulo 3 para uma discussão completa). A avaliação forense baseia-se em métodos e instrumentos similares à avaliação terapêutica geral, mas também utiliza alguns métodos forenses específicos. Ao discutirmos o tratamento psicológico no contexto forense, nos deteremos em grande parte nos infratores criminais e nos aspectos do tratamento que precisam ser especialmente considerados. A terceira área, consultoria, é mais provável de ocorrer na prática forense do que na prática clínica rotineira e, portanto, pode não ser familiar. A consultoria é frequentemente ignorada, mas tem um papel extremamente importante para os psicólogos forenses. Os psicólogos forenses geralmente auxiliam os advogados ou os próprios tribunais na compreensão de aspectos do comportamento humano e saúde mental que não envolvem diretamente a avaliação ou o tratamento de indivíduos. No entanto, o psicólogo forense que presta consultoria está engajado em um aspecto crucial da prática forense que vem crescendo em âmbito e frequência (Andrews, 2005).

Avaliação forense

Quando se discute a avaliação a partir da perspectiva da psicologia clínica (isto é, uma avaliação terapêutica), o foco se dá na coleta de informações sobre um examinando para realizar um diagnóstico ou chegar a uma conclusão sobre o seu funcionamento psicológico atual. Esse processo significa que quando os clientes entram no consultório de um psicólogo, em um pronto-socorro ou hospital psiquiátrico, os psicólogos os entrevistam, entrevistam outras pessoas próximas a eles, examinam os registros existentes ou administram testes psicológicos. Na avaliação forense, o foco é não só na coleta de informações que permitam chegar a uma conclusão sobre a saúde mental do examinando, mas é também fazer isso com o objetivo de informar a corte (Nicholson, 1999). Conforme mencionado anteriormente, esses métodos estão baseados nos mesmos métodos que os psicólogos clínicos usam para avaliar todo indivíduo que apresenta uma preocupação quanto à saúde mental e consistem de entrevistas, testagem psicológica e coleta de informações de arquivo e de terceiros. A diferença é que, em um contexto forense, esses métodos assumem uma importância adicional porque têm implicações de longo alcance que vão muito além de um diagnóstico acurado e podem definir até a liberdade da pessoa ou o bem-estar da sociedade (ver Figura 2.1).

Tarefas importantes na avaliação forense

Uma **avaliação terapêutica** se propõe a diagnosticar um indivíduo de modo que possa ser realizada uma intervenção e reduzido o sofrimento da pessoa. Entretanto, uma avaliação forense é diferente de uma avaliação terapêutica tradicional porque existem duas tarefas adicionais envolvidas em uma avaliação forense. As avaliações forenses devem esclarecer e identificar a questão legal e avaliar se a psicologia forense tem algo a ofere-

Figura 2.1 No caso contra Jose Padilla, que foi acusado de tramar um ataque a bomba nos Estados Unidos, um psicólogo forense avaliou Padilla e atestou que ele sofria de TEPT. © PA Photos/AP.

cer em uma situação específica. Grisso (2003a) escreveu extensamente sobre a importância de se realizarem avaliações forenses legalmente relevantes, e esse será um tópico que examinaremos em vários momentos.

É surpreendente que, muitas vezes, o tribunal ou as partes não estejam completamente esclarecidos quanto à sua necessidade de um psicólogo ou a questão legal estrita que deve ser abordada. Certa vez, um advogado me abordou e disse que o seu cliente era "completamente maluco". Teria sido difícil para mim avaliar esse examinando de modo a concluir se ele realmente atendia aos requisitos para uma "loucura completa". Entretanto, depois de conversar um pouco mais com o advogado, ficou claro que ele estava preocupado em relação à capacidade do seu cliente de ajudá-lo durante seu julgamento e que se o seu cliente sofresse de uma doença mental isso seria uma consideração importante na sentença, caso ele fosse condenado pelo crime. Também há vezes em que o tribunal requisita um psicólogo forense e este pode não ter nada a oferecer ao tribunal. Por exemplo, há vezes em que a literatura psicológica não apoia um pressuposto ou estratégia legal.

Se um advogado de acusação requisitar um psicólogo forense para atestar que um determinado acusado definitivamente vai assassinar alguém se for libertado, o psicólogo terá dificuldade em fazer isso porque não existe um instrumento ou abordagem de avaliação que possa detectar com 100% de certeza que um determinado indivíduo vai cometer assassinato. No entanto, um psicólogo forense poderia dar opinião sobre o nível global de risco de um indivíduo, compará-lo por meio de um instrumento de avaliação de risco com outros indivíduos com o mesmo escore e identificar os fatores que provavelmente aumentam ou diminuem o risco de violência futura. Todo esse processo faz parte da definição do que a psicologia forense pode trazer como contribuição para o processo de avaliação.

Conceitos básicos em avaliação: confiabilidade e validade

Antes de discutirmos aspectos específicos da avaliação terapêutica e forense, é importante revisarmos dois conceitos importantes que são centrais para a avaliação e especificamente para a testagem psicológica. Confiabilidade e validade são termos que podem descrever a medida e solidez psicométrica de um determinado teste ou procedimento. **Confiabilidade** geralmente se refere à consistência da medida. Por exemplo, alguém que sofre de depressão deve obter um escore similar em um teste psicológico designado para avaliar depressão, como o Inventário de Depressão de Beck-II (BDI-II). Se uma pessoa é testada semana após semana e os seus sintomas não se alteram, seus escores deverão ser similares em cada semana. Se os escores de uma pessoa deprimida variam muito nas administrações repetidas da medida, enquanto os seus sintomas permanecem em sua maior parte sem alterações, isso sugere pouca confiabilidade para aquela medida. Os escores não são consistentes. Por outro lado, **validade** é a precisão da medida. Para que o BDI-II seja válido, ele precisa medir a depressão e não outra coisa. Uma medida de depressão não deve medir algo como a quantidade de exercício físico que a pessoa faz ou algo que não esteja relacionado, como a frequência com que assiste a um programa de televisão como *Grey's anatomy*. Níveis mais altos de confiabilidade e validade sugerem que um procedimento ou teste é suficientemente sólido para ser usado. Confiabilidade e validade são expressas em geral por uma correlação que varia de –1 a 1, com uma correlação mais alta indicando melhor confiabilidade e melhor validade. Um aspecto da confiabilidade e validade que é frequentemente uma questão na avaliação forense é que os procedimentos clínicos gerais e os testes são muitas vezes adaptados para uso em um contexto forense sem que sua confiabilidade e validade tenham sido determinadas adequadamente por meio de pesquisa científica (Butcher, 2002). Como discutiremos no Capítulo 3, esse é um ponto em que encorajamos os psicólogos forenses a atuarem dentro da sua área de especialidade ou **âmbito da prática**.

Distinguindo avaliação terapêutica de avaliação forense

A avaliação terapêutica tradicional ou clínica diferem das avaliações forenses em inúmeros aspectos importantes (Goldstein, 2003). Alguns desses aspectos incluem: (1) metas e objetivos; (2) relação entre as partes; (3) identidade do cliente;

(4) consequências e (5) perspectiva do examinando (ver Tabela 2.1). Essas diferenças focalizam as áreas centrais de sobreposição entre as avaliações terapêutica e forense e se somam à necessidade de identificação da questão legal e avaliação de se o psicólogo forense pode auxiliar a corte.

O primeiro aspecto em que a avaliação terapêutica difere da avaliação forense é nas *metas e objetivos* de cada abordagem. O objetivo de uma avaliação terapêutica é ajudar o examinando a diagnosticar e tratar seus problemas emocionais e psicológicos relevantes (Heilbrun, 2003). O objetivo de uma avaliação forense é auxiliar a corte. O psicólogo forense pode diagnosticar um indivíduo com uma doença mental, mas em vez de tratar essa pessoa, ele pode simplesmente informar a corte sobre o impacto dessa doença mental nas tomadas de decisões sobre o acusado ou sua capacidade de funcionar em um contexto legal. Essa diferença não quer dizer que a psicologia forense não tem compaixão ou que o examinando não deva ou não será ajudado, mas significa que o objetivo primário da avaliação em si não é fornecer informações para o tratamento, mas é para um propósito legal.

A *relação* entre avaliador e examinando é diferente em uma avaliação forense.

Tabela 2.1 Diferenças entre avaliação terapêutica e forense

	Avaliação terapêutica	Avaliação forense
Metas e objetivos	Reunir informações para reduzir o sofrimento psicológico	Tratar de uma questão legal
Relação entre as partes	Cuidar e apoiar	Investigar e procurar a verdade
Identidade do cliente	O cliente é o examinando	Indivíduo que procura e paga pelos serviços
Consequências	Planejar uma intervenção	Financeiras ou perda da liberdade
Perspectiva do examinando	Fonte mais importante	Exame minucioso do examinando

Em uma avaliação terapêutica, o papel do psicólogo é demonstrar interesse e oferecer apoio. Uma parte importante da avaliação terapêutica é desenvolver o *rapport* para ajudar o examinando em suas dificuldades emocionais. Em uma avaliação forense, o psicólogo adota um papel mais investigativo em que ele está focado no exame objetivo das informações pertinentes a esse examinando (Craig, 2004). Apoiar um indivíduo durante o processo legal ou as dificuldades psicológicas relevantes não é tipicamente uma consideração na avaliação forense.

Pode até ser um desafio determinar quem é o *cliente* em uma avaliação forense, desafio este que normalmente não está presente na avaliação terapêutica (Ogloff e Finkelman, 1999). Em uma avaliação terapêutica, o cliente é muito claramente a pessoa que procurou pelos seus serviços. Ele é a pessoa a quem você está avaliando, a pessoa que você está entrevistando, a pessoa que está respondendo aos testes psicológicos. Entretanto, essa questão pode ser mais complexa em uma avaliação forense. O cliente ou clientes podem não ser necessariamente a pessoa que está sentada à sua frente na avaliação, porque a pessoa que o contratou e a quem você deve satisfações é diferente da pessoa que você está avaliando. Na avaliação forense, é mais provável que o cliente seja o tribunal ou o advogado que o contratou. Essa diferença na identidade do cliente está frequentemente refletida no nível de confidencialidade associado às avaliações forenses e a obrigação que o psicólogo forense tem ao ir mais além para esclarecer as limitações, ao mesmo tempo em que se certifica de que o examinando esteja dando o seu consentimento esclarecido para a avaliação.

As avaliações terapêutica e forense também diferem nas consequências da avaliação (Craig, 2004). As consequências de uma avaliação terapêutica geralmente resultam na indicação de uma intervenção ou abordagem de tratamento para o examinando. As consequências de uma avaliação forense podem ser uma indenização financeira, a perda da liberdade ou até mesmo a perda da vida. Embora as consequências de não receber tratamento ou um tratamento ineficaz não devam ser minimizadas, as consequências de uma avaliação forense podem ser mais graves.

A precisão das informações que você obtém é geralmente mais questionável na avaliação forense do que na avaliação terapêutica (Melton, Petrila, Poythress e Slobogin, 1997). Durante uma avaliação terapêutica, a *perspectiva do examinando* é altamente considerada porque ela é voluntária e existe um curso de ação compartilhado entre o avaliador e o examinando. Durante uma avaliação forense, o examinando usualmente não se apresenta voluntariamente, o avaliador questiona ou aguarda a verificação das suas afirmações e o examinando tem algo a ganhar com o resultado da avaliação. Em consequência disso, a precisão das informações muito mais provavelmente estará em questão em uma avaliação forense do que em uma avaliação terapêutica, e a importância da perspectiva do examinando varia.

Métodos e procedimentos: entrevista

Apesar das diferenças em alguns dos procedimentos utilizados na avaliação forense, também existem muitas semelhanças, incluindo a parte fundamental da avaliação, a entrevista clínica. A entrevista é o método de avaliação utilizado com mais frequência na psicologia e consiste da reunião de informações sobre um examinado, falando diretamente com ele. Uma entrevista clínica é tipicamente a abordagem inicial usada na tentativa de coletar informações sobre uma pessoa devido à facilidade e profundidade das informações que podem ser reunidas. Uma entrevista pode durar de meia hora até várias horas. As entrevistas clínicas normalmente consistem em solicitar informações pessoais sobre diferentes áreas da vida do examinando, tais como família, trabalho, saúde mental, abuso de substância, educação ou envolvimento legal. Um psicólogo forense pode perguntar a uma pessoa se ela teve alguma dificuldade na escola com os estudos, colegas ou problemas disciplinares. Ele também pode perguntar à pessoa sobre seus sentimentos e pensamentos atuais. Ela está tendo alguma dificuldade em desempenhar tarefas rotineiras como ir para o trabalho, sair com os amigos e família ou realizar os afazeres domésticos? Independentemente das perguntas específicas que são feitas, existem três tipos de entrevista clínica, que estão dentro de um contínuo; desde a não estruturada até estruturada. Em cada um dos casos, existem certas vantagens e desvantagens em usar a abordagem.

Entrevistas não estruturadas

Em uma **entrevista não estruturada**, o psicólogo forense não tem uma lista prescrita de perguntas a serem feitas, mas tem uma ideia geral do propósito da avaliação ou das áreas a serem focadas e procura reunir informações preliminares. O psicólogo forense pode simplesmente perguntar sobre o motivo para avaliação e obter informações pregressas que proporcionem um contexto ou explicação. Uma entrevista não estruturada provavelmente é muito parecida, faça ela parte de uma avaliação terapêutica ou avaliação forense.

As entrevistas não estruturadas são boas para estabelecer *rapport* e reunir informações em profundidade, mas devido às diferenças individuais entre os psicólogos elas podem ser mais inconsistentes e menos confiáveis. Estabelecer o *rapport* significa que psicólogo e examinando conheçam um ao outro e que o psicólogo seja capaz de construir uma situação em que o examinando estará aberto e será honesto. Discutiremos posteriormente por que essa prática é especialmente importante nas avaliações forenses e também especialmente difícil. No entanto, é importante estabelecer o *rapport* de modo que o examinando forneça livremente informações precisas, seja esta uma avaliação terapêutica ou avaliação forense. As entrevistas não estruturadas também permitem que o entrevistador faça o *follow-up* das respostas e faça perguntas adicionais quando considerá-las inapropriadas. Contudo, as entrevistas não estruturadas tendem a ser menos confiáveis ou consistentes nas informações que obtêm. As perguntas que eu faço a um determinado examinando podem ser muito diferentes das que são feitas por outro psicólogo se não houver um roteiro comum. Além disso, o examinando pode dar repostas diferentes dependendo do tipo de *rapport* estabelecido por cada psicólogo e também do próprio humor. Provavelmente haverá muita variação em duas diferentes entrevistas não estruturadas.

Entrevista semiestruturada

Uma **entrevista semiestruturada** normalmente consiste de perguntas predeterminadas que cada entrevistador segue, mas que também permite alguma flexibilidade na resposta a essas perguntas ou em perguntas adicionais de *follow-up*. Quando discutirmos a psicopatia no Capítulo 4, trataremos do instrumento utilizado com mais proeminência para avaliar psicopatia, o Psychopathy Checklist-Revised (PCL-R). Um passo na administração do PCL-R é uma entrevista semiestruturada. A entrevista semiestruturada é dividida em áreas gerais, como a história educacional, história familiar, história ocupacional, etc., com perguntas específicas listadas abaixo de cada uma dessas áreas para focar a entrevista. Além disso, existem perguntas sugeridas depois de cada uma dessas perguntas primárias que o entrevistador pode fazer se quiser, com base nas respostas iniciais do examinando. No entanto, não é exigido que o entrevistador faça cada uma das perguntas ou alguma pergunta de *follow-up*.

As entrevistas semiestruturadas podem não ser tão úteis para estabelecer um *rapport*, mas serão mais confiáveis em comparação com as outras entrevistas e os outros entrevistadores. As entrevistas semiestruturadas como as usadas com a PCL-R não incluem perguntas que focam em tópicos informais da conversação, tais como o clima, se o examinando teve dificuldade em encontrar o consultório ou como ele está se sentindo em um determinado dia. Elas estão focadas na obtenção de respostas a perguntas específicas. As entrevistas semiestruturadas permitem perguntas adicionais de *follow-up*, embora elas normalmente sejam específicas e mais limitantes do que em uma entrevista não estruturada. Além disso, as entrevistas semiestruturadas permitem alguma consistência nas perguntas formuladas entre os diversos examinandos ou entre os diferentes entrevistadores. A entrevista que eu realizo com meu examinando como parte da PCL-R será similar, embora não idêntica, à que um colega realiza com um examinando em outra parte do país.

Entrevistas estruturadas

No outro extremo do contínuo das entrevistas estão as **entrevistas estruturadas**. Essas entrevistas são os tipos mais formais e mais rígidos de entrevista clínica. Elas consistem de perguntas específicas que devem ser feitas, e não é permitido que o entrevistador se desvie das perguntas prescritas. As entrevistas estruturadas têm um propósito específico. Por exemplo, a Entrevista para Sintomas Relatados (SIRS) consiste de 172 perguntas que avaliam se um indivíduo está fingindo ou exagerando os sintomas de uma doença mental (Rogers, Kropp, Bagby e Dickens, 1992). A administração é feita por meio de uma entrevista estruturada, é dito ao examinando que ele deve responder cada uma das perguntas com uma resposta do tipo sim ou não, o entrevistador não faz perguntas de *follow-up* e evita responder a qualquer comentário adicional feito pelo examinando durante a entrevista.

Obviamente, esse tipo de entrevista não é o melhor se o seu objetivo for estabelecer um *rapport*. Na verdade, a entrevista estruturada pode prejudicar as suas chances de estabelecer *rapport* se for usada como contato inicial com um examinando. Por exemplo, eu administrava rotineiramente uma entrevista estruturada a veteranos de guerra em uma unidade de tratamento do transtorno de estresse pós-traumático (TEPT) para avaliar seus sintomas de TEPT. A entrevista normalmente consistia em lhes perguntar pelas suas três experiências mais estressantes enquanto eles estavam em combate. Essa abordagem não aumentava as chances de estabelecermos um vínculo terapêutico que fosse útil na terapia ou tratamento, mas aquele não era o meu propósito. Meu propósito era identificar e validar a gravidade dos seus sintomas de TEPT com objetivos clínicos e de pesquisa. Por consequência, as entrevistas estruturadas são normalmente as mais úteis em situações em que o objetivo é claro e focado, mas não serão úteis se a intenção for estabelecer rapport. Tipicamente, uma entrevista estruturada designa pontos ou identifica os itens que um examinando endossa para usar em um procedimento formal de pontuação. Como resultado, a consistência e confiabilidade da administração são de importância maior porque os escores são comparados entre os diferentes examinados como uma base de comparação.

Deve ficar claro que esses diferentes tipos de entrevista não são mutuamente excludentes. Um entrevistador não está confinado a conduzir apenas um tipo de entrevista com um determinado examinando, nem mesmo um único tipo em uma determinada sessão. Cada uma dessas abordagens possui suas vantagens e desvantagens e deve ser utilizada quando for apropriado. Se estou avaliando alguém para ver se ele trabalharia bem no nosso grupo de reabilitação de infratores, eu posso começar uma sessão inicial com uma entrevista não estruturada para avaliar seu nível atual de funcionamento intelectual e funcionamento psicológico geral. Eu posso sair daquela entrevista inicial suspeitando de que ele sofre de TEPT e de que ele seria um bom candidato para um estudo de tratamento que estamos realizando com infratores. Como esses são critérios rígidos sendo usados para inclusão nesse estudo de tratamento, eu posso então realizar uma entrevista estruturada para avaliar seu TEPT. Você também poderá pensar em outras combinações das três diferentes entrevistas. Mais uma vez, nenhum desses tipos de entrevista é necessariamente melhor do que o outro, mas cada um serve a um propósito diferente. Cada um desses três tipos de entrevista vai diferir em termos da sua habilidade para estabelecer *rapport*, o quanto permite perguntas de *follow-up* e a consistência ou confiabilidade da entrevista em si.

Métodos e procedimentos: testagem psicológica

Além da entrevista clínica, o uso de testes psicológicos também é um método comum nas avaliações terapêutica e forense. A testagem psicológica pode incluir uma variedade de testes e será particularmente útil dependendo da questão legal e do examinando. Os tipos mais proeminentes de testes usados nas avaliações forenses tendem a ser os testes de personalidade, testes intelectuais, testes neuropsicológicos e testes forenses especializados.

Testes de personalidade: projetivo versus objetivo

Provavelmente o tipo mais comum de teste psicológico é o teste de personalidade (Archer, Buffington-Vollum, Stredny e Handel, 2006). Os testes de personalidade são concebidos para medir alguns aspectos da personalidade normal do examinando ou, no extremo, a sua psicopatologia ou doença mental. Um psicólogo forense pode ter que administrar um teste de personalidade para avaliar doença mental em casos que têm uma exigência legal para a presença de doença mental como inimputabilidade, responsabilidade civil ou casos de danos pessoais. Testes psicológicos como o Inventário Multifásico de Personalidade de Minnesota-II (MMPI-II) são utilizados para avaliar a psicopatologia de um examinando em uma variedade de subescalas que medem aspectos como depressão, esquizofrenia, paranoia e características antissociais. Em geral, os testes de personalidade podem ser divididos em projetivos e objetivos.

Os **testes projetivos** normalmente consistem na apresentação de estímulos ambíguos aos indivíduos e o registro das suas respostas para avaliar uma questão subjacente, tais como algo de sua personalidade ou psicopatologia. Testes como o Teste de Rorschach e o Teste de Apercepção Temática (TAT) são dois testes projetivos comuns utilizados em situações forenses (Craig, 2004). Nos dois casos, apresentam-se estímulos ambíguos ao examinando, seja por meio de um borrão de tinta ou de uma imagem de pessoas em uma situação particular, e lhes é pedido uma interpretação dos mesmos. As respostas do examinando são, então, pontuadas para compará-las com as de outros indivíduos. A maioria dos testes projetivos está baseada no pressuposto de que as respostas abertas de um examinando revelam disposições internas que não são descobertas facilmente. Os testes projetivos apresentam algumas vantagens e desvantagens. As principais vantagens são que eles avaliam as características psicológicas mais profundas inobserváveis de um examinando e são mais difíceis de simular. Entretanto, muitos dos testes projetivos foram criticados porque são mais difíceis de padronizar, mais difíceis de administrar e pontuar e apresentam confiabilidade e validade questionáveis (Lilienfeld, Lynn e Lohr, 2003).

Os **testes objetivos** são diferentes porque são mais estruturados e diretos. Apresentam ao examinando perguntas específicas e propõem alternativas específicas de respostas. Um teste objetivo pode incluir uma afirmação como: "Eu não me socializo tanto com os amigos quanto costumava fazer quando era mais jovem". O examinando é, então, solicitado a responder "verdadeiro" ou "falso" em uma escala que varia de 1 (*nada a ver comigo*) até 7 (*tem muito a ver comigo*). Exemplos de testes objetivos podem incluir testes como o MMPI-II ou o Inventário Clínico Multiaxial de Millon-III (MCMI-III). Os testes objetivos normalmente permitem uma administração relativamente fácil que produz resultados confiáveis e válidos. Por exemplo, um psicólogo clínico pode administrar um MMPI-II sentando o examinando em frente a um computador e trabalhando em outras tarefas enquanto o examinando o preenche. As respostas do examinando podem depois ser pontuadas em uma questão de minutos, e é produzido um resumo de informações para o psicólogo interpretar (Butcher, 2002). Além disso, os testes objetivos tendem a exibir maior confiabilidade e têm menos questionamentos referentes à sua validade do que os testes projetivos (Lilienfeld et al., 2003). Contudo, os testes objetivos requerem um nível maior de conhecimento e cooperação do que os testes projetivos e tendem a dar uma visão mais limitada do comportamento humano.

Outros tipos de testes psicológicos

Além da personalidade, existem outras áreas em que os psicólogos forenses focam seus métodos de avaliação e testagem. Testes psicológicos como a Escala Wechsler de Inteligência para Adultos-IV (WAIS-IV) têm seu foco nas capacidades intelectuais de um examinando. Nos Estados Unidos, os casos de pena de morte são uma área em que os psicólogos forenses administram um teste de inteligência como o WAIS-IV. A inteligência é uma das questões nesses casos porque a Suprema Corte dos Estados Unidos decidiu que as pessoas que sofrem de retardo mental e, portanto, têm um Quociente de Inteligência (QI) abaixo de 70, são inimputáveis para a pena de morte (*Atkins* vs. *Virginia*, 2002). Veja o Quadro 2.1 para maiores explicações sobre *Atkins* vs. *Virginia* no contexto da avaliação intelectual.

Os testes neuropsicológicos também são um foco de rotina das avaliações forenses. Testes neuropsicológicos como o Teste de Trilhas A e B ou baterias neuropsicológicas como o Luria-Nebraska são concebidos para avaliar déficits cerebrais subjacentes que possam afetar habilidades psicológicas como planejamento, memória e atenção. Um psicólogo forense pode avaliar a capacidade de um acusado de se submeter a julgamento, e essa avaliação pode incluir uma avaliação da sua memória de longo prazo para se certificar de que não existe um prejuízo subjacente à sua incapacidade de se lembrar de eventos do crime. Se existir um comprometimento da memória de longo prazo, ele não terá condição de auxiliar na sua defesa de modo efetivo.

Instrumentos para avaliação forense (IAF)

Além dos tipos tradicionais de testagem psicológica, também existem testes concebidos de modo a ter questões forenses em mente – **instrumentos para avaliação forense** (IAF). Cada vez mais têm sido criados instrumentos e métodos especialmente para tratar de questões forenses nas últimas décadas (Otto e Heilbrun, 2002). Além disso, esses instrumentos podem ser **instrumentos forenses especializados** ou **instrumentos forensemente relevantes**. Os instrumentos forenses especializados de avaliação "são medidas diretamente relevantes para um padrão legal específico e refletem o foco nas capacidades, habilidades ou conhecimento específicos que são abrangidos pelo direito" (Otto e Heilbrun, 2002, p. 9). Eles incluem medidas designadas para avaliar questões legais específicas como inimputabilidade ou capacidade para se submeter a julgamento. Heilbrun, Rogers e Otto (2002) distinguiram instrumentos de avaliação forense dos instrumentos forensemente relevantes. Eles argumentaram que os instrumentos de relevância forense são instrumentos que focam nas questões clínicas, não em padrões legais, os quais são mais comuns no sistema legal. Os instrumentos que avaliam o risco de violência futura e psicopatia são exemplos de instrumentos forensemente relevantes (Heilbrun et al., 2002).

Os instrumentos forenses especializados e os instrumentos forenses relacionados têm vantagem sobre os testes psicológicos descritos anteriormente porque estão menos afastados da questão legal imediata. Uma vez que estão menos afastados da questão legal imediata, esses instrumentos reduzem a gravidade das inferências que podem ser feitas pelo avaliador e, portanto, aumentam potencialmente a confiabilidade e validade das avaliações que utilizam instrumentos forenses especializados confiáveis e válidos. Essa ideia tem um apelo intuitivo.

Quadro 2.1 O impacto dos testes de inteligência depois de Atkins vs. Virginia (2002)

Atkins vs. *Virginia* (2002) é um dos casos judiciais de saúde mental mais interessantes da última década e um excelente exemplo do impacto potencial do direito na psicologia forense. Daryl Atkins e seu cúmplice, William Jones, sequestraram Eric Nesbitt em uma loja de conveniências em agosto de 1996. Nesbitt tinha apenas $60 em sua carteira naquele momento e então eles o forçaram a sacar mais $200 em um caixa eletrônico. Depois disso, eles o levaram até um local afastado e atiraram nele oito vezes com uma arma semiautomática. Os dois homens disseram que o outro tinha sido o autor do disparo mortal, mas havia muitas inconsistências na versão de Atkins e, posteriormente, um companheiro de cela relatou que Atkins admitiu ter atirado em Nesbitt. Por consequência, Jones recebeu prisão perpétua para testemunhar contra Atkins e Atkins foi, por fim, condenado por assassinato. Na época da sua sentença original, um psicólogo clínico atestou que o QI de Atkins era 59 e, portanto, ele era mentalmente retardado. Apesar disso, Atkins foi sentenciado à morte. Atkins apelou do veredicto e, após inúmeras decisões, a Suprema Corte decidiu que era cruel e incomum a punição de levar à morte uma pessoa mentalmente retardada.

Embora alguns tenham louvado a decisão da Corte como terapêutica, a decisão e as interpretações posteriores se tornaram muito problemáticas para conciliar com a realidade do diagnóstico de retardo mental. As Cortes e o poder legislativo identificaram um QI de 70 como a linha divisória para determinação de retardo mental quando, na verdade, o diagnóstico é muito mais complicado do que um único número resultante de um único teste. Um diagnóstico de retardo mental também inclui o reconhecimento de problemas adaptativos ou funcionais. Por exemplo, além do baixo QI, uma pessoa também deve ter limitações em áreas como a de manutenção do emprego e cuidados básicos de higiene. Além disso, os testes de QI não são 100% precisos. Existe ampla literatura sugerindo que o QI pode se diferenciar entre as raças em aproximadamente 15 pontos, que os QIs em geral diferem em 5 pontos devido a erro aleatório, os escores de QI aumentam com a prática e que QI, em geral, está em ascensão na nossa sociedade. Como resultado desses problemas, a utilização de 70 como um número rígido tem sido criticado rotineiramente pelos psicólogos forenses. Um fato interessante do caso de Atkins é que um segundo júri achou que ele não era retardado e o sentenciou à morte novamente. Sua execução foi marcada para dezembro de 2005, mas ela foi adiada e, posteriormente, a Corte Suprema da Virginia anulou sua sentença de morte com outras bases processuais.

Por exemplo, já identificamos o MMPI-II como uma medida da personalidade ou doença mental comumente utilizada. Entretanto, um psicólogo forense teria que inferir o grau em que a doença mental de uma pessoa prejudicaria a sua capacidade de distinguir o certo do errado. Ao passo que um instrumento de avaliação forense especializado, como as Escalas de Rogers para Avaliação da Responsabilidade Criminal (R-CRAS), avaliaria mais diretamente o grau de prejuízo da capacidade do acusado em relação às acusações legais que ele enfrenta. Ocuparemos algum tempo em cada capítulo específico examinando os diferentes instrumentos de avaliação forense.

Utilização de testes entre os psicólogos forenses. Em última análise, o uso de um teste particular em um determinado caso com um cliente particular está a critério do psicólogo. No entanto, pesquisas mostraram que muitos dos testes mencionados neste capítulo estão entre os testes usados com maior frequência em avaliações forenses (Archer et al., 2006). O MMPI-2 é o teste de personalidade mais utilizado e o teste psicológico usado com mais frequência entre os psicólogos forenses. Essa sua utilização é provavelmente o resultado do vasto apoio da pesquisa para seu uso e a relevância de se diagnosticar doença mental em contextos forenses. As escalas de inteligência de Wechsler são os testes intelectuais utilizados com maior frequência e o segundo teste psicológico mais utilizado em geral. O Rorschach é o teste perceptivo mais frequentemente utilizado, junto com o Teste de Trilhas A e B, como o teste neuropsicológico mais utilizado. O Psichopathy Checklist-Revised é o instrumento de avaliação forense mais frequentemente utilizado (Archer et al., 2006). O uso de testes particulares é importante nas discussões do âmbito da prática e no cumprimento dos critérios de admissibilidade. Essas são questões que explicaremos mais detalhadamente no Capítulo 3 e será um assunto constante neste texto.

Informações de arquivo

Além do uso de entrevistas clínicas e testes psicológicos, os psicólogos forenses devem se basear especialmente nas **informações de arquivo** na condução das avaliações forenses (Goldstein, 2003). As informações de arquivo ou de terceiros normalmente consistem de informações coletadas dos registros institucionais ou entrevistas em situações em que a pessoa não estava sendo avaliada. Registros de saúde mental de hospitais psiquiátricos, relatórios da condicional, fichas oficiais do governo que listam todas as acusações e condenações e registros escolares são as fontes comuns de informações de arquivo. Além disso, fontes de terceiros, tais como testemunhas, amigos ou membros da família também podem ser contatadas para corroborar informações específicas em uma avaliação.

Existe uma necessidade maior de informações de arquivo em uma avaliação forense por duas razões. Primeiramente, existe uma necessidade maior de precisão nessas avaliações. As conclusões de um psicólogo forense serão avaliadas pelo sistema legal e a mentira e simulação de sintomas psicológicos são especialmente relevantes (Melton et al., 1997). Isso não quer dizer que as avaliações terapêuticas sejam imprecisas. Significa que não é só a saúde mental do indivíduo que está em jogo em uma avaliação forense, mas também a sua liberdade pessoal, sua vida ou até mesmo o bem-estar de outra pessoa. Devido à natureza adversa do nosso sistema legal (Capítulo 1) e do escrutínio que sofre uma avaliação ou testemunho de um perito (Capítulo 3), os procedimentos e o relatório final deverão ser detidamente examinados e submetidos à análise crítica por várias pessoas. Essas pessoas podem ser desde o defensor até o juiz e o advogado de acusação. Por consequência, a consulta a informações de arquivo e de terceiros é especialmente importante.

Outra das razões principais por que as informações de arquivo ou de terceiros são especialmente importantes é a alta probabilidade de um **ganho secundário** nas avaliações forenses e o aumento da probabilidade de simulação como consequência (Craig, 2004; Melton et al., 1997). O psicólogo forense pode esperar que os examinandos não relatem todos os sintomas em uma variedade de situações como, por exemplo, custódia de filhos ou que exagerem os sintomas como no caso de inimputabilidade ou em casos de danos pessoais. Em todos esses casos, o examinando tem alguma coisa a ganhar, seja a sua liberdade, uma sentença menor, uma indenização financeira ou a custódia de um filho. O ganho secundário é normalmente considerado um ganho ou vantagem além do objetivo primário de relatar ou deixar de relatar sintomas psicológicos que podem influenciar a precisão do autorrelato de um examinando. É importante que o psicólogo forense esteja preparado para essas circunstâncias e busque as informações de arquivo e de terceiros, além de conhecer as diferentes abordagens para detectar a simulação por meio de uma avaliação formal.

Existem muitas estratégias tanto informais quanto sistemáticas para detectar simulação. O método mais comum utilizado é a entrevista clínica (Melton et al., 1997). As várias indicações de simulação potencial podem incluir uma apresentação exagerada e dramática, intencionalidade e despreocupação chamativas, apresentação de sintomas inconsistentes com um diagnóstico psiquiátrico, inconsistência nos relatos e a descrição apenas de sintomas óbvios de uma determinada doença mental (Rogers, 1988). Se um examinando tiver que fazer uma pausa antes de cada resposta e parecer estar escolhendo as palavras com muito cuidado, isso pode ser uma indicação de comportamento deliberado com o objetivo de manter uma apresentação que ele acredita que irá beneficiá-lo. É claro que esses sinais clínicos não são suficientes para se concluir que uma pessoa está minimizando ou fingindo, mas eles devem servir como ponto de partida.

Além dos indicadores menos formais em uma entrevista clínica, vários outros instrumentos são usados para identificar a simulação de sintomas. Diversas medidas clínicas rotineiramente usadas, como o MMPI-2, estabeleceram escalas de validade para avaliar padrões de resposta distorcidos e pesquisas identificaram padrões de perfil específicos que sugerem simulação (Bagby, Nicholson Buis e Bacchiochi, 2000). Conforme mencionado anteriormente, a SIRS é uma entrevista clínica estruturada que demonstrou confiabilidade e validade significativas na identificação de indivíduos que estão simulando psicopatologia (Rogers et al., 1992). Além disso, existem medidas específicas que com frequência são usadas para avaliar a simulação de prejuízos neuropsicológicos ou cognitivos, incluindo o Teste de Simulação de Problemas de Memória (TOMM). Veja a Tabela 2.2 para um resumo de todos os instrumentos de avaliação mencionados neste capítulo.

Utilização de relatórios escritos em avaliações forenses e diretrizes

Um subproduto típico de uma avaliação forense é um relatório formal contendo os procedimentos utilizados e a base para a conclusão do especialista e achados gerais. Embora esses relatórios possam variar drasticamente em termos de extensão e qualidade, um relatório deve seguir pelo menos quatro diretrizes gerais, independentemente do seu propósito (Melton et al., 1997). Os relatórios forenses devem separar os fatos das inferências, manter-se dentro da questão do encaminhamento, evitar informações escassas/excessivas e minimizar o jargão clínico.

Tabela 2.2 Tabela das medidas psicológicas mencionadas no Capítulo 2

Tipo de teste	Medidas
Projetivo de personalidade	Teste de Rorschach
	Teste de Apercepção Temática (TAT)
Objetivo de personalidade	Inventário Multifásico de Personalidade de Minnesota II (MMPI-II)
	Inventário Clínico Multiaxial de Millon III (MCMI-III)
Cognitivo/neuropsicológico	Escala Wechsler de Inteligência para Adultos IV (WAIS-IV)
	Teste de Trilhas A e B
	Bateria Neuropsicológica Luria-Nebraska
Forense especializado	Escalas Rogers para Avaliação da Responsabilidade Criminal (R-CRAS)
	Instrumento de Avaliação para Capacidade – Adjudicação Criminal de MacArthur (MacCAT-CA)
Forense relevante	Guia de Avaliação de Risco de Violência (VRAG)
	Psycopathy Checklist-Revised (PCL-R)
Simulação	Entrevista Estruturada de Sintomas Relatados (SIRS)
	Teste de Simulação de Problemas de Memória (TOMM)

Os relatórios forenses devem em geral procurar separar os fatos das inferências. Pode ser um fato comprovado que um examinando foi condenado por roubo quando tinha 25 anos. No entanto, seria uma inferência dizer que ele pareceu ter aprendido com essa experiência e prisão subsequente porque não cometeu nenhum outro crime nos 10 anos seguintes. Seria mais apropriado dizer que o acusado não cometeu nenhum outro crime nos anos seguintes ou, se for o caso, que o examinando argumenta ter aprendido uma lição valiosa com a sua prisão. O examinando argumentar que aprendeu uma lição valiosa e isso realmente ter ocorrido pode configurar duas coisas bem diferentes, e um psicólogo forense deve procurar separar uma da outra.

O examinador deve se ater ao âmbito do motivo do encaminhamento. Ele deve abordar a questão que foi apresentada ao tribunal e para a qual foi contratado. Ele deve evitar incluir comentários supérfluos que tenham pouca relevância para o tema do encaminhamento. Por exemplo, evitar comentar sobre a periculosidade do réu quando o seu motivo de encaminhamento é avaliar se ele tem capacidade para se submeter a julgamento.

O examinador sempre deve tomar decisões quanto aos aspectos a serem incluídos no relatório e os aspectos a serem deixados de lado, mas em geral ele deve evitar informações escassas e/ou em excesso. O relatório precisa ser prontamente digerível pela corte e seus representantes, a maioria dos quais teve pouco ou nenhum treinamento psicológico. É importante consultar o advogado que está contratando o psicólogo forense para determinar as informações que devem ser incluídas no relatório, além de também serem abrangentes.

Um aspecto relacionado é que o relatório também deve minimizar o jargão clínico. As avaliações terapêuticas rotineiramente incluem muitos termos que são específicos das conceitualizações psicológicas de temas particulares, mas, como mencionado anteriormente, os psicólogos não são os únicos profissionais que leem esses relatórios. Se um psicólogo forense quer realmente auxiliar o tribunal, ele deve minimizar a linguagem que será confusa ou obscura para os profissionais do direito. Petrella e Poythress (1983) realizaram um estudo que avaliou a utilização do jargão clínico e encontraram que os juízes e advogados em geral achavam os seguintes termos obscuros e confusos: ideação delirante; afeto; neologismos; associações frágeis; fuga de ideias; bloqueio, sua ideação paranoide é inespecífica, completamente assistemática; orientado no tempo, espaço e pessoa; labilidade; associações frágeis e tangenciais; afeto embotado; grandiosidade; déficit de personalidade; amnésia histérica; amnésia por falta de registro e mente psicótica (ver Tabela 2.3 para definições de alguns desses termos). Esses termos podem ser comuns em contextos psicológicos, mas não conseguem comunicar adequadamente em um contexto legal.

Essas diretrizes tendem a ser muito gerais, mas devem ser aplicadas à maioria das circunstâncias. De um modo geral, elas são boas orientações a serem seguidas porque vão aumentar a possibilidade de os psicólogos forenses auxiliarem cortes na tomada de decisões legais, o que é justamente o propósito da avaliação forense.

Tratamento em contextos forenses

Uma segunda tarefa importante em que os psicólogos forenses rotineiramente se envolvem é o tratamento de indivíduos em contextos forenses (Otto e Heilbrun, 2002). Como sugere a discussão anterior, a avaliação forense foi a parte mais central da psicologia forense no passado (Borum e Otto, 2000). Esse foco foi parcialmente baseado na ideia de que muitos psicólogos encaravam o tratamento como tratamento de fato e que não havia nada de muito específico para os contextos forenses. Se um psicólogo usava uma determinada abordagem para tratar uma doença mental fora de um contexto forense, então ele poderia usar essa mesma abordagem dentro de um contexto forense. Além disso, o tratamento forense tipicamente não está relacionado diretamente a uma questão legal específica. Existem situações, como a recuperação da capacidade e responsabilidade civil, em que a melhora do estado psicológico de um indivíduo causa impacto no sistema legal. Por exemplo, uma pessoa pode ser considerada incapaz para se submeter a julgamento porque sofre de esquizofrenia e é incapaz de fazer diferença entre realidade e fantasia, muito menos participar da sua própria defesa. Se ela for tratada em sua esquizofrenia e os sintomas entrarem em remissão, então ela ficará apta e poderá se submeter a julgamento. No entanto, a grande maioria dos tratamentos acontece depois que o indivíduo foi julgado e preso ou institucionalizado. Muitos tratamentos ocorrem quando a pessoa começa a apresentar problemas psicológicos enquanto está na prisão ou cadeia. Um infrator criminal que já foi sentenciado não está ativamente

Tabela 2.3 Definição de alguns jargões clínicos

Jargão	Definição
Afeto	Outro nome para emoção
Ideação delirante	Falsas crenças
Afeto embotado	Ausência de expressão emocional
Fuga de ideias	Progressão de uma série de ideias, usualmente em alta velocidade
Grandiosidade	Uma visão exagerada das próprias capacidades, amor próprio ou importância
Labilidade	Refere-se à mudança constante, geralmente inadequada, das emoções
Associações frágeis	Ausência de conexão de um pensamento para outro
Neologismos	Palavras recém criadas que são geralmente sintoma de esquizofrenia
Orientado no tempo, espaço e pessoa	Ser capaz de identificar o tempo atual, sua localização atual e quem você é

Fonte: Baseado em Petrella e Poythress (1983).

envolvido no sistema dos tribunais, porque já foi condenado. Se ele for tratado ou reabilitado com sucesso, terá menor probabilidade de entrar em contato com a lei quando for libertado. Além disso, muitos psicólogos forenses que realizam avaliações forenses também estão trabalhando em prisões e hospitais forenses tratando infratores.

Uma distinção importante para a discussão do nosso tratamento é a diferença entre psicologia forense e **psicologia penitenciária**. Psicologia penitenciária se refere à aplicação da psicologia clínica a uma prisão ou ambiente correcional isento de qualquer aplicação legal. Por exemplo, um psicólogo penitenciário pode tratar a doença mental de um infrator encarcerado para aliviar seu sofrimento, deixá-lo mais manejável no ambiente da prisão e reabilitá-lo para o seu retorno à sociedade. Tal tarefa pode não ter nenhuma aplicação legal direta. Entretanto, se esse mesmo infrator foi considerado incapaz de se submeter a julgamento e precisa que sejam tratados os seus sintomas de saúde mental para ser restaurada a capacidade e se submeter a julgamento, agora existe uma aplicação legal direta. É esta última tarefa que tende a ser vista como forense, e a tarefa anterior, como correcional. Porém, essas linhas são frequentemente borradas na prática corrente da psicologia, e muitas dessas distinções entre a psicologia penitenciária e forense não são importantes. Além disso, a psicologia penitenciária está crescendo a passos largos (Boothby e Clements, 2000). Por consequência, nossa discussão sobre tratamento vai focar, em grande parte, no tratamento de infratores, o que pode ser considerado mais correcional, embora deixemos boa parte da discussão do tratamento forense puro para quando for relevante para capítulos específicos. Entretanto, o leitor deve ter em mente que frequentemente faz-se uma distinção entre tratamento das dificuldades emocionais que se relacionam a uma questão legal específica e o tratamento que pretende reabilitar infratores criminais para que eles tenham uma probabilidade menor de cometer infrações futuras quando forem libertados da cadeia ou prisão.

Quem estamos tratando?

A maioria das pessoas pensa nos infratores como um grande grupo homogêneo. Entretanto, os infratores compõem um grupo muito heterogêneo (Harris e Rice, 1997). Os grupos de infratores podem incluir aqueles não violentos, que estão presos por crimes como furto, destruição de propriedade ou até mesmo por crimes de colarinho branco como peculato. Também incluem infratores violentos que têm uma história de comportamento impulsivo e agressivo. Mesmo os infratores violentos são diferentes entre si e podem incluir indivíduos que perpetram violência doméstica ou violência sexual. Um grande número de infratores sofre de problemas de abuso de substância que podem não ser a base da sua condenação criminal, mas que no entanto servem como um fator importante no seu comportamento antissocial. Embora a maioria dos infratores seja homens, as pesquisas também revelaram que as mulheres infratoras apresentam uma variedade de necessidades em saúde mental (Ogloff, 2002). Além disso, as intervenções em delinquência juvenil não foram mencionadas, embora as pesquisas tenham revelado cada vez mais resultados positivos (Kurtz, 2002). Os infratores com transtornos mentais se sobrepõem parcialmente a alguns dos grupos anteriores, mas mesmo esse grupo inclui infratores com uma variedade de necessidades. Os infratores com transtornos mentais incluem indivíduos considerados "não culpados por motivo de inimputabilidade", "incapaz para se submeter a julgamento", "agressores sexuais com transtorno mental" e "infratores mentalmente doentes" (Heilbrun e Griffin, 1999). Mesmo dentro desse grupo de infratores com transtorno mental existe uma variedade de atos criminais e uma variedade de transtornos psiquiátricos (Harris e Rice, 1997).

As estimativas de prevalência de doença mental variam muito – desde menos de 5% até mais de 50%, dependendo da definição de doença mental e da natureza do contexto correcional (Corrado, Cohen, Hart e Roesch, 2000). Entretanto, as pesquisas sugerem claramente que os infratores encarcerados sofrem de uma variedade de doenças mentais. Atualmente, em torno de 10 a 19% dos prisioneiros do sexo masculino e 18 a 30% do sexo feminino sofrem de doença mental séria (Pinta, 2001). Os diagnósticos de abuso de substância podem envolver quase 50% dos infratores encarcerados (Arboleda-Florez et al., 1995). Mais uma vez, embora as estimativas variem amplamente, a revisão de Fazel e Danesh (2002) de mais de 60 estudos encontrou que 47% dos homens foram diagnosticados com transtorno de personalidade antissocial. Um estudo apontou que mais da metade das mulheres encarceradas tomavam medicação psicotrópica (O'Brien, Mortimer, Singelton, Meltzer e Goodman, 2003). Independentemente de estimativas precisas, está claro que a doença mental é uma questão significativa entre os infratores encarcerados.

Além do mais, a razão para a prevalência de doença mental entre os infratores é provavelmente muitifacetada (Mobley, 2006). Há muito tempo houve uma discussão sobre a criminalização dos mentalmente doentes (Teplin, 2001). Por exemplo, durante a década de 1970, quando decresciam em mais de 60% os cuidados à população de saúde mental, a população prisional correspondentemente aumentava em uma proporção similar (veja Mobley, 1999; Teplin, 1983; 1984). Além disso, os mentalmente doentes têm uma chance significativamente maior de serem presos do que os que não são mentalmente doentes por infrações similares (Teplin, McCleallad, Abram e Weiner, 2005). Imagine que a polícia é chamada até um parque tarde da noite. Os policiais encontram um homem dormindo em um banco do parque, mas ele parece responsivo e sóbrio. Eles podem simplesmente pedir que aquele indivíduo vá embora e se certificarem de que ele não retorne. Entretanto, se aquele mesmo homem falar sobre ouvir vozes que o conduziram até o parque para dormir, a polícia poderá levá-lo até a cadeia para sua própria proteção e também para proteger a sociedade. Nos dois exemplos, os indivíduos podem ter transgredido, embora apenas o indivíduo que exibir doença mental será encarcerado.

Além de a possível criminalização dos mentalmente doentes justificar o aumento nas taxas de prevalência, a própria natureza da experiência de prisão pode ser um fator (Mobley, 2006). Dvoskin e Spiers (2004) indicam que há cinco estressores importantes que provavelmente causarão impacto no bem-estar psicológico do indivíduo (a saber, ruído extremo, temperatura elevada, níveis elevados de medo, sujeira e superpopulação) e a prisão é um ambiente em que todos esses cinco fatores estão presentes. É claro que muitos podem argumentar que essas condições ruins são apropriadas dado que essas pessoas infringiram a lei. No entanto, essa questão apenas chama a atenção para o fato de que o sistema legal e o sistema de cuidados à saúde mental possuem diferentes propósitos (Howells, Day e Thomas-Peter, 2004). O objetivo do sistema legal é punir e o objetivo da saúde mental é reabilitar o infrator. É nesse ambiente que os indivíduos potencialmente vulneráveis são encarcerados.

A vulnerabilidade dessa população fornece um motivo adicional para as taxas de prevalência de doença mental potencialmente elevadas. Já foi bem estabelecido que os indivíduos de áreas socioeconômicas mais baixas estão em maior risco em relação a muitas doenças mentais (Glover, Leese e McCrone, 1999). Esse risco maior não deriva apenas dos problemas ambientais adicionais e de recursos econômicos que eles vivenciam, mas também da falta de educação sobre saúde mental e da falta de recursos de saúde mental disponíveis. Também fica claro que os indivíduos com antecedentes socioeconômicos mais baixos têm maior probabilidade de serem encarcerados. Esses dois achados inevitavelmente desempenham um papel na prevalência da doença mental entre os infratores.

Tipos de tratamento

O tratamento forense pode assumir muitas formas. Mobley (2006) identificou um modelo extenso de tratamento de infratores que inclui quatro tipos de tratamento: manejo, manutenção, programas ambulatoriais e programas especiais. Embora esses tipos de tratamento sejam apresentados como distintos para propósitos conceituais, eles também se sobrepõem e são interdependentes entre si.

O tratamento focado no manejo busca reduzir e eliminar crises agudas. As crises agudas são de curta duração, mas potencialmente graves e podem incluir automutilação, gestos suicidas, violência geral ou demonstrações agudas de psicopatologia psicótica ou impulsiva. Existem rotineiramente estressores ambientais precipitantes que se originam de dentro ou de fora do ambiente da prisão e que conduzem a essas crises. As estratégias de intervenção tipicamente incluem a resolução da crise imediata, provendo as necessidades imediatas de segurança do infrator ou dos outros à sua volta e estabelecendo um plano para reduzir recorrências futuras (Mobley, 2006).

A manutenção, por outro lado, tem o foco nas questões de saúde mental crônicas que não são prováveis de serem resolvidas completamente no ambiente da prisão ou cadeia. A manutenção geralmente ocorre em situações em que o infrator está sofrendo de uma doença mental séria, transtorno do desenvolvimento ou transtorno cognitivo grave. O tratamento normalmente focaliza a estabilização por meio da medicação e um esforço para manter um ambiente consistente em um contexto que tende a resistir a intervenções individualizadas. Além disso, pesquisas apontaram que esses programas podem ser efetivos no manejo da conduta imprópria (French e Gendreau, 2006).

Embora a terapia de pacientes não hospitalizados não seja um aspecto de rotina dos cuidados ao infrator, existem esforços crescentes para reconhecer que é importante a supervisão continuada daqueles em risco (Roskes, Feldman e Baerga, 2003). De acordo com Mobley (2006), o tratamento de pacientes ambulatoriais normalmente focaliza os problemas de ajustamento e de manejo das dificuldades, ansiedade e depressão que são resultado da vida diária. O foco nessas situações está na identificação de estratégias efetivas para lidar com as dificuldades, eliminar **distorções cognitivas** e manejo dos sintomas gerais. Pesquisas também demonstram que o tratamento de infratores com base na comunidade é mais efetivo do que as intervenções de prisão (ver Harris e Rice, 1997 para uma revisão).

O tipo final de tratamento cada vez mais disponível para as populações forenses é o uso de programas especializados (Mobley, 2006). Esses programas usualmente focam um tema ou área específica como abuso de substância, controle da raiva, transtornos da personalidade, agressão sexual ou erros do pensamento criminoso. Esses programas oferecem a oportunidade de intervenção intensiva e focada, sendo que as pesquisas apoiaram seu uso (ver Walters, 2003a, para um programa focado no pensamento criminoso). Entretanto, esses programas também podem ser caros e desgastantes para a equipe (Mobley, 2006).

Sucesso de programas para criminosos

Embora esteja claro que existem tratamentos forenses que são reconhecidos, ainda restam algumas perguntas. Primeiro, é possível tratar criminosos com sucesso? Segundo, se for possível tratar criminosos, existem abordagens de tratamento que têm mais sucesso do que outras? Por fim, essas abordagens têm o mesmo sucesso com todos os criminosos ou existem alguns que são intratáveis? Além do mais, ao examinar a eficiência ou sucesso desses programas, os pesquisadores focaram inúmeras variáveis de resultado. Os estudos focaram o comportamento criminoso geral, a reincidência em comportamento violento, conduta institucional imprópria, re-hospitalização, gravidade dos sintomas, nível de contato social, estabilidade ocupacional ou adaptação autorrelatada (Harris e Rice, 1997). Embora boa parte das pesquisas tenha a tendência de focar a recidiva, até certo ponto devido à natureza objetiva da variável e sua importância óbvia segundo um ponto de vista político, ainda é importante prestar atenção à maneira como sucesso ou eficácia são definidos na avaliação dessa pesquisa.

A história do tratamento de criminosos é marcada por muitas reviravoltas. Durante a década de 1960, os cuidados à saúde mental começaram a fazer algumas incursões às cadeias e prisões, apesar da ausência de evidências sobre a eficácia da reabilitação de criminosos (Gendreau, 1996). Contudo, em 1974 Robert Martinson concluiu, após uma revisão das pesquisas sobre reabilitação de criminosos, que ela era em grande parte ineficaz (Martinson, 1974). A expressão *nada funciona* foi atribuída a ele e se tornou popular entre os legisladores nos Estados Unidos, de modo que os esforços para reabilitação foram se reduzindo (Cullen e Gendreau, 1989). Foi somente no final da década de 1980 e início dos anos de 1990 que o otimismo foi recuperado por inúmeras outras revisões e estudos metanalíticos da literatura (Gendreau, 1996), com as metanálises mais recentes apoiando a reabilitação de criminosos, considerando-a efetiva (p. ex., Andrews, Zinger, Hoge e Bonta, 1996; Dowden, Antonowicz e Andrews, 2003). Antonowicz e Ross (1994, p. 97) afirmaram em sua revisão que "um crescente corpo de literatura de pesquisa atesta o fato de que alguns programas de reabilitação são bem-sucedidos com alguns criminosos quando aplicados por uma equipe" e, assim, destacaram as dificuldades nos esforços atuais. Embora a reabilitação de criminosos possa ser efetiva quando concebida e administrada adequadamente, o conflito anteriormente descrito entre os sistemas da justiça criminal e saúde mental pode impedir o progresso. No entanto, as evidências disponíveis parecem sugerir que os criminosos podem ser tratados efetivamente.

Programas de sucesso com criminosos

Uma vez que é possível tratar criminosos, existem abordagens de tratamento que têm mais sucesso? Na verdade, as pesquisas revelaram inúmeras características que são relevantes para o sucesso dos programas de tratamento. Os programas de sucesso devem apresentar uma base conceitual sólida que inclua componentes comportamentais e cognitivos (Landenberger e Lipsey, 2005). Uma base conceitual sólida significa que os programas devem ter uma base teórica particular que conduza à realização de um tratamento mais estruturado e focado. Isso fornece aos profissionais de saúde mental um guia a ser seguido e uma indicação das técnicas que devem ser aplicadas. Especificamente, a maioria das revisões da literatura recomenda uma abordagem cognitivo-comportamental com foco no comportamento e aquisição de habilidades para a vida juntamente com a correção das atitudes e crenças que levam ao comportamento antissocial (Landenberger e Lipsey, 2005). Antonowicz e Ross (1994) encontraram que 75% dos programas de sucesso eram cognitivo-comportamentais, enquanto que apenas 38% dos programas sem sucesso eram cognitivo-comportamentais.

Os programas devem focar as **necessidades criminogênicas** ou aqueles fatores que sabidamente levam a futura recidiva. As necessidades criminogênicas são os objetivos que os criminosos têm ou as necessidades que eles satisfazem quando cometem crimes. Essas necessidades tipicamente incluem atitudes antissociais, abuso e dependência de substância e promoção de comportamentos pró-sociais (Dowden e Andrews, 2000). O tratamento dessas necessidades diminui as chances de os criminosos se voltarem para o crime e aumenta as chances de os que procurem alternativas não criminais para esses comportamentos antissociais. Por exemplo, 90% dos programas efetivos são voltados para as necessidades criminogênicas (Antonowicz e Ross, 1994).

Os programas devem adequar os criminosos ao tipo apropriado de tratamento com a equipe apropriada (Gendereau, 1996). Essa abordagem é frequentemente chamada de **princípio da responsividade**, pois a expectativa é de que intervenções específicas devem ser responsivas às características das pessoas que estão sendo tratadas e que essas características podem ser usadas para chegar aos melhores resultados possíveis. Um estudo examinou o impacto das características do programa que sugeria implementações do princípio da responsividade e encontrou que 80% dos programas de sucesso exibiam essas características (Antonowicz e Ross, 1994). Pode ser argumentado que existem outros componentes para um programa de sucesso, mas esses três componentes parecem ter mais apoio e são os mais diretos na reabilitação de criminosos.

Também conhecemos as características de programas que não conseguem reabilitar criminosos e podem até mesmo aumentar a probabilidade de que reincidam no crime. Por exemplo, Gendreau (1996) mencionou quatro características de programas mal-sucedidos. Ele descreveu programas que usam abordagens terapêuticas psicanalíticas tradicionais e centradas no cliente, estratégias sociológicas que focam em subculturas particulares, programas punitivos que focam na punição do criminoso (p. ex., campos de treinamento) e programas que direcionam os esforços para necessidades não criminogênicas e não abordam as causas múltiplas de agressão como ineficazes.

Uma revisão da literatura traz respostas claras às duas primeiras questões levantadas. A literatura sobre o tratamento forense apoia cada vez mais a noção de que uma variedade de tipos de criminosos, tenham eles transtornos mentais, sejam criminosos em geral ou delinquentes juvenis, podem ser tratados com sucesso ou reabilitados, apesar de alguns conflitos inerentes entre a saúde mental e o sistema de justiça criminal. Embora nem todos os tratamentos e equipes sejam criados igualmente, temos evidências referentes aos componentes necessários de uma abordagem de tratamento de sucesso. Contudo, a pergunta final referente à eficácia desses programas com todos os criminosos ainda não foi respondida. Infelizmente, essa questão somente será abordada no Capítulo 5. Por enquanto, o foco se voltará para a área final da prática na psicologia forense, a consultoria.

Consultoria forense

A consultoria forense é uma área da prática forense que é menos conhecida e menos examinada do que a avaliação forense e tratamento forense. Essa tendência é interessante apesar do fato de que o campo mais amplo da consultoria em julgamentos é um negócio de milhões de dólares (Strier, 1999). O termo consultoria em julgamentos geralmente se refere a aspectos da psicologia que são desempenhados com maior frequência por psicólogos sociais, não por psicólogos clínicos. A consultoria em julgamentos se aplica mais tradicionalmente a tarefas como realizar pesquisas para moções de mudança de jurisdição, assistência na seleção do júri e preparação de pessoas para testemunhar (Boccaccini, 2002; Myers e Arena, 2001). Mantendo o foco nos aspectos clínicos da psicologia forense, esta seção não vai focar esses aspectos, mas apenas a consultoria forense e sua relação com a psicologia clínica.

Como afirmam Drogin e Barrett (2007, p. 446): "os psicólogos forenses geralmente encaram a consultoria como pouco mais do que uma abordagem aperfeiçoada ou segmentada às suas atividades familiares e costumeiras: por exemplo, realizar uma avaliação sem ter que testemunhar, revisar um relatório sem ter que compor um, localizar um perito sem ter que ser um". Entretanto, a distinção não é tão simples. No Capítulo 3, analisaremos amplamente as diferentes questões éticas envolvidas em ser um perito ou uma testemunha perita. Em geral, espera-se que uma testemunha perita permaneça objetiva, imparcial e evite a natureza adversarial do sistema legal. No entanto, os consultores trabalham como advogados. Eles estão trabalhando ativamente para benefício de um lado em relação ao lado opositor. Um psicólogo forense que é chamado para advogar por certa posição, identificando os aspectos da literatura que apoiam uma posição, sabendo que um advogado tentará apenas explorar esse aspectos, pode experimentar uma falta de familiaridade profissional com esse papel e considerar as implicações éticas da utilização inadequada dos seus conhecimentos (Shapiro, 2002). Em consequência, os especialistas argumentaram fortemente contra servir como consultor ou como perito testemunha no mesmo caso (Drogin e Barett, 2007). No entanto, realizar consultoria forense não é antiético inerentemente, e essas questões podem ser evitadas. Você deve manter isso em mente quando discutirmos consultoria e testemunho de especialista no Capítulo 3, e que o papel de um psicólogo forense como consultor é muito diferente do seu papel como testemunha especialista.

Boa parte do trabalho do perito forense reside em auxiliar os advogados em uma variedade de questões relacionadas ao julgamento. Uma tarefa pode envolver a identificação de peritos relevantes para testemunharem no caso. Nessas situações, o consultor forense deve se familiarizar com todos os aspectos do caso para poder dar os conselhos mais abrangentes e úteis. Um advogado pode pedir a um psicólogo forense informações sobre onde encontrar um psicólogo que possa testemunhar sobre o impacto do abuso sexual em uma criança. Além disso, o advogado pode nem mesmo saber que um perito em psicologia poderia ser útil em uma determinada situação ou o tipo de especialista em saúde mental que seria o mais útil em uma situação particular (Drogin e Barrett, 2007). Por vezes, a consultoria consiste em informar o advogado sobre as pesquisas em uma determinada área (Gottlieb, 2000). O consultor pode ter conhecimento das diferentes organizações confiáveis e também poder revisar com mais competência o passado profissional de especialistas potenciais para recomendar o melhor deles. Um advogado não dispõe do tempo para desenvolver esse nível de conhecimento e, assim sendo, o consultor forense poderá ser muito útil.

Outro caminho comum para os consultores é avaliar o testemunho ou o produto do trabalho de um perito oponente (Singer e Nievod, 1987). Um psicólogo forense pode examinar o relatório do perito oponente para avaliar se parece que esse especialista administrou adequadamente os testes psicológicos, se os dados apoiam as conclusões do relatório e se o relatório aborda todas as exigências estatutárias para aquela ação civil ou criminal particular. O advogado pode usar essas informações para fazer um exame transversal do perito opositor e identificar algum erro ou aspectos questionáveis no relatório (Drogin e Barrett, 2007). Essa tarefa também pode envolver a revisão de alguma documentação produzida pelo perito para o caso e alguma outra coisa que ele escreveu ou declarou publicamente sobre o tema. Essas buscas podem fornecer declarações contraditórias em casos relevantes que podem ser usadas para desacreditar o perito que está testemunhando.

Uma última área em que os psicólogos forenses estão sendo cada vez mais usados como consultores se relaciona com as ações políticas. Muitas agências governamentais ou independentes estão usando os psicólogos forenses para ajudá-las a formar iniciativas políticas ou avaliar políticas já existentes. Por exemplo, Norris (2003) explicou o papel que os consultores forenses desempenharam na reformulação das políticas da igreja católica para a proteção das crianças após a crise de abusos sexuais. A igreja católica formou uma comissão que teve a incumbência de chegar a um conjunto de políticas que protegeria as crianças de futuro abuso sexual. Os consultores forenses foram envolvidos na formulação de novas políticas e programas e no treinamento de autoridades da igreja para implementar e responder de acordo com as políticas. Esse exemplo é apenas um em que os consultores forenses podem usar o seu conhecimento fora dos papéis mais tradicionais de avaliação e tratamento.

Além desses três papéis, os psicólogos forenses são usados para consulta em inúmeras outras situações além de testemunhar como especialistas. Deve ser reiterado que trabalhar como consultor forense é um trabalho que vai além do treinamento normal que os psicólogos forenses normalmente recebem e envolve questões éticas potenciais que podem entrar em conflito com a abordagem científica objetiva tradicional assumida quando trabalham como especialistas. No entanto, é provável que os psicólogos forenses cada vez mais trabalhem como consultores nesses papéis tradicionais e também em muitos outros papéis ainda não reconhecidos.

Resumo

A avaliação forense é parte fundamental da prática forense e a atividade mais comum que os psicólogos forenses desempenham. As avaliações forenses são realizadas para auxiliar o tribunal em resposta a uma questão legal particular. Por consequência, as avaliações forenses tendem a diferir das avaliações terapêuticas tradicionais em vários aspectos: (1) metas e objetivos; (2) relação entre as partes; (3) identidade do examinando; (4) consequências e (5) precisão das informações. A avaliação forense normalmente consiste de uma entrevista clínica que pode ser não estruturada, semiestruturada ou estruturada; a testagem psicológica, que pode incluir uma variedade de testes psicológicos para avaliar personalidade, inteligência, déficits neuropsicológicos ou instrumentos forenses especializados, e também se basear significativamente em informações de arquivo ou de terceiros.

O tratamento forense se interessa por tratar e reabilitar uma variedade de tipos de criminosos, desde os criminosos violentos até aqueles com transtorno mental. O tratamento psicológico em contextos forenses consiste rotineiramente de manejo, manutenção, terapia com pacientes externos ou programas concebidos para questões específicas relevantes para os criminosos. O tratamento de criminosos já foi controverso devido aos propósitos conflitantes do sistema de justiça criminal e do sistema de saúde mental e as evidências do sucesso dessas abordagens de tratamento. Atualmente, a literatura psicológica deixa relativamente claro que o tratamento pode ser bem-sucedido e que existem componentes específicos característicos dos programas de tratamento bem-sucedidos.

A área final da prática forense é a consultoria forense. A consultoria forense inclui uma variedade de tarefas informais que podem ser distintas da avaliação e tratamento e também se sobrepõem a eles. Como o papel do consultor forense tende a encorajar o psicólogo forense a trabalhar como advogado, podem surgir certas questões profissionais e éticas que devem ser cuidadosamente consideradas.

Termos-chave

âmbito da prática
avaliação terapêutica
confiabilidade
distorções cognitivas
entrevista estruturada
entrevista não estruturada
entrevista semiestruturada

ganho secundário
informações de arquivo
instrumento forensemente relevante
instrumentos forenses especializados
instrumentos para avaliação forense

necessidades criminogênicas
princípio da responsividade
psicologia penitenciária
testes objetivos
testes projetivos
validade

Leitura complementar

Drogin, E. Y., & Barrett, C. L. (2007). Off the witness stand: The forensic psychologist as consultant. In A. M. Goldstein (Ed.), *Forensic psychology*: Emerging topics and expanding roles (pp. 465–488). Hoboken, NJ: John Wiley & Sons.

Gendreau, P. (1996). Offender rehabilitation: What we know and what needs to be done. *Criminal Justice and Behavior, 23*, 144–161.

Grisso, T. (2003a). *Evaluating competencies*: Forensic assessments and instruments. New York: Kluwer Academic/Plenum Publishers.

Testemunho pericial e o papel de um perito 3

A prática da psicologia forense com frequência acaba tendo o psicólogo forense no papel de testemunha perita. Como testemunha perita, os psicólogos podem auxiliar a corte diretamente, informando sobre os achados psicológicos e sua aplicação a uma questão legal particular. No entanto, é importante lembrar que os psicólogos forenses estão meramente prestando assessoria ao sistema legal. O sistema legal e os juízes em particular são resistentes a que sua autoridade seja usurpada ou substituída por evidências psicológicas (Ogloff e Cronshaw, 2001). O propósito do psicólogo forense como testemunha perita não é substituir a autoridade da corte para tomar decisões, mas auxiliá-la. Também é importante perceber que os psicólogos forenses geralmente atuam como peritos sem que testemunhem no tribunal, e boa parte da nossa discussão neste capítulo se propõe a distinguir o perito que testemunha do perito que não testemunha.

Ao concordar em entrar na sala do tribunal, o psicólogo defronta-se com vários desafios importantes aos quais ele não está exposto na rotina de sua prática clínica (Brodsky, Caputo e Domino, 2002). A natureza antagonista do próprio sistema legal é um desafio para os psicólogos forenses. Os psicólogos tipicamente atuam em ambientes em que existe cordialidade e discussão aberta de ideias. No entanto, a natureza antagonista da sala do tribunal pode deixar claro que as ideias e conclusões não serão discutidas, mas criticadas dentro de uma atmosfera competitiva. Além disso, essa crítica é realizada em um local muito público e existe pouco apoio ao perito que testemunha. Um perito não pode se dar ao luxo de solicitar um intervalo ou telefonar para um amigo para pedir um conselho enquanto está no papel de testemunha. Ele está realmente sozinho. Toda essa experiência acontece em um contexto com o qual o perito na maior parte das vezes não está familiarizado, e essa é outra razão pela qual o testemunho do perito foi chamado de a experiência profissional potencialmente mais assustadora em psicologia (Brodsky et al., 2002).

O uso crescente de profissionais da saúde mental como peritos testemunhas nos Estados Unidos, Canadá e em muitos lugares por todo o mundo (Colbach, 1997; Knapp e VandeCreek, 2001; Saunders, 2001) sugere que eles produzem um impacto significativo no sistema legal. A. Hess (2006) sugere que, à medida que nossa sociedade se torna mais complicada e o conhecimento se expande em um ritmo exponencial, existe uma necessidade ainda maior de especialistas. Na verdade, ele sugere que não utilizar um perito em um caso constitui uma falha profissional por parte do advogado (Hess, 2006). Contudo, a verdade é que o impacto do testemunho de um perito na tomada de decisão do júri não está completamente claro (Nietzel, McCarthy e Kern, 1999). Nietzel e colaboradores realizaram uma **metanálise** de 22 estudos publicados examinando o impacto do testemunho de especialistas dentre uma variedade de casos, incluindo tópicos diversos como abuso infantil, identificação de testemunhas oculares, inimputabilidade, mulheres espancadas ou evidência de síndrome de trauma por estupro, hipnose ou evidências por meio de polígrafos. Uma metanálise é uma análise estatística em que os estudos disponíveis são combinados estatisticamente para fazer e responder perguntas que não são possíveis com apenas um único estudo. Essa abordagem estatística ajuda a complementar a abordagem tradicional de resumir uma área de pesquisa que consistiu de leitura das pesquisas disponíveis e chegar a uma conclusão com base na consideração racional dos diferentes estudos. Nietzel e colaboradores (1999) encontraram um impacto modesto entre esses tipos diferentes de casos de testemunho de peritos. No entanto, não há indicação de que os tribunais já estejam fartos do testemunho dos psicólogos forenses ou que o estejam descartando.

Além disso, a maior parte do trabalho forense não culmina no testemunho do especialista. O trabalho de consultoria por sua própria natureza não resulta no testemunho objetivo de um especialista. As avaliações e o tratamento forense também não tendem a acabar com o testemunho da sala do tribunal, provavelmente porque a grande maioria dos casos é resolvida antes do julgamento. Entretanto, ainda é importante focar atenção especial nos peritos que testemunham, porque boa parte da visão do público sobre a psicologia forense está baseada nessas exibições públicas do trabalho forense. Além disso, muitos dos temas que discutirei em relação ao testemunho de peritos, como questões éticas e parcialidade, são a realidade de todo o trabalho forense em que o psicólogo está atuando como um especialista objetivo, resulte isso em testemunho no tribunal ou não.

História do testemunho pericial

Os psicólogos nem sempre testemunharam amplamente como peritos. As opiniões variam, mas Gravitz (1995) sugere que um dos primeiros exemplos de testemunho de perito nos Estados Unidos que poderia ser considerado sob a ideia geral da psicologia ou psiquiatria forense ocorreu em um julgamento por assassinato em 1846. John Johnson foi julgado pelo assassinato de Betsey Bolt, como parte de um plano para encobrir uma anterior agressão sexual da Sra. Bolt por Johnson. Uma especialista, Amariah Brigman, testemunhou exaustivamente sobre o estado de saúde mental de uma das testemunhas que havia sido paciente em um hospital psiquiátrico. Entretanto, a maioria das tentativas iniciais de encorajar o uso de princípios psicológicos no sistema legal ocorreu antes que o campo da psicologia clínica estivesse formalmente estabelecido e, assim, ocorreram em áreas como percepção e cognição (p. ex., identificação de testemunhas oculares). Essas primeiras tentativas foram auxiliadas por figuras significativas como Hugo Munsterberg (Capítulo 1) e seu livro *On the witness stand* (1908), em que ele incentivava o uso de uma variedade de achados e métodos psicológicos para auxiliar a corte, incluindo algumas áreas clinicamente relacionadas com o comportamento criminal. Embora as suas primeiras alegações referentes à capacidade da psicologia de fazer a diferença na sala da corte tenham sido excessivamente otimistas (Benjamin, 2006), Munsterberg estimulou a consideração da possibilidade, apesar das críticas feitas pelos estudiosos legais como John Wigmore (ver Quadro 3.1 para discussão da critica de Wigmore a Munsterberg).

O *status* profissional dos psicólogos clínicos na parte inicial do século XX tornou improvável que os psicólogos invadissem as salas dos tribunais. Durante a infância da psicologia clínica, os psicólogos clínicos eram em sua maior parte vistos como administradores de testes psicológicos e certamente secundários aos psiquiatras no campo da saúde mental. Em consequência, os psiquiatras foram os únicos consistentemente capazes de testemunhar em questões legais (Ewing, 2003). Essa prática mudou com *Jenkins* vs. *Estados Unidos* (1962). A opinião da maioria na Corte de Apelações no Distrito de Columbia, conforme o Juiz David Bazelon, a quem também mencionarei no Capítulo 7 (inimputabilidade), decidiu que, devido

Quadro 3.1 Discussão da controvérsia entre Munsterberg e Wigmore

Hugo Munsterberg foi um dos psicólogos mais eminentes do começo de 1900. Ele se tornou diretor do primeiro laboratório psicológico dos Estados Unidos, originalmente estabelecido em Harvard, e um dos primeiros presidentes da Associação Americana de Psicologia em 1898. É reconhecido em geral não somente como o pai da psicologia forense, mas de todo o campo da psicologia aplicada.

Uma figura que era igual, se não superior, a Munsterberg no seu campo do direito era John Henry Wigmore. O Decano Wigmore foi diretor em Harvard da Northwestern Law School e potencialmente o estudioso jurista mais importante da sua época. Wigmore concordou com boa parte do sentimento que Munsterberg expressou em *No banco das testemunhas* e também proferiu palestras sobre temas como a falibilidade das afirmações de testemunhas oculares antes de ter sido publicado *No banco das testemunhas*. No entanto, Wingmore achava que muitas das alegações de Munsterberg eram excessivas e sem fundamentação na pesquisa psicológica. Wigmore

deu sua resposta a Munstererg em um artigo na edição de 1909 do *Illinois Law Review* de uma forma criativa. Wigmore estruturou a sua resposta como um julgamento fictício em que um personagem, "Muensterberg", era colocado em julgamento por difamar a profissão legal.

A maioria dos relatos do julgamento simulado aludiam a que ele era parecido com outros acontecimentos históricos como o da última posição de Custer, estando Munsterberg no papel de Custer (Doyle, 2005). Wigmore conseguiu refutar os argumentos de Munsterberg sobre a aplicação da psicologia ao direito. Embora o seu relato ficcional tenha feito Munsterberg recuar e alguns estudiosos da psicologia tenham argumentado que isso deixou a psicologia completamente desconsiderada aos olhos da lei (Brigham, 1999), também possibilitou uma das primeiras oportunidades de a psicologia aprender com a comunidade legal. Além do mais, Wigmore é frequentemente descrito como um dos maiores, se não o maior, proponentes da psicologia como informante do sistema legal.

ao seu treinamento e conhecimentos significativos, os psicólogos clínicos não deveriam ser impedidos de testemunhar em questões de saúde mental como uma questão legal (Ewing, 2003). Conforme escreve Ewing (2003, p. 58) em relação a *Jenkins*, "a sua importância para a história da psicologia forense não pode ser subestimada". Sem a decisão em *Jenkins*, é improvável que tivéssemos o crescimento prolífico da psicologia forense que ocorreu durante os últimos 40 anos.

Admissibilidade do testemunho pericial

Para que um psicólogo testemunhe em um julgamento, o seu testemunho deverá ser legalmente permissível ou admitido por um juiz. A admissibilidade do testemunho científico do perito foi de interesse crescente durante a última década, conforme indicado por alguns casos significativos decididos respectivamente pela Suprema Corte dos Estados Unidos e Canadá (veja *Daubert* vs. *Merrell Dow Pharmaceuticals*, 1993; *Regina* vs. *Mohan*, 1994). Contudo, a admissibilidade do testemunho científico e do testemunho psicológico remonta a antigos casos e princípios que continuam a ser relevantes hoje, apesar dessas decisões mais recentes. Também é extremamente importante que os psicólogos forenses tenham conhecimento dos padrões legais para a admissibilidade do seu testemunho, porque isso tem relação direta com os métodos e técnicas que eles utilizam na sua prática. Embora seja improvável que os psicólogos forenses testemunhem na maioria dos seus casos, eles devem estar preparados para a possibilidade em cada caso.

Padrão *Frye*

Nos Estados Unidos, o padrão relevante na maioria dos estados e no governo federal antes de *Daubert* era o padrão *Frye*. Em *Frye* vs. *Estados Unidos* (1923), a Corte de Apelações do Distrito de Columbia declarou que "embora as cortes tenham um longo caminho para admitir o testemunho de um especialista deduzido de um princípio ou descoberta reconhecidos, a coisa a partir da qual é feita a dedução deve ser suficientemente consagrada para ter conseguido aceitação geral no campo particular a que ela pertence" (p. 1014). Portanto, a base para permitir que os especialistas científicos testemunhem sob o teste de *Frye* era de aceitação geral. Se um procedimento científico ou teoria fosse aceito em geral por um campo científico particular, era permitido que o especialista testemunhasse. Se o campo específico não aceitasse a teoria ou procedimento como preciso, o especialista não tinha permissão para testemunhar. Por exemplo, em *Frye* a questão era a admissibilidade da testemunha especialista em função de um polígrafo (isto é, detector de mentiras). A corte concluiu que o campo científico de um modo geral não aceitava o polígrafo como confiável ou válido, de modo que o testemunho não foi admitido na corte e os especialistas em polígrafos ainda hoje continuam a ser excluídos para testemunhar. O teste de *Frye* era administrado com facilidade pelos tribunais, uma vez que requeria mínima sofisticação científica dos juízes (Faigman, Porter e Saks, 1994).

Os tribunais também equilibram o **valor probatório** da evidência em comparação com as consequências **prejudiciais** de admitir a evidência (Taslitz, 1995). Valor probatório significa que uma determinada informação ajuda a provar um ponto particular ou é útil na decisão de uma questão diante da corte. Prejudicial se refere aos danos potenciais ou à parcialidade que uma evidência ou testemunho podem causar. Todas as evidências apresentadas na corte são tanto probatórias quanto prejudiciais. Por consequência, esse teste de equilíbrio significa que as informações que um perito fornece têm de ser mais benéficas (ou seja, mais probatórias) do que qualquer prejuízo ou influências que elas possam introduzir na mente do juiz ou do júri, os julgadores do fato, ou não serão admitidas na corte. Por exemplo, maus atos realizados no passado, como o fato de o acusado já ter assassinado alguém anteriormente, não são em geral admissíveis em um julgamento criminal. A razão é que os tribunais determinaram que esse tipo de informação influenciaria os jurados contra um réu de modo irracional e traria pouco, se algum, valor probatório na decisão sobre o réu ser culpado do crime atual. O testemunho do perito deve atender ao critério de ser mais benéfico do que tendencioso.

Daubert vs. Merrell Dow

Muitos criticaram o teste de *Frye* por somente se aplicar a testemunhos científicos recentes ou novos, o que significava que os tribunais tinham dificuldade em definir a comunidade científica apropriada para decidir se ele era aceito em geral. Ele também foi criticado como conservador demais, porque excluía evidências confiáveis que tinham a infelicidade de ser recentes. Por fim, as atenções ao testemunho científico de especialistas começaram a se focar na admissão da **junk science.** *Junk science* era considerado o testemunho de peritos que era admitido sobre temas que não estavam consagrados na comunidade científica, mas que eram úteis para o sistema legal de alguma maneira. Por exemplo, o testemunho de representantes das companhias de tabaco sugerindo que fumar cigarros não causa câncer foi usado como um exemplo de *junk science* fora do campo da psicologia (Givelber e Strickler, 2006). Em *Daubert*, a Corte concluiu que o teste de *Frye* era obsoleto e que a admissibilidade do testemunho científico do perito agora seria governada pelos requisitos de *Daubert* (*Daubert* vs. *Merrell Dow Pharmaceuticals, Inc.*, 1993). Veja a Figura 3.1 para um exemplo do padrão *Daubert* em ação.

Daubert originalmente envolvia uma alegação de dois querelantes em nome dos seus filhos que nasceram com graves defeitos de nascença. A corte excluiu o testemunho dos especialistas dos querelantes que tentavam provar a ligação entre o uso do medicamento Bendictin e os defeitos das crianças. A Suprema Corte, por fim, reverteu a decisão do tribunal inferior de excluir as evidências do especialista dos querelantes e decidiu que o teste de *Frye* de aceitação geral não era a regra apropriada para decidir a admissibilidade de evidências científicas (*Daubert* vs. *Merrell Dow Pharmaceuticals, Inc.*, 1993). A Corte identificou o papel do juiz como o de um guardião em relação a todo o testemunho científico e especificou um processo de duas partes para avaliação da admissibilidade que se focava na *relevância* e *confiabilidade*. A Corte indicou que, para que as evidências científicas sejam relevantes, devem estar relacionadas ao assunto em questão. Em relação ao teste de relevância, a Corte indicou que o juiz tinha o discernimento para excluir um testemunho relevante quando o valor

Figura 3.1 Em 2005, Lewis "Scooter" Libby Jr. foi indiciado com inúmeras acusações relacionadas à revelação do agente secreto da CIA Valerie Plame. Libby contratou vários psicólogos renomados para apresentarem pesquisas psicológicas aos jurados, mas a corte considerou o testemunho inadmissível segundo o padrão *Daubert* porque achou que os estudos subjacentes eram de validade questionável; o testemunho não auxiliaria o júri; o efeito prejudicial do testemunho era maior do que o seu valor probatório; e o testemunho substituiria o júri como o julgador do fato. © Alex Wong/Getty Images.

probatório tivesse menos peso do que o impacto prejudicial do testemunho.

Ao definir o seu segundo critério, confiabilidade, a Corte se baseou nas Regras Federais de Evidência (FRE) 702, que comparam o conhecimento científico com evidências confiáveis do perito. A Corte estava incorreta quando sugeriu que os juízes estavam interessados na consistência da evidência dos peritos (confiabilidade) quando eles estavam na realidade interessados na exatidão do seu testemunho (validade). No entanto, para estabelecer a confiabilidade, a Corte identificou uma lista de diretrizes:

1. A teoria ou técnica em questão é testável e já foi testada?
2. A teoria ou técnica foi submetida à revisão dos pares ou à publicação?
3. Qual é o índice de erro conhecido ou potencial para as técnicas científicas?

4. A teoria é aceita de modo geral na comunidade científica?

Fica claro com essa lista que *Daubert* também incorporou, como um componente do novo teste, muito do que foi utilizado no teste de *Frye*, o qual requeria aceitação geral.

A decisão de *Daubert* foi com certeza um marco, conforme indicado pelo volume de comentários que se seguiram (p. ex., Black e Singer, 1993; Imwinkelried, 1993). Apesar do volume de debates, houve pouca concordância sobre como esse padrão afetaria a admissibilidade da evidência científica (Faigman et al., 1994; Fenner, 1996). Apesar de a Corte acreditar que o novo padrão estaria mais de acordo com a tendência das Regras Federais de Evidência e que os tribunais teriam condições de exercer maior flexibilidade (*Daubert* vs. *Merrell Dow Pharmaceutics, Inc.*, 1993), as verdadeiras consequências ainda não estavam claras. Também não estava claro como juízes sem treinamento científico avaliariam o mérito científico do testemunho científico.

O restante da trilogia de *Daubert*

Dois outros casos tentaram esclarecer a abrangência de *Daubert,* os procedimentos referentes à admissibilidade do testemunho do especialista e completaram a trilogia dos casos que formam os fundamentos para a admissibilidade do testemunho do perito moderno nos Estados Unidos. A questão diante da Suprema Corte em *General Electric Company* vs. *Joiner* (1997) foi o padrão de revisão para a reversão das decisões de cortes inferiores referentes à admissibilidade de evidências científicas. Em essência, o caso identificou até onde um juiz da corte comum precisa errar nas suas decisões de admissibilidade para que uma corte de apelação a reverta. A Corte decidiu que um único padrão, o abuso de critério, era apropriado. O importante não era o padrão legal particular, mas que esse padrão legal fosse alto. O padrão do abuso de critério sugere que um juiz da corte comum precisa tomar uma decisão claramente irracional ao admitir o testemunho de um perito e, assim, o tribunal estava acatando os juízes de corte comum como os responsáveis em última análise pela aplicação de *Daubert*. O termo *guardião* foi utilizado para significar esse papel do juiz como o árbitro final do mérito científico do testemunho de um perito.

Em *Kumho Tire Co.* vs. *Carmichael* (1999), a questão era se o testemunho não científico ou técnico deveria ser avaliado pelos critérios *Daubert*. Os tribunais estavam colocando os peritos científicos em um padrão mais alto do que os peritos técnicos? A Corte decidiu que *Daubert* deveria se estender ao conhecimento técnico e que deveria ser aplicado com alguma flexibilidade pelo juiz da corte comum. Essa decisão aplicou claramente *Daubert* a aspectos controversos da psicologia clínica sobre os quais os tribunais estão discutindo quanto à sua cientificidade. Ao estender o *Daubert* até o conhecimento técnico e especializado, os tribunais não tiveram que criar um padrão diferente para a psicologia clínica em comparação com aspectos da psicologia que eram menos aplicados e consagrados mais empiricamente.

Então, embora a Suprema Corte continuasse a esclarecer a sua decisão original em *Daubert* por meio de *Joiner* e *Kumho,* o verdadeiro impacto do testemunho do perito ainda não estava completamente claro. Esses padrões adicionais, na verdade, dificultavam que as evidências científicas fossem admitidas? *Daubert* excluiu a *junk science*? Groscup, Penrod, Studebaker, Huss e O'Neil (2002) examinaram quase 700 casos de apelação à corte que ocorreram antes e depois de *Daubert* e encontraram vários resultados interessantes que poderiam sugerir o verdadeiro impacto de *Daubert*. De um modo geral, não houve um impacto perceptível na admissibilidade do testemunho do perito. A pesquisa indicou que os tribunais passam mais tempo examinando as qualificações do especialista do que os seus métodos, e que auxiliar o juiz de fato era o critério mais importante para admissão comparada a qualquer um dos quatro critérios de *Daubert*. Esses resultados sugerem que em vez de avaliar a qualidade do testemunho científico, os tribunais continuam a se basear nos mesmos padrões que usavam antes de *Daubert*. *Daubert* pode ter aumentado a avaliação referente à prática da psicologia forense, mas provavelmente não aumentou de fato o limiar para o mérito científico dela. Como os juízes não são treinados para serem peritos científicos, eles podem, em vez disso, se basear na utilidade do testemunho do perito ou decidir se ele irá auxiliar a corte. Apesar desses achados, *Daubert*, *Joiner* e *Kumho* sugerem que os psicólogos forenses devem esperar um escrutínio legal maior e, por consequência, haverá uma melhora na base científica do testemunho psicológico admitido nas cortes (Faigman e Monahan, 2005). Os casos da Suprema Corte que são relevantes para a admissibilidade do testemunho científico estão resumidos na Tabela 3.1.

Questionamentos ao testemunho pericial

Exame cruzado

Além de excluir a possibilidade de o perito testemunhar como uma questão legal, existem muitas outras maneiras pelas quais o testemunho de um perito pode ser questionado na corte. O método mais comum de questionar um perito é o exame cruzado. Na verdade, os tribunais até mesmo se baseiam no uso do exame cruzado como uma forma de questionar o testemunho do especialista que eles acham suspeito, muito embora ele seja admitido. O direito não somente considera que juízes que não foram treinados em um campo científico podem avaliar o seu método científico, mas também que um júri pode fazer o mesmo devido ao poder do exame

Tabela 3.1 Casos da Suprema Corte relevantes para a admissibilidade do testemunho científico

Caso da suprema corte	Resumo das decisões
Frye vs. *Estados Unidos* (1923)	Testemunho científico admitido se for aceito de um modo geral na comunidade científica
Daubert vs. *Merrell Dow Pharmaceuticals* (1993)	Testemunho científico admitido se for relevante e confiável de acordo com os quatro critérios potenciais
General Electric Co. vs. *Joiner* (1997)	Juiz da corte comum é nitidamente o guardião para admissão de evidências científicas
Kumho Tire Co. vs. *Carmichael* (1999)	Decisões anteriores sobre admissibilidade do testemunho científico se aplica ao conhecimento técnico e especializado

cruzado. O exame cruzado ocorre depois que uma testemunha testemunhou, e o advogado oponente pode questionar o perito diretamente. Brodsky e colaboradores (2002, p. 30) resumiram o exame cruzado de uma testemunha especialista dizendo: "Mais do que qualquer outro aspecto do processo legal, as testemunhas temem o exame cruzado. Passamos a pensar no exame cruzado como uma batalha pelo poder e controle entre a testemunha e o advogado". Desacreditar ou impedir uma testemunha especialista normalmente ocorre por meio do uso de inconsistências anteriores que foram registradas em casos passados ou publicadas em materiais profissionais. Um especialista pode ter expressado uma opinião em testemunho anterior ou até ter publicado um livro com a opinião dada e depois contradizer essas afirmações no testemunho atual. Um advogado bem preparado vai pesquisar as declarações anteriores na procura desses exemplos para desacreditar um perito (Ewing, 2003). Advogados opositores também se baseiam em outros materiais especializados que possam contradizer a opinião do perito ao apontar que outros especialistas no campo discordam, se o especialista presente se baseou nesses materiais ou métodos. Evidências empíricas indicam que a tática pode ter sucesso, um exame cruzado efetivo de uma testemunha especialista já alterou escolhas de veredicto em estudos simulados de jurados (p. ex., Spanos, Dubreuil e Gwynn, 1991).

Perito opositor

Outra forma pela qual um perito pode ser questionado é por meio do uso de um perito opositor. Embora esse método resulte em muito menos do que uma carga emocional para o perito, o resultado pode ser similar. Entretanto, os peritos opositores podem aumentar o custo de um julgamento, deixar o juiz e o júri confusos e conduzir à crítica frequente do duelo de especialistas e, assim, desviar o foco das verdadeiras questões e colocar mais ênfase no testemunho do perito (Hess, 2006). Entretanto, a nossa discussão anterior da metanálise de Nietzel e colaboradores (1999) sugere que as testemunhas especialistas podem causar um impacto modesto. Especificamente, Devenport e Cutler (2004) apontaram que o testemunho opositor da acusação poderia diminuir o impacto da testemunha especialista da defesa. Portanto, parece haver algum apcio empírico também para essa abordagem.

Instruções judiciais

Um desafio final ao testemunho do perito é o uso das instruções judiciais. Um juiz tipicamente lê uma lista de instruções para o júri antes da discussão do caso, as quais o júri deve seguir durante o processo de deliberação. Os juízes podem instruir os jurados quanto ao escrutínio para dar certo testemunho ou mesmo esquematizar o testemunho de um modo particular para o júri. A pesquisa empírica deixa claro que os jurados têm muita dificuldade para entender e aplicar as instruções judiciais (Penrod e Cluter, 1987; Ogloff e Rose, 2005). Entretanto, existem muitas variáveis, como o *timing*, o propósito das instruções e a natureza das instruções, que desempenham um papel na compreensão dos jurados e impacto no veredicto final (Penrod e Cutler, 1987; Ogloff e Rose, 2005). Pelo menos um estudo encontrou que o testemunho do perito é mais provável de produzir impacto nos jurados do que as instruções de um juiz (Cutler, Dexter e Penrod, 1990). Entretanto, o sistema legal continua a encarar as instruções judiciais como uma maneira de influenciar os jurados no que se refere à avaliação que eles fazem da testemunha especialista.

Fatores que influenciam a credibilidade da testemunha especialista

Além das realidades legais que têm impacto no trabalho da testemunha especialista forense, também existem vários fatores que foram identificados como influência a sua credibilidade ou acreditação. Existem muitos fatores que os comentaristas sugeriram que aumentam a credibilidade de uma testemunha especialista. Esses fatores incluem se vestir profissionalmente, familiaridade com a sala do tribunal, manter um bom contato visual e projetar sua voz e demonstrar compostura no contexto adversarial (Brodsky et al., 2002; Melton, Petrila, Poythress e Slobogin, 1997). Azevedo (1996) e Blau (1998) argumentaram independentemente que existem fatores que reduzem a credibilidade de um perito, tais como passar uma parte excessiva do tempo do seu testemunho se referindo à sua profissão principal, a falta de conhecimento do caso atual, inconsistências entre os diferentes casos em que o perito testemunhou e o uso de métodos científicos inadequados.

No entanto, os fatores sugeridos pelos autores são em grande parte teóricos. Existem achados empíricos que também identificaram fatores que influenciam a credibilidade de uma testemunha especialista. Por exemplo, estudos de júri simulado focaram no efeito **mercenário**. O efeito mercenário foi descrito como fazendo com que os peritos pareçam menos acreditáveis porque foram pagos por um dos lados para testemunhar. Cooper e Neuhaus (2000) examinaram o nível do pagamento (alto ou baixo), o nível das credenciais (alto ou modesto) e a frequência do testemunho (frequente ou novato) em três estudos de júri simulado. Eles indicavam com consistência que os peritos muito bem pagos que testemunhavam geralmente eram menos acreditáveis e menos apreciados pelos jurados potenciais. Boccaccini e Brodsky (2002) foram mais um passo além e realizaram uma pesquisa por telefone com 488 moradores de uma comunidade. Os resultados revelaram que os participantes tinham maior probabilidade de acreditar nos peritos da sua comunidade local comparados aos peritos nacionais, peritos que praticavam ativamente, peritos que testemunharam para a acusação e defesa em julgamentos anteriores e peritos que não receberam nenhum pagamento. Embora possa ser difícil para um psicólogo forense acompanhar todos esses achados e ainda ganhar a vida, eles devem ser considerados por advogados e peritos preocupados em parecerem mercenários.

Críticas ao testemunho pericial

Surgiram muitas críticas provenientes da psicologia e direito com respeito aos psicólogos forenses que testemunham como testemunhas especialistas. Algumas dessas críticas são o resultado do conflito inerente entre as duas disciplinas e a natureza adversarial do sistema legal, enquanto outras devem ocorrer por distintas razões.

Assumindo o controle da sala do tribunal

Vários estudiosos sugeriram que os psicólogos estão sendo cada vez mais solicitados para auxiliar os tribunais (Colbach, 1997; Knapp e VandeCreek, 2001; Saunders, 2001). No entanto, também foi expressa a preocupação de que os psicólogos estão não só testemunhando como também "assumindo o controle da sala do tribunal" (Coles e Veiel, 2001, p. 607). A preocupação com o uso crescente de peritos é de que isso possa significar que eles estão não somente informando o juiz ou o júri além do conhecimento que têm, como também substituindo a sua prerrogativa de tomar decisões. Essa preocupação aumenta em especial quando é prestado um testemunho que não atende aos padrões do testemunho científico. Coles e Veiel (2001) trazem uma preocupação significativa de que o testemunho em saúde mental está sendo mal empregado devido à falta de rigor científico, e encorajaram os tribunais a limitar o testemunho de psicólogos forenses. Essa crítica assume importância ainda maior no caso de testemunho final sobre a questão.

Testemunho de opinião final

Opinião final ou **testemunho final sobre a questão** é o testemunho do perito em que ele não só apresenta uma conclusão, mas essa conclusão responde à pergunta legal final, pergunta que no momento está perante a corte. Por exemplo, a pergunta legal final em um julgamento criminal é se o acusado é culpado ou inocente. Se um psicólogo forense fosse chamado para testemunhar em um caso criminal ou escreveu um relatório que afirmava, com base na sua avaliação do acusado, que ele era culpado, isso constituiria um testemunho de opinião final. É claro que soa um pouco tolo que um psicólogo ateste diretamente que uma pessoa é culpada ou inocente porque determinar isso é papel do juiz ou do júri. Tradicionalmente, o testemunho final sobre a questão que ocorre em situações que envolvem inimputabilidade, capacidade e risco de periculosidade futura foi encarado como inapropriado porque ele trata de uma questão legal, não de uma questão psicológica, e isso está além do papel de um especialista em saúde mental (Ewing, 2003; Wilkinson, 1997).

Os psicólogos não são rotineiramente treinados sobre questões legais ou para serem advogados. Os psicólogos são treinados em psicologia e, portanto, são competentes em psicologia (Ogloff, 1999). Testemunhar ou trabalhar fora da área da psicologia ou da sua especialidade na psicologia seria trabalhar fora do seu *âmbito da prática* ou papel como especialista. Melton e colaboradores (1997) argumentam que os psicólogos devem evitar testemunhar ou escrever quanto à questão final por essa razão. Não somente psicólogos como Melton e colaboradores estão preocupados com a prática fora da própria área de competência, mas o sistema legal pode se preocupar se achados psicológicos estejam tendo um impacto tão grande na decisão final do juiz (Fulero e Finkel, 1991). Em consequência, os psicólogos foram especificamente impedidos de testemunhar em questões finais em casos de inimputabilidade após a aprovação do Ato de Reforma da Defesa de Inimputabilidade em 1984 e conforme indicado no FRE 704b (Finkel, 1990; Wilkinson, 1997). Falaremos mais sobre essa questão no Capítulo 7.

Existem muitos problemas em evitar o testemunho final sobre a questão. Juízes e advogados frequentemente esperam, ou mesmo demandam, que os psicólogos apresentem uma conclusão final quando testemunham (Gutheil e Sutherland, 1999; Milton et al., 1997). Uma pesquisa com juízes e advogados confirmou essa impressão (Redding, Floyd e Hauk, 2001). Redding e colaboradores (2001) pediram que juízes, promotores e advogados de defesa respondessem a um questionário com oito perguntas referentes ao testemunho de um perito em um caso de inimputabilidade. Os resultados confirmaram que os participantes referiam o testemunho de opinião final apesar de o FRE e leis estaduais barrarem especificamente o testemunho de opinião final nesses casos. Outros psicólogos argumentam que proibir o testemunho de opinião final é enganoso (Rogers e Ewing, 2003; Sales e Shuman, 2005). Além do mais, existem situações em que os psicólogos forenses são legalmente obrigados a dar uma opinião final como, por exemplo, quando uma pessoa é avaliada quanto à capacidade de executar um testamento. Como um apoio adicional ao uso da opinião final, vários estudos examinaram o impacto do testemunho de opinião final (Fulero e Finkel, 1991; Rogers, Bagby, Couch e Cutler, 1990). Rogers e colaboradores (1990) apresentaram a 274 adultos transcrições abreviadas de julgamentos e não encontraram diferenças significativas entre a escolha do veredicto dos sujeitos que receberam o testemunho de opinião final de peritos e dos sujeitos que não o receberam. Em consequência, a psicologia ainda está dividida quanto ao testemunho final sobre a questão.

Corrupção da ciência

Outra crítica dos especialistas forenses ao testemunho do perito é que a natureza do processo adversarial corrompe a natureza objetiva da ciência e, portanto, a parcialidade é introduzida no seu testemunho (Shuman e Greenberg, 2003). Na verdade, Margaret Hagen chegou ao ponto de escrever um livro sobre isso intitulado *Whores of the Court* (Hagen, 1997). Conforme observamos anteriormente, o sistema legal e a psicologia apresentam abordagens diferentes para tratar de uma questão potencial. Uma abordagem não é necessariamente superior à outra, mas essas diferenças podem causar dificuldades quando os atores do sistema legal não têm conhecimento das diferenças e os psicólogos não conseguem manter a sua integridade científica (Sales e Shuman, 1993). Os psicólogos precisam estar conscientes de que os advogados, como parte da sua estratégia legal, podem fazer coisas que lhes parecem estranhas. Por exemplo, alguns advogados contratam um perito simplesmente para que o outro lado não possa chamar aquele mesmo perito como testemunha. Em consequência, os peritos forenses precisam estar cientes dos valores diferentes de cada sistema e o potencial para uma resultante falta de objetividade científica. Gutheil e Simon (2004) identificaram especificamente várias fontes dessa parcialidade potencial no trabalho forense.

Incentivos financeiros

Talvez a maior fonte de parcialidade potencial que leva à aparência de um processo científico corrupto seja a recompensa financeira de trabalhar como perito. Uma pesquisa de precedentes procurando menções a *prostitutas* direcionada aos profissionais de saúde mental, inspirada pelo livro de Hagen, concluiu que "a percepção entre os profissionais legais é que muitos peritos em saúde mental são inescrupulosos" (Mossman, 1999, p. 414). Alguns deles ganham mais de U$10.000 por seu trabalho em um único caso, e existe uma crescente sensibilidade à aparência e problemas associados a ser um mercenário (Boccaccini e Brodsky, 2002; Cooper e Neuhaus, 2000). Alguns até mesmo sugerem que não existe mais essa coisa de perito objetivo, e peritos forenses proeminentes recusaram-se a testemunhar na corte devido ao efeito potencial da parcialidade (Colbach, 1997). No entanto, uma pesquisa com advogados encontrou que a maioria deles não escolhia psicólogos forenses devido à sua disposição de dar uma opinião desonesta, mas baseavam a seleção dos peritos psicológicos no seu conhecimento, habilidades de comunicação e reputação (Mossman e Kapp, 1998). Os psicólogos forenses devem manter-se muito atentos à parcialidade percebida e deixar claro que eles estão sendo pagos pelo seu tempo como peritos e não pelo seu testemunho.

Relações extraforenses

Outra questão mencionada por inúmeros comentaristas é a ocorrência de relações extraforenses. Essas relações podem existir de vários modos. As relações mais prontamente identificáveis ocorrem quando uma das partes envolvidas em um caso é um amigo ou membro da família de um perito. Contudo, a relação extraforense também pode ocorrer quando a parte envolvida e o psicólogo forense são membros da mesma organização profissional ou instituição (Gutheil e Simon, 2004). Por exemplo, o psicólogo forense e uma das partes envolvidas podem pertencer à mesma organização cívica ou igreja. A crítica é que a relação pode turvar a objetividade do especialista e ser usada para sugerir que o produto do trabalho de um determinado perito ou o seu testemunho é tendencioso.

Pressão do advogado

É muito provável que um perito sinta a pressão dos advogados. Os advogados são comprometidos com a sua ética profissional para lutar pelos seus clientes dando o máximo de si, sendo que não precisam ser objetivos no seu trabalho. Entretanto, o perito forense deve ser honesto e objetivo (Gutheil e Simon, 1999). Consequentemente, é natural que ocorra conflito nessas situações e que o perito sofra pressão para se comportar de uma determinada maneira ou para que preste um determinado tipo de testemunho. Essas pressões podem surgir de várias formas, com o advogado expressando uma opinião assumida, fornecendo apenas dados selecionados para exame do perito ou alegando ter outro perito que vai realizar a tarefa sem qualquer problema, alegando dificuldade financeira ou então exibindo uma resposta desfavorável a uma opinião inicial (Gutheil e Simon, 1999). O perito deve ser capaz de identificar esses pontos e resistir à pressão de se comportar de uma maneira particular. Em determinada situação, um advogado me pediu que eu apagasse uma referência do meu relatório a respeito de um teste psicológico particular porque ele não estava consistente com o resto dos meus achados e era desfavorável para o caso. Recusei-me a fazer isso e, por fim, o advogado entendeu a minha justificativa e aquilo nunca foi trazido à tona pelo lado oposto.

Crenças políticas e morais

Outra fonte de parcialidade potencial pode ser proveniente das crenças políticas e morais (Gutheil e Simon, 2004). Parcialidades morais podem surgir em casos que envolvem questões como aborto ou custódia dos filhos. Questões políticas que se chocam com cada um dos lados do espectro, conservador e liberal, de crenças políticas como os casos de pena de morte também são problemáticas para o perito forense. Por exemplo, um perito pode optar por apenas testemunhar nesses casos de acusação ou defesa devido a suas crenças a favor ou contra a pena de morte. Nesses casos, a opinião final do perito pode ser determinada antes que a avaliação aconteça e a objetividade será destruída completamente. Os peritos devem considerar a parcialidade que as suas crenças pessoais, morais e políticas podem introduzir e recusar casos em que essas parcialidades não possam ser manejadas adequadamente.

Notoriedade

Outra área de parcialidade potencial se deve ao centro das atenções ou notoriedade que pode acompanhar o trabalho como testemunha especialista (Gutheil e Simon, 2004). Fazer parte das atenções da mídia de um determinado caso e receber aclamação pública pode ser muito atraente. Um colega e eu costumávamos discutir sobre a sedução que representa esse tipo de atenção, e ele admitia gostar de determinados aspectos do processo. Como consequência, passei a me referir a ele pelo nome de Ícaro; do mito grego em que Ícaro voou perto demais do sol porque se perdeu na excitação de voar. Ícaro tinha um par de asas feitas de penas e cera, e elas derreteram quando ele voou muito perto do sol e logo caiu ao solo. Nessas situações, o psicólogo forense corre o risco de chegar muito perto do sol ou da fama por testemunhar em casos de muito destaque, e pode se queimar pela perda da objetividade. Embora a consequência não seja tão grave para o psicólogo forense como foi para Ícaro, ela ainda pode ser uma fonte de parcialidade.

Competição

Uma fonte final de parcialidade potencial é a competição (Gutheil e Simon, 2004). A parcialidade por competição pode ocorrer por várias razões que se relacionam ao contexto legal, ao profissionalismo ou à personalidade do perito. Por exemplo, um perito pode ficar mais inclinado a assumir um caso, especialmente um caso de grande destaque, e que pode testar a sua objetividade porque outro colega vai dar assistência ao advogado caso ele se recuse. Um perito também pode ter melhor desempenho do que um perito oponente e procurar apresentar uma conclusão não porque ela é correta, mas porque será um trunfo contra a opinião de um perito oponente. O próprio processo legal também pode encorajar as tendências à vitória que muitas pessoas, especialmente as de sucesso, naturalmente desenvolveram durante a sua vida. Essas tendências podem ficar ainda mais fortes quando o perito tem mais sucesso testemunhando, se sente mais confortável e é procurado com mais frequência pelos advogados.

Falta de reconhecimento da parcialidade

Entretanto, o verdadeiro perigo de qualquer uma dessas fontes potenciais não é a existência da parcialidade, mas o fato de ela não ser reconhecida e afetar o processo, a escrita do relatório, a conclusão ou mesmo o testemunho do perito (Gutheil e Simon, 2004). Pelo menos um estudo examinou parcialidades potenciais entre os peritos (Commons, Miller e Gutheil, 2004). Commons e colaboradores (2004, p. 73) solicitaram a 46 participantes de um *workshop* que respondessem a um questionário e concluíram que os peritos "subestimam demais os efeitos da parcialidade dos seus próprios conflitos de interesse e outros fatores". Por exemplo, os participantes não achavam que a quantidade de dinheiro envolvida em um caso, a natureza de destaque de um caso, a filosofia pessoal do perito ou sua agenda social ou a relação com o advogado que os contratava criassem parcialidade. Esses resultados sugerem que os peritos forenses devem ficar especialmente atentos para identificar fontes potenciais de parcialidade e não minimizar o grau em que elas podem afetar seu julgamento profissional. A Tabela 3.2 resume as críticas ao testemunho de peritos e as fontes de corrupção científica.

Ética do perito

Um aspecto importante da realização de um trabalho como o do psicólogo forense e especificamente como o de testemunha especialista é aderir a um conjunto de diretrizes profissionais ou princípios éticos. É especialmente importante que os psicólogos no seu papel como peritos forenses se comportem de uma maneira ética por muitas razões que já abordamos neste livro. Fatores como a natureza adversarial do sistema legal, as consequências significativas das decisões legais e a natureza pública do trabalho forense convergem todos para que a prática ética como testemunha especialista seja especialmente importante. O sistema legal por vezes entra em conflito com a prática da psicologia e até mesmo com os princípios éticos do psicólogo como praticante objetivo da ciência. O ideal ético do sistema adversarial legal é lutar ao máximo pelo seu cliente; em essência, você não tem que ser objetivo, você tem que ser um advogado. Consequentemente é ainda mais importante que o psicólogo forense mantenha uma base ética firme diante da pressão do

Tabela 3.2 Críticas ao testemunho de peritos e fontes de corrupção científica

1. Assumir o controle do tribunal
2. Testemunhar na questão final
3. O uso de especialistas corrompe a ciência por várias razões:
   - Incentivos financeiros
   - Relações extraforenses
   - Pressão do advogado
   - Crenças políticas e morais
   - Notoriedade
   - Competição
   - Falta de reconhecimento das fontes de parcialidade

sistema legal. Os psicólogos forenses auxiliam o sistema legal com decisões que têm implicações de longo alcance. É importante não somente ser correto ao testemunhar sobre o potencial de violência de alguém que enfrenta o risco de sofrer pena de morte, mas também fazer isso de uma maneira ética. Além disso, conforme discutido no Capítulo 1, o público geralmente forma sua opinião a respeito da psicologia a partir da mídia (Stanovich, 2004). As imagens mais sensacionais da mídia provavelmente provêm da psicologia forense (Huss e Skovran, 2008). Como resultado, os psicólogos forenses têm o dever especial de agirem de maneira ética porque o público forma muito da sua visão da psicologia a partir dessas imagens da mídia.

Muitas profissões apresentam um conjunto de princípios éticos ou diretrizes éticas que os indivíduos que pertencem àquela profissão seguem, e a psicologia não é diferente. Na verdade, existem muitas fontes de diretrizes profissionais e éticas para os psicólogos forenses. A fonte primária de princípios éticos para os psicólogos são os Princípios Éticos dos Psicólogos da Associação Americana de Psicologia e o Código de Conduta (APA, 2002). Mas por que ter esses princípios éticos? Hess (1999) sugere que como a sociedade concede um monopólio a uma determinada profissão, essa profissão deve assumir a responsabilidade de servir ao melhor interesse do público e não simplesmente servir à profissão. Os códigos de ética servem a esses interesses. Frankel (1989) identifica várias funções dos códigos de ética que, em grande parte, se concentram na necessidade de educar o público, incentivar a confiança em uma profissão, identificar um conjunto de valores e habilidades compartilhados pelos membros de uma profissão que podem servir como uma bússola profissional e fornecer um mecanismo para sanções contra os profissionais que não forem éticos, bem como um mecanismo para proteger os profissionais de simulações indesejadas dos clientes.

Competência

A área mais óbvia de interesse no testemunho do perito forense é a necessidade de ser competente (Sales e Shuman, 1993). O Código da APA (APA 2002, p. 1063) afirma explicitamente que os psicólogos apenas devem atuar "com populações e em áreas que estejam dentro das fronteiras da sua competência, baseados na sua formação, treinamento, experiência supervisionada, consultoria, estudo e experiência profissional". Em outras palavras, os psicólogos devem permanecer dentro do **âmbito da sua prática**. O âmbito da prática é normalmente definido com o psicólogo atuando apenas em áreas em que seja competente. A sua competência provém de ter formação suficiente em uma determinada área para chegar a conclusões confiáveis e válidas (Ogloff, 1999). Por exemplo, um psicólogo forense é competente para praticar psicologia forense, mas não é competente para praticar o direito a menos que ele realmente tenha uma graduação em direito e tenha obtido experiência profissional adicional para exercer o direito. Isso não significa que um psicólogo forense não precise estar familiarizado com as leis que governam a prática da psicologia forense (Shapiro, 2002), mas que o especialista deve simplesmente evitar praticar como advogado em vez de como psicólogo.

Além do mais, alguém pode ser treinado com psicólogo forense, mas isso não lhe dá o requisito de experiência para praticar todos os aspectos da psicologia forense. Alguém que é somente treinado para diagnosticar patologia adulta não seria competente para realizar avaliações para custódia de crianças. O profissional precisa estar familiarizado com a doença mental, mas também com a psicologia do desenvolvimento e a literatura sobre paternidade para avaliar adequadamente alguém em uma situação de custódia infantil. O psicólogo pode, ainda, ser competente para atuar em uma determinada área, mas não ser competente para usar um teste psicológico particular (Rotgers e Barrett, 1996). Um psicólogo forense pode tentar avaliar alguém por depressão em um caso de danos pessoais, mas não ser competente para usar o MCMI-III porque ele nunca foi treinado para isso na graduação, nunca teve prática supervisionada e nunca participou de *workshops* sobre esse teste psicológico (Knapp e Vande-Creek, 2001). Além disso, os psicólogos têm obrigação ética de ser não somente competentes, mas de zelar por sua competência e conhecimentos participando de oportunidades de educação continuada. Eles precisam estar atualizados com os desenvolvimentos dos métodos ou testes que procuram usar (Shapiro, 2002).

O âmbito da prática é relevante não somente para os indivíduos que praticam a psicologia forense ou áreas particulares da psicologia forense. Ele também é relevante para a profissão como um todo. Por exemplo, discutiremos no Capítulo 12 não apenas as considerações legais relevantes e as técnicas psicológicas envolvidas nas decisões de custódia de crianças, mas também se essas técnicas correspondem a um limiar adequado de confiabilidade e são suficientes para realmente informar o tribunal. Nós demonstramos confiabilidade e validade adequada para realizar avaliações de custódia de crianças? Em caso negativo, a psicologia como um todo está atuando fora do seu âmbito de prática. Essa noção pode parecer um tanto simplista a essas alturas, mas vamos discutir continuamente as situações em que poderia ser questionado se os psicólogos forenses estão atuando dentro do seu âmbito de prática.

Consentimento esclarecido e confidencialidade

Duas outras questões éticas relacionadas são a obtenção do consentimento esclarecido e a confidencialidade. É rotina na prática da psicologia clínica obtermos o consentimento de um cliente para realizar uma avaliação ou participar do tratamento (Stanley e Galietta, 2006). O consentimento esclarecido consiste em descrever os procedimentos e o processo como provavelmente acontecerão e obter o consentimento legal do cliente para prosseguir. A obtenção do consentimento esclarecido também é necessária dentro de um contexto forense, e o código de ética da APA ainda faz menção especial à obtenção do consentimento esclarecido quando os serviços são ordenados pela corte em 3.10c do Código de Ética (APA, 2002). Em contexto forense, uma pessoa pode estar passando por uma coerção adicional devido ao seu ganho secundário ou porque uma autoridade legal está determinando a avaliação.

Relacionada com a obtenção do consentimento esclarecido está a ideia de confidencialidade. Como pressupõe a maioria das pessoas, existe a lei codificada e a jurisprudência apoiando a confidencialidade da relação terapeuta-cliente (Glosoff, Herlihy e Spence, 2000). Embora esse privilégio tenha algumas limitações dependendo da jurisdição (p. ex., relato de abuso infantil), os clientes podem presumir que esse privilégio existe universalmente. Surgirá um problema se os pacientes presumirem que esse mesmo privilégio existe em uma avaliação forense porque os privilégios de confidencialidade estão mais reduzidos (Knapp e VandeCreek, 2001). Se o tribunal determina um relatório, ou um advogado requer uma avaliação de um acusado em um caso criminal, o relatório será lido pelo juiz, pelos advogados oponentes e poderá ser apresentado como evidência na corte aberta onde os psicólogos forenses vão testemunhar sobre ele. Essa prática não permite o mesmo nível de confidencialidade que normalmente se vivencia quando se procura terapia.

Surgirá um problema se o psicólogo forense não explicar essa limitação a um indivíduo ou se o indivíduo não entender essa limitação (Hess, 1999). É importante que o examinando reconheça os limites da confidencialidade em um determinado caso e que isso seja claramente entendido antes do começo do processo. Isso se torna ainda mais complicado, porque explicar essas limitações entra em conflito com a obtenção de informações de uma maneira aberta e honesta. Se um cliente entende mal ou acredita que tudo o que ele discutir será confidencial, a probabilidade será maior de ele revelar informações que lhe sejam prejudiciais legalmente e potencialmente relevantes para a avaliação. Existe um conflito para o psicólogo forense. Por um lado, ele tem uma obrigação ética de obter verdadeiramente o consentimento esclarecido, mas, por outro lado, a avaliação será mais acurada se houver a crença de que as informações que ele obtiver das partes envolvidas serão confidenciais. No entanto, a responsabilidade ética do consentimento esclarecido é mais importante.

Combinações financeiras

Outra questão ética potencial com que os peritos se defrontam são as questões financeiras relativas a ser um perito forense. Essas questões são cada vez mais importantes, pois a psicologia forense é encarada como uma área de prática financeiramente gratificante (Haas, 1993). Essa área pareceria um tanto mundana para ocorrer um conflito ético potencial, mas isso é, de fato, de grande interesse. Na verdade, o Código de Ética da APA (APA, 2002) encoraja o estabelecimento de combinações financeiras o mais imediatamente possível na relação, e o perito pode ainda requerer pagamento antecipado e ser muito específico quanto aos serviços a serem cobrados e aos honorários específicos (Knapp e VandeCreek, 2001).

Talvez a razão mais saliente para lidar com as questões desse modo é o impacto potencial de uma compensação na conclusão da situação forense. Os psicólogos não devem realizar serviços forenses com base nos **honorários de contingência**, em que o psicólogo é pago pelos seus serviços na conclusão (Knapp e VandeCreek, 2006). Tal prática traz sérias complicações para a objetividade do processo forense. Exemplos óbvios de uma combinação de honorários de contingência são normalmente identificáveis com facilidade, mas situações mais sutis, tais como um advogado se recusar a pagar a menos que o relatório seja "ligeiramente" alterado, são potencialmente mais perigosas.

Relações múltiplas

O Código de Ética da APA (APA, 2002, p. 1065) declara que os psicólogos devem evitar relações múltiplas "se houver a expectativa razoável de que a relação múltipla prejudique a objetividade, competência ou eficiência do psicólogo no desempenho das suas funções como psicólogo ou, então, arrisque a exploração ou danos à pessoa com quem a relação profissional existe". Tipicamente, o foco das relações múltiplas como perito está nos conflitos entre ser um terapeuta que trata e atuar como um avaliador forense (Shuman, Greenberg, Heilbrun e Foote, 1998). Poderá haver situações em que essas relações não possam ser razoavelmente evitadas, tais como, por exemplo, se o psicólogo for o único profissional de saúde mental em uma área rural ou se um psicólogo requerer informações sobre um paciente para quem o tribunal determinou seu tratamento (Knapp e VandeCreek, 2006). Entretanto, o psicólogo forense precisa estar consciente do dano potencial que pode resultar nessas situações.

Existem muitos problemas éticos potenciais que podem surgir de circunstâncias em que existe uma relação múltipla. Por exemplo, ser solicitado a avaliar alguém em uma disputa pela custódia do filho com quem você anteriormente realizou psicoterapia (Shapiro, 2002). A dificuldade surge porque o foco em um contexto forense não é mais o bem-estar do seu cliente, mas os seus deveres para com o advogado ou a corte que o contrataram como psicólogo forense. O foco está em lhes prestar informações (Knapp e VanderCreek, 2006). Suponha que um psicólogo esteja tratando uma mulher que está sofrendo de ansiedade e, depois, seja solicitado a realizar uma avaliação de custódia para ajudar a corte a decidir sobre a custódia dos seus dois filhos. O psicólogo é colocado em uma situação potencialmente comprometedora, independentemente de qual seja a conclusão. Se a opinião for desfavorável, é muito provável que o achado cause impacto na relação terapêutica no futuro e diminua as chances de um processo bem-sucedido, porque a relação terapêutica foi prejudicada. Se a conclusão for neutra, o psicólogo poderá ser pressionado a dar uma conclusão mais favorável para um cliente. Se a conclusão for positiva, haverá uma aparência de favoritismo. Além disso, um psicólogo nunca pode ter certeza se o seu relatório simplesmente verificou suas hipóteses terapêuticas anteriores ou é realmente objetivo e responde verdadeiramente à pergunta da corte. Como observa Shapiro (2002, p. 46), "não se pode ser um terapeuta eficiente em termos de auxiliar um cliente ou paciente a lidar com suas dificuldades se já esteve evolvido em realizar uma avaliação forense abrangente daquele indivíduo".

Evidência de síndrome: área controversa de testemunho pericial

Ao concluir o capítulo sobre o testemunho do perito, vamos nos focar em uma área de testemunho que é frequentemente controversa. Ao examinar a **evidência de síndrome** e a controvérsia que a rodeia, o objetivo não é acusar os psicólogos forenses que testemunham como peritos nesses casos. Na verdade, poderíamos escolher uma variedade de outros aspectos, tais como o uso da psicopatia em casos de pena de morte ou a utilização de avaliações de risco nas audiências de responsabilidade de Predadores Sexualmente Violentos. Contudo, um exame do testemunho do perito envolvendo evidências de síndrome oferece uma oportunidade única de examinar uma área específica em que existe muita controvérsia a partir de uma perspectiva legal e de uma perspectiva psicológica. A evidência de síndrome também serve como um exemplo em que as informações psicológicas que são úteis em um contexto são questionadas se usadas em outro contexto. Além disso, é de utilidade fornecer um contexto de vida real para as questões que estaremos discutindo ao longo deste livro, como, por exemplo, ficar dentro do âmbito da prática e jurisprudência terapêutica.

Perfil e evidência de síndrome

O uso do perfil ou evidência de síndrome foi controverso durante décadas, quase desde que começou o seu amplo uso em psicologia e no sistema legal (Dahir, Richardson, Ginsburg, Gatowski e Dobbin, 2005; Frazier e Borgida, 1985; Schuller, Wells, Rzepa e Klippenstine, 2004). Por exemplo, a síndrome da mulher espancada foi introduzida em um tribunal dos Estados Unidos na década de 1970 (*Ibn-Tamas* vs. *U.S.*, 1979) e, posteriormente, nos tribunais canadenses (*Regina* vs. *Lavelle*, 1988) em defesa das mulheres que mataram seus abusadores. Em seguida, uma variedade de outras síndromes foi identificada na literatura psicológica e fizeram seu caminho até os tribunais (p. ex., Frazier e Borgida, 1985). Os termos "perfil" e "síndrome" foram utilizados intercambiavelmente (Dahir et al., 2005) e somente serão diferenciados em um nível superficial nesta discussão. O termo síndrome se refere a um conjunto de sintomas que ocorrem juntos de uma maneira significativa e tipicamente têm um evento desencadeante. Os perfis são similares, mas tendem a ser mais específicos e são usados para predizer comportamento, porque alguém se encaixa em uma lista particular de características extraídas da síndrome. Por exemplo, muitos de vocês ouviram falar do perfil racial, em que um indivíduo é identificado como alguém de interesse ou que foi preso em grande parte devido à sua raça ou etnia. Se o governo federal fosse procurar no aeroporto apenas aquelas pessoas que parecessem ser descendentes de árabes ou muçulmanos, isso seria usar o perfil étnico. Embora o perfil étnico seja uma forma de criação de perfil, nosso exame vai focalizar os perfis psicológicos baseados nas síndromes. A razão por que usaremos esses termos intercambiavelmente é que, ao discutir a evidência de síndrome, a controvérsia surge não somente a partir da discussão da síndrome, mas do testemunho dos peritos que atestam sobre as síndromes de modo que as façam se parecer mais com perfis.

Existem literalmente dúzias de diferentes síndromes que foram observadas na literatura psicológica e apresentaram evidências para o tribunal (Brodin, 2005). Uma lista típica das síndromes inclui a síndrome da mulher espancada, síndrome do trauma de estupro, síndrome da criança espancada, síndrome do abuso sexual infantil, síndrome da acomodação no abuso sexual infantil e a síndrome de Munchausen por procuração, entre outras. Veja o Quadro 3.2 para uma descrição mais completa da síndrome da mulher espancada como um exemplo de evidência de síndrome. A evidência de síndrome foi inicialmente usada nos tribunais para explicar o comportamento aparentemente incomum de uma pessoa que foi vítima de um trauma específico para informar o júri quanto à razoabilidade do comportamento incomum (Moriarity, 2001). A síndrome da mulher espancada seria usada para explicar a razão por que uma mulher não consegue sair de uma relação abusiva ou acredita que o abuso é iminente apesar de o espancador estar dormindo (Huss, Tomkins, Garbin, Schopp e Kilian, 2006). A síndrome do trauma de estupro seria usada como uma explicação para que uma vítima de agressão sexual continuasse interagindo com seu perpetrador em contextos sociais após a agressão. A síndrome do abuso sexual infantil seria usada para explicar a razão para uma criança não relatar o abuso sexual pelo seu padrasto. A evidência de síndrome passou a ser muito útil para os tribunais e teve um apelo social e intuitivo quando apresentada por um especialista.

Entretanto, houve alguns aspectos desse testemunho que eram incomuns. Tipicamente, as síndromes estavam baseadas na experiência clínica dos que começavam a formar aquele conceito e não estavam baseadas em ampla pesquisa (p. ex., ver Burgess e Holstrom, 1974, referente à síndrome do trauma de estupro). Além disso, a pesquisa de um modo geral não conseguiu validar essas síndromes depois que foram identificadas pelos clínicos. Por exemplo, o ciclo de violência inicialmente explicado por Lenore Walker pode servir como uma heurística útil para explicar a experiência de abuso de muitas mulhe-

---

Quadro 3.2   Síndrome da mulher espancada

A síndrome da mulher espancada, conforme originalmente conceitualizado por Lenore Walker (1979; 1984), consiste de uma lista de características que são classificadas em dois componentes primários, um ciclo de violência e a aplicação do desamparo aprendido a mulheres que foram vítimas de um parceiro abusador. Walker disse que as mulheres que passaram por relações abusivas prolongadas frequentemente experienciaram três fases diferentes de violência que incluíam a fase de desenvolvimento da tensão, a explosão ou incidente agudo de abuso e a fase de lua de mel, que consistia de um alívio temporário em que o espancador se desculpava pelo abuso (Walker, 1979). Em consequência desse abuso, a mulher tipicamente experienciava desamparo aprendido e achava que não havia nada que ela pudesse fazer para parar com o abuso.

A ideia de desamparo aprendido foi emprestada dos esforços do trabalho pioneiro de Martin Seligman com cães. Seligman se deparou com a ideia de desamparo aprendido em sua pesquisa focada na depressão. Ele descobriu que os cães que não conseguiam escapar de um aparato durante a emissão de choques elétricos aprendiam a simplesmente deitar na gaiola mesmo quando, posteriormente, podiam evitar os choques. Walker acreditava que havia um princípio similar no trabalho com as mulheres que haviam sido vítimas de relações abusivas continuadas e resultava na síndrome da mulher espancada. Ela descreveu quatro características gerais da síndrome que incluíam: (1) a mulher acreditar que a violência era culpa sua; (2) uma incapacidade de colocar a responsabilidade pela violência em outra pessoa; (3) temor pela sua vida e pela vida dos filhos e (4) a crença de que o abusador sabe tudo e é poderoso (Walker, 1984).

res, mas as pesquisas não apoiaram a sua precisão durante décadas (ver Faigman e Wright, 1997 para uma revisão). As síndromes também são problemáticas porque é provável que apresentem um número significativo de falsos positivos, ou seja, um número de pessoas que são identificadas como tendo a síndrome e que, na verdade, não sofrem dela, embora elas possam passar por uma agressão sexual ou abuso físico que venha a desencadear a síndrome (Richardson, Ginsburg, Gatowski e Dobbin, 1995).

Entretanto, a evidência de síndrome não está sendo usada apenas para explicar o comportamento incomum de um réu criminal em uma agressão sexual ou de uma mulher espancada que mata seu abusador e é acusada por homicídio. A evidência de síndrome é cada vez mais usada de uma maneira substantiva, direta ou indiretamente, para apoiar uma alegação particular com poucas evidências adicionais (Moriarity, 2001). **Evidência substantiva** é a evidência usada para provar o fato em questão, como a culpa ou inocência de um réu criminal. Por exemplo, um réu pode ser acusado de agressão sexual, mas admitir um intercurso sexual consensual. Então, o trabalho da acusação não será provar que houve o intercurso sexual, mas que ocorreu um intercurso sexual indesejado. A acusação começou a requisitar o testemunho de peritos para explicar que alguns dos comportamentos que as vítimas apresentavam eram característicos de uma pessoa que sofria da síndrome de trauma por estupro. Sua lógica provinha da ideia de que o acusado deveria ser culpado de estupro porque a vítima se encaixava no, assim chamado, perfil de alguém que foi agredido sexualmente. Em uma abordagem um pouco diferente, um especialista poderia testemunhar que existe um conjunto de características que são encontradas rotineiramente em perpetradores de violência doméstica, e que um determinado acusado se enquadra no perfil de um perpetrador de violência doméstica. Lenore Walker, a mais famosa advogada de mulheres espancadas, teve que ser chamada como testemunha especialista no julgamento de O.J. Simpson para justificar que sua ex-esposa, Nicole Brown Simpson, não se enquadrava no perfil de uma mulher espancada, e que então o Sr. Simpson não deveria ter sido agressivo com ela (Raeder, 1997). Usar a evidência de síndrome dessa maneira constitui **evidência de caráter**. Via de regra, a evidência de caráter não é admissível a menos que a defesa abra a porta argumentando que o acusado é de caráter respeitável. Como resultado, o testemunho do perito focado na evidência de síndrome foi admitido com menos frequência de uma maneira substantiva para provar ou refutar uma acusação criminal.

A evidência de síndrome, seja ela a síndrome da mulher espancada, a síndrome do trauma de estupro ou a síndrome do abuso sexual infantil, era controvertida antes do seu uso como alegação em julgamentos criminais devido à ausência geral de apoio para algumas das síndromes. Contudo, o testemunho substantivo do perito é especialmente controvertido porque não se pretende que a evidência de síndrome seja usada como instrumento diagnóstico para determinar se ocorreu um determinado ato abusivo (Allen e Miller, 1995). Um portador da síndrome de Munchausen por procuração pode exibir os seguintes sintomas: o cuidador primário de uma criança, mais provavelmente a mãe, é educado, de classe média alta, altamente atencioso, cordial com a equipe médica, leva a criança a vários médicos buscando diferentes opiniões médicas e parece calmo quando recebe notícias difíceis; mas isso certamente não significa que todo aquele que apresenta esses comportamentos sofre da síndrome de Munchausen por procuração (MSbp). A lógica sofre de um defeito fundamental. Um eminente psicólogo forense, John Edens, lança mão dessa analogia para explicá-la. A maioria dos usuários de drogas pesadas começou fumando maconha, mas isso não significa que fumar maconha seja a causa de as pessoas posteriormente usarem drogas pesadas. Quase todos os usuários de drogas pesadas começaram comendo comida para bebês, mas você já ouviu alguém argumentar que comer comida para bebês causa dependência de drogas pesadas? Simplesmente porque alguém é mãe, educada, classe média e altamente atenciosa com seus filhos não significa que ela tenta deixar seus filhos doentes e que sofre de Munchausen por procuração.

Os estudiosos do campo legal alegaram que a evidência de síndrome continua a ser admitida com sucesso apesar do escrutínio adicional por muitas razões sociais, políticas e legais (Moriarity, 2001). Surgem outras preocupações adicionais de que, se a evidência de síndrome continuar a ser admitida, isso conduzirá a uma diminuição no rigor e escrutínio que os tribunais usam na avaliação de evidências científicas. Na verdade, a Suprema Corte do Arizona definiu especificamente, na sua admissão da evidência de síndrome, que ela era em parte admitida porque os tribunais não estão equipados para avaliar o testemunho científico devido à sua falta de conhecimento científico (Faigman, 2001).

Existem questões significativas relativas à atuação competente e a se manter dentro do âmbito da prática ao testemunhar nesses casos, tanto por parte do direito quanto pela psicologia. Os psicólogos não devem usar a admissibilidade do seu testemunho como uma indicação de fato de que as evidências são de qualidade suficiente para serem usadas em um contexto psicológico e abdicar da sua responsabilidade como cientistas. Conforme mencionado nas discussões de Daubert, os juízes não são treinados para avaliar essas informações, e cometem erros fundamentais ao examinar evidências de síndrome como cientificamente sólidas (Dahir et al., 2005). As testemunhas especialistas também tratam da opinião final em casos em que a evidência de síndrome é usada para provar ou rejeitar a culpa de um acusado e, como consequência, surgem as preocupações citadas por Melton e colaboradores (1997).

O uso da evidência de síndrome, especialmente a evidência de síndrome usada para criar um perfil e tratar da questão legal substantiva, é também um exemplo potencial do uso antiterapêutico da psicologia no sistema legal. Lembre-se de que a jurisprudência terapêutica é a teoria legal de que a lei pode ter tanto consequências terapêuticas (consequências positivas, amplamente falando) quanto consequências antiterapêuticas (negativas). A aplicação inadequada da teoria psicológica pelos peritos e a lei será claramente antiterapêutica se ela resultar na não obtenção de assistência pelos indivíduos que precisam de intervenção psicológica ou no aumento ou na redução do rigor terapêutico do testemunho do perito.

Resumo

Desde que *Jenkins* vs. *Estados Unidos* (1962) assinalou o uso rotineiro do psicólogo como testemunha especialista nos Estados Unidos, o uso de peritos forense cresceu exponencialmente. Por consequência, os tribunais começaram a especificar os critérios que a testemunha especialista deve preencher para ser cientificamente sólida o suficiente para auxiliar a corte. Nos Estados Unidos, o padrão passado de aceitação era o *Frye* e esse padrão foi expandido pela trilogia *Daubert* de casos. Não somente a corte identificou critérios mais específicos para julgar os peritos, mas também o juiz foi reafirmado como o único guardião, sendo que a testemunha especialista precisa ser não somente científica para que aplique *Daubert*. Depois que a testemunha é admitida, existem muitos desafios enfrentados pelo perito forense, que variam desde o exame cruzado até instruções judiciais que podem contradizer o testemunho original. Contudo, também existem fatores os quais podem aumentar ou diminuir a credibilidade de um perito e servir para manter ou até aumentar ainda mais esses desafios.

Os peritos forenses foram criticados por assumir o controle da sala do tribunal, prestando um testemunho de opinião final e até corrompendo a ciência devido ao vasto potencial para a parcialidade. Por conseguinte, existem muitas responsabilidades éticas que os psicólogos forenses devem considerar quando testemunham. Os psicólogos forenses têm a responsabilidade de serem competentes e atuarem dentro da sua área de especialização ou âmbito de prática. Eles devem obter o consentimento esclarecido e explicar os limites da confidencialidade, apesar da dificuldade que isso possa impor ao sistema adversarial. Os peritos forenses também precisam estar cientes do impacto potencial que as relações financeiras desaconselháveis e as relações múltiplas podem causar sobre as suas conclusões. Por fim, apesar dessas críticas e da identificação dessas responsabilidades potenciais na literatura existem áreas controversas no testemunho do perito, como o uso de síndrome ou perfil de síndrome, que podem entrar em conflito com esses ideais e serem alvo de críticas frequentemente dirigidas contra os peritos forenses.

Termos-chave

âmbito da prática
evidência de caráter
evidência de síndrome
evidência substantiva

honorários de contingência
junk science
mercenário
metanálise

prejudicial
testemunho final sobre a questão
valor probatório

Leitura complementar

Ewing, C. P. (2003). Expert testimony: Law and practice. In A. M. Goldstein (Ed.), *Handbook of psychology: Vol. 11. Forensic psychology* (pp. 55–66). Hoboken, NJ: John Wiley & Sons.

Gutheil, T. G., & Simon, R. I. (2004). Avoiding bias in expert testimony. *Psychiatric Annals, 34*, 260–270.

Violência e psicologia forense

PARTE II

Capítulo 4   Psicopatia

Capítulo 5   Avaliação do risco de violência

Capítulo 6   Agressores sexuais

Psicopatia

O que você pensa quando ouve a palavra **psicopatia**? Vem à sua mente um louco lunático, perambulando pelo campo, cometendo atos indizíveis e espumando pela boca? Você pensa em *serial killers* como Ted Bundy ou Jeffrey Dahmer? Infelizmente, existem imagens que vêm à mente para muitas pessoas quando elas pensam em um psicopata ou na palavra psicopatia.

No entanto, a psicopatia abrange muito mais do que as imagens sensacionalistas. Os psicopatas não são apenas aqueles que cometem os atos criminosos mais hediondos que podemos pensar e acabam na prisão. Eles podem morar naquela casa no final da rua. Eles podem trabalhar na mesa ao lado da sua ou até mesmo atuam como o político em quem você votou. Como é afirmado no livro de Robert Hare (1999) até no próprio título (*Without conscience: the disturbing world of the psychopaths among us*), os psicopatas podem na verdade interagir em todos os aspectos da nossa sociedade. Contudo, a psicopatia é cada vez mais relevante para a psicologia forense. Como afirma Edens (2006, p. 59), "em algum ponto em suas carreiras, os clínicos que trabalham ou prestam consultoria em contextos forenses e correcionais quase que certamente encontrarão indivíduos que apresentam características de personalidade psicopática". Além disso, Hemphill e Hare (2004) afirmam que a psicopatia é o constructo clínico mais importante no sistema de justiça criminal e, portanto, é fundamental para qualquer discussão da psicologia forense.

A natureza da psicopatia

O termo psicopatia tem uma história longa e variada que remonta a centenas de anos e até já foi equiparado à psicopatologia geral ou doença mental (Curran e Mallinson, 1944). Millon, Simonsen, Birket-Smith e Davis (1998) identificam a psicopatia como o primeiro transtorno de personalidade a ser reconhecido. No entanto, psicopatia é utilizada agora para especificar um constructo clínico ou uma forma específica de **transtorno da personalidade antissocial** (TPA; Tabela 4.1) que é prevalente em indivíduos que cometem uma variedade de atos criminais e geralmente se comportam de forma irresponsável (Hemphill e Hart, 2003). Robert Hare (1996) descreveu a psicopatia como um transtorno socialmente devastador, sendo que os psicopatas são predadores dentro da própria

Tabela 4.1 Critérios diagnósticos do DSM-IV TR para transtorno da personalidade antissocial

Um padrão global de desrespeito e violação dos direitos alheios, que ocorre desde os 15 anos, indicado por, no mínimo, três (ou mais) dos seguintes critérios:

1. incapacidade de se adequar às normas sociais com relação a comportamentos lícitos, indicada pela execução repetida de atos que constituem motivo de detenção;
2. propensão para enganar, indicada por mentir repetidamente, usar nomes falsos ou ludibriar os outros para obter vantagens pessoais ou prazer;
3. impulsividade ou fracasso em fazer planos para o futuro;
4. irritabilidade e agressividade, indicadas por repetidas lutas corporais ou agressões físicas;
5. desrespeito irresponsável pela segurança própria ou alheia;
6. irresponsabilidade consistente, indicada por um constante fracasso em manter um comportamento laboral consistente ou em honrar obrigações financeiras; e
7. ausência de remorso, indicada por indiferença ou racionalização por ter ferido, maltratado ou roubado alguém.

espécie. Contudo, a psicopatia não deve simplesmente ser igualada ao comportamento criminal (Hare, 2001). Apesar do consenso geral de que está relacionada ao comportamento antissocial, tem havido muito debate sobre os critérios e as fronteiras da psicopatia (Hare, 1996). Parte do debate fica aparente na discordância sobre qual o termo que captura melhor a ideia que estamos tentando entender. O melhor termo é transtorno da personalidade antissocial, sociopatia ou psicopatia? Parte do debate ocorre quando tentamos identificar e entender a verdadeira natureza da psicopatia.

Existe uma consistência crescente referente aos traços principais da psicopatia, apesar do contínuo debate sobre a origem e o curso do transtorno (Hare, 2001). Hervey Cleckley (1941) foi um dos primeiros estudiosos a apresentar uma concepção definitiva e abrangente da psicopatia em seu livro *Mask of sanity* [A máscara da sanidade]. Cleckley (1941) identificou 16 características diferentes que definem ou compõem o perfil clínico do psicopata. As características incluem: (1) charme superficial e boa inteligência, (2) ausência de delírios e outros sinais de pensamento irracional, (3) ausência de nervosismo, (4) não confiável, (5) falsidade e falta de sinceridade, (6) ausência de remorso ou vergonha, (7) comportamento antissocial inadequadamente motivado, (8) julgamento deficitário e falha em aprender com a experiência, (9) egocentrismo patológico e incapacidade de amar, (10) deficiência geral nas reações afetivas principais, (11) perda específica de *insight*, (12) falta de resposta nas relações interpessoais gerais, (13) comportamento fantástico e desagradável com bebida e, às vezes, sem, (14) suicídio raramente concretizado, (15) vida sexual e interpessoal trivial e deficitariamente integrada e (16) fracasso em seguir um plano de vida. A concepção de Cleckley (1941) foi a base para boa parte do trabalho mais recente de Robert Hare (Hare, 1996).

Figura 4.1 Robert Hare é um dos principais especialistas em psicopatia moderna e autor da medida da psicopatia mais frequentemente utilizada, o Psychopathy Checklist-Revised. Foto de Oraf, Vancouver.

Uma operacionalização popular da psicopatia: o inventário da psicopatia

Robert Hare (ver a Figura 4.1) é frequentemente creditado como o responsável pela explosão das pesquisas durante as últimas décadas devido à sua criação da medida da psicopatia mais amplamente utilizada, o Psychopathy Checklist (PCL) e o atual Psychopathy Checklist-Revised (PCL-R). Um problema fundamental no estudo da psicopatia até a década de 1980 era a falta de um método padrão para avaliar a psicopatia, o que tornava difícil, se não impossível, comparar os resultados entre os estudos (Hare e Neumann, 2006). O PCL e o PCL-R trouxeram para o campo uma descrição e método em comum para avaliar a psicopatia. Mesmo o PCL-R não sendo a única medida da psicopatia, ele se tornou o padrão (Huss e Langhinrichsen-Rohling, 2000). Embora o uso de uma única medida para definir um constructo não esteja livre de problemas, o PCL-R é frequentemente a medida padrão para avaliar a psicopatia. Por conseguinte, a discussão da psicopatia neste livro estará em grande parte confinada às pesquisas que utiliza o PCL-R ou um dos seus derivativos, como o Psychopathy Checklist: Screening Version (PCL:SV) e o Psychopathy Checklist: Youth Version (PCL:YV).

O PCL-R é composto de 20 itens (var Tabela 4.2) que podem ser divididos em dois grupos ou fatores derivados estatisticamente. A palavra inventário é um tanto incorreta no nome do PCL-R porque ele não é simplesmente uma lista de

Tabela 4.2 Uma comparação de termos entre o PCL-R e as Características de Cleckley

Itens do PCL-R	Características de Cleckley
Itens que se sobrepõem	
1. Lábia/charme superficial – Fator 1	1. Charme superficial e boa inteligência
2. Senso grandioso de autoestima – Fator 1	2. Egocentrismo patológico e incapacidade de amar
3. Mentira patológica – Fator 1	3. Falsidade e falta de sinceridade
4. Ausência de remorso ou culpa – Fator 1	4. Ausência de remorso ou vergonha
5. Afeto superficial – Fator 1	5. Deficiência geral nas principais reações afetivas
6. Crueldade/falta de empatia – Fator 1	6. Falta de resposta nas relações interpessoais gerais
7. Comportamento sexual promíscuo	7. Vida sexual e interpessoal triviais e pobremente integradas
8. Falta de objetivos realistas de longo prazo – Fator 2	8. Fracasso em seguir um plano de vida
9. Impulsividade – Fator 2	9. Julgamento pobre e falha em aprender com a experiência
10. Irresponsabilidade – Fator 2	10. Não confiável
11. Falha em aceitar responsabilidade pelas próprias ações – Fator 1	11. Perda específica de *insight*
12. Versatilidade criminal	12. Comportamento antissocial inadequadamente motivado, comportamento fantástico e desagradável com bebida e às vezes sem
Itens que não se sobrepõem	
13. Necessidade de estimulação – Fator 2	13. Ausência de alucinações e outros sinais de pensamento irracional
14. Ludibriador/manipulador – Fator 1	14. Ausência de nervosismo
15. Estilo de vida parasita – Fator 2	15. Comportamento fantástico e desagradável
16. Controle deficiente do comportamento – Fator 2	16. Tentativas de suicídio raramente concretizadas
17. Problemas comportamentais precoces – Fator 2	
18. Muitas relações conjugais de curta duração	
19. Delinquência juvenil – Fator 2	
20. Revogação da liberação condicional – Fator 2	

itens que os psicólogos forenses marcam se estão presentes ou ausentes. Um exame rápido da Tabela 4.2 e da lista de Cleckley dos sintomas da psicopatia sugere várias semelhanças entre a sua concepção original e o método dominante para avaliar a psicopatia. O PCL-R é, na verdade, uma lista de 20 sintomas, e requer o julgamento clínico de um especialista para pontuá-lo. Cada termo é avaliado em uma escala de 3 pontos variando de 0 a 2. Um escore de 0 indica a ausência de um sintoma, 1 indica a possível presença de um item e 2 é pontuado se o sintoma for definitivamente exibido pelo examinando. O PCL-R é normalmente pontuado por meio do exame de informações colaterais e de uma entrevista semiestruturada. Embora o PCL-R só possa ser pontuado com base em um exame de informações colaterais para fins de pesquisa, é recomendada uma entrevista clínica, especialmente para fins clínicos e legais.

Como o PCL-R é pontuado de 0 a 2 nos 20 itens, os escores variam de 0 a 40 na medida. Um escore acima de 30 é considerado um ponto de corte conservador para psicopatia, embora alguns estudos tenham apontado que escores de 25 já são apropriados (p. ex., Guy e Douglas, 2006). O PCL-R e a psicopatia em geral foram usados como uma variável de categorias, se você não é um psicopata (um escore abaixo de 30) ou se você é um psicopata (escore acima de 30). Ele também foi usado como uma variável contínua, de modo que quanto mais alto o escore, mais psicopatia ele apresenta. Essa distinção caracterizou um debate na psicologia forense quanto a se a psicopatia é mais bem entendida como um constructo de categorias ou se ela deve ser pensada como um escore contínuo (Edens, Marcus, Lilienfeld e Poythress, 2006).

A maioria dos itens no PCL-R está agrupada em duas categorias ou fatores que foram estatisticamente identificados como relacionados à psicopatia, mas separados um do outro. Esses dois fatores servem como uma distinção importante para a nossa compreensão atual da psicopatia. O Fator 1 consiste de 8 itens (conforme mostrado na Tabela 4.2) como lábia e charme superficial, autoestima grandiosa, mentira patológica, dentre outros. O Fator 1 é frequentemente rotulado como o fator interpessoal/afetivo porque é composto de itens que, em grande parte, se relacionam ao comportamento interpessoal e à expressão emocional. O Fator 2 é frequentemente rotulado como o fator do estilo de vida socialmente desviante/antissocial e consiste de itens baseados no comportamento, como estilo de vida parasítico, impulsividade e delinquência juvenil. Três itens não se enquadram estatisticamente em nenhum dos fatores, embora eles ainda sejam usados para derivar um escore total no PCL-R. Pesquisas recentes também sugeriram um modelo de três fatores (Cooke e Michie, 2001) e um modelo de 4 fatores-facetas (Hare, 2003). Contudo, vamos nos concentrar no modelo de dois fatores para simplificar e porque a maior parte das pesquisas foi conduzida utilizando-se a abordagem de dois fatores.

Essas categorias diferentes ou fatores de psicopatia não diferenciam os vários tipos de psicopatas; não existem psicopatas Fator 1 e Fator 2, embora o campo esteja se encaminhando para o exame da heterogeneidade da psicopatia. Uma distinção comum entre diferentes tipos de psicopatia é a diferenciação entre psicopatia primária e psicopatia secundária. A **psicopatia primária** é caracterizada como psicopatia prototípica. O psicopata primário comete atos antissociais, é irresponsável, não tem empatia e é superficialmente charmoso devido a algum déficit inerente (Skeem, Johansson, Andershed, Kerr e Louden, 2007). A **psicopatia secundária,** em contraste, não é inerente, mas causada pela "desvantagem social, inteligência baixa, ansiedade neurótica ou outra psicopatologia" (Newman, MacCoon, Vaughn e Sadeh, 2005, p. 319). Na verdade, a principal distinção entre a psicopatia primária e a secundária é a presença de ansiedade no psicopata secundário (Schmitt e Newman, 1999). Argumenta-se que o psicopata secundário comete o comportamento antissocial a partir da impulsividade que é ocasionada pela ansiedade. É a ausência de ansiedade que caracteriza em geral o verdadeiro psicopata e permite que ele cometa violência e comportamento antissocial repetidamente e sem consciência (Levenson, Kiel e Fitzpatrick, 1999). No entanto, a diferença entre psicopatia primária e psicopatia secundária não é a única questão que precisa de distinção no que se refere à psicopatia.

Muitos estudantes e mesmo psicólogos questionam a diferença entre psicopatia e o termo mais comum, transtorno da personalidade antissocial (TPA). Embora esses dois constructos estejam relacionados e, na verdade, a correlação entre psicopatia e TPA seja grande, variando de 0,55 a 0,65 (Hemphill e Hart, 2003), também existem muitas diferenças importantes que distinguem o TPA da psicopatia (Bodholt, Richards e Gacono, 2000).

Primeiramente, o TPA está listado nas fontes mais amplamente aceitas de doenças mentais, o *Manual diagnóstico e estatístico dos transtornos mentais-IV Texto Revisado* (DSM-IV TR) e na 10ª edição da *Classificação Internacional de Doenças* (CID-10). A psicopatia não é oficialmente listada no DSM-IV TR ou na CID-10 como um transtorno acompanhado de critérios diagnósticos. No entanto, ela é mencionada pelo nome de transtorno da personalidade antissocial no DSM-IV TR, as características que compõem a psicopatia estão listadas nas características associadas do DSM-IV TR e o termo transtorno da personalidade dissocial é usado na CID-10 para se referir a um constructo similar à psicopatia (Hemphill e Hart, 2003).

Outra diferença entre o TPA e a psicopatia está relacionada aos critérios diagnósticos no DSM-IV TR. Os critérios diagnósticos para TPA são muito comportamentais (Tabela 4.2). Por comportamental, quero dizer que o DSM tenta aumentar a confiabilidade do transtorno da personalidade antissocial, confinando os critérios diagnósticos a comportamentos muito objetivos como mentir, enganar e roubar. Entretanto, a psicopatia não é definida apenas em termos comportamentais, conforme identificado no Fator 2, mas também pelas características interpessoais/afetivas que compreendem o Fator 1. Esses itens do Fator 1 podem ser mais difíceis de avaliar do que os itens do Fator 2. Por consequência, argumenta-se que um diagnóstico de psicopatia é mais restrito e específico do que o TPA.

Portanto, também existem taxas de prevalência diferentes para psicopatia e TPA. Entre 3 e 5% do público em geral pode ser diagnosticado com transtorno da personalidade antissocial, e entre 50 e 80% dos criminosos encarcerados. Entretanto, apenas 1% do público em geral sofre de psicopatia, e as pesquisas sugerem que apenas 25% ou uma variação de 15 a 30% dos criminosos encarcerados são psicopatas (ver Figura 4.2). Por consequência, a psicopatia tem uma prevalência muito mais baixa tanto no público em geral quanto entre os criminosos. O TPA é frequentemente criticado como diagnóstico entre os criminosos porque isso tem pouco significado, já que a maioria dos criminosos pode ser diagnosticada com o transtorno. Como afirma Bodholt e colaboradores (2000, p. 59), identificar TPA "em contextos forenses é algo como encontrar gelo no seu congelador". Além disso, nem todas as pessoas que sofrem de psicopatia também sofrem de TPA. Assim, 90% dos psicopatas sofrem de TPA, enquanto entre 15 e 30% daqueles com TPA sofrem de psicopatia (Hemphill e Hart, 2003). Os indivíduos que são psicopatas mas não sofrem de TPA são frequentemente citados como **psicopatas de sucesso**. Os psicopatas de sucesso ou de colarinho branco não estão encarcerados e tendem a exibir inteligência superior, são mais educados e são de uma posição socioeconômica mais alta do que a maioria dos psicopatas. Os psicopatas de sucesso tendem a ser encontrados trabalhando em corporações ou tendo um escritório político (Hare, 1999). Veja o Quadro 4.1 para uma discussão dos psicopatas de sucesso.

Relação entre comportamento criminal e violência com psicopatia

A distinção entre o TPA e a psicopatia não é suficiente para entender a verdadeira natureza do psicopata. É central à psicopatia a sua relação com o comportamento criminal, especificamente com o comportamento criminal violento. Embora haja inúmeras bases interpessoais, de aprendizagem, cognitivas e psicológicas para a expressão da violência, é a violência do psicopata que rotineiramente captura a imaginação do público e dos psicólogos forenses.

Violência em geral e comportamento criminal

Praticamente desde o início do PCL-R, foi explorada a sua relação com o comportamento criminal e a violência, e o crescimento do campo é em grande parte o re-

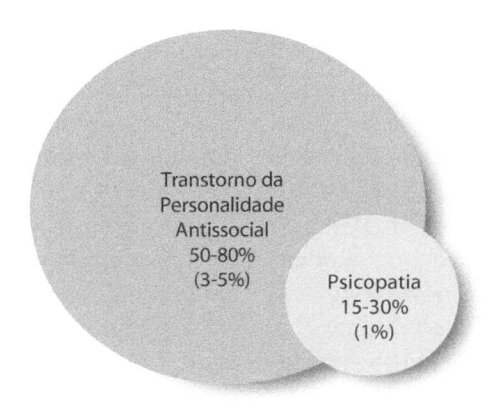

Figura 4.2   Prevalência e relação da psicopatia com o transtorno da personalidade antissocial.

> **Quadro 4.1** Cobras de terno: os psicopatas de sucesso
>
> Quase todas as pesquisas realizadas sobre psicopatas focalizaram os infratores criminais. A razão principal é que os criminosos representam um público encarcerado e facilmente acessível para estudo. Entretanto, estudos não institucionalizados de psicopatas não são nada novos. Na verdade, um dos primeiros estudos em psicopatia, antes do advento do PCL-R, focou em amostras não institucionalizadas e recebeu sujeitos não institucionalizados de uma maneira muito criativa. Cathy Widom (1976) colocou um anúncio na seção de classificados de um jornal de Boston sob o disfarce de que estava procurando pessoas aventureiras para participarem de um estudo psicológico. O próprio anúncio trazia uma lista de características de psicopatas e resultou que Widom conseguiu quase 30 pessoas para participarem, a quem ela identificou como psicopatas potenciais.
>
> Excluindo o estudo pioneiro de Widom, muito poucos estudos tentaram avaliar psicopatas não institucionalizados exceto por estudo de casos reduzidos. Entretanto, Paul Babiak e Robert Hare começaram a examinar psicopatas não institucionalizados ou de sucesso. Especificamente, eles se direcionaram para o mundo dos negócios como uma fonte de psicopatas potenciais e usaram a expressão "cobras de terno" no título de seu recente livro: *Cobras de terno: quando os psicopatas vão trabalhar* (2006). Trabalhos como vendedor de carros usados e político podem ser ideais para psicopatas. Por exemplo, o personagem de Michael Douglas no filme *Wall Street* pode ser um exemplo de um psicopata de sucesso. Entretanto, muitas das conclusões desses autores a respeito dos psicopatas de sucesso não estão baseadas em estudos empíricos, mas são puramente fatos curiosos. Somente a pesquisa futura vai realmente nos dizer se os indivíduos psicopatas estão realmente tão disseminados como eles sugerem.

sultado dessa relação (Edens, 2006). Faz sentido que já que os agressores criminais são mais prováveis de estarem sujeitos a estudos que examinam a psicopatia, o foco frequentemente esteja na relação entre o comportamento criminal passado e futuro. Não deve causar surpresa que as pesquisas tenham encontrado uma relação consistente entre a psicopatia e várias formas de comportamento criminal. Na verdade, a psicopatia foi chamada de o fator maior na avaliação de violência futura (Salekin, Rogers e Sewell, 1996) e, embora não necessária, a psicopatia pode ser suficiente na avaliação de risco em determinadas circunstâncias (Hemphill e Hart, 2003). Com a expansão do estudo da psicopatia nos últimos 20 anos, tem havido uma abundância de estudos de pesquisa focando na relação com o comportamento criminal e diversas metanálises diferentes.

A primeira metanálise que examinou a relação entre psicopatia e comportamento criminal foi de Salekin e colaboradores (1996). Os estudos que examinam o comportamento criminal tipicamente usam a reincidência criminal, ou repetição do comportamento criminal, como uma indicação de comportamento criminal. Salekin e colaboradores (1996) encontraram uma relação significativa entre a psicopatia e a reincidência criminal geral, além de uma relação ainda maior entre psicopatia e reincidência violenta. Hemphill, Hare e Wong (1998) foram um passo mais além com um grupo de estudos um pouco maior e encontraram uma relação significativa, porém igual, para a reincidência geral e a reincidência violenta. Eles encontraram que o Fator 2 era um preditor melhor de reincidência geral, mas que o Fator 1 e 2 previam reincidência violenta igualmente bem. Metanálises adicionais encontraram resultados similares (Gendreau, Goggin e Smith, 2003; Walters, 2003b). As evidências disponíveis geralmente sugerem que os psicopatas têm maior probabilidade de cometer crimes não violentos e violentos do que os não psicopatas. Mas o que mais sabemos sobre a violência do psicopata comparada à dos não psicopatas?

Uma crença amplamente difundida é a de que à medida que envelhecemos é menor a probabilidade de agirmos antissocialmente. Na verdade, os 40 anos já foram identificados como a idade do limiar em que os infratores provavelmente ficam "gastos" ou apresentam um decréscimo marcante no seu comportamento criminal (Huss e Langhinrichsen-Rohling, 2000). Essa redução geral no crime pode ser um retrato acurado do comportamento criminal não violento, mas não do comportamento criminal violento em psicopatas (Hare, McPherson e Forth, 1988). Os psicopatas parecem continuar a cometer índices mais altos de violência do que os não psicopatas mesmo depois dos 40 anos (Harris, Rice e Cormier, 1991). Eles podem até mesmo apresentar maior violência emocional (Heilbrun et al., 1998). No entanto, Edens sugere que as informações disponíveis não são suficientes para que os psicólogos forenses tirem conclusões definitivas na corte no que se refere à não redução da violência em psicopatas após os 40 anos (Edens, 2006; Edens, Petrila e Buffington-Vollum, 2001).

Outra distinção no comportamento violento dos psicopatas é quanto à natureza geral da sua violência. Um aspecto da violência psicopática é a diferença entre violência instrumental e reativa. **Violência instrumental** é a violência que tem um objetivo claro definido ou é planejada e a **violência reativa** é perpetrada a partir da emoção. Se você está planejando assassinar sua esposa ou parceira porque quer receber o dinheiro do seguro, essa é uma violência instrumental. Se você chega em casa e encontra sua esposa ou parceira com o carteiro e, em um ataque de raiva, pega o bibelô que está sobre a penteadeira e começa a esmurrar a cabeça do carteiro, isso seria violência reativa. A crença já muito antiga é de que os psicopatas são mais prováveis de perpetrar violência instrumental do que outros não psicopatas ou outros agressores em geral (Cleckley, 1941). Pesquisas mais recentes validaram de um modo geral essas crenças teóricas. Williamson, Hare e Wong (1987) encontraram que os psicopatas tinham maior probabilidade de perpetrar violência instrumental do que agressores não psicopatas, e tinham menos probabilidade de ter experimentado excitação emocional em uma amostra canadense de infratores. Cornell e colaboradores (1996) verificaram esses resultados entre os prisioneiros americanos. Além disso, Cornell e colaboradores (1996) concluíram que os psicopatas são capazes de infligir danos sérios direcionados para o objetivo devido à sua falta de normas socializadas, culpa e remorso. Apesar disso, a relação entre psicopatia e violência instrumental não está completamente clara, porque os psicopatas também exibem diversos sintomas, como o controle deficiente do comportamento, que sugerem que eles têm mais probabilidade de cometerem violência reativa ou impulsiva. Muito embora Williamson e colaboradores (1987) tenham encontrado que os psicopatas apresentam significativamente maior probabilidade de cometer violência instrumental do que os não psicopatas (42,5% comparados a 14,6% do tempo), a maior parte dessa violência é reativa. Na verdade, Hart e Dempster (1997) se referiram à violência psicopática como impulsivamente instrumental. Woodworth e Porter (2002) encontraram que os escores do Fator 1, mas não os escores do Fator 2, estavam relacionados à violência instrumental. Portanto, pode ser que o Fator 2, características antissociais e desviantes da psicopatia, seja preditor de violência, mas que o Fator 1 seja preditor da natureza da violência e se ela será reativa ou instrumental (Porter e Woodworth, 2006).

Inúmeras outras características também podem distinguir a violência psicopática. Os psicopatas têm maior probabilidade de vitimizar estranhos do que os não psicopatas (Hare, McPherson et al., 1988). Williamson e colaboradores (1987) encontraram em seu estudo que nenhum dos assassinatos cometidos por psicopatas envolviam membros da família, comparados com 63% dos assassinatos entre os não psicopatas. A violência cometida pelos psicopatas tem mais probabilidade de ocorrer por vingança e raramente em autodefesa (Hart, 1998), o que provavelmente está relacionado à probabilidade aumentada de violência instrumental. A violência mais séria do psicopata é provável de ocorrer durante intoxicação, porque ele não consegue manter seu controle emocional quando está sob a influência de álcool ou drogas (Hare, McPherson et al.). Um achado surpreendente é que, embora os psicopatas tenham mais chance de infligir violência mais grave do que os não psicopatas, eles têm menor probabilidade de matar (Williamson et al., 1987). Esse achado pode ocorrer porque os assassinatos em geral decorrem de uma situação carregada emocionalmente e, portanto, não são características dos psicopatas (Williamson et al., 1987). Woodworth e Porter (2002) encontraram ainda que, quando os psicopatas cometem assassinato, é mais provável que isso envolva características instrumentais (93,3%) do que reativas, e que eles têm quase duas vezes mais probabilidade do que os não psicopatas (48,4%) de perpetrar um assassinato que seja principalmente instrumental.

A literatura deixa muito claro que a psicopatia desempenha um papel único na expressão da violência. Embora os psicopatas devam constituir apenas 25% dos agressores criminais, eles podem responder por uma quantidade desproporcional da violência cometida (Huss e Langhinrichsen-Rohling, 2000). A violência psicopática apresenta várias características importantes que a tornam especialmente problemática e singular em comparação à maior parte dos outros tipos de violência. Contudo, a ligação entre a psicopatia e o comportamento criminal e violento não está simplesmente limitada aos infratores em geral, mas foi verificada também em outros tipos de comportamento criminal.

Violência sexual

Embora Cleckley (1941) tenha pouco a dizer sobre o papel da agressão nesse campo nos psicopatas, sua promiscuidade nesse campo e ausência de responsividade emocional nas relações interpessoais podem sugerir um risco aumentado para violência sexual. Vários estudos encontraram que a psicopatia é preditiva de recidiva sexual entre estupradores e molestadores de crianças e relacionada à excitação sexual em geral (Quinsey, Rice e Harris, 1995; Rice e Harris, 1997; Rice, Harris e Quinsey, 1990). De fato, os infratores com altos escores no PCL-R cometem agressões sexuais violentas com mais frequência e em níveis mais graves (Gretton, McBride, Hare, O'Shaughnessy e Kumka, 2001). Embora a frequência da psicopatia varie de 15 a 30% entre os infratores em geral, em torno de 10 a 15% dos molestadores de crianças e 40 a 50% dos estupradores provavelmente também são psicopatas (Brown e Forth, 1997; Porter, Fairweather, Drugge, Hervé e Birt, 2000; Quinsey et al., 1995). Como sugerem essas estatísticas, existem diferenças entre o sexo dos criminosos.

Em geral, os agressores sexuais podem ser divididos entre os que perpetraram violência sexual contra adultos (estupradores), crianças (molestadores de crianças) e ambos, adultos e crianças (misto). Knight e Guy (2006) concluíram na sua revisão da literatura que os psicopatas têm mais probabilidade de cometer estupro e estão super-representados nas amostras de estupradores. Quinsey e colaboradores (1995) encontraram uma prevalência mais alta de psicopatia em estupradores do que em molestadores de crianças. Porter, Campbell, Woodworth e Birt (2001) encontraram que os estupradores e agressores do grupo misto tinham escores mais altos no PCL-R do que os molestadores de crianças, e que os agressores que vitimizavam tanto crianças quanto adultos tinham dez vezes mais chance de ser psicopatas do que os outros agressores (Porter, Campbell, Woodworth e Birt, 2002). Porter e colaboradores (2000) também encontraram que os estupradores mistos/molestadores tinham os escores mais altos no Fator 1, sugerindo um nível aumentado de insensibilidade e crueldade. Na verdade, a maioria dos agressores que cometem tais crimes contra crianças e adultos são psicopatas (Rice e Harris, 1997). Porter e colaboradores (2000) ainda sugeriram uma categoria distinta de agressores sexuais, os psicopatas sexuais.

Violência em pacientes psiquiátricos civis

Faz sentido dizer que a psicopatia é importante na expressão da violência entre os agressores em geral e agressores sexuais, mas e quanto à população em que a expressão da violência não é tão alta? Como vamos discutir no Capítulo 9, um indivíduo que é tido como mentalmente doente e perigoso pode ser hospitalizado através da restrição civil para proteger os outros de uma violência potencial. Entretanto, o risco de violência entre pacientes psiquiátricos civis é muito mais baixo do que nos agressores em geral, e a importância da psicopatia entre os pacientes psiquiátricos civis é menos óbvia. Skeem e Mulvey (2001) realizaram um dos primeiros exames de psicopatia em uma amostra de pacientes psiquiátricos civis. Eles encontraram que, mesmo nessa amostra menos violenta, a psicopatia era um forte preditor de violência. A importância da psicopatia como um preditor de violência em amostras psiquiátricas civis foi duplicada em outros estudos (Douglas, Ogloff, Nicholls e Grant, 1999; Nicholls, Ogloff e Douglas, 2004).

Violência entre perpetradores de violência doméstica

A violência doméstica é outro tipo de violência que foi examinada para averiguar uma relação potencial com a psicopatia. Embora a perpetração de violência doméstica tenha sido frequentemente associada a razões sociais e culturais para violência, alguns sugeriram um papel importante da psicopatia (Huss, Covell e Langhinrichsen-Rohling, 2006; Spidel et al., 2007). Estudos recentes examinaram a presença de psicopatia entre agressores criminais com história de violência doméstica (Grann e Wedin, 2002; Hilton, Harris e Rice, 2001). Os resultados de ambos os estudos sugerem que a psicopatia é um construto útil na predição de violência futura entre agressores com história de violência doméstica. Contudo, esses estudos não examinaram a violência doméstica *per se*, mas os agressores que haviam cometido violência doméstica como um dentre muitos crimes potenciais. Huss e Langhinrichsen-Rohling (2006) examinaram a psicopatia em uma amostra clínica de agressores encaminhados para tratamento de violência doméstica e encontraram pouca relação preditiva entre psicopatia e violência doméstica acima do comportamento antissocial. Por consequência, a relação entre psicopatia e violência doméstica é menos clara do que com outros tipos de violência.

O que mais sabemos sobre a psicopatia?

Também é importante lembrar que, embora a psicopatia possa ser o preditor mais forte de violência entre uma variedade de tipos de violência, o PCL-R não pretende ser uma medida de avaliação de risco. No Capítulo 5, examinaremos as medidas concebidas especificamente para avaliar a probabilidade de violência futura. O PCL-R não é uma dessas ferramentas, mas é uma ferramenta diagnóstica para psicopatia (Hart, 1998). Acontece que a psicopatia é um bom preditor de violência. Além da violência e do comportamento criminal associado aos psicopatas, também acumulamos muitas informações sobre como e por que os psicopatas se comportam dessa forma. Algumas dessas informações são similares à conceitualização original de Cleckley, mas boa parte delas explica alguns dos seus comportamentos potencialmente contrastantes que anteriormente eram simplesmente um mistério. Muito embora até aqui as informações sejam menos aplicadas do que a discussão, ainda é importante que os psicólogos forenses estejam a par dessas pesquisas, em uma tentativa de explicar o comportamento psicopático.

Aspectos interpessoais/afetivos da psicopatia

Ao examinarmos a lista dos itens do Fator 1, é fácil entender que os déficits interpessoais e emocionais são centrais para o entendimento da psicopatia. Características como lábia e charme superficial, um senso grandioso de autoestima, mentira patológica, tendência a ludibriar e manipular, ausência de remorso e culpa, afeto superficial, falta de empatia e falha em aceitar a responsabilidade sobre as próprias ações desempenham um papel importante na capacidade da pessoa de interagir e manter relações com outras pessoas. Os psicopatas podem ser ótimos para serem apresentados em uma festa ou para atuarem como porta-voz para a propaganda de um produto. No entanto, você não ia querer ter que contar com um psicopata para buscá-lo quando seu carro estragasse, tentar fazê-lo entender seu desespero por não ter entrado na universidade e você certamente não ia querer se casar com um. Esses déficits interpessoais e afetivos impedem a capacidade do psicopata de interagir em longo prazo com todos os outros humanos.

Uma das características marcantes são as respostas emocionais ou afetivas alteradas na sua linguagem (Hiatt e Newman, 2006). Os psicopatas produzem uma linguagem tecnicamente correta que mascara ou esconde os seus déficits emocionais subjacentes, e as evidências experimentais já apoiaram em grande parte essa noção (Cleckley, 1941). Quando solicitados a escolher duas palavras similares de um grupo de três palavras, os psicopatas baseiam a sua escolha no significado literal, enquanto os não psicopatas baseiam suas decisões nas conotações ou conexões emocionais das palavras (Hare, Williamson e Harpur, 1988). Esses resultados sugerem que os psicopatas são simplesmente menos sensíveis à expressão emocional. Outra pesquisa feita por Hervé, Hayes e Hare (2003) sugere que os psicopatas têm um entendimento claro do significado específico das palavras, mas tendem a ignorar ou não conseguem entender a importância emocional de uma palavra.

Os déficits interpessoais ficam ainda mais claros em experimentos que focaram tarefas mais rotineiras nas quais a maioria das pessoas se envolve ao longo do dia.

Brinkley, Bernstein e Newman (1999) pediram aos sujeitos que criassem histórias com temas específicos. Eles descobriram que os psicopatas faziam menos conexões entre os diferentes elementos da história, o que é esperado de indivíduos cuja linguagem é geralmente superficial e carece de significado profundo. O seu uso característico da linguagem ainda se estende aos gestos não verbais. Gillstrom e Hare (1988) gravaram entrevistas padrão com psicopatas em vídeos. Eles descobriram que aqueles que pontuaram mais alto em psicopatia tendiam a usar menos gestos de mãos que seriam usados para ilustrar um ponto relevante na conversa, mas usaram mais gestos de mãos que não estavam relacionados ou não eram intencionais para a conversa.

Esses déficits também são característicos da expressão emocional do psicopata e de sua compreensão reduzida das emoções em geral. Os psicopatas têm dificuldade de processar ou entender as emoções, conforme demonstrado pelo fracasso em expor qualquer diferença entre as informações periféricas e informações centrais de uma série de *slides* (Christianson et al., 1996). Os psicopatas geralmente parecem incapazes ou não dispostos a processar ou usar os significados semânticos profundos da linguagem (Williamson, Hapur e Hare, 1991). Eles são superficiais, os significados mais abstratos da linguagem lhes escapam e eles parecem não ser capazes de recorrer imediatamente a palavras afetivas ou emocionais (Williamson et al., 1991). No entanto, se é dito explicitamente aos psicopatas para prestarem atenção às informações periféricas, eles conseguem atentar à emoção contextual com mais adequação (Levenston, Patrick, Bradley e

Lang, 2000). Seus déficits emocionais são especialmente relevantes para emoções negativas como medo, ansiedade e culpa quando consideramos o comportamento desviante e antissocial dos psicopatas (Day e Wong, 1996). Os déficits nessas áreas provavelmente tornam mais provável que eles não consigam apreciar o impacto emocional do seu comportamento nas suas vítimas (Patrick, 1994).

Sabe-se que os psicopatas carecem de uma compreensão profunda das emoções e podem apenas experienciar quase-emoções (Steuerwald e Kosson, 2000). Uma expressão muito conhecida ao se descrever a resposta emocional ou afetiva dos psicopatas é que eles entendem a letra da música, mas não sentem o ritmo. Por exemplo, os psicopatas podem entender as definições de palavras do dicionário como desespero, excitação, medo e ansiedade, mas lhes carece experiência com essas emoções que possibilitariam entendê-las verdadeiramente. Da mesma maneira que eles conseguem entender teoricamente a letra de uma canção, mas são incapazes de sentir o ritmo da música e encontram problemas para dançá-la. As evidências que apontam para um déficit afetivo nos psicopatas não significam que eles não demonstrem emoções. Os psicopatas podem rotineiramente expressar uma emoção como a raiva (Steuerwald e Kosson, 2000), mas essas emoções são frequentemente mencionadas como pseudoemoções ou **emoções fraudulentas**. Essas emoções são tipicamente utilizadas para controlar um indivíduo ou situação, e não para expressar uma emoção genuína (Hare e Hart, 1996). Ainda não está muito claro se essas diferenças emocionais se devem à ausência de emoção, a uma falha em processar as emoções automaticamente ou a um grau reduzido de experiência emocional. Contudo, está claro que existem diferenças entre psicopatas e não psicopatas nas suas capacidades afetivas e interpessoais.

Déficits cognitivos e de aprendizagem associados à psicopatia

Outra característica proeminente da psicopatia são os déficits cognitivos e de aprendizagem. A crença de que os psicopatas são simplesmente incapazes de aprender com seus erros se estende pelo menos até a primeira descrição de Cleckley. Mesmo que os psicopatas tenham dificuldade de aprender com seus erros, eles geralmente apresentam capacidades intactas em muitas áreas do funcionamento cognitivo, como inteligência e memória (Hiatt e Newman, 2006). Pesquisas verificaram que os psicopatas têm uma limitação cognitiva em termos de aprendizagem, mas que essa limitação é mais complexa do que parece à primeira vista (Newman, 1998). Os psicopatas não têm simplesmente um déficit geral na aprendizagem; em vez disso, têm um déficit muito específico, que é expresso como um problema com a **aprendizagem passiva da evitação** (Patterson e Newman, 1993). A aprendizagem passiva da evitação é uma incapacidade de aprender com os comportamentos punitivos. Estudos bastante consistentes demonstraram que os psicopatas têm uma incapacidade de aprender com a punição ou com redução do reforço, mesmo que os experimentadores usem sons altos, choques elétricos ou incentivos financeiros (var Patterson e Newman, 1993, para uma revisão).

Além disso, parece que esses déficits não são resultado de uma simples falha em aprender com a punição ou mesmo relacionados com a sua impulsividade geral. Eles provavelmente são mais hipersensíveis a recompensas, e essa hipersensibilidade pode resultar em um foco emocional restrito (Kosson, 1996). Diversos estudos encontraram evidências do foco de atenção mais restrito nos psicopatas usando os testes Stroop ou tarefas similares ao Stroop. Um teste Stroop é um teste cognitivo comum em que é mostrada à pessoa uma lista de palavras que representam cores (vermelho, verde, azul, etc.), mas as palavras também aparecem em cores diferentes. Pede-se, então, que a pessoa nomeie a cor em que cada palavra está impressa de acordo com o papel ou *slide*. Se as palavras combinarem com a cor em que estão impressas, a tarefa será fácil. No entanto, se a palavra vermelho estiver impressa em verde e a palavra verde estiver impressa em amarelo, a tarefa se torna muito mais difícil para a maioria das pessoas. A maioria das pessoas tem dificuldade em bloquear a palavra periférica e prestar atenção apenas à cor da tinta. Entretanto, os psicopatas não apresentam essa mesma dificuldade. Devido ao foco de atenção mais restrito, os psicopatas na verdade se saem melhor em tarefas do tipo Stroop do que os não psicopatas (Newman, Schmitt e Voss, 1997).

Base biológica para a psicopatia

Embora esteja claro até aqui que os psicopatas exibem déficits interpessoais/ emocionais e cognitivos, a base biológica para a externalização dessas expressões da psicopatia não são tão claras. Contudo, os psicopatas têm demonstrado consistentemente respostas fisiológicas características. Por exemplo, os psicopatas exibem um medo reduzido na antecipação de estímulos desagradáveis ou dolorosos usando medidas fisiológicas como a aceleração cardíaca e a condução elétrica na pele (Hart, 1998). No entanto, os estudos não são completamente consistentes dependendo do contexto da experiência e da natureza precisa dos estímulos experimentais (Margolin, Gordis, Oliver e Raine, 1995). Blair, Jones, Clark e Smith (1997) demonstram uma distinção interessante. Eles apresentaram aos participantes dois estímulos estressantes diferentes (p. ex., um grupo de adultos gritando) e ameaçadores (p. ex., uma cobra em posição de ataque). Os resultados revelaram que os psicopatas exibiam condução reduzida na pele quando expostos aos estímulos estressantes, mas nenhuma diferença sob condições de ameaça ou neutras (Blair et al., 1997). Em geral, as pesquisas que sugerem diferenças nas respostas fisiológicas dos psicopatas apontam para esses achados com uma base biológica para a incapacidade do psicopata de sentir medo e ansiedade e a sua capacidade aumentada de manter o controle em situações que provocam ansiedade.

Além dessas diferenças fisiológicas, existem evidências neurobiológicas que sugerem diferenças no cérebro dos psicopatas e dos não psicopatas (Hare, 2001). Embora pareçam ser diferenças neurobiológicas específicas dos psicopatas, eles não exibem déficits neurobiológicos globais (Hart, Forth e Hare, 1990). Hart e colaboradores (1990) administraram uma bateria de exames padrão de testes neuropsicológicos em duas amostras de participantes divididos em psicopatia baixa, média e alta. Os resultados não revelaram diferenças entre os três grupos. O fato de não se conseguir identificar diferenças usando baterias neuropsicológicas não configura uma prova definitiva de que não existem diferenças, mas tende a sugerir que as diferenças podem ser funcionais em vez de estruturais (Hare, 2001). As diferenças biológicas estruturais se referem às diferenças no tamanho e formato da estrutura cerebral, enquanto as diferenças funcionais referem-se às diferenças de como essas estruturas cerebrais interagem ou funcionam uma com a outra. Como consequência da possibilidade de diferenças funcionais, os pesquisadores continuaram a buscar uma base neurobiológica subjacente para os déficits emocionais e cognitivos do psicopata.

As evidências de diferenças funcionais no cérebro dos psicopatas foram baseadas em grande parte em estudos que empregaram o mapeamento cerebral que possibilita imagens do cérebro em tempo real. Intrator, Hare, Stritzke e Brichtswein (1997) usaram a Tomografia Computadorizada por Emissão de Fóton Único (SPECT) para estudar o fluxo sanguíneo no cérebro de psicopatas, enquanto uma tarefa padrão apresentava aos participantes palavras emocionais e neutras. O estudo revelou que o cérebro, especificamente o córtex cerebral, dos psicopatas é menos ativo, e que a ativação está em grande parte confinada ao córtex occipital, enquanto os não psicopatas apresentaram muito mais atividade nos outros córtex cerebrais. Esse achado sugere que os psicopatas processam as informações visualmente (usando o lobo occipital), mas que eles podem não fazer muito mais do que isso. Vários estudos utilizando outra técnica de mapeamento, a Ressonância Magnética Funcional (RMf), também apoia a noção de que os psicopatas não usam determinadas partes do cérebro (isto é, o córtex frontal, o sistema límbico e a amígdala) quando estão processando estímulos emocionais (p. ex., Kiehl et al., 2004). Esses resultados foram descritos como sendo similares a um carro estacionado com alguém pisando no acelerador. Existe muita atividade em certas regiões do cérebro, assim como no motor do carro, mas sem a capacidade de processar essa informação em um nível mais profundo no lobo frontal ou estruturas subcorticais como a amígdala, a informação não é útil, assim como um carro estacionado não é útil para se chegar ao mercado.

Tratamento da psicopatia

A controvérsia sempre envolveu continuamente o tratamento dos psicopatas, especificamente se, como grupo, eles têm probabilidade de responder ao tratamento. Os psicólogos forenses eram pessimistas sobre o tratamento dos psicopatas. Por exemplo, Cleckley (1941) acreditava que os psicopatas não tinham a capacidade de formar vínculos emocionais para uma terapia efetiva e, portanto, não se beneficiariam dela. A declaração de Cleckley era muito característica da percepção que se tinha da capacidade de os psicopatas serem tratados. Essa crença é tão amplamente arraigada que certa vez tive uma supervisora que me disse que só havia um tratamento efetivo para os psicopatas, a magnum terapia. Ela fez essa declaração enquanto tirava seu dedo de dentro do bolso e atirava na sua têmpora com ele como se fosse uma pistola magnum. Apesar dessa controvérsia, e talvez devido ao pessimismo, foram realizados poucos estudos examinando a resposta dos psicopatas ao tratamento, especialmente usando a medida mais reconhecida da psicopatia, o PCL-R (Harris e Rice, 2006).

Os estudos iniciais que usaram o PCL-R como um padrão de medida da psicopatia pareciam apoiar o pessimismo original. Ogloff, Wong e Greenwood (1990) realizaram um estudo com 80 prisioneiros federais inscritos em um programa de tratamento. Seus resultados mostraram com consistência que os psicopatas demonstravam menor melhora clínica, eram menos motivados e abandonavam o programa antes dos não psicopatas. Rice, Harris e Cormier (1992) realizaram um estudo examinando 176 infratores de uma instituição forense que estavam inscritos em um novo programa de tratamento. Eles descobriram que não somente os psicopatas tratados não melhoravam, mas eles pioravam! Esse estudo foi usado como indicação de que o tratamento não apenas fracassa com os psicopatas, como também a abordagem de tratamento errada pode, na verdade, transformar os psicopatas em melhores psicopatas ainda, dando a eles uma compreensão das emoções dos outros (Huss e Langhinrichsen-Rohling, 2000). Contudo, o tratamento particular empregado naquela instituição era muito anticonvencional (ver Quadro 4.2).

Entretanto, essa visão está começando a ser questionada, se não contradita. Mais

Quadro 4.2 Tenha cuidado com o que você deseja no tratamento de psicopatas

O estudo de Rice e colaboradores é um dos estudos sobre psicopatia citados com maior frequência. Na verdade, ele foi repetidamente dado como referência, embora de modo incorreto, na última temporada do programa de televisão *A família Soprano*, como prova de que os psicopatas pioram na terapia. Em seu estudo, Rice e colaboradores verificaram que 22% dos não psicopatas que foram tratados reincidiram em violência depois de libertados, comparados a 39% dos não psicopatas não tratados. Esse resultado era certamente esperado. Seria de se esperar que o tratamento fosse efetivo. Contudo, seus achados referentes aos psicopatas foram bastante surpreendentes e foram anunciados desde então como uma indicação de que tratar psicopata é uma questão muito diferente. Eles verificaram que 55% dos psicopatas não tratados reincidiram violentamente, mas que 77% dos psicopatas tratados se tornaram violentos depois de libertados. Não se tratava apenas de que o tratamento não funcionasse, mas que o tratamento os tornava piores! Esse estudo foi imediatamente divulgado como evidência para apoiar a antiga noção de que os psicopatas não respondem ao tratamento psicológico convencional.

Entretanto, o problema era que o tratamento era tudo menos convencional. A unidade de tratamento onde esses criminosos estavam sendo mantidos empregava uma forma não muito convencional de tratamento chamada *terapia para romper as defesas*. O tratamento tendia a ser muito intenso. O mais interessante, entretanto, era que ele incluía sessões de encontros sem roupa que duravam duas semanas. A equipe também forçava os criminosos a usarem drogas como LSD e álcool durante as sessões de tratamento (D'Silva et al., 2004). Obviamente, generalizar os resultados de um tratamento de psicopatas tão pouco convencional seria problemático.

recentemente, Salekin (2002a) conduziu uma metanálise sobre os estudos disponíveis focados no tratamento da psicopatia. Ele concluiu que a crença amplamente difundida de que os psicopatas não respondiam ao tratamento era infundada e que eles podem se beneficiar com o tratamento. Contudo, Salekin (2002a) foi criticado pela inclusão excessiva de estudos em sua metanálise, especialmente estudos que não usaram o PCL-R como medida da psicopatia (Harris e Rice, 2006). Outros disseram que não existem evidências suficientes para apoiar qualquer um dos pontos de vista, isto é, de que o tratamento é eficiente ou ineficiente para psicopatas (Edens, 2006; Harris e Rice, 2006), mas uma revisão sistemática chegou à mesma conclusão que Salekin, focando nos estudos de tratamentos que usaram apenas o PCL-R (D'Silva, Duggan e McCarthy, 2004). No entanto, pode haver esperança para o futuro, já que vários especialistas identificaram componentes importantes para o tratamento de psicopatas (Huss, Covel et al., 2006; Losel, 1998; Wallace, Vitale e Newman, 1999).

Grupos especiais e psicopatia

Ao revisarmos os temas principais relativos à psicopatia, uma coisa deve ficar clara. As pesquisas que focam violência, déficits interpessoais/afetivos, déficits cognitivos/de aprendizagem e tratamento estão em grande parte baseados em um grupo restrito de psicopatas. Os estudos foram, em grande parte, conduzidos usando homens adultos brancos institucionalizados do Canadá e Estados Unidos. Como resultado, surgem inúmeras questões práticas. Em que outros grupos é apropriado usar o PCL-R ou usar a psicopatia como um fator importante na avaliação de risco? Nesta seção, discutirei algumas das pesquisas referentes à psicopatia nos mais diversos grupos para obter uma visão mais abrangente da extensão da psicopatia.

Mulheres

Embora Cleckly (1941) tenha originalmente incluído as mulheres na sua discussão da psicopatia, elas foram em sua maior parte ignoradas no estudo da psicopatia. À medida que tem aumentado a sua presença nas cadeias, o papel da psicopatia entre as mulheres vem sendo mais examinado. O estudo da psicopatia entre as mulheres é importante devido aos achados consistentes de que existem diferenças significativas na prevalência e expressão dos transtornos externalizáveis (abuso de substância, transtorno da personalidade antissocial) e internalizáveis (depressão, ansiedade) entre homens e mulheres (Robins e Regier, 1991). Consequentemente, os pesquisadores começaram a examinar a prevalência, manifestações comportamentais e os correlatos clínicos da psicopatia em mulheres e encontraram algumas similaridades, mas também algumas diferenças em relação às suas contrapartes masculinas.

As revisões da literatura sobre as mulheres e a psicopatia evidenciaram em geral taxas mais baixas de prevalência do que entre os homens (Vitale e Newman, 2001). As taxas mais baixas de prevalência não devem surpreender, uma vez que esse achado é consistente com a prevalência de transtornos como o transtorno da personalidade antissocial e o transtorno de conduta. Conforme discutido anteriormente, as taxas de prevalência da psicopatia entre os homens encarcerados variam de 15 a 30%, mas 25% é o típico. As mulheres exibem níveis similares, embora de níveis mais variados (Verona e Vitale, 2006). Estudos encontraram desde taxas de prevalência mais altas do que 30% (Louth, Hare e Linden, 1998) e até taxas baixas de 9% (Vitale, Smith, Brinkley e Newman, 2002). As pesquisas não somente descobriam que menos mulheres pontuam acima do ponto de corte tradicional de 30, mas também que elas exibem escores médios mais baixos nas medidas da psicopatia do que os homens (Alterman, Cacciola e Rutherford, 1993; Rutherford, Cacciola, Alterman e McKay, 1996).

Também parece haver diferenças nas manifestações comportamentais da psicopatia nas mulheres. A relação entre psicopatia e agressão é muito clara nos homens psicopatas. Contudo, os achados nas mulheres não são tão claros. Existem vários estudos que encontraram uma relação entre condenações passadas violentas e não violentas, violência autorrelatada e detenções passadas em mulheres (Vitale et al., 2002; Weiler e Widom, 1996). Quando Salekin, Rogers, Ustad e Sewell (1998) focaram a relação entre psicopatia e reincidência futura em mulheres, encontraram apenas uma relação moderada, no máximo, e concluíram que somente o Fator 1 do PCL-R está relacionado à reincidência. Verona e Vitale (2006) sugerem que esses achados inconsistentes podem ser devidos às diferenças encontradas no desenvolvimento da agressão em meninos e meninas desde o início da vida.

Outra consideração importante no exame da psicopatia entre as mulheres é a apresentação clínica subjacente do transtorno. Provavelmente, homens e mulheres exibem determinados sintomas de maneiras diferentes. Por exemplo, em termos de violência, um homem psicopata poderia se envolver em uma briga de bar, enquanto uma mulher psicopata mais provavelmente seria violenta com membros da família e na sua própria casa (ver Robbins, Monahan e Silver, 2003). Pode ser que ambos tenham predisposições subjacentes em relação ao comportamento antissocial, mas que essas predisposições sejam expressas de modos diferentes. De fato, Lilienfeld e colaboradores (Cale e Lilienfeld, 2002; Lilienfeld, 1992; Lilienfeld e Hess, 2001) sugerem que transtornos tais como o transtorno da personalidade *borderline*, transtornos de somatização e transtorno da personalidade histriônica sejam expressões femininas da psicopatia devido à sobreposição significativa desses transtornos e o comportamento antissocial. Por exemplo, Verona e Vitale (2006) usam o filme *Atração fatal* e o personagem de Glen Close como um possível exemplo dessa manifestação. No filme, o personagem de Glen Close é obcecado pelo personagem de Michael Douglas até o ponto da violência extrema. Além disso, ela é manipuladora, enganadora, impulsiva, não tem empatia e remorso pelo seu comportamento, que tem a intenção de impedir que ele acabe com seu caso amoroso e volte para sua esposa e família. O personagem de Angelina Jolie em *Garota interrompida* pode ser outro exemplo ficcional com características similares. O comportamento desses dois personagens é frequentemente caracterizado como indicação de transtorno da personalidade *borderline*, mas pode ser que as mulheres tenham maior probabilidade de expressar características psicopáticas dessa maneira devido à diferença nos comportamentos de externalização *versus* internalização entre homens e mulheres.

Questões étnicas e transculturais

À medida que fomos nos tornando mais confiantes quanto à natureza da psicopatia em amostras brancas na América do Norte, a atenção começou a se direcionar para as extensões transculturais e multiculturais da psicopatia. Hare (2003) concluiu que o PCL-R é em geral adequado para ser utilizado com uma variedade de etnias e nacionalidades. No entanto, existem algumas limitações e diferenças na avaliação da psicopatia na maioria das pesquisas.

Uma das primeiras questões referentes à generalização da psicopatia foi a aplicabilidade aos afro-americanos, apesar da sua grande representação nas instituições correcionais nos Estados Unidos. Os esforços iniciais no uso do PCL-R geralmente excluíam os afro-americanos (Kosson e Newman, 1986) devido à falta de confiabilidade e validade do PCL-R para os infratores afro-americanos. Kosson, Smith e Newman (1990) realizaram uma série de estudos em que os afro-americanos foram incluídos, e encontraram os escores desses um pouco mais elevados em comparação com os criminosos brancos. No entanto, estudos adicionais não encontraram os mesmos resultados de forma consistente (ver Sullivan e Kosson, 2006, para uma revisão).

Skeem, Edens, Camp e Colwell (2004) realizaram uma metanálise para resolver essas discrepâncias e descobriram que havia diferenças no escore total, mas não havia diferença nos Fatores 1 e 2 do modelo de dois fatores da psicopatia. Skeem e colaboradores (2004) concluíram que não havia evidências suficientes de que os afro-americanos tivessem mais traços importantes de psicopatia do que os brancos. Embora acreditem que a psicopatia pode ser medida com confiabilidade e de uma maneira válida nos afro-americanos, Sullivan e Kosson (2006) discordam de Skeem e colaboradores, e sugerem que as pesquisas futuras deverão determinar as diferenças étnicas com mais detalhes. Além disso, as pesquisas não devem apenas examinar as diferenças entre afro-americanos e brancos, mas também outros grupos étnicos pouco estudados.

Além das diferenças étnicas, a psicopatia também foi estudada transculturalmente. Embora o PCL-R tenha sido usado em sua maior parte em criminosos do Canadá e Estados Unidos, existem muitos estudos publicados em países como Escócia, Inglaterra, Bélgica, Noruega, Espanha, Portugal, Holanda, Alemanha, Argentina e Suécia (ver Sullivan e Kosson, 2006). Apesar do amplo uso do PCL-R, o exame das diferenças transculturais é recente, e os dados da Grã-Bretanha e Suécia somente apareceram no manual mais recente do PCL-R (Hare, 2003). Além disso, a maior parte das pesquisas teve seu foco na comparação de amostras europeias (na maior parte, britânicas) com amostras norte-americanas. Por consequência, as conclusões que podem ser tiradas sobre a aplicação transcultural da psicopatia são provisórias.

No entanto, parece haver algumas diferenças transculturais importantes na psicopatia. De um modo geral, a prevalência e os escores médios parecem ser mais altos nas amostras norte-americanas. Sullivan e Kosson (2006) compararam o escore médio entre criminosos, pacientes psiquiátricos e pacientes forenses de 19 amostras de fora da América do Norte e compararam o seu escore médio de 18,7 com um escore médio de 22,1 no manual do PCL-R. Como resultado das diferenças entre as amostras norte-americanas e escocesas, Cooke e Michie (1999) recomendaram o uso de um escore de ponto de corte de 25 para a psicopatia na Escócia, em vez de 30. Outros psicólogos europeus também adotaram esse escore de ponto de corte modificado. No entanto, a psicopatia parece ser um forte preditor de recidiva violenta, sendo geral transculturalmente (Hare, Clark, Grann e Thorton, 2000; Tengström, Grann, Långström e Kullgren, 2000) e os déficits cognitivos e emocionais parecem estar presente nos diferentes países (Pastors, Moltó, Vila e Lang, 2003; Pham, Vanderstukken, Philippot e Vaderlinden, 2003). Embora possa haver diferenças transculturais na psicopatia, é igualmente claro que a psicopatia permanece sendo um constructo válido com aplicação fora da América do Norte (Sullivan e Kosson, 2006).

Crianças e adolescentes

Além de examinar a possibilidade de generalização da psicopatia para um grupo mais diverso de infratores adultos, as pesquisas também focaram na psicopatia em crianças e adolescentes. O primeiro grande problema em estender a psicopatia às crianças e adolescentes é o mesmo que causou problemas ao campo para a medida antes da década de 1980. A medida utilizada da psicopatia em adultos com maior frequência, o PCL-R, não é aplicável aos jovens. Por exemplo, itens como relações conjugais de curta duração e versatilidade criminal adulta não serão aplicados aos jovens. Como resultado, os estudos iniciais que focaram os jovens usaram uma versão modificada do PCL-R que se tornou conhecida como Psychopathy Checklist: Youth Version (PCL:YV). Vários itens do PCL:YV foram substituídos e alterados para serem aplicáveis aos jovens e ele tem especificamente a intenção de uso com jovens entre 13 e 18 anos (Forth, Kosson e Hare, 2003). Duas medidas adicionais da psicopatia, o Antisocial Process Screening Device (ASPD) e a Escala de Psicopatia Infantil (CPS) foram concebidas para avaliar crianças de 6 anos (Salekin, 2006). As pesquisas preliminares revelaram que existe apoio para o modelo de dois fatores originalmente encontrados em adultos, mas que pode haver algumas pequenas diferenças nos itens que fazem parte dos respectivos fatores nos jovens (Forth, 1995; Frick, Bodin e Barry, 2000).

Como nos adultos, uma das áreas iniciais de interesse foi a violência e o comportamento antissocial. Existem muitos estudos que examinam a psicopatia em jovens e sua relação com o comportamento antissocial, apresentando resultados consistentes. Estudos verificaram que os jovens que pontuam alto em psicopatia perpetram mais comportamento antissocial (Corrado, Vincent, Hart e Cohen, 2004) e cometem atos de violência mais graves. Os resultados sugerem que os jovens com características psicóticas exibem relação similar à dos adultos com a violência e comportamento antissocial. Recentemente, Lynam, Caspi, Moffit, Loeber e Stouthamer-Loeber (2007) conduziram o primeiro estudo que examinou a estabilidade de longo prazo da psicopatia e encontraram algumas evidências da estabilidade da psicopatia desde a adolescência até a idade adulta.

Entretanto, existe muito menos consenso e evidências quanto à extensão de alguns dos aspectos cognitivos e emocionais da psicopatia adulta dentre os jovens. Vitale e colaboradores (2005) encontraram as diferenças esperadas em uma tarefa do tipo Stroop, mas apenas encontraram evidências de aprendizagem passiva de evitação em meninos. Roussy e Toupin (2000) também encontraram evidências de déficits em tarefas cognitivas concebidas para avaliar regiões específicas do lobo central para as quais os psicopatas adultos mostraram padrões consistentes de desempenho característico. Além disso, outros estudos apoiaram a noção de que as crianças com características psicopáticas têm dificuldade com o processamento automático (O'Brien e Frick, 1996), uma inclinação para a busca de sensações (Frick, O'Brien, Woton e McBurnett, 1994) e déficits de impulsividade (Blair, 1999).

Mesmo que a psicopatia seja um construto válido para os jovens, existe um grande debate sobre a adequação do rótulo da psicopatia em crianças. Boa parte do debate está focada no fato de que a infância e adolescência é uma época de enormes mudanças no desenvolvimento e que, para alguns jovens, essa mudança inclui o *acting out* de uma maneira antissocial (Moffit, 1993). Como consequência, é muito difícil medir construtos como impulsividade e irresponsabilidade quando esses comportamentos provavelmente vão mudar e podem até ser incentivados nas crianças (Edens, Skeem, Cruise e Cauffman, 2001). Além disso, um rótulo de psicopatia pode ter implicações profundas na sala de aula ou no sistema legal (Edens, Guy e Fernandez, 2003). Alguns incentivaram o uso de outros termos em vez de psicopatia (Johnstone e Cooke, 2004). Entretanto, existem muitas razões para ser cauteloso com a aplicação da psicopatia a crianças e adolescentes, independentemente da suficiência da pesquisa.

Questões éticas e legais envolvendo a psicopatia

A psicopatia é usada em uma variedade de contextos legais, e Edens e Petrila (2006, p. 573) vão ainda mais além, dizendo que a psicopatia "está se infiltrando no direito", pois "está cada vez mais sendo encontrada tanto nas opiniões judiciais quanto na legislação, e também tem sido o foco do testemunho de peritos". Embora uma noção abstrata da psicopatia tenha uma história legal que data de quase 100 anos atrás, foi só recentemente que o termo, ou uma de suas variações, foi usado explicitamente (Reed, 1996). Lyon e Ogloff (2000) pesquisaram apelações em primeira instância e encontraram que a psicopatia foi usada em uma variedade de casos que incluíam áreas como a pena de morte, inimputabilidade, capacidade para se submeter a julgamento, custódia de filhos, credibilidade da testemunha, transferência de adolescentes para o tribunal adulto, restrição civil e atos ilícitos civis. De Matteo e Edens (2006), em uma extensa revisão da primeira instância americana disponível, verificaram que houve um aumento marcante na admissão do PCL-R. Contudo, mesmo que o termo tenha se tornado amplamente usado no sistema legal, a noção legal de psicopatia nem sempre combina com a noção clínica ou psicológica. Por exemplo, o termo psicopata sexual está sendo cada vez mais usado no direito para significar alguém que não consegue manter controle sobre seus impulsos sexuais (Mercado, Schopp e Bornstein, 2005), mas uma falta de controle não é a característica que define a psicopatia. Assim sendo, se um psicólogo forense usa o PCL-R enquanto avalia um agressor sexual, os resultados podem ser úteis clinicamente para determinar se o indivíduo pode ser diagnosticado como psicopata. No entanto, um escore acima de 30 no PCL-R não simula a definição legal de psicopatia e pode ser um motivo para que se tenha cuidado ao dar esse tipo de informação à corte (Edens e Petril, 2006).

Sentença capital e o uso da psicopatia

Como ocorre com outros temas deste livro, a psicopatia tem relevância para dois termos previamente apresentados: a jurisprudência terapêutica e o âmbito da prática. Embora as decisões de sentença capital não representem os tipos mais prevalentes de avaliações em que a psicopatia é usada (DeMatteo e Edens, 2006), elas proporcionam uma situação excelente para examinar tanto o impacto da lei quanto os limites potenciais do testemunho do perito.

A Suprema Corte dos Estados Unidos definiu que deve haver limitações na elegibilidade para receber a pena de morte em casos capitais, e que as características específicas do acusado são relevantes naquela determinação (Hesseltine, 1995). O psicólogo forense é geralmente chamado para testemunhar na fase da sentença desses julgamentos, depois que o acusado foi considerado culpado, para determinar o risco do indivíduo de violência futura. Embora os comentaristas tenham identificado muitos problemas com o testemunho do perito nas decisões de sentença capital (Cunningham e Reidy, 1999), também existem problemas específicos com o emprego da psicopatia como uma questão potencial. Um psicólogo forense chamado a testemunhar nesses casos tipicamente testemunhará sobre o risco do acusado quanto à violência futura para auxiliar a corte a determinar se a sentença mais apropriada é a prisão perpétua ou a pena de morte. Se um indivíduo apresenta um risco significativo de violência ou mesmo de assassinato enquanto estiver na prisão, a corte pode determinar que a pena de morte é a sentença mais apropriada para proteger os outros prisioneiros e a equipe correcional.

Os peritos atestaram nesses casos que o acusado apresenta um risco substancial se for sentenciado à prisão perpétua porque ele tem um escore acima do ponto de corte de 30 no PCL-R (Edens, 2001). Dada a extensa literatura que apoia a noção de que a psicopatia é potencialmente o melhor preditor de violência futura (Salekin et al., 1996), essa conclusão não parece problemática inicialmente. Entretanto, o problema é que a literatura que examina o efeito preditivo potencial da psicopatia para violência futura é em grande parte focada na violência na comunidade. A pesquisa focalizou a probabilidade de os psicopatas se envolverem em violência quando deixados sem supervisão na comunidade. Essa situação não é a mesma para uma pessoa que é sentenciada à prisão perpétua. Esta pessoa é não somente encarcerada, mas também pode ser trancafiada 23 horas por dia pelo resto da sua vida. No entanto, um dos primeiros estudos que examinam a associação entre psicopatia e violência durante o encarceramento encontrou uma correlação significativa entre violência institucional e psicopatia (Forth, Hart e Hare, 1990).

Contudo, a maioria das revisões da literatura concluiu que existe uma relação de não significativa à modesta entre conduta institucional inadequada e psicopatia. Cunnigham e Reidy (1999) foram mais além e concluíram que não havia virtualmente nenhuma evidência empírica apoiando o uso do PCL-R em casos de pena de morte em que o indivíduo estava não somente institucionalizado como também trancafiado em uma prisão de segurança máxima. Uma metanálise recente feita por Guy, Edens, Anthony e Douglas (2005) apoiou essas revisões e verificou apenas uma pequena correlação de 0,11 entre psicopatia e violência física.

Como sugere essa evidência, seria possível dizer que está fora do âmbito de prática do psicólogo forense testemunhar que, com base em um diagnóstico de psicopatia, um assassino condenado deveria ser sentenciado à morte. Vários estudiosos argumentaram que as pesquisas não apoiam uma alegação para essa ligação quanto à violência institucional, e que é ainda mais difícil alegar tal ligação dados os índices mais baixos de violência institucional entre os criminosos cumprindo sentença perpétua (p. ex., Edens, Buffington-Vollum, Keilen, Roskamp e Anthony, 2005). As pesquisas não proporcionam ao psicólogo forense condições para tirar conclusões competentes nessas situações até o momento. Entretanto, outros apontam para a relação significativa existente entre psicopatia e quase todos os outros modos de violência e sugerem que a psicopatia é relevante para essas determinações e pode ser até mesmo necessária.

Um problema adicional pode ser o impacto profundo que está implícito no rótulo de psicopatia. Edens, Colwell, Desforges e Fernandez (2005) descobriam que quando um perito testemunhava que um acusado era psicopata, uma porcentagem muito maior dos jurados apoiava a sentença de morte. Como resultado, o sistema legal se defronta não somente com a imposição da consequência mais severa possível, a pena de morte, mas fazendo isso com base no testemunho de um perito que em geral não está apoiado pela literatura. Embora alguns possam questionar a natureza terapêutica da pena de morte, o foco atual não tem nada a ver com a questão geral da pena de morte. Estão bem claras as implicações antiterapêuticas de admitir o testemunho do perito que não é apoiado pelas pesquisas. As implicações se tornam ainda mais profundas se diferentes jurisdições começam a mencionar especificamente a psicopatia como um fator agravante em casos de pena de morte, similares aos estatutos do Canadá que fez isso em relação aos casos não capitais (Zinger e Forth, 1998).

Resumo

A psicopatia vem atraindo há muito tempo o interesse dos psicólogos forenses, mas é somente depois do surgimento de uma concepção comum e de uma medida padrão que ocorreu uma compreensão mais clara do transtorno. O advento do PCL-R levou a uma explosão nas pesquisas sobre psicopatia. Essas pesquisas identificaram fatores subjacentes que se somam à nossa compreensão da psicopatia e servem como base para a diferenciação entre psicopatia e transtorno da personalidade antissocial. Além do significado do Fator 1 na diferenciação entre psicopatia e TPA, a prevalência mais baixa e a presença formal da psicopatia no DSM também diferenciam os dois construtos.

Muitas diferenças entre psicopatas e não psicopatas se tornaram evidentes em várias dimensões. O aspecto mais amplamente estudado da psicopatia foi a sua relação com o comportamento criminal. Não só a psicopatia parece exibir uma relação significativa com o comportamento criminal geral e a recidiva violenta, como também com uma variedade de indivíduos em risco de perpetrar violência futura. Também está claro que existem características únicas da violência cometida por psicopatas. A literatura se tornou mais clara com respeito à manifestação interpessoal, cognitiva e fisiológica da psicopatia em sua relação com a constelação das características psicopáticas e a violência associada aos psicopatas.

Apesar do fato de que muitas pesquisas focaram os criminosos adultos brancos do sexo masculino no Canadá e Estados Unidos, também parece haver uma aplicação da psicopatia a uma variedade de indivíduos como as mulheres, crianças e outras etnias e nacionalidades. A psicopatia é um construto válido em mulheres, apesar de serem reduzidos os índices de prevalência entre elas e a relação com a violência não ser tão forte. Também existem evidências de que a psicopatia pode ser diagnosticada em crianças e adolescentes, embora alguns questionem a adequação do diagnóstico. A importância da psicopatia é ainda apoiada dentro de uma variedade de etnias e culturas. No entanto, os psicólogos forenses devem estar conscientes das diferenças potenciais entre grupos diferentes, como também devem estar cientes das implicações de se usar a psicopatia em determinados contextos legais como as decisões de sentença capital.

Termos-chave

aprendizagem passiva da evitação
emoções fraudulentas
psicopatas de sucesso
psicopatia

psicopatia primária
psicopatia secundária
transtorno da personalidade antissocial
violência instrumental

violência reativa

Leitura complementar

Babiak, P., & Hare, R. D. (2006). *Snakes in suits: When psychopaths go to work.* New York: Regan Books/HarperCollins Publishers.

Hare, R. D. (1999). *Without conscience: The disturbing world of the psychopaths among us.* New York: Guilford.

Avaliação do risco de violência

5

Conforme sugeriu nossa discussão no Capítulo 4, a avaliação da violência potencial de um indivíduo é um foco proeminente na psicologia forense e no direito. Quando a corte determina a sentença de um indivíduo, geralmente se baseia nas investigações pré-sentença que avaliam a probabilidade de ele cometer outra agressão violenta no futuro. A periculosidade é uma exigência específica para um processo legal, a restrição civil, que examinaremos no Capítulo 9. As decisões de livramento condicional e liberdade condicional ou mesmo o nível de supervisão necessário para quem é libertado da prisão estão baseadas na determinação desse risco de violência do indivíduo. Antes de serem feitas as determinações de transferir um adolescente para um tribunal adulto ou não, deve ocorrer uma avaliação das tendências para violência futura (Capítulo 11). Além disso, as escolas, empresas e o governo estão cada vez mais avaliando o potencial para a violência entre os estudantes, empregados ou pessoas que ameaçam funcionários do governo. Durante as últimas décadas, ocorreram muitas mudanças legais e psicológicas importantes que avançaram drasticamente no campo da **avaliação de risco**. Legalmente, os tribunais deixaram claro que valorizam, se não se baseiam, na avaliação do risco de violência ao definirem uma série de determinações legais como as mencionadas anteriormente, apesar das limitações das avaliações de risco. Empiricamente, a literatura fez progressos surpreendentes ao realizar um esforço mais concentrado na identificação de fatores de risco relevantes para desenvolver abordagens estruturais e atuariais para avaliar o risco de violência.

Natureza da violência e avaliação do risco de violência

Definição de violência

Antes de começarmos nossa discussão sobre a avaliação de risco, é importante que examinemos o nosso entendimento do termo *violência*. Existe uma variedade de atos que podem ser considerados violentos ou agressivos. Entretanto, vamos definir violência de um modo que a torne mais receptiva à avaliação acurada pelos psicólogos forenses e seja útil ao sistema legal. Hart (2005, p. 4) oferece uma definição muito direta e concisa de violência que inclui "dano físico real, tentado ou ameaçado que é deliberado e não consentido". Essa definição é útil na avaliação do risco de violência por várias razões. Ela exclui o contato físico consensual que pode ocorrer em esportes como o *hockey* ou futebol e acidentes como dar a ré e passar por cima do pé do seu amigo com seu carro novo. Essa definição também se direciona para o dano físico, o que é importante, porque a maneira como a violência é medida é central para a avaliação de risco, e um ato violento que resulta em dano físico é mais fácil de mensurar.

Como consequência, essa definição exclui formas potenciais de violência, como a violência emocional ou verbal. Embora a violência emocional possa ser extremamente prejudicial a vítimas de violência doméstica (Capítulo 10), ela tende a ser menos relevante em muitas situações legais. O sistema legal não baseia uma decisão considerando se alguém deve ser posto em liberdade sob fiança ou sentenciado a uma sentença criminal mais longa porque essa pessoa gritou com o funcionário do restaurante por trazer seu pedido errado. O sistema legal se preocupa mais com um perpetrador potencial que está esmurrando ou atacando esse mesmo funcionário. Os danos pessoais incluem uma variedade de atos violentos, como uma briga de bar, puxões e empurrões, o uso de arma ou agressão sexual. Embora a definição também inclua tentativa ou ameaça de dano físico, estes precisam ser graves o suficiente para justificar atenção séria ou sanções legais. Mostrar uma faca ou tentar usar uma arma de fogo na multidão, mesmo que não consiga fazê-lo por mau funcionamento, ainda seria relevante para a maioria das avaliações de risco. Uma senhora idosa que mostre seu punho fechado e diga "Eu vou te pegar" para alguém que lhe cortou a frente no trânsito não é tipicamente um evento violento para uma avaliação de risco. Posteriormente, falaremos mais sobre a importância de se definir violência, mas essa definição é suficiente por enquanto.

Violência como uma escolha

Outro ponto importante a mencionar sobre o nosso conceito de violência é que a violência é uma escolha. "A causa mais próxima de violência é uma decisão de agir violentamente" (Hart, 2005, p. 5). Muitas pessoas lutam contra a ideia de que a violência é uma escolha. Faz sentido pensar que se alguém sai do seu carro porque foi cortado no trânsito e usa um taco de beisebol para quebrar o parabrisa do outro, o comportamento de agir assim foi uma escolha. Mas e se o motorista do taco de beisebol tiver bebido? O comportamento ainda foi uma escolha? E se ele estivesse drogado? E se alguém tivesse colocado a droga no seu refrigerante *diet*? Ainda seria uma escolha? Ainda será uma escolha se um motorista bater no seu carro no lado do passageiro onde a sua filhinha está presa à cadeira e você desce do carro enfrentando-o com o taco de beisebol? O comportamento violento não ocorre automaticamente. Existem incontáveis razões ou antecedentes para que alguém escolha agir de forma violenta, independentemente da situação. A decisão é influenciada por uma variedade de fatores psicológicos, sociais e biológicos, mas mesmo assim continua a ser uma escolha.

O conceito de que a violência é uma escolha é importante por muitas razões. Primeiro, o sistema legal considera cometer violência uma escolha. A polícia não prende as pessoas rotineiramente, as leva a julgamento e as encarcera por alguma coisa que foi acidental. *Mens rea* é um termo que usamos anteriormente e que sugere uma crença de que o comportamento criminal é volitivo ou que as pessoas são responsáveis pelo seu comportamento. *Mens rea* significa que alguém cometeu um ato intencionalmente, violento ou não, com um propósito culposo ou injusto. Entretanto, há situações em que *mens rea* está ausente ou diminuído. Por exemplo, se uma pessoa é considerada inimputável, a sua responsabilidade por cometer o ato é abolida. No entanto, como veremos no Capítulo 7, a inimputabilidade é muito rara, e simplesmente ter dificuldades de controlar suas ações ou mesmo sofrer de uma doença mental não é suficiente para ser considerado inimputável. Parte da definição de inimputabilidade com frequência se baseia no fato de a pessoa ter não somente uma doença mental, mas ser incapaz de controlar seu comportamento ou de distinguir o certo do errado; a sua doença é tão grave que seu comportamento já não é mais uma escolha. Em segundo lugar, a própria natureza da psicologia está baseada no fato de que você pode fazer predições. A psicologia é muitas vezes descrita como a ciência do comportamento e dos processos mentais e, como qualquer ciência, ela tenta descrever para predizer ou alterar o comportamento. Os psicólogos clínicos estudam as doenças mentais para encontrar a causa, chegar a uma definição comum e tratar a doença. Esse processo tem a ver com predição e com as escolhas que podem ser previstas (Hart, 2005).

Entretanto, prever a violência é uma questão controversa. Existem vários argumentos potenciais contra a predição de violência (ver Hart, 2005). A violência tende a ser rara. Mesmo nos contextos mais violentos e agressivos, a violência ocorre em 30% do tempo. Alguns argumentam que, como a violência é tão rara, não podemos predizê-la precisamente. Outros argumentam que as previsões clínicas de violência são inerentemente tendenciosas e, portanto, especialmente deficientes (Quisey, Harris, Rice e Cormier, 2006). Também já houve o argumento de que os psicólogos ou os profissionais da saúde mental não possuem uma especialidade única para predizer a violência em comparação com o público em geral. Muitas pessoas encaram a psicologia como determinista e acham que os psicólogos acreditam que não temos uma opção para o nosso comportamento. Essa noção faz lembrar a visão das pessoas como camundongos ou pombos em uma caixa de Skinner esperando por serem reforçados ou punidos por um comportamento.

Contudo, também existem visões opostas, que sugerem que podemos predizer a violência (ver Hart, 2005). A literatura sobre avaliação do risco de violência está crescendo e cada vez mais identificando os casos em que os psicólogos forenses conseguem predizer violência com precisão e confiabilidade. Além disso, não é importante se podemos predizer violência ou não. Não é importante porque não estamos apenas tentando predizer se um comportamento vai ocorrer ou não. O que estamos tentando é avaliar e descrever o risco. Uma boa avaliação de risco não identifica simplesmente se alguém será violento no futuro. Ela também descreve coisas, como a gravidade potencial da violência e o contexto em que ela ocorre (Douglas e Ogloff, 2003). Por exemplo, para o psicólogo forense, não é importante apenas afirmar que alguém que espera ser libertado da prisão tem ou não probabilidade de ser violento. Os psicólogos forenses devem sugerir a natureza da provável violência (agressão física a um estranho, violência doméstica, agressão sexual), a gravidade (assassinato, agressão física grave, uso de armas) ou as condições sob as quais ela vai correr (quando bêbado, após um divórcio, cometer outros crimes). Uma boa avaliação de risco é uma descrição completa, não uma simples predição.

Continuaremos a falar sobre dois dos temas importantes deste livro, o *âmbito da prática* e a *jurisprudência terapêutica*. Como a avaliação de risco passou por tremendas mudanças nas últimas décadas e continua a se desenvolver, é extremamente importante que os psicólogos forenses se mantenham dentro do seu âmbito de prática. Por exemplo, o debate constante entre avaliações de risco clínicas e atuariais é o foco de muita discussão entre os psicólogos forenses sobre a melhor forma de avaliar o risco. A avaliação de risco também é uma área da prática forense drasticamente influenciada pelo direito. Muitas das melhoras que ocorreram na avaliação de risco são pelo menos parcialmente o resultado das decisões das cortes e da necessidade crescente de avaliações de risco. É claro que essas decisões legais têm potencial para apresentarem um efeito terapêutico ou antiterapêutico sobre a saúde mental, seja através da prática do psicólogo forense ou diretamente sobre a pessoa que o clínico está avaliando. Métodos acurados de avaliação de risco são necessários para promover o bem-estar da sociedade como um todo, bem como a de um indivíduo específico que pode estar se defrontando com uma sentença mais grave ou uma restrição da liberdade.

Realidades legais das avaliações do risco de violência

Assim como a decisão de *Jenkins* ajudou a estimular o desenvolvimento da psicologia forense como um todo, outro caso da Suprema Corte dos Estados Unidos encorajou o desenvolvimento do campo da avaliação do risco de violência. Peritos atestaram em *Barefoot* vs. *Estelle* (1983) que o acusado, que havia sido condenado por assassinato, deveria receber a pena de morte devido ao seu risco constante de ser violento. Em parte com base nesse testemunho, o tribunal proferiu uma sentença de morte na época (*Barefoot* vs. *Estelle*, 1983; Quadro 5.1). Consequentemente, é permitido aos psicólogos e psiquiatras que apresentem testemunho sobre o risco futuro de violência em alguém. Não deixe de observar a habilidade dos profissionais de saúde mental para avaliar o risco na época de *Barefoot* vs. *Estelle* (1983) quando discutirmos o desenvolvimento geracional diferente da avaliação de risco.

A admissibilidade do testemunho da avaliação de risco foi mais ampliada por outras decisões da Suprema Corte. Em *Schall* vs. *Martin* (1984), um processo judicial foi instaurado a favor de um grupo de menores de idade em Nova York. Os jovens ficavam a critério de um juiz naquela época, se fosse considerado que eles provavelmente não retornariam no dia da audiência na corte ou que eles cometeriam um crime ao serem libertados. A Suprema Corte mais uma vez decidiu que esses ti-

Quadro 5.1 Os peritos não podem prever violência, e daí? *Barefoot* vs. *Estelle* (1983)

O caso mais importante na história da avaliação de risco envolveu Thomas Barefoot, em grande parte porque surpreendeu a psicologia forense ao encorajar a prática continuada das avaliações do risco de violência. Thomas Barefoot incendiou um bar no Texas e posteriormente matou com um tiro o policial que estava investigando o incêndio criminoso. Em 1978, ele foi condenado por assassinato e aguardava pela sentença. Uma das questões diante da corte durante a audiência para a sentença era a probabilidade de Barefoot ser violento novamente e continuar a ameaçar a sociedade (*Barefoot* vs. *Estelle*, 1983). Durante a audiência para a sentença, um psiquiatra, Dr. James Grigson, testemunhou que tinha certeza absoluta de que Barefoot cometeria violência futura na prisão se não fosse executado. Grigson ainda acrescentou que Barefoot estava acima de 10 pontos em uma escala de psicopatia de 1 a 10. Além disso, esse psiquiatra e outro perito testemunharam sobre a situação sem nunca terem entrevistado o acusado, um erro profissional significativo (Cunningham e Goldstein, 2003; Litwack et al., 2006). O Dr. Grigson foi posteriormente expulso da Associação Americana de Psiquiatria (Cinningham e Goldstein, 2003), mas não perdeu sua licença e continuou a praticar a psiquiatria por décadas.

Na apelação, Barefoot questionou o testemunho dos psiquiatras. A Associação Americana de Psiquiatria entrou com uma instrução ***amicus curiae***. Uma instrução *amicus curiae* é um documento escrito por uma pessoa ou entidade que não é uma das partes em um determinado caso, mas que tem interesse no assunto diante da corte. Um *amicus curiae* é usado para informar o tribunal de considerações relevantes em que a parte interessada tem algum conhecimento especial. A Associação Americana de Psiquiatria questionou a validade das opiniões sobre periculosidade futura e apontou a literatura que declarava que as predições sobre periculosidade futura não eram confiáveis, dado que elas eram imprecisas em duas de cada três. A Corte concordou que esse tipo de testemunho nem sempre era correto, mas acreditava que o processo competitivo seria capaz de julgá-lo apropriadamente e que os jurados lhe atribuiriam o devido peso.

pos de decisões de avaliação de risco eram apropriados, anulando o resultado do tribunal inferior, que havia definido que essas decisões eram muito arbitrárias e imprecisas. A Corte especificamente declarou que "a partir de um ponto de vista legal, não existe nada inerentemente impossível de alcançar quanto à predição de conduta criminal futura" (1984, p. 278). Casos mais recentes relativos ao confinamento de agressores sexuais por restrição civil apenas solidificaram o uso do testemunho de peritos para predições de violência futura (*Kansas* vs. *Crane*, 2002; *Kansas* vs. *Hendricks*, 1997). Embora não tenham focado na admissibilidade do testemunho em si dos peritos, existem outras decisões da Suprema Corte que requereram um achado de periculosidade e que são igualmente importantes para o avanço da avaliação de risco. Em *O'Connor* vs. *Donaldson* (1975), decidiu-se que os critérios de restrição civil incluíssem a periculosidade e, ao fazer isso, os tribunais foram levados a buscar as opiniões de peritos sobre periculosidade futura. Em *Tarasoff* vs. *Regentes da Universidade da Califórnia* (1976), decidiu-se que os profissionais atuantes em saúde mental, não apenas os psicólogos forenses, tinham a obrigação de proteger os indivíduos em risco de se tornarem vítimas de violência futura e, desse modo, eles devem avaliar riscos futuros fora das situações forenses (ver Tabela 5.1 para um resumo desses casos).

É importante examinar esses casos a partir de uma perspectiva da jurisprudência terapêutica. Todos esses casos apoiam a noção de que o direito pode ter um impacto profundo na prática da psicologia forense e, dessa forma, na saúde mental dos indivíduos que entram em contato com o sistema legal. Se a psicologia forense respondesse a esses casos com uma mentalidade do tipo "nada mudou, a vida segue em frente", os direitos civis e a liberdade dos indivíduos estariam em jogo juntamente com a saúde mental daqueles indivíduos incorretamente libertados devido a avaliações de baixo risco de violência e daqueles que foram institucionalizados. As melhores pesquisas disponíveis indicam que os clínicos estão com mais frequência errados do que certos (Monahan, 1981) e que atirar uma moeda é um método mais preciso do que suas predições de violência (Ennis e Litwack, 1974). Entretanto, em vez de manterem o *status quo*, os psicólogos forenses usaram essas decisões da corte para melhorar a confiabilidade e validade das predições de periculosidade e também melhorar os resultados terapêuticos.

A evolução da avaliação de risco

Casos de tribunal como *Barefoot* e *Schall* aconteceram em um momento interessante para a psicologia forense. Havia um pessimismo significativo quanto à capacidade dos psicólogos forenses de predizerem periculosidade futura. A famosa revisão das pesquisas feita por John Monahan (1981) concluiu que as predições de periculosidade estavam erradas em duas de cada três. Como resultado, houve certa surpresa quando a Suprema Corte rati-

Tabela 5.1 Casos legais importantes no desenvolvimento da avaliação de risco

Caso da suprema corte	Aspectos relevantes da decisão
O'Connor vs. Donaldson (1975)	Uma pessoa não pode ser responsabilizada apenas com base em uma doença mental, mas também deve exibir periculosidade iminente
Tarasoff vs. Regentes da Universidade da Califórnia (1976)	Decidiu que profissionais de saúde mental têm o dever de alertar, que exige a necessidade de avaliação sobre o potencial de um paciente de se tornar violento em relação a uma pessoa específica
Barefoot vs. Estelle (1983)	O testemunho de um especialista quanto à periculosidade pode nem sempre ser correto, mas é admissível e o processo competitivo deve avaliá-lo apropriadamente
Schall vs. Martin (1984)	A detenção preventiva é permitida com base em uma previsão de que o acusado apresente sério risco de conduta criminal futura
Kansas vs. Hendricks (1997) e Kansas vs. Crane (2002)	Afirmada a constitucionalidade dos estatutos do predador sexualmente violento e o uso de determinações de periculosidade para responsabilizá-lo

ficou a literatura científica e continuou a encorajar esse tipo de testemunho de peritos. Embora esses casos de tribunal não tenham constituído certamente o impulso para o desenvolvimento continuado da pesquisa em predições de violência (Grisso, 1995), eles acrescentaram um incentivo para o aumento do interesse na área que ocorreu no final da década de 1970 e continuou na década de 1980.

Começo da história da avaliação de risco

A pesquisa sobre predições de periculosidade e avaliação de risco foram com frequência comentadas em termos de desenvolvimento geracional (p. ex., Otto, 1992). A *primeira geração* de pesquisa que ocorreu durante a década de 1970 focou em grande parte nos indivíduos institucionalizados em contextos psiquiátrico, forense e correcional que estavam esperando ser libertados. Os resultados dessa primeira geração de pesquisa, especialmente os estudos que comparavam predições dos profissionais de saúde mental com os resultados na comunidade, foram tão deficitários que alguns defenderam a abolição da restrição civil (ver Monahan, 1981). Monahan (1988) considerou que havia quatro falhas importantes nessa primeira geração de pesquisa. Os estudos focavam em preditores de violência fracos, possibilitavam resultados sobre violência que eram mensurados e definidos com pobreza, usavam amostras restritas e eram mal-organizados (Monahan, 1988). Monahan (1988) também recomendou uma série de melhorias para remediar os problemas que estavam aparentes nessas pesquisas sobre avaliação do risco de violência.

Embora exista alguma discordância sobre os passos dados na segunda geração da pesquisa sobre avaliação de risco (ver Steadman, 1992, para uma posição contrária), a maior parte das pessoas achava que o campo tinha avançado tremendamente ao focar nas predições de curto prazo e na identificação de variáveis de predição úteis que foram associadas mais definitivamente à violência em todos os domínios (Otto, 1992; Poythress, 1992). Muitos estudos durante a segunda geração de pesquisa focou em predições de curto prazo, principalmente em ambientes hospitalares (p. ex., McNeil e Binder, 1987, 1991). Esses focos estão de acordo com as sugestões de Monahan (1988), já que essas situações permitem maior atenção à coleta de dados e controle mais exatos, o que aumentaria a exatidão dos psicólogos forenses.

Outra melhoria que firmou as bases para a terceira geração de pesquisa da avaliação de risco foi a identificação de variáveis individuais e contextuais que se relacionavam à violência. Klassen e O'Connor (1988a, 1988b) conduziram uma das pesquisas mais notáveis entre as amostras psiquiátricas. Klassen e O'Connor acompanharam pacientes que anteriormente haviam sido hospitalizados por até um ano depois que tiveram alta e voltaram para a comunidade. Eles identificaram pacientes que exibiam violência ao serem presos ou na readmissão ao hospital e aqueles que não eram violentos. Depois, eles identificaram variáveis que se relacionavam à predição de um desses dois grupos e conseguiram classificar 88 a 93% dos pacientes com precisão, embora a precisão tenha decrescido quando o modelo foi aplicado a amostras tradicionais (Klassen e O'Connor, 1990).

Em sua revisão dessa segunda geração de estudos, Otto (1992) foi cautelosamente otimista. Ele afirmou que várias melhorias haviam avançado durante a última década, tais como a identificação de várias medidas de resultados ou critérios além dos registros de prisão, um índice base de violência moderada para os mentalmente doentes com historia prévia de violência, e que os profissionais de saúde mental têm capacidade de predizer periculosidade. Em relação à terceira e última conclusão, Otto (1992, p. 130) declarou que "em vez de apenas uma em três predições de periculosidade a longo prazo serem precisas, pelo menos uma em duas predições de comportamento perigoso em curto prazo é precisa".

Um desenvolvimento final e muito importante foi o movimento que evoluiu desde a predição de periculosidade até a avaliação do risco de violência (Poythress, 1992). Os psicólogos forenses historicamente se referiam ao processo descrito aqui como predição de periculosidade, potencialmente devido à tradição legal envolvida. Entretanto, quando a segunda geração foi concluída, houve um encorajamento para o uso da expressão *risco de violência* por vários motivos. Monahan (1992) acreditava que o uso da palavra periculosidade encorajava julgamentos dicotômicos (a pessoa é perigosa ou não é perigosa), que estavam de acordo com o pensamento dicotômico legal, mas contrários à probabilidade de violência (p. ex., uma probabilidade de 20% de violência futura) associada à avaliação de risco a partir de um ponto de vista psicológico. As decisões dicotômicas também forçariam as potenciais variáveis de interesse a uma única conclusão que ignora a independência dos diferentes fatores (Poythress, 1992). Examinamos o risco de diferentes maneiras para evitar esse problema. Também, ao focar no risco de violência, os psicólogos forenses podem identificar claramente as variáveis que representam risco (abuso de substância, ameaças de agressão, fantasias violentas) e a variável de interesse, a violência (Poythress, 1992).

Avaliar o risco não é simplesmente uma questão de identificar se alguém vai cometer um ato violento; existem múltiplas facetas envolvidas na avaliação de risco (Douglas e Ogloff, 2003). Em vez de pensar na avaliação de risco como apenas a probabilidade de alguém se tornar violento, ela deve ser encarada como consistindo de vários componentes diferentes (Hart, 2005). Hart sugeriu que existem cinco facetas diferentes para as avaliações do risco de violência, que incluem: (1) natureza; (2) gravidade; (3) frequência; (4) iminência e (5) probabilidade. Embora muitas medidas concebidas para a avaliação de risco apenas levem em conta a probabilidade da ocorrência de violência futura, é igualmente importante considerar as outras quatro facetas. Qual é a natureza da violência potencial? O psicólogo forense deve focar as diferentes variáveis preditoras e ter um resultado potencialmente diferente se o foco for violência sexual, violência doméstica ou violência em geral. Qual é a gravidade potencial da violência? A decisão final será muito diferente se a gravidade potencial for assassinato comparado a um tapa no rosto. Com que frequência ocorrerá a violência potencial? Alguém que tem probabilidade de cometer repetidos atos violentos justifica maior consideração do que aquele que tem probabilidade de cometer um único ato de violência igualmente severa. Por fim, qual é a iminência da violência potencial? Essa faceta pode ser especialmente sensível à intervenção e tratamento. Se a iminência da violência for imediata devido a sintomas não tratados de esquizofrenia, então esta vai decrescer quando o indivíduo estiver medicado. Portanto, as conceitualizações modernas da avaliação de risco não focam meramente a probabilidade de violência, mas também fatores adicionais que são igualmente importantes.

Avaliações de risco clínicas, atuariais e estruturadas

Um desenvolvimento paralelo às melhorias geracionais na avaliação de risco tem sido o uso do julgamento clínico juntamente com métodos atuariais e estruturados. O julgamento clínico é a abordagem tradicional para a avaliação do risco de violência. As **avaliações de risco clínicas** estão baseadas no julgamento humano, julgamento este que é moldado pela educação e experiência profissional. Em contraste, em vez de se basearem no julgamento humano, as **avaliações de risco atuariais** usam "associações anteriormente demonstradas entre preditores mensuráveis e especificados e variáveis de resultado e são, em última análise, determinadas por regras fixas, ou mecânicas, e explícitas" (Litwack, Zapf, Groscup e Hart, 2006, p. 945). Por fim, as abordagens estruturadas para avaliação de risco são um meio-termo aparente entre as abordagens clínicas e atuariais. As abordagens estruturadas tipicamente empregam uma estrutura ou ferramenta padrão que identifica uma lista de fatores relevantes para chegar a uma avaliação de risco, mas a abordagem permite o julgamento clínico, mesmo que permaneça formal. A assim chamada terceira geração da pesquisa da avaliação de risco foi marcada pelo desenvolvimento de abordagens atuariais e estruturadas que foram desenvolvidas na década de 1990. Tem havido um grande debate sobre o que constitui cada uma dessas diferentes abordagens e sobre a superioridade de uma sobre a outra.

Avaliações clínicas da violência

Embora as avaliações clínicas da violência tenham sido a norma na psicologia forense, o julgamento clínico tem sido criticado com frequência como informal e subjetivo. Atribuir uma nota com base nas minhas impressões sobre as habilidades dos alunos da minha classe sem avaliar suas provas ou trabalhos constituiria um julgamento puramente clínico. Contudo, ele é um julgamento baseado em anos de ensino, em meu conhecimento das pesquisas sobre ensino e é ensinado a estudantes em uma variedade de diferentes aulas e de diferentes habilidades. Além disso, o julgamento clínico é a base de boa parte da psicologia clínica quando diagnosticamos a doença mental e procuramos tratá-la. Um psicólogo clínico não realiza uma computação estatística complexa antes de fazer uma sugestão na terapia ou de responder a um pergunta do cliente; ele usa a habilidade que adquiriu por meio de instrução e experiência. No entanto, existe uma longa história na psicologia que demonstra a superioridade geral das decisões atuariais, decisões que tendem a ser fixas e baseadas em um processo matemático, sobre julgamentos clínicos puros (Meehl, 1954). Contudo, as abordagens cínicas para avaliação de risco foram questionadas.

As primeiras pesquisas sobre a precisão do julgamento clínico foram ainda a base para muito do pessimismo referente à incapacidade da psicologia forense de avaliar o risco com precisão (Monahan, 2003). Os estudos feitos pelos primeiros pioneiros, que sugeriam que os psicólogos forenses podiam predizer clinicamente apenas 20 a 35% dos pacientes com precisão, era tudo o que existia até 30 anos atrás (Cocozza e Steadman, 1974; Kosol, Boucher e Garofalo, 1972). Entretanto, estudos adicionais trouxeram alguma esperança para as predições clínicas. Um estudo feito por Lidz, Mulvey e Gardner (1993) foi divulgado como "o estudo mais sofisticado publicado para a predição clínica da violência" (Monahan, 1996, p. 111) e verificou que os clínicos predizem violência em níveis bem maiores do que o acaso (50%). Na verdade, a metanálise de Mossman (1994) da pesquisa disponível sobre predições clínicas de violência apoiava a noção de que as predições clínicas eram mais precisas do que o acaso, ou simplesmente atirar uma moeda ao ar, e que as predições de longo prazo (mais de um ano) não são menos precisas do que as predições de curto prazo (de um a sete dias). Além disso, as evidências mostram claramente uma maior precisão do que em estudos anteriores, que apresentavam muitos dos defeitos que Monahan identificou anteriormente.

Medidas atuariais da violência

À medida que avançou o campo da avaliação de risco, a terceira geração de pesquisa foi marcada pelo advento das abordagens atuariais para avaliação de risco. As abordagens atuariais contrastam com as abordagens clínicas por tenderem a ser mais formais, algorítmicas, objetivas e terem uma base estatística. A segunda geração da avaliação de risco focou a identificação de fatores de risco potenciais e serviu como base para o desenvolvimento posterior das abordagens atuariais e estruturadas para avaliação de risco. Embora pessoas como Klassen e O'Connor (1988a, 1988b) tenham tentado usar abordagens atuariais anteriormente, Harris, Rice e Quinsey (1993) relataram "um importante avanço no desenvolvimento da avaliação de risco atuarial" (Monahan, 1996, p. 113) com o seu desenvolvimento da primeira ferramenta atuarial amplamente examinada, o Guia de Avaliação de Risco de Violência (VRAG).

Em vários estudos (Harris et al., 1993; Harris, Rice e Cormier, 2002; Rice e Harris, 1995, 1997), esse grupo de pesquisadores examinou a utilidade do VRAG em pacientes forenses em Penetaguishene, Ontário. Em seu estudo inicial, Harris e colaboradores (1993) examinaram uma amostra de 618 homens de uma comunidade terapêutica de segurança máxima. Esses homens eram criminosos com transtornos mentais que haviam sido condenados por crimes graves. Do total de 618 sujeitos, 332 foram tratados em um hospital de segurança máxima e 286 foram apenas admitidos para avaliações psiquiátricas breves. Os arquivos institucionais foram codificados para inúmeras variáveis e, por meio de uma série de procedimentos estatísticos, foram escolhidas as variáveis que melhor prediziam resultados de violência durante uma média de 7 anos.

O VRAG consiste de 12 itens que são pesados de acordo com os achados estatísticos originais e incluem o escore total no PCL-R, desajuste no ensino fundamental, separação de um dos pais antes dos 16 anos, um escore resumido de delitos criminais não violentos antes do delito atual, estado civil na época do delito atual, fracassos anteriores na liberação condicional, a gravidade dos danos à vítima durante a agressão, se o paciente satisfazia os critérios para esquizofrenia, uma vítima feminina durante a agressão atual e escore de história de abuso de álcool. Esses 12 itens ponderados são totalizados para chegar a um escore geral no VRAG que possa então ser usado para determinar em quais das várias categorias a pessoa deveria ser colocada. Cada uma dessas categorias é acompanhada de um nível de risco para violência que sugere o risco que ela tem para os próximos 7 a 10 anos. Uma pessoa com um escore de −1 no VRAG corresponde a uma categoria com 17 a 31% de chance de ser violenta nos próximos 7 anos. Estudos usando o VRAG indicam que ele pode classificar com precisão em torno de 70 a 75% dos criminosos (Quinsey et al., 2006).

Outra abordagem atuarial significativa foi baseada no Estudo da Avaliação de Risco de MacArthur (Monahan et al., 2001). O Estudo da Avaliação de Risco de MacArthur foi um grande estudo multicêntrico que avaliou pacientes psiquiátricos de severidade aguda civis do sexo feminino e masculino. O grupo de MacArthur examinou um grande número de variáveis e acompanhou pacientes, avaliando a violência potencial em 20 semanas e 1 ano após a alta. Entretanto, para combinar essas variáveis, o grupo usou uma abordagem diferente do VRAG e outros instrumentos atuariais. O grupo de MacArthur desenvolveu o que foi chamado de Árvore de Classificação Interativa (ICT). "Uma abordagem de árvore de classificação para avaliação do risco de violência é prevista em um modelo interativo e contingente da violência e permite muitas combinações diferentes dos fatores de risco para classificar uma pessoa como de alto ou baixo risco" (Monahan, 2002, p. 69). Conforme sugere a descrição de Monahan, essa é uma abordagem complicada que não é tão facilmente pontuada como na maioria dos instrumentos atuariais. Devido à abordagem estatística complexa, um *software* específico de computador, a Classificação de Risco de Violência (COVR), precisa ser usado para colocar os pacientes em um dos dois grupos de classificação (alto ou baixo risco). Estudos sobre essa abordagem apoiaram o seu uso. Em um estudo, Monahan e colaboradores (2005) verificaram que os índices de violência eram de 9% no grupo de baixo risco e 35% no grupo de alto risco, com uma definição estrita de violência, e entre 9 e 49% com uma definição mais ampla de violência.

Como resultado do sucesso das abordagens atuariais e as limitações e tendenciosidades potenciais dos julgamentos clínicos, muitos especialistas expressaram grande confiança nas abordagens atuariais. Ainda foram desenvolvidas outras medidas atuariais que focam a violência doméstica (p. ex., Instrumento de Rastreamento de Agressores Sexuais de Minnesota – Revisado e Static-99). Revisões da literatura sugerem que as ferramentas atuariais passaram por vários desafios legais e são rotineiramente admitidas em uma variedade de situações legais (Litwack et al., 2006). Quinsey e colaboradores (2006) foram mais além e sugeriram que as ferramentas atuariais deveriam ser a única base para avaliações de risco de violência. Não é simplesmente uma questão de complementar o julgamento clínico com informações atuariais, mas as abordagens atuariais devem substituir completamente o julgamento clínico e este deve ser abandonado (Quinsey et al., 2006)

Contudo, ainda permanecem muitas críticas à abordem atuarial. Em primeiro lugar, existem diversas revisões da literatura que sugerem que não existem evidências de que as abordagens atuariais para avaliação de risco sejam claramente superiores às abordagens clínicas (Litwack, 2001; Litwack et al., 2006) e encorajam os psicólogos forenses a prestarem mais atenção às evidências disponíveis antes de partirem para as conclusões. As medidas atuariais são com frequência criticadas por sua falta de capacidade de generalização fora da amostra original usada para construí-las. A COVR foi testada em apenas três amostras diferentes de pacientes psiquiátricos agudos. Até o momento, não foi testada em infratores criminais, em pacientes psiquiátricos crônicos ou mesmo em pessoas fora dos Estados Unidos. A questão da generabilidade pode até causar impacto em alguns itens. Um dos itens do VRAG é se a pessoa foi diagnosticada com esquizofrenia. No entanto, a maior parte da literatura da avaliação de risco sugere que um diagnóstico de uma doença mental importante aumenta o risco (p. ex., Webster, Douglas, Eaves e Hart, 1997). Considerando-se a natureza da amostra de construção do VRAG e que os indivíduos que sofriam de esquizofrenia estavam estáveis e em tratamento, pode ser que esses indivíduos tivessem maior probabilidade de receber supervisão após a alta e, assim, teriam menos probabilidade de serem violentos. Novamente, o que é verdade para a amostra original pode não ser verdade em outro lugar. Os instrumentos atuariais precisam ser amplamente testados se quisermos nos basear apenas em medidas atuariais.

Outra discussão se refere à natureza **nomotética** das abordagens atuariais *versus* natureza **ideográfica** da avaliação de risco. Nomotética normalmente se refere ao estudo de grupos de pessoas. Ideográfica se refere ao estudo dos indivíduos. As medidas atuariais se baseiam em uma abordagem nomotética que aplica dados do grupo às decisões individuais. Uma vez que a Pessoa X pontue 86 em um instrumento, um psicólogo forense pode afirmar que ela tem 70% de chance de ser violenta porque das 100 pessoas que marcaram 86 pontos no instrumento na amostra de construção original, 70 delas se tornaram violentas (70%). O problema é que um psicólogo forense não está avaliando 100 pessoas, e ele não sabe se aquele cliente individual é um dos 70 ou um dos 30 (Hart, Michie e Cooke, 2007). Um dos criminosos mais notórios da história canadense, Paul Bernardo (ver Figura 5.1), é uma boa ilustração desse problema (Quadro 5.2). Criminosos como Bernardo apresentam um problema para as decisões puramente atuariais. Os prêmios dos seguros de carro fornecem um exemplo útil do debate ideográfico *versus* nomotético. As taxas de seguro de carro são atribuídas com base em fórmulas atuariais. Uma das variáveis que entram nas fórmulas atuariais é o gênero. Os estudantes do sexo masculino acham

Figura 5.1 Paul Bernardo e sua esposa, Karla Holmolka, são dois dos mais notórios *serial killers* na história do Canadá. Seus escores no VRAG são uma boa ilustração de um problema potencial com a abordagem atuarial estrita para avaliação de risco. Eles também são os sujeitos do Quadro 5.2 neste capítulo. © PA Photos/Canada Press.

justo que lhes seja atribuído um nível de risco mais alto para acidentes devido ao seu gênero? Embora alguns homens na turma possam ter melhores registros de direção do que algumas das mulheres, as mulheres em geral têm menor probabilidade de se envolverem em acidentes e pagam taxas mais baixas no seguro do carro do que os homens devido às predições atuariais feitas pelas companhias de seguro.

Outro problema com as decisões atuariais estritas surge quando ocorrem aquelas raras exceções. E se um indivíduo pontuar extremamente baixo em um instrumento atuarial, mas declarar explicitamente durante sua entrevista de saída que vai matar alguém se ele for solto? A pessoa individual (ideográfico) não estará acompanhando os dados dos resultados do grupo (nomotético). Os instrumentos atuariais não podem responder por todas essas possibilidades, mas se o sistema legal e a psicologia forense unicamente se baseassem neles, a sociedade se defrontaria com esse tipo de decisão baseada apenas nos escores atuariais e em nenhum julgamento clínico.

Julgamentos profissionais estruturados

Uma abordagem que emergiu claramente no final da década de 1990 foi o uso das abordagens de avaliação de risco estruturadas ou julgamento profissional es-

Quadro 5.2 Um dos *serial killers* mais notórios do Canadá

Paul Bernardo imediatamente se tornou um dos mais famosos *serial killers* e estupradores do Canadá quando seus crimes hediondos vieram à tona na década de 1990. Bernardo e sua esposa, Karla Holmolka, foram acusados de matar pelo menos três mulheres e estuprar pelo menos 75 outras. Uma dessas mulheres era irmã de Holmolka, que ela matou com uma overdose de droga veterinária que eles usaram para sedá-la durante o estupro. Apesar da sua história de estupro selvagem e assassinato, os escores de Bernardo eram muito baixos em pelo menos uma medida de risco atuarial, o VRAG. Um psicólogo forense que estivesse pontuando Bernardo no VRAG provavelmente chegaria ao escore de –1, que se relaciona a 17 a 31% de probabilidade de violência. A probabilidade mais alta de violência nessa variação é um pouco acima do nível de 26%, o que Monahan e Silver (2003) identificaram como o limiar para que os juízes identifiquem alguém como suficientemente perigoso para que não seja libertado. Bernardo não tinha pontuação alta no instrumento porque ele viveu com seus pais durante a adolescência, não teve problemas de adaptação no ensino fundamental, não tinha uma história de infrações criminais violentas ou não violentas antes do seu julgamento por assassinato e estupro, era casado, não tinha história de liberdade condicional anterior, além de pontuar baixo em outros itens. Bernardo é um exemplo de um indivíduo que a maioria das pessoas consideraria extremamente em alto risco de reincidir, mas cujo escore em um instrumento atuarial não está de acordo com essa crença.

A Sra. Holmolka era originalmente considerada como uma cúmplice relutante e vítima do abuso sádico de Bernardo. Contudo, depois que ela concordou em negociar sua defesa em troca do seu testemunho contra Bernardo, a polícia encontrou evidências que sugeriam que ela foi uma participante mais ativa do que se pensava originalmente. Evidências em vídeo mostravam que ela mesma havia estuprado muitas das vítimas; outras evidências sugeriam que ela também as teria agredido fisicamente e ela mesma relatou que estudou sobre mulheres espancadas antes do seu julgamento e recebeu atenção da mídia por promover festas com sua amante lésbica enquanto estava na prisão. Muitos especialistas sugeriram que ela é um exemplo notável de uma mulher psicopata. Apesar dessas evidências e comportamento, Holmolka cumpriu seus 12 anos de sentença e foi libertada em 2005. Ela nunca expressou publicamente algum remorso pelo que fez, envolveu-se romanticamente com outro assassino após sua libertação e atualmente está casada, deu à luz um menino e está morando em Quebec.

truturado (SPJ). O SPJ tem seu enfoque nas listas dos fatores de risco importantes e orientações gerais para a utilização desses fatores de risco. As abordagens estruturadas para avaliação de risco estão normalmente baseadas na identificação de uma lista de fatores provenientes da literatura científica relevante (Litwack et al., 2006). Abordagens estruturadas como o HCR-20 podem ser pontuadas como em uma medida atuarial. Por exemplo, o HCR-20 compreende 20 itens que focam em áreas históricas, clínicas e de risco. Cada item é pontuado como no PCL-R. Se não houver evidência da presença de um item, ele é pontuado com zero. Se houver uma evidência definitiva de um item particular, ele é pontuado com 2. Um escore de 1 é dado se houver alguma evidência, mas não definitiva, da presença de um item. Uma lista do HCR-20 pode ser encontrada na Tabela 5.2. A diferença entre uma medida como o HCR-20 e uma medida atuarial como a COVR é que

Tabela 5.2 Itens do HCR-20

Itens históricos	Violência prévia
	Pouca idade no primeiro incidente violento
	Instabilidade nos relacionamentos
	Problemas no emprego
	Problemas de uso de substância
	Doença mental importante
	Psicopatia
	Desajuste em idade precoce
	Transtorno da personalidade
	Fracasso em supervisão anterior
Itens clínicos	Falta de *insight*
	Atitudes negativas
	Sintomas ativos de doença mental importante
	Impulsividade
	Sem resposta ao tratamento
Itens de risco	Planos carecem de viabilidade
	Exposição a fatores desestabilizantes
	Falta de apoio pessoal
	Não adesão a tentativas de reparação
	Estresse

Fonte: Adaptado de Webster, Douglas, Eaves e Hart (1997).

o julgamento clínico é encorajado e é necessário ao se chegar a uma decisão final para o HCR-20. Portanto, um indivíduo como Paul Bernardo pode pontuar baixo no HCR-20, mas o fato de ele ter matado pelo menos três vezes e ter atacado sexualmente 75 mulheres permite que o psicólogo forense o coloque em alto risco de violência futura. Como consequência, um psicólogo forense poderia ignorar a decisão sugerida pelo escore final em algum instrumento. Entretanto, essa prática também aumenta a chance de parcialidade que as abordagens atuariais evitam.

As evidências quanto a uso do SPJ também são promissoras. O HCR-20 foi originalmente validado em uma amostra de pacientes psiquiátricos civis, mas também em amostras correcionais (Douglas e Webster, 1999) e, ainda, dentro e fora da América do Norte (Grann, Belfrage e Tengstrom, 2000). Estudos mostram que o HCR-20 é igual, se não superior, em capacidade preditiva às medidas atuariais (Douglas, Yeomans e Boer, 2005; Doyle, Dolan e McGovern, 2002; Grann et al., 2000). Também existem abordagens estruturadas para avaliação da violência doméstica (Avaliação de Risco de Agressão Conjugal; SARA) e violência sexual (Risco de Violência Sexual; SVR-20). Embora para o HCR-20 as evidências sejam menos abundantes, também existe apoio à utilização do SARA (Kropp e Hart,

2000) e o SVR-20 (de Vogel, de Ruiter e van Beek, 2004).

Atualmente não há um consenso claro entre os psicólogos forenses quanto à melhor abordagem para realizar uma avaliação de risco de violência. Profissionais como o grupo de Penetanguishene, Ontário, defendem o abandono das abordagens clínicas ou estruturadas e um uso estrito de medidas atuariais (Quinsey et al., 2006). Além disso, eles admitem abertamente que sua opinião mudou com o passar dos anos à medida que avaliaram as pesquisas em desenvolvimento (Quinsey, Harris, Rice e Cormier, 1998). O assunto se torna ainda mais complicado quando outros argumentam que é difícil, se não impossível, separar abordagens clínicas e atuariais, porque a boa prática clínica inclui o uso de abordagens atuariais, embora isso permita um desvio dos resultados (Litwack, 2001). O conflito é ainda mais difícil de resolver devido à continuidade das limitações das pesquisas atuais, algumas das quais são inerentes à avaliação de risco.

Fatores de risco e de proteção

Até aqui falamos sobre algumas questões gerais relevantes para a avaliação de risco. Entretanto, ainda não discutimos alguns dos fatores específicos relevantes para uma avaliação de risco futuro. Em geral, os fatores de risco para violência podem ser divididos em fatores de risco estáticos e fatores de risco dinâmicos. Os fatores estáticos são normalmente fixos e imutáveis ao longo do tempo. Os fatores dinâmicos tendem a ser maleáveis e alterados pelo tempo ou por forças específicas. Uma das medidas de avaliação de risco discutidas anteriormente, o HCR-20, servirá como um bom exemplo para as diferenças entre esses dois tipos de fatores de risco. Além dos fatores de risco, a importância dos fatores de proteção ou fatores que reduzem o risco de violência têm sido examinados mais recentemente.

Fatores de risco estáticos

Os fatores históricos ou **fatores estáticos** são variáveis que aumentam o risco de violência futura, mas é improvável que se alterem e geralmente são fixos. O gênero ou etnia de uma pessoa tipicamente não se altera durante a vida. Entretanto, a maioria dos fatores estáticos é um pouco menos concreta em termos da sua natureza fixa. História prévia de violência é geralmente considerada um fator de risco estático. Se um criminoso ou paciente foi violento anteriormente, esse aspecto não vai mudar. Ele não pode apagar o comportamento violento ou a condenação legal que resultou disto. É claro que se uma pessoa nunca foi violenta isso pode mudar e ela se tornar violenta. Toda a escala Histórica do HCR20 é composta de variáveis que são em geral consideradas estáticas. Indicações positivas de fatores como a idade em que ocorreu o primeiro comportamento violento de alguém, histórico de relacionamentos ou instabilidade no emprego, abuso de substância anteriormente, um diagnóstico de doença mental, psicopatia, desajuste precoce, um diagnóstico de transtorno da personalidade ou fracasso durante uma supervisão anterior são fatores fixos.

Os fatores estáticos foram alguns dos fatores de risco identificados pelos psicólogos forenses como fatores de risco para violência futura e constituem a maior parte da pesquisa da avaliação de risco (Gardner, Lidz, Mulvey e Shaw, 1996a). Em geral, os fatores de risco são mais facilmente identificáveis durante avaliações forenses de rotina e mais objetivamente definidos. Além disso, os fatores de risco estáticos são mais úteis em avaliações de risco de longo prazo (Hanson e Morton-Bourgon, 2005). Contudo, focar apenas nos fatores estáticos é problemático quando se avalia o risco, porque como os próprios fatores, o risco é tratado como uma entidade fixa que não muda com o tempo. O foco único nos fatores estáticos sugere que, depois de determinado o risco de um indivíduo, ele nunca vai mudar. Essa visão entra em conflito com a ideia de que os infratores criminais podem ser reabilitados e que os pacientes psiquiátricos podem ser tratados com sucesso. Mais importante ainda, sabemos que o risco individual na verdade muda com o passar do tempo devido a fatores individuais e razões contextuais (Douglas e Skeem, 2005). Apesar disso, a maioria das medidas de avaliação de risco focaliza quase que exclusivamente as variáveis estáticas.

Fatores de risco dinâmicos

As medidas tradicionais de avaliação de risco que focam nos fatores estáticos estão deixando de lado uma consideração significativa quando se examina o risco de uma pessoa: os **fatores dinâmicos**. Em contraste com os fatores estáticos, os fatores dinâmicos tendem a ser maleáveis e responsivos à mudança ou intervenção. Apenas mais recentemente é que os psicólogos forenses começaram a levar em consideração os fatores dinâmicos e a verdadeiramente integrá-los às suas avaliações de risco (Doren, 2004). Os itens da escala Clínica (falta de *insight*, atitudes negativas, sintomas psiquiátricos, instabilidade comportamental e afetiva e falta de resposta ao tratamento) e a escala de Risco (os planos carecem de viabilidade, exposição a fatores desestabilizantes e estresse) do HCR-20 oferecem uma lista de fatores dinâmicos potenciais que devem ser considerados em avaliações de risco de violência.

Os fatores de risco dinâmicos tendem a ser mais difíceis de identificar e estudar. No entanto, o trabalho dos psicólogos forenses está se alterando de uma postura de simplesmente estimar o risco uma única vez para o gerenciamento contínuo do risco. À medida que o sistema de saúde mental se baseia mais na comunidade e os pacientes são retirados das instituições, a necessidade de intervenções para reduzir o risco e identificar os fatores de risco dinâmicos associados ao risco são ainda mais importantes (ver Douglas e Skeem, 2005). Também existe a tendência de haver uma pequena porcentagem de indivíduos mais seriamente perturbados que estão cometendo repetidos atos de violência (Gardner, Lidz, Mulvey e Shaw, 1996b). Como consequência, é importante a distinção entre avaliação de risco focada na predição e gerenciamento do risco.

Avaliação de risco e gerenciamento do risco

Outro passo na evolução das predições de periculosidade que é dependente da identificação dos fatores de risco dinâmicos é o **gerenciamento do risco** (Monahan e Steadman, 1994). Como o foco da avaliação de risco mudou de uma administração única, sugestiva de um nível de risco constante, para o reconhecimento da necessidade de administrações múltiplas e redução do risco, a ideia de gerenciamento do risco se tornou importante (Heilbrun, 1997). Por exemplo, enquanto trabalhava em uma unidade psiquiátrica civil, certa vez tive um paciente que foi preso por uma confrontação física com outro homem sem-teto. Ele chegou ao hospital com sintomas ativos de esquizofrenia e alegava ser um descendente de Pocahontas. Ao longo de várias semanas e meses, seus sintomas melhoraram continuamente e ele ficou mais estável. Houve vários pontos durante seu tratamento que foi requerido pela lei que a equipe tomasse uma decisão quanto ao seu risco e sobre a possibilidade ou não de sua liberação. Se tivéssemos simplesmente avaliado o seu risco imediatamente depois da agressão, quando seus sintomas estavam ativos, e nunca mudássemos nossa avaliação do seu risco potencial, ele nunca teria sido um bom candidato para alta. Quando seus sintomas diminuíram e ele recebeu tratamento para um problema paralelo de abuso de substância, ele se tornou um candidato muito mais apto para alta e, por fim, foi liberado e não retornou ao hospital.

Heilbrun (1997) identificou várias diferenças entre um modelo de predição orientado para avaliação de risco e o gerenciamento do risco. Primeiro, o *objetivo* central da avaliação de risco é identificar se é provável que um indivíduo se torne violento em um determinado ponto no tempo. O objetivo do gerenciamento do risco é reduzir a probabilidade de agressão. Segundo, a *natureza dos fatores de risco* na avaliação de risco será tanto estática quanto dinâmica, mas, no gerenciamento do risco, o foco será primeiramente as variáveis dinâmicas que podem mudar para reduzir a violência. Terceiro, *a natureza do controle pós-avaliação* também é diferente. Em avaliação de risco, frequentemente não existe a possibilidade de supervisionar os indivíduos de modo contínuo. Depois que são liberados, eles ficam por conta própria. No gerenciamento do risco, deve haver algumas condições para monitorar e acompanhar as pessoas continuamente para avaliar o seu progresso. Quarto, como nossa discussão anterior já sugere, existe uma diferença no *número de administrações*. O gerenciamento do risco necessita de administrações múltiplas de uma avaliação de risco de violência, enquanto a predição focada na avaliação de risco resume uma administração única. As implicações das avaliações de risco não são que a maneira pela qual as avaliações são conduzidas deva mudar inerentemente. O gerenciamento do risco é meramente um lembrete adicional de que a avaliação de risco é multifacetada tanto em termos de predição quanto em termos de processo.

Fatores de proteção

Um aspecto final da avaliação de risco que não tem recebido tanta atenção é o uso dos fatores de proteção (Rogers, 2000). A maioria dos modelos para avaliação de risco está focada nos fatores que têm probabilidade de exclusivamente aumentar o risco sem prestar atenção aos fatores que provavelmente vão diminuir o risco. **Fatores de proteção** são fatores que diminuem a probabilidade de alguém cometer violência. A literatura sobre prevenção de suicídio realiza um trabalho melhor ao identificar os fatores de proteção na avaliação do risco de suicídio do que a literatura sobre avaliação de risco para a violência em relação aos outros (Montross, Zisook e Kasckow, 2005). Por exemplo, uma pessoa pode apresentar um risco significativo de cometer suicídio devido a uma história de depressão, sintomas atuais de depressão, problemas de abuso de substância e a morte recente do cônjuge. No entanto, se essa mesma pessoa tiver uma rede social de amigos e familiar que seja ampla e apoiadora e tiver fortes convicções religiosas, todos esses fatores vão desestimular o suicídio; eles agem como amortecedores para reduzir a sua probabilidade de suicídio. A literatura sobre a violência direcionada aos outros é significativamente carente no que diz respeito não somente à identificação de fatores de proteção como também à incorporação desses fatores aos modelos de avaliação de risco. Entretanto, os modelos recentes para avaliação de risco incorporam os assim chamados fatores de proteção (ver Doren, 2004).

A definição ou conceituação dos fatores de proteção nem sempre é clara. Os fatores de proteção são normalmente aqueles que agem com os fatores de risco para reduzir o risco de violência de alguém (Rogers, 2000). Eles oferecem uma explanação de por que duas pessoas com níveis idênticos de risco podem ter comportamentos tão diferentes. Assim como os fatores de risco não garantem que um indivíduo se torne violento, os fatores de proteção não garantem que alguém continuará a ser não violento. Além disso, os fatores de proteção não são simplesmente a ausência de fatores de risco, mas eles reduzem de fato, e não apenas impedem, o aumento do nível do risco. Isso não significa que a ausência de um fator de risco não possa ser um fator de proteção, apenas que a ausência não é automaticamente um fator de proteção. Por exemplo, a psicopatia é claramente um fator de risco para infratores criminais encarcerados na avaliação do seu risco de cometer outro ato violento após a sua soltura. No entanto, a ausência de psicopatia reduz esse risco significantemente em comparação com o criminoso mediano? As pesquisas não se pronunciam sobre essa questão, mas não podemos presumir que sim, unicamente devido à sua ausência (Rogers, 2000). Se você está pensando em sair de férias para algum local tropical, você só pensaria nas razões para não ir (queimaduras de sol, gastar dinheiro, possibilidade de chateações na viagem)? Ou você consideraria todos os benefícios e coisas boas que poderiam acontecer? Considerar apenas os fatores de risco ao fazer avaliações de risco é muito parecido com isso. Um psicólogo forense deve considerar tanto os fatores de risco quanto os fatores de proteção.

Exatidão da avaliação de risco

As pessoas geralmente perguntam sobre a exatidão da avaliação de risco. Essa pergunta é muito difícil de responder com uma simples porcentagem ou em uma frase. Em vez de conseguir afirmar definitivamente sobre a precisão dos psicólogos forenses ao avaliarem o risco de violência, provavelmente será melhor identificar alguns dos aspectos difíceis na avaliação da violência e algumas das situações em que os psicólogos forenses são bons na avaliação de risco.

Dificuldades na avaliação de risco

Existem muitos problemas associados ao estudo e avaliação do risco de violência. Alguns desses problemas são inerentes à própria avaliação da violência, enquanto outros continuam a ser problemáticos apesar da análise crítica inicial de Monahan (1984, 1988). Várias dessas dificuldades se devem à natureza da violência em si. Especificamente, é difícil obter informações precisas de *follow-up*. A violência é um comportamento que não é prontamente relatado ou facilmente identificado, exceto em casos extremos. Além disso, a coleta de dados do *follow-up* necessita do acompanhamento dos indivíduos que tendem a ser mais instáveis e têm menor probabilidade de manter um estilo de vida estável e público.

Um problema relacionado à avaliação de risco é a medida da violência. Historicamente, a violência tem sido medida por meio de acusações legais formais e condenações por crimes violentos. Entretanto, fazer isso deixa de lado a maioria da violência perpetrada, porque a maior parte da violência nunca resulta em acusações legais. Até mesmo estudos recentes que focam na recidiva violenta encontraram resultados diferentes usando duas bases de dados criminais oficiais diferentes (Barbaree, 2005; Seto e Barbaree, 1999). As diferenças entre as acusações legais registradas e a violência real devem ser ainda maiores. Estudos recentes procuraram reunir dados adicionais de autorrelato provenientes dos participantes da pesquisa e também de outras pessoas significativas à sua volta (Monahan et al., 2001) para melhorar esse problema. Entretanto, a medida da violência permanece problemática. A nossa discussão inicial quanto a uma definição de violência também destacou um dos problemas com o estudo das avaliações do risco de violência. Existe muita variabilidade em como é definida a violência (Edens e Douglas, 2006). Muitas pessoas incluem agressão física e verbal como violência. Algumas apenas definem violência em termos de condenações legais. A dificuldade decorre de comparações feitas entre resultados de estudos que têm definições divergentes da violência, que são usados para identificar preditores de violência apropriados como se tais estudos fossem convergentes. Se dois estudos concluem coisas muito diferentes, isso pode ser porque a sua medida dos resultados, a violência, é muito diferente. Pode ainda haver preditores diferentes de diferentes níveis de gravidade de violência. A lista X de variáveis pode predizer assassinatos e a lista Y de variáveis pode predizer brigas de bar.

Outro problema é o baixo índice de base da violência (Wollert, 2006). A violência não é um evento que ocorre com frequência e, portanto, é difícil estudá-la e manter estimativas de risco precisas. Se o **índice de base** ou a frequência da violência for de 10%, uma predição de que ninguém se tornaria violento seria precisa em 90% das vezes. Por que um psicólogo forense iria predizer violência se o único objetivo fosse a exatidão? Porque existem muitos outros objetivos, como a proteção do público, e os psicólogos forenses não estão querendo brincar com as probabilidades. Os baixos índices de base tornam ainda mais difíceis para os pesquisadores obterem uma indicação mais clara das variáveis que estão relacionadas com a violência. Embora existam formas de contornar esse problema, como, por exemplo, usando técnicas estatísticas (p. ex., Curcas Roc) que estejam menos vinculadas aos índices de base (Mossman, 1994) e períodos prolongados de *follow-up* (p. ex., 10 anos), essa ainda é uma questão que continua dificultando a avaliação do risco de violência.

Quando somos bons na avaliação de risco?

Também existem muitas situações em que os psicólogos forenses são bons na avaliação do risco de violência. À medida que a literatura se desenvolveu, ficou mais claro que os psicólogos forenses são bons na avaliação de risco para curtos períodos de tempo (Mossman, 1994). É muito mais fácil avaliar se um paciente vai se tornar violento nas próximas 48 horas ou 14 dias do que em 48 meses ou 14 anos. Inúmeros fatores podem se alterar quanto mais longo for o período de *follow-up*. Um indivíduo pode perder seu emprego, se divorciar, voltar a beber ou parar de tomar a medicação psiquiátrica. Quanto mais longo o período de tempo que uma única administração da avaliação de risco abranger, mais espaço haverá para um erro potencial.

Também seremos bons na avaliação de risco das pessoas se tivermos informações adequadas sobre seu comportamento passado, especialmente o comportamento violento (Elbogen, Huss, Tomkins e Scalora, 2005). Indivíduos que são encarcerados por anos em uma prisão ou que são pacientes crônicos em um hospital mental têm probabilidade de ter uma ampla documentação que proporcione informações sobre o seu comportamento passado. Entretanto, em situações em que faltam informações ou elas são muito limitadas, a avaliação se torna mais difícil. Por exemplo, avaliar o risco de um indivíduo psicótico trazido para atendimento de urgência sem nenhuma identificação é muito difícil se você pensar nos fatores de risco históricos identificados no HCR-20 (Tabela 5.2). Quantos daqueles itens você acha que um psicólogo forense consegue identificar em um paciente psicótico não identificado? Os psicólogos forenses também são bons em avaliar a violência em contextos em que têm conhecimento de dados passados. Um psicólogo forense será muito mais preciso ao avaliar o risco em uma pessoa que for libertada para viver na comunidade se ele tiver evidências do índice geral de reincidência naquela comunidade específica.

Por fim, não é de causar surpresa que sejamos mais precisos em situações em que existem altos índices de base de violência. Geralmente, quanto mais perto o índice base de violência estiver de 50%, maior a probabilidade de exatidão nas avaliações de risco (Quinsey et al., 2006). A avaliação do risco de violência no público em geral sempre permanecerá baixa porque a violência é relativamente rara. Entretanto, os índices de base serão maiores quando o risco for avaliado em situações em que são avaliados indivíduos previamente violentos, indivíduos que apresentam numerosos fatores de risco são identificados, ou se as avaliações ocorrem em contextos institucionais em que a violência ocorre frequentemente e é monitorada.

Comunicando o risco

Um aspecto final da avaliação do risco de violência importante de ser considerado é a maneira como a avaliação de risco é comunicada ao tribunal, seja por meio de testemunho ou por relatórios escritos. À primeira vista, a comunicação do risco pode parecer relativamente sem importância porque ela foi em grande parte ignorada até recentemente (Heilbrun, O'Neil, Strohman, Bowman e Philipson, 2000). Uma das primeiras discussões sobre a importância da comunicação do risco ocorreu no artigo de Monahan e Steadman de 1996. Eles compararam o processo de avaliação do risco de violência à previsão do tempo, para destacar as diferentes formas de comunicação de risco que podem ser importantes. As previsões do tempo geralmente explicam o potencial das anomalias rotineiras no clima em termos de probabilidades. Por exemplo, existem 30% de chance de chuva para um determinado dia. Entretanto, elas explicam ventos climáticos mais graves e problemáticos em termos de categorias. Por exemplo, pode haver a observação de um tornado (possibilidade de tornados e tempestades com raios) ou um alerta de tornado (um tornado foi detectado) em situações graves no clima. Monahn e Steadman (1996) também assinalam que os meteorologistas explicam as condições que têm probabilidade de levar àquele evento climático e as atitudes que devem ser tomadas para evitar danos pessoais no caso de alguma ocorrência. O sistema legal só poderá tomar decisões mais bem informadas quando os profissionais da saúde mental comunicarem aquele risco de um modo efetivo e acurado (Monahan et al., 2002).

Há uma variedade de maneiras por meio das quais o risco pode ser comunicado, e a literatura está identificando claras preferências entre os atores legais e os praticantes em saúde mental. As pesquisas até o momento descobriram que os psicólogos preferem comunicar o risco em termos de gerenciamento do risco, identificação dos fatores de risco relevantes e as intervenções potenciais para reduzir a ameaça desses fatores de risco. Os psicólogos também preferem comunicar o risco em termos de níveis de risco em categorias (alto, médio e baixo) do que em probabilidades específicas (uma chance de 10% de se tornar violento). Além do mais, Slovic, Monahan e MacGregor (2000) descobriram que os clínicos tinham maior probabilidade de manter um paciente hospitalizado se o risco fosse comunicado em termos de frequência (20 em 100) comparado a uma probabilidade (20%). Monahan e colaboradores (2002) replicaram esses achados com clínicos que trabalhavam em ambientes forenses e também encontraram que uma descrição mais vívida dos danos passados da vítima aumentava a probabilidade de hospitalização.

Essas tendências têm implicações diretas para as preferências dos juízes e jurados. Monahan e Silver (2003) apresentaram a juízes informações baseadas nas diferentes probabilidades de risco associadas a diferentes categorias de risco do Estudo da Avaliação de Risco de MacArthur e lhes pediram que identificassem o nível mais baixo de risco em que eles acreditavam que um indivíduo preencheria os critérios de periculosidade para restrição civil. Os juízes identificaram claramente o limiar de 26% como suficiente para restrição civil. É interessante que o limiar que os juízes preferiram resultou em um índice de classificação de 76,8%. Contudo, isso significaria restringir civilmente pouco mais de um terço dos pacientes, dos quais mais de 50% teria sido não violento sem nenhuma restrição civil (Monahan e Silver, 2003). Os psicólogos forenses devem não somente se esforçar para aumentar a exatidão das suas avaliações de violência, como também devem prestar atenção à maneira pela qual essas determinações são comunicadas à corte.

Resumo

Ao se definir violência com o propósito de avaliação de risco, o foco esteve na violência como um comportamento físico que está baseado em uma decisão de ser violento. Essa definição é importante por razões psicológicas e também legais. Houve muitos avanços que encorajaram e moldaram a avaliação do risco de violência de modo a mantê-lo de acordo com a noção de jurisprudência terapêutica. Casos como *Barefoot* vs. *Estelle* (1983), *Schall* vs. *Martin* (1984) e *Kansas* vs. *Hendricks* (1997) incentivaram o uso das avaliações do risco de violência em uma variedade de contextos e, assim, incentivaram melhorias na pesquisa e prática da psicologia forense.

A identificação da avaliação de risco em termos de mudanças geracionais torna mais fácil a identificação de vários aspectos no desenvolvimento da avaliação de risco. Embora a primeira geração da predição de violência tenha sido marcada por comparações com o ato de atirar uma moeda para o alto e por muito pessimismo, na terceira geração ocorreram avanços significativos.

As melhorias foram caracterizadas pela clara identificação de fatores de risco relevantes e a formulação desses fatores em abordagens atuariais e estruturadas. Muito embora as pesquisas iniciais não tenham apoiado o uso de abordagens clínicas, continua a discussão quanto ao melhor uso da abordagem clínica, estruturada e atuarial.

Quando as pesquisas começaram a identificar com consistência os fatores de risco para violência, os psicólogos forenses tornaram mais clara a natureza desses fatores de risco. O reconhecimento das diferenças entre fatores estáticos e dinâmicos ajudou a entender as limitações dos fatores estáticos e a necessidade de se identificarem os fatores dinâmicos. Esse reconhecimento ocorreu quando os psicólogos forenses perceberam a importância não só da avaliação de risco, mas do gerenciamento do risco. Além disso, a importância dos fatores de proteção foi observada como uma deficiência relativa comparada aos fatores de risco estáticos e dinâmicos.

Por fim, tiveram início as condições sob as quais um psicólogo forense pode tomar decisões mais acuradas na avaliação de risco e a identificação do impacto da comunicação do risco. As avaliações do risco de violência estão rotineiramente limitadas pelos problemas de definição de violência, por um *follow-up* adequado, mensurações adequadas e abrangentes e pelos baixos índices de base para violência. Os psicólogos forenses são bons na avaliação de risco quando as fazem para curtos períodos de tempo, têm conhecimento de dados passados do indivíduo e existem índices de base de moderados a altos para violência. A utilização dos dados de pesquisa relevantes com frequência culmina na necessidade de o psicólogo forense comunicar seus achados ao sistema legal, seja por meio de um relatório preparado ou como testemunho de especialista. As pesquisas estão começando a sugerir que a maneira pela qual são comunicadas as conclusões da avaliação de risco pode alterar as decisões legais finais.

Termos-chave

amicus curiae
avaliação de risco
avaliações de risco atuariais
avaliações de risco clínicas
fatores de proteção
fatores dinâmicos
fatores estáticos
gerenciamento do risco
ideográfico
índice de base
julgamento profissional estruturado
nomotética

Leitura complementar

Monahan, J., Steadman, H. J., Silver, E., Appelbaum, P. S., Robbins, P. C., Mulvey, E. P., et al. (2001). *Rethinking risk assessment: The MacArthur study of mental disorder and violence.* New York: Oxford University Press.

Quinsey, V. L., Harris, G. T., Rice, M. E., & Cormier, C. A. (2006). *Violent offenders: Appraising and managing risk* (2nd ed.). Washington, DC: American Psychological Association.

Agressores sexuais

Não existe outra área da psicologia forense que tenha sofrido uma mudança tão drástica em um curto período de tempo como a prática clínica e a pesquisa envolvendo os agressores sexuais. Isso ocorreu em paralelo à aprovação de legislação e decisões da Suprema Corte dos Estados Unidos envolvendo agressores sexuais (Conroy, 2002). Geralmente quando ocorre uma mudança drástica em um curto período de tempo, ela é acompanhada de controvérsias, e essa área da prática forense não é diferente. As discordâncias variam desde os simples rótulos operacionais e diagnósticos que envolvem os agressores sexuais até o tratamento e uso apropriado das intervenções legais (Conroy, 2002; Marshall, 2006; Quinsey, Harris, Rice e Cormier, 2006). A maior parte da literatura e prática clínica focou os agressores sexuais do sexo masculino e, como consequência, este capítulo vai se deter, em grande parte, neles, com alguma atenção específica a outras populações especiais de agressores sexuais como jovens, mulheres e o clero.

O que é um agressor sexual?

O termo agressor sexual vem acompanhado de uma conotação particularmente negativa e uma miríade de suposições e estereótipos, tanto para o público em geral quanto para os psicólogos forenses (Geffner, Franey e Falconer, 2003). A maioria das pessoas pensa em crimes terríveis como os de John Couey. Couey raptou Jessica Lunsford, de 9 anos, de dentro do seu quarto após invadir sua casa, agrediu-a sexualmente e a enterrou viva. No entanto, também existem agressores similares ao retratado por Kevin Bacon no filme *The woodsman* (Quadro 6.1).

Como consequência, é importante lembrar que os agressores sexuais compõem um grupo heterogêneo, proveniente de diferentes *backgrounds* e existe uma variedade significativa no tipo e modo como eles cometem seus crimes. O termo agressor sexual é em geral um termo legal usado para rotular alguém que cometeu uma agressão sexual caracterizada pelo uso da força ou de ameaça para manter uma relação sexual. Entretanto, também existe uma variabilidade significativa na maneira como as diferentes jurisdições definem a agressão sexual (Geffner et al., 2003). Consequentemente, os agressores sexuais formam um grupo que inclui indivíduos que molestam crianças, estupram adultos, se expõem e assistem outras pessoas realizando atos sexuais. A

Quadro 6.1 Jessica Lunsford

Jessica Lunsford era uma menina ativa de 9 anos que vivia em Homossa, Flórida, quando foi para as manchetes nacionais depois do seu rapto, estupro brutal e assassinato. Em fevereiro de 2005, Jessica estava dormindo quando John Couey entrou na sua casa. Ele acordou Jessica e ordenou que ela o seguisse até o lado de fora da casa. Naquela noite, ele a levou até o seu trailer, onde repetidamente a abusou sexualmente antes de ir para o trabalho naquela manhã. Três dias depois que Couey sequestrou Jessica, ele dobrou seus membros, colocou-a dentro de vários sacos de lixo e a enterrou viva em uma cova rasa onde ela morreu sufocada. O corpo de Jessica foi encontrado três semanas depois, após uma busca intensiva e a confissão do seu agressor. John Couey foi posteriormente condenado por seus crimes e sentenciado à morte. Como resultado desse ataque e morte, foi proposta uma legislação na Flórida, a Lei Jessica Lunsford, e por todo o país, em homenagem a ela para aprimorar o rastreamento de agressores sexuais libertados e aumentar as sentenças de prisão dos agressores sexuais condenados.

Embora a morte de Jessica Lunsford tenha sido horrível e sempre seja trazida como exemplo de um ataque sexual típico, as circunstâncias em torno da sua morte não são a norma por várias razões. Por exemplo, a maioria dos agressores sexuais é estuprador e não molestador de crianças, apesar de os molestadores de crianças parecerem estar se tornando inapropriadamente sinônimos de agressores sexuais ou, até mesmo, o termo mais corrente, predadores sexuais. A maioria dos agressores sexuais conhece a sua vítima e não invade a casa de estranhos para cometer seus crimes, ou pegam as crianças no seu caminho de volta da escola. Além disso, é na verdade raro que uma vítima de agressão sexual seja assassinada durante ou após o ataque. Muitas das imagens sensacionalistas veiculadas pela mídia não são características de todos ou mesmo da maioria dos agressores sexuais. Kevin Bacon apresenta um retrato dramático e realista de um agressor sexual no filme *The woodsman*. Esse filme descreve muitas das dificuldades com que os agressores sexuais se defrontam e a batalha constante vivida por muitos deles que não querem voltar a cometer tais ataques.

definição de alguns desses grupos distintos é frequentemente caracterizada por uma mistura de termos legais (p. ex., predador sexual) e termos psicológicos (p. ex., pedófilo) que se sobrepõem, mas que também podem conflitar com o seu significado preciso. Devido a isso, é importante começarmos com uma descrição clara dessas diferenças.

A base para boa parte da confusão nos rótulos atribuídos aos agressores sexuais é o uso de diagnósticos parafílicos. A **parafilia** é uma doença mental formal identificada no DSM-IV TR como caracterizada por "fantasias sexualmente excitantes, impulsos ou comportamentos sexuais recorrentes e intensos" que envolvem: (1) objetos não humanos; (2) sofrimento ou humilhação da pessoa ou do seu parceiro ou (3) não consentimento de crianças ou outras pessoas (American Psychiatric Association [APA], 2000, p. 566). Um indivíduo não precisa na verdade executar um ato ilegal ou ter um comportamento ilegal para ser diagnosticado com parafilia. A definição de parafilia inclui indivíduos que simplesmente experimentam fantasias excitantes ou impulsos sexuais e, portanto, não é necessário que exista um ato ilegal, embora isso pudesse ser quase suficiente para um diagnóstico. Mesmo o envolvimento em um ato sexual legal pode levar alguns a serem diagnosticados se a atividade for considerada desviante ou necessária para a experiência sexual. Por exemplo, o personagem da televisão George Costanza no seriado *Seinfeld* certa vez tentou assistir televisão e comer um sanduíche de pastrami enquanto fazia sexo. Essas atividades são todas legais, mas se ele não for capaz de se sentir sexualmente gratificado sem elas, poderá ser diagnosticado como sofrendo de uma parafilia. No entanto, o foco atual nos agressores sexuais inclui aqueles indivíduos que realizaram um ato sexual ilegal e que as autoridades legais chegaram a tomar conhecimento.

A confusão é ainda mais complexa quando é examinada a distinção entre uma parafilia específica, a pedofilia e a molestação de crianças. O termo **molestador de crianças** é normalmente usado para rotular alguém que perpetrou um crime sexual contra uma criança. Embora os requisitos legais possam variar entre as jurisdições, a idade geral de consentimento sexual está entre 16 e 18 anos. É considerado um molestador de crianças aquele adulto que tenha se envolvido em um ato sexual com alguém abaixo da idade de consentimento. Entretanto, **pedófilo** (APA, 2000) é alguém envolvido em atividade sexual ou que experimenta sofrimento significativo quanto a impulsos ou fantasias sexuais envolvendo um indivíduo pré-púbere (normalmente considerado abaixo dos 13 anos). Um indivíduo pode ser um molestador de crianças e não ser pedófilo ou, em circunstâncias ainda mais raras, um pedófilo e não um molestador de crianças. Existem alguns profissionais da saúde mental que considera-

ram pedófilos todos os molestadores de crianças (Abel, Mittelman e Becker, 1985), mas esse ponto de vista não é universal (Marshall, 2006). Apesar disso, parece haver uma clara distinção entre os dois rótulos em termos de padrões de agressão (Marshall, 1998) e, embora a pedofilia sugira uma doença mental que necessita de tratamento, Marshall (2006) argumenta que todos os molestadores de crianças precisam de tratamento, sejam eles diagnosticados como pedófilos ou não. Como consequência da distinção potencial, o termo molestador de crianças será utilizado como um termo geral e pedofilia como um termo mais restrito, especificando uma pessoa com uma doença mental particular.

Outros aspectos da definição são menos complicados do que a distinção entre pedófilos e molestadores de crianças. A segunda categoria principal de agressores sexuais, embora represente a maior porcentagem de agressores sexuais (Quinsey et al., 2006), é a dos estupradores. Diferentes dos molestadores de crianças, os estupradores não têm um diagnóstico paralelo no DSM-IV TR. Alguns psicólogos forenses tendem a usar os diagnósticos de sadismo sexual e **parafilia SOE** (sem outra especificação) para descrever indivíduos que perpetraram agressões sexuais contra outros adultos (Doren, 2002; Marshall, 2006; Marshall, Kennedy, Yates e Serran, 2002). A falta de uma categoria diagnóstica abrangente para os estupradores provavelmente representa a distinção entre o crime de agressão sexual e a noção de que alguns agressores podem, em parte, ser compelidos por uma doença mental a cometerem seus crimes.

Outros agressores sexuais que são apresentados com menos frequência perante o sistema legal tendem a ser referidos em termos das suas parafilias. Os **exibicionistas** mostram seus genitais; os **frotteuristas** se esfregam nas outras pessoas e os *voyeurs* observam outras pessoas nuas ou durante atos sexuais. Em vez de haver centenas de diagnósticos separados listados no DSM, existem outras parafilias, como a zoofilia (relação sexual com animais), que são classificadas dentro das parafilias SOE mencionadas anteriormente. Também deve ser observado que os agressores sexuais podem sofrer de parafilias múltiplas ou perpetrar atos contra vítimas de diferentes grupos.

Avaliação dos agressores sexuais

Os agressores sexuais condenados são tipicamente avaliados quanto ao seu risco futuro ou resposta ao tratamento. Essas avaliações tendem a focar a mensuração falométrica do desvio sexual, as características psicológicas que provavelmente estão relacionadas à resposta do agressor sexual ou os fatores de risco estáticos e dinâmicos que estão relacionados à reincidência a longo prazo. Essas áreas também não são mutuamente excludentes. Por exemplo, uma resposta sexual desviante quando medida por um dispositivo falométrico pode ser útil para avaliar a eficácia do tratamento e o risco a longo prazo. Entretanto, agressores sexuais suspeitos também são, infelizmente, avaliados para identificar se eles cometeram uma determinada agressão. Por exemplo, um indivíduo pode revelar um padrão de desvio sexual em uma medida falométrica e isso ser usado como evidência de que ele cometeu um determinado crime. Esse tipo de prática clínica é similar às evidências de trauma e perfil discutidos no Capítulo 3 e é igualmente falha. Os especialistas no campo advertem enfaticamente contra o uso dos resultados da avaliação de um agressor sexual para sugerir a culpa ou inocência de um indivíduo (Marshall, 2006; Quinsey et al., 2006) porque isso está localizado fora do âmbito da prática dos psicólogos forenses e não é apoiado pela pesquisa psicológica. Usar essas evidências é como dizer que porque alguém come carne, é culpado de roubá-la do açougue local. Essa mesma lógica foi usada incorretamente para sugerir que porque uma pessoa exibe excitação sexual pela violência sexual, ela é culpada de uma determinada agressão. As decisões da corte de apelação também consideraram tal evidência inadmissível e, em geral, carecendo de apoio científico (*Louisiana* vs. *Hughes,* 2003).

Avaliação falométrica: pletismógrafo peniano (PPG)

Medidas falométricas como o **pletismógrafo peniano** (ver Figura 6.1) são usadas rotineiramente para determinar as preferências sexuais de agressores sexuais do sexo masculino (Marshall e Fernandez, 2000). Uma medida falométrica consiste de algum tipo de estímulo sexual, um equipamento de monitoramento colocado no indivíduo e um equipamento para registro. Os estímulos sexuais são visuais, auditivos ou uma combinação de ambos. Eles normalmente consistem de uma apresentação de estímulos de áudio ou vídeo que são considerados incomuns ou desviantes de alguma maneira, juntamente com estímulos neutros e sexualmente apropriados. Antes de o indivíduo ser

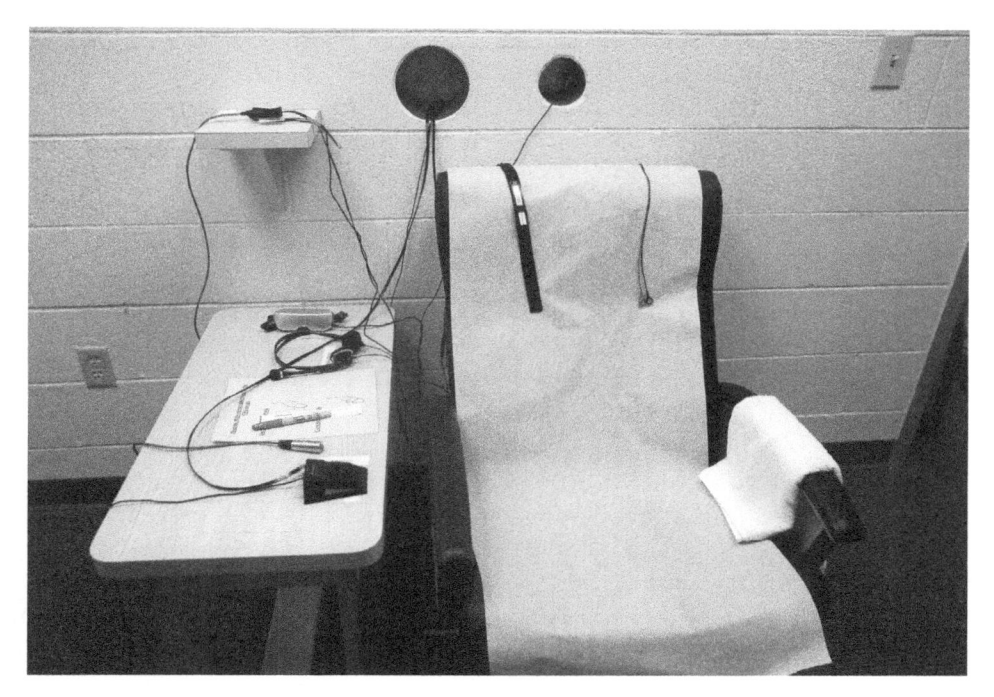

Figura 6.1 Um pletismógrafo peniano antes do uso. © eyevine/ny times.

exposto a esses estímulos, ele é conectado ao equipamento de monitoramento. Esse equipamento consiste de aparelhos para medir o ritmo cardíaco, condutância da pele (perspiração) e o enrijecimento do pênis. Toda a resposta que o indivíduo dá a um estímulo particular é então transmitida para o equipamento de registro e armazenada permanentemente em disco ou no computador.

A noção subjacente é a de que os agressores sexuais se envolvem em seu comportamento sexual antissocial devido às preferências sexualmente desviantes que são exibidas quando eles observam/ouvem estímulos sexuais similares. A crença é que, se um indivíduo exibe uma resposta aos estímulos desviantes, ele tem impulsos e fantasias similares também fora da situação de teste. Por exemplo, seria apropriado para um homem heterossexual apresentar pulso acelerado ou enrijecimento do pênis se visse imagens sexualmente sugestivas de mulheres e ouvisse conversas sexualmente sugestivas enquanto isso. Ter uma resposta similar diante de imagens sexualmente sugestivas de meninos pequenos seria considerado sexualmente desviante. Obviamente, existem limitações legais quanto aos estímulos que podem ser apresentados. Imagens de crianças nuas envolvidas em atos sexuais são contra a lei e não são usadas. Entretanto, podem ser usadas imagens de crianças acompanhadas de uma descrição auditiva de natureza sexual.

As medidas falométricas são potencialmente muito úteis porque a maioria dos agressores sexuais tende a negar ter uma atração por situações impróprias com crianças pequenas ou atividade sexual violenta (Blanchard, Klassen, Dickey, Kuban e Blak, 2001). Marshall (2006) ainda relata que quase todas as revisões da literatura falométrica chegaram a uma conclusão positiva referente ao uso de medidas falométricas com molestadores de crianças. Estudos encontraram que os falométricos exibem validade discriminante e são capazes de diferenciar molestadores de crianças de não agressores (Chaplin, Rice e Harris, 1995). Chaplin e colaboradores (1995) compararam 15 molestadores de crianças que não haviam sido testados anteriormente com 15 não agressores que eram voluntários da comunidade. Eles verificaram uma discriminação bem clara entre os dois grupos, especialmente em relação a estímulos mais coercivos e brutais. Diversos estudos também apoiaram o uso de medidas falométricas com estupradores. Em uma metanálise, Lalumière e Quinsey (1994) examinaram 17 estudos comparando estupradores e não estupradores em medidas falométricas. Eles concluíram que a literatura falométrica apoiava a discriminação entre estupradores e não estupradores em diferentes contextos, embora houvesse algumas diferenças nos materiais dos estímulos (Lalumière e Quinsey, 1994).

Contudo, a precisão desses procedimentos continua a ser questionada (Conroy, 2002). As crenças iniciais eram de que as medidas falométricas teriam ampla utilidade entre os agressores sexuais porque todos eles tinham aprendido ou tinham sido condicionados a exibir excitação pelos seus interesses desviantes. Pesquisas mais recentes sugeriram que um número muito mais limitado de agressores sexuais responde de forma característica segundo essas medidas (Marshall e Fernandez, 2000). Por exemplo, o teste falométrico foi em sua maior parte confinado a estupradores e molestadores de crianças devido à utilidade limitada com outras populações. Além disso, os estudos apresentaram dificuldade em discriminar molestadores de crianças de outros agressores sexuais (Hall, Proctor e Nelson, 1988). Outros também argumentam que a discriminação entre molestadores de criança e não agressores somente fica clara quando os molestadores de crianças admitiram seu desvio sexual e têm muitas vítimas (Marshall, 2006). Esse achado é especialmente problemático no grupo de agressores para os quais uma validação das suas respostas desviantes é mais útil. Alguns sugerem que as medidas falométricas estão limitadas aos molestadores de crianças diagnosticados com pedofilia (Marshall e Fernandez, 2000) e a pesquisa encontrou alguma dificuldade em discriminar os agressores sexuais adolescentes de vítimas do sexo feminino dos agressores adolescentes de vítimas do sexo masculino, e dos não agressores (Seto, Lalumière e Blanchard, 2002). De um modo geral, Looman e Marshall (2005) verificaram que os estupradores não exibem preferências por estímulos de estupro em relação a estímulos sexuais consensuais.

Avaliação psicológica

Além dos procedimentos falométricos designados para avaliar agressores sexuais, também existem muitas abordagens psicológicas. Em geral, as abordagens psicológicas para avaliação dos agressores sexuais tiveram seu foco na tentativa de diferenciar os agressores sexuais dos não agressores sexuais com base na psicopatologia geral. No entanto, essas pesquisas resultaram em uma utilidade limitada para distinguir agressores sexuais de outros grupos de não agressores prejudicados (Levin e Stava, 1987; Marshall, 1996). O foco se alterou, em grande parte, da psicopatologia geral para áreas que podem servir como base para agressão sexual. Por conseguinte, Marshall (2006) identificou várias áreas-alvo para avaliações de agressores sexuais, as quais vamos abordar. Essas áreas podem ser avaliadas por meio da entrevista clínica ou de outras medidas psicológicas específicas.

Distorções cognitivas, empatia e fantasias sexuais foram três das áreas mais proeminentes de avaliação entre os agressores sexuais. A maior parte das medidas focou nas **distorções cognitivas** dos agressores sexuais, mas a maioria é bastante evidente e transparente, portanto é obvio o que elas estão tentando avaliar. No entanto, é importante avaliar os erros de pensamento que fazem parte do processo central para que os agressores sexuais sejam capazes de cometer seus crimes. Os criminosos sexuais geralmente criam padrões de pensamento para uso próprio que distorcem a realidade e permitem que eles evitem sentir responsabilidade pelos seus crimes (Langton e Marshall, 2001). Por exemplo, um agressor pode declarar que a sua vítima vestia roupas sugestivas, mesmo que esta tivesse 4 anos, ou que a vítima gosta de sexo violento e, portanto, o agressor foi prestativo, ou ainda que sua esposa não foi receptiva às suas investidas e, então, a sua filha era uma alternativa aceitável. Todas essas maneiras de pensar são distorções cognitivas que permitem ou encorajam o indivíduo a cometer uma agressão sexual. Foram desenvolvidas várias escalas para avaliar a presença de distorções cognitivas (Abel et al., 1989; Bumby, 1996; Burt, 1980; Nochols e Molinder, 1996), mas as pesquisas ou não são apoiadoras ou então ainda estão pouco desenvolvidas para isso. Mesmo que ainda sejam necessárias mais pesquisas para desenvolver escalas que avaliem distorções específicas do agressor sexual, as distorções cognitivas permanecem sendo uma parte importante do processo de avaliação por meio das entrevistas clínicas.

A empatia com a vítima também tem sido um componente central nas avaliações da maioria dos agressores sexuais. Embora existam medidas gerais de empatia disponíveis (Davis, 1983), as pesquisas sugerem que os agressores sexuais não têm dificuldade de sentir pena da outra pessoa, mas que têm uma incapacidade específica para sentir pena da sua vítima (Fernandez e Marshall, 2003; Fernandez, Marshall, Lightbody e O'Sullivan, 1999), e não existem escalas bem validadas designadas especificamente para esse propósito. Por consequência, as entrevistas clínicas e pesquisas de outros registros colaterais podem ser a melhor opção para os psicólogos forenses tentarem avaliar o grau de empatia com a vítima exibida pelo agressor sexual.

A importância das fantasias para que seja cometida a violência vem recebendo o interesse dos psicólogos forenses (Grisso, Davis, Vesselinov, Applebaum e Monahan, 2000). Existem medidas ainda muito rústicas para avaliar interesses sexuais desviantes por meio das fantasias do agressor sexual (Baumgartner, Scalora e Huss, 2002; Gee, Devilly e Ward, 2004; O'Donohue, Letourneau e

Dowling, 1997). Baumgartner e colaboradores (2002) usaram o Inventário de Fantasias Sexuais de Wilson para examinar as diferenças entre molestadores de crianças e agressores não sexuais. Como esperado, os molestadores de crianças relataram fantasias mais pronunciadas em várias subescalas da medida e relataram, de um modo geral, níveis mais altos de fantasias sexuais do que os agressores não sexuais de uma unidade forense. Mais uma vez, as pesquisas que apoiam o uso de medidas designadas para avaliar as fantasias sexuais são preliminares, e é maior a probabilidade de os psicólogos forenses utilizarem entrevistas clínicas para avaliar fantasias sexuais entre os agressores sexuais.

Avaliação de risco e reincidência

Boa parte das discussões iniciais na literatura sobre agressores sexuais se concentrou em estudar se eles eram agressores especializados ou se as agressões sexuais eram um dos muitos crimes que os agressores em geral cometiam (Lussier, 2005). Essa distinção potencial é central para a discussão sobre a reincidência dos agressores sexuais e a maneira como os clínicos se ocupam da avaliação de risco entre os indivíduos que perpetraram crimes sexuais.

Hanson e Bussière (1998) realizaram uma metanálise focando nos fatores de risco relacionados à reincidência de agressão não sexual e agressão sexual. O estudo usou 87 estudos publicados e não publicados, e todos eles incluíam informações sobre agressões sexuais, agressões violentas não sexuais e alguma agressão repetida. Eles dividiram todos os fatores de risco potenciais em:

- variáveis demográficas (p. ex., idade, estado civil, educação);
- criminalidade geral (p. ex., alguma agressão anterior, delinquência juvenil);
- história criminal sexual (p. ex., avaliação falométrica, alguma preferência sexual desviante);
- apresentação clínica e história do tratamento (p. ex., não concluir o tratamento, empatia pelas vítimas);
- história do desenvolvimento (p. ex., relação negativa com a mãe) e
- inadaptação psicológica (p. ex., um transtorno de personalidade, problemas com a raiva)

Houve vários achados interessantes nesse estudo (Hanson e Bussière, 1998). Os preditores mais fortes de reincidência sexual foram as respostas falométricas às crianças e preferências sexuais desviantes. Agressões sexuais anteriores, presença de uma vítima estranha, início precoce da agressão sexual, vítima infantil implicada, transtorno da personalidade antissocial, alguma agressão anterior, idade, nunca ter se casado, não ter concluido tratamento e vítima masculina também estavam relacionados à reincidência sexual. Além disso, havia vários fatores um tanto surpreendentes que não estavam relacionados à reincidência sexual, dado o foco da avaliação e tratamento entre os agressores sexuais. Empatia pelas vítimas, negação de uma agressão sexual, baixa motivação para tratamento e ter sido abusado sexualmente quando criança eram fatores sem relação com a reincidência. De um modo geral, apenas 13,4% dos 23.393 agressores sexuais reincidiram no tempo médio de 4 a 5 anos de *follow-up*. Entretanto, Hanson e Bussière (1998) acreditam que essa cifra seja uma porcentagem subestimada dos que na verdade cometeram mais agressões sexuais, devido às agressões que não foram detectadas.

Fatores similares previram violência não sexual e reincidência em geral. Os reincidentes tendem a ser jovens, solteiros e de uma raça minoritária. Eles também se envolveram em uma variedade de comportamentos criminais quando jovens e quando adultos. Nos dois tipos de crimes eles também têm maior probabilidade de exibir transtorno da personalidade antissocial ou características psicopáticas. O número de agressões sexuais anteriores e de desvio sexual não apresentou relação com a reincidência de violência não sexual. Os estupradores tinham maior probabilidade de reincidir em crimes violentos não sexuais do que os molestadores de crianças, sugerindo assim uma probabilidade maior de especialização entre os molestadores de crianças e um comportamento criminoso mais geral entre os estupradores. Nos agressores sexuais em geral também havia maior probabilidade de reincidência em uma agressão não sexual do que em uma agressão sexual.

Hanson e Morton-Bourgon (2005) atualizaram a metanálise anterior e mais uma vez verificaram que os agressores sexuais tinham menos probabilidade de reincidir em uma agressão sexual (13,7%) do que em uma agressão não sexual (36,2%). Seus achados também sugerem fatores que estão relacionados ao início das agressões sexuais. Embora um histórico familiar adverso e a internalização de sofrimento psicológico sejam comuns nos agressores sexuais, eles não apresentavam relação com recidiva sexual. A repetição do agressor sexual parece ser similar à repetição do agressor não sexual, uma vez que leva a um estilo de vida instável e antissocial, mas diferente no sentido de que ele tende a focar nos pensamentos sexualmente desviantes durante os períodos de estresse (Hanson e Harris, 2000).

Em geral, os índices de reincidência para os agressores sexuais variam entre os estudos e dependendo da extensão do tempo de *follow-up*. A maioria das pesquisas sugere que os índices de reincidência para os agressores sexuais são similares aos achados de Hanson e colaboradores. Eles concluíram que 10 a 15% dos agressores sexuais reincidia após 5 anos. Em torno de 20% dos agressores sexuais reincidiam após 10 anos e 30 a 40% após 20 anos (Hanson, Morton e Harris, 2003). No entanto, essas cifras são provavelmente subestimadas porque se baseiam em acusações e condenações legais. Hanson e colaboradores (2003) afirmam que é razoável acreditar que esses índices de reincidência são subestimados em 10 a 15%. No entanto, deve ficar igualmente claro que nem todos os agressores sexuais reincidem, e que as evidências sugerem que uma minoria dos agressores sexuais reincide, especialmente no espaço de uma década após a sua soltura.

Além dos achados e da sua relação com os agressores sexuais em geral, também deve ser dada atenção especial à diferenciação entre estupradores e molestadores de crianças, e também entre os tipos específicos de molestadores de crianças. Em geral, os **molestadores de crianças intrafamília** são menos propensos a reincidir do que os estupradores ou **molestadores de crianças extrafamília** (Hanson e Bussière, 1998). Entretanto, a idade do agressor era uma variável interveniente significativa para os molestadores de crianças (Hanson, 2002). Esse achado está de acordo com nosso conhecimento da média de idade entre os diferentes tipos de agressores sexuais. Os estupradores tendem a ser mais jovens do que os molestadores de crianças e o seu risco de reincidência diminui com a idade (Hanson, 2002). Os molestadores de crianças extrafamília exibem um declínio mínimo no risco até a idade de 50 anos, sendo que o risco mais alto se localiza entre os 25 e 35 anos. Os molestadores de crianças intrafamília parecem estar em risco maior em idades substancialmente menores, embora a taxa geral de reincidência (8%) seja mais baixa do que a dos estupradores (19%) e molestadores de crianças extrafamília (17%) (Hanson, 2002). Os molestadores intrafamília que atacam vítimas do sexo masculino estão em risco mais baixo do que os molestadores intrafamília que vitimizam meninas (Hanson et al., 2003).

Similar à literatura sobre a avaliação do risco geral, as pesquisas estão cada vez mais focando as variáveis dinâmicas entre os agressores sexuais. Dado o foco aumentado no tratamento e confinamento continuado dos agressores sexuais até que seja demonstrado algum progresso no tratamento, pode ser argumentado que os fatores dinâmicos são especialmente importantes na avaliação de risco em agressores sexuais (Doren, 2002). Hanson e Harris (2000) coletaram informações sobre os fatores de risco dinâmicos em mais de 400 agressores sexuais obtidas por meio de revisões dos arquivos e entrevistas com seus oficiais de supervisão na comunidade. Os agressores sexuais que reincidiram no espaço de 5 anos geralmente careciam de apoio social, exibiam atitudes tolerantes quanto ao ataque sexual, levavam um estilo de vida antissocial, não eram cooperativos com a supervisão e exibiam pobre autogerenciamento em comparação com um número similar de agressores que não reincidiram. Os reincidentes também exibiam níveis elevados de raiva e angústia imediatamente antes da reincidência. Em sua metanálise descrita anteriormente, Hanson e Morton-Bourgon (2005) identificaram resultados similares. As preocupações sexuais, impulsividade, atitudes antissociais e déficits na intimidade apresentavam uma relação pequena com a reincidência sexual. Entretanto, o sofrimento psicológico não estava relacionado à reincidência. Esse achado pode ser similar ao de Hanson e Harris (2000) de que o humor global não diferia entre os que reincidiam e os que não reincidiam na sua amostra. Pode ser que o sofrimento psicológico não seja preditor de reincidência em geral, mas é um precursor imediato em agressores sexuais que reincidem.

Instrumentos para avaliação de risco em agressores sexuais

Similar ao debate referente à avaliação de risco, continua a haver debate entre os psicólogos forenses quanto ao papel das abordagens clínicas, estruturadas e atuariais. Foram levantados alguns dos mesmos argumentos contra os instrumentos atuariais para avaliar violência sexual (Grubin, 1999; Sjösted e Grann, 2002), bem como contra-argumentos contra o uso de abordagens clínicas e estruturadas (Hanson et al., 2003; Quinsey et al., 2006). Entretanto, a proliferação de instrumentos (estruturados ou atuariais) para avaliar a violência sexual tem sido muito marcante. Nessa última década, encontra-se facilmente uma dezena de diferentes instrumentos identificáveis na literatura, e quase metade destes tem sido foco de pesquisa considerável. Como consequência, o foco da discussão atual não será revisar alguns argumentos anteriores referentes à avaliação clínica *versus* atuarial, mas examinar alguns dos instrumentos que atualmente estão sendo usados amplamente para avaliar a violência sexual. Embora exista uma abundância crescente de instrumentos de avaliação do risco de violência sexual (p. ex., Instrumento de Rastreamento de Agressores Sexuais de Minnesota-Revisado, Avaliação Rápida de Risco de Reincidência de Agressão Sexual, Risk Matrix 2000, Sex Offender Need Assessment Ruling, Structured Anchored Cinical Judgment), nossa discussão vai enfocar no Risco de Violência Sexual-20 (SVR-20), Guia de Avaliação do Risco de Violência Sexual (SORAG) e o Static-99 (ver Tabela 6.1 para os itens de cada medida).

O SVR-20 é a única abordagem estruturada para avaliação da violência sexual entre as principais medidas de avaliação de risco. O SVR-20 é uma medida de 20 itens com escores de 0 a 2 pontos em uma escala similar ao HCR-20 e PCL-R (Boer, Hart, Kropp e Webster, 1997). Além disso, quando um item é codificado como estando presente, o avaliador deve indicar se houve alguma mudança recente (definida como tendo ocorrido no último ano) naquele item para que ele se torne mais útil nas decisões de manejo do risco. Embora o SVR-20 seja pontuado, o total de pontos finais não corresponde a uma probabilidade de risco (p. ex., 80% de chance de voltar a agredir nos próximos cinco anos) ou a um nível de risco (alto, médio, baixo). Essa abordagem está de acordo com a natureza estruturada, mas não atuarial do instrumento. Ela proporciona um guia para o avaliador focar nas variáveis mais importantes, mas não o restringe à consideração única dessas variáveis. Existe ainda um local para "Outras Considerações" a serem levadas em conta quando se administra o SVR-20 para chegar a um julgamento final do risco.

Além do SVR-20, existem duas abordagens atuariais importantes para avaliação do risco de violência sexual que têm sido mais amplamente pesquisadas. O SORAG contém os 14 itens listados na Tabela 6.1, dos quais 10 são idênticos ao VRAG discutido anteriormente no Capítulo 5 (Quinsey et al., 2006). Um escore no SORAG corresponde a nove categorias diferentes do risco, em que cada uma tem uma probabilidade correspondente de reincidência violenta durante 7 a 10 anos (Quinsey et al., 2006). O propósito original do SORAG não era predizer violência sexual isoladamente, mas predizer alguma violência entre os agressores sexuais. A razão para essa distinção será discutida posteriormente.

A Static-99 é uma combinação de duas medidas anteriores. Quatro itens extraídos do Avaliação Rápida de Risco de Reincidência de Agressão Sexual (RRASOR) e seis itens do Julgamento Clínico Atuarial Estruturado compõem o Static-99. Ela é provavelmente a mais pesquisada das medidas concebidas para avaliar violência sexual ou violência entre os agressores sexuais. Os escores variam de 0 a 20, mas os escores acima de 6

Tabela 6.1 Itens dos instrumentos de avaliação do risco de violência sexual

SVR-20	SORAG	Static-99
Desvio sexual	Escore do Psychopathy Checklist-Revised (PCL-R)	Agressões sexuais anteriores
Vítima de abuso infantil	Desadaptação na escola elementar	Datas de sentenças anteriores
Psicopatia	Diagnóstico no DSM-III de Transtorno da Personalidade	Alguma condenação por agressões sexuais sem contato
Doença mental importante	Idade quando da agressão	Condenações atuais por violência não sexual
Problemas de abuso de substância	Viveu com ambos os pais até os 16 anos	Condenações anteriores por violência não sexual
Ideação suicida/homicida	Fracasso na liberação condicional anterior	Vítimas não relacionadas
Problemas de relacionamento	Escore de agressão não violenta	Vítimas estranhas
Problemas com emprego	Estado civil	Vítimas do sexo masculino
Agressões anteriores violentas não sexuais	Diagnóstico no DSM-III de esquizofrenia	Jovem
Agressões anteriores não violentas	Escore de agressão violenta	Solteiro
Fracasso em supervisão anterior	História de abuso de álcool	
Agressões sexuais de alta densidade	História de agressões sexuais somente contra meninas abaixo de 14 anos ou se o agressor é 5 anos mais velho do que a vítima	
Tipos de agressões sexuais múltiplas	Resultados do teste falométrico	
Dano físico à(s) vítimas(s)	Número de condenações prévias por agressões sexuais	
Uso de armas ou ameaças de morte		
Intensificação da frequência ou gravidade		
Minimização extrema ou negação de agressões sexuais		
Atitudes que apoiam ou admitem agressões sexuais		
Ausência de planos realistas		
Atitudes negativas em relação às intervenções		
Outras considerações		

são tratados de maneira idêntica (Harris, Phenix, Hanson e Thorton, 2003). Cada categoria de escores (0 a 6+) corresponde a uma probabilidade de reincidência em 5 anos, 10 anos e 15 anos. Essa abordagem é similar ao SORAG. Por exemplo, alguém com escore 7 se enquadra na categoria 6+ e tem um índice de reincidência de 39% em 5 anos, 45% em 10 anos e 52% em 15 anos. O agressor que marcar 7 pontos entra naquele mesmo nível de risco com aquelas probabilidades de reincidência correspondentes, independentemente das características adicionais que possam diferenciá-las.

Cada um desses três instrumentos demonstrou confiabilidade e validade aceitáveis em uma variedade de amostras, e nesse ponto é difícil fazer uma afirmação conclusiva de que uma abordagem tem melhor desempenho do que a outra. Existem estudos que consideram que cada uma das três medidas se igualou ou teve melhor desempenho do que as outras sem uma consistência clara entre elas (Barbaree, Seto, Langston e Peacock, 2001; Craig, Beech e Browne, 2006; de Vogel, De Ruiter, van Beek e Mead, 2004; Sjöstedt e Långström, 2002; Stadtland et al., 2005). Além disso, esses resultados também dependem das variáveis utilizadas. Os estudos que examinam o risco de violência sexual não apenas focam nas agressões sexuais, mas também em agressões violentas não sexuais e agressões não violentas. Essa prática está baseada nas dificuldades frequentemente inerentes ao uso de acusações e condenações como indicadores de resultado. Como sugerem Quinsey e colaboradores (2006), todos os registros oficiais são uma subestimação das reais taxas de violência sexual não somente porque não é feito relato de todos os casos de vitimização sexual, como também porque o componente sexual é frequentemente removido da condenação oficial final. Um indivíduo acusado pela agressão sexual de uma criança pode apelar ou ser condenado não por uma agressão sexual, mas por uma agressão simples que contribuiu para a delinquência de um menor ou algum outro crime ainda menor. Como já discutimos, os agressores sexuais também têm probabilidade de cometer outros crimes, e os estupradores têm a mesma probabilidade de cometerem uma agressão não sexual violenta quanto uma agressão sexual (Quinsey et al., 2006). Como consequência, os escores nessas medidas são comparados com vários resultados diferentes. Por fim, pode ser, conforme sugerem Craig, Browne e Stringer (2004), que diferentes medidas são mais adequadas em diferentes situações. Como o Static-99 é composto inteiramente de variáveis estáticas, o SVR-20 pode ser mais útil em casos em que o gerenciamento do risco é o propósito central. O SORAG pode ser mais apropriado para uso quando se avalia violência sexual e violência não sexual devido ao seu propósito original e à sobreposição significativa com o VRAG, uma medida concebida para avaliar qualquer violência.

Tratamento e manejo dos agressores sexuais

Se você se recorda do Capítulo 2 sobre o tratamento de infratores criminais, Antonowicz e Ross (1994) resumiram os resultados de boa parte do campo ao declararem que "um corpo crescente da literatura de pesquisa atesta o fato de que alguns programas de reabilitação têm sucesso com alguns criminosos quando aplicados por uma equipe" (Antonowicz e Ross, 1994, p. 97). A literatura sobre o tratamento do agressor sexual foi marcada por revisões que eram tão pessimistas em suas conclusões quanto as de que "nenhum tratamento funciona" da literatura sobre o tratamento de infratores em geral (ver Furby, Weinrott e Blackshaw, 1989), mas a literatura agora contém pesquisas mais na linha da citação de Antonowicz e Ross. A questão permanece: até que ponto o sucesso da literatura sobre o infrator em geral é pertinente para os agressores sexuais? Embora exista uma sobreposição entre os diferentes tipos de agressores em termos dos fatores de risco e etiologia das suas carreiras criminais, também existem muitas diferenças destacadas neste capítulo. O sucesso do tratamento e as intervenções sistemáticas são cada vez mais importantes para os agressores sexuais à medida que a legislação evoluiu, voltando-se para eles como uma classe especial de infratores criminais para os quais o tratamento é um componente das intervenções legais.

Os programas de tratamento para o agressor sexual têm sucesso?

Até o momento, as evidências referentes à eficácia dos programas de tratamento do agressor sexual são muito debatidas. Os advogados de ambos os lados do debate podem apontar para estudos individuais que apoiam sua posição. Na verdade, apesar das numerosas revisões da literatura, não existe um consenso quanto à eficácia do tratamento do agressor sexual. Essa pesquisa fica mais complicada pelo baixo índice de base da violência sexual detectada (Hanson e Bussière, 1998) e pelo longo tempo de *follow-up* necessário para se obterem amostras suficientes (Hanson et al., 2002). Um ato de violência sexual é intolerável devido ao seu impacto significativo em uma única vítima. Entretanto, a reincidência zero não é uma meta realista neste momento e, portanto, a pesquisa focou as diferenças significativas na reincidência entre agressores sexuais tratados e aqueles que não receberam tratamento.

Um dos melhores estudos controlados foi realizado por Marques, Day, Nelson e West (1994). Seu estudo envolveu molestadores de crianças e estupradores que haviam sido hospitalizados. Os participantes foram colocados no grupo de tratamento, no grupo de voluntários (que não receberam tratamento) ou no grupo de não voluntários (que recusaram tratamento). O tratamento consistiu de um programa cognitivo-comportamental de dois anos usando um modelo de prevenção de recaída em um hospital estadual e um programa de um ano de assistência pós-tratamento. Os resultados iniciais apontaram para o fato de que o grupo de tratamento apresentava os índices mais baixos de reincidência sexual em geral na comparação com os outros grupos.

Hall (1995) conduziu a primeira metanálise da literatura sobre agressores sexuais. Ele examinou um pequeno número de estudos ($N = 12$) que incluíam 1.313 agressores sexuais e encontrou um efeito positivo do tratamento. Descobriu que o índice de reincidência sexual para os agressores sexuais tratados foi de 19% comparado aos 27% dos agressores sexuais não tratados. Contudo, mesmo nessa pequena amostra os estudos eram muito diferentes e a comparação era difícil. Hall também descobriu que os estudos com períodos mais longos de *follow-up*, índices mais altos de reincidência sexual, que incluíam pacientes ambulatoriais e eram compostos de tratamentos cognitivo-comportamental e farmacológico, eram os mais efetivos.

Outro estudo tentou responder à pergunta quanto ao estado atual da literatura de um modo mais definitivo. Hanson e colaboradores (2002) examinaram 43 estudos diferentes que avaliaram 9.454 agressores sexuais. Eles encontraram que os índices de reincidência diferiam entre os agressores sexuais tratados e os grupos de comparação. Em torno de 12,3% dos agressores sexuais tratados reincidiram sexualmente (27,9% para a reincidência geral) e 16,8% dos grupos de comparação reincidiram sexualmente (39,2% para a reincidência geral). Além disso, eles verificaram que as abordagens de tratamento atuais tinham mais sucesso na redução da reincidência sexual e geral do que as formas mais antigas de tratamento.

No entanto, os críticos dos benefícios do tratamento do agressor sexual apontam para vários problemas metodológicos na literatura (Lalumière, Harris, Quinsey e Rice, 2005). Muitos dos estudos de tratamentos de agressores sexuais foram criticados por não usarem grupos de comparação adequados. Por exemplo, alguns estudos compararam os indivíduos que concluíram o tratamento com aqueles que o abandonaram ou não participaram dele. Os problemas surgem quanto às falhas no tratamento provavelmente divergentes em termos da sua motivação não só para o tratamento como também para agressões futuras. Mesmo aqueles indivíduos que não participaram do tratamento podem estar incluídos naqueles que recusaram tratamento, não apenas os que foram designados aleatoriamente para a condição. Os abandonos do tratamento provavelmente também exibem mais características relacionadas ao risco de reincidência futura.

Há muitas críticas aos estudos individuais que já revisamos. Embora Marques e colaboradores tenham inicialmente encontrado diferenças no tratamento, essas diferenças estavam ausentes no estudo de *follow-up* tanto dos estupradores quanto dos molestadores de crianças (Marques, Wiederanders, Day, Nelson e van Ommeren, 2005). Hall (1995) não só utilizou um número menor de estudos como também comparou os que concluíram tratamento com os que abandonaram. Quando os estudos que incluíam os que concluíram o tratamento e os que abandonaram foram removidos da metanálise, não houve diferenças no tratamento (Harris, Rice e Quinsey, 1998). Embora Hanson e colaboradores (2002) tenham encontrado diferenças nos grupos, não ficou totalmente claro que essas diferenças fossem resultado do tratamento em comparação às diferenças nos delineamentos das pesquisas dos estudos incluídos. Lalumière e colaboradores (2005) também criticaram essa metanálise porque a remoção de estudos com designação randômica resultou na ausência de diferenças entre os agressores sexuais que receberam tratamento e os que não receberam tratamento. Lalumière e colaboradores, por fim, concluíram que provavelmente existem muito poucos estudos bem controlados para que uma metanálise forneça conclusões definitivas sobre a eficácia dos programas de tratamento de agressores sexuais. Embora não haja um consenso claro a respeito da eficácia do tratamento dos agressores sexuais, a literatura não é tão pessimista quanto Furby e colaboradores (1989) foram muitos anos atrás.

Componentes dos programas com potencial de sucesso

Além de tentar avaliar a eficácia do tratamento do agressor sexual, também existem algumas evidências sobre os componentes que compõem um programa de tratamento bem delineado. As tentativas iniciais de tratamento do agressor sexual com frequência estavam baseadas no comportamento, mas em seguida aqueles que realizavam o tratamento encorajaram a noção dos componentes cognitivos na agressão sexual (Abel, Blanchard e Becker, 1978) e o modelo de prevenção de recaída (Pithers, Marques, Gibat e Marltt, 1983). O tratamento cognitivo e cognitivo-comportamental têm seu foco na relação entre os padrões de pensamento distorcido e os comportamentos maladaptativos. Os componentes cognitivo-comportamentais focam na minimização por parte do agressor, negação e dano à vítima. O objetivo é reduzir a negação do agressor e a minimização que ele faz da agressão, além de fazê-lo perceber o dano que infligiu à vítima (Marshall, 1996). A negação e minimização geralmente funcionam como uma maneira de proteger o agressor de se dar conta das verdadeiras consequências do seu comportamento, e muitos programas acreditam que essas questões devem ser confrontadas para que o agressor sexual participe efetivamente do tratamento (Marshall, 1996). A abordagem cognitivo-comportamental também aborda as atitudes e crenças sobre mulheres e crianças que provavelmente resultam em comportamentos de agressão sexual ou interesses desviantes que conduzem ao comportamento inadequado. As atitudes que sexualizam completamente as mulheres e encaram as crianças como equivalentes sexuais dos pares adultos são questões que geralmente são abordadas.

Geralmente existem inúmeros déficits subjacentes ao comportamento do agressor sexual. Por exemplo, baixa autoestima e inadequação sexual com frequência levam a interesses sexuais desviantes (Marshall, 2006). Ao abordarmos a falta de autoestima e a inadequação sexual, os interesses sexuais desviantes serão diminuídos. Os programas também se direcionam para as habilidades interpessoais inadequadas e o funcionamento social. Estudos verificaram que os programas que tratam de questões como o controle da raiva, treinamento da assertividade, habilidades de comunicação e habilidades de relacionamento são efetivos (McGrath, Cumming, Livingston e Hoke, 2003). Outro componente com frequência abordado nos programas de tratamento dos agressores sexuais é o abuso de substância. Pesquisas sugerem que o abuso e dependência de substância muitas vezes acompanham o comportamento sexualmente inadequado e podem atuar como uma forma de diminuir as inibições naturais e culturais contra a perpetração de um comportamento sexualmente inadequado (Marques e Nelson, 1989).

A **prevenção de recaída** focaliza a identificação das séries de eventos que conduziram ao comportamento de agressão sexual no passado e as formas de substituição dos pensamentos e comportamentos que levaram ao comportamento sexualmente inadequado. Essa abordagem foi emprestada do campo do abuso de substância. Assim como um alcoolista deve evitar os bares, um molestador de crianças deve identificar locais em que crianças estão presentes (p. ex., circo, zoológico, parques) e igualmente os evitar. Além disso, os molestadores de crianças precisam se dar conta de que determinados eventos estressantes, como a perda do emprego ou uma discussão com o parceiro, podem levar à atuação sexual, e que eles devem identificar respostas adequadas para lidar com isso quando se defrontarem com tais situações. Esse processo tem o intuito de alertar o agressor quando ele está em risco potencial de reincidir, de modo que ele possa dar uma atenção mais direta às circunstâncias para evitar os eventos que conduzem ao comportamento sexual inadequado. Além da abordagem de prevenção de recaída usada em seu programa, Marques e colaboradores (2005) recomendaram diversas melhorias no seu programa de tratamento original. Eles recomendaram o tratamento adaptado individualmente no que se refere à intensidade e conteúdo, o monitoramento contínuo do progresso do tratamento para assegurar que os participantes estejam verdadeiramente atingindo os objetivos do programa e um programa individualizado de atenção após o encerramento do programa.

Um componente final que pode ter sucesso no tratamento de agressores sexuais é a abordagem farmacológica (Hall, 1995). As abordagens farmacológicas consistem na administração de drogas que usualmente reduzem a testosterona, reduzindo, assim, a probabilidade de excitação física, fantasias sexuais e interesse sexual em geral (Bradford, 1985). Além disso, foram utilizadas as medicações comumente usadas para tratar depressão e ansiedade, os inibidores seletivos da recaptação de serotonina (SSRIs), porque elas comumente produzem efeitos colaterais relacionados à redução do interesse sexual. As abordagens farmacológicas podem representar uma boa promessa, mas no momento não são possíveis conclusões definitivas (Miner e Coleman, 2001). Uma questão significativa com relação às drogas que buscam reduzir o interesse sexual é que muitos agressores sexuais não visam à obtenção de sexo, mas seu comportamento tem relação com uma série de outras questões pessoais, como poder e controle sobre as vítimas ou sobre as suas próprias inadequações.

Grupos especiais de agressores sexuais

A discussão esteve focada nos agressores sexuais adultos do sexo masculino porque a maioria esmagadora das agressões sexuais é perpetrada por homens adultos. Entretanto, existem diversos grupos especiais de agressores sexuais que estão recebendo atenção crescente, tanto da mídia quanto da literatura psicológica. Cada um desses grupos apresenta suas características e desafios peculiares.

Agressores sexuais juvenis

Durante 2001, mais de 12.000 jovens foram presos por agressão sexual e outros crimes sexuais nos Estados Unidos (U.S. Department of Justice, 2002). O problema da violência sexual juvenil não está limitado aos Estados Unidos, já que 23% dos indivíduos acusados ou condenados por agressões sexuais no Reino Unido têm entre 10 e 21 anos (Home Office, 1998). Apesar do fato de os agressores sexuais juvenis parecerem representar um quarto de todos os agressores sexuais, e de que muitos agressores adultos iniciaram suas agressões sexuais quando jovens (Abel, Osborn e Twigg, 1993), foi dada muito menos atenção aos agressores sexuais juvenis do que aos agressores adultos. No entanto, tem havido um aumento na atenção prestada a esses jovens agressores sexuais (Zgourides, Monto e Harris, 1997). Além disso, os agressores juvenis parecem apresentar desafios singulares para os psicólogos forenses.

Existem muitos desafios peculiares à avaliação de risco, entre os agressores sexuais juvenis. Nossa discussão anterior sugeriu que existe uma ênfase significativa nos fatores de risco estáticos na avaliação de risco, e os agressores juvenis obviamente tiveram menos tempo para se envolverem nesses fatores de risco ou até mesmo alcançar a etapa de vida em que eles seriam possíveis (p. ex., casamento). Como consequência, existem menos informações sobre as quais podemos basear essas decisões em relação aos agressores sexuais juvenis. Há alguma evidência de que o índice de base da violência sexual em jovens seja baixo em comparação com o dos agressores sexuais adultos (Prentky, Harris, Frizell e Righthand, 2000), o que tornaria a avaliação de risco ainda mais difícil. Entretanto, os índices de base para a recidiva geral entre os agressores sexuais juvenis são muito mais altos (Witt, Bosley e Hiscox, 2002). Embora existam inúmeros instrumentos atuariais e estruturados disponíveis para uso com agressores adultos e uma quantidade significativa de pesquisas apoiando o seu uso, as pesquisas sobre a confiabilidade e validade das medidas de avaliação de risco em jovens são limitadas (p. ex., Righthand et al., 2005). Também existe discordância quanto à aplicação dos fatores de risco de adultos aos agressores sexuais jovens na ausência de medidas bem estabelecidas para avaliação de risco nestes últimos (Witt et al., 2002). No entanto, essa prática está mudando com a identificação de algumas abordagens atuariais para avaliação do risco de violência sexual entre os jovens.

Embora a agressão sexual juvenil tenha sido identificada como um sério problema, as pesquisas têm focalizado quase que inteiramente os fatores de risco. Além disso, embora os programas de tratamento tenham aumentado durante os últimos 20 anos, tem havido poucas pesquisas que avaliem a eficácia desses programas (Ertl e McNamara, 1997). As revisões da literatura sugerem que os programas de tratamento juvenis parecem focar componentes similares aos da sua contraparte adulta (p. ex., excitação sexual desviante, habilidades sociais, controle da raiva, abuso de substância, prevenção de recaída) e são em sua grande parte cognitivo-comportamentais (Ertl e McNamara, 1997). Apesar das informações limitadas sobre o sucesso dos tratamentos, parece haver motivos para otimismo.

Quadro 6.2 O caso de Mary Kay Letorneau

As manchetes sobre agressão sexual de uma criança nas mãos de um adulto infelizmente se tornaram lugar comum. Esses relatos tipicamente envolvem perpetradores do sexo masculino, mas as mulheres estão cometendo tais crimes com mais frequência. Por exemplo, Debra Lafave era uma professora de 24 anos na Flórida que era casada e parecia ser saudável e atraente antes de ter sido acusada e condenada devido a comportamento sexual ilegal com um menor. Em 1997, Mary Kay Letorneau se tornou possivelmente o primeiro caso a fazer parte do noticiário nacional e internacional como uma mulher agressora sexual. A Sra. Letorneau teve proeminência nacional depois de ter sido acusada de estupro presumido por se envolver em relacionamento continuado com seu aluno de 13 anos, Vili Fualaau. A Sra. Letorneau tinha sido professora de Fualaau na 2ª série e depois na 6ª série. Ela admitiu sua culpa e foi sentenciada a 89 meses de prisão. Dois meses antes da sua alegação de culpa, ela deu à luz a filha de Fualaau.

O caso de Mary Kay Letorneau é incomum não somente pelo fato de se tratar de uma mulher, mas também devido à natureza contínua do seu relacionamento com Vili Fualaau. Letourneau foi liberada da prisão após cumprir apenas seis meses de uma sentença suspensa, sob a condição de que se submetesse a tratamento e não tivesse mais nenhum contato com Fualaau. Entretanto, ela foi encontrada em um carro com Fualaau com evidências de que eles iam sair do país. Ela foi levada de volta à prisão para cumprir os anos restantes da sua sentença. Letourneau deu à luz sua segunda filha com Fualaau aproximadamente nove meses depois de ter sido liberada naquela época. Ela foi por fim libertada em 2004, após concluir sua sentença, e posteriormente se casou com Fualaau, que estava com 21 anos. Desde então, o casal vive junto como marido e mulher e ela agora atende pelo nome de Mary Kay Fualaau.

Mulheres agressoras sexuais

A visão prevalente é de que a agressão sexual é em grande parte produto do comportamento sexual masculino, mas os acontecimentos atuais estão cada vez mais defrontando nossa sociedade com a mulher como agressora sexual. Mulheres como Mary Kay Letorneau e Debra Lafave têm aparecido nas manchetes dos jornais devido aos seus crimes sexuais cada vez com mais regularidade (Quadro 6.2). Embora essas imagens sensacionalistas tenham sido prevalentes na mídia, existe relativamente pouca pesquisa sobre agressores sexuais de sexo feminino.

Ainda que os homens continuem a perpetrar crimes sexuais com um índice muito mais alto do que as mulheres, a prevalência dos crimes sexuais cometidos por mulheres é desconhecida, com estimativas que variam de 20 a 300 para uns autores (Christiansen e Thyer, 2002), com aproximadamente 2 a 5% de todos os condenados sexuais sendo mulheres (U.S. Department of Justice, 1999). Além disso, esses dados provavelmente estão aquém da realidade devido à dificuldade de se encarar as mulheres como agressoras sexuais. Estudos indicam que perpetradores sexuais do sexo feminino são mais prevalentes entre as adolescentes, em torno de 5 a 7% (Camp e Thyer, 1994; U.S. Department of Justice, 2002). Além disso, pesquisas sugerem que as agressoras sexuais se assemelham aos homens agressores em vários aspectos, incluindo o histórico familiar, relações com os iguais, compulsão sexual, raiva e baixa autoestima (Christiansen e Thyer, 2002). Contrariando muitas expectativas, as mulheres agressoras sexuais são mais femininas do que as agressoras não sexuais (Pothast e Allen, 1994) e muitas dessas agressoras acham os crimes sexualmente excitantes, não sendo simplesmente uma questão de necessidade de poder e controle (Matthews, Matthews e Speltz, 1991). As agressoras sexuais também utilizam várias técnicas que vão desde a violência (bater e queimar) e ameaças de violência até o abuso emocional por meio do qual tentam silenciar suas vítimas (Saradjian, 1996; Wolfers, 1993).

Também parece que a relação estereotipada professor-aluno retratada em muitas imagens da mídia não é a norma entre as mulheres agressoras sexuais e elas compõem um grupo muito mais diversificado do que se acreditava anteriormente. Christiansen e Thyer (2002) identificaram vários tipos diferentes de agressoras sexuais. As agressoras do tipo *professora/amante* tendem a buscar relacionamentos idealizados com meninos jovens. As agressoras do tipo *predisposto intergeracionalmente* são mulheres provenientes de famílias com história de várias gerações de abuso sexual. A agressora *coagida por um homem* é coagida às agressões sexuais pelo seu parceiro e com frequência é passiva e impotente nas relações interpessoais. A agressora *cuidadora não parente/babá* perpetra suas agressões sexuais no papel de uma babá formal ou mais informalmente cuidando ocasionalmente dos filhos de alguém. Por fim, o *tipo incestuoso* é em grande parte composto de mulheres que perpetram violência sexual contra seus próprios filhos, mas também inclui outras relações familiares tais como tias e irmãs. No maior estudo envolvendo as agressoras sexuais, Ferguson e Meehan (2005) examinaram 279 agressoras condenadas na Flórida. Eles encontraram que um número esmagador de mulheres usava a força (86,1%; sendo 17,3% realizando mutilação ou desfiguração), 97,3% eram perpetradoras primárias, 67,7% das vítimas tinham entre 12 e 16 anos, e elas se tornavam gradualmente mais violentas com a idade.

Agressores sexuais pertencentes ao clero

Um grupo de agressores sexuais que tem recebido ainda mais atenção e escrutínio público do que as mulheres que agridem sexualmente é o clero. Embora tenha havido incidentes com representantes de várias origens religiosas que molestam sexualmente crianças, a crise foi especialmente aguda nos Estados Unidos com padres da igreja católica (Plante, 2003). John Geoghan foi um padre católico destituído que foi um molestador de crianças condenado por mais de 100 acusações de molestação contra ele. Enquanto estava cumprindo sua pena de 10 anos, Geoghan foi estrangulado até a morte por outro preso, em 2004. Embora John Geoghan seja muitas vezes usado como um ícone de exemplo de agressão sexual pelo clero que ataca meninos pequenos e em idade escolar, na verdade pouco é sabido sobre o assunto (Songy, 2003). A ausência de pesquisas certamente não é de causar surpresa devido às convenções sociais que são especialmente fortes quando se trata de clero e agressão sexual (Sapp, 2005) e a um desconforto potencial entre os profissionais da saúde mental e a igreja católica.

Existem muitos mitos em torno do abuso sexual pelo clero que foram abordados pelas pesquisas. Diversas hipóteses foram levantadas para esse tipo de abuso, como o celibato e uma maior prevalência de vitimização entre os perpetradores. Entretanto, as limitadas pesquisas disponíveis contradisseram essas razões potenciais (Langevin, Curnoe e Bain, 2000). Apesar do sentimento de que os molestadores de crianças são cada vez mais numerosos na igreja católica, as melhores evidências disponíveis sugerem que apenas entre 2 e 4% dos padres católicos são molestadores de crianças (John Jay Report, 2004; ver Plante, 2003 para uma revisão). Muitos acreditam que os religiosos agressores têm histórias de agressão sexual similares à de John Geoghan, mas as pesquisas sugerem que a maioria esmagadora do clero tem menos do que 10 vítimas cada (John Ray Report, 2004; Rossetti, 2002). A maioria das vítimas nesses casos são meninos púberes, não meninos ou meninas jovens (Plante, 2003). Embora intervenções específicas ou estratégias de avaliação não tenham sido estabelecidas empiricamente para uso com o clero (Songy, 2003), as pesquisas disponíveis sugerem índices reduzidos de reincidência em comparação com os que não pertencem ao clero (Rossetti, 2002).

Um dos estudos mais abrangentes já realizados enfocou a agressão sexual do clero na igreja católica romana (John Jay Report, 2004). Os pesquisadores da John Jay College trabalharam com a Igreja Católica Romana para obter um quadro abrangente da natureza do problema nos Estados Unidos. O estudo pesquisou cada diocese dos Estados Unidos, buscando todas as alegações, não as condenações criminais ou mesmo alegações acreditáveis, mas todas as alegações de abuso sexual de 1950 a 2002. Esse estudo foi único, pois no caso não foi estudada uma pequena mostra, mas foi usada a população inteira dos padres católicos durante o período de mais de meio século. Os resultados apoiaram, mas também contrastaram, alguns achados anteriores. A maioria das alegações era contra padres de paróquias entre 25 e 39 anos na época da primeira alegação. Aproximadamente um terço dos padres sofreu de problemas de abuso de substância e apenas 6,8% relataram terem sido abusados sexualmente. Contraste essa cifra com as revisões anteriores que sugeriam que uma maioria dos padres agressores tinha sido sexualmente abusada (Plante, 2003). Aproximadamente 3% dos padres acusados tinham 10 ou mais alegações contra eles e 40% dos incidentes supostamente aconteceram em casa ou na casa paroquial. Ainda mais surpreendente foi que a polícia investigou apenas 15% dessas alegações, apenas 5% dos padres foram acusados e apenas 2% foram condenados (John Jay Report, 2004).

Legislação para o agressor sexual

Iniciando a década de 1990, houve uma explosão da legislação voltada para todos os agressores sexuais. Essas leis objetivavam em grande parte deter em vez de reabilitar os agressores sexuais e frequentemente vinham precedidas de clamor público depois que os crimes se tornavam públicos (Garlund, 2005). Embora o propósito dessas leis seja aumentar a segurança pública, a proliferação da legislação para o agressor sexual oferece uma oportunidade única de examinar o impacto terapêutico e antiterapêutico nos agressores e também na prática da psicologia forense. Houve três tipos de leis aprovadas na década passada: leis de registro e notificação, leis de residência e leis para predadores sexuais.

Leis de registro e notificação

Os agressores sexuais devem ter registro na força policial local em todos os 50 estados dos Estados Unidos (Schopp, Pearce e Scalora, 1998). Essa mudança na lei é diretamente atribuível ao sequestro e desaparecimento de um menino, Jacob Wetterling, em Minnesota, em 1989. Quando Jacob estava voltando para casa com seu irmão e um amigo, as crianças foram abordadas por um homem armado que mandou que os outros dois meninos fugissem depois do que ele raptou Jacob. O crime permanece sem solução e Jacob continua desaparecido. Por consequência, o Congresso dos Estados Unidos aprovou a Lei Jacob Wetterling de 1994, que incentivava os estados a criarem a exigência de registro para agressões sexualmente violentas. Outro crime contra uma criança levou à formação de leis de notificação de agressor sexual nos Estados Unidos. Megan Kanka desapareceu de sua casa em Nova Jersey em 1994. Um vizinho que havia sido condenado por duas agressões sexuais anteriores confessou o brutal rapto, estupro e assassinato de Megan. Os Estados Unidos aprovaram a Lei Federal Megan em 1996, requeria a notificação pública dos agressores sexuais. Embora as leis de registro e notificação sejam frequentemente separadas, elas geralmente trabalham em conjunto uma com a outra em todos os Estados Unidos. As leis de registro requerem que os indivíduos tenham contato com os agentes da polícia local se eles foram condenados por crimes sexuais, enquanto a notificação à comunidade permite que o governo disponibilize certas informações ao público. A notificação pública ocorre de várias maneiras, incluindo a colocação dos nomes e fotos dos agressores nos *sites* e a notificação das escolas locais e creches se um agressor sexual se muda para a vizinhança. Os critérios para registro e a posterior notificação variam entre os estados, sendo que 31 deles decidem individualmente, considerando o risco de reincidência, e os outros 19 estados ignoram a relevância do risco (Scott e Gerbasi, 2003). Até agora, a Suprema Corte dos Estados Unidos sustentou a constitucionalidade dessas leis com base nos desafios enfrentados (*Departamento de Segurança Pública de Connecticut* vs. *Doe*, 2003). Entretanto, a pergunta permanece: essas leis são terapêuticas ou antiterapêuticas?

Tem havido numerosas objeções a essas leis que originalmente foram propostas e aprovadas com a intenção de proteger a sociedade. Essas leis não levam em conta a dificuldade que o agressor sexual enfrenta para se reintegrar à sociedade e a carga adicional que esses procedimentos colocam sobre ele e que podem aumentar o risco de reincidência (Edwards e Hensely, 2003). O agressor sexual tipicamente lida com um estresse adicional, ao se recolher à intimidade de seus pensamentos e comportamentos sexualmente desviantes. As leis que estão baseadas na identificação de um subgrupo de agressores sexuais para a sua inclusão como agressores sexuais que devem se registrar ou estão sujeitos à notificação com frequência se baseiam nos procedimentos de avaliação de risco que não são testados ou têm apoio limitado. Muitos estados criaram suas próprias medidas para avaliação de risco com confiabilidade ou validade desconhecida na literatura psicológica revisada. Também surgiram preocupações sobre o impacto potencial na família e nos filhos dos agressores sexuais conhecidos. Os filhos dos agressores sexuais registrados ficam agora expostos ao abuso emocional dos seus pares, as vítimas ficam sujeitas à atenção indesejada devido à notificação pública, e alguns estados viram um decréscimo no relato de crimes de incesto e agressões sexuais juvenis porque as famílias não estão dispostas a enfrentar a possibilidade de uma publicidade negativa para a sua família (Edwards e Hensely, 2003; Freeman-Longo, 1996; Winick, 1998). Existe ainda a preocupação de que as leis de notificação pública vão simplesmente transferir a carga para áreas onde o agressor sexual não é conhecido, que aumentem a probabilidade de mais crimes com pessoas estranhas e diminuam a probabilidade de autorrelatos e comportamento de busca de tratamento dos prisioneiros institucionalizados (Edwards e Hensey, 2003). Entretanto, os agressores sexuais relataram que apesar do embaraço potencial devido às leis de notificação, elas possivelmente aumentam o incentivo para que eles evitem a reincidência e aumentem seu comprometimento com o tratamento (Elbogen, Patry e Scalora, 2003). Contudo, uma avaliação da lei de notificação à comunidade em Washington revelou que havia pouco impacto na redução da reincidência sexual ou geral, mas acelerava o tempo entre uma agressão e a prisão de um suspeito (Schram e Milloy, 1995).

Leis de residência

As leis de residência são separadas das leis de registro e notificação, mas seus objetivos são similares: manter os indivíduos potencialmente perigosos afastados das vítimas potenciais. As leis de residência variam tremendamente, mas em geral requerem que os agressores vivam a pelo menos entre 150 e 400 metros de distância de locais como paradas de ônibus, escolas, parques e creches (Levenson e Cotter, 2005). As preocupações com os efeitos antiterapêuticos potenciais das leis de residência se dão por várias razões. As evidências apoiam claramente a ideia de que 90% dos ataques sexuais ocorrem contra vítimas conhecidas, não aleatoriamente com estranhos em *playgrounds* e escolas locais. Pesquisas verificaram que os molestadores de crianças que reincidem tendem a ficar espalhados pela comunidade, e não excessivamente representados perto dessas áreas-alvo (Colorado Department of Public Safety, 2004) e os agressores sexuais podem ter maior probabilidade de sair da sua vizinhança para buscar vítimas (Minnesota Department of Corrections, 2003). Entretanto, os estudos ainda são preliminares e estão longe de serem conclusivos. A legislação também pode tornar impossível ou quase impossível que os agressores sexuais encontrem moradia e, assim, aumenta a possibilidade de eles se agruparem em áreas que já têm alto índice de criminalidade ou de aumentar os estressores que levam à reincidência (Levenson e Cotter, 2005). Agressores sexuais relataram que as restrições de moradia trazem a probabilidade de aumentar o seu isolamento, aumentar as dificuldades financeiras e diminuir a estabilidade geral (Levenson e Cotter, 2005).

Leis para predadores sexualmente violentos

As leis para predadores sexualmente violento (SVP) tendem a ser as mais controvertidas e complexas da legislação recente para o agressor sexual. Na última contagem, pelo menos 16 estados e o Distrito de Columbia aprovaram leis para SVP que previam a identificação e a restrição civil dos agressores sexuais (Fitch, 2003; Kendall e Cheung, 2004). As leis para SVP tendem a ser mais limitadas no seu alcance e buscam apenas identificar aqueles agressores que são mais perigosos. Apesar da preocupação de que a maioria dos agressores sexuais seria identificada como SVP, as evidências sugerem que menos de 10%, se não menos de 5%, dos agressores sexuais nos estados relevantes foram identificados como SVPs (Kendall e Cheung, 2004). Embora essas leis variem entre as jurisdições, as leis para SVP têm seu foco nos agressores sexuais condenados e proporcionam a restrição civil desses indivíduos normalmente identificados como mentalmente doentes e com probabilidade de cometer uma futura agressão sexual se forem libertados. Como consequência, essas leis são similares à restrição civil que discutiremos no Capítulo 9. Contudo, elas visam especialmente os agressores sexuais condenados, não toda a pessoa que seja mentalmente doente e perigosa. Normalmente, os agressores sexuais que são SVPs potenciais são identificados pela força policial local ou advogados distritais e devem passar por uma audiência para SVP. Durante a audiência, os dois lados apresentam evidências diante de um juiz ou júri de que o indivíduo deve ou não deve ser designado **predador sexual** ou predador sexualmente violento. Se for considerado um predador sexual ou um predador sexualmente violento, o indivíduo será institucionalizado depois de ter cumprido sua sentença criminal e receberá tratamento até que não seja mais considerado um predador sexual (Fitch, 2003). O Texas é a única exceção em que os SVPs são encaminhados como pacientes ambulatoriais, e na Virgínia e Arizona eles podem ser encaminhados como pacientes ambulatoriais ou continuar a sua institucionalização como internos em uma instituição de doentes mentais (La Fond, 2003). Portanto, o termo predador sexual indica um agressor sexual com risco aumentado de reincidir após ser libertado da prisão, e não alguém que cometeu uma agressão sexual.

As leis para SVP foram criticadas por várias razões. Primeiro, elas possibilitam a continuação do encarceramento

Quadro 6.3 Os psicólogos forenses deveriam fazer menos avaliações de risco em agressores sexuais?

Conforme discutimos neste capítulo e no Capítulo 5, o uso da avaliação de risco psicológico se expandiu exponencialmente nos últimos 20 anos. Não há outra área em que ela tenha se expandido mais do que com os agressores sexuais. As legislações recentes sobre os agressores sexuais exigiram que as avaliações determinassem o risco futuro que estes representam ao público antes que eles sejam libertados, tenham que se registrar como agressores sexuais ou sejam restringidos civilmente como predadores sexuais. Também discutimos os problemas que os psicólogos forenses encontram ao avaliar com precisão o risco de qualquer pessoa, mas sobretudo agressores sexuais. A Lei de Proteção e Segurança Infantil Adam Walsh, de 2006, estabeleceu um registro nacional dos agressores sexuais que incorporava o uso de evidências de DNA e o rastreamento dos agressores sexuais condenados por meio de um sistema de posicionamento global, aumento nas sentenças obrigatórias mínimas e penalidades por crimes relacionados a sexo, aumento de fundos para as forças policiais locais para rastrearem esses criminosos e a criação de um registro nacional para impedir que crianças sejam adotadas por agressores sexuais.

Para classificar os agressores sexuais com fins legais, foi proposto um sistema de classificação de três níveis. No entanto, em vez de o tribunal determinar o nível de risco e o nível com o auxílio de uma avaliação de risco conduzida por um psicólogo forense, todos os níveis de risco são atribuídos com base estritamente na história prévia de agressões, sendo que os agressores sexuais que foram condenados por crimes sexuais mais graves se enquadravam no Nível III. Os agressores que cometem crimes menos graves são designados para o Nível II, e todos os outros agressores sexuais condenados são designados para o Nível I. Tal sistema acaba eliminando a necessidade de avaliações psicológicas e os problemas que as acompanham, mas também trata da mesma forma todos os agressores que foram condenados por determinados crimes, independentemente das suas diferenças individuais. Resta saber se tal classificação será adotada universalmente ou se ela é melhor do que as avaliações de risco tradicionais realizadas pelos psicólogos forenses.

de um indivíduo que já cumpriu a sua sentença por um crime. Em essência, o argumento era de que eles eram julgados duas vezes pelo mesmo crime. Existe uma proibição contra tais práticas, *duplo risco*, na constituição dos Estados Unidos (ver Mercado, Schopp e Bornstein, 2005). Especificamente, essas leis estão baseadas na probabilidade de crimes futuros, e não porque o indivíduo cometeu um crime e não foi punido por ele. Seria possível argumentar que as leis para SVP são similares ao filme *Minority report*, estrelado por Tom Cruise, em que ele trabalha como um policial do futuro que prende pessoas que vão assassinar alguém, conforme previsto pelas premonições de três indivíduos especialmente sensitivos. Em nenhuma outra situação os agressores condenados são institucionalizados devido à probabilidade de cometerem um crime potencial em vez de terem cometido um crime real. Em terceiro lugar, outros argumentaram que essas leis equivalem a leis *ex post facto* ou leis aprovadas depois que a pessoa foi condenada e, portanto, são inconstitucionais (ver Mercado et al., 2005). Apesar dessas preocupações, a Suprema Corte dos Estados Unidos as rejeitou como desafios constitucionais e considerou que as leis para SVP são legalmente apropriadas (*Kansas* vs. *Crane*, 2002; *Kansas* vs. *Hendricks*, 1997).

Outras preocupações se relacionam aos pressupostos sobre a psicologia forense que são inerentes a essas leis. A lei presume que os psicólogos forenses podem predizer com precisão a probabilidade de uma agressão sexual futura (ver Quadro 6.3 para a legislação que afasta os psicólogos da condução de avaliações de risco em agressores sexuais) com um grau de certeza suficiente que justifique a continuidade da institucionalização, potencialmente de forma indefinida (ver Levenson, 2004). Em Minnesota e Washington, onde foram aprovadas as primeiras leis de SVP, muito poucos indivíduos (menos de 4%) identificados como SVPs foram soltos e permitido que retornassem à comunidade (apud Fitch, 2003). Por consequência, os estados passaram por muitos problemas com alojamento e aumento dos custos, pois cresceu muito o número de predadores sexuais institucionalizados (Fitch, 2003). O estado de Washington construiu instalações inteiramente novas simplesmente com o objetivo de abrigar esses indivíduos (La Fond, 2003). A Califórnia destinou o orçamento de 47 milhões de dólares para seu programa de SVP no seu segundo ano de existência (apud Fitch, 2003). Muitos críticos também apontam para o debate sobre a eficácia do tratamento de agressores sexuais e questionam se as leis podem basear a libertação futura de alguém em função de uma redução no risco devido ao tratamento, quando ainda não está claro que o tratamento é efetivo (Janus, 2000). Apesar dessas críticas e potenciais consequências antiterapêuticas, as leis de SVP continuam a ser aprovadas e necessitam de uma presença ainda maior dos psicólogos forenses.

Resumo

Os agressores sexuais são geralmente definidos pelos crimes que cometem, mas também compõem um grupo muito diverso, sendo que o rótulo de agressor sexual nem sempre é claramente descritivo. Além de serem definidos pelos crimes que cometem, também existem inúmeras doenças mentais que são caracterizadas pelo comportamento sexual. Parafilia é o termo geral usado para descrever os indivíduos que sofrem desses transtornos sexuais, mas nem todos os agressores sexuais sofrem de uma parafilia.

A avaliação dos agressores sexuais com frequência serve a propósitos diferentes da avaliação da maioria dos clientes em saúde mental. A avaliação dos agressores sexuais não serve para identificá-los como agressores sexuais, mas para avaliar as mudanças relacionadas ao tratamento. Os agressores sexuais são avaliados usando medidas falométricas e várias abordagens psicológicas focadas em domínios considerados como integrais para o desenvolvimento e perpetração de agressões sexuais. As medidas falométricas são identificadas por alguns como necessárias para a avaliação de agressores sexuais e parafilias, mas permanecem um tanto controversas. Existem várias medidas psicológicas usadas para avaliar aspectos psicológicos do agressor, sem uma abordagem ou medida identificada como suficiente, mas os psicólogos forenses têm maior probabilidade de avaliar essas diferentes dimensões usando entrevistas clínicas ou outros registros colaterais.

Muitas informações já foram coletadas sobre a recidiva sexual e não sexual de agressores sexuais. É importante não somente focar na recidiva sexual, mas também na recidiva não sexual uma vez que há tendência de crimes relacionados ao sexual aparecerem como condenações não sexuais. Embora os fatores de risco para violência sexual tenham sido tratados frequentemente como aplicados a todos os agressores sexuais, também parece haver diferenças entre molestadores de crianças e estupradores em seus padrões de agressão sexual. Os fatores de risco identificados foram incorporados a várias medidas de avaliação de risco que demonstraram confiabilidade e validade aceitáveis para a avaliação de risco entre os agressores sexuais.

O tratamento de agressores sexuais tem sido motivo de controvérsia e continuam a ser levantadas dúvidas referentes à sua eficácia e se ele continua a fazer parte do âmbito da prática dos psicólogos forenses. Entretanto, metanálises recentes parecem dar apoio à eficácia do tratamento do agressor sexual. Existem alguns componentes desse tratamento sobre os quais existe uma concordância geral de que são importantes, embora o apoio empírico não seja claro quanto a eles serem necessários ou suficientes. Além disso, não está claro se esses tratamentos são efetivos para além dos agressores adultos do sexo masculino.

Embora adultos do sexo masculino tenham sido o foco predominante na literatura do agressor sexual, existem muitos outros grupos especiais de agressores sexuais que podem estar aumentando em prevalência e/ou conhecimento público. Os agressores sexuais juvenis são os mais estudados desses grupos de agressores sexuais especiais, com a literatura indicando os fatores de risco relevantes e algumas informações limitadas sobre o seu tratamento. Em contraste, sabe-se muito menos sobre mulheres que cometem crimes sexuais. Existem algumas evidências da sua prevalência e heterogeneidade, mas sabe-se pouco mais do que isso. As pesquisas focando o clero surgiram ainda mais recentemente, mas continuam a se desenvolver com rapidez.

Ocorreu nos Estados Unidos uma explosão na legislação focando a detenção e prevenção dos agressores sexuais. As leis de registro e notificação pública requerem que os agressores sexuais sejam registrados nas agências policiais locais e tornem o público ciente da sua presença. As leis de residência impõem limitações sobre onde o agressor sexual pode morar para que ele seja mantido longe dos indivíduos percebidos como vítimas potenciais. As leis para o predador sexualmente violento (SVP) identificam um subgrupo de agressores sexuais com maior probabilidade de reincidirem depois de libertados da prisão e os restringem civilmente sob a aparência de uma necessidade de tratamento adicional para reduzir seu risco futuro. Várias questões foram levantadas com relação a essas leis e suas consequências terapêuticas e antiterapêuticas.

Termos-chave

distorções cognitivas
exibicionista
frotteuristas
molestador de crianças
molestador de crianças extrafamília
molestador de crianças
intrafamília
parafilia
parafilia SOE
pedófilo
pletismógrafo peniano
predador sexual
prevenção de recaída
voyeurs

Leitura complementar

Marshall, W. L. (2006). Diagnosis and treatment of sexual offenders. In I. B. Weiner & A. K. Hess (Eds.), *The handbook of forensic psychology* (3rd ed., pp. 790–818). Hoboken, NJ: John Wiley & Sons, Inc.

Quinsey, V. L., Harris, G. T., Rice, M. E., & Cormier, C. A. (2006). *Violent offenders: Appraising and managing risk* (2nd ed.). Washington, DC: American Psychological Association.

Leis de saúde mental e psicologia forense

PARTE III

Capítulo 7   Inimputabilidade e responsabilidade criminal

Capítulo 8   Capacidade civil e criminal

Capítulo 9   Restrição civil

Inimputabilidade e responsabilidade criminal

A defesa por inimputabilidade tem sido um aspecto controverso do direito criminal ao longo de toda a história. Ainda hoje, o público é atraído por casos de grande divulgação em que um indivíduo admite um ato particular, mas alega que estava insano na época. Andrea Yates era mãe de cinco filhos com menos de 8 anos e tinha uma extensa história de doença mental e hospitalizações psiquiátricas. Em março de 2000 ela afogou seus cinco filhos em uma banheira, um após o outro, e depois os colocou na sua cama. Ela alegou ter feito isso porque não era uma boa mãe e precisava ser punida. A alegação de sua defesa foi baseada na sua inimputabilidade, mas ela foi considerada culpada de assassinato em primeiro grau no seu primeiro julgamento e posteriormente foi sentenciada à prisão perpétua. O caso Andrea Yates representa a natureza controvertida da inimputabilidade. Algumas pessoas ficaram chocadas com o veredito e se perguntavam como alguém que mata seus cinco filhos com base em uma crença delirante poderia ser outra coisa que não inimputável. Outros argumentam que qualquer pessoa que mate cinco crianças pequenas deve ser punido pelo seu crime e que seria injusto considerá-la insana. Veja Quadro 7.1 para mais informações sobre o segundo julgamento de Andrea Yates.

Apesar da polêmica em torno da própria alegação de inimputabilidade, existe uma crença consolidada há muito tempo de que algumas pessoas não devem ser responsabilizadas pelo seu comportamento criminal. Platt e Diamond (1965) remontam essa noção ao Talmud, um livro sagrado dos judeus, de onde eles retiram a citação: "Um surdo-mudo, um idiota ou um menor são difíceis de lidar, pois aquele que os prejudicar será responsabilizado [a pagar], enquanto se eles prejudicarem a outros, estarão isentos" (p. 1228). A noção de responsabilidade criminal inclui a inimputabilidade, mas é mais abrangente e se refere a qualquer situação em que alguém carece do estado mental requerido pela lei para ser considerado culpado por um determinado crime. Este capítulo vai se deter principalmente na responsabilidade criminal e na sua relação com a inimputabilidade, mas também serão examinados brevemente outros aspectos da responsabilidade criminal.

Justificativa para defesa por inimputabilidade

A alegação de inimputabilidade é uma forma de defesa que resulta na remoção

Quadro 7.1 Segundo julgamento de Andrea Yates

O caso Andrea Yates certamente atraiu o interesse do púbico devido à morte trágica dos seus filhos. Entretanto, o caso foi de grande interesse para os estudiosos e psicólogos forenses por outras razões. Em seu primeiro julgamento, Yates foi declarada culpada e sentenciada à prisão perpétua. Na apelação, um Tribunal de Apelação do Texas derrubou a condenação original devido a um erro de um dos peritos que testemunharam no caso, o Dr. Park Dietz. O Dr. Dietz é um psiquiatra conhecido nacionalmente e testemunhou para a acusação afirmando que Yates era imputável no momento do crime. Dietz trabalhou em inúmeros casos de destaque, incluindo o de John Hinckley, o "Unabomber" e Jeffrey Dahmer.

A reversão do veredito original de culpa se deveu a uma declaração imprecisa de Dietz durante seu testemunho. Uma reversão completa em uma condenação criminal com base no testemunho especializado de um profissional da saúde mental é algo notável, e Dietz recebeu muita atenção por parte da mídia devido ao seu erro. Ele lembrou, durante o seu testemunho original, que Yates teve a ideia de matar seus filhos a partir de um programa de televisão, *Lei e Ordem*. Dietz era consultor do programa e argumentou sobre um episódio que tinha ido ao ar pouco antes dos assassinatos, em que uma mulher afogava seus filhos e foi declarada culpada por motivos de inimputabilidade. Os acusadores ainda enfatizaram esse fato durante seus argumentos finais. Entretanto, houve um problema com o testemunho. Ele foi incorreto porque o episódio que Dietz descreveu nunca foi ao ar, como os advogados de defesa logo perceberam, e como ele admitiu em uma carta ao tribunal antes do final do julgamento. A defesa tentou conseguir que o juiz declarasse o julgamento inválido, mas o juiz recusou. A Corte de Apelação achou que o juiz errou em não considerar o julgamento inválido e determinou um novo julgamento. Em seu segundo julgamento, Andrea Yates foi declarada Inocente por Motivo de Inimputabilidade (NGRI) porque sofria de depressão pós-parto e não sabia que o que estava fazendo era errado, segundo a lei do Texas. Ela agora provavelmente passará o resto da sua vida em uma instituição mental.

---

da responsabilidade legal. Um acusado declarado inimputável é normalmente denominado Inocente por Motivo de Inimputabilidade (NGRI) ou em algumas jurisdições Não Responsável por Motivo de Inimputabilidade (NRRI). Em qualquer um dos casos, a pessoa é absolvida, da mesma forma como alguém considerado inocente por um crime. Conforme descrito no Capítulo 1, o direito criminal americano requer *mens rea*, uma mente culpada, para que alguém seja declarado culpado ou responsável na maioria dos crimes. *Mens rea* se refere ao fato de alguém cometer intencionalmente um ato criminal com propósito injusto ou com culpa. Esse padrão também é expresso na frase latina *actus non facit reum nisi mens sit rea* ("o ato não tornará uma pessoa culpada a menos que a mente também seja culpada"). Um ato e um determinado estado mental devem estar presentes para que alguém seja culpado de muitos crimes. Nos casos em que alguém carece de *mens rea* ou ela é reduzida, a responsabilidade criminal é eliminada ou diminuída. No caso de inimputabilidade, é a presença de uma doença mental que pode remover a responsabilidade criminal.

A inimputabilidade é encarada como uma questão legal ligada a um dilema moral, porque a sociedade acredita que é inapropriado que pessoas que não sabem o que estão fazendo, ou que não conseguem controlar o seu comportamento, sejam punidas. Desse modo, a inimputabilidade tem seu foco no estado mental de um indivíduo no momento do ato criminoso e é frequentemente referida como o estado mental no momento do delito ou MSO. É importante lembrar que inimputabilidade se refere ao estado mental de uma pessoa no momento do delito, porque no Capítulo 8 discutiremos capacidade e as formas pelas quais são diferenciadas inimputabilidade e capacidade. A capacidade focaliza o estado mental de uma pessoa durante o processo de julgamento.

Uma concepção errônea, dentre as muitas que discutiremos neste capítulo, é que inimputabilidade seja uma doença mental ou comparável à doença mental. Muito embora a presença de uma doença mental ou defeito mental seja central para as diferentes leis que definem a inimputabilidade, inimputabilidade não é sinônimo de doença mental. Inimputabilidade é um termo legal, não um termo psicológico ou psiquiátrico. Você não vai encontrar o termo inimputabilidade no DSM com os critérios diagnósticos listados como ocorre com outras doenças mentais. Alguém pode sofrer de uma doença mental e não ser inimputável. A inimputabilidade normalmente requer um nível de prejuízo que é mais específico do que simplesmente sofrer de uma doença mental. Além disso, nem todas as doenças mentais são suficientes para estabelecer uma defesa por inimputabilidade, conforme discutiremos posteriormente.

Padrões de inimputabilidade

Parte da controvérsia que envolve a inimputabilidade está exemplificada nas numerosas descrições ou padrões de inimputabilidade que existiram ao longo do tempo. Os efeitos pretendidos dessas mudanças são outro exemplo de jurisprudência terapêutica e da capacidade da lei de ter consequências terapêuticas ou antiterapêuticas. A definição ou padrão para inimputabilidade tem sido mudada rotineiramente ao longo do tempo devido à preocupação por ela ser muito branda ou, por vezes, severa demais. Tem havido refinamentos constantes na esperança de que apenas aquelas pessoas que são verdadeiramente inimputáveis sejam absolvidas. Existem indicações de que os padrões primitivos para inimputabilidade datam pelo menos do século XIII, na Inglaterra (Goldstein, Morse e Shapiro, 2003). Contudo, foi somente no século XVIII que essas noções primitivas foram mais formalizadas.

Padrão da besta selvagem

Um dos primeiro padrões formalizados de inimputabilidade é o **teste da besta selvagem**. Inicialmente na lei comum inglesa, um acusado que se pensava ser inimputável era considerado inocente, mas não havia um padrão específico para inimputabilidade. Em 1724, um juiz inglês, Juiz Tracy, reconheceu formalmente o padrão legal que se tornou conhecido como o padrão da besta selvagem (*Rex* vs. *Arnold*, 1724) ao declarar que para alguém ser inimputável ele deve estar totalmente privado da sua compreensão e memória e não saber o que está fazendo, de modo semelhante ao que sabe um bebê, um irracional ou uma besta selvagem. Tal pessoa nunca deverá ser punida (Platt e Diamond, 1965). A crença era de que um indivíduo que não fosse responsável pelo seu comportamento não teria mais controle sobre o seu comportamento do que uma besta selvagem teria. Entretanto, a noção da besta selvagem já estava em voga há séculos, e não era completamente nova para a lei comum inglesa na época da declaração de Tracy (Platt e Diamond, 1965).

M'Naghten

O teste da besta selvagem dominou as leis na Inglaterra até 1843 e o caso *M'Naghten*. O caso *M'Naghten* é identificado com maior frequência como o primeiro padrão moderno de inimputabilidade. Embora "M'Naghten" tenha sido escrito de várias formas diferentes (p. ex., McNaughton), utilizaremos a grafia dos originais do caso (Goldstein et al., 2003). Daniel M'Naghten parecia desenvolver um sistema de crenças delirantes direcionadas para o partido político que estava no poder no momento, o Partido Conservador. M'Naghten acreditava que integrantes do Partido Conservador estavam atrás dele e iriam matá-lo. Ele decidiu viajar para Londres, matar o Primeiro Ministro e acabar com a sua perseguição e assassinato. No entanto, ele por engano matou o secretário do Primeiro Ministro, Edward Drummond, atirando nele com uma pistola (Moran, 1981). A equipe de defesa de M'Naghten decidiu sustentar uma defesa por inimputabilidade. A acusação concordou que M'Naghten era mentalmente doente, mas solicitou a adoção do teste da besta selvagem, argumentando que a sua doença mental não era suficientemente grave para justificar a remoção completa da responsabilidade. Nove testemunhos de peritos atestaram que M'Naghten era inimputável porque suas crenças delirantes o incapacitavam para diferenciar entre o certo e o errado. O juiz instruiu o júri a considerar M'Naghten inimputável e ele foi mandado para um hospital mental pelo resto da sua vida (Verger, 1992).

O clamor público e uma reconsideração da defesa por inimputabilidade é um resultado comum ao longo da história quando um caso de destaque termina com um veredito de inimputabilidade (Poulson, Braithwaite, Brondino e Wuensch, 1997). *M'Naghten* não foi diferente de casos posteriores, exceto porque o clamor público foi ainda maior (Freemon, 2001). O clamor público e o interesse pessoal da Rainha Vitória, que havia recebido ameaças de morte no passado, resultaram em um debate na Câmara dos Comuns sobre o uso da defesa por insanidade, mas por fim o padrão *M'Naghten* foi a regra da lei (Moran, 1981). O padrão define:

> deve ser claramente provado que, no momento de cometer o ato, a parte acusada estava agindo sob juízo falho, por doença da mente, de modo que não tinha noção da natureza e qualidade do ato que estava realizando; ou, se tivesse, que não soubesse que o que estava fazendo era errado. (Caso *M'Naghten*, 1843, p. 722)

Como ocorre com as abordagens modernas da insanidade, o **padrão M'Naghten** afirma, em primeiro lugar, que o acusado deve sofrer de uma doença mental ou "doença da mente". Entretanto, uma doença da mente não estava claramente definida na época, e os tribunais em grande parte continuam a ignorar uma definição precisa de doença mental para inimputabilidade (Slovenko, 1999;

Winick, 1995a). Um segundo aspecto do caso *M'Naghten* estava focado na incapacidade de se ter noção da natureza ou qualidade do ato. Esse ponto é um tanto vago e apresenta duas partes, uma com foco na *natureza* e outra com foco na *qualidade* do ato. As cortes interpretaram a natureza dos atos como pertencentes aos aspectos físicos do crime. Por exemplo, o acusado sabia, quando colocou veneno no Red Bull do seu colega de quarto, que ele o beberia e o veneno entraria na sua corrente sanguínea? Muito poucos acusados não atingem esses requisitos de *M'Naghten* (Verger, 1992). A qualidade do ato sugere que o acusado deve conhecer o prejuízo potencial que pode ocorrer. Uma metáfora muito comum usada para descrever esse aspecto de *M'Naghten* sugere que um homem que estrangula uma vítima acreditando que estava espremendo um limão seria incapaz de reconhecer a qualidade do seu ato. Ele poderia não saber que, ao espremer um limão, ele estaria matando um ser humano.

O terceiro aspecto de *M'Naghten* enfoca a diferenciação entre o certo e o errado. Embora essa abordagem não fosse nova no direito inglês (Zapf, Golding e Roesch, 2006), não está completamente claro se a intenção era focar as diferenças legais ou morais. Essa distinção pode ser muito importante, como no julgamento original de Andrea Yates. Estava relativamente claro que Andrea Yates sabia que seria presa por assassinar seus filhos, porque ela chamou a polícia para relatar o crime, o que indicava que ela sabia que aquilo era legalmente errado. Entretanto, foi argumentado que ela acreditava que suas ações eram moralmente corretas por estar salvando seus filhos. O primeiro júri considerou que a lei do Texas enfocava a legalidade do ato e, portanto, a considerou culpada. Se Andrea Yates acreditasse que estava apenas dando banho em seus filhos, o aspecto legal ou moralmente errado não teria sido a questão porque ela não teria conhecimento da natureza e da *qualidade* do ato.

M'Naghten foi criticado por seu enfoque muito restrito ou excessivamente conservador (Weiner, 1985). *M'Naghten* é normalmente visto como uma abordagem mais conservadora da inimputabilidade que provavelmente resultará em menos absolvições do que os dois padrões modernos de inimputabilidade que permanecem. *M'Naghten* focaliza quase que exclusivamente os aspectos cognitivos da inimputabilidade ao enfatizar a capacidade intelectual do acusado de discernimento, e ignora os aspectos volitivos que poderiam ser afetados por uma doença mental. Volitivo se refere à capacidade de uma pessoa de optar por um determinado curso de ação. Um padrão de inimputabilidade que considera a volição geralmente reconheceria problemas com o controle dos impulsos.

Apesar desse foco limitado, *M'Naghten* foi amplamente adotado nos Estados Unidos, embora tenha sido questionado devido ao seu foco limitado (Zapf et al., 2006). Vários estados começaram a reconsiderar o foco limitado de *M'Naghten* e incluíram um **teste do impulso irresistível** após a adoção inicial do padrão. O teste do impulso irresistível normalmente sugere que, mesmo que o acusado conheça a natureza e qualidade de um ato e esteja consciente de que está errado, ele é incapaz de interromper seu comportamento. Por exemplo, suponha que Mikey venha sofrendo de alucinações dominadoras que lhe dizem para comprar anões de jardim em cerâmica para proteger sua casa de intrusos. Mikey pode resistir às vozes porque não tem dinheiro em sua conta bancária e não pode pagar pelos anões de jardim. Ele sabe que seria errado passar um cheque sem fundos, mas suponha que as vozes predominem e ele não consiga resistir ao impulso de comprar os anões de jardim pela internet. Nesse exemplo, o acusado se qualificaria como inimputável sob o teste do impulso irresistível. Um artigo de revisão da lei na época observava que *M'Naghten* havia sido totalmente adotado, ou alterado, para incluir alguma menção de um teste de impulso irresistível ou substituído por um novo padrão, a regra do produto, na primeira década do século XX (Crotty, 1924).

M'Naghten continua a ser o padrão mais proeminente para inimputabilidade nos Estados Unidos de alguma forma. Revisões das leis estaduais relevantes sugerem que alguma versão de *M'Naghten* é o padrão de inimputabilidade em aproximadamente metade dos estados. A defesa de inimputabilidade canadense declara que um acusado pode ser considerado inimputável se estiver sofrendo de um transtorno mental que resultou no seu fracasso em entender a natureza do ato ou saber que ele estava errado (conforme citado em Viljoen, Roesch, Ogloff e Zapf, 2003). Esse padrão parece muito similar ao padrão utilizado na maioria das jurisdições nos Estados Unidos (Viljoen et al., 2003). No entanto, existem dois outros padrões de inimputabilidade significativos que foram e continuam a ser usados nos Estados Unidos.

Podemos começar a ver algumas das questões potenciais de âmbito da prática para os psicólogos forenses nesse primeiro dos padrões modernos de inimputabilidade. Os psicólogos forenses devem ser capazes de avaliar a presença de uma doença mental. Este é um dos aspectos chave do seu treinamento (ver Capítulo 2). Entretanto, eles são capazes de fazer isso retrospectivamente, dias ou meses após o crime ter sido cometido e o acusado estar agora medicado ou ter tido tempo para se recuperar de dificuldades psicológicas anteriores? Já falamos sobre os psicólogos forenses determinarem as capacidades cognitivas de alguém como inteligência e memória. No entanto, os psicólogos forenses são capazes de avaliar essas capacidades e determinar se alguém sabia a diferença entre certo e errado ou sabia o que estava fazendo? Eles são capazes de fazer isso de uma forma adequada ao discurso legal preciso? Estas são perguntas importantes na discussão dos padrões restantes. Elas provavelmente também são perguntas sem uma resposta definitiva, mas são importantes para se ter em mente agora e em nossa discussão posterior referente à confiabilidade e validade das avaliações de inimputabilidade.

A regra do produto e *Durham*

Um caso de 1869 em New Hampshire estabeleceu pela primeira vez o uso da assim chamada **regra do produto** (*Estado* vs. *Pike*, 1869). Esse padrão é referido como regra do produto porque a corte recusou a abordagem mais complexa especificada em *M'Naghten* em favor de considerar uma pessoa insana se o crime "fosse o fruto ou produto de doença metal no acusado" (*Estado* vs. *Pike*, p. 442). Em 1954, a Corte de Apelação dos Estados Unidos no Distrito de Columbia adotou a regra do produto e ela ficou conhecida como **regra de Durham**. Em *Durham* vs. *Estados Unidos* (1954), Monte Durham foi acusado de "invasão de domicílio e roubo de pequeno valor" e alegou inimputabilidade (Weiner, 1985, p. 9). O influente juiz Bazelon (o mesmo juiz que posteriormente presidiu em *Jenkins*) escreveu a opinião da corte e declarou que os peritos deveriam receber tanta liberdade quanto possível nessas determinações e que um acusado seria legalmente inimputável se o crime fosse produto de uma doença ou defeito mental. Essa decisão se aplicava somente aos tribunais federais, mas devido à influência do juiz Bazeldon e à Corte de Apelação do Distrito de Columbia, a regra de *Durham* teve um impacto significativo no pensamento da época (Goldstein et al., 2003).

Entretanto, houve vários problemas com a regra de *Durham*. Primeiro, ela presumia que os psicólogos forenses e outros profissionais da saúde mental pudessem concordar com os construtos que constituíam uma doença ou defeito mental. O tribunal do Distrito de Columbia tentou eliminar esse problema em *McDonald* vs. *Estados Unidos* (1962), decidindo que a doença ou defeito mental deveria prejudicar substancialmente o acusado. Em segundo lugar, era muito mais difícil do que se supunha determinar se um ato criminoso era produto de uma doença mental. Alguns especialistas achavam que deveria ser uma definição restrita que sugerisse que sem a presença da doença mental o acusado não teria cometido o crime. Outros sugeriram uma ênfase mais ampla ao considerarem a vida inteira do acusado como um possível motivador para o crime. As cortes começaram a achar que os peritos tinham interferência excessiva nos casos de defesa por inimputabilidade, e que os acusados estavam cada vez mais sendo considerados inimputáveis com base no testemunho de peritos e na consequente jurisprudência sobre tal assunto dos tribunais (Weiner, 1985). Como consequência, *Durham* é considerado o mais liberal ou extensivo dos três padrões modernos para inimputabilidade. As cortes tentaram remediar o problema percebido da confiabilidade do perito, embora ainda mantendo Durham, decidindo que os profissionais da saúde mental não poderiam testemunhar a respeito da conexão entre a doença mental e o comportamento criminoso (*Washington* vs. *Estados Unidos*, 1967) eliminando, assim, o testemunho final e devolvendo a responsabilidade da decisão para os mãos do juiz de fato.

A regra do Instituto Americano de Direito (ALI) e *Brawner*

Como *Durham* continuamente encontrava oposição, e fora do parecer da corte do Distrito de Columbia era lei apenas em New Hampshire e Maine, foram elaborados outros padrões alternativos para inimputabilidade (Weiner, 1985). O Instituto Americano de Direito (ALI) deteve-se no tema da inimputabilidade na década de 1950 e esboçou um padrão alternativo que tentava evitar os problemas de *M'Naghten* e *Durham* e publicou o padrão no seu Código Penal Modelo. O ALI é um grupo de advogados que redige propostas de leis e sugere reformas legais, mas não tem autoridade legal para transformar essas mudanças em uma lei obrigatória. O Código Penal Modelo diz:

> Uma pessoa não é responsável por conduta criminal se no momento de tal conduta, como consequência de doença ou defeito mental, ela não tiver capacidade substancial de apreciar a criminalidade (ilegalidade) da sua conduta ou de adequar sua conduta às exigências da lei. (Seção 4.01)

Além disso, o Código Penal Modelo afirma explicitamente que a doença ou defeito mental que é caracterizado por comportamento criminal repetido está excluída de consideração.

O **padrão ALI** difere de *M'Naghten* e de *Durham* em vários aspectos. O ALI se distancia da ênfase exclusivamente cognitiva de *M'Naghten* ao usar a palavra "discernir" para sugerir um componente mais emocional ou afetivo na inimputabilidade. O acusado também não precisa apresentar ausência total de discernimento, mas apenas um discernimento substancial. Portanto, um indivíduo não tem que apresentar um prejuízo profundo em todos os julgamentos para se qualificar. Além disso, a expressão "adequar sua conduta às exigências da lei" é similar ao teste do impulso irresistível e sugere uma consideração volitiva. O padrão ALI ou **regra de Brawner** foi adotado formalmente por todas as cortes federais nos Estados Unidos em *Estados Unidos* vs. *Brawner* (1972) e muitos estados também o adotaram. O ALI ou padrão Brawner é visto como um meio-termo entre *M'Naghten* e *Durham*. Ele incorpora aspectos cognitivos, afetivos e volitivos da doença mental enquanto encoraja os psicólogos forenses e outros profissionais a fazerem um diagnóstico e deixa a decisão final para o júri ou o juiz. No entanto, os críticos continuam a argumentar que *Brawner* é abrangente demais e permite que muitos acusados sejam considerados inimputáveis.

Lei de reforma da defesa por inimputabilidade (1984)

Como já foi visto nas revisões anteriores dos padrões de inimputabilidade, a crítica pública resultou em outra mudança nos requisitos legais para inimputabilidade. O crime em destaque nesse caso foi a tentativa de assassinato do presidente Ronald Reagan, em 1981. John Hinckley se aproximou do presidente Reagan quando ele saía de um hotel em Washington após ter feito um discurso. Quando Reagan saía do hotel, Hinckley disparou seis tiros, atingindo Reagan, o secretário de imprensa James Brady, o policial Thomas Delahanty e o agente do serviço secreto Timothy McCarthy. A equipe de defesa de Hinckley argumentou que ele estava obcecado pelo filme *Taxi Driver* e pela atriz Jodie Foster. No filme, o personagem de Robert De Niro tenta assassinar um candidato presidencial. A tentativa de assassinar o presidente dos Estados Unidos tinha a intenção de impressionar a Srta. Foster e conquistar o seu amor. John Hinckley foi por fim considerado NGRI (Inocente por Motivo de Inimputabilidade) e foi enviado para o hospital St. Elizabeth em Washington, DC, onde continua a residir.

A absolvição de Hinckley desencadeou uma reação violenta de críticas à defesa por inimputabilidade. Alguns reivindicavam um padrão mais rígido para dificultar mais a decisão de inimputabilidade, outros reivindicavam a remoção do aspecto volitivo da regra de *Brawner* e outros reivindicavam uma mudança na evidência de prova (Finkel, 1989). O **ônus da prova** é a função legal que uma parte ou outra deve satisfazer para sustentar a sua argumentação. Nos julgamentos criminais, a acusação tem o ônus de provar que o acusado é culpado sem sombra de dúvida. Como em todos os julgamentos criminais até o momento, a acusação tem o ônus da prova. Nesse caso, ela não teve que provar que Hinckley era culpado, mas que ele era imputável. Os críticos também queriam reduzir o **padrão da prova** "além de uma dúvida razoável" para um de "evidência clara e convincente" ou de "preponderância da evidência" menos rigorosa. Reduzir o padrão de prova e ao mesmo tempo manter a exigência de que a acusação apresentasse o ônus da prova também tornaria mais fácil considerar o réu imputável.

Em 1984, o Congresso dos Estados Unidos aprovou a Lei de Reforma da Defesa por Inimputabilidade (IDRA). A IDRA tornou mais difícil alguém ser considerado inimputável em casos federais ao realizar quatro mudanças significativas. Ela removeu o aspecto volitivo de *Brawner* e deixou o padrão federal de inimputabilidade, enfatizando os aspectos cognitivos e afetivos. Ela também barrou o testemunho final no caso de psicólogos forenses e outros profissionais da saúde mental. O ônus da prova foi atribuído ao acusado para provar que ele era inimputável. Entretanto, o padrão de prova também foi alterado para: "evidência clara e convincente" para o acusado. "Claro e convincente" é geralmente visto como mais fácil de sustentar do que "sem sombra de dúvida", porém é mais difícil de sustentar do que a "preponderância da evidência", usada na maioria dos julgamentos civis (Goldstein et al., 2003).

Culpado porém mentalmente doente

Uma alteração na maneira como a inimputabilidade é concebida ocorreu durante a década de 1970, quando vários estados ofereceram uma alternativa inteiramente diferente para a inimputabilidade, não simplesmente uma definição diferente. Em 1975, Michigan foi o primeiro estado a estabelecer um veredito de Culpado Porém Mentalmente Doente (GBMI) depois do aumento da preocupação pública com a soltura de absolvidos por inimputabilidade, devido a uma decisão da Suprema Corte de Michigan. Em *Povo* vs. *McQuillan* (1974), a Suprema Corte de Michigan decidiu que os indivíduos considerados NGRI tinham os mesmos direitos como pacientes que haviam sido internados civilmente. Essa decisão significou que os absolvidos NGRI tinham o direito de ter uma audiência que examinasse a sua periculosidade e a presença de doença mental. Como NGRI significa que um acusado é absolvido de uma acusação com base no seu estado mental no momento do crime, mas não necessariamente no momento do julgamento, uma absolvição por inimputabilidade deve ser psicologicamente estável depois de se chegar a um veredito e, portanto, ser libertado sob essa decisão da corte. Como resultado de *Povo* vs. *McQuillan*, foi requerida uma audiência em Michigan imediatamente após um veredito de NGRI para determinar se um indivíduo era mentalmente doente e perigoso e se deveria ser responsabilizado civilmente. A decisão resultou na liberação de absolvidos NGRI de hospitais mentais em Michigan que agora não eram mais considerados mentalmente doentes (Mickenberg, 1987). Contudo, dois desses indivíduos recém liberados cometeram outros crimes logo depois da sua liberação. Uma pessoa que admitiu outros 25 assassinatos enquanto institucionalizada chutou sua esposa até a morte um mês depois da sua liberação. O segundo indivíduo cometeu duas agressões sexuais após a sua liberação (Mickenberg, 1987).

Alguns meses após os crimes, e devido ao enorme clamor público, Michigan instituiu várias leis destinadas a diminuir o número de absolvições NGRI e aumentar a duração do confinamento daqueles considerados inimputáveis, na crença de que isso causaria um impacto terapêutico.

O veredito GBMI fazia parte de uma série de leis aprovadas em Michigan para revisar os procedimentos de inimputabilidade. Os veredictos GBMI não pretendiam substituir o NGRI, mas proporcionar aos jurados uma opção adicional. Em um caso em que o acusado alega inimputabilidade, o júri ou o juiz pode decidir se a pessoa é culpada, NGRI ou GBMI nas dezenas de estados que permitiram a opção (Stadman et al., 1993). De acordo com esse padrão, um acusado pode ser considerado GBMI se for apurado que: (a) o acusado é culpado pelo delito; (b) o acusado estava mentalmente doente no momento do delito e (c) o acusado não era legalmente inimputável no momento do delito. A intenção de possibilitar um veredito GBMI era apresentar um meio-termo entre os veredictos de culpado e NGRI e diminuir o número de acusados considerados NGRI. Embora um acusado considerado NGRI esteja sujeito à mesma sentença que um acusado considerado culpado, aquele que é considerado GBMI inicia a sua pena no hospital, onde ele recebe tratamento. Depois que o tratamento está concluído, o prisioneiro é transferido para a prisão durante o tempo restante da sua sentença (Bumby, 1993; Savitsky e Lindblom, 1986). No entanto, a mesma sentença pode ser dada tanto para um acusado GBMI quanto para um acusado considerado culpado pelo crime. A supervisão dos indivíduos considerados GBMI é ainda mais rígida em alguns estados do que para outros indivíduos condenados quando libertados (McGraw, Farthing-Capowich e Keilitz, 1985). Além disso, parece que os indivíduos considerados GBMI não recebem tratamento de saúde mental especial, e várias organizações legais e de saúde mental se opuseram às leis GBMI porque isso permite que os jurados evitem se defrontar com a questão da inimputabilidade e leva a resultados antiterapêuticos (Borum e Fulero, 1999). A Tabela 7.1 resume as mudanças na defesa por inimputabilidade ao longo dos anos.

Desafios à defesa por inimputabilidade

Outros estados foram ainda mais longe na revisão da defesa por inimputabilidade e aboliram a opção inteiramente. Quatro estados aboliram a defesa por inimputabilidade, incluindo Idaho em 1982, Utah em 1983, Nevada em 1995 e Kansas em 1996 (Nusbaum, 2002). Não está completamente claro como a abolição da defesa afetou os réus nesses estados e levou a mais ou menos consequências terapêuticas. Pode ser que os respectivos sistemas encontrem mecanismos alternativos para dar atenção às necessidades dos indivíduos que de outra forma seriam considerados inimputáveis. Por exemplo, o número de recusas porque os acusados foram considerados incapazes para se submeterem a julgamento aumentou em Montana, e esses réus então eram com frequência internados civilmente (Steadman, Callahan, Robbins e Morrissey, 1989). Esses acusados representam os indivíduos que normalmente seriam considerados NGRI. Embora a defesa por inimputabilidade tenha sido tecnicamente abolida nesses

Tabela 7.1 Mudanças na inimputabilidade ao longo dos anos

Alteração na inimputabilidade	Intenção da alteração
Teste da besta selvagem (1724)	Inimputabilidade indicada pela privação total de compreensão e memória e falta de entendimento do que está fazendo, não mais do que um bebê, um irracional ou uma besta selvagem.
M'Naghten (1843)	A inimputabilidade se aplica se o acusado padece de um defeito da razão, de doença da mente, a ponto de não conhecer a natureza ou qualidade do ato ou não saber que está agindo erroneamente.
Durham ou regra do produto (1954)	A inimputabilidade se aplica se o crime for produto de doença mental no acusado.
ALI ou regra de Brawner (1972)	Uma pessoa é inimputável se carecer de capacidade substancial para avaliar a criminalidade da sua conduta (ilegalidade) ou para adequar sua conduta às exigências da lei devido a doença ou defeito mental.
Lei da reforma da defesa por inimputabilidade (1984)	Feitas quatro mudanças significativas na lei federal de inimputabilidade: (1) removido o aspecto volitivo; (2) proibido o testemunho final no caso; (3) transferido o ônus da prova para a defesa e (4) mudado o padrão de prova para "evidência clara e convincente".
Culpado porém mentalmente doente (1975)	Um acusado pode ser considerado GBMI se ele foi culpado pelo crime, estava mentalmente doente no momento do delito e não era legalmente inimputável.

estados, parece que indivíduos mentalmente doentes que cometeram crimes continuam a ser tratados como se não fossem responsáveis pelos seus crimes e, portanto, o impacto terapêutico pode ser insignificante.

Clark vs. *Arizona* (2006) é um caso recente que confrontou a Suprema Corte com o potencial para apoiar ou rejeitar um direito constitucional à defesa por inimputabilidade. Ele tinha o potencial para forçar os estados que aboliram a defesa por inimputabilidade a reinstaurá-la. Especificamente, a defesa argumentou que o Arizona tinha que incluir uma provisão para um elemento cognitivo que abordasse a natureza e qualidade do ato. Por fim, a Suprema Corte não considerou diretamente se havia uma base constitucional para uma defesa por inimputabilidade. A Corte decidiu que o padrão do Arizona para inimputabilidade, independentemente do quanto era definido restritamente, era apropriado e que estava inteiramente dentro do poder dos estados limitarem o testemunho de peritos em casos de inimputabilidade devido ao potencial para confusão entre os jurados. Ao não exigir um elemento cognitivo na definição do Arizona de inimputabilidade, a corte concluiu que a questão evitaria a complexidade desnecessária introduzida pelo testemunho mais abstrato de um perito. Portanto, continua a não existir uma exigência constitucional para inimputabilidade.

Estudos que avaliam os padrões de inimputabilidade em júris simulados

Apesar de todas as alterações nos critérios para os vários padrões de inimputabilidade, as pesquisas que comparam os padrões demonstraram que eles têm pouco efeito sobre o veredito dos jurados. Não foram encontradas diferenças significativas entre os jurados simulados usando o padrão ALI ou *M'Naghten* (Ogloff, 1991) ou entre os júris simulados aplicando o padrão ALI ou IDRA (Finkel e Slobogin, 1995). Na comparação mais abrangente dos padrões de inimputabilidade até o momento, Finkel, Shaw, Bercaw e Koch (1985) apresentaram cinco casos a 132 estudantes de graduação, tendo cada um dos casos uma mulher como ré acusada de matar alguém com uma pistola e que estava invocando defesa por inimputabilidade. A condição mental da acusada variava em cada caso. Especificamente, a acusada sofria de epilepsia, alcoolismo crônico, esquizofrenia paranoide, uma reação induzida por estresse ou tinha passado por uma comissurotomia. Os participantes foram designados aleatoriamente para aplicarem um dos seis padrões de inimputabilidade (ALI, IDRA, besta selvagem, *M'Naghten*, *M'Naghten* mais impulso irresistível ou a doutrina da incapacidade mental) aos cinco casos e darem um veredito de culpada ou NGRI. Os resultados não indicaram diferenças significativas no veredito entre os seis padrões de inimputabilidade. Esse resultado foi surpreendente, considerando-se as diferenças nos critérios entre os padrões e a variação das restrições discutida anteriormente.

Embora a pouca compreensão das instruções do júri dadas em casos de inimputabilidade possa fornecer alguma explicação para a ausência de diferença de veredito entre os diferentes padrões de inimputabilidade, outros fatores também devem influenciar esse resultado. Um fator específico que foi examinado é o conhecimento anterior do indivíduo a respeito de inimputabilidade. Além dos estudos que mostram uma ausência de diferenças no veredito entre os padrões formais de inimputabilidade, dois estudos não mostraram diferenças entre os jurados simulados que foram solicitados a aplicar os padrões formais e aqueles a quem não foram dados padrões formais (Finkel, 1989; Finkel e Handel, 1988). Esse achado sugere que a ausência de diferenças no veredito entre os padrões de inimputabilidade pode ser resultado de os indivíduos basearem suas decisões nos seus próprios padrões primitivos, ou esquemas, em vez dos padrões formais de inimputabilidade apresentados a eles. Além do mais, esses padrões podem ser ainda mais complexos do que algum outro padrão de inimputabilidade usado (Finkel e Handel, 1989). Skeem e Golding (2001), em uma série de estudos, solicitaram aos sujeitos que identificassem as características principais ou protótipos de inimputabilidade. Eles também verificaram que o entendimento de inimputabilidade dos jurados não podia ser reduzido aos padrões legais correntes, embora a maioria enfatizasse a doença mental grave, uma noção de inimputabilidade moral e o estado mental no momento do crime. No entanto, Wheatman e Shaffer (2001) sugerem que a verdadeira deliberação dos jurados pode fazer a diferença na variação entre os diferentes padrões de inimputabilidade. Porém os peritos seriam inteligentes para considerar as conceitualizações dos jurados de inimputabilidade ao testemunharem.

Pesquisadores psicolegais também examinaram se a disponibilidade do veredito de GBMI afeta os resultados esperados. Savitsky e Lindblom (1986) realizaram o primeiro estudo de GBMI utilizando estudantes de graduação que compunham júris de seis pessoas e os expuseram a um de dois julgamentos gravados em vídeo. Os jurados simulados receberam duas opções de veredito (culpado, inocente), três opções de veredito (culpado, inocente e NGRI) ou quatro opções de veredito (culpado, inocente, NGRI e GBMI). Os resultados indicaram que um número significativo dos jurados simulados mudou seu veredito de NGRI para GBMI ou que um número maior de acusados pode ser considerado culpado do crime em questão quando a opção de veredito de GBMI está disponível. Poulson (1990) verificou que a adição da opção de veredito de GBMI tinha um duplo efeito. A disponibilidade do GBMI não apenas reduziu o número de vereditos de NGRI como também diminuiu o número de vereditos de culpado. Roberts, Golding e Fincham (1987) esclareceram ainda mais esse ponto ao confirmarem que a adição da alternativa de GBMI reduz o número de acusados considerados NGRI em casos que apresentam doença mental grave e reduz o número de acusados considerados culpados em casos de formas mais leves de doença mental. Assim sendo, parece que a adição da opção de veredito de GBMI pode causar uma mudança no veredito de NGRI para GBMI e de culpado para GBMI dependendo das especificidades do caso. No geral, os resultados indicam claramente que a presença de uma opção adicional de veredito na forma de GBMI influencia as decisões dos jurados (Poulson, Wuensch e Brondino, 1998). Não está claro no momento se a escolha dos jurados do veredito de GBMI se deve à adequação do veredito ou ao simples fato de ser um veredito alternativo (isto é, um veredito que não seja culpado, inocente ou NGRI).

Mitos sobre inimputabilidade

Como parece sugerir a seção anterior, que examinou a influência dos diferentes padrões de inimputabilidade, existem inúmeras concepções errôneas referentes à defesa de inimputabilidade (Perlin, 1996). Essas falsas concepções ou mitos tipicamente têm seu foco no uso excessivo da defesa, na gravidade dos crimes em questão nesses casos, na gravidade da doença mental envolvida, no encaminhamento dos absolvidos por inimputabilidade e na periculosidade dos absolvidos por inimputabilidade. A crença de que o padrão de inimputabilidade faz uma diferença significativa na proporção das absolvições foi foco de muita atenção pública e legislativa. Essa crença está baseada na ideia de que a defesa por inimputabilidade é utilizada em excesso e abusada pelos acusados. Entretanto, as evidências disponíveis sugerem um quadro muito diferente. Embora os índices variem nas diferentes jurisdições, estudos sugerem que a defesa por inimputabilidade é raramente levantada e ainda mais raramente resulta em absolvição. Em média, a defesa por inimputabilidade parece ser levantada em aproximadamente 1% de todos os casos criminais e tem sucesso apenas em torno de 26% das vezes (Cirincione, Steadman e McGreevy, 1995). No entanto, existe uma variabilidade significativa e os resultados raramente são abrangentes. Por exemplo, alguns estudos conseguiram obter dados úteis de 5, 7, 8 e 10 estados respectivamente e eram restritos aos condados mais populosos naqueles estados (Callahan, Steadman, McGreevy e Robbins, 1991; Cirincione et al., 1995; McGinley e Pasewark, 1989; Pasewark e McGinley, 1985). Além disso, esses índices variam drasticamente entre os estados devido a inúmeras diferenças peculiares nos procedimentos e leis. Por exemplo, Callahan e colaboradores (1991) descobriram que os índices de alegação de inimputabilidade variavam de 0,30 a 5,74% nos casos criminais, e que os índices de absolvição variavam de 7,3 a 87% em um estado onde as alegações de inimputabilidade eram amplamente utilizadas por meio de um acordo entre a acusação e a defesa.

O índice de 1% de alegações de inimputabilidade e 26% dos que terminam em absolvição estão em claro contraste com a percepção pública (Silver, Cirincione e Steadman, 1994). A Tabela 7.2 mostra essas comparações. Além disso, existe uma relação negativa entre a frequência de uma alegação de inimputabilidade e o sucesso ($r = -0,67$), de modo que os acusados em estados que usam a defesa com maior frequência têm menos sucesso. Fica claro que o público superestima significativamente tanto o uso quanto o sucesso da defesa por inimputabilidade, mas é possível alterar essas crenças. Em determinado estudo, aproximadamente 92% dos respondentes da comunidade acreditavam que a defesa por inimputabilidade era utilizada excessivamente, mas se eram informados sobre os índices reais, apenas 52% achava que a mesma era utilizada em excesso (Jeffrey e Pasewark, 1983). Esses dados parecem sugerir que boa parte da preocupação do público com a defesa por inimputabilidade se deve à falta de conhecimento dos índices reais do seu uso e sucesso.

Uma segunda concepção errônea comum é de que os absolvidos por inim-

Tabela 7.2 Crenças do público e a defesa por inimputabilidade

	Percepção	Real
Uso da defesa por inimputabilidade		
Porcentagem de alegação de inimputabilidade	37%	1%
Porcentagem de absolvições por inimputabilidade	44%	26%
Encaminhamento dos absolvidos		
Porcentagem enviada a hospital mental	51%	85%
Porcentagem liberada	26%	15%
Liberação condicional		12%
Paciente ambulatorial		3%
Liberdade		1%
Duração do confinamento		
Todos os crimes	22 meses	33 meses
Assassinato	—	76 meses

Fonte: Adaptado da Tabela 2 de Silver, Cirincione e Steadman (1994).

putabilidade não são doentes mentais graves. Em um estudo de mais de 1.700 acusados antes do seu julgamento nas cortes federais, os resultados encontraram que 77% dos considerados inimputáveis estavam sofrendo de psicose, um transtorno do humor, retardo mental ou um transtorno orgânico e que apenas 1% dos casos era simulação de doença mental (Cochrane, Grisso e Frederick, 2001). Callahan e colaboradores (1991) encontraram que quase 70% dos absolvidos por inimputabilidade foram diagnosticados com alguma forma de psicose, outros 16% padeciam de outras doenças mentais importantes e 4,8% eram mentalmente retardados. Cirincione e colaboradores (1995) demonstraram também que aqueles indivíduos que sofriam de uma doença mental grave tinham uma probabilidade significativamente maior de serem considerados inimputáveis do que aqueles sem uma doença mental grave. Pesquisas também indicam que a maioria dos absolvidos por inimputabilidade haviam sido hospitalizados anteriormente por motivo de saúde mental (Callahan et al., 1991) e pelo menos uma hospitalização prévia estava relacionada a uma absolvição de sucesso por inimputabilidade (Cirincione et al., 1995). Mais uma vez, os resultados sugerem que a percepção pública é imprecisa e que aqueles que alegam e são absolvidos com base em inimputabilidade são doentes mentais graves.

Outra concepção errônea comum sobre inimputabilidade é que a maioria das absolvições é de acusações de assassinato. Mesmo os advogados acham que assassinato é o crime de acusações mais frequentes nos casos de inimputabilidade (Burton e Steadman, 1978). Os casos em que a pessoa mata alguém e depois alega inimputabilidade são certamente os mais memoráveis, mas eles tendem a ser a exceção e não a regra. Apenas 14,3% dos absolvidos por inimputabilidade são acusados de assassinato (Callahan et al., 1991), e o indivíduo que é acusado por algum crime violento que não seja assassinato é muito mais provável de receber uma absolvição por inimputabilidade do que indivíduos acusados de assassinato (Cirincione et al., 1995). Callahan e colaboradores (1991) identificaram que 38,2% dos absolvidos por inimputabilidade haviam sido acusados por agressão física, 11,7% por outras agressões violentas, 7,4% por roubo, 18,0% por crime a propriedade e 9,9% por outros crimes menores.

Uma das concepções errôneas mais significativas referentes à defesa de inimputabilidade é a disposição das absolvições por inimputabilidade. Sales, Miller e Hall (2005) afirmaram que existem quatro abordagens disponíveis para os absolvidos entre as diferentes jurisdições. Aquele que é considerado NGRI recebe uma destas: (1) nenhuma consequência e é libertado, a menos que a jurisdição tente interná-lo civilmente à parte do julgamento criminal; (2) uma audiência de internação automática depois que o veredito foi dado; (3) uma internação automática para observação e avaliação, que pode durar de 30 a 60 dias, e (4) uma internação compulsória automática. O público acredita, em geral, que os absolvidos por inimputabilidade são liberados logo após a sua absolvição, mas a maioria dos estados tem provisões para confinamento imediato, pelo menos para fins de avaliação (Steadman et al., 1993). Como sugere a Tabela 7.2, o público subestima a porcentagem dos absolvidos por inimputabilidade que estão hospitalizados apontando esse percentual em aproximadamente 35% e superestima o percentual dos que são deixados livres, apontando-o em aproximadamente 10%. Contudo, se eliminarmos os absolvidos por inimputabilidade que são liberados condicionalmente ou liberados como pacientes ambulatoriais, o público geral superestima o número por uma enorme diferença. O público também superestima a quantidade de tempo que ficam confinados os absolvidos por inimputabilidade (Silver et al., 1994). Na verdade, parece que os absolvidos por inimputabilidade são institucionalizados pelo mesmo tempo ou mais do que se tivessem sido condenados pelo crime original (Rodriguez, LeWinn e Perlin, 1983; Silver, 1995), são hospitalizados por mais tempo por acusações mais sérias (Silver, 1995; Pasewark, Pantle e Steadman, 1982) e os acusados por inimputabilidade que não obtêm sucesso são detidos por mais tempo do que os criminosos que nunca levantam defesa de inimputabilidade (Braff, Arvanites e Steadman, 1983). Silver (1995) ainda descobriu que os acusados que foram considerados culpados têm maior probabilidade de sair sem terem sido hospitalizados do que aqueles considerados NGRI. Além do mais, a Suprema Corte dos Estados Unidos não encontrou nada inerentemente injusto quanto a essas disparidades potenciais (*Jones* vs. *Estados Unidos*, 1983; *Foucha* vs. *Louisiana*, 1992). Como consequência de algumas dessas disparidades, alguns estados como a Virginia começaram a limitar o tempo de duração da hospitalização para os absolvidos acusados por delitos menores. Provavelmente existem várias razões para as disparidades na institucionalização mais prolongada dos absolvidos por inimputabilidade (Zapf et al., 2006). Eles tendem a ser indivíduos com doenças mentais graves cujo tratamento foi em grande parte ineficiente durante o curso da sua vida. Periculosidade e doença mental estão frequentemente ligados um ao outro, embora sejam dois requisitos separados para a continuidade da detenção dos absolvidos por inimputabilidade (*Foucha* vs. *Louisiana*, 1992).

Com frequencia existem realidades políticas nessas decisões de confinar os absolvidos por inimputabilidade. Por exemplo, há pressão significativa por parte do público e de políticos para nunca libertar dois ex-clientes meus que foram considerados inimputáveis, mas foram acusados por crimes que receberam destaque. Em um dos casos, o absolvido disparou tiros dentro de um clube noturno e feriu dezenas de pessoas, assassinando um policial durante o processo. No outro caso, o indivíduo assassinou uma família inteira e agrediu sexualmente vários membros. Os dois crimes receberam enorme atenção da mídia local e a morte de um oficial de polícia resultou em uma significativa pressão pública e política para manter esses dois indivíduos institucionalizados a cada vez que se tornam elegíveis para libertação. Além disso, a maioria das jurisdições não tem procedimentos formais para avaliar o risco e supervisionar a libertação dos absolvidos por inimputabilidade, embora existam modelos descritos na literatura (p. ex., Bigelow, Bloom, Williams e McFarland, 1999; Dirks-Linhorst e Linhorst, 2006). A divergência entre o entendimento do público sobre a disposição dos absolvidos por inimputabilidade e a prática real é ainda mais interessante quando fica claro que os absolvidos por inimputabilidade não têm direito a instruções de disposição em casos de inimputabilidade (*Shannon* vs. *Estados Unidos*, 1994). Essa proibição significa que os jurados não podem ser instruídos quanto às disposições ou possíveis resultados de diferentes veredictos a que possam chegar. As cortes temem que os jurados considerem a disposição ao decidirem seu veredicto, em vez de se focarem nas evidências que estão diante deles.

Relacionada ao resultado da disposição se encontra a falsa concepção comum de que os absolvidos por inimputabilidade são especialmente perigosos depois que são libertados. Existe alguma base para essa falsa concepção dada a associação entre certas doenças mentais graves e violência futura, conforme discutido no Capítulo 9. A concepção errônea geral sobre a absolvição por inimputabilidade é provavelmente estimulada pela atenção da mídia a incidentes como assassinatos e estupros cometidos pelos absolvidos por inimputabilidade que foram libertados em Michigan. No entanto, existe o potencial para que fórmulas atuariais façam a predição de reincidência futura (McDermott e Thompson, 2006; Monson, Gunnin, Fogel e Kyle, 2001). Nicholson, Norwood e Enyart (1991) encontraram em uma amostra de absolvidos por inimputabilidade que aqueles que escapavam tinham muito mais probabilidade de ser presos no futuro do que aqueles que recebiam alta após concluírem o tratamento. Em geral, a pesquisa limitada sobre o assunto sugere que o índice de reincidência dos absolvidos por inimputabilidade não é maior do que o de outros criminosos. Pasewark e colaboradores (1982) encontraram índices de reincidência para absolvição por inimputabilidade praticamente idênticos (24%) quando comparados a criminosos (27%) de uma pequena amostra em Nova York. Kravitz e Kelly (1999) encontraram uma taxa de reincidência igualmente baixa entre os absolvidos por inimputabilidade libertados (16%). Outros estudos encontraram que diversas variáveis estão relacionadas à reincidência dos absolvidos por inimputabilidade. Aqueles que concluíam o programa de tratamento tinham menos probabilidade de reincidir do que os que haviam escapado do tratamento, sugerindo que a restrição civil dos absolvidos por inimputabilidade pode reduzir as chances de reincidência futura (Nicholson et al., 1991).

Avaliações de inimputabilidade

De todas as diferentes questões legais em que os psicólogos forenses procuram prestar assistência aos tribunais, as investigações de inimputabilidade estão entre as mais difíceis por várias razões. Primeiro, a doutrina legal tende a ser pouco clara. A natureza da doença mental suficiente para absolver um acusado por inimputabilidade tem sido de um modo geral indefinida pelas cortes. Além do mais, não há respostas claras quanto a saber se a diferença entre certo e errado enfatizaria uma distinção legal, uma distinção moral ou o nível de prejuízo. Segundo, as avaliações forenses são retrospectivas e requerem que o psicólogo forense reconstrua o estado mental do acusado semanas ou até mesmo meses depois do crime. Essa tarefa frequentemente se revela difícil porque os métodos de avaliação psicológica avaliam a saúde mental atual, eles não permitem que o avaliador viaje de volta no tempo para avaliar o estado mental de alguém precisamente durante o crime. Devido à natureza retrospectiva das avaliações de inimputabilidade, também deve haver um embasamento maior em informações de terceiros. Embora as medidas psicológicas não permitam exames retrospectivos, as avaliações do funcionamento mental atual, juntamente com a consulta aos relatórios policiais, testemunhas e outros registros anteriores começam a oferecer um quadro da maioria dos acusados. Em quarto lugar, não existem entrevistas ou testes psicológicos universalmente aceitos para avaliações de inimputabilidade. Embora pretendamos discutir os dois testes forenses especializados usados por alguns peritos para esse propósito, existe muita variabilidade nas abordagens dos psicólogos forenses para as avaliações de inimputabilidade e elas apresentam menos do que uma confiabilidade ideal como resultado. Apesar dos desafios envolvidos na realização de avaliações de inimputabilidade, existem algumas recomendações comuns (Borum, 2003b; Goldstein et al., 2003; Melton, Petrila, Poythress e Slobogin, 1997; Rogers e Shuman, 2000a; Zapf et al., 2006).

Procedimentos comuns para avaliações de inimputabilidade

As avaliações de inimputabilidade consistem em geral de três componentes importantes similares à maioria das avaliações forenses: uma entrevista, o uso de instrumentos de avaliação forense relacionados e a coleta de informações de terceiros e colaterais (Zapf et al., 2006). Entretanto, não existem abordagens amplas bem estabelecidas e validadas empiricamente para conduzir uma avaliação de inimputabilidade. Borum e Grisso (1996) pesquisaram psicólogos e psiquiatras forenses, perguntando sobre os elementos centrais para um relatório de inimputabilidade. Os resultados revelaram onze elementos diferentes essenciais para um relatório: (1) história psiquiátrica; (2) estado mental atual; (3) exame formal do estado mental; (4) uso atual de alguma medicação psicotrópica; (5) testagem psicológica; (6) registros médicos; (7) informações da polícia; (8) presença ou ausência de diagnóstico anterior; (9) presença/ausência e grau de abuso de álcool/substância; (10) descrição do delito pelo acusado e (11) descrição do delito por terceiros. Entretanto, existem algumas evidências da confiabilidade e validade global das avaliações de inimputabilidade e de algumas abordagens de avaliação comumente utilizadas.

Confiabilidade e validade das avaliações de inimputabilidade

Há poucas informações empíricas a respeito dos métodos utilizados em avaliações de inimputabilidade. As pesquisas sugeriram em geral que os profissionais de saúde mental raramente consideram um acusado inimputável, mais uma vez em contraste com a percepção do público. Cochrane e colaboradores (2001) encontraram que apenas 12% dos 719 encaminhados por inimputabilidade foram considerados inimputáveis em uma amostra federal de criminosos. Ao examinarem as decisões dos clínicos, Murrie e Warren (2005) observaram que a maioria dos clínicos considerava inimputáveis entre 5 e 25% dos que lhes eram encaminhados por inimputabilidade. Os profissionais de saúde mental também variam a porcentagem de decisões de inimputabilidade de acordo com os diferentes padrões em vigor, o contrário dos jurados que via de regra decidem esses casos (Wettstein, Mulvey e Rogers, 1991). Por fim, o fator mais importante nos achados de inimputabilidade pode ser a decisão final do perito (Steadman, Keitner, Braff e Arvanties, 1983). Como consequência, é muito importante que se avaliem a confiabilidade e validade dessas decisões.

O exame da confiabilidade e validade das avaliações de inimputabilidade é especialmente importante devido à natureza adversarial do processo. Brodsky (1991) e Rogers (1987) alertaram sobre o potencial de psicólogos forenses e outros profissionais de saúde mental ficarem comprometidos com um resultado legal particular ou intencionalmente moldarem a sua avaliação à teoria do advogado contratante. Otto (1989) realizou um estudo análogo em que examinou a origem potencial da parcialidade em casos de inimputabilidade e encontrou que o testemunho do perito nesses casos pode variar de acordo com a parte que o contratou. Alunos avançados no curso de graduação em um programa de psicologia clínica tinham maior probabilidade de classificar o acusado como culpado se fossem contratados pela acusação e tinham maior probabilidade de classificá-lo como NGRI se fossem contratados pela defesa. No entanto, esse estudo usou estudantes da graduação, e não psicólogos forenses ou outros profissionais de saúde mental treinados, e a amostra era pequena ($n = 32$). Beckham, Annis e Gustafson (1989) não encontraram parcialidades atribuíveis ao lado que contratou dentre os 180 peritos forenses que avaliaram o material de casos hipotéticos. Entretanto, Homant e Kennedy (1987) também encontraram que em três estudos separados as crenças políticas dos peritos estavam relacionadas às suas conclusões finais em um caso hipotético de inimputabilidade.

Estudos que têm seu foco na confiabilidade entre os avaliadores encontraram índices altos de concordância entre eles. Fukunaga, Pasewark, Hawkins e Gudeman (1981) conseguiram examinar 355 casos no Havaí. As cortes tipicamente indicaram dois avaliadores independentes para avaliarem a inimputabilidade de um acusado. Examinando esses registros, eles encontraram um índice de 92% de concordância entre os avaliadores. Entretanto, não ficou claro se os profissionais independentes se comunicaram entre si antes de escreverem o relatório, aumentando potencialmente o índice de concordância se eles realmente colaboraram. De um modo geral, esses índices altos não devem causar surpresa considerando-se que os veredictos de inimputabilidade são usualmente o resultado de um acordo entre a defesa e a acusação e raramente envolvem um julgamento e uma batalha entre os peritos (Melton et al., 1997). Os casos que têm probabilidade de envolver um julgamento disputado são os menos prováveis de envolverem casos claros de qualquer forma e envolvem um grupo de características únicas prováveis de reduzir o consenso entre os especialistas (Zapf et al., 2006). Esses estudos também tendem a focar na concordância geral e não examinam as diferentes características que se relacionam à decisão final do perito. Um estudo que examinou a confiabilidade de uma dessas características entre os examinadores, os sintomas diagnósticos, encontrou uma concordância significativa entre os peritos forenses ($r = 0,73$) que receberam matérias de casos ambíguos destinadas a produzir a menor concordância (Beckham et al., 1989). Eles também examinaram as características que se relacionavam com as decisões de culpa e NGRI dos peritos. Aqueles peritos que consideraram o acusado culpado o classificaram como apresentando menos esquizofrenia no momento do delito, julgaram o comportamento do acusado como sendo menos provavelmente um produto de doença mental, consideraram informações de terceiros como mais importantes, classificaram a entrevista clínica e alguns dados da avaliação cognitiva como menos importantes e tinham maior experiência forense (Beckham et al., 1989).

Também é problemático estudar a validade das avaliações de inimputabilidade devido à falta de critérios estabelecidos ou de um padrão-ouro (Borum, 2003b). Tipicamente, a decisão dos avaliadores é comparada com o veredito final nesses casos. Entretanto, o veredito final é influenciado pela opinião do perito e, portanto, o critério do veredito final é tendencioso a favor da validade dessas decisões. Não é de surpreender que exista alta concordância entre os veredito finais em casos de inimputabilidade e os julgamentos dos peritos envolvidos. Fukunaga e colaboradores (1981) encontraram 93% de concordância entre as conclusões do perito e o julgamento final. Em um estudo de 143 acusados que alegaram o equivalente a NGRI em um condado metropolitano durante um ano, houve 98% de concordância entre a opinião da avaliação do perito e o veredito final (Janofsky, Vandewalle e Rappeport, 1989). Os altos índices de concordância também sugerem que a assim chamada batalha entre os peritos não é a norma em casos de inimputabilidade (Janofsky et al., 1989).

Instrumentos de avaliação forense

Para melhorar a confiabilidade e validade das avaliações forenses, a prática padrão parece estar se orientando na direção do uso de instrumentos de avaliação forense (Zapf et al., 2006). Entretanto, parece haver apenas dois instrumentos especializados disponíveis para uso nas avaliações de inimputabilidade. Além do mais, a confiabilidade e validade desses dois instrumentos foram questionadas e foi encorajado um cuidado significativo no uso de um dos dois instrumentos (Melton et al., 1997; Rogers e Shuman, 2000b).

A Avaliação do Estado Mental no Momento do Delito (MSE; Slobogin, Melton e Showalter, 1984) é uma medida de exame semiestruturada para avaliar aspectos relacionados à responsabilidade criminal, tal como a inimputabilidade. Ela consiste de três seções que enfocam a avaliação das informações históricas do funcionamento psicológico e cognitivo anterior de um acusado, informações relacionadas ao delito e informações sobre o estado mental atual do acusado. Não existem estudos publicados a respeito da confiabilidade da MSE e a única indicação da sua validade está no artigo original que apresenta a medida. O estudo original examinou as decisões de 24 peritos que avaliaram três acusados em grupos de dois. Os resultados do estudo original sugeriram que o instrumento era capaz de examinar indivíduos que eram obviamente inimputáveis e não necessitavam de maior avaliação (Slobogin et al., 1984). No entanto, a MSE foi criticada por falta de pesquisas adicionais e porque ela não deveria ser usada como um determinante único de inimputabilidade, se for o caso

(Poythress, Milton, Petrila e Slobogin, 2000; Rogers e Shuman, 2000b), apesar das recomendações anteriores sobre a expansão do seu uso (Melton et al., 1997). Uma revisão recente do instrumento concluiu que ela pode ser usada como uma peça de uma avaliação mais ampla de inimputabilidade (Zapf et al., 2006).

As evidências que apoiam o uso das Escalas de Avaliação de Responsabilidade Criminal de Rogers (R-CRAS; Rogers, 1984) são um pouco mais abundantes do que a MSE. A R-CRAS é uma medida de 30 itens elaborada com o objetivo de ser usada para padronizar as informações obtidas em uma avaliação de inimputabilidade. Especificamente, a R-CRAS foi delineada com os critérios ALI, mas o autor também recomenda o seu uso em jurisdições que usam o padrão de *M'Naghten*. Ela também apresenta itens relativos à alternativa de veredito GBMI (Rogers e Shuman, 2000a). Os 30 itens são divididos em cinco componentes: confiabilidade do paciente, organicidade, psicopatologia, controle cognitivo e controle comportamental (Borum, 2003b). A R-CRAS não dita que as informações sobre algum dos itens relevantes sejam colhidas em uma ordem particular ou de acordo com um grupo específico de perguntas. Ele pretende ser uma ferramenta para quantificar ou padronizar as avaliações de inimputabilidade. As conclusões sobre os critérios principais são então usadas para chegar a uma conclusão geral de imputabilidade, inimputabilidade ou nenhuma opinião. Embora a confiabilidade entre os avaliadores para os itens individuais seja um tanto baixa, os cinco componentes demonstram boa confiabilidade (Borum, 2003b). As classificações obtidas na R-CRAS também exibem altos índices de concordância (93 a 97%) nas decisões finais do avaliador independente (Borum, 2003b, p. 234). Contudo, a R-CRAS foi criticada pelo modo como mede alguns desses itens, a sua ênfase na questão final, a quantificação das áreas de julgamento que são "lógicas e/ou intuitivas por natureza" e a falta de rigor científico (Melton et al., 1997). Rogers e Shuman (2000a) aceitaram e levaram em conta essas críticas, mas basicamente parecem concluir corretamente que a R-CRAS é melhor do que qualquer alternativa, sendo que representa um avanço significativo na avaliação de inimputabilidade se usado como parte de uma avaliação mais abrangente.

Simulação e inimputabilidade

Apesar do uso de algumas medidas especializadas para avaliações de inimputabilidade, muitas pessoas argumentam que a inimputabilidade pode ser simulada com facilidade (Golding, 1992a, ver Figura 7.1). O Quadro 7.2 apresenta um exemplo famoso de uma tentativa de simulação pelo estrangulador da colina. Devido ao ganho secundário envolvido nas avaliações de inimputabilidade, a presença de simulação deve ser sempre considerada. No entanto, não existem evidências suficientes para concluir que uma proporção significativa dos absolvidos por inimputabilidade simula com sucesso uma doença mental ou deficiências neurológicas. Cochrane e colaboradores (2002) identificaram apenas um indivíduo em mais de 700 encaminhados por inimputabilidade que foram diagnosticados com simulação, embora exista a probabilidade de haver exageros e atitudes defensivas. Entretanto, os peritos devem ficar alerta

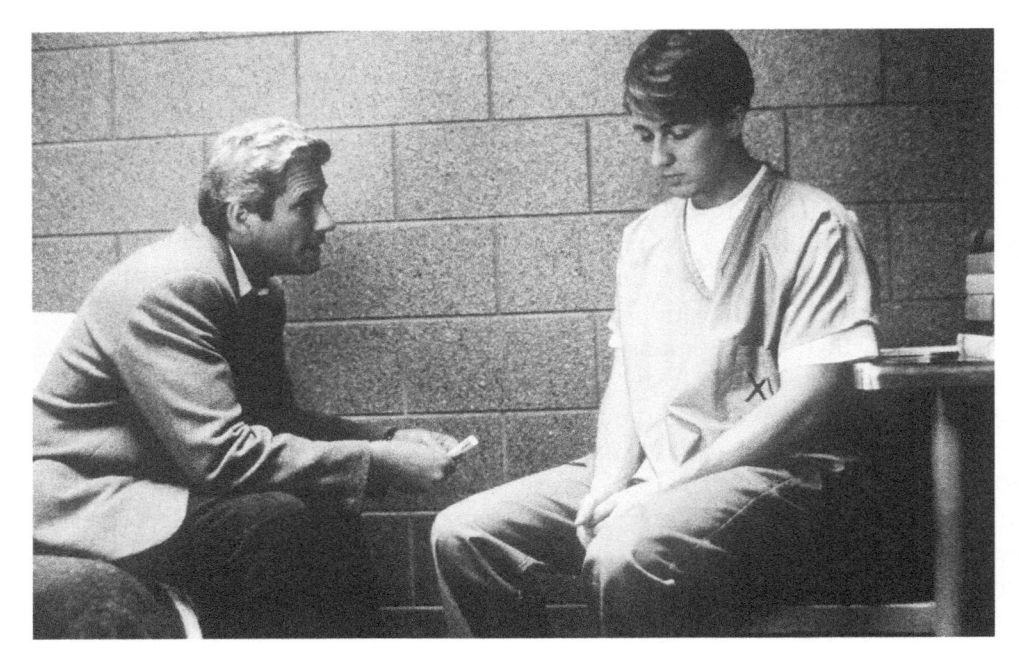

Figura 7.1 *As duas faces de um crime* é um filme de 1996 em que Ed Norton simula um transtorno de identidade dissociativo para ser considerado inimputável pelo assassinato de um padre. Richard Gere faz o papel do seu advogado que inicialmente também foi enganado por ele. © Paramount/The Kobal Collection/Ron Phillips.

a sinais potenciais de simulação como os que são identificados no Capítulo 2. Há também várias medidas padronizadas para avaliar a presença de simulação. Algumas medidas mencionadas no Capítulo 2 são possivelmente melhores (SIR-S) do que outras (MMPI-2) na detecção de psicopatologia simulada. Os psicólogos forenses também devem ter um foco no exagero da psicopatologia e das deficiências cognitivas e neuropsicológicas na comparação com as medidas padronizadas (Rogers e Shuman, 2000a). Rogers e Shuman (2005) vão ainda mais além ao afirmarem que o testemunho do perito sobre simulação que não envolver uma medida padronizada, provavelmente não preenche os critérios de *Daubert* discutidos no Capítulo 3.

Outros aspectos da responsabilidade criminal

Além da inimputabilidade, existem muitas outras questões relacionadas à responsabilidade criminal, que incluem automatismo, capacidade diminuída e intoxicação. Em cada um desses casos, existe uma negociação de *mens rea*, um termo que já discutimos anteriormente. A negociação de *mens rea* leva a uma redução na responsabilidade criminal, mas normalmente não a uma desculpa completa para ela. O apoio empírico para a prática forense nessas áreas é ainda mais escasso do que para as defesas de inimputabilidade (Clark, 2006). O papel do psicólogo forense continua a ser igual em termos da avaliação do estado

Quadro 7.2 Uma lição sobre inimputabilidade e simulação: o estrangulador da colina

Kenneth Bianchi e seu primo, Angelo Buono, foram apelidados de estranguladores da colina após uma série de estupros e assassinatos de mulheres jovens na área de Los Angeles durante 1977 e início de 1978. As vítimas eram tipicamente estupradas, torturadas e estranguladas até a morte, com seus corpos sendo geralmente desovados em colinas em torno de Los Angeles. A mídia e a polícia inicialmente suspeitavam de que se tratava de apenas um assassino e foi somente após muita investigação que a polícia percebeu que provavelmente havia dois homens envolvidos. Depois de ter sido preso, Bianchi decidiu alegar inimputabilidade com base na crença de que ele sofria de transtorno de personalidade múltipla ou, como é chamado agora, transtorno de identidade dissociativo. Diz-se que ele teve a ideia a partir do filme *Sybil* e chamou sua outra personalidade, que matava as mulheres, de Steve Walker. Embora dois peritos tenham originalmente pensado que Bianchi padecia de transtorno de identidade dissociativo, dois outros peritos concluíram que ele estava fingindo, ou simulando, o transtorno. Havia várias indicações de que Bianchi estava simulando o transtorno. Uma indicação foi trazida à tona pela polícia quando eles descobriram que Bianchi havia usado o nome de um estudante, Steve Walker, para obter um diploma universitário de modo fraudulento para que pudesse praticar a psicologia. Além disso, enquanto Bianchi estava fingindo ser Steve Walker, ele descuidou-se por várias vezes e se referiu a Steve como "ele" em vez de "eu". Mais ainda, o Dr. Martin Orne conseguiu enganar Bianchi durante sua entrevista clínica com ele. O Dr. Orne era especialista em determinar se a pessoa estava verdadeiramente hipnotizada, e durante sua tentativa de hipnotizar Bianchi ele identificou que Bianchi correspondia a vários critérios para alguém que na verdade não está hipnotizado. Orne também enganou Bianchi de propósito ao lhe dizer que as pessoas que sofrem de transtorno de identidade dissociativo têm mais do que uma personalidade adicional. Logo em seguida surgiu outra personalidade chamada Bill, e mais outras duas a seguir. Por fim, Bianchi concordou em testemunhar contra Buono, embora tenha sido pouco cooperativo durante o julgamento. Atualmente ele está cumprindo múltiplas penas perpétuas.

mental de um acusado no momento de um determinado crime, embora a aplicação dessa perícia a noções legais mais ambíguas se torne ainda mais complexa e mais difícil.

O **automatismo** reconhece que existem atos criminais que podem ocorrer involuntariamente. Exemplos tradicionais tipicamente incluem um acusado que não tem consciência integral porque está dormindo, sofreu um traumatismo cerebral ou sofre de epilepsia ou dissociação. Há, em princípio, três diferenças entre inimputabilidade e automatismo (Melton et al., 1997). Inimputabilidade requer uma doença mental, e automatismo não. Por exemplo, o acusado poderia estar dormindo. A acusação tem o ônus de refutar a defesa por automatismo, enquanto a defesa tem o ônus da prova em casos de inimputabilidade. As pessoas inimputáveis geralmente têm controle consciente do seu comportamento, embora possam não ter consciência de sua natureza ou não consigam evitá-lo, ao passo que a essência do automatismo é que ele ocorre involuntária ou inconscientemente.

A segunda noção, **capacidade diminuída**, foi introduzida pela Suprema Corte da Califórnia (*Povo* vs. *Wells*, 1949).

Uma alegação de capacidade diminuída permite que o acusado apresente um testemunho referente ao seu estado mental sem alegar inimputabilidade a qual foca diretamente no *mens rea*. Esse argumento pode ser potencialmente benéfico quando a acusação criminal inclui um elemento de intencionalidade específico, pelo qual o acusado deliberada ou propositalmente cometera o ato criminoso. Por exemplo, uma pessoa pode ser acusada de assassinato em primeiro grau, que pressupõe que ele tenha matado alguém deliberada ou propositalmente. Uma defesa de capacidade diminuída pode negar o *mens rea* e permitir apenas uma condenação por delito menor, tal como homicídio culposo, sem propósito ou deliberado. Embora 15 estados tenham usado alguma forma de capacidade diminuída (Weiner, 1985), o conceito foi criticado e desaprovado (Clark, 2006). Parte da razão para essa tendência foi a condenação involuntária por homicídio culposo de Dan White, após ter atirado em 1978 no prefeito de São Francisco e em um supervisor municipal. Esse julgamento é digno de nota devido ao efeito que teve na defesa de capacidade diminuída, mas também porque é a origem da assim chamada "defesa do Twinkie"(Clark, 2006). Um perito da defesa testemunhou no julgamento que Dan White sofria de depressão maníaca, agora chamada de transtorno bipolar, e que isso foi parcialmente piorado pela sua repetida compulsão por lanches e Coca-Cola, especificamente Twinkies. No entanto, não existe uma defesa do Twinkie específica. Na verdade, Ewing e McCann (2006) dedicam um capítulo para derrubar o mito da defesa do Twinkie em seu livro *Minds on trial*.

Embora a **intoxicação** possa ser a base de uma defesa por inimputabilidade, uma defesa por automatismo, ou por capacidade diminuída, a intoxicação voluntária também pode ser sustentada na maioria dos estados como uma razão para não conseguir apresentar suficiente *mens rea* para crimes que exigem que o acusado exiba um comportamento proposital ou deliberado (Melton et al., 1997). Nessa situação, a pessoa não está consciente de que o seu consumo de álcool ou alguma outra droga pode causar impacto no seu comportamento e aumentar o risco de perpetrar um determinado crime. Essa defesa também pode ser aplicada à intoxicação involuntária, em que a bebida de alguém é adulterada, ou até mesmo à intoxicação crônica. A defesa pode igualmente se aplicar a alguém que sofre de uma doença mental e não toma a sua medicação. No entanto, a lei sobre a alegação da intoxicação é muito coerente e não apresenta consistência entre as diferentes jurisdições (Clark, 2006).

Resumo

A noção de uma redução na responsabilidade legal devido à presença de uma doença mental apresenta uma longa história e é em geral percebida como um compromisso legal com um dilema moral. Somente nos últimos cem anos é que os padrões formais de inimputabilidade foram identificados claramente. Um dos primeiros padrões identificados na lei comum inglesa foi o teste da besta selvagem, em que um acusado precisava apresentar a incapacidade de se controlar devido a uma doença mental, como se fosse uma besta selvagem. As abordagens modernas da inimputabilidade incluem *M'Naghten*, *Durham* e *Brawner*. Cada padrão foi transformado em reação às limitações percebidas do padrão anterior. Entretanto, muitas pesquisas utilizando júris simulados quase universalmente concluem que as pessoas não se baseiam em um padrão específico de inimputabilidade quando chegam a um veredito.

A defesa por inimputabilidade também foi questionada de várias maneiras além dos padrões de mudança. A lei de reforma da defesa por inimputabilidade fez várias mudanças fundamentais na aplicação federal do padrão ALI, as quais vários estados também seguiram. O GBMI também foi proposto como uma alternativa ao NGRI que permite que os jurados concluam que um acusado é culpado, mas que ainda sofre de uma doença mental. Contudo, essa alternativa parece ter falhado em grande parte no que se refere às intenções iniciais. A Suprema Corte recentemente apoiou a capacidade dos estados de usarem padrões de inimputabilidade estritamente definidos e vários estados até aboliram inteiramente a defesa.

Foram criados muitos mitos relativos à defesa por inimputabilidade. O público tipicamente acredita que a defesa por inimputabilidade é usada em excesso e como escapatória. Em realidade, ela é levantada em menos de 1% dos casos criminais e tem sucesso em menos de um terço das vezes. A maioria dos acusados também cometeu crimes menos graves, padecia de doença mental grave e possuía história psiquiátrica prévia. Também existem muitas concepções errôneas sobre o tratamento dispensado à maioria dos absolvidos por inimputabilidade. A maioria das pessoas acredita que eles são libertados ou recebem poucas sanções. As evidências sugerem que os absolvidos por inimputabilidade têm menos probabilidade de serem libertados do que os indivíduos considerados culpados do crime e que eles tendem a ficar institucionalizados por um período de tempo maior do que se tivessem sido condenados. Os absolvidos por inimputabilidade também não parecem ser especialmente perigosos depois que são por fim libertados, apesar da percepção que o público tem do contrário.

Existem muitos aspectos que transformam as avaliações de inimputabilidade em tarefas especialmente difíceis para os psicólogos forenses. Essas dificuldades contribuem para a falta de concordância quanto aos procedimentos baseados empiricamente para avaliações de inimputabilidade. Entretanto, existem algumas informações disponíveis referentes à validade e confiabilidade das avaliações de inimputabilidade. A validade e confiabilidade das avaliações de inimputabilidade podem ser auxiliadas pelo uso de ferramentas forenses especializadas pesquisadas para as avaliações de inimputabilidade. O MSE e a R-CRAS representam as únicas medidas concebidas especificamente que possuem umas poucas pesquisas apoiando o seu uso. A simulação é um aspecto que pode ameaçar a confiabilidade e validade das avaliações de inimputabilidade, mas métodos apropriados estão disponíveis para manejar a possível confusão. Por fim, outras questões relacionadas à responsabilidade criminal são mencionadas brevemente quando se relacionam ao *mens rea* e a dificuldade adicional que elas apresentam aos psicólogos forenses.

Termos-chave

automatismo	padrão ALI	regra de *Durham*
capacidade diminuída	padrão de prova	regra do produto
intoxicação	padrão *M'Naghten*	teste da besta selvagem
ônus da prova	regra de *Brawner*	teste do impulso irresistível

Leitura complementar

Moran, R. (1981). *Knowing right from wrong: The insanity defense of Daniel McNaughtan.* New York: The Free Press.

Zapf, P. A., Golding, S. L., & Roesch, R. (2006). Criminal responsibility and the insanity defense. In I. B. Weiner & A. K. Hess (Eds.), *The handbook of forensic psychology* (3rd ed., pp. 332–363). Hoboken, NJ: John Wiley & Sons, Inc.

Capacidade civil e criminal

Capacidade é algo fundamental para o direito, porque se refere à aptidão geral do indivíduo de tomar decisões e entender a natureza dos procedimentos legais. Acima de tudo, ela baseia-se na necessidade de haver justiça no nosso sistema legal. Um procedimento legal em que o indivíduo não apresenta um estado mental suficiente para participar e entender as ações é inerentemente parcial. Como os procedimentos legais são compostos de inúmeros pontos de decisão menores e maiores, a capacidade pode ser uma questão tanto nos procedimentos legais quanto civis. Podem surgir questões relacionadas à capacidade em relação à competência de um indivíduo para confessar, para se submeter a julgamento ou mesmo para ser executado em procedimentos criminais. A capacidade civil pode se relacionar à competência para exercer a paternidade de um filho, servir como testemunha ou tomar decisões médicas. Uma pessoa que não apresenta capacidade suficiente para tomar decisões pode ser impedida de participar de certos aspectos do sistema legal e ser forçado a participar de procedimentos adicionais para provar a sua capacidade. Como uma dicussão exaustiva de todos os diferentes contextos legais em que a capacidade com frequência é levantada está além do objetivo deste capítulo, focaremos na capacidade criminal com ênfase na capacidade para se submeter a julgamento. Entretanto, identificaremos brevemente algumas áreas da capacidade civil no final do capítulo para destacar as diferenças significativas envolvidas nas duas áreas.

Como em outros aspectos que já discutimos, tenha em mente que as questões de jurisprudência terapêutica e âmbito da prática continuam a desempenhar um papel proeminente nas avaliações de capacidade. A ideia de jurisprudência terapêutica fica clara na noção de Grisso (2003a) de que todas as capacidades legais envolvem alguns componentes fundamentais: (1) reconhecem o direito de tomar decisões que podem ter um impacto na vida da pessoa; (2) reconhecem que alguns podem não ter condições de tomar essas decisões e que essas inaptidões podem colocá-los em perigo ou aos outros à sua volta; (3) oferecem um procedimento legal para determinar essas inaptidões e (4) a determinação dessas limitações justifica a intromissão do Estado para proteger o indivíduo, limitando alguns dos seus direitos. Dado que os tribunais podem limitar os direitos de um indivíduo e que as cortes podem se submeter às opiniões dos peritos (Capítulo

7), a importância da prática dos psicólogos forenses nas áreas em que eles estão qualificados é cada vez maior.

Levantando a questão da capacidade em procedimentos criminais

Conforme sugerido anteriormente, a capacidade é uma questão que permeia todo o processo criminal e a capacidade criminalmente relacionada é, com frequência, chamada de capacidade adjucativa. Um acusado deve ser capaz para confessar, defender-se, ser sentenciado e ser executado. Em cada um desses casos, o foco está no estado mental presente do acusado em um determinado ponto do processo. O nosso sistema legal requer que a pessoa entenda a natureza e o propósito dos procedimentos criminais para garantir que o processo competitivo seja justo. Nos Estados Unidos, essa crença está baseada na 6ª Emenda da Constituição. A 6ª Emenda requer que uma pessoa seja informada da natureza de qualquer acusação, tenha o direito de confrontar quaisquer testemunhas contra ela e tenha direito à assistência de um advogado em sua defesa. Diferente da inimputabilidade, a capacidade é uma questão comum nos julgamentos criminais e provavelmente é a questão de saúde mental que ocorre com maior frequência no direito criminal.

Muitos estudantes novos na área da psicologia forense ficam confusos com as diferenças entre inimputabilidade e capacidade porque elas estão relacionadas, mas são aspectos distintos do sistema legal (Gates, 2003). Para causar confusão ainda maior, os tribunais usam ainda o termo mais coloquial de inimputabilidade para se referirem a casos em que a questão reside na capacidade (Ackerson, Brodsky e Zapf, 2005). Primeiro, para distinguir os dois conceitos, lembre-se de que a inimputabilidade tem seu foco no estado mental do indivíduo no momento do crime. As avaliações de inimputabilidade são um exame retrospectivo do estado mental de um indivíduo porque o psicólogo forense tem que voltar no tempo. As avaliações de capacidade, por outro lado, têm seu foco no estado mental de um indivíduo no momento atual. O foco está no presente, não importa o momento que está o processo legal. Entretanto, o único problema com essa distinção é que as avaliações de capacidade nem sempre estão avaliando o estado mental atual de uma pessoa. Por exemplo, os indivíduos serão avaliados pela sua capacidade para se submeterem a julgamento, recusa em alegar inimputabilidade e, definitivamente, antes de ser executado, quando estiverem enfrentando essas situações. Eles estão sendo avaliados pelo seu estado mental atual. No entanto, é improvável que um policial que tenta obter a confissão de um suspeito que ele acredita ser culpado vá interromper o interrogatório e pedir que um psicólogo forense realize uma avaliação de capacidade para se certificar de que o suspeito entende as consequências de uma eventual confissão. Assim sendo, existem casos em que o psicólogo deve realizar um exame retrospectivo da capacidade, mas essas situações não são a norma.

Segundo, inimputabilidade é uma defesa legal para uma acusação criminal. Um achado de inimputabilidade é um veredito legal que resulta no acusado ser considerado inocente. Um achado de incapacidade conduz a um adiamento do procedimento legal. Por exemplo, um acusado que é considerado incapaz para se submeter a julgamento não é simplesmente libertado; é mais provável que seja encaminhado para uma instituição de saúde mental para recuperar a sua capacidade e, então, enfrentar o julgamento depois que sua capacidade estiver restaurada. Terceiro, os padrões para capacidade e inimputabilidade são imensamente diferentes. A inimputabilidade requer a presença de doença mental. Embora o limiar para capacidade envolva o estado mental do acusado, a maioria dos padrões de capacidade não requer a presença de uma doença mental, muito embora a maioria daqueles que são considerados incapazes padeçam de uma doença mental. Quarto, uma avaliação de capacidade não requer que o acusado admita ter cometido o crime. Os acusados apenas devem conhecer as acusações e compreender as consequências das suas ações em algum ponto do processo para serem capazes (Gutheil, 1999). Na verdade, um relatório focalizado unicamente na capacidade tipicamente não inclui qualquer declaração feita pelo acusado que seja referente ao crime (Sales, Miller e Hall, 2005). Essas distinções deverão ajudar a manter as duas questões separadas durante o restante do capítulo (ver Tabela 8.1, para um resumo).

Capacidade para submeter-se a julgamento (CST)

Nossa discussão sobre capacidade terá seu foco não somente na capacidade criminal, mas mais precisamente na capacidade para se submeter a julgamento (CST). A capacidade para se submeter a julgamento é o aspecto mais proeminente e frequentemente examinado da capacidade criminal. Alguns argumentam que a CST deve servir como um "projeto" para pesquisa e prática em outras áreas de capacidade que foram examinadas com menos frequência (Zapf, Viljoen, Whittemore, Poythress e Roesch, 2002, p. 171). Além do mais, decisões legais sugeriram que o padrão legal para a capacidade para se submeter a julgamento deve ser equiparado a outros casos em que surge a questão da capacidade (*Godinez* vs. *Moran*, 1993; *Regina* vs. *Whittle*, 1994).

Existe uma longa história no direito comum inglês de interromper os procedimentos legais porque os acusados eram incapazes para se submeterem a julgamento. Stafford (2003) diz que essa noção remonta à proibição contra julgamentos ***in absentia***. Um réu não pode estar ausente do seu próprio julgamento (isto é, *in absentia*). Essa prática evoluiu da necessidade de estar fisicamente pre-

Tabela 8.1 Comparação entre inimputabilidade e capacidade

Inimputabilidade	Capacidade
Foco no estado mental no momento do delito	Foco no estado mental em qualquer ponto ao longo do processo de adjudicação
Requer presença de doença mental	Não é necessário haver doença mental
Defesa legal para acusações criminais	Adia o processo de adjudicação
Requer admissão do crime	Não requer admissão do crime

sente ao próprio julgamento para a exigência de estar mentalmente presente no momento do julgamento. Os estatutos e a jurisprudência continuaram a refinar essas noções iniciais que enfatizavam a capacidade de um réu para assegurar a justiça e a exatidão dos procedimentos legais. O padrão canadense de capacidade, ou **aptidão** como é frequentemente denominado, define o indivíduo que não se mostra competente para se submeter a julgamento como alguém que não é capaz de entender a natureza dos procedimentos ou fazer objeção a eles, não consegue entender as consequências dos procedimentos ou se comunicar com o advogado. Entretanto, o padrão canadense requer especificamente que as inaptidões sejam resultado de um transtorno mental. O padrão dominante nos Estados Unidos está baseado na decisão da Suprema Corte em *Dusky* vs. *Estados Unidos* (1960). Dusky (1960, p. 402) determina que o acusado apresente "capacidade presente suficiente para se consultar com seu advogado com um grau razoável de entendimento racional – e tenha um entendimento racional e factual dos procedimentos contra ele". Esse padrão não requer especificamente uma doença mental (Cruise e Rogers, 1998), embora a maioria dos acusados considerada incapaz sofra de doença mental grave. A capacidade foi mais bem definida pelos tribunais federais (*Wieter* vs. *Settle*, 1961) e por estados específicos (p. ex., *Estado* vs. *Guatney*, 1980). As noções de capacidade nos Estados Unidos e Canadá são similares, mas o padrão dos Estados Unidos tende a resultar em um limiar mais alto para capacidade (Zapf e Roesch, 2001).

Prevalência da CST

As estimativas sugerem que 60.000 avaliações de capacidade acontecem a cada ano nos Estados Unidos (Bonnie e Grisso, 2000) e que esse número vem crescendo em mais de 25.000 com bastante consistência durante as duas últimas décadas (Steadman, Monahan, Harstone, Davis e Robbins, 1982). As estimativas variam, mas as avaliações de capacidade que acontecem antes de julgamento parecem ocorrer em 2 a 8% de todos os casos criminais (Hoge, Bonnie, Poythress e Monahan, 1992). Os advogados têm dúvidas quanto à capacidade do seu cliente em 15% de todos os casos criminais, com dúvidas menos frequentes em casos de delitos mais leves (Hoge et al., 1997), mas apenas obtêm avaliações de capacidade em metade desses casos (Poythress, Bonnie, Hoge, Monahan e Oberlander, 1994). Os advogados rotineiramente se referem ao baixo limiar para capacidade (isto é, é fácil ser julgado capaz, e difícil ser julgado incapaz) como uma das razões para não obterem mais avaliações de capacidade e frequentemente citam a passividade do cliente e a rejeição aos conselhos do advogado como razões para originalmente duvidar de sua capacidade (Hoge et al., 1992; Poythress et al., 1994). Por fim, apenas aproximadamente 20% dos réus encaminhados para avaliações de capacidade são julgados incapazes (Zapf et al., 2000b). As avaliações de CST são as que ocorrem com maior frequência no sistema legal (Warren et al., 2006) e mais dinheiro é gasto na avaliação, adjudicação e tratamento de pessoas possivelmente incapazes do que com qualquer outro tema forense (Golding, 1992b).

Procedimentos em CST

Embora os procedimentos variem de uma jurisdição para outra, existem alguns procedimentos geralmente universais envolvidos em avaliações de CST. Um réu é presumido legalmente capaz a menos que seja levantada uma ação de capacidade (Bullock, 2003). Qualquer um pode levantar a ação de capacidade, mas normalmente é o advogado de defesa que levanta a questão porque é no melhor interesse do acusado. Contudo, um juiz será obrigado a levantar a ação se houver alguma dúvida sobre a capacidade do réu (*Pate* vs. *Robinson*, 1966). Essa determinação poderá estar baseada em comportamento irracional, comportamento durante o julgamento ou na opinião de um perito (*Drope* vs. *Missouri*, 1975). Wulach (1980) identificou várias razões para assegurar a capacidade. Primeiro, um réu capaz aumenta a precisão do julgamento porque ele é capaz de comunicar os fatos do caso. Segundo, para assegurar justiça e o devido processo ao acusado, deve ser permitido que ele exerça seus direitos integralmente. Terceiro, a integridade do processo pode ser questionada tanto por razões legais quanto morais se os réus forem julgados incapazes. Quarto, o propósito da punição não será atingido se um réu for condenado e não entender o significado ou intenção da punição. Além dessas razões intencionais para assegurar a capacidade do acusado, alguns autores argumentam que a capacidade está sendo cada vez mais usada com o objetivo de estratégia no julgamento. Por exemplo, uma ação de capacidade pode ser levantada para evitar um julgamento ou para evitar uma sanção legal e, com isso, o acusado ser encaminhado para um hospital de saúde mental e não cumprir um tempo na prisão (Slovenko, 1995).

Depois de ser identificada a necessidade de avaliação da capacidade e essa avaliação estiver concluída, um relatório é submetido à corte. Nesse ponto, pode ser agendada uma audiência para examinar melhor os achados do relatório e possibilitar que o psicólogo forense que realizou a avaliação testemunhe. Todavia, essas audiências são normalmente muito breves e ocorrem raramente (Zapf et al., 2006). Na maioria dos casos, todas as partes envolvidas concordam com os achados do relatório.

Se as partes estipulam que o réu é capaz, o processo continua em direção ao julgamento. Se o réu for incapaz, existem vários resultados possíveis. O julgamento poderá ser adiado até que seja recuperada a capacidade do acusado. A recuperação pode ocorrer por meio de uma variedade de abordagens psiquiátricas, psicológicas e psicoeducativas que descreverei mais adiante. Entretanto, existem limites para o tempo que um acusado pode ser detido enquanto espera a recuperação da capacidade. Em *Jackson* vs. *Indiana* (1972), a Suprema Corte dos Estados Unidos decidiu que um acusado só pode ser institucionalizado por um período razoável de tempo para determinar se ele poderá ter a capacidade recuperada em um futuro previsível (Quadro 8.1). Se o acusado não for institucionalizado para recuperar a capacidade, as acusações poderão ser descartadas com a opção de que a acusação poderá apresentá-las novamente no futuro. Em qualquer um dos casos, o acusado pode enfrentar uma restrição civil, se por fim for determinado que ele não poderá recuperar sua

Quadro 8.1 Importância de *Jackson* vs. *Indiana* (1972)

Jackson vs. *Indiana* (1972) foi um caso da Suprema Corte que pretendia claramente melhorar o resultado terapêutico associado à institucionalização de réus incapazes. Antes de *Jackson*, os acusados considerados incapazes de se submeter a julgamento podiam ser mantidos institucionalizados por um tempo indefinido, independentemente do quanto fosse trivial o crime alegado. Theon Jackson era um surdo-mudo de 27 anos que não sabia ler ou escrever e praticamente não tinha capacidade de se comunicar. Ele foi originalmente acusado pelo furto de duas bolsas, em 1968, que totalizavam o valor de $9. Antes do julgamento, ele foi avaliado por dois diferentes peritos em saúde mental e considerado incapaz de se submeter a julgamento, porque seu retardo mental e a incapacidade de se comunicar impossibilitariam que ele entendesse a natureza dos procedimentos ou participasse de sua defesa. Como suas incapacidades não eram tratáveis, isso levou a uma sentença perpétua para Jackson. Essa prática era comum na época, já que muitos incapazes eram confinados em hospitais do estado durante anos e era muito mais provável que morressem ali do que um dia fossem libertados.

No entanto, o propósito da exigência de capacidade era assegurar justiça, e não parecia justo dar uma sentença perpétua a um homem por ter roubado duas bolsas. Como consequência, a Suprema Corte dos Estados Unidos considerou que os devidos direitos processuais de Jackson tinham sido violados devido à falha em obter um julgamento rápido e à continuidade do seu aprisionamento sem acusação criminal ou condenação contra ele. A corte definiu que ele deveria ser libertado ou então ser restringido civilmente depois de estar preso durante um período de tempo razoável. A corte não definiu melhor o que seria um período de tempo razoável, mas ele era frequentemente relacionado à quantidade de tempo que de outra forma um acusado cumpriria se fosse condenado pelo crime original.

capacidade em um futuro previsível ou se as acusações forem descartadas.

Avaliações de capacidade

No âmago do processo legal encontra-se a avaliação da capacidade. Muito parecido com as avaliações de inimputabilidade, parece haver uma concordância significativa entre a determinação final de capacidade do juiz e a avaliação do perito (Zapf, Hubbard, Cooper, Wheeles e Ronan, 2004). Entretanto, não existe uma abordagem padrão para realizar avaliações de capacidade e parece haver muita variabilidade. Borum e Grisso (1995) pesquisaram psicólogos e psiquiatras forenses em relação à sua prática padrão na condução de avaliações de capacidade para se submeter a julgamento. Eles encontraram que os psicólogos forenses estavam divididos de forma equilibrada quanto à importância de usar testes psicológicos, com 51% encarando os testes como essenciais e 49% vendo como opcionais. Esses psicólogos forenses também mencionaram que usavam medidas objetivas de personalidade (90%), testes neuropsicológicos (42%), instrumentos de capacidade (36%) e testes projetivos (33%). Heilbrun e Collins (1995) examinaram os relatórios de CST para identificar a prática padrão nessas avaliações. Eles encontraram que 15,3% dos relatórios incluíam menção a testes psicológicos, com o MMPI e a Escala de Inteligência Wechsler para Adultos – Revisada (WAIS-R) como as utilizadas com maior frequência. Lally (2003) descobriu que, entre os psicólogos forenses com maior conhecimento, 62% recomendavam o uso da versão atual do WAIS e 56% recomendavam uma medida forense específica de capacidade (p. ex., Instrumento de Avaliação de Capacidade de MacArthur– Adjudicação Criminal; MacCAT-CA).

Nicholson e Norwod (2000) examinaram os estudos disponíveis e encontraram a porcentagem de peritos que relataram ter usado diferentes métodos, com 85 a 100% relatando o uso de entrevista clínica, 45 a 93% relatando o uso do exame do estado mental, 9 a 69% relatando o uso de testes psicológicos e 0 a 25% relatando o uso de instrumentos forenses específicos para capacidade (ver Tabela 8.2). A composição das amostras e a possibilidade de terem sido incluídos psiquiatras forenses entre os psicólogos forenses (os psiquiatras tipicamente não são treinados na administração de testes psicológicos) podem ser explicações plausíveis para os índices reduzidos de uso de testes e a variabilidade, mas Nicholson e Norwood (2000) concluíram que isso não explicava toda a variabilidade. Os índices também variaram entre os estudos para exame de informações colaterais, sendo que de 0 a 96% dos peritos usaram a revisão dos registros (Nicholson e Norwood, 2000). Eles concluíram de um modo geral que parece não haver um padrão consistente de prática entre os psicólogos forenses que realizam avaliações de CST.

Medidas de capacidade

Diferente das avaliações de inimputabilidade, existem algumas medidas forenses destinadas a avaliar a capacidade de um indivíduo para se submeter a julgamento (Zapf e Viljoen, 2003). Além do mais, muito embora os testes especializados não sejam usados na maioria das avaliações de capacidade, o desenvolvimento contínuo dessas medidas marca um passo importante em direção ao desenvolvimento das avaliações padronizadas de capacidade (Zapf et al., 2002). Os instrumentos disponíveis refletem uma gama de métodos, desde questionários de autorrelato até instrumentos baseados em entrevistas. A utilização de instrumentos forenses padronizados focados especificamente na capacidade para se submeter a julgamento está em consonância com as tendências no campo da psicologia forense.

As duas primeiras tentativas de uma medida sistemática para avaliar a capacidade foram o Competence Screening Test (CST; Lipsitt, Lelos e McGarry, 1971) e o Instrumento de Avaliação de Capacidade para se Submeter a Julgamento (CAI;

Tabela 8.2 Frequência de uso das avaliações de capacidade

Método	Porcentagem de uso
Entrevista clínica	85 a 100
Exame do estado mental	45 a 93
Testes psicológicos	9 a 69
Exame de informações colaterais	0 a 96
Testes específicos de capacidade	0 a 25

Fonte: Nicholson e Norwood (2000).

McGarry, 1973). O CAI é uma medida de 13 itens que identifica 13 funções relacionadas à capacidade que podem ser avaliadas por meio de duas ou três perguntas de entrevista. Ele foi em boa parte criticado pela falta de normas e critérios de pontuação e por alguns dos pressupostos em que está baseado (Cruise e Rogers, 1998). O CST é um questionário de preenchimento de frases com 22 itens que foi desenvolvido como instrumento de exame, e consiste de itens como: "Se o júri me considerar culpado, eu ___". Cada item é pontuado de acordo com o nível de capacidade exibido na resposta (0 para uma resposta incapaz, 1 para uma resposta razoavelmente capaz e 2 para uma resposta capaz). O instrumento apresenta boa confiabilidade, mas altos índices de falso positivo, ou então tende a classificar uma série de pessoas capazes como incapazes (Nicholson, Robertson, Johnson e Jensen, 1988). Como consequência, a medida deixou de ser estudada durante a década passada (Stafford, 2003).

Outra medida de capacidade que foi desenvolvida e revisada a partir da sua versão original é o Teste de Capacidade da Corte da Geórgia – Mississipi Versão Revisada (GCCT-MSH). O GCCT incluía originalmente 17 itens que focavam na sala do tribunal e em práticas legais, nas acusações atuais e nas prováveis consequências e na relação do acusado com seu advogado (Widman et al., 1978). O GCCT foi revisado e agora inclui 21 itens planejados para rastrear os acusados que são claramente capazes para se submeterem a julgamento. É solicitado que os acusados identifiquem diferentes aspectos da sala do tribunal e depois respondam a uma série de perguntas na entrevista. Embora o instrumento apresente boa confiabilidade e validade (Nicholson, Briggs e Robertson, 1988), o GCCT e o GCCT-MSH foram criticados porque têm seu foco nas capacidades fundamentais (p. ex., a capacidade de se comunicar com seu advogado e a natureza das acusações) em vez das capacidades decisórias (isto é, a habilidade cognitiva geral) encontradas em outras medidas de capacidade (Zapf e Viljoen, 2003).

O Fitness Interview Test (FIT; Roesch, Webster e Eaves, 1984) e o Fitness Interview Test-Revised (FIT-R; Roesch, Zapf, Eaves e Webster, 1998) são entrevistas estruturadas baseadas no direito canadense. Eles são similares à Interdisciplinary Fitness Interview (IFI; Golding, Roesch e Shreiber, 1984), que está baseada no direito americano. O FIT e o FIT-R consistem de itens destinados a avaliar a psicopatologia e questões legais envolvidas na capacidade. As perguntas estão divididas em áreas específicas: a capacidade de entender a natureza dos procedimentos, a capacidade de entender as consequências potenciais e a capacidade de se comunicar com o próprio advogado. Pesquisas apoiaram o uso do FIT e FIT-R em termos de confiabilidade e validade (Viljoen, Roesch e Zapf, 2002; Zapf e Roesch, 1997).

A MacArthur Foundation Research Network desenvolveu os instrumentos mais recentes que se assemelham ao que há de mais moderno em medidas de capacidade: a Avaliação Estruturada das Capacidades de Réus Criminais de MacArthur (MacSAD-CD; Hoge et al., 1997) e o Instrumento de avaliação de Capacidade para Adjudicação Criminal de MacArthur (MacCAT-CA; Poythress et al., 1999). A MacSAD-CD foi originalmente desenvolvida para distinguir réus capazes de incapazes e para distinguir a natureza dinâmica da capacidade entre as distintas áreas quantificáveis (Hoge et al., 1997). As pesquisas encontraram que estava positivamente relacionada aos julgamentos clínicos de capacidade e negativamente relacionada à psicopatologia e déficits cognitivos (Stafford, 2003). Entretanto, a MacSAD-CD era difícil de ser administrada para propósitos clínicos e, assim, os autores criaram uma versão modificada, a MacCAT-CA. A MacCAT-CA enfatiza três áreas diferentes de capacidade: compreensão, raciocínio e apreciação. As primeiras indicações são de que a MacCAT-CA é solida em termos de sua confiabilidade e validade (Zapf, Skeem e Golding, 2005). No entanto, existem muitos itens que utilizam uma vinheta de caso hipotético que não se aplica diretamente à grande maioria dos casos (Rogers, Grandjean, Tillbook, Vitacco e Sewell, 2001; Zapf et al., 2005). Esse aspecto do instrumento limitaria a sua capacidade de generalização.

Pesquisas demonstraram de modo consistente que nos diferentes instrumentos de capacidade os acusados incapazes tinham um desempenho mais pobre (Hoge et al., 1996; Nicholson e Kluger, 1991). Entretanto, existem algumas considerações especiais na utilização desses instrumentos. Devido ao baixo limiar para que se considere um acusado capaz, é importante ter instrumentos que permitam que os especialistas examinem com rapidez os acusados potenciais que irão claramente atingir o limiar baixo (Zapf e Viljoen, 2003). Embora essas medidas permitam uma abordagem padronizada que provavelmente conduzirá a resultados mais confiáveis, basear-se em uma única medida sem considerar questões contextuais pode dificultar o seu uso em avaliações individualizadas de capacidade (Zapf e Viljoen, 2003).

Como resultado, não seria recomendável que o psicólogo forense simplesmente baseasse uma decisão de capacidade no escore de uma dessas únicas medidas.

Uma abordagem abrangente das avaliações de capacidade

Além do uso de medidas específicas de inteligência, psicopatologia ou mesmo instrumentos forenses especializados, está a consideração de uma abordagem geral da avaliação da capacidade. Muitos argumentaram que os psicólogos forenses com frequência estão equivocados na sua abordagem para tratar de questões legais relacionadas à capacidade (Winick, 1995b). Grisso (1988) defende o conhecimento claro da noção legal de capacidade e de em que medida ela diverge dos constructos psicológicos relacionados. Além disso, identifica cinco objetivos que permitem a tradução da "definição legal e procedimentos de capacidade para se submeter a julgamento em objetivos para avaliações de capacidade" (Grisso, 1988, p. 11). Grisso (1988) argumenta que as avaliações de capacidade devem incluir uma descrição *funcional* das habilidades específicas, uma explicação *causal* dos déficits em habilidades de capacidade, o significado interativo dos déficits em habilidades de capacidade, opiniões *conclusivas* sobre capacidade e incapacidade legal e uma reparação *prescritiva* dos déficits em habilidades de capacidade.

É importante o foco nas **habilidades funcionais** do acusado, examinando os seus pontos fortes e fracos quando estes se aplicam ao padrão legal. Em vez de o psicólogo forense focar em habilidades gerais como inteligência e doença mental, ele deve descrever a relação dessas habilidades gerais e o seu impacto na capacidade do indivíduo de se comunicar com um advogado, entender os procedimentos legais ou descrever a incapacidade de fazer isso durante o julgamento por causa de alguns déficits. O objetivo *causal* incentiva o psicólogo forense a explicar a base dos déficits funcionais anteriormente identificados. A base para esses déficits é normalmente a doença mental, mas também pode estar relacionada a uma falta de conhecimento ou ao pouco conhecimento sobre o processo legal ou determinantes situacionais como fadiga ou simulação (Grisso, 1988). O objetivo *interativo* encoraja uma identificação dos aspectos específicos do julgamento que podem ter algum impacto nas dificuldades funcionais. Esse objetivo leva em consideração que dois réus com habilidades idênticas podem apresentar níveis diferentes de capacidade, dada a natureza dos seus julgamentos diferentes. Um deles pode estar sendo julgado por um roubo menor, estar em liberdade condicional e ter várias testemunhas independentes que vão atestar sua culpa. Outro réu pode estar em julgamento por assassinato e ser a única testemunha capaz de descrever os acontecimentos do assassinato. O nível de estresse envolvido para o acusado de assassinato pode fazer com que o seu funcionamento se deteriore significativamente durante seu julgamento, enquanto o outro acusado terá poucos problemas. O objetivo interativo leva em conta que podem ser necessárias habilidades diferentes para os diferentes julgamentos. Grisso (1988) encoraja os especialistas a chegarem a uma opinião conclusiva ou tratarem da questão legal final em sua avaliação, embora reconheça que outros especialistas vão discordar de que tais opiniões devam ser dadas e incentiva os especialistas a tomarem a decisão sozinhos. Por fim, Grisso (1988) argumenta que o psicólogo forense deve reunir informações que sejam relevantes para a disposição do acusado para fazer recomendações *prescritivas*. As informações que tratam da probabilidade de o acusado responder ao tratamento e os melhores programas disponíveis auxiliarão a corte na determinação da melhor opção para ele. Mesmo que o objetivo da avaliação da capacidade não seja determinar se o acusado precisa de tratamento, abordar o melhor curso de ação para tratar dos déficits auxilia a corte na adjudicação do acusado no final das contas.

Conforme observado anteriormente, é importante que se avalie a simulação em qualquer avaliação forense, e a capacidade não é exceção. Apesar do baixo limiar para a capacidade, a natureza dos déficits potenciais (p. ex., falta de compreensão dos conceitos legais, má vontade na comunicação com o advogado) e a possibilidade de adiar uma condenação criminal podem encorajar a simulação nos acusados que aguardam julgamento. Atualmente, não está claro o grau em que os acusados tentam fingir nas avaliações de CST. Psicólogos forenses estimaram que mais de 15% das suas avaliações de CST são coloridas pela simulação (Rogers, Salekin, Sewell, Goldstein e Leonard, 1998; Rogers, Sewell e Goldstein, 1994). Em um estudo, Gothard, Viglione, Meloy e Sherman (1995) encontraram que 12,7% dos encaminhados para exame de capacidade estavam simulando. Pesquisas sugeriram ainda que muitas das medidas de capacidade examinadas anteriormente estão em risco com indivíduos que fingem ou simulam doença mental (Rogers, Sewell, Grandjean e Vitacco, 2002). Entretanto, uma medida de capacidade para se submeter a julgamento, a Avaliação de Capacidade para se Submeter a Julgamento – Revisada (ECST-R), avalia especificamente as tentativas de fingir incapacidade e já apresentou algum sucesso (Rogers, Jackson, Sewell e Harrison, 2004; Rogers et al., 2002). Se uma medida específica como a ECST-R for utilizada ou não, uma avaliação da simulação é um aspecto importante para qualquer avaliação de capacidade.

Características dos réus incapazes

Ao identificarmos as características daqueles acusados que são considerados incapazes ou capazes, obtemos algum entendimento das características que mais provavelmente levam a uma decisão legal particular e ao processo de decisão clínica dos peritos no campo, dado o índice extremamente alto de concordância entre a opinião dos peritos e a decisão legal final (Zapf et al., 2004). A revisão de Nicholson e Kluger (1991) identificou inúmeras variáveis relacionadas às decisões de capacidade e incapacidade. Desde aquela época, estudos mais recentes identificaram melhor essas características. Cochrane, Grisso e Frederick (2001) examinaram 1.710 acusados federais e encontraram que 43% dos que receberam diagnóstico de psicose, 38% dos que receberam um diagnóstico orgânico e 30% dos que receberam um diagnóstico de retardo mental foram considerados incapazes para se submeterem a julgamento. Outro estudo encontrou que os acusados que sofriam de transtorno psicótico tinham cinco vezes mais probabilidade de serem considerados incapazes (Zapf et al., 2004). Um estudo recente confirmou essa tendência e também encontrou claramente que, embora os diagnósticos de psicose estivessem relacionados à incapacidade, a maioria dos acusados psicóticos foi considerada capaz (Warren et al., 2006).

Surgiram preocupações desde que um estudo inicial sobre capacidade verificou que as variáveis demográficas (p. ex., idade, etnia) eram melhores na predição da capacidade do que as variáveis clínicas (p. ex., sintomas atuais) (Rogers, Gillis, McMain e Dickens, 1988). A preocupação surgiu porque se as variáveis demográficas fossem os principais determinantes de capacidade, isso seria sugestivo de parcialidade. Entretanto, pesquisas mais recentes não apoiaram esse achado inicial. Hart e Hare (1992) não encontraram tendências de idade ou etnia e, mais uma vez, identificaram a psicose como o maior determinante de um achado de incapacidade. Cooper e Zapf (2003) encontraram que a situação de emprego era a única variável demográfica que predizia incapacidade em 468 acusados criminais esperando por julgamento e encaminhados para avaliação de capacidade. Além do mais, a situação de emprego é provavelmente uma variável relacionada à doença mental, uma vez que os indivíduos mentalmente doentes têm menor probabilidade de estarem empregados. Entretanto, um estudo recente encontrou, em 12 anos e em mais de 8.000 avaliações, que os acusados mais velhos e pertencentes a minorias tinham maior probabilidade de serem identificados como incapazes, embora outros fatores fossem mais importantes na determinação da capacidade (Warren et al., 2006). Até o presente momento, não parece ter sido apresentada uma conclusão clara sobre a relação entre capacidade e fatores demográficos.

Embora as acusações criminais não sejam um elemento formal nos padrões de capacidade, muitos psicólogos forenses encorajam o uso de elementos contextuais em avaliações de capacidade (Zapf et al., 2006). Contudo, as pesquisas foram inconsistentes em relação a fatores contextuais, como um suposto crime (ver Warren et al., 2006). Entretanto, mesmo os estudos que encontraram índices diferentes de capacidade entre os acusados, dependendo da gravidade da acusação, descobriram que as diferenças de gravidade do crime desaparecem quando são controladas outras variáveis como a doença mental (Cochrane et al., 2001; Cooper e Zapf, 2003). Mesmo que os acusados que cometem crimes mais graves tenham maior probabilidade de serem considerados capazes, essas relações não são tão significativas quanto as relações com a psicopatologia na explicação das decisões finais sobre capacidade (ver Warren et al., 2006). Esses resultados sugerem que a gravidade do crime está relacionada à doença mental e que ela é a variável que na realidade está relacionada à determinação de capacidade ou incapacidade.

Outras variáveis relacionadas à capacidade

Existem outras variáveis relacionadas aos achados de capacidade. Estudos examinaram as diferenças profissionais entre psicólogos forenses e psiquiatras forenses na condução das avaliações de capacidade. Os psicólogos forenses têm maior probabilidade de usar informações colaterais, produzir mais anotações clínicas e preencher relatórios que são classificados como mais úteis pelos profissionais legais (Petrella e Poythress, 1983). Muito embora psicólogos e psiquiatras forenses não se diferenciem em sua visão sobre a importância dos testes psicológicos, os psicólogos forenses têm muito mais probabilidade de usar testes psicológicos nas avaliações de competência do que os psiquiatras forenses (Borum e Grisso, 1995). Warren e colaboradores (2006) descobriram que os psicólogos realizam entrevistas mais longas com os acusados, gastam mais tempo preparando as avaliações de capacidade e têm maior probabilidade de usar testes psicológicos e neuropsicológicos. Esses achados são especialmente interessantes, dado que os juízes e advogados favoreciam os psiquiatras em relação aos psicólogos na realização de avaliações para o tribunal (Redding, Floyd e Hawk, 2001). Os resultados também sugerem que os psicólogos têm maior probabilidade de considerar os acusados incapazes do que os psiquiatras (Warren et al., 2006).

Outro aspecto da avaliação de capacidade que também foi examinado é o contexto em que foi realizada a avaliação (Warren, Rosenfeld, Fitch e Hawk, 1997). Historicamente, as avaliações de capacidade aconteciam em ambientes de internação, como hospitais. Entretanto, essas avaliações estão cada vez mais ocorrendo fora dessas situações de internação (Grisso, Cocozza, Steadman, Greer e Fisher, 1996). Tais mudanças são mais econômicas por natureza, mas também têm implicações para a determinação final da capacidade. Embora algumas pesquisas não tenham encontrado diferenças (Edens, Poythress, Nicholson e Otto, 1999), outros estudos encontraram diferenças na avaliação da capacidade nos diferentes contextos (Heilbrun e Collins, 1995; Warren et al., 2006). Heilbrun e Collins (1995) encontraram que 47% das avaliações realizadas em contextos ambulatoriais usavam testagem psicológica, enquanto apenas 13% das realizadas em contextos de internação a utilizavam. Warren e colaboradores (2006) descobriram que as avaliações em ambientes de internação envolviam mais avaliadores e entrevistas clínicas mais frequentes, mas de um modo geral levavam menos tempo do que as avaliações fora de contextos de internação. Também havia diferenças nas informações colaterais solicitadas e coletadas, bem como o tipo de testagem utilizada.

Âmbito da prática nas avaliações de capacidade

Como foi dito nos capítulos anteriores, é importante examinarmos as limitações da prática clínica no que se refere às avaliações de capacidade. Você poderá achar que como a capacidade é a questão de saúde mental abordada com maior frequência e como o limiar para a capacidade é baixo, existe pouco interesse nas limitações potenciais. Porém, argumenta-se que existem muitos problemas com as avaliações de capacidade (Bardwell e Arrigo, 2002). Por exemplo, Bardwell e Arrigo (2002) argumentam que os profissionais de saúde mental às vezes confundem capacidade com inimputabilidade e realizam avaliações que tentam abordar os dois aspectos simultaneamente, e aplicam incorretamente os padrões de um ao outro. Skeem, Golding, Cohn e Berge (1998) encontraram que em 100 avaliações de capacidade para se submeter a julgamento selecionadas aleatoriamente os avaliadores raramente incorporavam informações de relevância legal ou abordavam a linha de raciocínio subjacente às suas conclusões psicológicas.

Outra preocupação reside em haver um alto índice de concordância entre as avaliações de saúde mental e as determinações judiciais de capacidade, o que corresponde a uma tomada de decisão *default* pelo psicólogo forense que está avaliando. Winick (1995b) comentou que os tribunais simplesmente delegaram a sua capacidade de decisão aos profissionais da saúde mental e, assim, diminuíram as diferenças entre as decisões legais e clínicas. A concordância entre as opiniões dadas pelos psicólogos forenses e as determinações judiciais finais está com frequência estimada acima de 90%. Um estudo encontrou apenas uma única discordância em mais de 300 avaliações de capacidade (Zapf et al., 2004). O índice de 90% pode ser uma subestimação porque o processo de capacidade frequentemente não é concluído já que as acusações criminais são retiradas ou os casos são negociados pela defesa. Um estudo ainda relatou que, na maioria dos casos (59%), os juízes não realizavam uma audiência formal e simplesmente se baseavam nos relatórios de capacidade fornecidos pelos profissionais de saúde mental para tomarem uma decisão informal (Roesch e Golding, 1980). Poderia ser argumentado que se os relatórios de capacidade estão sendo usados como a única base para uma determinação legal, o psicólogo forense estaria, por extensão, tratando de um assunto legal e não mais um assunto psicológico. Entretanto, não fica claro se o alto índice de concordância seja resultado de o sistema legal abdicar de sua responsabilidade, ou um reflexo do limiar relativamente baixo para a capacidade e devido à alta qualidade dos relatórios.

Recuperação da capacidade

Mesmo que o tratamento não seja diretamente relevante para a ação de verificação de capacidade, o tratamento ou recuperação da capacidade é tipicamente a ênfase principal para aqueles indivíduos que são julgados incapazes. Conforme dito anteriormente, *Jackson vs. Indiana* (1972, p. 738) concluiu que os acusados incapazes "não podem ser retidos por mais do que um período de tempo razoável para determinar se existe uma probabilidade substancial de que [eles] alcancem a capacidade em um futuro previsível". Embora a resposta ao tratamento não seja parte inerente das decisões de capacidade, as jurisdições geralmente incluem provisões para determinar a recuperação da capacidade depois que um acusado foi considerado incapaz (Nicholson e McNulty, 1992). **Recuperação da capacidade** se refere ao processo por meio do qual a capacidade de um acusado incapaz é restaurada, de modo que o processo legal possa continuar. A recuperação da capacidade pode ser alcançada por meio do uso de medicação psicotrópica, psicoterapia e intervenções psicoeducativas em que o indivíduo é instruído sobre o sistema legal. A recuperação da capacidade tende a ter sucesso, já que menos de um quarto dos acusados são identificados, numa avaliação inicial, como improváveis de ter a capacidade restaurada (Warren et al., 2006), e menos de 10% dos acusados incapazes são de fato incapazes de ter a capacidade restaurada (Nicholson, Barnard, Robbins e Hankins, 1994; Nicholson e McNulty, 1992).

Em geral, os acusados incapazes passam por hospitalizações curtas. Nicholson e McNulty (1992) encontraram que o tempo médio de permanência de 150 acusados incapazes escolhidos aleatoriamente foi de 68,8 dias e que apenas 5,5% destes ficaram retidos por seis meses. Contudo, a maioria dos estudos sugere que os acusados incapazes têm mais probabilidade de ficar hospitalizados por 4 a 6 meses (Bennett e Kish, 1990; Golding, Eaves e Kowaz, 1989; Rodenhauser e Khamis, 1988). Embora Jackson não tenha definido uma duração de tempo razoável, esses resultados parecem estar de acordo com a determinação da corte. Também houve inúmeras variáveis relacionadas à duração da permanência no hospital. Os acusados mais velhos e desempregados, com internações psiquiátricas anteriores, que estavam vivendo sozinhos ou em uma instituição e tinham sido diagnosticados com psicose ou transtorno orgânico passavam por hospitalizações mais longas (Nicholson e McNulty, 1992).

O baixo índice de base dos acusados que não recuperou a capacidade apresenta um problema para a identificação de características relacionadas à resposta pobre ao tratamento dos acusados incapazes. Golding (1992b) sugeriu que um funcionamento pobre anterior ao início da doença mental, sintomas negativos (ou seja, sintomas que são caracterizados pela omissão de características normais, como afeto rígido ou inadequado), a história psiquiátrica passada e a história de resposta ao tratamento são os melhores preditores de resposta ao tratamento em acusados incapazes. Carbonell, Heilbrun e Friedman (1992) tentaram identificar uma lista de preditores em uma amostra de acusados originalmente julgados incapazes e incluíram 38% da amostra que não havia recuperado a capacidade no espaço de 3 meses. Embora tenham conseguido identificar os indivíduos que não podiam ser recuperados com uma precisão de 77,2% na amostra original, eles somente conseguiram alcançar uma precisão de 59,5% usando as mesmas variáveis em uma mostra de *follow-up* com o mesmo alto índice de base de acusados incapazes que não eram recuperáveis (38%).

Entretanto, a maioria dos estudos não apresenta números suficientes de indivíduos que não puderam retornar a serem capazes e, em vez disso, examinam variáveis relacionadas às predições feitas pelos avaliadores quanto à recuperação da capacidade. Hubbard e Zapf (2003) examinaram as variáveis relacionadas à recuperação da capacidade em uma pequena amostra de acusados incapazes, dos quais alguns eram considerados recuperáveis (37,1%), alguns não poderiam recuperar a capacidade (21,3%) e outros não tinham uma previsão claramente identificada no relatório original (41,6%). Eles descobriram que aqueles indivíduos que recuperavam a capacidade tinham maior probabilidade de ter uma história criminal prévia, uma acusação atual de violência, um diagnóstico não psicótico menor, contato prévio com saúde mental, hospitalização prévia e uso anterior de medicação psicotrópica. Esses resultados foram similares a uma amostra maior de alguns pesquisadores (Hubbard, Zapf e Ronan, 2003). Outro estudo encontrou que os indivíduos considerados como incertos ou improváveis de terem sua capacidade recuperada eram mais velhos e homens. Os candidatos com menor probabilidade de recuperação também tinham menor probabilidade de terem condenações anteriores e maior probabilidade de serem diagnosticados com transtornos psicóticos e do humor (Warren et al., 2006). Existe algum consenso nas pesquisas limitadas de que os acusados improváveis de serem recuperados sofrem de doença mental mais grave e têm uma história criminal menos extensa.

Programas de recuperação da capacidade

Surpreendentemente, há poucas pesquisas sobre recuperação da capacidade e sobre o tratamento dos acusados considerados incapazes, justamente em um momento em que alguns questionam a eficácia do tratamento desses indivíduos (Mumley, Tillbrook e Grisso, 2003). A escassez de pesquisas pode ocorrer porque a recuperação da capacidade é simplesmente a implementação de abordagens tradicionais de tratamento para melhorar a saúde mental geral, mas essa noção parece um contrassenso à luz do uso crescente de unidades forenses especializadas em tratar esse tipo de criminosos (Clark, Holden, Thompson, Watson e Wightman, 1993). Ao contrário do movimento do processo de avaliação feito em nível ambulatorial, o tratamento de acusados incapazes permaneceu em sua maior parte dentro das instituições de tratamento (Miller, 2003). As pesquisas que compararam as duas abordagens são ainda mais escassas do que o apoio empírico à recuperação da capacidade em geral.

Um passo inicial na maioria das intervenções para recuperação da capacidade é a administração de medicação, principalmente para reduzir os sintomas psicóticos (Cooper e Grisso, 1997). Essa abordagem parece muito relevante, dada a relação entre psicose e incapacidade e a possibilidade de recuperação dos acusados incapazes. Nicholson e Kugler (1991) realizaram uma metanálise e encontraram que os acusados incapazes tinham maior probabilidade de terem um diagnóstico de psicose, apresentavam doença mental grave e haviam sido hospitalizados anteriormente. O acusado incapaz típico exibe prejuízo psiquiátrico significativo e as partes legais parecem levar esse prejuízo em consideração quando encaminham os indivíduos para avaliações de capacidade. No entanto, a administração de medicação não é rotina quando se lida com acusados incapazes. Para alguns deles, pode parecer uma opção muito razoável recusar a medicação para evitar a condenação. Porém, os tribunais continuam mantendo o direito do estado de medicar os indivíduos à força (*Riggins* vs. *Nevada*, 1992; *Sell* vs. *Estados Unidos*, 2002; *Washington* vs. *Harper*, 1990). Não somente *Sell* como outros casos solidificaram o direito do governo de medicar um acusado contra a sua vontade, como também as pesquisas sugerem que os acusados incapazes rotineiramente não recusam a medicação por estratégia legal, mas o fazem devido a delírios sobre a medicação ou à negação da sua doença mental (Ladds e Convit, 1994).

Além da medicação, a recuperação da capacidade tipicamente envolve um componente educativo ou psicoeducativo. Ao falar sobre recuperação da capacidade na minha classe, tipicamente entro em uma discussão elaborada sobre a complexidade do processo e digo que é muito difícil tentar comunicar aos estudantes a natureza de um processo como esse. Então apresento o vídeo de uma cena na sala de tribunal do filme *Questão de honra* ou um episódio do programa de televisão *Lei e ordem* (ver Figura 8.1). Depois mostro o esboço da planta de uma sala de tribunal com a cadeira do juiz, a área reservada para o júri, as duas mesas dos advogados e os outros respectivos participantes e interrogo a turma sobre onde cada um se senta e qual o seu propósito. Obviamente, os meus comentários anteriores a respeito da complexidade do processo parecem ridículos porque esse aspecto da recuperação da capacidade tende a ser muito simples. Lembre-se, o limiar para a capacidade é muito baixo. Um acusado precisa ser capaz de se comunicar com o seu advogado e compreender a natureza dos procedimentos legais. Se uma acusada está medicada e foi tratada a sua crença delirante de que ela é Britney Spears, ela somente precisará ser instruída sobre a natureza e as consequências do processo. Ela consegue identificar o juiz e o júri? Eles estão lá para persegui-la ou devem ser objetivos e ajudá-la a decidir se ela é culpada? Estes são os tipos de questões que são abordadas no componente psicoeducativo da recuperação da capacidade.

Em geral, esse tipo de abordagem tem sido efetivo. Siegel e Elwork (1990) descreveram um grupo psicoeducativo que se reuniu uma hora por semana durante sete semanas. O grupo consistia de palestras, apresentações em vídeo, uso de modelos de sala de júri, dramatização e solução de problemas com o foco especificamente na capacidade para se submeter a julgamento. Um grupo-controle recebeu tratamento idêntico quanto à duração de tempo envolvida, mas focou em problemas mais gerais de saúde mental. Os resultados mostraram que o grupo experimental apresentou maior progresso e tinha maior probabilidade de ser considerado capaz.

Entretanto, pode haver algumas questões na aplicação desses achados a todos os acusados incapazes. Nem sem-

Figura 8.1 Uma foto do personagem de ficção, Dr. George Huang. *Lei e ordem* e B.D. Wong (Huang) foram reconhecidos publicamente pela sua retratação acurada da psicologia/psiquiatria forense. © Universal TV/The Kobal Collection.

pre é o caso de que os acusados considerados incapazes recebam tratamento especializado. Eles com frequência receberam o mesmo tratamento geral que os pacientes psiquiátricos responsabilizados civilmente (Grisso, 1992) e as condições gerais em hospitais de saúde mental foram criticadas (Winick, 1983). Os tribunais ainda definiram que os acusados incapazes sejam geralmente encaminhados a instituições de segurança máxima em hospitais mentais, e isso pode ser contrário a um tratamento efetivo (*Covington* vs. *Harris*, 1969). Devido a essas críticas, é importante perceber que um tratamento tradicional para acusados incapazes não será necessariamente efetivo, mas o tratamento psicoeducativo parece ser efetivo se os pacientes forem capazes de prestar atenção, de se concentrar e cooperar (Brown, 1992). Também pode ser argumentado que alguns tratamentos psicoeducativos encorajam uma capacidade artificial em que os acusados, especialmente aqueles que sofrem de retardo mental, podem conseguir passar em um exame de múltipla escolha sobre os diferentes componentes de uma sala de tribunal devido à sua informação imediata recente, mas não melhoram verdadeiramente na sua compreensão inerente e na assistência durante o processo. Além disso, os acusados que recebem tratamento involuntário também se beneficiam (Ladds e Convit, 1994); de fato, um estudo demonstrou que os acusados que inicialmente recusaram medicação tinham maior probabilidade de recuperarem a capacidade (Rodenhauser e Khamis, 1988). Por fim, há muito poucas informações sobre os acusados incapazes que recuperam a capacidade e os índices de recidiva. Beckham, Annis e Bein (1986) realizaram um pequeno estudo e descobriram que 14% dos pacientes que recuperavam a capacidade reincidiam, e que uma diminuição na medicação no momento da alta e o enfrentamento de uma acusação mais grave estavam relacionados à recidiva.

Outras capacidades criminais

A discussão até agora se concentrou na capacidade para se submeter a julgamento devido à ampla literatura sobre esse aspecto (Zapf et al., 2002) e as decisões legais que equacionam diferentes ações de verificação de capacidade (*Godinez* vs. *Moran*, 1993). Apesar do incentivo do sistema legal de tratar a capacidade identicamente nos diferentes pontos do processo de adjudicação, os estudiosos continuam a argumentar por avaliações específicas para o contexto em que são examinadas as capacidades necessárias para se defender, confessar, ser sentenciado ou executado. Contudo, ainda existem outros estudiosos que argumentam que não há apoio empírico para a noção de que diferentes contextos requerem diferentes habilidades, apesar dos apelos na literatura para tratá-los como tal (Coles, 2004).

Capacidade para ser executado

Apesar de a Suprema Corte dos Estados Unidos ter decidido que a capacidade é um aspecto significativo em dois grupos de acusados (os que sofrem de retardo mental e os jovens), para que a pena de morte possa ser executada, a capacidade para execução é levantada com crescente frequência (Heilbrun, 1987). As proibições contra a execução de um acusado incapaz têm raízes históricas separadas da capacidade geral e aludem à noção do século XIII de que aquele que está enfrentando a execução deve ser capaz de colocar os seus assuntos espirituais em ordem para se preparar para enfrentar Deus (Heilbrun, 1987). A capacidade para ser executado é um tema mais frequente devido ao estresse sofrido pelos que são condenados e passam anos no corredor da morte. Em *Ford* vs. *Wainwright* (1986), um caso da Suprema Corte dos Estados Unidos que reconheceu formalmente os direitos dos réus que enfrentam execução, Alvin Ford começou a apresentar um crescente comportamento delirante enquanto estava no corredor da morte. Seu comportamento estranho começou com uma ideia peculiar ocasional, mas se tornou mais séria e incluía uma conspiração complexa que envolvia a Ku Klux Klan e os guardas da prisão, tortura e abuso das suas parentes do sexo feminino, uma situação de reféns envolvendo os membros de sua família e a sua indicação como Papa. Embora a corte tenha reconhecido que Ford não era suficientemente capaz para ser executado, ela não definiu um padrão específico de capacidade para ser executado. No entanto, pesquisas começaram a examinar medidas forenses especializadas para serem usadas nessas avaliações (Ackerson, Brodsky e Zapf, 2005; Zapf, Boccaccini e Brodsky, 2002). As avaliações de capacidade para ser executado (CFE) podem ser especialmente problemáticas para os psicólogos forenses devido às questões políticas e éticas inerentes envolvidas na punição capital.

Como resultado, os psicólogos forenses devem estar conscientes das suas parcialidades pessoais quando chegam às suas conclusões (ver Capítulo 3).

Capacidade para renunciar aos direitos de Miranda

Outra área de capacidade que recebeu atenção é a capacidade para confessar e abrir mão do direito a um advogado. Nos Estados Unidos, a capacidade para confessar e dispensar um advogado está vinculada à decisão da Suprema Corte em *Miranda* vs. *Arizona* (1966), em que critérios específicos foram identificados para que os suspeitos fossem interrogados e realizassem confissões. Como consequência, capacidade para confessar e abrir mão dos direitos de *Miranda* são geralmente intercambiáveis nos Estados Unidos (Brodsky e Bennett, 2005), muito embora existam outros fatores que devem ser considerados ao se avaliar se uma confissão é válida (Greenfield e Witt, 2005). *Miranda* estabeleceu que os suspeitos devem ter capacidade para deliberada, voluntária e inteligentemente abrir mão dos seus direitos. Grisso (2003b) afirmou que um suspeito deve ser capaz de entender as palavras e expressões incluídas na advertência Miranda e ter clareza a respeito do propósito da advertência Miranda como, por exemplo, a natureza competitiva do sistema legal e o direito contra a autoincriminação. Foram desenvolvidas medidas forenses especializadas com o objetivo de avaliar a capacidade para confessar, mas existem discordâncias quanto à confiabilidade e validade desses instrumentos (Grisso, 2004; Rogers, Jordan e Harisson, 2004). Por outro lado, a capacidade para abrir mão de um advogado foi um aspecto do julgamento de Colin Ferguson. Colin Ferguson realizou uma matança em dezembro de 1993, em que assassinou 6 passageiros em um trem de Nova York e feriu outros 19. Ele insistiu continuamente e, por fim, lhe foi concedido o direito de ser seu próprio advogado e apresentar o seu caso diante do júri. Embora tenha conseguido objetar com eficiência a vários aspectos dos argumentos do promotor, seu comportamento incomum e a sugestão de que foi outro homem quem abriu fogo no trem levou por fim a que ele cumprisse seis sentenças consecutivas.

Capacidade para recusar defesa por inimputabilidade

Outro aspecto da capacidade com que se defrontam os tribunais é a capacidade para recusar defesa por inimputabilidade. Embora os tribunais não tenham sido completamente consistentes sobre a questão (Litwack, 2003), *Frendak* vs. *Estados Unidos* (1979) concluiu que um acusado deve ter conhecimento da possibilidade de apelo e das consequências de entrar com uma alegação de inimputabilidade. A capacidade para recusar uma defesa por inimputabilidade foi uma característica central no julgamento criminal de Ted Kaczynski, o notório "Unabomber". Kaczynski, durante três décadas, enviou pelo correio várias bombas a diversas pessoas que trabalhavam em ambientes de universidade e indústria, devido a uma crença nos males inerentes ao progresso tecnológico. Suas ações resultaram na morte de 3 indivíduos e ferimentos em quase 30. Kaczynski foi inflexível em seu julgamento, objetando-se a alegar inimputabilidade, contrariamente aos conselhos do seu advogado, porque não queria ser visto como doente mental. Ele acreditava que ser mentalmente doente diminuiria a credibilidade dos seus argumentos sobre o progresso tecnológico. No entanto, concordou com uma apelação para evitar a pena de morte e a causa não foi decidida pela corte (Quadro 8.2).

Capacidades civis

Completamente separados das capacidades criminais, estão os aspectos civis da capacidade. A capacidade é levantada em uma variedade de ações que incluem emprego, capacidade profissional, capacidade de uma testemunha, capacidade para consentir com atividade sexual, ca-

Quadro 8.2 O caso de capacidade de Ted Kaczynski

Ted Kaczynski foi chamado de *Unabomber* depois de quase duas décadas de uma longa série de envios de bombas nos Estados Unidos entre o final da década de 1970 e o começo dos anos 1990. No entanto, Kaczynski não era apenas um lunático enlouquecido que agia sem consciência do mundo à sua volta. Ele nasceu e cresceu em Chicago, e o sistema escolar reconheceu que ele era uma criança brilhante logo no começo da sua vida. Ele conseguiu pular um ano na escola, formou-se na escola secundária e foi admitido na Universidade de Harvard aos 16 anos. Depois de se formar em Harvard, recebeu seu Ph.D. em matemática na Universidade de Michigan e obteve uma indicação para trabalhar no departamento de matemática na Universidade de California-Berkeley. Em seguida, abandonou sua posição e começou a sua série de bombas, começando com o primeiro pacote sendo endereçado a um professor do noroeste, em 1978, e terminando com o assassinato do diretor da California Forestry Association, em 1995. A justificativa para o envio das bombas foi colocada no seu trabalho de 35.000 palavras intitulado *Sociedade industrial e seu futuro*, ou mais comumente chamado de Manifesto do Unabomber, em que ele argumentava contra a utilização da tecnologia moderna. O irmão mais novo de Kaczynski o delatou ao FBI depois de reconhecer aspectos do Manifesto. Kaczynski, por fim, admitiu-se culpado para evitar a pena de morte e está cumprindo prisão perpétua sem a possibilidade de liberdade condicional.

Um aspecto interessante na preparação do julgamento foi a recusa de Kaczynski em alegar inimputabilidade, apesar da insistência dos seus advogados. Entretanto, um acusado deve ser capaz não apenas de se submeter a julgamento, mas também de recusar uma defesa por inimputabilidade. Ao examinarmos a sua capacidade para se submeter a julgamento e sua tentativa abortada de defender a si mesmo no tribunal, existem vários aspectos que apoiariam a sua capacidade. Kaczynski era extremamente inteligente, compreendia o sistema legal, era capaz de se comunicar com seus advogados, entendia as consequências de um veredito e tinha habilidades sociais suficientes para apresentar um comportamento adequado em sua defesa diante do tribunal. Entretanto, havia várias características que colocavam em questão a sua capacidade. Ele foi diagnosticado como sofrendo de esquizofrenia paranoide e apresentava crenças delirantes significativas descritas em seu Manifesto. Ele tinha problemas constantes com figuras de autoridade, não cooperava com seus advogados e provavelmente teria tido dificuldades em testemunhar e se manter dentro do assunto caso testemunhasse. O caso de Kaczynski é um exemplo razoável da dificuldade para se avaliar a capacidade de muitos indivíduos que apresentam pontos fortes claros e déficits claros que se relacionam com a sua capcidade para entender os procedimentos legais e ajudar na sua defesa.

pacidade para participar de mediação, capacidade para fazer um testamento, capacidade para contratar, capacidade para tomar decisões médicas. Essas áreas são apenas algumas delas. As capacidades civis geralmente focam a capacidade de um indivíduo para entender informações que sejam relevantes às decisões do dia a dia. Um indivíduo deve ser capaz de entender as informações relevantes para a decisão, aplicar essas informações à sua situação, usar o pensamento racional para avaliar os benefícios e consequências de uma decisão e comunicar a decisão (Grisso, 2003b). Pode ser argumentado que o limiar específico ou padrão para a capacidade civil seja mais dependente do contexto da decisão do que as capacidades adjucativas examinadas anteriormente devido à maior variedade de contextos em que uma questão de capacidade civil pode surgir.

Capacidade para tratamento

O consentimento esclarecido é tipicamente requerido para um indivíduo que busca cuidados médicos e geralmente consiste em o profissional da saúde identificar os riscos e benefícios. Entretanto, os trabalhadores da área da saúde podem agir sem consentimento se o paciente não for capaz de dar consentimento devido a sua incapacitação, se houver um risco maior de dano caso o tratamento seja adiado, se uma pessoa sensata consentir ou se a pessoa em condições normais consentiria com o tratamento (Slovenko, 2006). Em alguns casos, a corte deve determinar se alguma dessas condições se aplica. Por exemplo, indivíduos mentalmente doentes podem ser incapazes para tomar uma decisão de tratamento. Embora as pesquisas sugiram que a maioria das pessoas mentalmente doentes sejam capazes de tomar decisões de tratamento, existem muitos indivíduos mentalmente doentes que não são capazes de tomar essas decisões (Grisso e Appelbaum, 1995). Como essas questões não surgem em meio aos procedimentos legais, as decisões de tratamento são frequentemente adiadas ou é buscado o consentimento da família ou juntas institucionais. Quando essas questões chegam até o tribunal, existem instrumentos destinados a avaliar a capacidade relativa ao tratamento com graus variados de solidez psicométrica. O Instrumento de Avaliação de Capacidade para Tratamento de MacArthur (MacCAT-T) é uma das medidas desenvolvidas mais recentemente (Grisso e Appelbaum, 1998) e está relacionado a outras três medidas que foram anteriormente destinadas à avaliação da capacidade para tomar decisões de tratamento. O MacCAT-T consiste de uma entrevista focada no entendimento do transtorno, apreciação do transtorno, compreensão do tratamento, compreensão dos riscos e benefícios do tratamento, apreciação do tratamento, consciência das alternativas de tratamento, opção do paciente e consequências da opção (Grisso e Appelbaum, 1998). A avaliação da capacidade para tratamento sofreu melhoras significativas nos últimos 20 anos, mas ainda parece haver espaço para melhoras no desenvolvimento de medidas e na aplicação dessas medidas às avaliações clínicas.

Capacidade para executar um testamento

Toda a pessoa que faz um testamento deve estar apta a tomar decisões capazes sobre a divisão das suas propriedades e bens pessoais. A pessoa que faz um testamento, o **testador**, deve entender a natureza da propriedade, identificar os indivíduos elegíveis para receber as propriedades quando da sua morte e a propriedade específica a ser destinada a cada um deles (Slovenko, 2006). Geralmente, a única maneira de um herdeiro contestar ou questionar um testamento é questionar a capacidade do testador de fazer o testamento. Deve ficar claro que um testador não tem que ser capaz de escrever formalmente o testamento, um advogado fará essa parte. Ele deve ter a capacidade de tomar decisões sobre a divisão das propriedades. O limiar para a capacidade de executar um testamento é relativamente baixo em comparação com a capacidade para desempenhar outras responsabilidades civis como a de contratar (Slovenko, 2006). Em *Banks* vs. *Goodfellow* (1870), os padrões legais para a capacidade para executar um testamento foram estabelecidos de modo que a pessoa deva saber que está fazendo um testamento, saiba a natureza da propriedade e conheça a maneira pela qual o testamento distribuirá a propriedade.

A avaliação da capacidade para a execução de um testamento pode ser especialmente difícil. A pessoa em questão geralmente está morta e não está disponível para ser avaliada diretamente. Como consequência, o avaliador frequentemente deve se basear em registros passados e informações de terceiros para avaliar a capacidade do testador. Mesmo que seja baixo o limiar para a capacidade para executar um testamento, a presença de uma doença mental não é suficiente para considerar alguém incapaz (Melton et al., 1997). Essas avaliações tipicamente focam nas capacidades funcionais do testador e na sua relação com critérios legais relevantes, tais como o entendimento do propósito do testamento. O psicólogo forense também deve mensurar a propriedade do testador e a relação entre ele, sua família e amigos que possam sugerir as suas preferências. Esses tipos de avaliações parecem ser menos estruturados, com padrões variantes de prática, do que as áreas anteriores, que tinham medidas estruturadas ou entrevistas desenvolvidas para o propósito específico.

Capacidade relacionada à curatela

Curatela é a nomeação de um indivíduo pelo Estado para tomar decisões legais por outra pessoa que já não é mais capaz e é a questão mais antiga nas leis de saúde mental (Melton et al., 1997). Presume-se que todos os indivíduos são naturalmente capazes, portanto é indicado um curador apenas quando foi determinado em tribunal que um indivíduo não é mais capaz de tomar decisões capazes no seu melhor interesse. Um curador pode ser necessário por uma variedade de motivos. Uma pessoa pode ser incapaz de tomar decisões quanto aos cuidados com a sua saúde, ao uso dos seus recursos financeiros ou aos cuidados com as necessidades básicas de outra pessoa. Moye (2003) acredita que as avaliações para curatela podem ser as mais difíceis em toda a psicologia forense devido a todas as questões amplas que precisam ser abordadas nelas.

A determinação da necessidade de um curador pode ser relativamente fácil se a pessoa está restringida civilmente ou incapacitada de outra forma. Assim sendo, as avaliações de capacidade são provavelmente mais necessárias quando não surgiu essa situação. Nesses casos, uma pessoa precisa fazer uma petição ao tribunal para declarar alguém incapaz e tendo a necessidade de um curador. Embora essas decisões possam ser as mais difíceis para os psicólogos forenses, elas tendem a ser as mais informais sob o ponto de vista legal (Melton et al., 1997). Por exemplo, muitos estados não exigem avaliações formais (Thor, 1993). Como ocorre com outras questões de capacidade, os clínicos devem enfatizar as capacidades funcionais da pessoa na sua relação com a tarefa específica ou mesmo uma ampla gama de tarefas, se elas forem relevantes para a questão diante da corte. Pelo menos uma medida foi desenvolvida para a avaliação do curador, a Escala de Capacidade Comunitária (CCS). A CCS foi desenvolvida para avaliar habilidades da vida diária em 16 subescalas diferentes para melhorar a confiabilidade e validade desses tipos de avaliações (Searight, Oliver e Grisso, 1983). Também existe uma variedade de medidas que focam em habilidades relacionadas tais como habilidades da vida diária, déficits neuropsicológicos e cognitivos e problemas de saúde mental (Moye, 2003). Também é importante que nesses casos o avaliador identifique se os déficits são resultado de incapacidade ou de uma falta de educação e experiência.

Resumo

A capacidade relacionada aos procedimentos legais é com frequência chamada capacidade adjucativa e está baseada na ideia de que para que um procedimento criminal seja justo a pessoa deve apresentar uma capacidade básica de entender e participar do processo. Muito embora a garantia da capacidade tenha o objetivo de manter a justiça do processo e seja uma questão de saúde mental face ao sistema legal, ela está separada das determinações de inimputabilidade. A capacidade está focada no estado mental de uma pessoa no momento atual, enquanto inimputabilidade se refere especificamente ao estado mental de uma pessoa no momento do suposto crime. A inimputabilidade também é uma defesa legal para uma acusação criminal e, embora a capacidade possa adiar um julgamento, ela não é uma defesa que absolveria um acusado de conduta criminal. Também existem diferentes padrões ou limiares para a capacidade comparados à inimputabilidade que sugerem que o limiar para ser considerado incapaz é muito mais alto do que para um acusado ser considerado inimputável.

A capacidade para se submeter a julgamento (CST) é provavelmente a questão de saúde mental mais prevalente abordada pelo sistema legal, com as avaliações de capacidade ocorrendo entre 2 e 8% de todos os casos criminais. Questionamentos quanto à capacidade de um acusado podem ser levantados a qualquer momento pelo juiz ou por um dos advogados e pode resultar em uma avaliação formal a ser realizada por um psicólogo forense. Depois de concluída a avaliação, as partes podem estipular a capacidade do acusado ou o juiz pode dar uma determinação final. Se o acusado for considerado incapaz para se submeter a julgamento, haverá um adiamento do julgamento até que o acusado tenha recuperado a capacidade ou as acusações sejam retiradas.

Não há uma abordagem única para a realização de uma avaliação de capacidade e, portanto, há uma variabilidade significativa entre os psicólogos forenses. As avaliações de capacidade consistem de testes psicológicos tradicionais, destinados a avaliar habilidades cognitivas e psicológicas, e instrumentos concebidos para avaliar a capacidade de se submeter a julgamento. Foram desenvolvidos muitos desses instrumentos especializados, os quais estão em uso atualmente. Além desses instrumentos, foi sugerido um modelo para avaliações de capacidade que enfatiza dimensões funcionais, causais, interativas, conclusivas e prescritivas.

Há a tendência de um baixo limiar para considerar alguém capaz, e os acusados incapazes tendem a ser significativamente prejudicados. Estes últimos têm grande probabilidade de sofrerem de psicose e pode haver variáveis demográficas e históricas criminais típicas associadas. Também existem determinadas características associadas às avaliações de capacidade. Estudos encontraram em geral que existem diferenças nas avaliações, dependendo de se elas foram realizadas por psicólogos ou psiquiatras forenses, do contexto em que a avaliação foi realizada e dos métodos empregados.

Outra questão envolvida na capacidade é a recuperação da capacidade. A recuperação da capacidade é necessária quando um acusado foi julgado incapaz e em consequência o procedimento legal é adiado. A capacidade de um acusado pode ser recuperada através de intervenções psicológicas padrão tais como a administração de medicação ou o uso de psicoterapia. Também existem programas especializados que foram concebidos para focar nos aspectos psicoeducativos da recuperação da capacidade e que se revelaram efetivos. Como ocorre com outros aspectos da prática forense, também há questões de âmbito da prática relacionadas às determinações de capacidade.

Além da capacidade para se submeter a julgamento, existem outras capacidades criminais e capacidades civis relacionadas. As outras áreas de capacidade criminal incluem a necessidade de que os indivíduos sejam capazes quando enfrentam a execução, abrir mão dos seus direitos de confessar e obter advogado (direitos de Miranda nos Estados Unidos) e recusar defesa por inimputabilidade. As capacidades civis são similares às capacidades criminais quanto ao foco na capacidade do indivíduo para tomar decisões. No entanto, elas são diferentes porque têm menor probabilidade de envolverem audiências legais formais e focam em uma gama mais ampla de contextos e habilidades. As questões civis comuns podem ser a capacidade para tomar decisões de tratamento, executar um testamento ou para indicar um curador.

Termos-chave

aptidão
habilidades funcionais
in absentia
recuperação da capacidade
testador

Leitura complementar

Grisso, T. (2003a). *Evaluating competencies: Forensic assessments and instruments.* New York: Kluwer Academic/Plenum Publishers.

9 Restrição civil

Outra questão relacionada à capacidade e inimputabilidade é a restrição civil ou hospitalização involuntária dos doentes mentais. Embora restrição civil seja diferente de inimputabilidade e capacidade, ela também está relacionada a esses outros dois aspectos das leis de saúde mental. A capacidade para dar consentimento esclarecido ou a capacidade para recusar tratamento médico (ver Capítulo 8) relaciona-se diretamente à restrição civil porque esses indivíduos são frequentemente internados para tratar suas questões de saúde mental. Indivíduos que foram considerados NGRI são rotineiramente internados depois de sua absolvição. No entanto, também existem diferenças claras entre capacidade, inimputabilidade e restrição civil. Apesar das significativas diferenças legais e práticas, elas podem ser confundidas com facilidade. Primeiro, embora o foco dirija-se ao estado mental de alguém, inimputabilidade e restrição civil requerem explicitamente a presença de um transtorno ou defeito mental, enquanto o mesmo não acontece com a capacidade em muitas jurisdições. Segundo, a capacidade tende a focar o estado mental atual de uma pessoa, a inimputabilidade foca o estado mental passado e a restrição civil foca tanto o estado mental presente quanto futuro porque ele pode requerer uma avaliação da periculosidade futura. Terceiro, a inimputabilidade é levantada em procedimentos criminais, já a restrição civil é uma ação civil e a capacidade, por sua vez, pode ser criminal ou civil (ver Tabela 9.1).

Em particular, a restrição civil não foi estabelecida para garantir a justiça no sistema criminal; a sua intenção era auxiliar os indivíduos que sofriam de doença mental e tinham necessidade de tratamento. No entanto, a intenção original se modificou, especialmente nos Estados

Tabela 9.1 Comparação entre restrição civil, inimputabilidade e capacidade

Restrição civil	Inimputabilidade	Capacidade
Requer a presença de doença mental	Requer a presença de doença mental	Não requer a presença de doença mental
Tem foco no futuro e no presente	Tem foco no passado	Tem foco no presente
Ação civil	Ação criminal	Ação civil e criminal

Unidos, durante as últimas décadas. O presente capítulo terá seu foco nos vários e diferentes aspectos da restrição civil, incluindo os elementos que o definem, a teoria legal que o orienta e o processo clínico envolvido.

O que é restrição civil?

Restrição civil se refere tipicamente à hospitalização involuntária ou tratamento determinado judicialmente de indivíduos mentalmente doentes que precisam de cuidados porque apresentam tendências perigosas em relação a si e aos outros. A base legal para a restrição civil é usualmente descrita como originária da doutrina legal **parens patriae** ou pai do país. Segundo essa teoria, o estado é obrigado a atuar com características paternas em relação àqueles indivíduos que não são capazes de cuidar de si mesmos. Portanto, *parens patriae* é usado como base para inúmeras provisões legais que envolvem menores, mentalmente doentes e idosos. Como *parens patriae* se relaciona aos mentalmente doentes, isso sugere que o estado não só tem o direito, mas o dever de proteger as pessoas que podem se colocar em risco porque padecem de uma doença mental. Ela enfatiza a doença mental ou a incapacidade de cuidar de si mesmo. Uma doutrina legal contrastante, mas relacionada é o **poder de polícia**. Segundo o poder de polícia, a obrigação principal do estado não é proteger o indivíduo de si mesmo, mas proteger a sociedade desse indivíduo. O dever maior seria proteger a sociedade de algum perigo que possa colocar os cidadãos em risco. O poder de polícia normalmente centra-se na periculosidade em relação aos outros e, portanto, coloca mais peso na predição da periculosidade em vez de na capacidade de cuidar de si.

Essas duas doutrinas legais moldaram o desenvolvimento da legislação e prática das restrições civis desde a sua concepção, contribuindo, assim, para as consequências terapêuticas e antiterapêuticas. *Parens patriae* serviu como fundamento para as leis de restrição civil antes da última metade do século XX. Ao mesmo tempo, essas leis foram em grande parte baseadas em um modelo médico que sugeria que os mentalmente doentes podiam e deveriam ter seus transtornos tratados. Historicamente, os mentalmente doentes eram colocados em instituições de saúde mental durante extensos períodos de tempo, se não pelo resto de suas vidas, a critério dos profissionais da saúde mental. A base para a restrição civil segundo a noção de *parens patriae* era de que os mentalmente doentes tinham necessidade de tratamento. Assim, era do seu melhor interesse permitir que o estado os internasse em uma instituição onde poderiam receber o tratamento adequado. Na prática, essas internações geralmente requeriam apenas a assinatura de um ou dois profissionais de saúde mental e não precisavam nem mesmo do diagnóstico de uma doença mental precisa ou da presença de tendências perigosas. O *parens patriae* serviu como a base teórica para a restrição civil até a década de 1960. Nessa época, surgiram preocupações acerca do abuso da restrição civil e a constatação de que a institucionalização dos cidadãos os privava de direitos significativos. A partir de então, os profissionais da saúde mental perderam a competência, que era utilizada muitas vezes de modo desenfreado de restringir pacientes civilmente, sendo que o processo se tornou menos restrito ao modelo médico e mais de acordo com as noções legais. A década de 1960 também foi marcada pelo amplo uso de medicações antipsicóticas que permitiam a soltura de indivíduos que haviam estado institucionalizados durante toda a vida. A Figura 9.1 mostra um hospital psiquiátrico na Rússia.

As décadas de 1960 e 1970 foram caracterizadas por inúmeros casos em que os tribunais americanos colocaram limitações ao processo de restrição. Por exemplo, um tribunal federal definiu em *Lake* vs. *Cameron* (1966) que deveriam ser consideradas alternativas menos restritivas em vez da institucionalização, e o uso disseminado de medicação tornou possíveis essas alternativas menos restritivas. Em outro caso, *Lessard* vs. *Schmidt* (1972),

indivíduos que enfrentavam internação tiveram garantidas várias salvaguardas processuais para sua liberdade, tais como a notificação dos procedimentos iminentes de restrição civil, a oportunidade de expor o seu caso e o direito a representação. Casos como esses e os casos da Suprema Corte que os seguiram representaram tentativas de proteger os indivíduos que enfrentavam internações potenciais e marcaram o final da institucionalização desenfreada daqueles que exibiam comportamento incomum. O reconhecimento de que a internação compulsória envolvia uma perda significativa da liberdade (*Humphrey* vs. *Cady*, 1972) e que as salvaguardas deveriam permanecer devido a esse reconhecimento coloriu em geral as decisões futuras da Corte. Em *O'Connor* vs. *Donaldson* (1975), a Suprema Corte dos Estados Unidos decidiu que uma pes-

Figura 9.1 Um hospital psiquiátrico na Rússia. © Bernard Bisson/Sygma/Corbis.

soa teria de ser não apenas mentalmente doente, mas também perigosa para que fosse restringida civilmente (ver Quadro 9.1), o que encorajou significativas questões práticas na época, dada a falta de pesquisas apoiando a avaliação de risco em qualquer contexto. A intenção dessas mudanças legais era reduzir o número de pessoas hospitalizadas. As evidências reunidas desde que começou o amplo uso de medicação psicotrópica e essas decisões legais parecem sugerir que elas surtiram o efeito pretendido. O número de pessoas encaminhadas para hospitais públicos decresceu de 1955 a 1965 de 558.000 para 475.000 (Kiesler e Simpkins, 1993), sendo que eram 132.000 pessoas no início da década de 1980 (Brakel, Parry e Weiner, 1985). Essas proteções adicionais também pareciam sinalizar uma mudança do *parens patriae* para o poder de polícia. O foco se afastou da presença de uma doença mental e da autoridade informal dos profissionais de saúde mental para o foco mais legal da periculosidade. Como consequência, vários procedimentos legais destinaram-se a proteger a pessoa que enfrentava a restrição civil. A Tabela 9.2 resume alguns precedentes judiciais em restrição civil.

Quadro 9.1   *O'Connor* vs. *Donaldson* e o caso de periculosidade

O'Connor vs. *Donaldson* foi um caso importante na legislação em saúde mental para a restrição civil e, ainda, para o desenvolvimento da avaliação de risco. Kenneth Donaldson era um homem casado e com três filhos antes de apresentar problemas significativos de saúde mental. Suas primeiras dificuldades começaram por volta dos 30 anos, em função das quais foi hospitalizado e recebeu tratamento de eletroconvulsoterapia. Ao receber alta, voltou a viver com a sua família durante aproximadamente mais uma década. Sua segunda hospitalização ocorreu quando viajou à terra natal de seus pais, na Flórida, e apresentou delírios paranoides de que estava sendo envenenado. Seus pais começaram os procedimentos de internação e, em seguida, ele foi internado no Hospital Estadual de Chattahoochee, onde conviveu com criminosos perigosos durante sua estada de 15 anos, muito embora ele mesmo nunca tenha sido considerado um perigo para si ou para os outros. Donaldson ainda negou que fosse mentalmente doente durante sua internação em Chattahoochee e recusou todos os tratamentos. Ele solicitou libertação em diversas ocasiões além de garantia de abrigo e supervisão se lhe fosse concedida sua liberação.

Em consequência da contínua recusa do hospital em liberá-lo, a União das Liberdades Civis Americana (ACLU) assumiu o caso de Donald e argumentou que ele havia sido privado do seu direito constitucional à liberdade porque estava detido contra a sua vontade e sem tratamento. A Suprema Corte dos Estados Unidos concordou por unanimidade e declarou que uma pessoa não perigosa que é capaz de sobreviver sozinha ou com a assistência de outros deveria ser libertada. Embora esse caso tenha sido um de uma série que ajudou a reforçar o apoio aos mentalmente doentes e tenha tido a intenção de lutar contra alguns abusos presentes no sistema de saúde mental, uma das implicações importantes para a restrição civil foi a conclusão da Corte de que uma doença mental por si só não era suficiente para a internação indefinida de um indivíduo. Um aspecto interessante do caso é que Donaldson foi na verdade libertado antes que seu caso tivesse sido ouvido pela Corte e imediatamente ele conseguiu um emprego. Ele viveu sozinho por anos antes que seu caso fosse avaliado pela Suprema Corte, em 1975.

Tabela 9.2 Precedentes judiciais importantes em restrição civil

Caso	Resultado
Lake vs. Cameron (1966)	Determinava que o tratamento ocorresse em um ambiente o menos restritivo possível
Lessard vs. Schmidt (1972)	Os procedimentos de restrição devem incluir as mesmas salvaguardas que os procedimentos criminais
Wyatt vs. Stickney (1972)	Estabelece o direito de receber tratamento para indivíduos restringidos civilmente com uma chance realista de melhora
O'Connor vs. Donaldson (1975)	Um indivíduo deve apresentar periculosidade para ser restringido civilmente
Addington vs. Texas (1979)	O padrão de prova em procedimentos de restrição civil é o de uma evidência clara e convincente
Zinermon vs. Burch (1990)	Indivíduos doentes mentais não são capazes de dar consentimento para internação voluntária

Essas mudanças conduziram a preocupações de que os mentalmente doentes fossem criminalizados e preocupações sobre o impacto terapêutico da lei e dos procedimentos legais relacionados (ver Capítulo 2). Esses temores foram concretizados quando os indivíduos restringidos civilmente passaram a ter envolvimento anterior com a justiça criminal (Lamb e Grant, 1982). As evidências também sugerem que mecanismos criminais alternativos são usados em substituição a procedimentos civis. Alguns indivíduos mentalmente doentes são presos por crimes menores que normalmente seriam desconsiderados e, em vez disso, são recomendados para avaliações de capacidade antes do julgamento (Appelbaum, Fisher, Nestelbaum e Bateman, 1992). Além do mais, a maioria dos juízes em pelo menos uma jurisdição admitiu que encaminha para avaliações de capacidade pessoas que parecem mentalmente doentes para garantir um tratamento apropriado (Appelbaum e Fisher, 1997). Embora essas ações possam ser bem-intencionadas, existem preocupações sérias quanto ao uso do sistema de justiça criminal de uma maneira potencialmente abusiva como um estratagema para as salvaguardas legais.

Critérios para restrição civil

Similar à inimputabilidade e à incapacidade, existem critérios específicos que são rotineiramente encontrados nas leis de restrição civil. Para ser restringida civilmente, uma pessoa deve ser mentalmente doente e perigosa. Embora alguns estados incluam outros critérios, a presença de uma doença mental e a probabilidade de periculosidade futura representam critérios universais para internação. Contudo, existem várias nuances desses critérios na prática da restrição civil.

Doença mental

O mais proeminente e antigo dos critérios é a presença de uma doença mental. Entretanto, existem vários problemas potenciais que surgem imediatamente com um critério aparentemente tão simples. Uma questão é se as bases legais ou médicas para um transtorno mental são usadas para decisões de restrição civil. Existe diferença entre a definição legal e a definição médica de doença mental ou de saúde mental? Falando em termos práticos, há uma diferença entre as duas, com a definição legal de doença mental sendo mais restritiva. Tipicamente, quando o termo doença mental é usado, os profissionais de saúde mental identificam os transtornos que são comumente encontrados no DSM. Essa prática leva a uma lista que abrange quase todos os construtos que em geral são aceitos pela área da saúde mental como constituindo uma doença mental. No entanto, a lei geralmente escolhe doenças mentais que ela encara como apropriadas para uma determinação legal particular e é ambígua quanto à definição de doença mental (*Foucha* vs. *Louisiana*, 1992). A restrição civil não é diferente. Transtornos mentais como retardo mental, abuso e dependência de substância, transtorno da personalidade antissocial e mesmo todos os transtornos de personalidade são rotineiramente excluídos de consideração como insuficientes para atender a esse critério segundo as leis de restrição civil. Essas doenças mentais podem ser excluídas da definição legal de doença mental porque são crônicas, consideradas sem um tratamento efetivo, são percebidas como uma questão de escolha e controle pessoal ou são entrelaçadas com o comportamento antissocial ou perigoso que é característico do segundo critério para restrição civil. Entretanto, a razão para exclusão não importa necessariamente para o psicólogo forense, contanto que ele se dê conta de que existem limitações legais às doenças mentais consideradas para restrição civil.

Outro problema potencial com o uso da doença mental como critério para restrição civil é a gravidade da doença mental. Por exemplo, os transtornos de personalidade podem ser excluídos da definição legal de doença mental porque eles são vistos como menos graves ou porque prejudicam o indivíduo em um grau menor do que outras doenças mentais. Algumas leis não dão indicação da gravidade ou nível de prejuízo necessário para a restrição civil de um indivíduo. Outras definem que a doença mental deve prejudicar a pessoa até o ponto em que ela seja incapaz de tomar decisões. Entretanto, as doenças mentais vão prejudicar um indivíduo de maneira variada, e as leis de restrição civil parecem sugerir que esse aspecto faz parte da definição de doença mental.

Outro problema potencial com a doença mental é a presença do viés retrospectivo. Quem é mais provável de ser visto como mentalmente doente, uma pessoa que não está institucionalizada atualmente e nunca foi institucionalizada ou alguém que está hospitalizado ou que está sendo avaliado para hospitalização? O famoso experimento de Rosenhan (1973) pode nos proporcionar uma resposta a essa pergunta (Quadro 9.2). Uma das lições extraídas desse experimento foi que havia certo viés retrospectivo ou estigmatização de alguém cujo estado mental pudesse ser questionado ou que estivesse institucionalizado. Quando esses pacientes se apresentaram, e certamente depois que foram admitidos, houve uma tendência natural da equipe a encará-los de uma maneira que estava em concordância com a hospitalização e o seu diagnóstico.

Quadro 9.2 Estudo de Rosenhan: insanos em lugares para insanos

David Rosenhan publicou os resultados do seu famoso experimento na revista científica *Science* em 1972. Seu estudo envolveu uma série de pesquisadores atuando como pseudopacientes tentando ser admitidos em 12 diferentes instituições psiquiátricas em vários locais nos Estados Unidos. Seus pesquisadores associados se apresentavam à equipe do hospital com um sintoma simulado que consistia de uma alucinação auditiva. Todos eles alegavam ouvir uma voz que não era clara, mas que parecia estar dizendo palavras como "vazio" e "surdo". Eles não alegavam nenhum outro sintoma e todas as outras informações que forneceram eram corretas, exceto pelos seus nomes e informações sobre emprego. Caso fossem internados, eles deveriam agir normalmente e relatar que já não ouviam mais as vozes. Todos eles foram por fim internados, diagnosticados com uma doença mental significativa (sete com esquizofrenia e um com transtorno bipolar) e lá permaneceram entre uma semana e quase dois meses. Um aspecto interessante foi que os pacientes dessas mesmas instituições tendiam a questionar se os pseudopacientes estavam simulando seus sintomas.

A publicação dessa pesquisa causou muita discussão sobre os seus métodos e a alegação de que se tratava de uma acusação formal à psiquiatria em geral. Também houve uma segunda parte do experimento que com frequência é desconsiderada. Rosenhan repetiu seu experimento em um hospital reconhecido que tinha conhecimento dos resultados e não acreditava que o mesmo resultado ocorreria na sua instituição. O hospital concordou em permitir que Rosenhan lhe enviasse pseudopacientes durante um período de três meses. Durante esse tempo, o hospital examinou 193 pacientes e identificou 41 deles como suspeita de impostores por pelo menos um membro da equipe (atendentes, enfermeiros, médicos ou psicólogos), 23 por um psiquiatra e 19 por um psiquiatra e um membro da equipe. Entretanto, Rosenhan nunca enviou nenhum pseudopaciente ao hospital.

Periculosidade

O segundo critério universal para restrição civil é a periculosidade, seja o perigo para si mesmo ou para os outros. Como acontece com a doença mental, existe uma variabilidade na conceituação da natureza da periculosidade. Em termos de perigo aos outros, a maioria das jurisdições considera o dano corporal como condição. No entanto, alguns estados sugerem que o perigo para os outros pode incluir propriedade, outros interesses ou até mesmo danos emocionais. Algumas jurisdições ainda exigem um ato claro para que o critério de perigo aos outros seja satisfeito. Em termos de perigo a si mesmo, as leis são ainda mais vagas e podem ou não incluir o perigo para si mesmo como tentativas, gestos ou ideação suicida. Algumas jurisdições usam o termo "risco iminente de suicídio", mas geralmente deixam indefinido o que significa "iminente".

Muito parecido com o que ocorre com os critérios mentais, também surgem problemas ao se tratar dos critérios de periculosidade para as doenças mentais. Conforme discutido no Capítulo 5, os profissionais da saúde mental têm historicamente uma grande dificuldade em predizer ou avaliar o risco de violência. Esse exercício é especialmente problemático em pacientes psiquiátricos internados, em parte devido à controvérsia sobre a relação entre doença mental e violência.

Nem sempre a literatura é clara quanto a essa relação, sendo que estereótipos imprecisos dos doentes mentais tornaram a comunicação das informações disponíveis ainda mais difíceis quando foram encontradas relações. A relação entre doença mental e violência será discutida em maior profundidade mais adiante neste capítulo. Entretanto, a avaliação de risco ainda é difícil entre os pacientes psiquiátricos civis.

Uma segunda razão para que a avaliação de risco seja difícil se deve ao uso de abordagens atuariais e clínicas. Embora seja possível argumentar a favor da superioridade das abordagens atuariais sobre as avaliações clínicas de risco (Quinsey, Rice, Harris e Cormier, 2006), o uso de abordagens atuariais é difícil quando são necessárias decisões de restrição civil (Elbogen, Huss, Tomkins e Scalora, 2005; Elbogen, Williams, Kim, Tomkins e Scalora, 2001). Frequentemente essas situações requerem decisões praticamente imediatas se um indivíduo for apresentado para admissão a uma instituição de saúde mental ou em um atendimento de emergência de um hospital. O indivíduo pode não cooperar, os registros podem estar indisponíveis e as informações históricas, como geralmente ocorre, serem difíceis de obter. Como consequência da necessidade de decisões imediatas, as predições clínicas são geralmente a norma e, portanto, é delegada aos psicólogos uma abordagem que pode ser menos precisa.

Relacionado ao requisito de periculosidade em relação a si, encontra-se o termo **incapacidade grave**. A maioria das jurisdições considera explicitamente que a presença de uma incapacidade grave é suficiente para representar um perigo a si mesmo e todas as jurisdições permitem isso. Uma pessoa é via de regra considerada gravemente incapacitada se for incapaz de cuidar de si e prover as suas necessidades básicas. É interessante notar que a incapacidade grave é a razão mais frequente para internação compulsória, estando acima da periculosidade, e que os jovens (21-35), não os idosos, são aqueles tipicamente internados com base em uma incapacidade grave (Turkheimer e Parry, 1992). Uma razão para que os profissionais da saúde mental fiquem mais confortáveis com uma declaração de incapacidade grave é que ela requer a prova de um déficit atual na capacidade da pessoa de cuidar de si, não uma incapacidade futura ou prevista (Wexler e Winick, 1991).

Necessidade de tratamento

Outro critério para a restrição civil que não é tão universal quanto a presença de doença mental e periculosidade é a necessidade de tratamento. Embora a necessidade de tratamento tenha sido a base original da restrição civil, ela não é suficiente em si para apoiar a privação da liberdade de um indivíduo. O único outro caso em que o estado pode privar os cidadãos de liberdade é quando o indivíduo é acusado e/ou condenado por um delito criminal. Muitas jurisdições continuam a incluir a necessidade de tratamento como um critério adicional para a restrição civil, mas esse não é um critério único em nenhuma delas. Com frequência, a necessidade de tratamento é incorporada ao critério de doença mental, de modo que a presença de uma doença mental não é suficiente para atender àquele critério. Nesses casos, a doença mental pode ser tratada apenas se a pessoa for restringida civilmente, o que justifica a perda da liberdade.

Processo de restrição civil

Embora os procedimentos difiram entre as jurisdições, geralmente há dois caminhos para a restrição civil (Sales, Miller e Hall, 2005). O primeiro caminho tende a ser mais formal e inclui uma petição ao tribunal para uma restrição civil ordenada pela corte, o exame da petição pela corte e uma avaliação formal, uma possível audiência depois que a avaliação foi realizada e, depois disso, a restrição do indivíduo, se isso for determinado. Devido às consequências a longo prazo de privar da liberdade um candidato a restrição civil, existem inúmeras proteções envolvidas em uma **restrição prolongada**. Dependendo da jurisdição, esses direitos podem incluir o aviso por escrito de uma audiência de restrição, o direito a um advogado, a oportunidade de chamar testemunhas e o direito a um julgamento com júri ou de ter um juiz que tome a decisão final. Entretanto, a realidade nessas situações é geralmente diferente das proteções legais vigentes. É comum que os advogados se tornem menos competitivos nessas situações e ajam mais a favor do melhor interesse do cliente (Perlin, 1992). Em um estudo, pesquisadores contataram advogados que eram elegíveis para representar clientes em audiências de saúde mental. Era perguntado a eles a respeito da sua preparação e comportamento durante cada uma das 299 diferentes audiências de saúde mental em um hospital de segurança máxima. Os resultados demonstraram que os advogados exibiam um comportamento mais adversarial em audiências criminais do que em audiências de restrição civil (Leavitt e Maykuth, 1989). Embora essa atitude possa parecer natural quando se pensa em cuidados e tratamento de doentes mentais, uma atitude similar seria tolerada em advogados que representam acusados criminais que têm um histórico sério de comportamento antissocial e têm necessidade de reabilitação ou punição?

Comentaristas argumentaram que a adoção dessa abordagem paternalista esvazia as proteções que foram colocadas em prática para eliminar abusos anteriores. Além disso, pode haver consequências antiterapêuticas significativas quando um cliente perde a fé no sistema legal e nos clínicos envolvidos no caso (Winick, 2001). A informalidade associada ao caminho supostamente mais formal para a restrição está claramente sugerida na duração média das audiências de restrição civil, aproximadamente 12 minutos (Leavitt e Maykuth, 1989). Muito embora a Suprema Corte dos Estados Unidos tenha exigido que o padrão de prova seja de evidências claras e convincentes (*Addington* vs. *Texas*, 1979), não há uma exigência de que o ônus da prova seja colocado nos estados. Em alguns casos, o paciente tem o ônus de provar que ele não é mentalmente doente e perigoso. Apesar do teor do processo de restrição civil, um candidato à restrição civil geralmente enfrenta a internação em um espaço de duas semanas a um ano, dependendo da jurisdição (Johnson, 2004). Também há um período de reavaliação que acontece depois do período inicial de restrição.

O segundo caminho é por meio de uma **restrição de emergência**. Um representante da lei ou um profissional da saúde mental pode tipicamente autorizar uma restrição de emergência que permita uma hospitalização que dura de 24 horas a vários dias. As restrições de emergência tendem a ser muito menos formais e existem menos proteções disponíveis para a pessoa que enfrenta a restrição civil. Usualmente os candidatos à restrição são informados da duração da restrição, de que eles têm direito a uma audiência no final da restrição e de quando têm direito a um advogado. Como ocorre com as restrições prolongadas, um novo exame da situação inicial de restrição de um indivíduo deve ocorrer antes da expiração da restrição de emergência para que a sua restrição continue.

Restrição civil ambulatorial

Em sua maior parte, restrição civil historicamente significou tratamento de internação em que a pessoa é hospitalizada durante 24 horas por dia. As restrições civis ambulatoriais tipicamente incluem medicação e terapia individual ou de grupo. Entretanto, como as leis de restrição civil foram mais influenciadas pela doutrina do poder de polícia e o movimento de **desinstitucionalização** que começou nas décadas de 1950 e 1960, a restrição civil ambulatorial se transformou em uma alternativa mais viável. No tratamento ambulatorial, o indivíduo não fica hospitalizado 24 horas por dia, mas ainda assim é obrigado a alguma forma de tratamento, embora consiga manter certa liberdade significativa. Uma restrição civil ambulatorial pode determinar que o indivíduo veja um psiquiatra regularmente, participe das sessões de tratamento semanalmente ou mesmo participe de um programa diurno que consista de tratamento durante um dia comum de trabalho. O tratamento ambulatorial também segue a intenção de outras decisões da Suprema Corte que encorajaram a alternativa de uma internação o menos restritiva possível (p. ex., *Olmstead* vs. *L.C.*, 1999). No caso de uma alternativa menos restritiva, uma pessoa que foi restringida civilmente deve ser tratada usando-se uma abordagem que permita a menor restrição da sua liberdade pessoal e ao mesmo tempo continue a ser efetiva.

As condições para a restrição civil ambulatorial podem ser diferentes dos padrões de internação. Atualmente, a maioria das jurisdições no Canadá e Estados Unidos tem procedimentos de restrição civil disponíveis (Allbright, Levy e Wagle, 2002; Douglas e Koch, 2001a). A maioria dessas jurisdições usa critérios idênticos para restrição civil ambulatorial ou não. No entanto, os critérios de outras jurisdições diferem de ligeira a significativamente entre as restrições civis ambulatoriais ou não (Allbright et al., 2002). Alguns estados excluem a periculosidade como um critério, e outros incluem a necessidade de tratamento para prevenir uma deterioração futura que resultaria em periculosidade. Nova York possui uma das leis de restrição civil ambulatorial discutida com maior frequência nos Estados Unidos, a Lei de Kendra. A Lei de Kendra foi assim denominada a partir de Kendra Webdale, que foi empurrada de uma plataforma do metrô na frente de um trem que se aproximava e morreu instantaneamente. Seu agressor, Andrew Goldstein, havia sido diagnosticado anteriormente com esquizofrenia, tinha um histórico de agressões violentas, não estava tomando sua medicação prescrita e recentemente havia tido alta de um hospital psiquiátrico. A Lei de Kendra estabeleceu vários critérios que devem ser preenchidos para que um indivíduo seja restringido civilmente como um paciente ambulatorial: (1) sofrer de uma doença mental; (2) ter pouca probabilidade de sobreviver na comunidade sem supervisão; (3) ter um histórico de pouca aceitação do tratamento, tendo necessitado de hospitalização, sendo que provavelmente não vai participar de tratamento atualmente devido a uma doença mental e (4) precisa de restrição civil ambulatorial para prevenir deterioração ou recaída que resultaria em dano sério ao paciente ou aos outros. A restrição civil ambulatorial, segundo a lei de Kendra, dura seis meses e pode ser estendida por um ano (Perlin, 2003).

Existem em geral três formas diferentes de restrição civil ambulatorial. Existe a **restrição civil ambulatorial tradicional**, a **restrição civil preventiva** e a **liberação condicional** (Schopp, 2003). O *tratamento ambulatorial tradicional* como alternativa ao tratamento com hospitalização satisfaz os critérios para restrição civil, mas os indivíduos têm a permissão de buscar tratamento ambulatorial como uma alternativa menos restritiva aos cuidados de hospitalização. A *restrição civil preventiva* é mais controversa porque os indivíduos tipicamente não satisfazem os critérios para restrição civil, mas há uma expectativa de que eles vão deteriorar no futuro e satisfazer os critérios para restrição civil. Desse modo, o argumento é que tal intervenção é necessária para prevenir a deterioração e uma futura hospitalização (Schopp, 2003). A Carolina do Norte tem uma lei de restrição civil preventiva em que o indivíduo pode ser internado por 90 dias, com 180 dias de renovação, se o candidato for mentalmente doente, capaz de sobreviver na comunidade com apoio, tiver necessidade de tratamento e estiver prejudicado na sua capacidade de procurar tratamento (Allbright et al., 2002). A *liberação condicional* é uma forma de restrição civil ambulatorial que ocorre na determinação de hospitalização. O indivíduo que foi restringido civilmente como paciente interno é liberado com a condição de que participe do tratamento como paciente externo. Se ele não cumprir essas condições, será reconduzido ao hospital como interno.

A restrição civil ambulatorial foi inicialmente concebida como uma alternativa para outros métodos. A crença era de que esse tratamento diminuiria o número de hospitalizações, tanto involuntárias quanto voluntárias, e diminuiria a rotatividade de pacientes geralmente vista nos hospitais psiquiátricos (Kress, 2000). Também se pretendia que as alternativas ambulatoriais reduzissem a probabilidade de criminalização dos mentalmente doentes e de envolvê-los no sistema de justiça criminal como um método para obtenção de tratamento (Kress, 2000).

Apesar das boas intenções, existem preocupações significativas da jurisprudência terapêutica referentes à restrição civil ambulatorial. Alguns acham que ela encoraja uma ação rápida, e a expedição de um processo que priva as pessoas da sua liberdade é potencialmente perigosa. Além disso, a restrição civil ambulatorial reautoriza o poder dos profissionais da saúde mental (McGafferty e

Doodley, 1990). A liberação condicional dá à equipe do hospital o direito de revogar a condição de restrição civil ambulatorial do paciente e enviá-lo de volta ao hospital. Outros expressaram preocupações quanto à restrição civil preventiva porque os padrões de restrição civil normalmente menores permitem a supervisão de um número significativamente maior de pessoas que podem não ter ninguém para advogar por elas (McGafferty e Doodley, 1990). O advento da restrição civil ambulatorial não se deu unicamente devido a preocupações quanto a abusos no processo de restrição civil com hospitalização. As questões financeiras foram outro fator no surgimento da restrição civil ambulatorial e as pressões financeiras podem ditar os cuidados ao paciente em vez da atenção às suas necessidades (Kress, 2000). Outros argumentaram que se os candidatos fossem suficientemente perigosos para satisfazer os critérios de restrição civil, eles seriam perigosos demais para a restrição civil sem hospitalização (Miller, 1987). Todas essas razões levaram muitas pessoas a questionar o uso da restrição civil ambulatorial como alternativa para os cuidados de hospitalização.

Exame empírico da restrição civil ambulatorial e outras mudanças nas leis de restrição

A pergunta frequente é se as mudanças na lei têm o seu efeito desejado. As leis de restrição civil ambulatorial e o movimento de afastamento do *parens patriae* e em direção ao poder de polícia não são exceções. Essas leis são terapêuticas? Em relação à restrição civil ambulatorial existem duas perguntas principais. A restrição civil ambulatorial funciona tão efetivamente quanto o tratamento com hospitalização? Segundo, a restrição civil ambulatorial tem melhor desempenho do que o tratamento voluntário (Hiday, 2003)?

Os primeiros estudos que examinaram a restrição civil ambulatorial foram em geral positivos. Eles encontraram que os indivíduos que haviam sido restringidos civilmente como pacientes ambulatoriais eram readmitidos com menor frequência, passavam menos dias readmitidos, demonstravam maior aceitação da medicação, participavam do tratamento por mais tempo, faziam mais visitas aos programas de tratamento da comunidade mesmo depois de expirado o seu prazo de restrição civil e apresentavam melhor adaptação na comunidade (Hiday, 2003). No entanto, esses estudos eram naturalistas, frequentemente careciam de controle adequado e grupos de comparação e tinham inúmeras explicações alternativas (Hiday, 2003). Por exemplo, os indivíduos escolhidos para restrição civil ambulatorial podiam ser melhores candidatos para tratamento devido ao histórico de tratamento ou ao apoio social atual (Hiday e Goodman, 1982). Eles podiam apresentar melhores efeitos do tratamento por essa razão, mais do que porque o tratamento ambulatorial tivesse sido melhor.

Estudos que discutiam se a restrição civil ambulatorial era superior à hospitalização voluntária conseguiram superar algumas dessas limitações anteriores nos estudos de hospitalização *versus* ambulatorial (p. ex., Steadman et al., 2001). O estudo mais extenso focado na segunda pergunta foi realizado por Marvin Swartz, Jeffrey Swanson e colaboradores (Swartz et al., 2001). Esse estudo incluía a designação aleatória dos participantes para restrição civil ambulatorial ou com hospitalização, como também muitas outras características para melhorar o delineamento do estudo e eliminar outras explicações para os resultados obtidos. Todos os participantes eram indivíduos que anteriormente haviam sido restringidos civilmente e hospitalizados e posteriormente foram liberados com a manutenção da restrição civil ou sem essa supervisão. A restrição civil não resultou em redução na utilização dos serviços hospitalares, mas os participantes que receberam internações estendidas tiveram menos readmissões e menos dias no hospital, caso tivessem sido readmitidos (Swartz et al., 1999). Além do mais, uma combinação dos serviços estendidos aos pacientes ambulatoriais e a utilização frequente dos serviços tiveram relação com uma redução global na violência (Swanson et al., 2000). A qualidade de vida é outro indicador de sucesso no tratamento, apesar de ser mais abstrato. A utilização da restrição civil ambulatorial não só está relacionada à readmissão ao hospital e aos resultados de justiça criminal, mas também à melhoria na qualidade geral de vida. Os pacientes que se submeteram a períodos mais longos de restrição civil ambulatorial relatavam em geral uma melhor qualidade de vida (Swanson, Swartz, Elbogen, Wagner e Burns, 2003a).

Coerção das restrições civis

As estimativas em geral sugerem que acima de 30% de todos os pacientes psiquiátricos são internados involuntariamente (Monahan e Shah, 1989), mas entre os 70% dos indivíduos restantes, a maioria não é verdadeiramente voluntária. Por exemplo, indivíduos classificados como voluntários podem ter sido hospitalizados sob a ameaça de uma restrição civil formal. Uma decisão da Suprema Corte dos Estados Unidos complica ainda mais a distinção entre admissão voluntária e involuntária. Em *Zinermon* vs. *Burch* (1990), a corte decidiu que os indivíduos que são doentes mentais graves não são capazes de consentir com uma admissão voluntária e, portanto, devem ser internados involuntariamente. Pesquisas demonstraram que embora a situação legal (voluntária *versus* involuntária) esteja relacionada à percepção de coerção, existem diferenças importantes entre ser internado involuntariamente e se sentir coagido (Hiday, Swartz, Swanson e Wagner, 1997; Hoge et al., 1997; Nicholson, Ekenstam e Norwood, 1996). Como consequência, as pesquisas começaram a ignorar a distinção entre voluntário e involuntário e focar mais o nível de **coerção** que o paciente sofre ou sente sofrer.

Coerção pode significar o uso de ameaça ou força, medicar um paciente contra a sua vontade ou fazer com que a polícia traga um paciente para o hospital. Embora não haja uma definição precisa de coerção, existem diversas dimensões que foram levadas em conta (Wertheimer, 1993). Essas dimensões incluem a percepção da viabilidade de alternativas, a intensidade da preferência do paciente pela hospitalização *versus* outras alternativas, o tipo e intensidade da pressão colocada sobre o paciente e o ônus de optar pela hospitalização. Além disso, a coerção deve ser relacionada ao contexto em que o comportamento ocorre porque o que é considerado coercivo em um contexto pode não o ser em outro (Wetheimer, 1993). Embora a coerção seja uma parte inerente da restrição civil, tem havido debates sobre o nível apropriado de coerção e a sua verdadeira natureza (Lidz, 1998).

O impacto da coerção na restrição civil

Um dos temores é que a coerção indevida conduza a relações terapêuticas pobres entre clínicos e pacientes e, assim, a eficácia do tratamento seja reduzida e as readmissões aumentadas. Outros sugerem que muitos pacientes só podem ser agradecidos pelos cuidados porque eles foram coagidos (Gardner e Lidz, 2001). Contudo, 81% dos clínicos acham que o tratamento ambulatorial obrigatório na comunidade impede que pessoas com esquizofrenia procurem tratamento voluntário e 78% acham que as pressões legais encorajam os pacientes a permanecer em tratamento. Além do mais, 36% dos pacientes admitiram que o medo do tratamento coercivo reduzia suas chances de procurarem assistência de saúde mental, e que o medo do tratamento coagido estava correlacionado a preocupações quanto à busca de tratamento (Swartz, Swanson e Hannon, 2003). Resultados sugerem que o tratamento coercivo é uma barreira para os pacientes que procuram tratamento e que os clínicos podem minimizar a relação entre coerção e procura por tratamento.

Até recentemente houve poucas pesquisas examinando o papel da coerção nas decisões de restrição civil. Essa literatura em grande parte focou a redução de algum dano potencial ao paciente, eliminando ou reduzindo a percepção de que o processo de restrição civil é coercivo (McKenna, Simpson e Coverdale, 2000). Por exemplo, Huss e Zeiss (2005) examinaram se uma explicação mais completa aos pacientes de que eles têm direito à audiência de restrição e também o direito de evitar a audiência de restrição reduzia ou não os indicadores diretos e indiretos de coerção. Esses resultados, em grande parte, apoiam uma redução na coerção para melhores resultados no tratamento. Inicialmente, os esforços tinham como objetivo definir e avaliar coerções entre pacientes psiquiátricos (Bennett et al., 1993, Gardner et al., 1993. Hoge et al., 1993). Embora a coerção tenha sido mensurada de diferentes maneiras, há uma entrevista e uma medida padronizada. A MacArthur Admission Experience Interview e a MacArthur Admission Experience Survey (Gardner et al., 1993) e vários comportamentos relacionados a coerção têm sido usados rotineiramente: persuasão, indução, ameaça, demonstração de força, força física, força legal, indagar a preferência do paciente, dar uma ordem e enganar (Lidz et al., 1997).

Uma questão na literatura é se os pacientes mudam as suas atitudes originais em relação à hospitalização durante esta. Alguns autores justificaram a restrição civil ambulatorial com a teoria de que muitos pacientes mudam de ideia quanto a serem hospitalizados e ficam por fim agradecidos após receberem tratamento. Garder e colaboradores (1999) entrevistaram 433 pacientes admitidos em dois hospitais psiquiátricos diferentes. Os resultados mostraram que a maioria deles acreditava que precisava de hospitalização (76%) e mais da metade (52%) dos pacientes que originariamente negaram a necessidade de hospitalização mudaram de ideia posteriormente. Os pacientes que mudaram de ideia não diferiam dos que não mudaram em relação à etnia, sexo, idade, raiva por ser hospitalizado quando da internação ou gravidade da doença mental. No entanto, a mudança estava relacionada a acreditar que tinham uma doença mental. Os pacientes que achavam que tinham uma doença mental quando da sua internação tinham maior probabilidade de mudar de ideia.

Fontes e frequência da coerção

Estudos também examinaram as fontes de comportamentos coercivos entre os pacientes. Um estudo verificou que os profissionais da saúde mental eram a fonte mais significativa de coerção e que eles utilizavam vários e diferentes tipos de coerção (Lidz et al., 2000). Na verdade, "são as pressões dos clínicos, não os comportamentos dos parentes, amigos ou força policial, que parecem justificar as percepções dos pacientes de que eles foram coagidos" (p. 79). Além do mais, embora pacientes, equipe e família/amigos compartilhem de um conceito comum de coerção no processo de admissão, as percepções dos pacientes não coincidem necessariamente com as percepções de coerção da equipe (Hoge et al., 1998). Os membros da família têm menos probabilidade de relatar coerção e pressões negativas relativas ao processo de internação (Hoge et al., 1998). Clínicos e pacientes também discordam sobre o nível de coerção incluída em questões como medicação forçada, a natureza involuntária das primeiras internações e a situação legal atual (Poulsen e Engberg, 2001, p. 60). Em geral, parece haver uma "zona cinza" entre o que paciente e o clínico acham que é coercivo (Poulsen e Engberg, 2001). O nível global de coerção do paciente está vinculado a uma percepção da **justiça dos procedimentos** tomados na situação. Justiça dos procedimetos se refere à noção de que um indivíduo foi tratado de maneira justa dentro de um determinado contexto, independentemente do resultado (Tyler, 2006). Os pacientes que sentem que não são ouvidos ou que não têm um papel no processo tendem a relatar níveis mais altos de coerção (Lidz et al., 1995), enquanto a percepção de coerção dos clínicos e membros da família não está fortemente relacionada a questões que envolvem justiça dos procedimentos (Hoge, Lidz et al., 1997; apud Lidz et al., 1997). Além disso, pesquisas posteriores encontraram que às vezes raça (afro-americanos se sentiam menos coagidos), fatores relacionados à pressão simbólica negativa (p.ex., ameaças, dar ordens, enganar, demonstração de força) e força (força legal e física) estão relacionados à percepção de coerção na internação de pacientes. No entanto, análises adicionais não encontraram a etnia relacionada de forma consistente à coerção (Lidz et al., 1998).

O problema com boa parte das pesquisas sobre coerção foi que elas se baseavam nos relatos dos pacientes. Os relatos dos pacientes podem ser potencialmente falhos, seja devido à sua posição no processo, seja porque aspectos da sua saúde mental podem tirar de foco a sua perspectiva. Relatórios que tentaram fazer um exame mais abrangente verificaram que não existe uma única fonte de dados que seja completamente adequada, embora os relatos dos pacientes pareçam ser os mais precisos (Lidz et al., 1997). A única exceção a esse achado foi em relação ao uso da força, em que os clínicos parecem ser as fontes mais precisas de informação. Além do mais, a discrepância entre os relatos dos pacientes de coerção não parece estar relacionada à doença mental ou à gravidade da doença mental em uma base consistente (Lidz et al., 1997).

Uma pergunta permanece: o quanto a coerção é frequente? Em geral, a persuasão é o método mais comum de coerção, ocorrendo com 61,6% dos pacientes. O outro aspecto da coerção que ocorreu em uma maioria de pacientes internados é se houve alguém que tivesse perguntado sobre a preferência do paciente para a internação hospitalar (56,8%), seguida pela força legal (33,1%), dar ordens (28,5%), demonstração de força (22,8%), ameaças (18,6%), indução (8,8%), enganar (6,4%) e força física (5,8%) (Lidz et al., 1998). Outra pesquisa encontrou que embora 70% dos pacientes psiquiátricos achassem que sua internação era necessária, 74% achava que estava sob pressão para ser hospitalizado (Bonsack e Borgeat, 2005).

Uma maneira de prevenir a coerção é seguir critérios de admissão e não permitir que preconceitos externos interfiram no processo de decisão. Um achado positivo nesse processo é que os clínicos parecem se basear apenas nos critérios de restrição (doença mental, periculosidade e necessidade de tratamento) para indicar restrição civil (Segal, Laurie e Segal, 2001). Outros fatores como a dificuldade do *setting*, a falta de seguro saúde do paciente, a situação de internação involuntária do paciente, o nível de participação do paciente no processo de avaliação, gênero e etnia não se relacionam com restrição civil. No entanto, quanto maior a carga de trabalho vivenciada pelo clínico avaliador, mais provavelmente ele vai indicar restrição civil (Segal et al., 2001).

Direito de tomar a decisão de tratamento e de recusar tratamento

Outra questão relacionada à coerção durante o processo de internação é o direito de tomar decisões relacionadas ao tratamento e de recusar tratamento. Foi discutido que uma das formas de tornar o processo de tratamento menos coercivo é envolver os pacientes no processo de decisão de tratamento. Está claro que o indivíduo que for internado compulsoriamente tem o direito de receber tratamento. Em *Wyatt* vs. *Stickney* (1972), uma lei do Alabama permitia a internação de indivíduos por "questões de segurança". Originalmente, os reclamantes acionaram o estado do Alabama pelo corte de funcionários no hospital estadual de doentes mentais devido ao déficit no orçamento. Os reclamantes incluíram como reclamante Ricky Wyatt, um rapaz de 15 anos, parente de um ex-funcionário do Bryce State Mental Hospital. Embora os tribunais do Alabama determinassem que o estado tem o direito de demitir funcionários, foi dada uma atenção diferente ao tratamento de Ricky Wyatt. Wyatt havia sido institucionalizado, apesar da ausência de uma doença mental, simplesmente porque foi identificado como delinquente juvenil. A ação trazia a acusação de que as condições eram horríveis e que o tratamento era usado apenas para controlar o comportamento dos pacientes. Por fim, os tribunais determinaram que os pacientes tinham direito a um tratamento que lhes proporcionasse uma oportunidade realista de melhorar a sua condição mental. Embora o direito a tratamento tenha sido limitado em decisões posteriores (*O'Connor* vs. *Donaldson*, 1975; *Youngberg* vs. *Romeo*, 1982), os pacientes que foram internados involuntariamente têm direitos básicos em relação ao tratamento.

A Suprema Corte dos Estados Unidos também se ocupou do direito à recusa de tratamento em várias ocasiões. Em cada uma das situações, a corte reconheceu o direito de recusar o tratamento, mas também reconheceu que o estado com frequência tem interesses legítimos no tratamento forçado. *Sell* vs. *Estados Unidos* (2003) determinou que um réu hospitalizado após ser considerado incapaz de se submeter a julgamento pode ser medicado involuntariamente em algumas circunstâncias. Charles Sell era um dentista que tinha histórico antigo de doença mental. Ele foi acusado de fraude e tentativa de assassinato. Por fim, foi diagnosticado com transtorno delirante porque apresentava delírios paranoides e outros comportamentos psicóticos. Como resultado, a equipe da prisão recomendou que ele tomasse medicação antipsicótica e ele recusou. A corte determinou que um acusado teria o direito de recusar medicação e de exercer a sua própria autonomia, especialmente quando esse tratamento pudesse causar alterações em sua mente e ser invasivo. A corte também levou em conta o direito do estado de chegar a uma disposição para uma acusação ou acusações criminais. A Suprema Corte continuamente reforçou o direito do estado de medicar indivíduos à força (*Riggins* vs. *Nevada*, 1992; *Washigton* vs. *Harper*, 1990). Ela se baseou no caso *Sell* e, por fim, concluiu que o governo pode medicar involuntariamente um réu se o tratamento for clinicamente apropriado, não tiver efeitos colaterais que reduzam a justiça do julgamento, forem utilizados métodos menos invasivos e for importante para os interesses governamentais (*Sell* vs. *Estados Unidos*, 2003).

Capacidade para tomar decisões de tratamento

"Conforme as leis de restrição civil são redigidas e interpretadas atualmente, a restrição civil não requer uma determinação de incapacidade nem fornece uma base legal para tratar o indivíduo como incapaz, e muitas leis de restrição civil contêm provisões rejeitando explicitamente uma inferência de incapacidade a partir da restrição civil" (Schopp, 2001, p. 109). Como consequência, os indivíduos restringidos civilmente ainda têm o direito de tomar decisões quanto ao tratamento. Embora indivíduos que sofrem de doenças mentais graves possam não ser capazes de dar consentimento voluntário para a internação, eles ainda podem tomar decisões quanto ao tratamento porque a sua condição involuntária lhes assegura a proteção dos seus devidos direitos no processo (*Zinermon* vs. *Burch*, 1990). Conforme mencionado no Capítulo 8, o Instrumento de Avaliação de Capacidade para Tratmento de MacArthur (MacCAT-T) é uma medida especificamente concebida para avaliar a capacidade de dar consentimento esclarecido e tomar decisões quanto ao tratamento (Grisso e Appelbaum, 1998). Achados de pesquisa também indicam claramente que a maioria dos doentes mentais é incapaz de tomar decisões quanto ao tratamento (Grisso e Appelbaum, 1995). Grisso e Appelbaum (1995) descobriram que quase 50% dos pacientes com esquizofrenia e 76% do grupo de pacientes deprimidos tiveram desempenho na faixa adequada do MacCAT-T e apenas uns poucos pacientes continuaram a ser incapazes de tomar essas decisões após as explicações de *follow-up*. Outro estudo não encontrou diferenças entre pacientes que sofrem de esquizofrenia, transtorno esquizoafetivo e transtorno bipolar (Howe et al., 2005).

Diretivas prévias para saúde mental

O caso de Terri Schiavo ajudou a atrair a atenção para as decisões médicas e as diretivas avançadas. Aos 26 anos, a Sra. Schiavo desmaiou em casa devido a uma parada cardiorrespiratórias. Ela entrou em coma e posteriormente evoluiu para um estado vegetativo persistente. Seu estado físico e mental foi o foco de uma longa batalha nos tribunais que ganhou o noticiário nacional depois que seu marido fez uma petição ao estado para remover os aparelhos de alimentação artificial, sendo que os pais da Sra. Schiavo discordavam dessa decisão de remoção. Cada uma das partes defendia que a Sra. Schiavo optaria pelo seu lado da ação se ela fosse capaz de comunicar as suas necessidades. A Sra. Schiavo não podia comunicar suas necessidades e não havia deixado nenhum documento legal, como um testamento em vida ou uma diretiva prévia para expressar a opinião de que ela jamais queria passar pelas circunstâncias pelas quais estava padecendo naquele momento. As diretivas prévias em saúde mental são similares a documentos como testamentos em vida, frequentemente utilizados em situações como a da Sra. Schiavo, mas são relevantes para tomar decisões em saúde mental. As diretivas de saúde mental ou psiquiátricas identificam as preferências de tratamento se alguém se tornar incapaz de comunicar as suas preferências de tratamento das suas necessidades de saúde mental. As diretivas avançadas de saúde mental permitem que a pessoa tome decisões de tratamento antes de se tornar incapacitada, em vez de isso ser feito por um amigo, um membro da família ou a equipe de tratamento. A pessoa deve ser capaz quando originalmente elabora a diretiva, deve identificar claramente as suas preferências e os serviços de saúde devem ser informados das diretivas para que possam cumpri-las.

As diretivas prévias são especialmente importantes para indivíduos que têm uma história de períodos alternados de capacidade e incapacidade (Appelbaum, 2004). Esses pacientes estão mais vulneráveis à coerção e têm maior necessidade de cuidados (Keefe e Pinals, 2004). Todos os estados nos Estados Unidos autorizaram o uso de alguma forma de diretiva de saúde mental, seja como parte da legislação ou como leis específicas sobre diretivas prévias em saúde mental (Srebnik e La Fond, 1999). Entretanto, as diretivas de saúde mental não são muito conhecidas pelas equipes hospitalares ou pelos pacientes. As pesquisas sugerem que apenas 4 a 13% dos pacientes psiquiátricos assinaram uma diretiva prévia (Swanson, Swartz, Ferron, Elbogen e Van Dorn, 2006). Os clínicos expressaram reservas quanto à implementação de diretivas prévias, as quais eles encaram como potencialmente equivalentes a uma recusa de cuidados (Swanson et al., 2003b). No entanto, os clínicos que têm mais conhecimento sobre os parâmetros legais das diretivas prévias parecem ser muito mais receptivos a elas (Elbogen et al., 2005), e mais de 77% dos pacientes preencheriam uma diretiva prévia se recebessem assistência para fazê-lo (Swanson et al., 2006). As diretivas prévias de saúde mental parecem ser um mecanismo para reduzir a coerção entre os pacientes psiquiátricos, especialmente os que são mais vulneráveis.

Prática da restrição civil

A prática clínica envolvida na restrição civil tende a ser muito mais parecida com a prática tradicional do que as áreas da inimputabilidade e capacidade. Um psicólogo forense que trabalha com restrições civis vai avaliar a periculosidade em relação a si mesmo e aos outros, diagnosticar doença mental e aplicar os métodos tradicionais e atuais de tratamento aos doentes mentais. No entanto, essas tarefas de rotina ainda são realizadas em um contexto legal com consequências para o paciente e a família juntamente com algumas nuances sutis que não são enfrentadas rotineiramente na prática clínica. Além do mais, as mesmas questões de âmbito da prática que se aplicam ao diagnóstico de doença mental ou avaliação de risco se aplicam à restrição civil.

Avaliação e tratamento de pacientes psiquiátricos

Já discutimos a avaliação forense no Capítulo 2 e aqueles mesmos princípios se aplicam à avaliação de doença mental no contexto de uma restrição civil. Toda avaliação deve ser abrangente e buscar evidências convergentes a partir de uma variedade de medidas psicológicas potenciais (personalidade, cognitiva, neuropsicológica) e informações colaterais, ao mesmo tempo tendo em vista que a possibilidade de simulação deve ser considerada. Uma questão relevante para a avaliação de doença mental é se a definição de doença mental é apropriada. Conforme discutido anteriormente neste capítulo, a definição legal de doença mental nem sempre é idêntica à definição psicológica. Embora a doença mental não seja geralmente bem definida (*Foucha* vs. *Louisiana*, 1992), a maioria das definições legais inclui doenças mentais mais graves como psicose (p. ex., esquizofrenia), transtornos do humor (p. ex., depressão ou transtorno bipolar) ou transtornos cognitivos (p. ex., demência) (Stafford, 2002).

Além da avaliação, o tratamento é parte integrante do processo de restrição civil. Nossa revisão anterior da literatura sugere que a restrição civil é efetiva em comparação com a hospitalização tradicional. Entretanto, existem muito poucos estudos que examinaram se os pacientes restringidos civilmente evoluem melhor do que aqueles que não o foram restringidos civilmente (Hiday, 1988). A falta de pesquisas se deve provavelmente ao fato de que o tratamento com internação está se tornando uma opção menos favorável, pela criminalização dos mentalmente doentes, a curta duração das hospitalizações e a natureza crônica daqueles tipicamente hospitalizados. Mahler e Co (1984) descobriram que 68% dos pacientes não internados e 55 % dos pacientes internados foram readmitidos durante um período de *follow-up* de 22 meses. Shore, Breakey e Arvidson (1981) também encontraram que, seis meses depois, os pacientes que haviam sido restringidos civilmente tinham melhorado mais do que os que não haviam sido tratados.

Avaliação do perigo para si mesmo

Até este ponto, ainda não discutimos os aspectos clínicos da avaliação do perigo para si mesmo ou a ideação suicida. Avaliar o risco de suicídio é uma tarefa clínica difícil e tem alguns dos mesmos problemas que a avaliação do risco de violência contra outros que examinamos no Capítulo 5. Por exemplo, o índice de base do suicídio é geralmente baixo e a precisão das predições é fraca (Pokorny, 1983). No entanto, existem informações significativas importantes disponíveis referentes aos fatores de risco e os índices de base de tentativas de suicídio e suicídios consumados. Os clínicos classificam um histórico de tentativas de suicídio, pensamentos suicidas, desesperança grave, atração pela morte, história familiar de suicídio, abuso agudo de álcool e perda ou separação como os fatores de maior risco para a consumação do suicídio (Peruzzi e Bongar, 1999). Essas percepções são similares às dos fatores de risco comumente identificados na literatura como os mais importantes para predições de longo prazo de suicídio: gestos ou tentativas passadas de suicídio, pensamentos suicidas, desesperança, gênero masculino, múltiplas hospitalizações psiquiátricas e duração prolongada das hospitalizações (Cassells, Paterson, Dowding e Morrison, 2005). Fatores como melhora clínica, *insight*, abuso de substância, não adesão ao tratamento e perda do apoio social são fatores de risco para predições de suicídio a curto prazo (Cassells et al., 2005). A presença de dependentes e rotinas diárias significativas atuam como fatores de proteção (Appleby, 1992; De Hart, McKenzie e Peuskens, 2001). Além de identificar a presença de fatores de risco e de proteção, existem medidas disponíveis para a avaliação do risco de suicídio (Rothberg e Geer-Williams, 1992). Contudo, essas escalas servem mais como guias estruturados em vez de medidas com pontos de corte definitivos (Stafford, 2002).

Esteja ela incluída no conceito de perigo para si mesmo ou discriminada à parte nas leis de saúde mental, a incapacidade grave é outro aspecto importante das avaliações de restrição civil. Como a incapacidade grave requer que uma pessoa não consiga atender a suas necessidades básicas, alguns sugerem que os procedimentos usados para avaliar a capacidade de consentir com o tratamento deve ser usada para fazer essas determinações (Stafford, 2002). Instrumentos como o MacCAT-T e Independent Living Scales são frequentemente recomendados para auxiliar na formulação dessas determinações como parte de uma avaliação abrangente (Stafford, 2002).

Avaliação do perigo para os outros

Como a literatura sobre avaliação de risco foi examinada no Capítulo 5, está além dos objetivos desta seção um exame mais amplo das informações disponíveis. No entanto, uma questão especialmente relevante para a avaliação do perigo para os outros em restrições civis é a relação entre doença mental e violência. A identificação de doença mental como um fator de risco pode encorajar a preocupação pública e alimentar os estereótipos de que todas as pessoas doentes mentais são violentas (Paterson, 2006) e que deveriam ficar preocupadas se um vizinho seu padecesse de uma doença mental ou se uma casa para doentes mentais fosse instalada nas proximidades da sua vizinhança. Em geral, a relação entre doença mental e violência tem sido inconsistente (Ferris et al., 1997). Além do mais, a grande maioria dos doentes mentais não se torna violenta e tem mais probabilidades de serem vítimas de violência do que perpetradoras de violência (Teplin, McClelland, Abram e Weiner, 2005).

Entretanto, as pesquisas foram mais consistentes no estabelecimento de relações entre doença mental e violência. Embora a maioria esmagadora dos doentes mentais não seja violenta (Link, Monahan, Stueve e Cullen, 1999), os indivíduos que sofrem de doença mental têm maior probabilidade de serem violentos durante a vida do que as pessoas que não sofrem de doença mental (Borum, 1996). Contudo, essa é uma relação muito complexa e não determinante (Monahan e Arnold, 1996). Em primeiro lugar, não é verdade que todos os que têm doença mental estão em risco maior de violência futura. Por exemplo, não há evidências de que pessoas que padecem de transtornos como transtorno de ansiedade generalizada, frotteurismo ou tricotilomania estão em maior risco de violência. Entretanto, existem evidências de que indivíduos com certos tipos de doença mental como esquizofrenia e transtorno bipolar estão em maior risco de violência (Swanson, 1994). Além do mais, mesmo que as pessoas com esquizofrenia tenham um risco maior de violência, não é simplesmente o diagnóstico de esquizofrenia, mas também a presença de determinados sintomas que aumentam o seu risco. Por exemplo, pesquisas sugerem que determinados sintomas psicóticos chamados delírios de ameaça/controle e domínio (TCO) estão ligados à violência (Link e Stueve, 1994), embora as pesquisas não tenham sido totalmente consistentes. Os TCOs são sintomas delirantes em que o indivíduo acredita que está sendo ameaçado ou que está sendo controlado por uma entidade externa. Embora os sintomas de doenças mentais específicas aumentem o risco de violência, o risco não é simplesmente resultado da doença mental ou de certos sintomas, mas se deve à co-ocorrência de abuso de substância (Swanson, 1994). A relação entre doença mental e violência é fraca (Monahan e Arnold, 1996), mas a presença adicional de abuso de álcool ou droga multiplica o risco em várias vezes (Swanson, 1994). Embora pareça haver pelo menos uma pequena ligação entre doença mental e violência, os estereótipos que contribuem para a crença pública de que os indivíduos doentes mentais são muito mais prováveis de perpetrar violência não são realistas nem são apoiados pelo exame das pesquisas atuais.

Resumo

Este capítulo completa a seção do livro sobre questões de saúde mental, focando a restrição civil. No momento atual, as diferenças e semelhanças entre restrição civil, inimputabilidade e capacidade devem ser mais claras. As leis referentes à restrição civil passaram por mudanças significativas desde as décadas de 1960 e 1970 e, em combinação com o movimento de desinstitucionalização, alteraram a restrição civil dos indivíduos. Atualmente, a lei se afastou de um modelo médico que enfatizava o *parens patriae* e se direcionou para um modelo legal que enfatiza o poder de polícia.

Embora existam diferenças entre as jurisdições, a restrição civil requer que um indivíduo seja doente mental e perigoso antes que o estado determine alguma forma de tratamento como paciente internado ou não. Existem inúmeras dificuldades nas avaliações de doença mental e periculosidade entre as populações para que seja feita uma restrição civil. Além da presença de uma doença mental e uma declaração de periculosidade, algumas jurisdições consideram a incapacidade de uma pessoa de cuidar de si mesma e a sua necessidade de tratamento como razões adicionais para restrição civil.

A pessoa pode ser encaminhada para uma restrição prolongada ou para uma restrição de emergência. O processo para uma restrição prolongada é muito mais formal devido ao potencial de uma perda maior da liberdade. As restrições de emergência são por períodos mais curtos e envolvem menos salvaguardas legais. No entanto, os dois caminhos da restrição civil oferecem reavaliações adicionais da situação inicial do indivíduo na época da restrição civil. Cada um dos caminhos pode conduzir a uma internação hospitalar, mas a restrição civil ambulatorial está sendo usada cada vez mais, embora não sem controvérsias. Entretanto, ela encontrou apoio empírico da sua eficácia.

Um aspecto que está sendo cada vez mais examinado no que se refere ao processo de restrição é o uso da coerção. Embora a restrição civil seja inerentemente coerciva porque ocorre contra a vontade do paciente, as preocupações sobre o impacto de procedimentos coercivos desencadearam estudos dos aspectos coercivos no processo de restrição civil. Pesquisas demonstraram que existem certas práticas que são encaradas como mais coercivas do que outras e que pacientes e clínicos podem divergir nas suas percepções pessoais da coerção. Além disso, as fontes, tipos e frequência da coerção foram sistematicamente examinados.

A questão do direito de aceitar ou recusar tratamento é central no que tange à restrição civil. Os tribunais já reconheceram há tempo os direitos dos indivíduos que foram restringidos civilmente e os direitos dos indivíduos a recusarem medicação paralelamente aos direitos do estado de forçar a medicação. Como resultado, há a necessidade de que os indivíduos sejam capazes de tomar suas decisões de tratamento. Uma forma de os pacientes expressarem o seu desejo antes de se tornarem incapazes ou incapazes de comunicarem suas decisões de tratamento é o uso das diretivas prévias para doença mental ou psiquiátricas.

Dentro desse contexto, os psicólogos forenses devem avaliar e tratar os indivíduos que foram restringidos civilmente. Embora o tratamento e avaliação daqueles que foram restringidos civilmente estejam em grande parte de acordo com as práticas tradicionais de avaliação e tratamento, existem aspectos peculiares que precisam ser considerados. Por exemplo, a avaliação do risco de violência é especialmente difícil nessas situações de determinação de periculosidade em relação aos outros. Parte dos motivos tem sido a controvérsia e falta de clareza que envolvem a relação entre violência direcionada aos outros e doença mental.

Termos-chave

coerção
desinstitucionalização
incapacidade grave
justiça dos procedimentos
liberação condicional

parens patriae
poder de polícia
restrição civil ambulatorial tradicional
restrição civil preventiva

restrição de emergência
restrição prolongada

Leitura complementar

Rosenhan, D. (1973). On being sane in insane places. *Science, 179,* 250–258.

Schopp, R. F. (2001). *Competence, condemnation, and commitment: An integrated theory of mental health law.* Washington, DC: American Psychological Association.

PARTE IV
Crianças e a família na psicologia forense

Capítulo 10 Violência doméstica e perseguição (*stalking*)

Capítulo 11 Delinquência juvenil e justiça juvenil

Capítulo 12 Guarda dos filhos

Violência doméstica e perseguição (*stalking*)   10

À medida que aumenta o número de casos de violência doméstica que entram no sistema judiciário (Roehl e Guertin, 1998), os psicólogos forenses estão correspondentemente sendo solicitados a auxiliar os tribunais. Os psicólogos forenses têm desempenhado vários papéis nos casos de violência doméstica e são especificamente solicitados a:

> (1) descrever a natureza, frequência, gravidade e consequências da violência prévia; (2) fazer predições sobre a probabilidade e gravidade de violência futura; (3) fazer recomendações de intervenções em relação ao agressor e também à vítima e (4) fazer predições sobre os resultados prováveis dessas intervenções. (Levensky e Fruzzetti, 2003, p. 713)

Este capítulo vai focar nos aspectos específicos da violência doméstica, que estão em consonância com a avaliação e tratamento na psicologia forense em geral. Contudo, a violência doméstica apresenta inúmeros desafios aos psicólogos forenses que trabalham na área.

Antes de começarmos, existem algumas questões importantes a esclarecer. A maioria das pesquisas em violência doméstica focou a violência doméstica perpetrada por homens, e este capítulo não será diferente. Entretanto, serão consideradas pesquisas que examinam mulheres como perpetradoras de violência doméstica e algumas das diferenças na violência perpetrada por homens, junto com algumas das implicações sociais. As maneiras como a lei desempenha seu papel na prática da psicologia forense e na saúde mental dos envolvidos é muito profunda na violência doméstica. A jurisprudência terapêutica está evidente não somente no estágio de disposição e julgamento, como tem sido o caso em muitas das nossas discussões até aqui, mas também na prisão ou no relato inicial da violência doméstica. Além disso, discutiremos um tópico que está relacionado à violência doméstica e perseguição. Embora saibamos relativamente pouco sobre perseguição em comparação com a violência doméstica, a área tem se expandido significativamente em termos de prática clínica e pesquisa durante a última década.

Definindo e identificando a prevalência da violência doméstica

Como ocorreu com a avaliação de risco e violência em geral, é importante definirmos a natureza da violência doméstica. Violência doméstica pode significar toda a agressão ou violência perpetrada dentro do contexto de uma relação interpessoal significativa (p. ex., família, casamento, namoro). A violência doméstica pode incluir violência entre marido e mulher, namorada e namorado ou parceiros homossexuais. Pode incluir violência entre pais e filhos (ver Capítulo 12 para uma discussão do abuso infantil), entre filhos adultos e pais idosos ou mesmo entre irmãos. No entanto, este capítulo vai focar a violência doméstica que ocorre entre homens e mulheres em uma relação de parceria íntima.

Mais especificamente, a violência doméstica abrange agressão psicológica, física e sexual entre parceiros íntimos. Uma das medidas mais prevalentes usadas para avaliar a violência doméstica é a Escala de Tática de Conflito (CTS). Os estudantes devem se familiarizar com essa medida um tanto controversa porque ela está entrelaçada com as definições de violência doméstica comumente aceitas e é central para a compreensão de algumas questões envolvidas na descrição e cálculo da prevalência da violência doméstica. A versão revisada da CTS, a Escala de Tática de Conflito-2 (CTS2), consiste de itens que oferecem exemplos de diferentes comportamentos agressivos que ocorrem rotineiramente em conflitos domésticos (Straus, Hamby, Boney-McCoy e Sugarman, 1996). Esses itens podem ainda ser divididos em três categorias amplas de violência doméstica (Tabela 10.1) e mesmo a agressão física pode ser dividida entre as categorias leve ou moderada (p. ex., torcer um braço e puxar os cabelos) e grave (p. ex., usar uma faca ou atirar um objeto que pode machucar).

Fatores que influenciam os números da prevalência

Como consequência parcial da definição e modo como medimos a violência doméstica, não há taxas definitivas de prevalência. Algumas estimativas sugerem que um terço de todas as mulheres são

Tabela 10.1 Exemplos de violência psicológica, física e sexual derivados da escala de tática de conflito

Violência psicológica	Violência física	Violência sexual
Insultar	Chutar, morder ou dar socos	Usar força ou ameaça para fazer sexo
Ameaçar	Dar tapas	
Gritar	Bater	Insistir em fazer sexo desprotegido
Expulsar do ambiente	Torcer o braço	Usar força ou ameaça para fazer sexo anal
Ameaçar de jogar objetos	Empurrar Sufocar	Insistir em fazer sexo anal
Destruição de pertences	Atirar contra a parede	Insistir em fazer sexo
Contrariar deliberadamente	Usar faca ou arma	
Acusar de ser um amante fraco	Incendiar ou queimar	

vítimas de violência doméstica durante sua vida (Straus e Gelles, 1990) e que quatro milhões de mulheres são agredidas a cada ano por um parceiro doméstico (ver Sartin, Hansen e Huss, 2006). No entanto, essas estatísticas devem ser examinadas com cautela em termos do seu propósito e definições de violência doméstica. Elas incluíram agressão psicológica? Os estudos avaliaram membros da comunidade ou um grupo de pessoas de alto risco? Essas são estimativas ou números mais precisos alcançados por meio da pesquisa empírica? Por exemplo, uma análise identificou que 57% dos estudantes de ensino médio e 65% dos universitários estiveram envolvidos em relacionamentos violentos (Feldbau-Kohn, Schumacher e O'Leary, 2000). Entretanto, essas estatísticas incluem o envolvimento tanto como perpetrador quanto como vítima de violência e incluem uma prevalência durante toda a vida. Por outro lado, muitos estudos, especialmente os que usam a CTS ou CTS2, incluem apenas a violência que ocorreu no último ano. Além disso, alguns incluem apenas violência física, enquanto outros incluem tanto violência física quanto psicológica na sua definição de violência doméstica.

Estudos que examinam casais que estão morando juntos ou são casados também encontraram variações nas taxas de violência doméstica. Straus e Gelles (1990) telefonaram para aproximadamente 2.000 casais e descobriram que cerca de 12% das mulheres relatavam que haviam sido vítimas de agressão física por seu parceiro no último ano, sendo que 5% relataram terem sido vítimas de agressão grave. No entanto, estudos que examinam **amostras clínicas** de homens e mulheres encontraram taxas muito mais altas de violência doméstica. Em uma amostra de 132 casais provenientes de uma clínica de terapia para casais, 53% das mulheres foram vítimas de agressão física pelos seus maridos e 21% foram vítimas de agressão grave (O'Leary, Vivian e Malone, 1992). Em outro estudo, casais que procuraram tratamento psicológico por dificuldades conjugais relataram que 71% deles haviam passado por pelo menos um episódio de agressão no último ano (Cascardi, Langhinrichsen e Vivian, 1992). Não deve causar surpresa que amostras clínicas de casais incluam taxas mais altas de violência doméstica do que **amostras da comunidade**. As amostras clínicas são compostas por indivíduos que estão buscando tratamento seja por violência doméstica, por problemas conjugais ou questões de saúde mental em geral. É muito mais provável que tais indivíduos que se apresentam para tratamento relatem violência doméstica do que os provenientes da comunidade em geral. Na verdade, 50 a 70% dos casais que procuram terapia por problemas conjugais também vivenciam situações de agressão física em suas relações (Feldbau-Kohn et al., 2000).

Outro problema potencial com a avaliação da violência doméstica recorda nossa discussão da avaliação de risco em geral: a maneira pela qual são coletados os dados sobre a violência doméstica. Porque ela está associada a um parceiro íntimo, porque o perpetrador e a vítima da violência geralmente estão à disposição e os dados de prevalência podem ser fornecidos por ambas as partes. No entanto, vítimas e perpetradores são relutantes em fornecer relatos precisos da violência doméstica (Heckert e Gondolf, 2000), especialmente em determinados contextos. Por exemplo, apenas 6% das mulheres indicaram que a violência doméstica era um problema no seu casamento quando escreveram um autorrelato. Contudo, durante uma entrevista, 44% admitiram que isso ocorreu. Não somente a violência doméstica é relatada com menor frequência do que ocorre na realidade, como também as vítimas relatam mais violência do que os perpetradores (Cantos, Neidig e O'Leary, 1994; Simpson e Christensen, 2005).

Os dados sobre a violência doméstica também são reunidos por meio das estatísticas da justiça criminal que nos fornece índices de prevalência diferentes. Houve 588 mil crimes relatados em 2001 que foram perpetrados por parceiros íntimos (Rennison, 2003). Entretanto, os números da justiça criminal dependem de que a pessoa se envolva no sistema legal e muitos evitam as dificuldades que poderiam surgir para eles e seus parceiros, conforme é indicado pelo achado de que apenas 7% das agressões domésticas e 14% das agressões domésticas graves são relatadas (Kantor e Strauss, 1990; Straus e Gelles, 1988). Entretanto, em um ano, 1.247 mulheres e 440 homens foram mortos por seus parceiros íntimos. Esses números constituem 33% de todos os assassinatos de vítimas mulheres, mas apenas 4% de todas as vítimas do sexo masculino. Independentemente da fonte dos dados de prevalência de violência doméstica, fica claro que esse é um problema significativo.

Avaliação da violência doméstica entre parceiros íntimos

Uma das tarefas mais comuns de um psicólogo forense é avaliar a gravidade e a frequência da violência doméstica em um relacionamento. Essa avaliação pode ser necessária para auxiliar um juiz a chegar a uma sentença criminal ou a um programa de educação do agressor por meio de um tratamento ordenado pela corte. Apesar das complexidades para definir a prevalência da violência doméstica, a CTS se tornou a medida padrão para a violência doméstica entre parceiros íntimos (Langhinrichsen-Rohling, 2005) e permite uma comparação entre os estudos, algo que não havia anteriormente. A CTS sugere que a violência doméstica ocorre no contexto de um conflito conjugal e ainda avalia os comportamentos positivos que envolvem a negociação (Langhinrichsen-Rohling, 2005). A CTS revisada contém itens que avaliam a gravidade do dano que a vítima vivencia e algum comportamento sexualmente coercivo. No entanto, a CTS já foi criticada (Schafer, 1996). Ela foi inicialmente criticada porque os estudos que usam a medida sugerida equivalem às taxas de perpetração para homens e mulheres (Archer, 2000). Como consequência, ela foi criticada por ignorar o contexto em que ocorreu a violência doméstica como, por exemplo, falta de condições de autodefesa ou medo de ser agredido primeiro. A CTS também foi criticada por avaliar um número limitado de atos específicos e não identificar toda a gama de incidentes agressivos (Levensky e Fruzzetti, 2003).

Avaliação das consequências da violência doméstica

Ao avaliar a violência doméstica, o psicólogo forense não só procura avaliar a frequência e a gravidade da violência usando uma medida com a CTS, mas também é importante avaliar as consequências para a vítima. Por meio da avaliação das consequências, o clínico começa a identificar as intervenções potenciais para reduzir o sofrimento da vítima. Já foi identificada uma variedade de consequências da violência doméstica. O impacto pode ser parcialmente exemplificado por um relatório do Gabinete de Estatísticas da Justiça que indica que 1,4 milhão de pessoas foram atendidas em emergências de hospitais por ferimentos confirmados ou suspeitos de violência interpessoal (Rand e Strom, 1997). Quase 250.000 desses pacientes foram vitimizados por um cônjuge/ex-cônjuge ou namorado/namorada (Rand e Strom, 1997). Cascardi e colaboradores (1992) documentaram especificamente os ferimentos físicos significativos e os sintomas psicológicos negativos sofridos pelas vítimas de violência doméstica que se apresentaram em uma clínica de atendimento ambulatorial de terapia conjugal. Além dos efeitos físicos da violência doméstica, também existem inúmeras consequências psicológicas sobre as quais o psicólogo forense tem conhecimento para avaliar e informar à corte.

Consequências psicológicas da violência doméstica

Uma das consequências psicológicas mais proeminentes da violência doméstica é o transtorno de estresse pós-traumático. O transtorno de estresse pós-traumático é um transtorno psicológico identificado no DSM-IV TR e caracterizado pela exposição a um evento traumático ou a uma série de eventos traumáticos. Essa exposição pode resultar na esquiva de todo o estímulo associado à experiência traumática, revivência do trauma, sonhos, aumento na ansiedade ou entorpecimento emocional. Esses tipos de sintomas coincidem significativamente com o construto de Lenore Walker da síndrome da mulher espancada (BWS; Walker, 1979), embora o constructo de Lenore também sugira uma base para determinados comportamentos característicos que não fazem parte do TEPT mas são bastante comuns entre mulheres que padecem de BWS (p. ex., não conseguir abandonar um relacionamento abusivo apesar do abuso continuado). Infelizmente, o TEPT parece ser um resultado psicológico comum da violência doméstica, mas os achados variam muito entre os estudos (Houskamp e Foy, 1991; Kemp, Green, Hovanitz e Rawlings, 1995; Riggs, Kilpatrick e Resnick, 1992). No entanto, Golding (1999) descobriu que em 11 estudos que examinavam a prevalência do TEPT entre vítimas de violência doméstica 63,8% das mulheres sofriam de TEPT.

As vítimas de violência doméstica também apresentam altos índices de depressão. Pesquisas revelaram que as mulheres espancadas apresentam níveis de depressão similares aos pacientes psiquiátricos e têm índices muito mais altos do que os indivíduos que não foram vítimas de abuso. Além do mais, a gravidade da depressão se relaciona à gravidade e frequência da violência (Mitchell e Hodson, 1983). Um exame desses estudos verificou que entre 38% e 83% das mulheres em relacionamentos abusivos apresentavam depressão (Cascardi, O'Leary e Schlee, 1999). Stark e Flitcraft (1988) ainda estimaram que as mulheres espancadas tinham um risco cinco vezes maior de tentativa de suicídio do que as mulheres que não estavam em um relacionamento abusivo.

Depressão e abuso de substância também co-ocorrem em uma variedade de grupos e com as mulheres espancadas não é diferente. A metanálise de Golding (1999) também encontrou que 18,5% das mulheres espancadas abusavam de álcool e 8,9% sofriam de abuso de droga. Sato e Heiby (1992) foram mais além das simples taxas de prevalência de depressão e encontraram que as mulheres que relataram baixo autorreforço, perdas pessoais e financeiras e um histórico passado de depressão estavam em risco significativo de depressão por causa da relação violenta.

Uma consequência psicológica importante da violência doméstica é o seu impacto na autoestima. Estudos encontraram de forma consistente uma autoestima reduzida entre mulheres espancadas em comparação com mulheres não espancadas e com outros grupos de comparação (Aguilar e Nightingale, 1994; Holtzworth-Munroe, Smutzler e Sandin, 1997a; Mitchell e Hodson, 1983). Além disso, foi encontrada uma associação negativa entre a gravidade do abuso e se o abuso começou antes do casamento ou não (Clements, Sabourin e Spiby, 2004). Além do mais, a autoestima diminuída está relacionada tanto ao abuso físico quanto ao abuso psicológico (Aguilar e Nightingale, 1994).

Essas consequências, entretanto, não são resultado apenas da violência física que a vítima vivencia. Em geral, as pessoas costumam achar que o abuso físico conduz a muitas das consequências graves da violência doméstica. Embora O'Leary (1999) tenha concluído que essa crença é provavelmente verdadeira quanto à experiência de violência grave pela vítima, isso não é necessariamente correto em relação à maior parte da violência experimentada nos relacionamentos íntimos. Estudos sugerem que o abuso psicológico tem efeitos psicológicos de longo prazo mais graves do que a maior parte do abuso físico, e que o abuso psicológico normalmente ocorre antes do abuso físico (O'Leary, 1999). Até mesmo as vítimas de violência doméstica acham que o abuso psicológico é mais prejudicial a elas. Um estudo encontrou que a maioria das mulheres envolvidas em reações abusivas achava que o abuso psicológico causava um impacto maior do que o abuso físico e que o abuso psicológico ocorria com maior frequência (Follingstad, Rutledge, Berg e Hause, 1990). De fato, Murphy e Cascardi (1993) sugeriram que muitas das consequências psicológicas do abuso podem ser o resultado do abuso psicológico, não do abuso físico, como se pensava anteriormente.

Independentemente da causa ou das dificuldades precisas vivenciadas pela vítima como resultado do abuso, os psicólogos forenses são frequentemente convocados para avaliar a extensão de suas consequências. Além de usar entrevistas clínicas e medidas como a CTS/CTS2 para avaliar a violência doméstica diretamente, essas avaliações também incluem medidas para avaliar as consequências psicológicas do abuso. A gravidade das consequências pode dar uma visão da gravidade e padrão geral do abuso. Essas informações são obviamente relevantes no tratamento da vítima, mas também são relevantes no auxílio à corte para que chegue a uma disposição apropriada para o perpetrador da violência doméstica, seja ela o encarceramento, tratamento ou uma combinação de ambos.

Fatores de risco e avaliação de risco em violência doméstica

Além de identificar a prevalência e as consequências da violência doméstica, outro papel importante do psicólogo forense é avaliar o risco de violência doméstica. Apesar de pretendermos discutir muitas semelhanças entre a avaliação de risco na violência doméstica e outras formas de violência discutidas anteriormente, existem muitos aspectos que são peculiares à violência doméstica os quais todo o psicólogo forense deve ter em mente quando realizar avaliações de risco. Diferente das outras formas de violência discutidas anteriormente, a vítima está constantemente disponível para o perpetrador, aumentando, assim, as oportunidades de vitimização. A punição do perpetrador deveria estar baseada na presença contínua da vítima? A questão do gerenciamento do risco se torna extremamente importante devido à disponibilidade da vítima. Como vamos discutir, existe uma variedade de fatores de risco dinâmicos que podem influenciar a perpetração de violência doméstica e, dado o acesso mais fácil às vítimas, a identificação desses fatores e o planejamento de intervenções específicas para reduzi-los ou reduzir o seu impacto é extremamente importante.

Devido à presença contínua da vítima, muitos especialistas também encorajam a consideração das percepções que esta tem do ciclo de agressão e dos fatores de risco. Entretanto, esses fatores devem ser considerados com precaução porque as percepções da vítima podem ser tendenciosas. Por exemplo, um dos determinantes mais importantes do contato continuado entre o perpetrador e a vítima é se o perpetrador procura tratamento. As mulheres têm maior probabilidade de permanecer com um agressor que busca tratamento do que com um que não o faz. Devido aos índices significativos de abandono e os efeitos moderados do tratamento nos programas de violência doméstica, pode ser problemático o aumento significativo da sensação de segurança da mulher porque o agressor está procurando tratamento. No entanto, as pesquisas vêm sugerindo cada vez mais que as percepções da vítima são parte integrante das avaliações de risco para violência doméstica (Heckert e Gondolf, 2004).

Fatores de risco para violência doméstica

Muitas pesquisas tiveram seu foco na identificação dos fatores de risco relacionados ao início da violência doméstica. Além disso, esses estudos examinaram em grande parte a violência física, com exclusão da violência psicológica ou sexual. Embora haja algumas diferenças entre os estudos, dependendo da amostra e da disponibilidade dos diferentes fatores, esses fatores podem ser agrupados em fatores demográficos e históricos, fatores psicológicos e fatores de relacionamento.

Fatores demográficos e históricos

Os fatores demográficos e históricos já foram reconhecidos há tempo pela sua relação com o começo da violência doméstica. Revisões da literatura sugerem que a idade do perpetrador, seu *status* socioeconômico, etnia e exposição na infância à violência doméstica formam relações complexas com o início da violência doméstica (Feldbau et al., 2000; Holtzworth-Munroe, Smutzler e Bates, 1997b). Embora revisões anteriores tenham sugerido que não havia relação entre idade e perpetração de violência doméstica (Hotaling e Sugarman, 1986), revisões mais recentes indicam o contrário (Feldbau et al., 2000; Holtzworth-Munroe et al., 1997b). Esses resultados foram demonstrados continuamente em amplos estudos nacionais e estão de um modo geral em consonância com a literatura sobre perpetração de violência generalizada. Os achados sugerem de forma consistente que a idade está inversamente relacionada à perpetração de violência doméstica, de modo que quanto mais jovem o perpetrador, maior o risco de violência doméstica. Em um estudo focando cerca de 12 mil homens alistados no serviço militar, os autores encontraram que para cada dez anos de aumento na idade decrescia em 19% o risco de que um homem perpetrasse violência leve e 29% de que perpetrasse violência grave (Kantor, Jasinski e Aldarondo, 1994). Esses resultados relacionados com a idade mantêm-se quando são consideradas outras variáveis demográficas (Kantor et al., 1994).

A situação socioeconômica (SES) demonstra uma relação negativa ou inversa similar à perpetração de violência física em conflitos de violência doméstica. Além do mais, os níveis mais graves de agressão parecem estar relacionados a um nível socioeconômico mais baixo (Hotaling e Sugarman, 1990). A situação socioeconômica é geralmente uma variável global formada por múltiplas variáveis como a situação profissional, renda anual, nível de instrução e viver acima ou abaixo da linha da pobreza, que indicam a situação econômica geral. Embora a violência doméstica ocorra em qualquer nível econômico, quanto mais baixa a SES, maior o risco de perpetração de violência doméstica (Holtzworth-Munroe et al., 1997b). Essa relação é constantemente encontrada por uma série de razões. Os indivíduos originários de SES mais baixa têm maior probabilidade de sofrer de uma variedade de estressores financeiros e outros estressores interpessoais que aumentam o risco de violência doméstica. Os indivíduos originários de SES mais baixa têm probabilidade de ter menos educação. Os indivíduos com menos educação têm menor probabilidade de procurar assistência profissional e menor probabilidade de saber onde procurar assistência profissional quando se encontram em relacionamentos conturbados. Como a SES é uma variável global que compreende muitas variáveis diferentes, os estudos podem ou não encontrar relação entre algumas das variáveis isoladas que compõem a SES. Entretanto, a relação entre a SES global e violência doméstica é bastante consistente.

A etnia também foi relacionada à perpetração de violência doméstica. Similar à relação entre SES e violência doméstica, há algumas relações étnicas específicas que aumentam o risco de violência doméstica, muito embora a violência doméstica perpasse todos os grupos étnicos. A maioria das pesquisas, assim como muitos dos importantes estudos, encontrou diferenças significativas na perpetração de violência doméstica na comparação de brancos com afro-americanos e hispânicos ou latino-americanos. Entretanto, há uma variedade de fatores adicionais que podem justificar esses achados. As pesquisas encontraram índices mais altos de violência doméstica em afro-americanos (Cazanave e Straus, 1990), hispânicos (Straus e Smith, 1990) e não brancos em geral (Leonard e Blane, 1992). Em dois grandes estudos nacionais, os pesquisadores descobriram que as taxas de prevalência para os afro-americanos e latinos eram de aproximadamente 17% em comparação com 12% dos brancos nos mesmos estudos (Straus e Gelles, 1986; Straus, Gelles e Steinmetz, 1980). Estudos encontraram, ainda, que os afro-americanos estão em maior risco de voltar a agredir depois das situações iniciais de violência doméstica (Mears, Carlson, Holden e Harris, 2001). No entanto, as pesquisas mostraram claramente que existem muitas outras variáveis que justificam essas diferenças étnicas, tais como econômicas, educacionais e de redes sociais (Holtzworth-Munroe et al., 1997b). Por exemplo, Beson, Wooldredge, Thistlethwaite e Fox (2004) encontraram que os índices de violência doméstica variam sistematicamente entre afro-americanos e brancos dependendo da sua comunidade de origem, sendo que suas diferenças étnicas desaparecem em boa parte quando diferentes grupos étnicos residem em comunidades similares. Muito embora as pesquisas possam sugerir uma relação, é importante ter em mente que outros fatores também justificam essas aparentes diferenças raciais.

Uma última variável histórica que está relacionada à perpetração de violência doméstica é a exposição à violência doméstica na família de origem. Em geral, homens que cresceram em lares abusivos e violentos têm maior probabilidade de perpetrar violência doméstica. A noção de **transmissão intergeracional da violência** tem sido o aspecto principal do campo da violência doméstica (Rosenbaum e Leisring, 2003). Transmissão intergeracional da violência significa que indivíduos que foram expostos à violência quando crianças têm maior probabilidade de perpetrar violência nas suas próprias famílias quando adultos. Esses resultados são verdadeiros se a própria pessoa foi abusada física ou verbalmente ou testemunhou o abuso entre outros membros da família (Barnett e Fagan, 1993; O'Leary e Curley, 1985; Widom, 1989). Mitchell e Finkelhor (2001) encontraram ainda um aumento de 158% no risco de violência se o indivíduo foi exposto à violência entre os pais quando criança. Esse ciclo de violência é autoperpetuador, já que os indivíduos que foram abusados têm maior probabilidade de abusar dos seus próprios filhos, os quais também têm maior probabilidade de abusar dos seus filhos.

Características psicológicas relacionadas à perpetração de violência doméstica

Existem muitas características psicológicas que demonstraram alguma associação com a perpetração de violência doméstica, tais como o ciúme, necessidade de poder e controle e assertividade reduzida (ver Feldbau et al., 2000 para uma revisão). Entretanto, pesquisas sugeriram que há algumas características psicológicas que estão mais fortemente relacionadas à perpetração de violência doméstica do que outras.

Uma das características mais proeminentes e merecedoras de atenção é a expressão de raiva ou hostilidade. Embora as teorias feministas sobre a perpetração de violência doméstica sejam cautelosas em focar na raiva, raiva e hostilidade geralmente estão no centro das estratégias de tratamento concebidas para os perpetradores de violência doméstica. Dutton, Starzomski e Ryan (1996) compararam perpetradores de violência doméstica com um grupo controle de homens em uma variedade de medidas e descobriram que os perpetradores de violência doméstica relatavam mais raiva. Hanson, Cadsky, Harris e Lalonde (1997) encontraram ainda que os escores de raiva e hostilidade em uma medida de autorrelato diferiam significativamente entre homens gravemente abusadores, moderadamente abusadores e não abusadores. Essas tendências também foram identificadas em estudos que usaram amostras clínicas e amostras da comunidade e foram identificadas como fatores que vão de moderados a fortes para a expressão de violência física (Schumacher, Feldbau et al., 2001; Stith, Smith, Penn, Ward e Tritt, 2004).

Em contraste com o antigo interesse na raiva e hostilidade, existe crescente interesse no papel do uso e abuso de substância na perpetração da violência doméstica (Thompson e Kingree, 2006). Drogas e álcool foram associados à violência doméstica tanto em termos de abuso crônico quanto ao uso imediatamente anterior ou durante um episódio de violência doméstica. Estudos usando questionários de autorrelato encontraram claramente que problemas relacionados a álcool e drogas aumentam o risco de violência doméstica (Cunradi, Caetano, Clark e Schafer, 1999; Hanson et al., 1997). Além disso, o risco também aumenta com o uso imediato e não simplesmente com o uso crônico. Nos dias em que o perpetrador consome álcool, o risco de ele agredir sua parceira é oito vezes mais alto (Fals-Stewart, 2003) e o consumo de álcool é mais comum em violência grave (38%) do que em violência moderada (11%) ou violência verbal (3%) (Leonard e Quigley, 1999). Por conseguinte, os programas de tratamento estão cada vez mais estudando o impacto que o tratamento do abuso de substância pode ter na perpetração da violência doméstica (O'Farrell, Fals-Stewart, Murphy e Murphy, 2003).

Uma última característica psicológica frequentemente associada à perpetração de violência doméstica é a depressão. À primeira vista, a depressão pode não fazer sentido em relação ao comportamento violento, mas o campo é relativamente unânime nos achados de que os perpetradores têm maior probabilidade de ter níveis elevados de depressão (Stith et al., 2004). Os homens que se apresentaram para terapia conjugal com a sua parceira diferiam em seus níveis de sintomas depressivos, sendo que aqueles mais violentos relatavam mais depressão do que os não violentos (Boyle e Vivian, 1996). Em um estudo, aproximadamente dois terços dos perpetradores de violência doméstica eram deprimidos, comparados com apenas um terço do resto da amostra (Maiuro, Cahn, Vitaliano, Wagner e Zegree, 1988). A depressão pode estar relacionada a uma demonstração de emoção aumentada, que é característica de pelo menos alguns agressores (Holtzworth-Munroe e Stuart, 1994). Esses agressores têm probabilidade de apresentarem tendências *borderline*, níveis aumentados de depressão e de expressarem mais ideias e comportamentos suicidas (Dutton, 2002).

Relacionamento e fatores contextuais relacionados à perpetração

Outra área extremamente importante a ser considerada para os fatores de risco potencial é o relacionamento em si. Os indivíduos que são infelizes ou estão insatisfeitos com seu relacionamento, que discutem frequentemente com seu parceiro e demonstram agressão psicológica têm risco aumentado de perpetração de violência doméstica (Feldbau-Kohn et al., 2000). Existem padrões específicos de comunicação que sugerem aumento do risco (Holtzworth-Munroe et al., 1997b). De fato, os fatores de relacionamento estão entre os melhores preditores de violência doméstica (Stith et al., 2004).

Não é de causar surpresa que os casais relatem menor satisfação com relacionamentos abusivos do que não abusivos, mas é importante que a insatisfação conjugal do perpetrador seja em si preditiva de violência em relação à sua parceira. Parece haver uma associação clara entre violência e insatisfação no relacionamento. Julian e McKenry (1993) encontraram uma relação preditiva significativa entre a satisfação relatada com o relacionamento e a violência autorrelatada em um grupo de homens que se apresentaram para tratamento. No entanto, as evidências para uma relação preditiva entre satisfação conjugal e violência não são tão claras. A questão é do tipo "o ovo ou a galinha": a violência diminui a satisfação conjugal ou a diminuição da satisfação conjugal conduz à violência? Os resultados de um dos poucos estudos que tratam dessa questão sugerem uma relação mais complexa. O'Leary, Malone e Tyree (1994) verificaram que a insatisfação conjugal após 18 meses de casamento não predizia agressão física posterior. Entretanto, essa mesma insatisfação conjugal aos 18 meses previa agressão psicológica, o que predizia agressão física nos 30 meses após o casamento.

A satisfação conjugal autorrelatada pode ser tão importante quanto os padrões de comunicação que os casais apresentam um com o outro. Essa pesquisa teve seu foco em estudos de observação e entrevistas. Em muitos estudos, os casais são gravados em vídeo discutindo o seu relacionamento ou problemas no relacionamento. Posteriormente, os pesquisadores observam em detalhes essas interações e identificam vários aspectos dessas conversas que aumentam o risco de violência física futura. Os maridos que mostram agressão física têm maior probabilidade de desconsiderar a opinião da sua parceira, ameaçam ou simulam esses gestos, se tornam defensivos e usam contato físico negativo mais do que os maridos verbalmente agressivos (Margolin, Bruman e John, 1989; Margolin, John e Gleberman, 1989). Estudos que examinaram dados de autorrelato encontraram que os casais violentos têm maior probabilidade de usar mais ataques verbais, mais raiva e têm mais probabilidade de se retirar da situação (Lloyd, 1990).

Outras características relacionadas à perpetração de violência doméstica

Além desses aspectos da rotina dos relacionamentos íntimos, também parece haver alguns fatores de risco que são menos autogerados. Especificamente, existem dois eventos que aumentam significativamente o risco de violência no relacionamento. Primeiro, evidências sugerem que a gravidez aumenta significativamente o risco de violência doméstica, e que um número significativo de mulheres começa a ser vitimizada durante a gravidez (Jasinski e Kantor, 2001). Outro momento que é especialmente perigoso para as mulheres é o final do relacionamento. Um estudo mostrou o final de um relacionamento íntimo como o momento mais perigoso para as mulheres porque seus parceiros se sentem ameaçados pela clara indicação de uma mudança ou perda do relacionamento (Wilson, Johnson e Daly, 1995).

Até agora, focalizamos na agressão física para a identificação dos fatores relacionados à violência doméstica. No entanto, como já foi discutido, há uma variedade de formas de violência doméstica, incluindo agressão psicológica, agressão sexual e até a consequência mais séria, o homicídio. Muito poucos estudos identificaram os fatores de risco para abuso sexual em situações de violência doméstica. Black, Heyman e Slep (2001) revisaram os estudos disponíveis e encontraram vários fatores de risco para abuso sexual. As vítimas com menos de 30 anos e mais de 50 estão em maior risco, também as provenientes de ambientes de baixa SES, as que foram agredidas sexualmente fora do relacionamento e as que vivenciaram graves agressões físicas em geral (Black et al., 2001). Embora mais difícil de prever do que a violência física, Schmacher, Slep e Heyman (2001) concluíram que variáveis de relacionamento, como os padrões de comunicação descritos anteriormente, juntamente com as características do perpetrador (isto é, raiva, características de personalidade *borderline*, características passivo-agressivas e características derrotistas) indicavam risco mais alto de abuso psicológico. Surpreendentemente, a SES e testemunhar violência quando criança não estavam relacionados a abuso psicológico na relação.

Uma área de crescente preocupação é a ocorrência de homicídio em relacionamentos com violência doméstica. Por exemplo, o **femicídio** é a causa principal de morte prematura de mulheres nos Estados Unidos (Greenfield et al., 1998). Pesquisas sugerem que existem fatores de risco peculiares e consistentes nos casos de homicídio. Uma história de violência doméstica e a presença de armas parecem ser os fatores de risco mais fortes para homicídio do parceiro íntimo, com o final do relacionamento também servindo como um forte preditor (Campbell, Sharps e Glass, 2001). Além disso, violência generalizada, abuso de álcool, desemprego e fazer parte de uma minoria racial são fatores de risco significativos para homicídio (Campbell et al., 2001). Um dos estudos mais abrangentes sobre homicídio do parceiro íntimo foi realizado em 11 cidades e incluiu informações de 220 vítimas do sexo feminino. Os resultados mostraram que os relacionamentos em que o perpetrador tinha acesso a uma arma, em que o perpetrador havia feito ameaças anteriores com arma, em que o enteado do perpetrador estava em casa e as partes estavam separadas estavam em maior risco. Nunca terem vivido juntos e prisões anteriores por violência doméstica eram fatores de proteção para homicídio (Campbell et al., 2003).

Avaliando o risco e reincidência

Além dos fatores relacionados ao início da violência doméstica, as pesquisas também se detiveram nos fatores relacionados à reincidência. Hilton e Harris (2005) argumentam que os fatores de risco mais relevantes são o comportamento antissocial geral, psicopatia, abuso de substância, histórico de agressão e abuso psicológico no relacionamento. Cattaneo e Goodman (2005) concordaram com algumas das revisões de Hilton e Harris, mas também focaram os fatores interpessoais (p. ex., duração de tempo em que viveram juntos) e sistêmicos (p. ex., interesse em adequar seu comportamento às expectativas da sociedade), que são relevantes para a reincidência da violência doméstica. O exame dos fatores de risco especificamente para reincidência é relativamente recente e ainda é preciso muita pesquisa para avaliar esses fatores em comparação com os fatores relacionados ao começo do abuso. No entanto, várias medidas foram concebidas com base na literatura de fatores de risco em geral e na literatura que focaliza a reincidência. Porém, as informações referentes à eficácia dessas medidas estão apenas começando a ser apontadas.

Medidas disponíveis para avaliação do risco de violência doméstica

Conforme mencionado anteriormente, existem muitos aspectos da avaliação de risco dentro da violência doméstica que são similares à avaliação de risco em geral, mas também existem diferenças devido à natureza da violência doméstica. Whittemore e Kropp (2002) identificaram cinco princípios da avaliação de risco no contexto da violência doméstica dos quais os psicólogos forenses devem ter conhecimento. Primeiro, eles recomendam que a avaliação de risco deve considerar fatores de risco apoiados na literatura. Essa recomendação está em consonância com a avaliação de risco em geral e se relaciona provavelmente com a literatura crescente sobre fatores de risco para violência doméstica. Segundo, eles recomendam que as avaliações do risco de violência doméstica devem usar múltiplas fontes de informação. Essa recomendação não só está de acordo com a literatura sobre avaliação de risco em geral, como também é coerente com o foco de avaliação descrito no Capítulo 2 e a importância de evidências convergentes. Portanto, uma entrevista com o acusado, um exame dos registros policiais e uma entrevista com a vítima são fortemente recomendados. Whittemore e Kropp (2002) fazem menção especial ao terceiro princípio de garantir que as avaliações de risco recebam informações da vítima. Esse passo é especialmente importante se o perpetrador e a vítima planejam continuar seu relacionamento ou devem se associar um ao outro por causa dos filhos. Dado que os perpetradores também podem ser bem pouco confiáveis, as vítimas representam uma boa fonte de informação. Em quarto lugar, Whittemore e Kropp (2002) recomendam que as avaliações de risco devem conduzir ao gerenciamento do risco. Eles argumentam que os planos de segurança e outras intervenções devem ser formulados individualmente para abordar melhor os fatores de risco dinâmicos (p. ex., uso de substância) singulares a um indivíduo específico. Por fim, as avaliações de risco podem ser aprimoradas por meio do uso de medidas ou diretrizes específicas. Embora as pesquisas sobre instrumentos para avaliação do risco de violência doméstica sejam mínimas, os achados até o momento sugerem benefícios no uso dessa abordagem da violência doméstica e também da violência generalizada.

Há aproximadamente uma dúzia de medidas diferentes para avaliação da violência doméstica (Dutton e Kropp, 2000; Hilton e Harris, 2005; Langhinrichsen-Rohling, Huss e Rohling, 2006; Roehl e Guertin, 1998) e está além do objetivo deste capítulo examinar todas elas. No entanto, é importante examinarmos três dentre essas medidas que são um pouco diferentes no seu método ou propósito. O guia Avaliação do Risco de Agressão Conjugal (SARA) é uma abordagem estruturada para avaliação do risco de reincidência de violência doméstica (Kropp, Hart, Webster e Eaves, 1998). A Avaliação do Risco de Agressão Doméstica de Ontário (ODARA) é uma abordagem atuarial para a avaliação de reincidência de violência doméstica (Hilton, Harris e Rice, 2004). A Escala de Avaliação de Perigo (DAS) é única, pois sua medida está baseada na percepção da vítima do perigo de ser morta pelo seu parceiro (Campbell, 1995).

A SARA é uma abordagem estruturada de 20 itens para avaliação do risco de violência doméstica (Kropp et al., 1998) e similar a outras medidas como o HCR-20 que classifica cada item em uma escala de 0 a 2 pontos. Os autores da SARA alegam que os 20 itens são derivados da literatura e representam os fatores de risco mais significativos para a agressão entre cônjuges. Eles recomendaram entrevistas com o acusado e a vítima e também um exame de todos os registros colaterais para chegar ao escore da SARA. A medida pode ser usada para avaliar o risco por meio do exame do escore total, do número de itens presentes ou do número de itens críticos presentes. Existem poucos estudos empíricos que examinam a confiabilidade e validade da SARA (Grann e Wedin, 2002; Heckert e Gondolf, 2004; Kropp e Hart, 2000; Williams e Houghton, 2004). Em geral, esses estudos encontraram associações modestas entre os escores na SARA e violência doméstica, seja examinando a violência prospectiva quanto a retrospectiva. A SARA se igualou ou teve melhor desempenho com outras medidas da violência doméstica (Heckert e Gondolf, 2004; Williams e Houghton, 2004).

A ODARA, em contraste com a SARA, é uma medida atuarial e os autores seguiram uma abordagem estatística estrita na identificação dos itens que compreendem a ODARA (Hilton et al., 2004). São 13 itens que compõem a ODARA, sendo que ela se destina ao pessoal da linha de frente (p. ex., oficiais da condicional) para que possam usar essa medida com facilidade. Existem poucas pesquisas publicadas examinando a ODARA até o momento, mas os primeiros resultados são promissores. A ODARA teve correlação significativa com várias outras medidas de avaliação do risco de violência doméstica e avaliadores independentes puderam codificar a medida de forma consistente. A ODARA teve melhor desempenho do que a SARA e a DAS e demonstrou uma capacidade de predizer a reincidência da violência doméstica similar a outras medidas concebidas para avaliar o risco de violência em geral (Hilton et al., 2004).

A DAS é uma escala de 15 itens sim/ não, os quais são derivados de uma revisão da literatura e, embora ela tenha sido concebida originalmente para avaliar o risco de agressão doméstica fatal, também pode ser usada para avaliar a probabilidade de agressões domésticas não letais (Goodman, Dutton e Bennett, 2000). Diferentemente de outras escalas, a DAS tem a intenção de ter seu escore baseado em uma entrevista com a vítima da violência. Até o momento, as poucas pesquisas existentes mostraram que a DAS pode discriminar entre mulheres grávidas que foram abusadas durante a gravidez e mulheres grávidas que foram abusadas antes da gravidez mas não o foram durante (McFarlane, Parker e Soeken, 1995). Goodman e colaboradores (2000) verificaram que a DAS estava relacionada ao relato das mulheres que haviam sido agredidas ou ameaçadas em 3 meses de *follow-up*. Em outro estudo, Heckert e Gondolf (2004) encontraram a DAS como um forte preditor de nova agressão em uma mostra de 499 mulheres e que ele tinha melhor desempenho no escore total do que a SARA. Entretanto, o apoio empírico para todas essas medidas é limitado e os clínicos devem ser cautelosos ao empregá-las. Elas não devem ser a única base para a avaliação do risco de violência doméstica no momento atual, mas são bastante promissoras.

Tratamento da violência doméstica

Enquanto a violência doméstica tem sido cada vez mais o foco das atenções, continuamos a buscar intervenções e abordagens de tratamento destinadas a diminuir e eliminar o problema. Mais do que qualquer outro tópico discutido até agora, o sucesso na redução da violência doméstica provavelmente depende de uma abordagem multimodal. Uma abordagem multimodal requer que utilizemos múltiplos tipos de tratamento e abordagens de intervenção. Essas abordagens devem incluir abordagens psicológicas tradicionais, envolvimento da comunidade e envolvimento do sistema de justiça criminal. Nenhuma abordagem única provavelmente conseguirá eliminar o problema, mas esforços simultâneos focados podem fazer uma diferença significativa nas vidas de milhares de pessoas.

Tratamento educacional e psicológico

A abordagem padrão para reduzir a violência doméstica tem sido de programas focados no tratamento dos perpetradores. Esses programas foram tradicionalmente baseados em um modelo feminista da perpetração de violência doméstica. O modelo feminista está exemplificado na abordagem mais prevalente de tratamento de perpetradores domésticos, o Modelo Duluth. O Modelo Duluth propõe que a causa da violência doméstica é a subjugação continuada das mulheres pelos homens e que ela é mais uma tentativa de controlar as mulheres. O Modelo Duluth tende a ser confrontador e questiona as noções de poder e controle do perpetrador sobre a sua parceira. A Figura 10.1 mostra a "roda do poder e do controle", que está baseada no Modelo Duluth de Tratamento. Em contraste com o Modelo Duluth, os programas de terapia cognitivo-comportamental (TCC) focam os princípios cognitivo-comportamentais discutidos no Capítulo 2. Os programas de TCC têm seu foco no manejo da raiva e na identificação de padrões de pensamento ou distorções cognitivas que provavelmente conduzem à raiva e à violência nesses relacionamentos. Esses padrões de pensamento estão baseados em questões de poder e controle, mas também tendem a focar em questões muito mais amplas, que se refletem na violência doméstica. A abordagem da TCC também se aplica igualmente a homens e mulheres como perpetradores de violência doméstica. Cada um desses modelos tende a usar uma abordagem de grupo que tipicamente dura de 12 a 52 sessões em regime ambulatorial. Os perpetradores são geral-

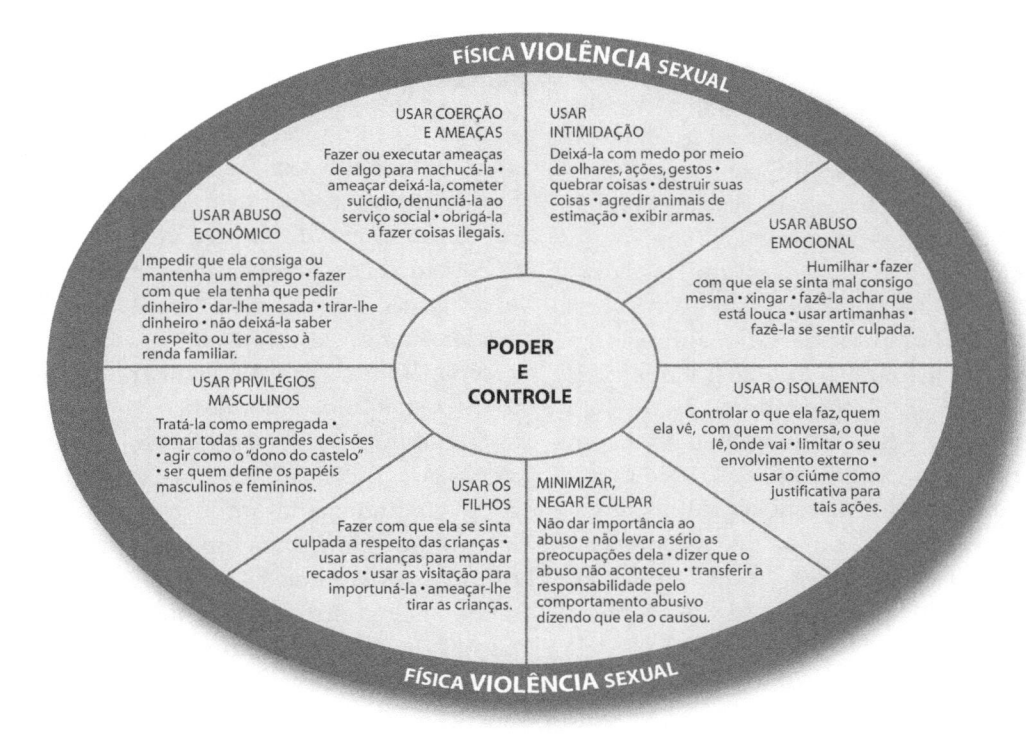

Figura 10.1 A roda do poder e do controle é usada para descrever as causas de violência doméstica e se originou do modelo Duluth de tratamento, que, por sua vez, está a baseado em ideias feministas de uma sociedade patriarcal como razão para violência doméstica. Cortesia do Fundo de Prevenção à Violência Familiar, São Francisco.

mente encaminhados a esses programas pela corte como uma condição da sua sentença. O psicólogo forense pode estar envolvido na coordenação de um desses grupos, realizando avaliações de ingresso para determinar a adequação dos grupos ou fazendo relatórios à corte para que esta faça outras determinações legais.

As pesquisas disponíveis que avaliam a eficácia dos programas de tratamento da violência doméstica para homens são variadas. As primeiras revisões da literatura questionaram a eficácia dos programas para homens, especialmente na comparação com homens que foram presos e recusaram o tratamento ou nunca o concluíram (Rosenfeld, 1992). Alguns especialistas ainda sugeriram que os programas de tratamento colocam as mulheres em risco porque elas têm um falso senso de segurança quando seus parceiros iniciam tratamento (ver Holtzworth-Munroe, Beatty, Beak e Anglin, 1995). Uma metanálise tentou abordar se o tratamento do agressor funciona e se uma das duas abordagens de tratamento mais proeminentes era superior. Babcock, Green e Robie (2004) examinaram os estudos disponíveis que avaliavam o tratamento de agressores do sexo masculino e encontraram que a abordagem de tratamento (TCC ou Duluth) não tinha um impacto significativo no resultado do tratamento e que o tratamento tinha um impacto mínimo na reincidência. No entanto, os autores compararam os resultados que envolvem agressores do sexo masculino com outras intervenções para colocar seus achados no contexto. Por exemplo, embora o tratamento dos agressores seja muito menos efetivo do que a psicoterapia em geral, ele é igualmente efetivo ou superior a intervenções psicológicas similares, tais como as que focam os infratores criminais (Babcock et al., 2004). Além do mais, mesmo os efeitos modestos do tratamento indicados na metanálise significariam que mais de 40.000 mulheres a cada ano não seriam abusadas (Babcock et al.).

As pesquisas começaram a focar as tipologias dos agressores para entender melhor a etiologia da violência doméstica e melhorar o tratamento (Holtzworth-Munroe e Stuart, 1994). Holtzworth-Munroe e Stuart (1994) propuseram uma tipologia do agressor que consistia de três grupos de agressores: apenas na família, *borderline*/disfórico e geralmente violento/antissocial. Acreditava-se que os agressores apenas da família confinavam a violência à família e eram livres de doença mental ou psicopatologia, sendo que compreendiam 50% dos agressores. Holtzworth-Munroe e Stuart (1994) sugeriram que os agressores *borderline*/disfóricos compreendiam 25% dos agressores e apresentavam níveis elevados de depressão, raiva, abuso de substância e descontrole emocional geral. Os agressores geralmente violentos/antissociais têm probabilidade de serem mais violentos fora da família, exibir violência mais severa dentro da família e demonstrar características antissociais gerais. As pesquisas apoiaram essa tipologia ou agrupamento dos agressores (Holtzworth-Munroe, Meehan, Herron, Rehman e Stuart, 2000; Langhinrichsen-Rohling, Huss e Ramsey, 2000), mas em grande parte não conseguiram examinar as diferenças de tratamento entre os diferentes grupos de agressores. Contudo, as evidências disponíveis sugerem que existem diferenças de tratamento entre esses tipos de agressores, sendo que devem ser planejadas intervenções designadas para abordar mais efetivamente esses diferentes tipos (Huss e Ralston, 2006; Saunders, 1996).

Além do tratamento psicológico direcionado aos agressores, o tratamento da violência doméstica tem seu foco nas vítimas e nos casais. O foco do tratamento nas vítimas de violência doméstica se concentra frequentemente nas consequências da violência, em evitar a autoacusação e na instrução da vítima a respeito das opções disponíveis, tanto legais quanto de outros tipos (Guyer, 2000). O tratamento psicológico focaliza o tratamento dos sintomas do trauma característicos do TEPT, como também a depressão, ansiedade e baixa autoestima resultantes do abuso. A terapia pode assumir a forma de tratamento individual ou em grupo para as mulheres vítimas. Outra forma de tratamento controvertida é a terapia conjunta ou de casal. Muitos se preocupam que a terapia de casal seja perigosa para a mulher porque ela pode ser abusada devido a declarações que faz durante a terapia ou então fica com medo de ser aberta e honesta devido à presença do agressor. Como consequência, é recomendado que a terapia de casal ocorra apenas em situações em que a vítima se sinta confortável e não se encontre em perigo físico constante por parte do agressor (Feldbau et al., 2000). A vantagem da terapia de casal é que o casal pode trabalhar os padrões de interação que são precursores do abuso. No entanto, não há evidências claras de que a terapia de casal ou a terapia individual seja superior (Feldbau et al., 2000), mas há evidências de que o tratamento de casal pode ser efetivo (O'Leary, Heyman e Jongsma, 1998).

Intervenções baseadas na comunidade

Há uma variedade de intervenções potenciais baseadas na comunidade que são parte integrante do tratamento da violência doméstica (Sullivan, 2006). Essas intervenções incluem casas de segurança, abrigos e programas de apoio. As casas de segurança são locais escondidos ou secretos onde as vítimas de abuso podem procurar abrigo temporário longe do seu abusador e se instalar. Os abrigos tendem a ser as soluções de mais longo prazo que a terapia oferece. Esses programas não somente auxiliam as vítimas adultas como também proporcionam abrigo e assistência para os filhos que têm igualmente a probabilidade de sofrerem as consequências de viverem em um ambiente abusador (O'Leary e Woodin, 2006). Os programas de apoio oferecem a assistência de um profissional que auxilia a vítima na obtenção de recursos para restabelecer uma vida fora da parceria abusiva e identificar os mecanismos legais que estão à disposição para acabar com o abuso. Esses diferentes programas não só permitem a segurança da vítima como também a encorajam a fazer planos de segurança e a obter a assistência de longo prazo necessária para a sua recuperação. Os psicólogos forenses podem trabalhar nesses contextos fornecendo serviços diretamente ou recomendando esses serviços às vítimas de violência doméstica durante o processo de avaliação.

Intervenções da justiça criminal

Existem várias formas pelas quais o sistema criminal pode ter um impacto terapêutico ou antiterapêutico na vida dos agressores e das vítimas de violência doméstica (Simon, 1995). Tem havido um grande debate sobre se a intervenção mais efetiva para os agressores é o encarceramento ou o tratamento psicológico. Contudo, o impacto do sistema de justiça criminal se estende mais além do encarceramento dos perpetradores. Conforme mencionado anteriormente, a melhor abordagem para redução da violência doméstica é multimodal. Uma abordagem que se concentre na integração das intervenções psicológica e educacional, intervenções com base na comunidade e o envolvimento do sistema de justiça criminal é mais provavelmente a melhor solução. Alguns ainda argumentam que tribunais voltados para a violência doméstica são a melhor abordagem (Quadro 10.1).

Uma das primeiras intervenções da justiça criminal designada especificamente para situações de violência doméstica foi o uso de **prisões obrigatórias**. As políticas de prisão obrigatória requerem que os oficiais de polícia prendam uma das partes quando eles chegam à cena onde há suspeita de violência doméstica. Os policiais não têm opção nessas situações senão prender uma das partes. As políticas de prisão obrigatória foram originariamente elogiadas porque alguns acreditavam que muitos oficiais de polícia costumavam minimizar a situação imediata e não reconheciam que a vítima estaria em perigo depois que eles fossem embora. Por exemplo, a vítima está potencialmente em risco aumentado porque a polícia foi chamada e o perpetrador pode ficar ainda mais exasperado por causa disso. A vítima também pode mandar os policias embora quando eles chegam porque ela decide não fazer nenhuma acusação devido às promessas do abusador, para depois ser novamente agredida quando os policiais vão embora. Como consequência, as políticas de prisão obrigatória foram desenvolvidas para reduzir o risco da vítima e aumentar a probabilidade de uma condenação. As primeiras avaliações dessas políticas foram promissoras e obtiveram resultados terapêuticos. Sherman e Berk (1984) descobriram que os sujeitos presos exibiam menos violência no *follow-up*. No entanto, estudos mais longos de *follow-up* não encontraram os mesmos resultados e identificaram que as políticas de prisão obrigatória podem resultar em um aumento na violência (Sherman, 1992). Embora a eficácia dos efeitos da prisão obrigatória seja variada, uma abordagem promissora foi a criação da unidade especial de vítimas da violência doméstica ou o treinamento especializado da força policial para melhor lidarem com essas situações. Esses esforços, como também os tribunais de violência doméstica, aumentam a atenção e os recursos direcionados à prevenção da violência doméstica.

Quadro 10.1 Jurisprudência terapêutica em ação: tribunais de violência doméstica

Os tribunais de violência doméstica são cortes destinadas apenas a casos envolvendo violência doméstica. Entretanto, os tribunais especializados não são algo único para a violência doméstica. Diferentes jurisdições têm tribunais especializados para drogas, saúde mental ou mesmo os tribunais juvenis que discutiremos em profundidade no Capítulo 11. A ideia por trás do estabelecimento desses tribunais especializados é que eles serão mais efetivos ao lidarem exclusivamente com certos tipos de casos. A sua especialização vai melhorar os resultados ajudando, assim, os agressores, as vítimas e a sociedade como um todo ao reduzirem crimes relacionados a drogas, jovens ou pessoas com doença mental. Tribunais que focam na violência doméstica começaram a aparecer na década de 1980 e agora são mais de 300 nos Estados Unidos. Os tribunais de violência doméstica foram criados porque se percebeu que os tribunais tradicionais não eram eficientes para lidar com a violência doméstica e era necessária uma abordagem mais holística. Argumenta-se que os tribunais de violência doméstica produzem mais resultados terapêuticos porque produzem sentenças mais consistentes, os defensores têm melhor acesso ou conhecimento das vítimas, são melhores para lidar com a complexidade das questões criminais e civis que surgem e são melhores em fazer o perpetrador ingressar em programas de intervenção concebidos para eliminar o comportamento violento. Embora esses tribunais sejam bem intencionados e existam evidências da sua eficácia, as pesquisas não são completamente claras em demonstrar se eles cumpriram com todas as suas promessas originais. Entretanto, são um exemplo claro, junto com as políticas de prisão obrigatória e ordens de restrição, de como a lei pode ter efeitos terapêuticos ou antiterapêuticos.

Outra intervenção legal comumente utilizada em caso de violência doméstica é a implementação de ordens de restrição. Uma **ordem de restrição** é um documento legal que torna ilegais certos níveis de contato entre a vítima e o perpetrador. Por exemplo, uma ordem de restrição pode exigir que um perpetrador mantenha 30 metros de distância da vítima ou será preso por violar a ordem. As ordens de restrição podem ser temporárias ou permanentes. Contudo, evidências sugerem que a maioria dos perpetradores viola uma ordem de restrição no espaço de um ano (Dobash e Dobash, 1979; Wardell, Gillespie e Leffler, 1983) e que os agressores com abuso mais grave têm maior probabilidade de violar as ordens. Simon (1995) sugere que, quando os juízes agem de uma maneira neutra e encorajam os perpetradores a se comprometerem com a ordem de restrição, eles têm mais probabilidade de serem efetivos. Embora as intervenções da justiça criminal não tenham encontrado apoio empírico unânime, um conhecimento maior pelo sistema de justiça criminal faz parte da solução ao tratar do problema segundo uma abordagem multimodal.

Diferenças de gênero na perpetração de violência doméstica

Como fica aparente a partir da nossa discussão neste capítulo, a maior parte das pesquisas focaram os homens como perpetradores de violência doméstica e as mulheres como vítimas. No entanto, existem muitas pesquisas sugerindo que essa visão é simplista e pode ser incorreta (Holtzworth-Munroe, 2005). O debate sobre as diferenças de gênero na perpetração de violência doméstica se evidencia em algumas das primeiras pesquisas inovadoras de Straus e colaboradores. Eles encontraram igual ou maior perpetração de violência doméstica por mulheres comparadas aos homens (Straus et al., 1980; Straus e Gelles, 1988). O foco na violência doméstica perpetrada por mulheres está evidenciado na atenção crescente e ao desenvolvimento de tipologias do perpetrador focadas nas mulheres (Babcock, Miller e Siard, 2003) e tratamentos para mulheres perpetradoras (Leisring, Dowd e Rosenbau, 2003). Contudo, os relatos de violência perpetrada por mulheres entram em conflito com a teoria feminista, relatos de vítimas femininas e os resultados dos levantamentos sobre o crime (Archer, 2000).

Os proponentes da teoria feminista sugeriram várias explanações alternativas para os numerosos estudos que encontram igual ou maior prevalência de mulheres perpetradoras. Alguns argumentaram que o uso da CTS e o fato de não se considerar esses atos no seu contexto exagerava a violência perpetrada por mulheres. Por exemplo, eles argumentam que as mulheres têm maior probabilidade de agir em autodefesa, menos probabilidade de infligir danos e maior probabilidade de relatar violência doméstica. Também foi sugerido que podem surgir diferenças a partir das amostras estudadas. A maioria dos pesquisadores feministas tende a estudar amostras de mulheres que sofreram altos níveis de violência, como as que se encontram em abrigos, enquanto outras pesquisas focaram amostras mais representativas da comunidade ou o parceiro (Johnson, 1995). Uma metanálise de estudos anteriores sugeriu que as diferenças nas amostras podem justificar algumas dessas variações, mas também descobriram que as mulheres perpetram agressão física igualmente, mas infligem danos menos graves (Archer, 2000).

Muitas pesquisas apoiam algumas dessas explicações para a aparente igualdade de gênero na perpetração de violência doméstica. Embora as amostras da comunidade sugiram igualdade de perpetração e as amostras de terapia de casal tenham maior probabilidade de incluir violência bidirecional (Vivian e Langhinrichsen-Rohling, 1994), os homens parecem infligir danos muito maiores (Busch e Rosenberg, 2004) e as mulheres têm mais probabilidade de sofrer psicologicamente pelo abuso. Esses resultados sugerem apoio para uma distinção entre violência doméstica e **abuso (*battering*)**. A violência doméstica pode ser bidirecional e inclui em boa parte violência física menos grave. O abuso tende a ser caracterizado por formas mais graves de violência, abuso psicológico significativo, questões de poder e controle e algumas desigualdades sociais e financeiras entre homens e mulheres, o que torna mais difícil para as mulheres abandonarem o relacionamento abusivo. Por exemplo, o abusador pode forçar sua vítima a eliminar todo o contato com seus amigos e família. Ela pode ser dona-de-casa ou apenas trabalhar meio turno e, portanto, é dependente dele financeiramente. Ela também pode ser a cuidadora principal dos filhos e, assim, é ainda mais dependente dele. Todos esses aspectos tornam mais difícil que as mulheres abusadas saiam do relacionamento do que alguém que está envolvido em violência bidirecional. Essas mulheres têm, então, maior necessidade dos serviços dos abrigos, lares de segurança e defensores do que as que estão envolvidas em violência bidirecional.

Perseguição (*stalking*)

Outro tema que vem recebendo atenção considerável nos anos recentes, mas que nem sempre está imediatamente associado à violência doméstica, é a perseguição. A perseguição é definida de várias formas e, também, pelas leis que a criminalizam. Por exemplo, a lei de Nebraska (2004) diz que "qualquer pessoa que importune deliberadamente outra pessoa com a intenção de ferir, aterrorizar, ameaçar ou intimidar comete o delito de perseguição". Leis similares são encontradas em todos os 50 estados nos Estados Unidos. Embora a maioria das pessoas associe a perseguição a celebridades, como David Letterman e Madonna, e alguns argumentem que o que impulsionou as difundidas leis antiperseguição foi o assassinato de uma celebridade nas mãos do seu perseguidor (Quadro 10.2), esses casos tendem a ser extremamente raros. Os especialistas calculam que existem 1,4 milhões de vítimas de perseguição a cada ano nos Estados Unidos (Tjaden e Thoeness, 1998) e quase todas essas vítimas não são celebridades.

Portanto, se a maioria esmagadora dos perseguidores não se encaixa no molde que vemos publicado na mídia, como eles são? A maioria dos perseguidores parece ter uma relação íntima prévia com a sua vítima (Palarea, Zona, Lane e Langhinrichsen-Rohling, 1999). Meloy (2000) foi ainda mais longe, a ponto de sugerir subtipos teóricos de perseguido-

Quadro 10.2 Perseguidores de celebridades, desde *My sister Sam* até David Letterman

Quando a maioria das pessoas pensa em perseguidores, tende a pensar em perseguidores de celebridades de destaque e nas medidas extremas que eles tomam para expressar suas tendências obsessivas em relação a suas vítimas. Por exemplo, Madonna foi perseguida por um homem que escalou a parede da sua casa, ameaçou cortar a sua garganta e ficou a poucos passos dela. David Letterman foi perseguido por uma mulher que continuamente penetrava na sua casa, roubou seu carro e disse ser a esposa dele quando foi parada por um policial e foi presa por roubo em uma loja perto da casa da mãe dele em Indiana. Entretanto, um dos primeiros casos de perseguição a celebridades que terminou tragicamente, mas contribuiu imensamente para a consciência pública e legal quanto à perseguição ocorreu em 1989.

Rebecca Schaeffer era estrela de um seriado que foi veiculado por pouco tempo na década de 1980, chamado *My sister Sam*, e era vista como uma estrela em ascensão em Hollywood antes de ter sido assassinada. O assassino de Schaeffer, Robert Bardo, começou sua perseguição enviando cartas como qualquer outro fã faria. Ele inclusive chegou a ir até os portões do estúdio onde *My sister Sam* estava sendo gravado, levando rosas e um ursinho de pelúcia, mas não o deixaram entrar. A perseguição foi aumentando gradativamente, até que ele apareceu no estúdio novamente com uma faca escondida, porém mais uma vez sua entrada foi negada. Ele então começou a escrever inúmeras cartas de amor para Schaeffer, colecionava vídeos de todas as aparições dela na televisão, colou fotos dela na parede do seu quarto e fazia comentários com seus amigos e família de que, se ele não pudesse tê-la, então ninguém poderia. Ele se tornou implacável em sua missão de se encontrar com ela, fazendo coisas como telefonar para seu agente e pedir seu endereço, andar pelas ruas de Los Angeles perguntando aleatoriamente aos passantes se sabiam onde morava a mulher da foto que ele lhes mostrava e, por fim, contratou um detetive particular para conseguir o endereço dela. Bardo apareceu no apartamento de Schaeffer e tocou a campainha da entrada do prédio dela no dia fatídico. O porteiro eletrônico do apartamento não estava funcionando, e ela desceu até a entrada onde Bardo lhe entregou uma foto, expressando sua admiração por ela. Schaeffer pediu que ele fosse embora, porém mais tarde ele tocou a campainha novamente e se escondeu de modo que ela não pudesse ver que era ele até que abrisse a porta. Quando ela abriu a porta, Bardo deu dois tiros em seu peito e foi embora. A morte trágica de Schaeffer é frequentemente identificada como um dos fatos que impulsionou a legislação destinada a impedir a perseguição e para a formação de uma unidade especial no Departamento de Polícia de Los Angeles focada, em sua maior parte, na perseguição.

res, com base na sua considerável experiência forense com eles, que consistem de três tipos de perseguidores: obsessivos simples, obsessivos amorosos e erotomaníacos. Ele argumenta que aproximadamente 65% dos perseguidores são obsessivos simples e são caracterizados por um relacionamento anterior entre a vítima e o perpetrador. No entanto, ele afirma que esses perseguidores também têm maior probabilidade de cometer mais violência direcionada a pessoas e à propriedade. Os perseguidores obsessivos amorosos tendem a não terem tido um relacionamento anterior, mas têm pensamentos sobre um futuro relacionamento potencial ou atração. Esses perseguidores tendem a ser os menos perigosos, de acordo com Meloy (2000), e compõem aproximadamente 25% dos perseguidores. O tipo final de perseguidor é o erotomaníaco, que é caracterizado por crenças delirantes em um relacionamento já existente com uma vítima idealizada. Os perseguidores erotomaníacos abrangem cerca de 5% de todos os perseguidores. Os subtipos de Meloy são teóricos, mas a pesquisa empírica apoiou algumas dessas distinções.

Depois que começou a ser dada mais atenção à perseguição, e ficou claro que a maioria dos perseguidores tinha um relacionamento significativo com as suas vítimas (Sfiligoj, 2003), a associação natural entre perseguição e violência doméstica foi explorada. Douglas e Dutton (2001) argumentam que a maioria dos perseguidores é similar aos espancadores *borderline*/disfóricos identificados por Holtzworth-Munroe e Stuart (1994). Eles compartilham o descontrole emo-

Figura 10.2 Um ex-paciente psiquiátrico apaixonado foi preso por perseguir e importunar a atriz Uma Thurman, em maio de 2008. Dennis Van Tine.

cional extremo em termos de depressão, raiva, ciúme e abuso de substância, sendo que é provável que tenham sofrido trauma infantil e apresentado um vínculo emocional pobre com os seus cuidadores. As pesquisas também revelam que a gravidade da violência doméstica vivenciada em um relacionamento íntimo está relacionada com a perseguição no futuro (Logan, Leukefeld e Walker, 2000).

A perseguição geralmente é composta de uma variedade de comportamentos que podem incluir desde ações menores, como seguir a vítima, deixar mensagens indesejáveis na secretária eletrônica, enviar presentes, até ações mais graves, como fazer ameaças ou danificar propriedades (Langhinrichsen-Rohling, Palarea, Cohen e Rohling, 2000). Contudo, as atividades mais prevalentes na perseguição parecem consistir de seguir, espionar ou ficar parado em frente à casa da vítima (77%), chamadas telefônicas indesejáveis (52%), ameaças abertas (52%), enviar cartas ou itens indesejáveis (30%), vandalismo em propriedades (29,5%) e matar ou ameaçar animais de estimação (7,5%). Diferente de algumas pesquisas sobre perpetração de violência doméstica em geral, a maioria esmagadora das vítimas tende a ser de mulheres (78%) e o número esmagador de perpetradores é de homens (87%). Além disso, as mulheres têm mais probabilidade de ter uma relação anterior com seu perseguidor e, de um modo geral, aproximadamente 25 a 40% dos perseguidores agridem fisicamente suas vítimas. Alguns dos marcadores de risco para perseguição incluem ciúme extremo e possessividade, necessidade de controle e ausência de amigos pessoais e habilidades sociais pobres (Tjaden e Thoeness, 1998).

Resumo

A violência doméstica pode assumir muitas formas, incluindo agressão física, agressão sexual e até mesmo agressão psicológica. A Escala de Tática de Conflito (CTS) é a medida mais comum utilizada para avaliar a violência doméstica em todas as suas formas, embora a maior parte das pesquisas e da prática clínica focalizem a agressão física. A forma precisa de agressão e o método utilizado para avaliá-la são importantes na avaliação de uma ampla gama de dados de prevalência de violência doméstica. Estudos focando amostras da comunidade em que os sujeitos recebem telefonemas aleatórios revelam índices de prevalência muito mais baixos do que os estudos que focam os casais que procuram terapia para os problemas conjugais. Independentemente da fonte de pesquisa ou dos métodos empregados, está muito claro que a violência doméstica é um problema significativo.

Embora a CTS seja a medida mais comumente utilizada para avaliar a frequência e gravidade da violência doméstica, há críticas à medida e à maneira pela qual ela é usada. Por exemplo, pesquisas revelaram que as mulheres relatam índices mais baixos de violência doméstica do que seus parceiros usando a CTS, e muitos argumentam que a CTS não leva em conta o contexto em que ocorre a violência doméstica. A CTS não avalia bem as consequências da violência doméstica, as quais são significativas e variadas. Além dos danos físicos que resultam da agressão física, as vítimas com frequência sofrem de transtorno de estresse pós-traumático, depressão e autoestima diminuída. Além disso, é possível que o abuso psicológico tenha maior probabilidade de levar a essas consequências do que o abuso físico.

Inúmeros fatores de risco foram identificados para a perpetração de agressão física. Esses fatores de risco incluem fatores demográficos e históricos, características psicológicas e fatores de relacionamento e contextuais. Os fatores demográficos comumente relacionados à violência doméstica incluem idade, situação socioeconômica, etnia e exposição à violência quando criança. As principais características psicológicas relacionadas à perpetração de violência doméstica são raiva e hostilidade, abuso de substância e depressão. Satisfação conjugal diminuída, padrões específicos de comunicação e eventos específicos do relacionamento também estão relacionados à perpetração de violência doméstica. Existem aspectos únicos da avaliação de risco que envolvem violência doméstica e mesmo fatores de risco específicos para reincidência que diferem dos fatores de risco relacionados ao começo da agressão física, sexual ou psicológica. Também existem muitos instrumentos para avaliação de risco concebidos especificamente para a avaliação do risco de violência doméstica. A SARA, a DAS e a ODARA são três medidas, sendo que cada uma oferece uma perspectiva única para avaliação de risco. Contudo, nenhuma delas tem ampla pesquisa apoiando o seu uso e, portanto, devem ser usadas com cautela.

Há uma variedade de intervenções planejadas para reduzir ou eliminar a violência doméstica. Essas intervenções incluem programas psicológicos e educacionais para perpetradores, vítimas e mesmo para casais, juntamente com intervenções da comunidade e da justiça criminal. Nenhuma abordagem única pode reduzir a violência doméstica em si. A melhor abordagem para reduzir a violência doméstica é uma abordagem abrangente ou multimodal que encoraje o uso de abordagens psicológicas, da comunidade e legais para o problema.

Como boa parte do foco nas pesquisas sobre violência doméstica e sua prática foi colocada no homem, a perpetração feminina há tempos é controversa. Muito da controvérsia se deve provavelmente ao resultado do contraste entre as experiências profissionais dos indivíduos que trabalham em abrigos com mulheres espancadas e as explicações feministas para a violência doméstica, com a literatura sugerindo índices iguais de perpetração. Pesquisas sugerem que essas visões contrastantes provavelmente resultam das amostras usadas e que embora homens e mulheres exibam índices de frequência equivalentes, os danos resultantes da agressão não são iguais.

Uma área final associada à violência doméstica é a perseguição dos parceiros íntimos. Embora a perseguição frequentemente esteja associada a casos de celebridades de destaque, a maioria dos casos de perseguição ocorre dentro de um relacionamento íntimo passado ou presente. Além disso, também é possível que esses casos de perseguição sejam os mais perigosos para a pessoa que está sendo perseguida. A perseguição pode consistir de uma variedade de comportamentos indesejáveis, tais como mandar cartas, seguir, ligar reiteradamente, ameaçar diretamente ou causar dano à propriedade. As pesquisas também começaram a identificar alguns marcadores preliminares de risco para perseguição.

Termos-chave

abuso (*battering*)
amostra clínica
amostra da comunidade
femicídio
ordem de restrição
prisões obrigatórias
transmissão intergeracional da violência

Leitura complementar

Dutton, D. G. (2007). *The abusive personality: Violence and control in intimate relationships* (2nd ed.). New York: Guilford Press.

Gelles, R. J. (1997). *Intimate violence in families* (3rd ed.). Thousand Oaks, CA: Sage Publications, Inc.

Delinquência juvenil e justiça juvenil

11

A maior atenção dada pela mídia a crimes envolvendo crianças, especialmente tiroteios em escolas e outros crimes violentos, intensificou a atenção colocada no sistema de justiça juvenil e na delinquência juvenil (Krisberg e Wolf, 2005). Historicamente, a infância era considerada um período importante no desenvolvimento dos seres humanos, em que os futuros adultos seriam moldados e aprendidas lições que influenciariam o resto das suas vidas. A visão de um período distinto entre a infância e a idade adulta, a adolescência, é um conceito mais recente. Os adolescentes são considerados mais avançados do que as crianças e capazes de aceitar algumas das responsabilidades que ocorrem na idade adulta, como dirigir um carro ou ter um emprego. Porém, eles não são adultos e não podem ter todos os direitos dos adultos. Os adolescentes são tipicamente o foco das intervenções juvenis. Esse foco ocorre não só porque eles com frequência cometem atos delinquentes e atos violentos graves, mas também porque a maioria das jurisdições exime as crianças, principalmente antes dos 7 anos, de culpabilidade por qualquer comportamento delinquente ou criminoso. Embora a palavra juvenil se refira a qualquer criança que ainda não atingiu a maioridade, a maioria das pesquisas e recursos do sistema juvenil tem seu foco nos adolescentes.

Foram criados centros de detenção especiais em muitos lugares na Europa antes do século XIX, e as cortes juvenis foram estabelecidas inicialmente na virada do século XX nos Estados Unidos, dentro da noção de que as crianças eram diferentes dos adultos. Os legisladores achavam que se adolescentes cometessem transgressões sociais, eles não deveriam ser punidos como adultos, mas, em vez disso, deveriam ser reabilitados porque ainda havia tempo para evitar que se direcionassem para uma vida antissocial quando adultos. No entanto, a sociedade foi cada vez mais se preocupando com a percepção do aumento na frequência e gravidade dos crimes cometidos por crianças e adolescentes. Algumas dessas percepções foram incentivadas pelo sensacionalismo envolvendo crimes cometidos por jovens, tais como a morte de uma menina enquanto o seu companheiro de brincadeiras estava, segundo seu relato, praticando movimentos de luta livre profissional (Quadro 11.1). Mesmo antes do advento dessa visão, as cortes estavam começando a achar que as cortes juvenis deveriam ser mais parecidas com as cortes criminais adultas e proteger os jovens, concedendo-lhes os mesmos direitos que

Quadro 11.1 Violência juvenil: a pessoa mais jovem já sentenciada à prisão perpétua

Boa parte da percepção do público de que a violência juvenil tem crescido drasticamente se deve ao conhecimento de crimes de muito destaque, como a morte de Tiffany Eunick, em 1999. Certo dia, Kathleen Grossett-Tate estava cuidando de Tiffany, 6 anos, filha de uma amiga, juntamente com seu filho de 12 anos, Lionel Tate. No final da tarde, a Sra. Tate subiu para descansar. Mais tarde, Lionel veio acordá-la, dizendo que Tiffany havia parado de respirar. Após a morte de Tiffany, Lionel foi acusado de assassinato.

O caso ocupou as manchetes nacionais nos Estados Unidos depois que Lionel e seus advogados argumentaram que Tiffany havia morrido em consequência do fato de Lionel, que pesava 65 kg, ter praticado movimentos de luta com Tiffany, que pesava 22 kg. Os peritos da acusação testemunharam que os ferimentos da menina eram brutais e que não teriam ocorrido conforme Lionel argumentava. Depois que a mãe de Lionel recusou um acordo que teria como resultado que Lionel cumprisse uma sentença de três anos, ele foi condenado e se tornou a pessoa mais jovem nos Estados Unidos a ser sentenciada à morte. A condenação de Tate foi revogada em 2004 porque ele não havia sido avaliado quanto à capacidade para se submeter a julgamento. Esse resultado permitiu que seus advogados aceitassem o acordo original e Lionel Tate cumpriu sua sentença em prisão domiciliar e recebeu 10 anos de liberdade condicional. No entanto, esse incidente não foi o fim do seu envolvimento criminal. Tate violou a condicional no mesmo ano em que aceitou o acordo ao sair de casa portando uma faca. Ele recebeu mais cinco anos de liberdade condicional, porém mais uma vez foi preso e condenado por assaltar à mão armada um entregador de *pizza*. Lionel Tate foi sentenciado a 30 anos na prisão, em maio de 2006, pelo incidente. Casos horrendos como o de Tate geralmente levaram a opinião pública a achar que a delinquência juvenil estava fora de controle.

---

os adultos tinham nas cortes criminais adversariais. A mudança da visão das cortes e do público em geral conduziu a algumas áreas nebulosas no trato com os jovens. Eles poderiam ser reabilitados, e este deveria ser o objetivo das cortes juvenis, considerando-se alguns crimes graves que estavam sendo cometidos por jovens? Com que idade os jovens são tão responsáveis pelos seus crimes quanto os adultos? Como algumas dessas perguntas poderiam ser respondidas?

Como consequência, o sistema de justiça juvenil recebeu muita atenção e passou por algumas mudanças significativas no final do século XX e começo do século XXI. O papel do psicólogo forense mudou consideravelmente em um contexto em que alguns questionavam se o papel dos profissionais da saúde mental já não era abrangente demais (Melton et al., 1997). Alguns deveres sobre os quais falamos em relação aos adultos, tais como capacidade e inimputabilidade, que eram incomuns na corte juvenil, agora não o são mais. Além disso, as mudanças na lei que pretendiam dar aos jovens as proteções do **devido processo** comuns em assuntos criminais dos adultos também podem ter desestimulado o modelo de reabilitação sobre o qual as cortes estavam fundamentadas. Essa mudança ocorreu enquanto a percepção pública, que nem sempre correspondeu à realidade, era de que o crime juvenil, e especificamente a violência juvenil, estaria crescendo e que existiria uma necessidade maior de punir os jovens em vez de reabilitá-los. Este capítulo vai examinar o comportamento delinquente ou antissocial cometido por jovens no contexto da corte juvenil que ainda está em desenvolvimento e as mudanças que trouxeram maiores possibilidades de que os jovens sejam julgados como adultos. Também daremos uma atenção específica a temas contemporâneos, tais como a violência e os tiroteios em escolas.

História da corte juvenil

A primeira corte juvenil foi instituída em 1899 e essas cortes se espalharam por quase todos os países industrializados do mundo (Zimring, 2000a). Imediatamente, as cortes juvenis foram diferenciadas das suas contrapartes adultas. O foco do sistema de justiça juvenil estava na reabilitação dos jovens, não na sua condenação e punição. Os jovens eram encarados como não inteiramente responsáveis pelos seus atos e com necessidade de assistência para evitar a continuidade de uma vida de comportamento criminal quando adultos. O foco na reabilitação em vez de na punição significava que a corte não se concentrava no delito, mas no infrator. Praticamente, isso significava que um jovem não era automaticamente punido mais duramente por uma transgressão grave do que por um crime menor. Se ele cometesse um crime menor, mas tivesse a necessidade de uma série de serviços que a corte podia oferecer, como assistência acadêmica, supervisão de um adulto ou tratamento de saúde mental, ele os receberia. Um jovem que roubasse as calotas do carro de um vizinho tinha mais probabilidade de compensá-lo pelas calotas trabalhando para ganhar o dinheiro do que se fosse encarcerado por ter transgredido a lei. Acreditava-se que tal prática ensinaria uma lição ao jovem, e que o encarceramento não era a forma mais efetiva e custo-eficiente de prevenir a reincidência.

Os procedimentos juvenis não eram adversariais porque a criança não estava somente sendo punida, mas cuidada por um juiz que tinha atribuições amplas para tomar decisões (Steffen e Ackerman, 1999). Essa abordagem estava baseada na noção legal do *parens patriae* (Capítulo 9). As cortes juvenis acreditavam que tinham a responsabilidade de proteger e cuidar dos infratores jovens e, portanto, tomavam outras atitudes como fechar os procedimentos a estranhos e lacrar os registros sobre os jovens. Muitos delitos que traziam os jovens para diante das cortes juvenis eram **ofensas de *status*.** Ofensas de *status* são aquelas ofensas que só podem ser cometidas por jovens, como matar aula e fugir de casa. Elas não são encaradas como crimes, mas como ofensas juvenis. Geralmente os jovens eram percebidos como carecendo de culpabilidade pelos suas infrações. Toda a criança com menos de 7 anos nitidamente não era responsável e acreditava-se que as crianças entre 7 e 14 anos não eram capazes de formar uma intenção criminosa (Otto e Borum, 2003).

A partir das intenções iniciais do sistema juvenil, é fácil perceber as implicações para a jurisprudência terapêutica. Na verdade, poderia ser argumentado que o sistema juvenil inicial envolvia a noção precisa de jurisprudência terapêutica. As cortes juvenis foram instituídas para serem diferentes da abordagem punitiva tradicional usada nas cortes criminais adultas; elas foram instituídas para serem terapêuticas. A corte juvenil pretendia ser reabilitadora ao focar as necessidades das crianças e os fatores pessoais e ambientais que conduziam ao seu comportamento delinquente. Ao fazer isso, acreditava-se que as crianças teriam menor probabilidade de cometerem outros crimes, menor probabilidade de apresentarem comportamento problemático e maior probabilidade de se tornarem membros produtivos da sociedade. No entanto, muitos questionaram se as cortes correspondiam aos objetivos reabilitadores pretendidos e se era apropriado tratar os jovens de forma diferente, especialmente à custa de muitos dos direitos constitucionais que eram proporcionados aos adultos.

As cortes juvenis nos Estados Unidos começaram a mudar na década de 1960. Em *Kent* vs. *Estados Unidos* (1966) a Suprema Corte argumentou que os jovens receberam o pior do sistema juvenil e do sistema adulto. Eles não receberam nem as salvaguardas do devido processo dos adultos ou os benefícios do tratamento que as crianças deveriam receber. *Kent* reconheceu formalmente o direito dos jovens de terem a assistência de um advogado se enfrentassem acusações criminais. Outro caso, *In re Gault* (1967) demonstrou mais explicitamente o ceticismo da corte quanto ao sistema juvenil (Quadro 11.2). A Suprema Corte declarou claramente que os jovens eram pessoas a serem protegidas segundo a Declaração de Direitos e que eles deveriam ser julgados de acordo com o devido processo (*In re Gault*, 1967). Embora esses casos exijam que os jovens recebam alguns direitos do devido processo há muito tempo considerados essenciais para os acusados criminais adultos, eles também começaram a sugerir que a divisão entre adultos

Quadro 11.2 Alteração do sistema de justiça juvenil: *In re Gault*

In re Gault (1967) foi considerado um dos casos mais importantes, se não o mais importante, na história do direito juvenil. Apesar do seu impacto único no sistema de justiça juvenil, *In re Gault* envolveu um conjunto de circunstâncias bastante comuns. Gerald Gault era um garoto de 15 anos que estava em liberdade condicional por acompanhar outro rapaz que havia roubado uma carteira. Em junho de 1964, ele foi levado em custódia pela força policial local juntamente com seu amigo Ronald Lewis. Um vizinho havia reclamado à polícia que Gault e seu amigo estavam dando telefonemas obscenos e indecentes para a sua casa. Quando Gault foi preso, seus pais não estavam em casa e os policiais não deixaram nenhum aviso de que ele havia sido levado em custódia. Seus pais somente souberam da prisão depois que a mãe chegou em casa no começo daquela noite e mandou o filho mais velho descobrir o paradeiro de Gault.

Por fim, após contatarem as autoridades, foi dito a sua mãe que haveria uma audiência no dia seguinte. Na audiência não havia testemunhas sob juramento, incluindo o testemunho do querelante, e Gault não teve indicação de advogado e nem lhe foram explicados os seus diretos. Por fim, Gault foi internado em uma escola do estado até que completasse 21 anos. Na apelação, foi argumentado que os procedimentos utilizados para interná-lo naquela instituição eram inconstitucionais e violavam vários dos direitos referentes ao devido processo. A Suprema Corte dos Estados Unidos concordou e determinou que os jovens tinham os direitos ao devido processo como os adultos, o que incluía receber comunicação por escrito de algum procedimento da corte, ser alertado quanto ao direito a advogado, ser alertado quanto ao direito contra a autoincriminação e ter o direito de testemunho juramentado de seus acusadores e realizarem um exame cruzado dos mesmos.

e crianças não era tão grande quanto se pensava anteriormente.

Começando na década de 1980 e 1990, quase todos os estados nos Estados Unidos mudaram seus estatutos juvenis para reduzir a ênfase na reabilitação (Zimring, 1998) e criar mais equilíbrio entre reabilitação e punição. Essas mudanças se deveram em parte à percepção do público de que o crime juvenil estava crescendo drasticamente. A retirada da ênfase na reabilitação foi marcada por várias tendências de procedimentos. O limite superior de idade era com frequência diminuído nas jurisdições para os jovens. Por exemplo, anteriormente uma corte juvenil tinha a responsabilidade de supervisão de uma criança até que ela completasse 21 anos, mas muitos estados reduziram essa idade de 21 para 16 anos. Determinadas infrações graves automaticamente se tornavam responsabilidade das cortes criminais. As variações de idade para transferir para a corte criminal também foram reduzidas, de modo que enquanto, anteriormente, apenas um jovem de 16 anos poderia se sujeitar às cortes criminais, os jovens de 14 ou 12 anos passaram a poder ser transferidos da corte juvenil para a corte criminal adulta. As internações juvenis também foram estendidas para sentenças criminais adultas em vez de expirarem quando o jovem chegasse a uma idade máxima específica. Contudo, ainda permanecem diferenças importantes em terminologia e práticas entre o sistema de justiça juvenil e o sistema adulto (Tabela 11.1) (Shoemaker e Wolfe, 2005).

Processo nas cortes juvenis

Embora haja variações entre as diferentes jurisdições, o modo de processar os jovens por meio dos sistemas de corte juvenis compartilha inúmeras semelhanças no Reino Unido, Canadá e Estados Unidos (Hoge e Andrews, 1996). O processo normalmente se inicia por algum tipo de contato com a força policial. O contato pode ser resultado da queixa de um dos pais, escola ou um membro do público e pode conduzir a uma variedade de consequências legais, mesmo nessa idade. A polícia pode optar por questionar, liberar, liberar com uma advertência, levar o jo-

Tabela 11.1 Diferenças nos sistemas juvenil e adulto nos Estados Unidos

	Sistema juvenil	Sistema adulto
Detenção	Levado em custódia	Preso
Culpabilidade	Considerado delinquente	Considerado culpado
Disposição	Internado ou colocado	Encarcerado
Presença de júri	Sem direito a julgamento com júri	Direito a julgamento com júri
Tratamento	Direito a tratamento	Sem direito a tratamento
Procedimentos	Informais	Formais
Ofensas de *status*	Reconhecidas	Não reconhecidas
Pena de morte	Não se aplica	Aplicável em crimes capitais
Registros oficiais	Lacrados	Permanentes

Fonte: Adaptado de Shoemaker e Wolfe (2005).

vem em custódia ou detê-lo por um período de tempo prolongado (ver Figura 11.1). Normalmente, é recriminado que se mantenha uma criança junto com infratores adultos, mas em algumas jurisdições pode não haver instituições separadas e, nesses casos, geralmente existem exigências legais que proíbem encarceramento prolongado perto de adultos criminosos. Se um jovem é acusado formalmente ou levado sob custódia, normalmente se segue algum tipo de admissão. As admissões juvenis são usualmente realizadas por oficiais do gabinete da condicional ou promotores. Elas consistem de um exame das especificidades do suposto delito e se existem evidências suficientes para ir em frente com a acusação ou encerrar o caso. Existe uma variação considerável entre as diferentes jurisdições referentes às especificidades desse processo. Se for feita a determinação de seguir em frente após o exame inicial, o processo legal continua. Os jovens podem ser detidos antes que o seu caso seja formalmente decidido, mas podem ser mantidos para uma audiência para determinar culpa ou inocência, transferidos para a corte criminal ou, mais uma vez, as acusações podem ser retiradas nesse estágio. Se o jovem continuar na corte juvenil, será marcada uma audiência para determinar a decisão do caso (Hoge e Andrews, 1996).

Antes da decisão do caso, o oficial da condicional normalmente prepara um relatório formal para auxiliar a corte. Se a corte determinar que o jovem é delinquente, esse relatório serve como

Figura 11.1 Gabriel Keys (em primeiro plano) é preso pelos policiais por invasão em Pinellas Park, Flórida, 23 de março de 2005. © REUTERS/Carlos Barria.

base para a formulação de um plano de intervenção. Por exemplo, o oficial da condicional pode ter detectado por meio da sua investigação que o jovem fica com frequência sem supervisão e mata aula rotineiramente. Parte do plano poderá ser determinar que ele frequente a escola regularmente ou enfrentará penalidades adicionais e fazer a exigência de que ele participe de alguma atividade após a aula. Se o jovem for considerado delinquente, o juiz identifica sanções e pode ordenar avaliações adicionais que informem melhor a corte sobre a possível disposição do caso. Por exemplo, o relatório inicial do oficial da condicional pode ter sugerido algumas possíveis necessidades de saúde mental. O juiz pode requerer que o jovem se submeta a avaliação psicológica para avaliar a necessidade de psicoterapia ou de tratamento psiquiátrico. Depois que o juiz determinou as sanções finais, o jovem precisa seguir suas ordens. Tais ordens podem consistir de reparação à vítima, obtenção de um emprego, submissão à psicoterapia, reportação ao oficial da condicional, abstenção de drogas e álcool com testes regulares para drogas ou mesmo encarceramento em um centro de detenção juvenil. A duração e condições da liberdade condicional podem ser determinadas nesse momento ou, mais provavelmente, terão o final em aberto, dependendo de que o jovem corresponda a todas as condições da sua condicional (Roberts, 2004). Tipicamente, depois que os jovens atenderam a todas as condições de sua condicional, eles são liberados pela autoridade da corte juvenil, a menos que existam outros motivos de preocupação ou que sejam apresentadas novas acusações. Essa é apenas uma descrição ampla e as jurisdições específicas podem alterar ligeiramente esse processo e até mesmo se afastar significativamente dele. No entanto, na maioria dos casos esses passos são característicos do processo pelo qual o jovem passa no sistema de corte juvenil.

Delinquência juvenil e delitos juvenis

O que exatamente se pretende dizer com o termo **delinquência juvenil**? Delinquência juvenil é usado para descrever um ato de violação da lei criminal cometido por indivíduos que ainda não se tornaram adultos. A natureza dos delitos juvenis é variada e pode incluir desde ofensas de *status* até assassinato. Além do mais, a visão pública desses crimes frequentemente contrasta com a realidade. O Departamento de Justiça é uma fonte comum para estatísticas de crime nos Estados Unidos e reportou que o crime juvenil se encontra no nível mais baixo dos últimos 20 anos (U.S. Departament of Justice, 2001). Houve uma diminuição de 30% nas agressões sexuais, 68% nos assassinatos, uma queda de 53% em roubos, 39% em prisões por porte de arma e 24% de redução em ataques agravados cometidos por jovens (Snyder, 2000). Mesmo em seu ponto mais alto, menos de 6% dos jovens com menos de 18 anos foram presos e menos de 10% dos crimes cometidos por jovens foram crimes violentos (Snyder, 2000). No entanto, o público em geral acredita que houve um aumento significativo no crime juvenil. Esta crença deve ocorrer em parte como resultado do aumento na cobertura pela imprensa dos crimes juvenis, apesar do decréscimo na prevalência (Dorfman e

Shiraldi, 2001). Parece que estórias sobre a próxima Columbine são parte frequente do noticiário.

Apesar das boas notícias de que parece haver uma tendência geral para um decréscimo no índice de crimes juvenis, há alguns problemas e tendências preocupantes. De modo geral, ocorrem aproximadamente 2 milhões de prisões de jovens a cada ano, 1 milhão é enviado para a corte juvenil, em torno de 500.000 ingressam em centros de detenção e aproximadamente 10.000 desses jovens são enviados para a corte criminal para sentença (Shoemaker e Wolfe, 2005). Aproximadamente 61% dos procedimentos com jovens são por atos de delinquência, 19% por ofensas de *status* e 19% por vitimização ou abuso infantil (Ostrom, Kauder e LaFountain, 2001). Pesquisas indicam que um número preocupante de infratores juvenis é formado por menores, e que mais casos juvenis estão sendo enviados para as cortes de adultos (Sickmund, 1994). Especificamente, 58% de todos os jovens são menores de 16 anos, 32% são menores de 15 anos e 9% têm menos de 12 anos (Snyder e Sickmund, 1999; U.S. Department of Justice, 2001). Esses números são especialmente problemáticos porque quanto mais novo for o infrator, maior a probabilidade de que ele cometa infrações mais violentas e mais sérias do que os jovens que transgrediram pela primeira vez em idade mais avançada (Cottle, Lee e Heilbrun, 2001). Além do mais, ocorreu um aumento drástico no crime juvenil entre as meninas. De um modo geral, houve um aumento de 83% no crime juvenil feminino (Snyder, 2000). O aumento dos crimes juvenis entre as garotas é pelo menos parcialmente o resultado de fugas que acabam se voltando para roubos em lojas, prostituição e delitos com drogas para lidar com a vida nas ruas (Henriques e Manatu-Rupert, 2001).

Um tipo de delito juvenil que não é tipicamente encarado como um delito sério, mas é identificado com frequência como uma porta de entrada para delitos mais sérios, são as ofensas de *status*. Violações ao toque de recolher e vadiagem mais do que dobraram de 1993 a 1997, mas depois declinaram 17% em 1999 (Snyder, 2000). Embora esses delitos sejam menos sérios, existem poucas oportunidades para reabilitação devido ao crescente foco nos infratores mais graves e intervenções punitivas para os jovens menos antissociais. A institucionalização de infratores de *status* se torna, então, problemática porque a corte juvenil não quer encorajar a perpetuação do comportamento antissocial colocando-os em situações em que ele podem estar mais expostos às influências negativas dos seus pares. Se a corte coloca, em um centro de detenção, um jovem que cometeu uma infração relativamente menor, existe o risco de que ele comece a se associar a indivíduos que são mais antissociais e adote o comportamento antissocial deles.

Outra área significativa da delinquência juvenil é cometer crime contra a propriedade. Os crimes contra a propriedade tipicamente incluem delitos como assalto, furto e incêndio premeditado. Em torno de um terço de todas as prisões de jovens são por um crime relativo à propriedade (Godwin e Helms, 2002). O assalto é frequentemente caracterizado pela entrada em um prédio de algum tipo e o furto ilegal à propriedade sob essas premissas. O assalto responde por aproximadamente um quarto de todos os delitos juvenis (Snyder e Sickmund, 1999). O furto é definido como tomar ou possuir ilegalmente uma propriedade e difere do assalto porque neste o infrator entra em uma residência ou está na propriedade legalmente; é o comportamento de se apossar da propriedade que é ilegal. O furto inclui em geral crimes como assaltar lojas, bater carteiras ou arrancar bolsas. Por fim, o incêndio premeditado é geralmente considerado um crime contra a propriedade, mas também pode ser considerado um crime violento devido ao dano potencial a outras pessoas. Incêndio premeditado é incendiar uma propriedade, sendo que pode ser cometido para ganho financeiro ou pelo puro prazer do ato. Em geral, os crimes de propriedade decresceram ou se mantiveram estáveis durante os últimos 20 anos.

Fatores de risco para delinquência juvenil

Atualmente, há uma base de pesquisa substancial que identifica melhor alguns dos caminhos causais para a delinquência juvenil (Moffitt, 1993, 2006). Tipicamente, os fatores de risco para a delinquência juvenil são derivados de várias áreas importantes e refletem a natureza daquela etapa do desenvolvimento, no que difere do comportamento antissocial adulto. O indivíduo, a família, a escola, os companheiros e a vizinhança, todos eles contêm fatores de risco relevantes para a delinquência juvenil (Redding, Goldstein e Heilbrun, 2005). Abuso de substância, questões de saúde mental, impulsividade geral e dificuldades na solução de problemas são importantes fatores de risco individuais. Muitos argumentam que boa parte dos problemas com a delinquência juvenil surgem no contexto da família. Por exemplo, vínculo pobre com os pais, falta de supervisão parental e disciplina dura ou geralmente ineficaz são os fatores de risco familiares mais significativos. A escola também é uma área significativa de atenção para a delinquência juvenil e as dificuldades acadêmicas, capacidades de aprendizado não reconhecidas, pouca frequência à escola e insatisfação acadêmica geral são todos fatores de risco para a delinquência juvenil. Expor-se à violência, lidar com drogas e ter acesso a armas de fogo são fatores de risco colaterais (Redding et al., 2005).

Cottle e colaboradores (2001) realizaram uma metanálise examinando os fatores de risco mais significativos relacionados à reincidência geral entre os jovens. Eles organizaram 30 diferentes fatores possíveis em oito categorias que denominaram como informações demográficas, história de delitos, fatores familiares e sociais, fatores educacionais, fatores intelectuais e de desempenho, história de abuso de substância. Cottle e colaboradores descobriram que fatores demográficos como ser homem de uma minoria étnica e baixo nível socioeconômico estavam associados à reincidência juvenil. A etnia não foi um fator preditor significativo depois que a situação socioeconômica foi controlada na análise. Esse achado é típico entre os estudos de reincidência, independentemente da forma do crime ou violência previstos. Embora a etnia esteja frequentemente associada a um risco maior de reincidência, parece que os achados gerais estão relacionados ao baixo nível socioeconômico dos indivíduos de minorias nos Estados Unidos e não à sua identidade racial. As variáveis de história de delitos foram os maiores preditores de reincidência, incluindo fatores como idade precoce no primeiro contato legal, idade precoce da primeira condenação juvenil, número de prisões anteriores, número de condenações anteriores, realização de crimes mais sérios e um primeiro encarceramento mais longo. Embora a história do infrator, fatores familiares e sociais tenham sido as categorias mais consistentes de preditores, também houve diversos preditores dinâmicos que estavam relacionados à reincidência geral. Fatores como instabilidade familiar, associação com companheiros delinquentes, mal-aproveitamento do tempo de lazer, problemas de conduta, patologias não graves, escores fracos de desempenho nos testes padronizados e uso de substância foram todos preditivos de reincidência e também podem ser alvos diretos de intervenção.

Contudo, também há inúmeros fatores de proteção que estão relacionados a uma redução no risco de delinquência juvenil (DeMatteo e Marczyk, 2005). Os fatores protetores são especialmente importantes para os jovens devido à crescente demanda no sistema de saúde mental de **avaliações baseadas nos pontos fortes**, mas especialmente em relação aos jovens dada a natureza reabilitadora das cortes juvenis. Os fatores de proteção funcionam da mesma forma que o demonstrado no Capítulo 5. Eles reduzem o risco de alguém se envolver em um comportamento particular. Nesse caso, os fatores de proteção reduzem o risco de um jovem se envolver em mais problemas ou cometer atos delinquentes. Alguns definem os fatores de proteção como a ausência de um fator de risco particular, enquanto outros os distinguem como mecanismos separados que reduzem a probabilidade do evento negativo. As pesquisas encontraram que quanto mais fatores de proteção o jovem apresentar, maior a probabilidade de ele não reincidir (Werner, 2000). Os fatores de proteção reduzem o risco ao interagirem com os fatores de risco e moderando o seu efeito ou reduzindo o risco independentemente (Clayton et al., 1995; Hoge, Andrews e Leschied, 1996).

Embora pesquisas que identificam fatores de proteção não sejam tão abundantes quanto as que procuram os fatores de risco, tem havido algumas pesquisas examinando o papel e impacto dos fatores positivos. Em geral, inteligência (Hoge e Andrews, 1996), atitudes negativas em relação a comportamento delinquente (Department of Health and Human Service, 2001) e outras variáveis de personalidade/psicológicas como sociabilidade e um temperamento positivo foram considerados fatores de proteção para um comportamento delinquente (DeMatteo e Marczyk, 2005). Uma influência familiar positiva e um relacionamento próximo com um membro da família também revelaram serem fatores de proteção (DeMatteo e Marczyk, 2005). Uma das melhores fontes de fatores de proteção pode ser o ambiente escolar. Em geral, as conquistas educacionais, o comprometimento com a escola e a participação em atividades relacionadas com a escola foram citados como fatores de proteção por alguns pesquisadores (p.ex., DeMatteo e Marczyk, 2005). Até mesmo estar na escola serve como fator de proteção (Henry, Caspi, Moffitt, Harrington e Silva, 1999). Um fator um tanto duvidoso quanto ao seu sucesso é a presença de companheiros pró-sociais. Embora os companheiros dos delinquentes tenham sido associados de forma consistente ao comportamento delinquente, as evidências não foram tão claras quando um jovem tem companheiros positivos à sua volta (DHHS, 2001). No entanto, existem claramente alguns fatores que reduzem a probabilidade de comportamento delinquente, muitos dos quais podem ser dinâmicos e receptivos às intervenções que discutiremos mais tarde neste capítulo.

Violência juvenil

Um aspecto do crime e da delinquência juvenis que parece ser uma questão significativa para o público em geral é a violência juvenil. De um modo geral, a taxa de crimes violentos nos Estados Unidos é mais alta do que era 50 anos atrás, mais alta do que na maioria dos países industrializados, e a violência tem crescido mundialmente (Garbarino, 1999; Rutter, Giller e Hagell, 1998). Além do mais, o homicídio é a causa principal de morte entre os adolescentes hispânicos e afro-americanos do sexo masculino (Hoffman e Summers, 2001). Entretanto, os índices de crimes violentos como assassinato, agressão sexual e agressão agravada estão no patamar mais baixo para infratores juvenis em quase 30 anos, exceto para as infratoras do sexo feminino. O índice subiu 74% desde 1980 para as infratoras (Snyder, 2000).

Fatores de risco para violência não sexual

Em geral, existe uma sobreposição significativa entre os fatores de risco associados a comportamento antissocial geral e comportamento violento entre os jovens. Esse achado é em parte o resultado da diversidade criminal dos infratores juvenis violentos. Os jovens que perpetram violência tendem a cometer uma variedade de crimes e fazem isso com frequência (Farrington e Loeber, 2000). Na verdade, os jovens violentos cometem mais crimes não violentos do que violentos (Hamparian, Schuster, Dinitz e Conrad, 1978). Os fatores de risco individuais para cometer violência não sexual incluem impulsividade, hiperatividade, fraco controle do comportamento em geral, maior comportamento de exposição a riscos, problemas de atenção, inteligência reduzida e fraco desempenho educacional (Farrington e Loeber, 2000). Como ocorre com o comportamento delinquente geral, para violência juvenil existem muitos fatores de risco relacionados com a família. Ter um genitor que foi condenado por um delito criminal, práticas parentais de criação que compreendem vínculo fraco, disciplina rígida e pouca supervisão, abuso infantil, baixo nível socioeconômico e conflito familiar são fatores de risco para violência juvenil, sendo o comportamento parental criminoso, as práticas de paternagem inadequadas e o baixo *status* socioeconômico os preditores mais fortes (Lipsey e Derson, 1998). Está muito claro que a associação com companheiros delinquentes ou antissociais também é um fator de risco para violência juvenil e, além disso, que as gangues espalhadas pelos Estados Unidos desempenharam um papel significativo na disseminação da violência juvenil. A presença de gangues também está relacionada a uma série de fatores de risco colaterais para violência juvenil, como viver em uma área urbana e a disponibilidade de drogas e armas (Farrington e Loeber, 2000).

Em um estudo, Clingempeel e Henggeler (2003) dividiram os infratores juvenis violentos em persistentes e desistentes. **Persistentes** são aqueles que continuam cometendo comportamentos violentos e os **desistentes** aqueles que interrompem seu comportamento violento antes de saírem da adolescência. Usando essas duas designações, Clingempeel e Henggeler (2003) descobriram diferenças significativas entre os tipos de infratores violentos que provavelmente vão continuar com seu comportamento violento e aqueles que não. Em geral, os jovens violentos que interromperam seu comportamento violento, os desistentes, se envolveram em menos comportamentos violentos durante a adolescência, cometeram menos crimes contra a propriedade, eram menos agressivos e mais positivos com os seus iguais, relataram vivenciar maior apoio emocional dos outros, exibiram maior satisfação no trabalho, identificaram relacionamentos mais próximos com os iguais e relataram menos dificuldades psicológicas. Essas diferenças aparecem não somente em jovens que agem violentamente e os que não agem assim, mas também entre aqueles que continuam a ser violentos e os que interrompem a violência.

Embora haja uma quantidade significativa de literatura identificando fatores de risco para violência não sexual, a literatura que examina os fatores de risco relacionados à reincidência de comportamento violento não sexual é esparsa. A distinção entre os fatores que conduzem à violência e aqueles que levam à repetição da violência é importante na avaliação de risco. Os psicólogos forenses normalmente não avaliam o risco em um indivíduo sem uma história anterior. Eles tipicamente são procurados depois que já ocorreu a violência e as cortes precisam de uma determinação da probabilidade de violência futura com o objetivo de encaminhamento desse indivíduo. A literatura sobre reincidência da violência não sexual é tão esparsa que Heilbrun, Lee e Cottle (2005) só conseguiram identificar quatro estudos publicados, sendo que apenas um desses estudos usava a violência como a variável dos resultados. Os demais estudos usavam qualquer reincidência como a variável. Como consequência, pouca coisa pode ser obtida a partir das pesquisas no momento atual.

Tem havido alguns exames da influência dos fatores de proteção em relação à violência juvenil. Stouthamer-Loeber, Loeber, Farrington e Zhang (1993) não conseguiram encontrar fatores de proteção que não fossem visões extremas dos fatores de risco para violência. Esse achado enfatiza a questão não resolvida quanto ao fato de que se alguma coisa só pode ser considerada um fator de proteção se ela for distinta dos fatores de risco identificados ou se os fatores de proteção podem ser simplesmente uma ausência dos fatores de risco identificados. Contudo, existem outros fatores que foram identificados para a distinção entre jovens não violentos e jovens violentos. O bom desempenho escolar, supervisão parental adequada, vínculos seguros e associação com companheiros pró-sociais demonstraram alguma redução na delinquência (Rapp e Wodarski, 1997).

Fatores de risco para violência sexual

Aproximadamente 19% dos estupros são cometidos por perpetradores do sexo masculino com menos de 19 anos (U.S.

Department of Justice, 1999), e em torno de um terço dos molestadores de crianças são jovens (Becker, Cunningham-Rathner e Kaplan, 1986). Assim, o sistema reconheceu que os jovens respondem por uma porcentagem significativa dos crimes sexuais. Em 1982, havia apenas 20 programas voltados especificamente para os jovens agressores sexuais (National Adolescent Perpetrator Network, 1993), mas esse número cresceu para mais de 1.300 vinte anos mais tarde (McGrath, Cumming e Burchard, 2003). De modo geral, o índice de reincidência parece variar entre 2 e 14% dos jovens, mas esse número depende da amostra e duração do período de *follow-up* (Waite et al., 2005). Em um estudo que examinou duas amostras diferentes de jovens agressores sexuais, um grupo de agressores em um programa intensivo de tratamento especializado para agressores sexuais e agressores sexuais provenientes de um programa menos intenso de agressores em geral foram comparados 10 anos depois da libertação. Ambos os grupos tinham maior probabilidade de serem presos por uma agressão não sexual (31% para o grupo de tratamento especializado e 47% para aqueles provenientes da população geral de agressores) do que por agressão sexual (menos de 5%). Além disso, os agressores do grupo de tratamento especializado levaram mais tempo para reincidir em todos os tipos de delitos comparados ao grupo de agressores sexuais juvenis provenientes do programa para agressores em geral. Waite e colaboradores (2005) também descobriram que comportamentos impulsivos/antissociais estavam significativamente relacionados à reincidência.

Heilbrun e colaboradores (2005) realizaram um estudo preliminar dos estudos disponíveis que examinam jovens agressores sexuais e os fatores de risco relacionados à reincidência. Descobriram que havia quatro fatores de risco significativos para a reincidência entre esses jovens. Ser conhecido da vítima era o preditor mais significativo, seguido por não receber nenhuma forma de tratamento, um delito inicial menos grave e ser um agressor mais jovem. Os jovens agressores sexuais que vitimizaram conhecidos em vez de estranhos ou amigos tinham maior probabilidade de reincidir. Os jovens que haviam recebido tratamento tinham menos probabilidade de reincidir. Um resultado potencialmente surpreendente foi que os agressores sexuais juvenis que cometeram delitos iniciais menos graves tinham maior probabilidade de reincidir, possivelmente sugerindo uma tendência para intensificar a gravidade da sua história de delitos. Quanto mais jovem o infrator, mais provavelmente ele iria reincidir.

Como ocorre com os infratores adultos, a maioria das pesquisas examinou agressores sexuais do sexo masculino, mas há uma consciência crescente de que as garotas também perpetram agressões sexuais. Atualmente, nossas melhores estimativas são que menos de 7% das agressões sexuais juvenis são cometidas por garotas (U.S. Department of Justice, 2002). Um estudo que teve seu foco nos agressores sexuais jovens comparou 122 agressores do sexo masculino e 61 do sexo feminino (Vandiver e Teske, 2006). As agressoras do sexo feminino eram mais novas na época da prisão, tinham vítimas mais jovens, tinham probabilidade de receber sentenças mais curtas em comparação aos agressores do sexo masculino e violentavam proporcionalmente meninas e meninos. Os agressores juvenis do sexo masculino tinham maior probabilidade de vitimizar meninas. Esses primeiros resultados sugerem que as agressoras sexuais jovens não são idênticas à sua contraparte masculina e podem ter fatores de risco diferentes para agredir inicialmente ou reincidir. Contudo, esse argumento ainda deve ser examinado mais detidamente.

Até o momento, há muita discussão sobre fatores de risco, sejam eles para delinquência, violência geral ou violência sexual. A razão para discutir e listar todos esses diferentes fatores de risco não é necessariamente para que você tenha uma extensa lista dos fatores relevantes para os jovens. Ao examinarmos esses fatores de risco, são destacadas algumas diferenças entre os fatores que são importantes para os adultos *versus* os que são importantes para os jovens. Em geral, os fatores de risco juvenis tendem a ser muito mais diversos e mais prováveis de responder a intervenções diretas. Esses tipos de diferenças são importantes quando começamos a discutir o papel dos psicólogos forenses no sistema.

Papel do psicólogo forense nas cortes juvenis

Como resultado de muitas mudanças que ocorreram no sistema da corte juvenil, a prática forense juvenil aumentou significativamente (Grisso, 2003c), muito embora os psicólogos já estivessem envolvidos com essas cortes praticamente desde o seu início (Otto e Borum, 2003). Os psicólogos originalmente faziam parte do processo de reabilitação porque havia necessidade de tratamento e necessidade de identificar se um determinado jovem era receptivo ao tratamento e as circunstâncias precisas sob as quais ele se beneficiaria de determinados esforços de reabilitação. Atualmente, existe uma grande variedade de papéis para o psicólogo forense no sistema da corte juvenil incluindo tratamento, avaliação da receptividade ao tratamento, avaliações para transferência, avaliações de capacidade, avaliações de inimputabilidade e situação mental e avaliações de risco ou ameaça de violência. Também há uma variedade de tipos de *status* dos infratores, tais como agressores violentos, agressores sexuais e agressores mais jovens, que complicaram esses papéis.

Avaliação da receptividade ao tratamento

Apesar das mudanças marcantes, a receptividade ao tratamento continua a ser o papel mais proeminente dos psicólogos forenses dentro do sistema de corte juvenil (Melton et al., 1997). A continuidade da proeminência desse papel é um reflexo da importância da reabilitação dos jovens, muito embora este não seja o único foco das cortes juvenis. Receptividade ao tratamento se refere à necessidade e responsividade do jovem ao tratamento e está separada de questões como a gravidade do crime atual. Por exemplo, um psicólogo forense pode tentar identificar as necessidades de tratamento de um jovem como a necessidade de tratamento do abuso de substância e se ele parece propenso e capaz de se beneficiar do tratamento. O jovem precisa exibir inteligência e motivação suficientes para que o tratamento seja significativo e a avaliação tenta se direcionar para essas questões. As avaliações da receptividade normalmente identificam os fatores que provavelmente conduzirão a intervenções efetivas as intervenções mais prováveis de obterem sucesso e os fatores que poderão reduzir a eficácia dessas intervenções (Grisso, 2003c). Nos casos em que existem necessidades claras de tratamento, o psicólogo forense pode desempenhar um papel muito importante no processo do jovem (Hoge e Andrews, 1996). O psicólogo forense é frequentemente solicitado a fazer uma avaliação de um jovem para ajudar a realizar os procedimentos iniciais ou decisões disposicionais, seja declarando o jovem um delinquente ou transferindo-o para a corte criminal (Steffen e Ackerman, 1999). Às vezes, os advogados usam a avaliação da receptividade ao tratamento como uma alternativa para o encarceramento ou transferência para a corte criminal.

Oferta de tratamento

Dado o foco do tratamento nas decisões referentes à disposição do jovem em tratar e especificamente a decisões de transferência, é importante avaliar a eficácia do tratamento quando os psicólogos forenses são chamados a realizá-lo. Similar ao tratamento geral discutido no Capítulo 2, muitos questionaram a eficácia do tratamento com infratores juvenis. Embora a eficácia do tratamento da delinquência juvenil esteja entre alguns dos piores resultados em toda a psicologia, pesquisas identificaram com consistência que podem ser designadas intervenções efetivas para jovens com um histórico de comportamento antissocial ou delinquência. Além do mais, o índice crescente de jovens que estão sendo diagnosticados com questões de saúde mental torna o tratamento ainda mais imperativo. Antes da década de 1980, as pesquisas que examinavam a eficácia do tratamento juvenil eram desanimadoras (Lipsey, 1992). Contudo, desde aquela época o tratamento avançou e revisões mais recentes sugerem um resultado muito mais favorável no tratamento dos jovens (Lipsey e Wilson, 1998).

Lipsey e Wilson (1998) realizaram uma metanálise seminal de 200 estudos examinando a eficácia de diferentes intervenções juvenis. Eles concluíram que os programas de intervenção para infratores juvenis graves podem reduzir os índices de reincidência. Por exemplo, descobriram que os melhores programas podiam reduzir os índices de reincidência em 40% (Lipsey e Wilson, 1998). No entanto, nem todas as intervenções são igualmente efetivas. As intervenções que usam uma única abordagem não são tão eficazes quanto as multimodais, que focam em habilidades desenvolvimentalmente apropriadas. As intervenções concebidas para assustar ou punir os infratores juvenis para não cometerem comportamentos antissociais tiveram em geral efeitos negativos (Henggeler e Schoenwald, 1994; Tarolla, Wagner, Rabinowitz e Tubman, 2002). Por exemplo, os campos de treinamento se tornaram populares, com milhões de dólares sendo destinados à sua criação (McNeece e Jackson, 2004). Esses campos requeriam que os jovens levassem uma vida militar, que incluía acordar cedo para fazer exercícios, exercícios contínuos, disciplina rígida, códigos rígidos no vestir e inspeções de rotina para assegurar que eles estavam seguindo as políticas do campo. No entanto, as pesquisas sugerem que os resultados foram tremendamente decepcionantes e que existem alternativas muito menos caras (Tyler, Darville e Stalnaker, 2001).

Foram desenvolvidos tratamentos novos e eficazes para os jovens. Por exemplo, a Terapia Multifásica (MST) é uma das abordagens de tratamento para jovens melhor validada e demonstra que reduz o comportamento antssocial de longo prazo, se adapta às necessidades variadas dos jovens e é abrangente (Henggeler et al., 1999). A MST está baseada em diversos princípios que focalizam a combinação entre o problema específico e o sistema mais amplo, os pontos fortes e os pontos fracos dos sistemas que cercam o jovem, mudando o comportamento atual e as relações, a colaboração com a família, combinando as exigências do desenvolvimento do jovem, a avaliação contínua da intervenção e a promoção de efeitos de longo prazo e a generalização entre os diferentes sistemas (Johnson e Helms, 2002). Ao enfocar os múltiplos sistemas (companheiros, família, escola, sociedade) com os quais o jovem tem contato, espera-se que a abordagem mais sistemática se direcione aos numerosos pontos de entrada que podem influenciar o desenvolvimento e a ação social que o jovem exibiu anteriormente.

As pesquisas apoiam cada vez mais o uso da MST para infratores juvenis. Timmons-Mitchell, Bender, Kishna e Mitchell (2006) realizaram o primeiro ensaio clínico randomizado da MST que não foi supervisionado por quem desenvolveu o tratamento. Noventa e três jovens foram designados para MST ou para um tratamento usual. O tratamento como condição usual consistia de oficiais da condicional encaminhando jovens a uma variedade de intervenções diferentes, como abuso de álcool e drogas, manejo da raiva e aconselhamento individual e familiar. As duas abordagens diferentes foram avaliadas aos 6 e aos 18 meses após o tratamento. Os resultados encontraram em geral uma redução em novas prisões e uma melhora em diversas áreas funcionais dos jovens (trabalho escolar, comportamento em casa, comportamento na comunidade e humor e emoções) na condição da MST comparada ao tratamento usual. Abordagens de tratamento como a MST são promissoras para os psicólogos forenses que tratam diretamente os jovens envolvidos no sistema da corte juvenil. No entanto, Littell (2005) identificou alguns problemas significativos com a MST que colocam em questão a sua eficácia.

Avaliações para transferência

Embora a questão da transferência (ou em algumas jurisdições renúncia) para a corte criminal possa ser um aspecto da decisão referente à receptividade ao tratamento, ela também pode ser uma questão separada para os jovens. A transferência para a corte criminal ocorre quando a corte juvenil acredita que o jovem representa uma ameaça à sociedade. Lembre-se, a corte juvenil ainda está interessada na reabilitação dos infratores juvenis com base na ideia de que muitas transgressões juvenis se devem a fatores do desenvolvimento que podem ser tratados na maioria dos jovens. Nos casos em que o comportamento criminal não parece receptivo a mudanças, os jovens são transferidos para a corte criminal, onde enfrentarão sanções criminais e têm maior probabilidade de serem institucionalizados devido à ameaça constante que representam. No entanto, esse afastamento da abordagem juvenil tradicional não ocorre sem que haja críticas. Muitos comentadores acham que o processo não é consistente e pode ser racialmente discriminatório (Dawson, 2000). Além do mais, o efeito pretendido do processo de transferência é reduzir a reincidência desses jovens em risco, sendo questionável se a transferência para as cortes criminais cumpre esse objetivo (Bishop e Frazier, 2000). Pode, inclusive, haver um aumento nos índices de reincidência entre os jovens transferidos para cortes criminais (Shoemaker e Wolfe, 2005). Seja qual for o caso, não parece que os jovens acusados dos crimes mais graves (p. ex., assassinato) sejam tratados com menos severidade do que os adultos. Os índices de condenação e a duração das sentenças são aproximadamente iguais para jovens e adultos acusados de assassinato (Grisso, 1996). Além do mais, ao que parece, os adolescentes condenados por assassinato raramente cometem outro assassinato após a sua libertação (Grisso, 1996).

Dentro do contexto das avaliações para transferência, os psicólogos forenses normalmente se direcionam para o risco do jovem transgredir no futuro, para a maturidade geral e para a receptividade ao tratamento (Salekin, 2002b). No entanto, não há procedimentos ou avaliações especializadas para guiar os clínicos nesse processo. Parte da razão para a falta de um procedimento psicológico sistemático é a falta de clareza em relação aos critérios legais. *Kent* vs. *Estados Unidos* (1996) é citado com frequência como um fundamento legal para os critérios de transferência (Grisso, 2003c). Como resultado, surgem preocupações não apenas quanto ao processo legal, mas também quanto aos métodos psicológicos usados para auxiliar a tomada de decisão legal. Por fim, é necessário determinar tanto o risco do jovem quanto a sua receptividade ao tratamento, mas a natureza do processo não pode simplesmente ser descrita como uma combinação desses dois processos porque é preciso ter um entendimento claro do contexto em que o jovem vai funcionar (Grisso, 2003c).

Avaliações de capacidade

A capacidade de um jovem raramente era questionada nas cortes juvenis quando a reabilitação era o foco, mas como houve o reconhecimento da postura mais punitiva das cortes, cada vez mais os psicólogos forenses têm sido convocados para realizar avaliações de capacidade. Conforme já discutimos (Capítulo 8), a capacidade criminal normalmente objetiva assegurar que o acusado entende os procedimentos e as consequências potenciais das decisões legais. A capacidade é normalmente levantada para os jovens em relação à capacidade para se submeter a julgamento (Bonnie e Grisso, 2000), mas também pode ser um aspecto relacionado a entender os seus direitos de Miranda (Grisso, 2003c). Questões relativas à capacidade são especialmente difíceis de determinar em relação aos jovens devido à sua imaturidade e capacidades cognitivas ainda não totalmente desenvolvidas e ao fato de tratar-se de um caso em que a incapacidade se deve a questões do desenvolvimento. No entanto, a maioria dos estatutos não inclui imaturidade desenvolvimental ou psicossocial como um aspecto importante. A Flórida é um estado que incorpora especificamente a noção de capacidade a suas normas legais voltadas aos jovens. A ideia da imaturidade no desenvolvimento é importante porque nos casos criminais o acusado seria detido para recuperação da capacidade, mas com um jovem isso poderia significar esperar que ele amadurecesse e entrasse na idade adulta. Algumas pesquisas sugerem ainda que muitos infratores juvenis, especialmente os que têm menos de 14 anos, não são capazes para se submeterem a julgamento (Steinberg et al., 2003) e a imaturidade psicossocial é muito importante na avaliação da capacidade de um jovem (Grisso et al., 2003c). Como consequência da falta de critérios legais e de incerteza, continua a haver discussão sobre se a questão da capacidade deve ser levantada para os jovens (Zimring, 2000b).

Ryba, Cooper e Zapf (2003) pesquisaram psicólogos para reunir algumas ideias sobre os métodos mais comumente empregados que são usados nessas situações. Em seu levantamento com 82 psicólogos forenses que eram especializados em avaliação forense juvenil, houve sete áreas que pelo menos 70% dos respondentes indicaram como essenciais na condução da avaliação da capacidade de um jovem para se submeter a julgamento. Essas áreas essenciais incluíam: avaliação do estado mental atual (95,1%); compreensão das acusações ou penalidades (95,1%); capacidade para se submeter a julgamento relacionada a habilidades (91,5%); capacidade de se comunicar com um advogado (90,2%); opinião sobre doença mental (86,6%); compreensão do processo de julgamento (85,4%); e justificativa para doença mental/retardo mental/imaturidade (74,4%). Os resultados foram extremamente parecidos com os encontrados em pesquisa anterior realizada com psicólogos forenses em relação à capacidade adulta (Borum e Grisso, 1996). Os respondentes também foram interrogados sobre o uso de diferentes testes psicológicos e testes forenses especializados. Houve muito menos consenso quanto aos testes específicos usados, muito embora 79% dos respondentes acreditasse nos testes psicológicos e 70% achasse que os testes forenses eram essenciais ou recomendados nas avaliações de capacidade juvenil (Ryba et al., 2003). Esses resultados sugerem que há algum consenso em relação à prática que ocorre nas avaliações de capacidade juvenil, mas existem poucas pesquisas para auxiliar os psicólogos forenses a saberem se essas práticas mais comuns são justificadas empiricamente.

Avaliações de inimputabilidade

Outra área dos psicólogos forenses na prática da corte juvenil da qual quase não se ouvia falar era a determinação da responsabilidade criminal ou inimputabilidade. É interessante que muitas jurisdições determinaram que toda a criança abaixo de 7 anos, e mesmo abaixo de 11 anos em algumas jurisdições, automaticamente não tem o *mens rea* necessário ou mente culpada para cometer um ato criminoso pelo qual possa ser responsabilizada (Tanenhaus, 2000). Entretanto, como foram reconhecidos o direito ao devido processo pelos jovens e a natureza punitiva das cortes juvenis, os psicólogos forenses precisaram avaliar se os jovens eram inimputáveis no momento em que cometeram o ato delinquente.

Como é o caso com a capacidade, há pouca base empírica para a avaliação do estado mental de um jovem no momento do delito (isto é, inimputabilidade), e não existem medidas designadas especificamente para jovens. Portanto, foi recomendado que os psicólogos forenses se baseassem nos procedimentos desenvolvidos para criminosos adultos (Otto e Borum, 2003). Contudo, o psicólogo forense tem como acréscimo a carga de diferenciar o comportamento delinquente não apenas de uma doença mental potencial, mas também da imaturidade do jovem. Embora esteja claro que a inimputabilidade tenha sido levantada em relação aos jovens com maior frequência, ela ainda é extremamente rara (Haller, 2000). Além do mais, mesmo que um estado permita a defesa, muitos ainda não têm um processo formal estabelecido para lidar com os jovens absolvidos por NGRI.

Avaliação de risco

Uma área final em que os psicólogos forenses estão sendo cada vez mais usados nas cortes juvenis é a avaliação de risco. Obviamente, a avaliação de risco é uma questão que está entrelaçada a outros papéis, como a avaliação da receptividade ao tratamento e transferência para a corte criminal. Entretanto, ela também representa um papel distinto que é desempenhado pelos psicólogos forenses nesse contexto e pode ser uma questão importante em quase todos os estágios do sistema juvenil (Otto e Borum, 2003). A avaliação de risco em jovens é significativamente diferente da avaliação de risco em adultos devido à natureza dinâmica dos jovens. Eles se encontram em contínuo desenvolvimento e mudança e não apresentam os anos de estabilidade a partir dos quais podem ser identificados com clareza fatores de risco estáticos.

Outra forma de avaliação de risco frequentemente empregada com jovens é a **avaliação de ameaça**. A avaliação de ameaça ocorre quando um jovem desperta a atenção daqueles que têm autoridade por meio de certos comportamentos ou verbalizações que sugerem uma ameaça de ele cometer violência futura (Randazzo et al., 2006). Um contexto em que ocorre a avaliação de ameaça e que mais tarde discutiremos em maiores detalhes é a violência na escola e os tiroteios em escolas. Nesse contexto, o psicólogo forense deve avaliar se o jovem representa uma séria ameaça de agir no futuro porque exibe determinadas características que sugerem que ele está seguindo um determinado curso em seu desenvolvimento.

Contudo, a maioria das avaliações de risco é tradicional. Existem muitos instrumentos estruturados ou atuariais que foram desenvolvidos para jovens. Dois dos instrumentos mais notáveis são a Lista de Avaliação Precoce de Risco (EARL) para meninas e meninos (Augimeri, Koegl, Webster e Levene, 2001) e a Avaliação Estruturada de Risco de Violência nos Jovens (SAVRY; Bartel, Borum e Forth, 2000). Essas ferramentas são concebidas para identificar os fatores de risco mais relevantes e estimulam o psicólogo forense a classificar o jovem quanto à presença das características contidas em cada fator de risco. Embora os procedimentos e uso de abordagens estruturadas para avaliação de risco sejam similares em jovens e adultos, é importante reconhecer que existem diferenças. Um psicólogo forense que realiza uma avaliação de risco de um jovem deve ter conhecimento da natureza desenvolvimental tanto do comportamento delinquente quanto do comportamento juvenil normal (Borum, 2003). Essa tarefa, combinada com a falta de um apoio empírico em grande escala para a avaliação de risco juvenil, torna especialmente difícil para o psicólogo forense realizar avaliações de risco em jovens.

Questões especiais em relação aos jovens: violência na escola

Como afirma Borum (2000, p. 1263), "apesar do declínio recente nos índices de violência juvenil, parece haver uma crescente preocupação pública e profissional quanto ao comportamento violento entre crianças e adolescentes". A citação de Borum resume boa parte do capítulo atual e do estado da pesquisa e prática em relação aos jovens. Embora saibamos que a violência juvenil decresceu, continuamos muito interessados nela, como é notado pela crescente atenção dada pela mídia e mesmo pela convocação de psicólogos forenses para participarem mais na avaliação e tratamento de jovens, especialmente jovens violentos. Parte do aumento da atenção não é apenas pela percepção de que os jovens estão se tornando mais perigosos, mas que estão fazendo isso no local onde seus pais pensavam que eles estariam mais seguros: na escola. Como consequência do espectro da violência juvenil e assassinato juvenil, tem havido crescentes reivindicações de abordagens mais punitivas para lidar com os jovens violentos.

Violência e tiroteios em escolas

A crescente preocupação pública com a violência na escola foi estimulada em grande parte e ficou associada aos tiroteios perpetrados por estudantes em locais como Paducah, em Kentuky, Jonesboro, no Arkansas, e Columbine High School, no Colorado, durante a década de 1990. Os temores que surgiram após esses primeiros tiroteios só foram reforçados por outros mais recentes no Dawson College, em Montreal, Canadá, onde um estudante foi morto e mais de dez ficaram feridos, e a morte de 10 meninas entre 6 e 13 anos na West Nickel Mines Amish School, na Pensilvânia, em 2006. É claro, a tragédia terrível em Virginia Tech, em 2007 (Quadro 11.3), se tornou o exemplo mais recente e também serve como lembrete do potencial impacto antiterapêutico do nosso sistema legal e de saúde mental. É ainda mais interessante que dois desses três últimos exemplos de tiroteios atraem as atenções para a violência nas escolas pois ela não foi perpetrada por estudantes, como no caso de West Nickel Mines Amish School, ou os jovens não eram as vítimas pretendidas, como no Dawson College. No entanto, o sensacionalismo atribuído a esses eventos estimulou ainda mais a crença de que a violência na escola, especificamente os tiroteios em escolas, está crescendo. Mesmo no auge das preocupações na década de 1990, os tiroteios em escolas não aumentaram vertiginosamente (Cornell, 2005) e até decresceram após o ano escolar de 1997-98 (National School Safety Center, 2003; U.S. Surgeon General, 2001). Na verdade, os crimes violentos em geral decresceram nas escolas (DeVoe et al., 2002). As escolas continuam a ser um dos locais mais seguros para as crianças (Shoemaker e Wolfe, 2005) e a probabilidade de um homicídio perpetrado por um estudante ocorrer na escola é de 0,0000781 ao ano (Cornell, 2005).

No entanto, há uma crescente atenção direcionada para a violência nas escolas e os psicólogos forenses têm sido chamados

> **Quadro 11.3** A tragédia em Virginia Tech: seu papel nos tiroteios em escolas e a psicologia forense
>
> Em 16 de abril de 2007, o maior tiroteio em escola da história dos Estados Unidos ocorreu na Virginia Tech University. Trinta e duas pessoas foram mortas e 25 ficaram feridas em dois ataques separados no *campus*. Seung-Hui Cho, um aluno da Virginia Tech que estava se especializando em inglês, foi logo identificado como o atirador que tirou a própria vida quando os policiais se aproximaram dele no final da sequência de mortes.
>
> A tragédia desencadeou um debate em diversas frentes que é relevante para nossa discussão da jurisprudência terapêutica e violência nas escolas. As evidências recolhidas após o tiroteio indicaram claramente que Cho estava sofrendo de problemas psicológicos significativos. Cho foi originalmente descrito como um solitário, mas as evidências acumuladas nos dias que se seguiram ao incidente indicavam que seus problemas eram muito mais profundos. Vários ex-professores comentaram que suas redações em aula eram perturbadoras e pelo menos um professor se queixou aos administradores do seu departamento. A universidade havia investigado Cho por perseguir duas alunas e, em 2005, ele foi declarado mentalmente doente, foi hospitalizado por pouco tempo e foi determinado pela corte que procurasse terapia ambulatorial. Contudo, Cho nunca seguiu as ordens da corte e tampouco houve acompanhamento do seu caso para verificar se ele havia agido de acordo. Apesar desse questionamento da corte sobre a sua sanidade mental e da existência de uma lei federal proibindo a venda de armas para esse perfil, Cho conseguiu comprar as armas semiautomáticas que utilizou nos tiroteios. Os eventos que conduziram à tragédia de Virginia Tech e à morte de mais de 30 pessoas levantam questões a respeito da interação terapêutica dos sistemas de saúde mental e legal para prevenir incidentes futuros.

para auxiliar no processo. Os primeiros esforços de prevenção focaram nas políticas de tolerância zero e na identificação de sinais de alerta de possíveis atiradores escolares. Contudo, surgiram preocupações de que os administradores das escolas usassem essas listas de sinais de alerta para identificar e punir os alunos. Deve-se observar que essas listas incluíam itens muito gerais, tais como o hábito de matar aulas, uso de drogas ou álcool e demonstrações frequentes de raiva. Porém, nem mesmo os melhores estudiosos de perfis, o Centro Nacional para Análise de Crimes Violentos do FBI, recomendaram a produção de perfis dos atiradores em escolas (O'Toole, 2000). A inadequação do uso de perfis é ainda mais surpreendente dado os assim chamados "perfis" dos atiradores em escolas que se desenvolveram após incidentes como Columbine. O público recebeu a mensagem de que os atiradores em escolas eram todos estudantes que tinham sido perseguidos e vestiam longas capas pretas. Essa visão se tornou tão popular que o FBI identificou uma lista de mitos principais (Tabela 11.1) que rodeavam os tiroteios em escolas (O'Toole, 2000).

Embora a criação de um perfil criminal dos atiradores em escolas não tenha sido considerado um método efetivo de prevenção, o processo de avaliação de ameaça mencionado antes parecia se aplicar a essas situações. A avaliação de ameaça foi uma abordagem desenvolvida pelo Serviço Secreto dos Estados Unidos que estava baseada nas ameaças ou

Tabela 11.2 Mitos em torno dos tiroteios em escolas

A violência nas escolas é uma epidemia nos Estados Unidos
A violência nas escolas está crescendo
Os homicídios estão crescendo nas escolas
Todos os atiradores de escolas são iguais
O atirador de escolas é sempre um solitário
Os tiroteios em escolas são exclusivamente motivados por vingança
O acesso fácil a armas é o fator de risco mais significativo para os tiroteios em escolas
Os estudantes que se tornam violentos se envolvem em numerosos *hobbies* e atividades incomuns

Fonte: Baseado em O'Toole (2000) e Cornell (2007).

ataques identificáveis a figuras públicas (Fein e Vossekuil, 1998, 1999). A avaliação de ameaça parece especialmente apropriada para tiroteios em escolas porque esses atiradores quase sempre contam antes a alguém sobre os seus planos e existem evidências de que foram impedidos tiroteios reais em escolas porque os colegas ou adultos relataram as ameaças às autoridades (O'Toole, 2000). A avaliação de risco não atira uma grande rede sobre os estudantes como aquelas listas de alerta, mas em vez disso avalia a viabilidade de uma ameaça porque, como sugeriu o FBI, nem todas as ameaças são criadas igualmente e algumas serão completamente inofensivas enquanto outras devem ser levadas a sério (O'Toole, 2000). A avaliação de ameaça encoraja a identificação de ações precisas que estão associadas ao comportamento violento. Por exemplo, se um estudante faz uma ameaça contra uma escola e, após uma investigação, identifica-se que ele tem acesso a armas, tem um plano específico e tem um alvo identificado, então a ameaça é considerada mais crível. No entanto, se outro estudante faz a mesma ameaça, mas não apresentou nenhum desses comportamentos, a ameaça não é considerada crível. Além disso, pesquisas preliminares também apoiaram o uso da avaliação de ameaça na prevenção de tiroteios em escolas (ver Randazzo et al., 2006 para uma revisão).

Embora seja um mito que a violência nas escolas é uma epidemia, que todos os atiradores são semelhantes, que eles são solitários, agem completamente por vingança e que podem ter seu perfil traçado com eficiência (O'Toole, 2000), homicídios e violência realmente ocorrem dentro dos limites das escolas. Mesmo a ocorrência de um único ato violento, muito menos grave do que um homicídio, deve encorajar uma ação decisiva por parte dos administradores. Os psicólogos forenses podem auxiliar as escolas, informando-as e realizando avaliações de risco com base na literatura empírica, quando necessário.

Resumo

As cortes juvenis têm um papel singular no sistema legal. Historicamente, funcionaram como cortes quase criminais onde os jovens não eram tratados tão duramente quanto os adultos pelos seus comportamentos delinquentes, mas também não tinham as mesmas proteções do devido processo. Essa abordagem tradicional da justiça juvenil começou a mudar nos Estados Unidos na década de 1960 devido às percepções de que os direitos dos jovens podem ter sido violados e de que a corte juvenil pode não ter cumprido a sua missão original. Essas tendências continuaram na década de 1970, quando as pesquisas concluíram que "nada funciona" em relação à reabilitação juvenil e ao tratamento correcional em geral. A década de 1980 trouxe a preocupação de que a violência juvenil estivesse crescendo vertiginosamente e de que deveríamos tratar os crimes juvenis como fazemos com o comportamento criminal adulto. A mídia em torno dos tiroteios na década de 1990 só fez aumentar a atenção do público para o crime juvenil. Entretanto, as evidências empíricas disponíveis sugerem que o crime juvenil, especificamente a violência juvenil, não está em crescimento. No entanto, temos um sistema juvenil que é mais primitivo por natureza, mas continua a focar no potencial para reabilitação. É no sistema juvenil moderno que a psicologia forense desempenha um papel mais proeminente. Mesmo hoje, as cortes juvenis são um sistema muito diferente das nossas cortes criminais. O processo nas cortes juvenis consiste de repetidas tentativas de identificar as necessidades do jovem e buscar soluções fora do encarceramento e detenção.

O termo "delinquência juvenil" é com frequência usado para descrever os atos antissociais cometidos pelos jovens que normalmente seriam considerados crimes se fossem cometidos por um adulto. No entanto, os jovens podem ser envolvidos com a corte juvenil por várias outras razões, como por ofensas de *status* ou como parte de uma investigação de abuso infantil ou negligência. Em contraste com o sentimento público, o crime juvenil e a violência juvenil parecem estar decrescendo em um ritmo constante, pelo menos desde a metade da década de 1990. Apesar desse decréscimo no crime, ainda permanecem questões problemáticas. Os jovens respondem por uma parte significativa do comportamento criminal, e mais jovens estão sendo enviados para as cortes criminais para receberem uma sentença. Os infratores juvenis também são cada vez mais jovens, há mais infratores do sexo feminino e eles provêm de minorias.

Um resultado positivo que pode estar relacionado ao aumento na preocupação com a delinquência juvenil é um conhecimento maior dos fatores de risco que conduzem à delinquência juvenil e à violência juvenil. Esses fatores de risco são divididos em categorias: fatores de risco individuais, familiares, com os companheiros, escolares e colaterais. Embora existam fatores que são peculiares à delinquência e à violência, também parece haver uma sobreposição significativa desses fatores que conduzem à delinquência e violência e que até mesmo levam os jovens a cometerem repetidos atos violentos e delinquentes ou a reincidirem. Além da identificação dos fatores de risco, há um conhecimento crescente dos fatores de proteção, ou fatores que provavelmente diminuirão os delitos juvenis. Os recursos dedicados à violência sexual cometida por jovens cresceram drasticamente nos últimos 25 anos, em parte devido à atenção dada ao crime juvenil, mas também devido à preocupação pública quanto à agressão sexual em geral.

Quando aumentou a preocupação pública e a atenção governamental, os psicólogos forenses assumiram um papel mais proeminente. Os psicólogos forenses continuam a participar nos seus papéis tradicionais, avaliando a receptividade ao tratamento e oferecendo tratamento psicológico. No entanto, eles também estão de forma crescente saindo desses papéis tradicionais e avaliando jovens para transferência para a corte criminal, realizando avaliações de capacidade e inimputabilidade e avaliações de risco. Além disso, os psicólogos forenses também estão realizando uma tarefa diretamente relacionada ao aumento da atenção que a mídia tem dado aos tiroteios em escolas. Cada vez mais eles estão sendo consultores em escolas, orientando quanto às formas de abordar a violência e prevenir os tiroteios em escolas. Uma abordagem comparativamente nova que foi tomada emprestada das tentativas do Serviço Secreto de prevenir ataques a representantes do governo é o uso de avaliações de ameaça. Em vez de traçar o perfil dos jovens com base em características amplas, que podem ou não ser compartilhadas pela maioria dos atiradores em escolas, eles examinam os jovens que fazem ameaças e avaliam a credibilidade dessas ameaças, considerando a presença ou ausência de comportamentos que sabidamente ocorrem com jovens que fazem essas ameaças.

Termos-chave

avaliação baseada nos pontos fortes

avaliação de ameaça

delinquência juvenil

desistentes

devido processo

ofensas de *status*

persistentes

Leitura complementar

Grisso, T., & Schwartz, R. G. (2000). *Youth on trial*. Chicago: University of Chicago Press.

Heilbrun, K., Goldstein, N. E. S., & Redding, R. E. (2005). *Juvenile delinquency: Prevention, assessment, and intervention*. New York: Oxford University Press.

Guarda dos filhos

Este capítulo continua a focar as questões das crianças e a família, mas em um contexto diferente dos dois capítulos anteriores, examinando a guarda legal e física dos filhos após o divórcio ou separação dos pais. A guarda dos filhos é um dos temas mais difíceis e complexos na psicologia forense (Otto, Buffington-Vollum e Edens, 2003) e pode ser um desafio pessoal e profissional para os psicólogos forenses devido à natureza de juízo de valor dessas avaliações. Em uma avaliação de guarda dos filhos, o psicólogo forense deve avaliar muitas pessoas (pais, filhos, outros cuidadores potenciais); ele precisa avaliá-los em relação a inúmeras habilidades e a partir de múltiplas estratégias. As tarefas profissionais se tornam ainda mais difíceis com o acréscimo da compreensão de que as situações de guarda dos filhos podem acionar preconceitos pessoais do profissional no tocante à criação dos filhos. Embora qualquer tarefa forense possa acionar esses preconceitos, muitos argumentam que as determinações de guarda dos filhos são diferentes de qualquer outra tarefa forense a esse respeito. A natureza de juízo de valor das avaliações de guarda dos filhos fica mais clara quando pensamos sobre as nossas próprias ideias quanto aos tipos de pessoas que são melhores pais ou a maneira pela qual achamos que os filhos devem ser criados. Você acha que dois pais é a melhor forma de criar uma criança? Um homem e uma mulher são os mais habilitados para criar uma criança? As crianças devem apanhar quando se comportam mal? Uma criança está em melhor situação com um genitor da sua própria etnia? É melhor para uma criança ir à igreja, sinagoga ou templo ou ser criada por um genitor que não é religioso? Esses tipos de perguntas com frequência abordam crenças e valores que todos têm, mas que podem ou não ser apoiados pela literatura psicológica. Por consequência, os psicólogos forenses que estão envolvidos em decisões de guarda de filhos devem ter consciência dos seus preconceitos pessoais e reconhecer onde esses preconceitos devem terminar e onde suas responsabilidades profissionais devem começar. Além do mais, os psicólogos forenses podem ser menos equipados e ter menos conhecimento nessa área do que em outras áreas da prática forense (Melton et al., 1997). Todas essas questões se combinam para tornar as situações de guarda dos filhos extremamente difíceis e fazem com que seja ainda mais importante que os psicólogos forenses se assegurem de estarem atuando dentro do âmbito da sua prática.

Também é importante perceber a frequência desses tipos de decisões diante das cortes atualmente. Tem sido discutido na mídia que aproximadamente metade dos casamentos termina em divórcio. Contudo, nem todos os casais têm filhos. Algumas pesquisas sugerem que em torno de 40% das crianças vão vivenciar o divórcio dos seus pais antes dos 18 anos (Bumpass, 1984). Ainda mais importante, nem todos os casais divorciados com filhos vão disputar legalmente a guarda do filho. Na verdade, a disputa da guarda legal dos filhos ocorre em uma minoria dos divórcios. Os melhores dados disponíveis parecem sugerir que apenas entre 10 e 30% dos casos envolvem conflito legal a respeito da guarda dos filhos (Bernet, 2002; Maccoby, Mnookin, Depner e Peters, 1992; MacIntosh e Prinz, 1993).

Além do mais, as cortes podem não aceitar o testemunho perito de psicólogos forenses nas decisões de guarda dos filhos da mesma maneira como aceitam em outros casos. Nos capítulos anteriores, houve uma tendência geral das decisões finais tomadas pelas cortes serem extremamente similares às conclusões dos psicólogos forenses consultores. No entanto, as cortes parecem mais cansadas das opiniões dadas pelos psicólogos forenses nas decisões de guarda dos filhos. É menos provável que as cortes adotem as conclusões dos psicólogos forenses nessa área do que em qualquer outra área da psicologia forense (Otto et al., 2003), sendo que eles geralmente consideram as avaliações psicológicas menos importantes (Felner, Rowlison, Farber, Primavera e Bishop, 1987). Horvath, Logan e Walker (2002) descobriram que as decisões finais das cortes eram idênticas às conclusões da avaliação da guarda dos filhos em 27,3% das vezes e similares em 63,6% dos casos. Esses números contrastam muito com os índices de concordância que vimos nos capítulos anteriores focados nas decisões de inimputabilidade e capacidade, os quais eram de 90%. Apesar do ceticismo potencial das cortes, também parece que os psicólogos forenses estão cada vez mais sendo contratados nesses casos (Emery, Otto e O'Donohue, 2005).

História legal e pressupostos sobre guarda dos filhos

É importante termos um entendimento claro do significado de guarda antes de examinarmos os pressupostos legais envolvidos. Tradicionalmente, a lei considerava as crianças um **bem**, ou propriedade pessoal, que devia ser dividido quando o contrato de casamento terminava ou ocorria um divórcio. A jurisprudência originalmente considerava os filhos apenas como qualquer outra forma de propriedade, mas essa prática mudou com o passar dos anos a ponto de agora existirem aspectos únicos para que seja concedida a guarda dos filhos, comparada com outras propriedades como um sofá ou um aquário.

Existem vários tipos específicos de acordos de guarda envolvendo os filhos (Hess, 2006). Existe a **guarda única**, onde um dos genitores recebe a guarda dos filhos. A **guarda parcial** ocorre quando cada um dos pais recebe a guarda única dos filhos em diferentes partes do ano. Por exemplo, a mãe pode receber a guarda única do filho durante o ano letivo, mas depois a criança mora com o pai durante o verão. Existe a **guarda dividida**, em que a guarda dos vários filhos é dividida entre os dois pais. Por exemplo, a mãe pode ter a guarda única da filha e o pai pode ter a guarda única do filho. Por fim, existe a **guarda compartilhada** em que os pais dividem a guarda de um filho ou filhos e ambos têm responsabilidade constante pelos cuidados a eles. Independentemente do tipo específico de guarda, um dos genitores também pode ter a guarda legal ou física de um filho. **Guarda física** significa que a criança vive com um determinado genitor e que esse genitor é primariamente responsável pelos cuidados diários daquela criança. **Guarda legal** se refere ao direito de tomar decisões legais a respeito de um filho. Assim, o pai pode ter a custódia física única de um filho, mas os pais têm uma guarda legal conjunta de modo que ambos ou um dos dois pode tomar decisões legais referentes aos seus cuidados, como, por exemplo, dar consentimento para a realização de um procedimento médico. Para simplificar, quando usarmos a palavra "guarda", estaremos tipicamente nos referindo à custódia física ou a onde a criança vive.

Padrões legais e preferências na guarda dos filhos

A relevância da jurisprudência terapêutica está bem evidente em alguns dos pressupostos que a lei definiu sobre quem é o melhor genitor. Conforme dito anteriormente, por muito tempo as crianças foram consideradas propriedade pessoal e estavam sujeitas à divisão, como qualquer outra propriedade pessoal durante um divórcio. Originalmente, a propriedade pessoal revertia para o marido e, portanto, os filhos ficavam com o pai (Wyer, Gaylord e Grover, 1987). No entanto, no final do século XIX a lei começou a adotar uma nova referência ao conceder a guarda dos filhos, chamada de **doutrina dos anos tenros**.

Segundo a doutrina dos anos tenros, a mãe era considerada o melhor genitor, especialmente de crianças que eram mais novas, ou de anos tenros. A mãe era considerada inerentemente melhor genitor do que o pai devido à sua natureza maternal, cuidadora e carinhosa. Embora as mães fossem consideradas tipicamente o genitor mais qualificado segundo a doutrina dos anos tenros, essa preferência legal podia ser superada caso a mãe demonstrasse ser inadequada de alguma forma e, portanto, não devesse receber a guarda dos filhos. Essa preferência foi adotada apesar de as evidências indicarem claramente que os pais podiam ser tão competentes em sua paternidade quanto as mães (Silverstein, 1996). A doutrina dos anos tenros foi o padrão legal principal na maioria das jurisdições até aproximadamente a década de 1970 (Hall, Pulver e Cooley, 1996). Nessa época, o padrão legal se alterou para **o melhor interesse da criança**.

A adoção desse padrão marcou uma mudança importante nas intenções terapêuticas das cortes. O padrão do melhor interesse da criança (BICS) sugere que o direito dos pais não é a importância primária na concessão da guarda dos filhos, mas que essa concessão deveria estar baseada no desenvolvimento e maturação da criança. Entretanto, o melhor interesse da criança está aberto a muitas interpretações e é geralmente criticado por ser muito vago (Krauss e Sales, 2000). A Lei Uniforme do Casamento e Divórcio (1979) foi adotada por diversas jurisdições e considera muitos fatores, mas sem lhes atribuir um peso específico. Esses fatores incluem: (1) a saúde física e mental de todos os indivíduos envolvidos nos cuidados das crianças; (2) a adaptação da criança à sua casa, escola e comunidade; (3) as condições dos pais de proverem as necessidades básicas; (4) a interação da criança com os pais, irmãos e outros indivíduos; (5) o desejo dos pais e da criança e (6) algum outro fator relevante. Os Critérios de Michigan do Melhor Interesse da Criança (1970) também foram usados com frequência como uma lista modelo de critérios (ver Tabela 12.1).

As pesquisas também pediram aos especialistas em guarda infantil para classificarem a importância desses critérios na decisão dos acordos de guarda com base no padrão BICS. Os resultados revelam que os vínculos emocionais entre os pais e a criança, disposição e capacidade dos pais de incentivarem um relacionamento próximo pai-filho com o outro genitor e a ausência de violência doméstica eram os mais importantes para os psicólogos forenses na realização dessas avaliações (Bow e Quinnel, 2001). Os registros sobre a adequação moral, lar, escola e comunidade da criança e a continuidade da unidade familiar foram os menos importantes (Bow e Quinnell, 2001). Embora o BICS possa não oferecer uma orientação definitiva quanto aos fatores específicos que devem ser considerados e o peso que deve ser atribuído a eles, o padrão focaliza a atenção nas necessidades da criança em vez de na disputa entre as partes.

Outras preferências legais

Embora raramente tenham resultado no desenvolvimento de padrões legais precisos, as cortes também demonstraram

Tabela 12.1 Critérios de Michigan do melhor interesse da criança

1. O amor, afeição e outros vínculos emocionais existentes entre as partes envolvidas e a criança.
2. A capacidade e disposição das partes envolvidas para dar à criança amor, afeição e orientação e continuar a educação e criação da criança no seu credo ou religião, se houver.
3. A capacidade e disposição das partes envolvidas de dar à criança alimento, vestuário, cuidados médicos ou outros cuidados medicamentosos reconhecidos e permitidos segundo as leis desse estado em lugar dos cuidados médicos e outras necessidades materiais.
4. A duração de tempo em que a criança viveu em um ambiente estável e satisfatório e a indicação de manter a continuidade.
5. A continuidade, como unidade familiar, dos lares custodiais ou lares propostos ou existentes.
6. A adequação moral das partes envolvidas.
7. A saúde física e mental das partes envolvidas.
8. Os registros sobre o lar, escola e comunidade da criança.
9. A preferência racional da criança, se a corte considerar que a criança tem idade suficiente para expressar preferências.
10. A disposição e capacidade de cada uma das partes de facilitar e incentivar uma relação de proximidade e continuada entre a criança e o outro genitor ou entre a criança e os pais.
11. Violência doméstica, independente de se a violência foi dirigida contra ou testemunhada pela criança.
12. Qualquer outro fator considerado pela corte como relevante para a disputa de guarda de uma criança em particular.

Fonte: Michigan Compiled Laws, 1970.

outras preferências na determinação da guarda. Tem havido uma clara preferência por conceder a guarda ao genitor biológico ou mesmo a parentes biológicos. Essa preferência biológica fica mais clara quando a corte tem que tomar decisões entre um genitor biológico com uma relação mínima ou inexistente com a criança e uma terceira parte com relacionamento interpessoal significativo com a criança, mas sem vínculo biológico. Essa conexão biológica ou laço sanguíneo tem sido tão importante aos olhos da lei que se estende até mesmo a parentes de quinto grau, desde avós até tataravós, de tios e tias até tios-avôs e tias-avós, e de primos em primeiro grau até primos em segundo grau (Robbins, 1995). As cortes demonstraram resistência em conceder a guarda a parentes que não fossem consanguíneos, mesmo quando existia um relacionamento anterior (*Bowie* vs. *Arder*, 1991; Langelier e Nurcombe, 1985), porque consideravam que um parente biológico é melhor qualificado para criar uma criança do que um parente não biológico. Essa preferência pode ainda estar baseada até certo ponto no tratamento histórico dos filhos como propriedade pessoal.

Além do pressuposto de que os parentes biológicos são mais qualificados para criar uma criança, outros pressupostos legais foram questionados quando a sociedade se desenvolveu. As cortes presumiam que, nos casos em que existisse um genitor *gay* ou lésbica, que o genitor heterossexual estaria mais qualificado para criar o filho, e que o genitor homossexual seria menos qualificado do que outro parente biológico (*Bottoms* vs. *Bottoms*, 1995). Contudo, tendências mais recentes sugerem que algumas cortes estão ignorando a orientação sexual do genitor em relação à guarda, pois parece que ela não condiz com a capacidade de parentalidade (p. ex., *Pulliam* vs. *Smith*, 1998). Embora a corte tenha afirmado especificamente em *Pulliam* que os genitores homossexuais recebem consideração igual à que é dada aos genitores heterossexuais, o filho, nesse caso, curiosamente foi retirado da casa do genitor homossexual porque ele não era casado com seu parceiro e havia fotos de *drag queens* na casa.

Outra questão a que as cortes se direcionaram às vezes é sobre conceder a guarda dos filhos quando os pais são de etnias diferentes ou, então, casam novamente com alguém de uma etnia diferente. Originalmente, uma criança era colocada com o genitor com quem ela mais se parecia fisicamente, devido ao pressuposto de que o genitor poderia se identificar melhor com questões que o filho enfrentasse. As cortes continuam a discutir esse tema sem que haja uma tendência consistente. Entretanto, a Suprema Corte dos Estados Unidos decretou que remover uma criança de uma mãe branca devido ao seu casamento como um homem afro-americano era discriminatório (*Palmore* vs. *Sidoti*, 1984). O curioso é que a literatura psicológica não apoia esses supostos e tendências legais, e qualquer psicólogo forense que apoiou essas realidades legais com o seu testemunho o fez sem uma evidência empírica clara.

Leis de guarda de filhos e diretrizes profissionais

Conforme dito anteriormente, o padrão legal dominante hoje para a concessão da guarda de uma criança é o padrão do melhor interesse da criança. Hall e colaboradores (1996) realizaram uma revisão de todos os estatutos relacionados à determinação de guarda e concluíram que existia pouco consenso em relação aos fatores a serem considerados. Eles observaram que os critérios mais comumente listados incluem o desejo da criança (24 de 50 estados), interação observada e relacionamento da criança, pais e outras partes (17 de 50) e história de abuso infantil (16 de 50). A partir de 2004, todos os estados adotaram alguma forma de Lei Uniforme de Jurisdição de Guarda Infantil, similar à Lei Uniforme de Divórcio e Casamento, que incluía vários fatores a serem considerados ao se determinar o melhor interesse da criança, como a idade e sexo da criança, o desejo da criança, a inter-relação da criança, pais, irmãos e outras pessoas significativas, a adaptação da criança ao lar, escola e comunidade e a saúde mental e física de todas as partes (Hess, 2006). Os psicólogos forenses devem ter conhecimento das leis precisas em vigor na sua determinada jurisdição, independentemente das semelhanças e inconsistências entre as diferentes jurisdições.

O BICS foi criticado por diversas razões. Em primeiro lugar, os críticos argumentaram que não existe uma definição precisa do melhor interesse de uma criança e, portanto, as decisões são frequentemente baseadas em preconceitos pessoais, não na literatura científica ou mesmo nas noções da sociedade (Schneider, 1991). Também foi discutido que os juízes não são treinados para fazer essas determinações porque estão baseados em inúmeros fatores legais inexatos (Krauss e Sales, 2000). Por consequência, os críticos sustentaram que os juízes na realidade usam um padrão falho para tomar decisões de guarda, o padrão alternativo menos prejudicial (Schultz, Dixon, Lindberger e Ruther, 1989). Os especialistas argumentam que os juízes usam um padrão negativo pelo qual o genitor que provavelmente causará menos prejuízos ao filho receberá a guarda e que a formalização desse padrão poderia configurar-se mais útil (Krauss e Sales, 2000). Esse padrão pode ser melhor porque representa mais acuradamente a prática atual dos juízes e as expectativas da sociedade, porque pode ser mais realista considerando-se algumas das consequências negativas das relações pós-divórcio, a pesquisa psicológica é melhor ao fornecer evidências de fatores prejudiciais e as avaliações forenses baseadas nesse padrão provavelmente representam melhor o legítimo âmbito de prática dos profissionais de saúde mental (Krauss e Sales, 2000). Embora pretendamos revisitar mais tarde algumas dessas questões, é importante começar pensando sobre as dificuldades ou consequências terapêuticas do padrão BICS atual quando a discussão se volta para a prática de realizar avaliações de guarda dos filhos.

Diretrizes profissionais para avaliações de guarda dos filhos

Além dos padrões legais que governam as preferências parentais, existe uma variedade de diretrizes profissionais que agem como um guia para os psicólogos forenses que realizam avaliações de guarda. Essas orientações práticas não apresentam autoridade que têm os padrões legais e o seu propósito é diferente. Os padrões legais especificam os requisitos das cortes ou bases para as decisões legais. As diretrizes profissionais são um conjunto de orientações profissionais e éticas destinadas a incentivar os psicólogos forenses a desempenharem seu papel nos mais altos padrões da prática profissional. Elas não substituem os padrões legais, mas auxiliam os psicólogos forenses a atenderem às necessidades das cortes.

A Associação Americana de Psicologia (APA) publicou pela primeira vez um conjunto de diretrizes para a realização de avaliações de guarda dos filhos em 1994. As Diretrizes da APA consistem de recomendações que têm seu foco no formato e processo de avaliação em vez de no conteúdo específico (APA, 1994). Vamos nos deter em alguns deles com mais detalhes (ver Tabela 12.2, para uma lista completa). A primeira Diretriz de Orientação determina que a avaliação deve focar o melhor interesse psicológico da criança. Essa diretriz é importante porque encoraja o reconhecimento do padrão legal e incentiva os psicólogos forenses a se manterem dentro do seu âmbito de prática ao focalizarem o interesse *psicológico* da criança. A quarta e a sexta diretriz reconhecem a natureza de juízo de valor dessas avaliações e encoraja os especialistas forenses a serem objetivos e imparciais na sua avaliação e a terem consciência dos seus preconceitos potenciais. A sétima diretriz identifica uma questão que pode ser especialmente problemática nas avaliações de guarda dos filhos e encoraja a evitação de relações múltiplas. As relações múltiplas têm maior probabilidade de ocorrerem

Tabela 12.2 Diretrizes da APA para avaliações de guarda dos filhos

I. Diretrizes orientadoras: objetivo de uma avaliação de guarda dos filhos
  1. O objetivo principal é avaliar os melhores interesses psicológicos da criança.
  2. Os interesses e o bem-estar da criança são primordiais.
  3. O foco da avaliação está na capacidade de paternagem, necessidades psicológicas e do desenvolvimento da criança e a adequação resultante.

II. Diretrizes gerais: preparação para a avaliação de guarda dos filhos
  4. O papel do psicólogo é o de um profissional perito que se esforça para manter uma postura objetiva e imparcial.
  5. O psicólogo adquire competência especializada.
  6. O psicólogo conhece os preconceitos pessoais e da sociedade e se engaja em uma prática não discriminatória.
  7. O psicólogo evita relações múltiplas.

III. Diretrizes de procedimento: realizando uma avaliação de guarda dos filhos
  8. O âmbito da avaliação é determinado pelo avaliador.
  9. O psicólogo obtém consentimento esclarecido dos participantes adultos e, quando necessário, informa as crianças participantes.
  10. O psicólogo informa os participantes sobre os limites da confidencialidade e a divulgação de informações.
  11. O psicólogo utiliza múltiplos métodos de coleta de dados.
  12. O psicólogo não interpreta excessivamente nem interpreta inapropriadamente os dados clínicos ou da avaliação.
  13. O psicólogo não dá opinião referente ao funcionamento psicológico de um indivíduo que não tenha sido avaliado pessoalmente.
  14. As recomendações, se houver, estão baseadas nos melhores interesses psicológicos da criança.
  15. O psicólogo esclarece as combinações financeiras.
  16. O psicólogo mantém registros por escrito.

nas avaliações de guarda de crianças porque não é incomum que os casais procurem um aconselhamento conjugal antes de um divórcio ou que as crianças envolvidas em uma família disfuncional vejam um terapeuta. Os psicólogos forenses que atenderam um casal, família ou criança podem precisar se eximir de realizar uma avaliação de guarda da criança durante os procedimentos do divórcio devido ao conflito potencial que isso poderia causar, especialmente para uma relação terapêutica em andamento. Embora o psicólogo forense não possa testemunhar como testemunha perita, ele pode testemunhar como uma **testemunha de fato**.

Também há outras diretrizes profissionais que oferecem conselhos mais substanciais para a condução de avaliações de guarda dos filhos e ainda oferecem áreas específicas para as quais se direcionarem. A Associação das Cortes de Família e Conciliação (AFCC) e a Academia Americana de Psiquiatria Infantil e da Adolescência (AACAP) elaboraram diretrizes formais para a realização de avaliações de guarda dos filhos. As diretrizes da AFCC encorajam os profissionais a examinarem áreas como a qualidade da relação pai-filho, a qualidade das relações parentais e a avaliarem a violência doméstica. As diretrizes da AACAP (1997) também identificam algumas práticas específicas em que os avaliadores de guarda dos filhos devem e não devem se engajar rotineiramente. No entanto, essas diretrizes foram criticadas por serem arbitrárias, amplas e sem embasamento da literatura empírica (Otto et al., 2003). Porém, todos esses princípios profissionais oferecem orientação adicional para os psicólogos forenses realizarem avaliações de guarda dos filhos.

Prática forense nas avaliações de guarda dos filhos

Conforme afirmado anteriormente, as avaliações de guarda dos filhos são extremamente complexas e provavelmente são as avaliações forenses mais difíceis de realizar devido ao conhecimento exigido e à sua natureza de juízo de valor. Por consequência, é ainda mais importante discutir as diferentes técnicas usadas nessas avaliações, revisar a literatura referente a algumas das melhores práticas e identificar algumas das dificuldades específicas na condução desses tipos de avaliações.

Formato e métodos utilizados em avaliações de guarda dos filhos

Bernet (2002) identifica seis passos importantes comuns a muitas avaliações de guarda dos filhos. Normalmente, é melhor se ambas as partes concordarem em usar um único avaliador, que é indicado pela corte para reduzir que ocorra alguma parcialidade. Na verdade, 100% dos peritos em guarda de crianças preferem ser contratados por ambos os pais (Ackerman e Ackerman, 1997). O processo normalmente começa com uma reunião inicial com os dois genitores envolvidos no divórcio. Essa reunião é realizada para informar sobre o processo, identificar as expectativas do avaliador, obter informações claras sobre os aspectos administrativos da avaliação, como a história conjugal, detalhes do namoro e os nomes e informações das partes envolvidas, obter ordens da corte, se necessário, para realizar a avaliação, e fazer as combinações financeiras. A transmissão dessas informações aos pais permite que o avaliador esclareça os limites da confidencialidade e obtenha o consentimento esclarecido para todas as questões futuras relacionadas com a avaliação, como por exemplo obter informações colaterais e uma eventual testagem psicológica que venha a ser feita. Depois do encontro inicial, o avaliador geralmente se encontra com os pais individualmente. Essas sessões individuais permitem que o avaliador obtenha informações de ambos os pais sem mais ninguém presente. Tipicamente, as sessões focam a obtenção de uma boa história social de cada genitor, informações referentes ao desenvolvimento do casamento, seu relacionamento com o filho ou filhos e suas ideias quanto à relação de guarda adequada (Otto et al., 2003).

As sessões entre o avaliador e o filho ou filhos também são um passo importante no processo de avaliação. É importante perguntar à criança sobre seu relacionamento com cada um dos pais, tentar avaliar a adaptação emocional e comportamental e avaliar a maneira pela qual a adaptação da criança afetou relações ou atividades externas (Otto et al., 2003). Contudo, a natureza dessas sessões depende da idade e capacidade dos filhos. Com crianças menores, pode ser necessário ter um dos pais presente inicialmente. Também pode ser importante realizar mais de uma sessão para envolver ambos os pais no processo. Devido à natureza frequente de controvérsia nos procedimentos de divórcio, é importante avaliar se a criança foi encorajada ou treinada por um dos pais ou ambos. Existe alguma discordância sobre até que ponto as preferências do filho devem ser investigadas e o peso que essas preferências devem receber. A média de idade em que os especialistas em guarda dos filhos acreditam que deve ser considerado o desejo do filho para a escolha do genitor é 15,1 anos (Ackerman e Ackerman, 1997). Independentemente do peso que é dado às preferências do filho, é importante que se identifiquem as razões para essa opinião. Uma coisa é a criança expressar preferência por um dos pais; outra coisa é que essa preferência esteja baseada na disposição do genitor de permitir que uma criança de 7 anos fique fora a noite toda e não na sua disposição de prover suas necessidades emocionais básicas. Além de entrevistar a criança, pode ser importante observá-la. A observação pode ser feita na escola, em outros contextos individuais, em um ambiente natural como um *playground* em que ela interage com seus pais, ou em um ambiente controlado como o escritório do avaliador.

Dois outros passos que comumente fazem parte dessas avaliações são a coleta de informações colaterais e a testagem psicológica. É importante entrevistar ou obter registros de outras pessoas além dos pais e da criança. Um avaliador pode precisar entrevistar pessoas como babás, avós, outros irmãos não envolvidos na disputa da guarda ou outras pessoas significativas de cada um dos pais, especialmente alguém que por ventura more na mesma casa que a criança. Os psicólogos forenses precisam obter informações colaterais dos pediatras, professores e terapeutas anteriores. É claro que o avaliador precisa obter a permissão dos pais antes de solicitar informações externas. A testagem psicológica também é parte frequente das avaliações de guarda. O tipo de testes utilizados nessas situações varia, e os pais ou filhos são foco de testes de personalidade, cognitivos e forenses específicos para avaliações de guarda dos filhos. Os tipos específicos de testes frequentemente usados serão discutidos na próxima seção.

Por fim, pode ser agendada uma reunião com os advogados e os pais para discutir os resultados da avaliação. Essas reuniões podem acontecer de várias maneiras e podem incluir todas as partes envolvidas ou reuniões separadas, de modo que os advogados se encontrem, seguidas de reuniões individuais com cada um dos pais. Essas reuniões também podem ser polêmicas e úteis. Elas proporcionam ao avaliador uma oportunidade de explicar os achados pessoalmente e responder a perguntas que os advogados ou os pais possam ter a respeito dos resultados. Essas reuniões também podem ser muito mobilizadoras para os pais devido aos interesses em jogo, e o avaliador deve estar preparado para o conflito. Obviamente, a natureza da relação conjugal deve ser levada em consideração antes de se marcar uma reunião entre as partes, além do formato que terá essa reunião. Por exemplo, uma história de violência doméstica entre os pais poderá ditar a maneira pela qual será dado o *feedback* para os advogados e os pais.

Levantamentos da prática clínica e testagem psicológica

Os procedimentos clínicos específicos podem ser ainda mais importantes na condução de avaliações de guarda dos filhos do que o formato geral utilizado quando se considera questões de âmbito da prática. Como em outras áreas forenses, não existe a melhor prática padrão universalmente aceita para a realização de avaliações de guarda dos filhos. Entretanto, levantamentos feitos com profissionais que realizam essas avaliações proporcionam uma visão das práticas clínicas usadas mais frequentemente. Keilin e Bloom (1986) fizeram um dos primeiros levantamentos com profissionais experientes na realização de avaliações de guarda dos filhos e descobriram alguns resultados interessantes. Eles apontaram que 100% dos respondentes entrevistavam a mãe e o pai e que quase 99% deles realizavam uma entrevista clínica apenas com a criança presente. Poucos especialistas realizavam observações de interações familiares diferentes. Apenas aproximadamente 68% observavam interações mãe-filho e pai-filho, com 50% realizando observações formais da mãe e do pai interagindo um com o outro. Os respondentes também relataram que faziam visitas à escola (31,7%) e visitas domiciliares (30%) na preparação para os seus relatórios formais. Em torno de 75% deles utilizavam testes psicológicos com o genitor e o filho. Além do mais, os especialistas em guarda dos filhos classificaram os diferentes procedimentos na seguinte ordem de importância:

- entrevista clínica com os pais;
- entrevista clínica com a criança;
- observação pais-filho;
- testagem psicológica dos pais;
- história da criança por meio de uma entrevista com um dos pais;
- testagem psicológica da criança, documentos e avaliações anteriores;
- contato com a escola e o médico;
- contato com parentes e outras pessoas significativas; e
- uma visita domiciliar (Bow e Quinnel, 2001).

Embora o uso de testes psicológicos seja frequente nas avaliações de guarda dos filhos e possa até mesmo estar crescendo

(Ackerman e Ackerman, 1997), há muita discussão em torno da relevância da testagem psicológica nesse contexto (Otto, Edens e Barcus, 2000). Os psicólogos forenses são treinados para administrar, pontuar e interpretar os testes psicológicos, portanto parece muito razoável que eles desempenhem essas mesmas tarefas da rotina clínica em uma avaliação de guarda infantil. Entretanto, o grau em que a inteligência de uma criança ou genitor ou a mera presença ou ausência de alguma psicopatologia influencia uma determinação de guarda deve ser questionado. Além disso, os psicólogos forenses podem administrar esses testes sem muito planejamento na sua aplicação às questões perante a corte porque eles estão fazendo o que sabem e foram treinados para fazer: administrar e interpretar testes psicológicos. A ambiguidade presente na maioria dos padrões legais para guarda dos filhos apenas se soma à probabilidade de que os psicólogos forenses retrocedam no seu treinamento clínico geral. Ainda pode ser argumentado que o desejo de testar é encorajado pelas considerações financeiras e os ganhos gerados pelo tempo necessário para administrar, pontuar e interpretar os testes psicológicos (Brodzinsky, 1993). No entanto, as opiniões variam consideravelmente quanto à adequação de algum ou mesmo de todos os testes psicológicos em decisões de guarda dos filhos (Weithorn e Grisso, 1987), enquanto outros encorajam o uso disseminado de testagem psicológica em avaliações de guarda (Gould, 1999).

Como um resultado parcial do debate no campo do uso e mau uso da testagem psicológica, ocorreram vários levantamentos sobre os padrões da prática em decisões de guarda dos filhos. Em sua primeira pesquisa, Keilin e Bloom (1986) verificaram que os testes de adultos usados com maior frequência eram o MMPI (70,7%), o Teste de Rorschach (41,5%), o Teste de Apercepção Temática (37,8%) e a Escala Wechsler de Inteligência para Adultos (29,3%). Os testes psicológicos para crianças eram um tanto similares, sendo que os mais utilizados eram os testes de inteligência (45,1%), o Teste de Apercepção Temática ou Teste de Apercepção Infantil (39%), vários testes projetivos de desenho (32,9%) e o Rorschach (29,2%). Ackerman e Ackerman (1997) replicaram o estudo de Keilin e Bloom (1986) com resultados similares. O MMPI-II (92%), Rorschach (48%) e Escala Wechsler de Inteligência para Adultos-Revisada (43%) continuavam sendo os testes mais populares, com o Inventário Clínico de Millon (II ou III) substituindo (34%) o Teste de Apercepção Temática entre os quatro principais para adultos (29%). Mais uma vez, houve algumas consistências e algumas mudanças referentes ao número de respondentes que usavam testes psicológicos nas crianças em avaliações de guarda. Os testes mais utilizados pelos respondentes eram os testes de inteligência (58%), o Teste de Apercepção Temática ou Teste de Apercepção Infantil (37%), as Escalas Perceptuais de Bricklin (35%) e Conclusão de Frases (29%).

Está claro, a partir dos resultados dos diferentes estudos enfocando o uso de testes em acordos de guarda dos filhos, que boa parte do foco se concentrou nos instrumentos clínicos gerais, como os que avaliam psicopatologia e inteligência. No entanto, foram desenvolvidos instrumentos forenses relevantes relativos às decisões de guarda infantil que se voltaram mais diretamente para os critérios comumente identificados pela lei como relevantes para a determinação da guarda. Alguns dos primeiros testes forenses relevantes foram desenvolvidos por Barry Bricklin: Percepção do Relacionamento (PORT; Bricklin, 1989), Escalas Perceptuais de Bricklin (BPS; Bricklin, 1990a), Percepção Paterna do Filho (PPCP; Bricklin e Elliot, 1991) e o Parent Awareness Skills Survey (BPSS; Bricklin, 1990b). Esses instrumentos são medidas projetivas e objetivas que avaliam a relação pai-filho e as habilidades de paternagem a partir da perspectiva do genitor e às vezes do filho. As primeiras revisões de muitos desses instrumentos apontavam que eles eram promissores (Brodzinsky, 1993), mas a falta de apoio empírico para eles nos anos seguintes, além de outros problemas, produziram críticas consistentes (Heinze e Grisso, 1996; Melton et al., 1997; Otto et al., 2000). As Escalas Ackerman-Schoendorf de Avaliação dos Pais para Custódia (ASPECT; Ackeran e Schoendorf, 1992) são o instrumento forense relevante usado com maior frequência em avaliações de guarda dos filhos (Ackerman e Ackerman, 1997), mas também sofrem limitações (Heinze e Grisso, 1996; Otto et al., 2000). Outros instrumentos como o Índice de Estresse Parental (PSI; Abidin, 1990) e o Inventário de Abuso Potencial Infantil (CAP; Milner, 1986) também têm apoio empírico acumulado e podem ser úteis nas avaliações de guarda dos filhos.

Entretanto, alguns levantamentos com peritos em guarda dos filhos vão mais além questionando a porcentagem de profissionais que administram um determinado teste. Alguns argumentaram que as avaliações de guarda dos filhos consomem muito tempo (Bradley, 2003). Embora as pesquisas iniciais indicassem que os psicólogos gastam uma média de aproximadamente 7,6 horas em cada avaliação de guarda (Keilin e Bloom, 1986), parece que o tempo aumentou significativamente para mais de 26 horas por avaliação (Ackerman e Ackerman, 1997). Ackerman e Ackerman (1997) também perguntaram a peritos em guarda sobre os critérios que são importantes para tomarem suas decisões finais. Os 10 critérios principais foram:

1. um dos pais é um alcoolista ativo;
2. tentativas frequentes de afastar o filho do outro genitor;
3. exibição de melhor paternagem, vínculo emocional mais próximo entre criança e genitor;
4. maior estabilidade psicológica;
5. cooperação com as ordens da corte;
6. ameaças de se mudar com o filho para outro estado;
7. maior tolerância quanto à visitação do outro genitor;
8. participação ativa na educação do filho;
9. exibição de raiva significativa; e
10. amargura quanto ao divórcio (Ackerman e Ackeran, 1997).

De um modo geral, parece que as avaliações de guarda dos filhos estão se tornando mais abrangentes do que no passado (Bow e Quinnell, 2001). Os avaliadores são experientes, tendo uma média de 22 anos de experiência, 15 anos na prática forense e 13 anos de avaliações de guarda dos filhos (Bow e Quinnell, 2001). Além do mais, a maioria esmagadora de avaliadores de guarda dos filhos tem experiência com crianças, adolescentes e adultos (Bow e Quinnel, 2001). Os psicólogos forenses parecem estar aderindo a muitas das recomendações profissionais. Por exemplo, 99% dos peritos relatam que informam os participantes dos limites de confidencialidade, com 88% explicando por escrito. Tomados como um todo, esses resultados sugerem que os avaliadores de guarda dos filhos são muito qualificados e diligentes em seus esforços.

Apesar das indicações de uma competência geral na área, ainda resta espaço para melhoras significativas. Horvath e colaboradores (2002) tiveram uma abordagem diferente de muitas das primeiras pesquisas que investigavam as avaliações de guarda dos filhos quanto às abordagens típicas que eram usadas para conduzi-las. Em vez disso, Horvath e colaboradores (2002) examinaram as próprias avaliações. Eles encontraram que, de acordo com os padrões da APA, a maioria dos psicólogos usava múltiplos métodos para reunir informações (84,3% em pelo menos dois, 58,8% em pelo menos três e 33,3% em pelo menos quatro). A maioria das avaliações investigava as necessidades psicológicas e de desenvolvimento da criança (80,4%). De um modo geral, os resultados apontaram que, na prática, existe uma variação considerável na frequência com que é dada atenção aos fatores críticos nessas avaliações e, portanto, alguma discordância com pesquisas anteriores que perguntavam aos peritos em guarda dos filhos sobre a sua prática rotineira. Horvath e colaboradores sugerem que essas diferenças representam as diferenças entre a prática real e os melhores padrões de prática que os peritos provavelmente admitem ou encorajam. Além disso, em contraste com pesquisas anteriores e opiniões abalizadas, Horvath e colaboradores sugeriram que os advogados e juízes estão dando importância às recomendações das avaliações. No total, os resultados sugerem que ainda existe espaço para melhorias na prática da rotina de realização de avaliações de guarda dos filhos e que deve haver avaliação e incentivo continuados, além de formação quanto aos melhores padrões de prática. Entretanto, de um modo geral parece que os psicólogos forenses estão fazendo um trabalho digno de crédito e cada vez melhor nessas difíceis circunstâncias.

Dificuldades nas avaliações de guarda dos filhos

Já deve ter ficado claro a partir da nossa discussão anterior que a avaliação de guarda dos filhos é das mais difíceis, senão a mais difícil, realizadas pelos psicólogos forenses por muitas razões. É uma das poucas avaliações em que o psicólogo forense deve avaliar muitas pessoas que são centrais para a questão legal. Esse processo não envolve simplesmente reunir informações colaterais de múltiplas fontes e entrevistar muitas pessoas. Ele deve ser parte integrante de todas ou da maioria das avaliações forenses. Nas avaliações de guarda dos filhos, o examinador está na verdade avaliando muitas pessoas, incluindo várias crianças junto com os seus pais e os parceiros dos seus pais (Otto et al., 2003).

A extensão e profundidade do conhecimento necessário para conduzir avaliações de guarda dos filhos é significativa. Aquele que realiza essas avaliações deve ser um especialista não só em saúde mental adulta, mas também em psicopatologia da infância, desenvolvimento da infância normal e práticas de paternagem. Um avaliador deve ter habilidades em uma variedade de métodos de avaliação e ser capaz de sintetizar essas informações de muitas pessoas de uma maneira clara e focada. Além do mais, os avaliadores forenses com frequência carecem de informações empíricas em diferentes áreas que envolvem as avaliações de guarda dos filhos (p. ex., os melhores acordos de guarda para os filhos), o que dificulta ainda mais e levanta a questão das limitações do âmbito de prática (Melton et al., 1997).

Há não somente uma carência de informações empíricas referentes a muitas das áreas envolvidas em avaliação de guarda dos filhos, como também os testes psicológicos padrão são frequentemente inadequados e os instrumentos forenses relevantes não são muito melhores para abordar a questão legal. Por exemplo, não está claro até que ponto a psicopatologia e inteligência são construtos importantes na determinação da guarda dos filhos e a sua relação com as capacidades de parentalidade. Na verdade, parece haver uma redução na prevalência dos testes de inteligência nessas situações. Embora haja inúmeros instrumentos forenses relevantes para avaliações de guarda dos filhos, eles têm sido rotineiramente criticados como inapropriados, mal concebidos ou carecendo muito de apoio empírico. No entanto, este livro destacou críticas similares a outras áreas da prática forense (p. ex., inimputabilidade), portanto não fica claro se esses instrumentos são inferiores aos esforços em outras áreas da prática forense.

Outra dificuldade na condução de avaliações de guarda dos filhos é a sua natureza de juízo de valor. A natureza das disputas de guarda leva a uma avaliação das práticas de paternidade e a uma sugestão, sutil ou aberta, quanto às melhores práticas de paternidade. O avaliador e a corte estão em posição de censurar um pai por bater em seus filhos, por deixar que fiquem acordados até muito tarde, por permitir que assistam televisão em excesso ou muitas outras questões sérias com as quais os pais se defrontam rotineiramente durante a criação dos filhos. Um psicólogo forense pode ter uma tendência a recorrer aos seus valores pessoais e preconceitos ao determinar uma opinião forense. O psicólogo forense deve estar consciente de certas questões polêmicas como violência doméstica e infidelidade. Esses assuntos podem ou não estar relacionados à opinião forense, mas certamente devem receber apenas um peso apropriado e não influenciarem excessivamente o avaliador. Entretanto, permanece a questão se as avaliações de guarda são tão únicas nesse aspecto.

As avaliações de guarda dos filhos tendem a ser extremamente conflituosas para o psicólogo e também para as outras partes envolvidas. Há duas partes que estão obviamente lutando pelo seu filho ou filhos e os divórcios são frequentemente situações muito mobilizadoras. Além disso, o psicólogo forense pode ser a pessoa a quem uma das partes ou ambas as partes culpam por um acordo de guarda desfavorável. Como consequência, os psicólogos forenses que realizam avaliações de guarda são alvos frequentes de queixas éticas e ações judiciais por imperícia (Benjamin e Gollan, 2003). Qualquer psicólogo que pense em trabalhar nessa área deve estar consciente de que provavelmente será confrontado com essas situações.

A dificuldade final, que é uma combinação de muitas das dificuldades já discutidas, é o potencial de que as avaliações de guarda ultrapassem o âmbito de prática dos psicólogos forenses. Conforme discutido anteriormente, os padrões legais para avaliações de guarda dos filhos são criticados como problemáticos porque muitas vezes são ambíguos ou ultrapassam o âmbito da psicologia. Os psicólogos não são treinados para determinar a capacidade dos pais de atenderem às necessidades físicas dos filhos, e muitos questionam o papel que os conceitos psicológicos que os psicólogos podem avaliar (psicopatologia e inteligência) devem desempenhar nessas avaliações. Em consequência, os próprios psicólogos questionaram se a psicologia forense tem algo único para oferecer às cortes nessas situações (Otto et al., 2003). Alguns ainda argumentam que essas situações estão além do conhecimento da psicologia devido às limitações da pesquisa e de indagações legais que estão sendo feitas.

Devido à dificuldade inerente ao processo de avaliação de guarda e à limitação das pesquisas relevantes, Emery e colaboradores (2005) identificaram três reformas. Primeiro, eles encorajaram os pais a chegar a acordos referentes à guarda do filho por outros meios que não a disputa direta. Mediação, negociação, terapia e outros meios são encorajados antes de qualquer abordagem adversarial. A mediação será descrita mais integralmente no final deste capítulo. Segundo, eles acreditam que o poder legislativo deve aprimorar os padrões atuais para determinação da guarda dos filhos, fornecendo critérios mais definitivos que estreitariam ainda mais o âmbito de prática. A recomendação final de Emery e colaboradores (2005) é limitar o testemunho de peritos na área. A limitação do testemunho de peritos pode ocorrer com os psicólogos forenses fazendo um esforço maior para apenas oferecer conclusões que estão baseadas empiricamente e evitando ir além da literatura científica disponível, expandindo as diretrizes profissionais e utilizando as leis existentes que governam a admissibilidade do testemunho de peritos. Eles vão além, argumentando a favor da proibição de testes forenses relevantes e discutem o uso cauteloso de testes psicológicos aplicados a essa área.

Contudo, com este capítulo você não deve ficar com a ideia de que as avaliações de guarda dos filhos não têm nenhum mérito. Embora as dificuldades envolvidas na condução de avaliações de guarda possam ser significativas, muitas críticas às avaliações de guarda dos filhos são similares às preocupações levantadas quanto a outras áreas da prática forense. Mesmo que você aceite as críticas integralmente, uma questão permanece. Quem auxiliaria a corte na decisão do melhor interesse da criança se não os profissionais da saúde mental? Um encanador? Contanto que as cortes estejam conscientes das limitações da prática forense nessa área, nas quais os psicólogos forenses devem estar trabalhando para conscientizá-las, as cortes podem atribuir o peso apropriado aos relatórios e testemunho do perito ao tomarem suas decisões legais finais.

Efeitos da guarda e do divórcio nos filhos

Além das questões práticas envolvidas nas disputas de guarda dos filhos, os psicólogos forenses que realizam essas avaliações também devem estar conscientes do impacto que o divórcio pode causar nos filhos e a influência dos diferentes acordos de guarda (ver Figura 12.1). Existem muitas informações errôneas referentes ao papel do divórcio e da guarda no desenvolvimento dos filhos. Essas informações incorretas podem ser o resulta-

Figura 12.1 O conflito conjugal que com frequência acompanha os divórcios e disputas de guarda pode ter um impacto significativo no desenvolvimento das crianças envolvidas. ©Getty Images/David De Lossy.

do de julgamentos baseados em valores e também das pesquisas iniciais que tinham aplicação limitada devido a falhas metodológicas. É importante que todos os psicólogos forenses tenham um entendimento integral dessas questões quando realizarem avaliações de guarda.

Efeitos do divórcio nos filhos

Seja por causa das limitações metodológicas das pesquisas iniciais ou pelo estigma social vinculado ao divórcio, as pesquisas iniciais que tinham seu foco no impacto desenvolvimental do divórcio nos filhos eram bem claras. As pesquisas sugeriam de forma consistente que os filhos de famílias divorciadas passavam por muitas dificuldades acadêmicas e emocionais que os filhos de famílias intactas não experienciavam (Kelly, 2000). Uma metanálise mais recente sugeriu que essas diferenças só aumentam com a idade (Amato, 2001). Wallerstein e Blakeslee (1989) realizaram um estudo longitudinal de 15 anos em 131 crianças e adolescentes cujos pais se divorciaram. Os resultados condenavam muito o impacto do divórcio no desenvolvimento posterior das crianças que eram produto dessas relações conjugais. Eles descobriram que quase metade das crianças eram ansiosas, malsucedidas e por vezes raivosas quando adultas e apenas um décimo delas ficavam aliviadas depois que ocorria o divórcio. Além do mais, eles descreveram um efeito de adormecimento nas meninas que era caracterizado por uma infância com adaptação aparentemente normal, mas que era seguida por uma idade adulta em que as filhas do divórcio tinham maior probabilidade de vivenciar níveis elevados de ansiedade e traição. Essas mulheres tinham mais probabilidade de serem promíscuas e de se envolverem em um padrão de relacionamentos insatisfatórios para se protegerem da rejeição emocional e abandono (Wallerstein e Blakeslee, 1989). Contudo, esse estudo é um bom exemplo das falhas em algumas das pesquisas iniciais sobre filhos de divorciados. Os participantes foram recrutados a partir de ofertas de aconselhamento que provavelmente desviaram a busca dos eventuais participantes do estudo para aqueles que tinham maior dificuldade de adaptação ao divórcio, sem consideração do grau de conflito entre os pais desses casais. Basear as conclusões sobre o impacto do divórcio em apenas esses tipos de participantes é similar à discussão dos elevados índices de prevalência de violência doméstica nas amostras clínicas (ver Capítulo 10).

Pesquisas adicionais sugeriram que há alguns fatores importantes a serem considerados na descrição do impacto geral do divórcio nos filhos. Ao que parece, o impacto negativo do divórcio se deve ao nível do conflito e às relações pobres entre as partes envolvidas, não ao divórcio em si. A frequência e intensidade do conflito, a natureza do conflito (p. ex., a presença de violência doméstica), a maneira pela qual o conflito é resolvido e as barreiras protetoras que existem para reduzir o impacto negativo potencial são importantes na determinação do impacto do divórcio nos filhos (Otto et al., 2003). De um modo geral, parece que os efeitos negativos do divórcio se devem ao conflito entre os pais e os pais e os filhos. Um estudo de Cherlin e colaboradores (1991) encontrou três fatores que eram centrais para os efeitos negativos do divórcio. As crianças que cresceram em uma família com funcionamento pobre tinham maior probabilidade de apresentar dificuldades de adaptação. Quanto mais grave e prolongado era o conflito dentro do casamento, maiores as dificuldades de adaptação dos filhos. Por fim, quanto maior a perturbação emocional, a redução na capacidade de paternagem e a continuidade do conflito pós-divórcio, maiores as dificuldades de adaptação que os filhos provavelmente vão vivenciar (Cherlin et al.).

A literatura em geral sugere que os filhos de divórcio padecem de dificuldades emocionais, sociais e acadêmicas com maior frequência se comparados com outras crianças que não vivenciaram um divórcio, especialmente imediatamente após o divórcio. Essas diferenças parecem ser menores do que se acreditava originalmente e a maioria dos filhos do divórcio se desenvolve como adultos normais e saudáveis. Além do mais, o conflito conjugal é um preditor mais forte de adaptação do que o divórcio propriamente dito. As inconsistências na literatura parecem ser resultado da variedade de formas pelas quais a questão foi estudada.

Impacto dos acordos de guarda

A questão sobre qual seria o melhor acordo de guarda tem sido debatida há muito tempo pelo direito e a psicologia. Originalmente, a guarda única era favorecida por causa da estabilidade que proporcionava às crianças. A guarda única evita o conflito continuado que os casais divorciados podem estar vivenciando. Mais recentemente, a guarda compartilhada foi a forma *default* de guarda, mas continua o debate quanto ao melhor acordo para os filhos e também para os pais. O argumento é que as crianças envolvidas em situações de guarda compartilhada têm maior probabilidade de ter um melhor relacionamento com o genitor com quem normalmente não residem e os pais terão que cooperar mais um com o outro em benefício do filho. Por fim, as pesquisas que examinam o melhor acordo de guarda foram inconsistentes.

Algumas pesquisas sugerem que estudos mais amplos e melhor delineados encontraram poucas diferenças entre as crianças que eram produto de guarda única *versus* guarda compartilhada (Johnson, 1995). Uma metanálise realizada por Bauserman (2002) concluiu que as crianças em guarda compartilhada física ou legal eram mais bem adaptadas do que as crianças em guarda única, conforme indicado pela melhor adaptação geral, melhoria nas relações familiares, aumento na autoestima, melhor adaptação emocional e comportamental e melhor adaptação específica ao divórcio. Contudo, existem muitas variáveis, como renda familiar, educação e regularidade dos pagamentos para manutenção que podem causar confusão em algumas pesquisas. Gunnoe e Braver (2001) controlaram 20 dessas variáveis e encontraram que os acordos de guarda compartilhada levaram a mais visitação dos pais, satisfação materna reduzida com a guarda compartilhada, mais recasamento materno e menos dificuldades de adaptação em geral. No entanto, nem mesmo essa pesquisa resolveu a questão.

Embora a questão não esteja resolvida definitivamente, existe um bom argumento de que o acordo de guarda não deve ser um *default* automático para os acordos de guarda compartilhada nem para guarda única. O tipo de guarda deve estar baseado nas partes envolvidas, tanto em termos da relação parental quanto do efeito que essa relação provavelmente terá na criança. Maccoby e colaboradores (1992) sugeriram que a guarda compartilhada pode ser melhor para os filhos em que o conflito parental é baixo e que a guarda única pode levar a menos consequências negativas para os filhos de famílias em que houve um conflito significativo entre os pais. Ao que parece, crianças que provêm de famílias com conflito pós-divórcio significativo que vivenciam mais transições de guarda física exibem maiores dificuldades emocionais e comportamentais, especialmente entre as meninas, do que as crianças de acordos de guarda única, mas também provenientes de famílias com conflito pós-divórcio significativo (Johnson, 1995). Como ocorre com qualquer um dos efeitos negativos associados ao divórcio, parece que o conflito parental constante é pelo menos uma variável importante a considerar quando se determina o acordo de guarda.

Resultados positivos pós-divórcio

Além dos fatores relacionados aos problemas emocionais e comportamentais nas crianças após um divórcio e independentemente da relação de guarda, também existem fatores relacionados aos resultados positivos. Emery (1999) identificou quatro fatores relacionados à adaptação positiva nas crianças após um divórcio. Ele encontrou que uma boa relação com um genitor autoritário com quem o filho vivia, uma relação positiva com um genitor autoritário com quem o filho não vive, conflito parental mínimo que não envolve o filho e segurança financeira estavam todos relacionados à adaptação positiva dos filhos.

A **mediação** vem sendo cada vez mais escolhida como uma opção que pode auxiliar na redução do nível de conflito durante os procedimentos de divórcio. Mediação geralmente envolve um processo de negociação que é supervisionado por uma terceira parte. Pesquisas que examinam pais que optam por mediar as disputas de guarda dos filhos em vez de lutar legalmente pela guarda revelaram que os pais relatam estar mais envolvidos na vida dos filhos, têm mais contato com os filhos, maior influência em co-parentalidade por mais do que uma década após o divórcio e estão em geral mais satisfeitos com o acordo do que os pais que não buscaram mediação (Emery, Laumann-Billings, Waldron, Sbarra e Dillon, 2001). Ao que parece, a mediação pode realmente aumentar o envolvimento parental, ao mesmo tempo em que não aumenta o conflito associado ao maior contato entre os os pais.

Abuso infantil

Embora o abuso infantil certamente não seja uma parte inerente das disputas de guarda, ele é um tema importante em que os psicólogos forenses precisam ser versados quando realizam avaliações para a guarda dos filhos (Koch e Douglas, 2001). Os psicólogos devem estar atentos ao abuso em parte devido a alegações que podem surgir nas disputas de guarda, e é mais provável que os advogados busquem avaliações de guarda se houver uma alegação de abuso físico ou sexual (Waller e Daniel, 2005). Entretanto, não parece que as alegações de abuso ou o abuso real sejam comuns em disputas de guarda dos filhos. Em uma revisão de mais de 600 casos de guarda de filhos, apenas 3% continham uma alegação de abuso físico ou sexual (McIntosh e Prinz, 1993), mas também foi sugerido que o número de alegações aumentou, especialmente de abuso sexual (Gardner, 1994). Especificamente, os psicólogos forenses que rotineiramente realizam avaliações de guarda infantil curiosamente sugeriram que houve um aumento nos casos em que um dos cônjuges afirmou que o outro assiste pornografia *online* e, assim, está alegando um risco maior de abuso sexual do filho. Embora frequente, é muito importante que se obtenha uma avaliação acurada da alegação, se é verdadeira ou falsa, devido ao impacto de longo prazo na criança, se verdadeira, e ao impacto na relação entre a criança e o genitor acusado, se for falsa.

O abuso infantil em geral é um problema significativo. Há mais de um milhão de incidentes comprovados a cada ano e acredita-se que esse número é uma subestimação do verdadeiro índice de prevalência de aproximadamente um terço (U.S. Department of Health and Human Services, 1994; Warner e Hansen, 1994), embora existam indicações mais recentes de que tenha havido algum declínio nos índices reais de abuso (Jones, Finkelhor e Halter, 2006). Além disso, há inúmeras consequências imediatas e crônicas do abuso infantil, incluindo queda no desempenho acadêmico, déficits percepto-motores, abuso de substância, comportamento suicida e perturbações emocionais gerais ou psicológicas (Lutzker, 2000). O abuso infantil se torna ainda mais perigoso quando é considerada a transmissão intergeracional da violência (discutida no Capítulo 10) e que 70% dos abusados quando criança têm probabilidade de abusar dos seus próprios filhos (Malinosky-Rummel e Hansen, 1993).

Como consequência da gravidade das alegações de abuso infantil, é importante que os psicólogos forenses que realizam avaliações de guarda dos filhos realizem avaliações abrangentes do abuso infantil, especialmente quando foi feita uma alegação. Um dos perigos de avaliar o abuso infantil é que tem havido um aumento nos casos em que evidências da síndrome relacionada com abuso infantil foram apresentadas na corte para provar a existência de abuso. Em particular, a Síndrome da Alienação Parental (PAS) é muitas vezes identificada como uma forma de abuso infantil inerente em muitos conflitos de guarda dos filhos (Quadro 12.1). Como você pode recordar da nossa discussão anterior, um perito pode testemunhar inapropriadamente quanto ao alegado perpetrador apresentar várias características dos abusadores de crianças e, depois, concluir que o perpetrador deve ter abusado da criança. Essas características incluem uma família de origem disfuncional, impulsividade, sentimentos de inadequação, julgamento pobre, abuso de substância, entre outros (Gardner, 1994). Embora essas características possam ser mais comuns em abusadores, elas podem ser comuns em uma variedade de pessoas. A sua presença não aponta conclusivamente que a pessoa abusou de alguma criança, muito menos da criança em questão. As alegações de abuso infantil criam um problema porque pode

Quadro 12.1 Síndrome da alienação parental e abuso infantil

A Síndrome da Alienação Parental (PAS) é descrita como "um transtorno que aparece principalmente no contexto de disputas de guarda dos filhos. A sua manifestação primária é a campanha do filho para denegrir um dos genitores, uma campanha que não tem justificativa. Ela resulta da combinação da doutrinação de um dos pais (lavagem cerebral) e das contribuições do próprio filho para a difamação do genitor-alvo" (Gardner, 1998, p. 77). Além do mais, o criador do construto, Gardner, identificou oito sintomas: (1) campanha para denegrir o genitor-alvo; (2) justificativa frívola, fraca ou absurda para a alienação do genitor-alvo; (3) ausência de ambivalência pelos pais; (4) ausência de culpa ou remorso quanto à alienação; (5) uso da perspectiva do genitor alienante; (6) asserção de que a alienação é decisão da criança ou um fenômeno de pensador independente; (7) posicionamento ao lado do genitor alienante no conflito; (8) extensão da alienação para a família estendida do genitor-alvo.

Gardner identificou esse construto para explicar casos em que um dos pais era afastado do filho pela censura contínua do outro genitor. Por exemplo, o ator Alec Baldwin alegou que é vítima de PAS nas mãos da sua ex-esposa, a atriz Kim Basinger. A árdua batalha do casal ocupou as manchetes novamente em 2007 depois que uma gravação de Baldwin gritando e chamando sua filha com palavras impróprias na sua secretária eletrônica foi liberada para o público e a mídia. A PAS ou PA, como é chamada às vezes, é considerada por muitos uma forma de abuso infantil nas mãos do genitor alienante. A PAS é incomum, uma vez que tem havido ampla aceitação de sua noção, mas também muita controvérsia a respeito. A controvérsia a respeito da PAS ocorre devido a muitas questões semelhantes às que discutimos em relação à evidência da síndrome. Há solicitações de proibição de uso do termo e do testemunho de algum perito em guarda infantil devido à falta de apoio empírico a diversos aspectos da PAS. Na verdade, a PAS não é um diagnóstico oficial listado no DSM-IV TR. No entanto, ela está cada vez mais sendo diagnosticada em batalhas polêmicas de guarda para explicar a relação pobre entre o filho e um de seus pais.

ser a palavra da criança contra a do adulto, sem outras indicações.

Embora a maioria dos psicólogos não siga diretrizes específicas para a investigação de abuso, existem algumas abordagens aceitas (Bow, Qinnell, Zaroff e Assemany, 2002). Bow e colaboradores (2002) perguntaram a peritos sobre as suas abordagens padrão nos casos em que houve uma alegação de abuso sexual. Os peritos raramente utilizaram instrumentos especializados nesses casos e, por vezes, usaram abordagens inadequadas. Por consequência, Bow e colaboradores fizeram muitas recomendações detalhadas focalizando o papel do avaliador, a revisão dos registros, a avaliação das alegações em si, os procedimentos específicos a serem utilizados, a entrevista com a vítima, o uso de testes psicológicos apropriados, a avaliação da história do suposto perpetrador sexual, a observação do genitor e o filho juntos e coleta de informações colaterais e a análise da miríade de dados que o avaliador reuniu. Bow e colaboradores criaram um dos primeiros modelos abrangentes para avaliação de abuso sexual.

Resumo

As avaliações de guarda infantil podem ser o tipo mais desafiador de avaliação em toda a psicologia forense. A complexidade dessas avaliações é resultado da ambiguidade dos padrões legais, da quantidade de partes envolvidas e da extensão e profundidade do conhecimento necessário para o perito na área. À medida que aumenta o índice de divórcios, há maior necessidade de avaliações de guarda dos filhos, apesar de serem uma minoria os divórcios que na realidade envolvem uma disputa legal pela guarda. Entretanto, aponta-se que as cortes dão menos atenção aos peritos forenses dessa área do que a outras áreas da prática forense.

As leis mudaram significativamente com o passar dos anos em termos de concessão aos pais da guarda dos seus filhos. As crianças eram tradicionalmente consideradas semelhantes a qualquer outra propriedade após o fim de um casamento e, assim sendo, eram tipicamente entregues ao pai no divórcio. No entanto, a lei posteriormente mudou seus pressupostos e concedeu a guarda para a mãe, segundo a doutrina dos anos tenros, a menos que houvesse clara indicação de que ela fosse inadequada. Hoje, o melhor interesse da criança é o padrão legal predominante, mas esse padrão tem sido criticado com frequência por não ser muito claro. Além disso, o sistema legal tende a continuar a apresentar inúmeras preferências para conceder a guarda que não são apoiadas na literatura psicológica, tais como a ideia de que um parente biológico, um genitor heterossexual ou o lar de um genitor da mesma etnia seriam mais qualificados para criar uma determinada criança. A guarda única dos filhos também já não é a preferência dominante das cortes e, em vez disso, parece haver uma tendência a encorajar a guarda legal compartilhada dos filhos.

Como consequência das ambiguidades legais e da complexidade das avaliações de guarda infantil, foram apresentadas algumas diretrizes profissionais para auxiliar os psicólogos forenses no desempenho das avaliações de guarda infantil. Além disso, existem práticas específicas que parecem ser mais aceitáveis pelos peritos do que outras. Embora o formato possa variar, Bernet (2002) recomenda alguns passos gerais. Também existem muitos levantamentos publicados descrevendo os padrões de prática nesses casos. Parece haver uma tendência geral direcionada para avaliações mais abrangentes e que consomem mais tempo. As avaliações de guarda dos filhos são tipicamente compostas de uma entrevista clínica com os pais e o filho, juntamente com uma testagem psicológica dos pais e a criança. Além disso, alguns peritos realizam observações das partes, coletam informações colaterais detalhadas dos pediatras, da escola e outras pessoas significativas que residem com as crianças.

Há muitas dificuldades na condução de avaliações de guarda dos filhos e, como consequência, alguns profissionais alertaram para uma precaução ou mesmo argumentaram que a guarda dos filhos está fora dos limites da especialidade da psicologia. Apesar dessas críticas, as avaliações de guarda dos filhos são uma tarefa de rotina na prática da psicologia forense. As dificuldades incluem muitas partes a serem avaliadas, a abrangência e profundidade dos conhecimentos necessários, a falta de informações empíricas relativas à aplicação de medidas psicológicas padrão e medidas forenses relevantes, a natureza de juízo de valor da determinação da guarda dos filhos, as emoções e conflitos inerentes e, finalmente, as questões relativas ao questionamento de que as avaliações de guarda dos filhos ultrapassem os limites do âmbito da prática dos psicólogos. Como resultado, há algumas recomendações para evitar ou minimizar essas dificuldades.

Um psicólogo forense deve estar consciente dos efeitos do divórcio e dos diferentes acordos de guarda nos filhos, como também da ocorrência de alegações de abuso infantil nessas situações. As pesquisas sugeriram em geral que o divórcio acarreta muitas consequências negativas para os filhos. No entanto, essas consequências negativas não são inerentes e podem ser o resultado de inúmeros fatores adicionais, incluindo a intensidade do conflito antes e depois do divórcio. Além do mais, não parece haver um acordo de guarda que seja o melhor para todas as crianças. O melhor acordo depende em parte da quantidade de conflito entre os pais, como também das suas próprias capacidades individuais. As alegações de abuso físico ou sexual estão se tornando mais proeminentes, embora ainda ocorram somente em uma minoria dos divórcios, e os psicólogos forenses devem ser especialmente cuidadosos quando uma disputa de guarda envolve alegações de abuso.

Termos-chave

bens
doutrina dos anos tenros
guarda compartilhada
guarda dividida

guarda física
guarda legal
guarda parcial
guarda única

mediação
melhor interesse da criança
testemunha de fato

Leitura complementar

Emery, R. E., Otto, R. K., & O'Donohue, W. T. (2005). A critical assessment of child custody evaluations. *Psychological Science, 6*, 1–29.

Otto, R. K., Buffington-Vollum, J. K., & Edens, J. F. (2003). Child custody evaluation. In A. M. Goldstein (Ed.), *Handbook of psychology: Vol. 11. Forensic psychology* (pp. 179–208). New York: John Wiley & Sons, Inc.

PARTE V
Aspectos civis da psicologia forense

Capítulo 13 Danos pessoais e discriminação no direito civil

Danos pessoais e discriminação no direito civil   13

Ao abrir o capítulo final deste livro, você invariavelmente terá lido muita coisa a respeito de alguns dos aspectos fundamentais da psicologia forense. Na primeira seção deste livro, você se familiarizou com a avaliação forense, tratamento, consulta e testemunho de peritos. Você leu sobre as práticas da psicologia forense que fazem parte significativa da violência e leis criminais (psicopatia, agressores sexuais e avaliação de risco de violência) e sobre os aspectos que enfocam mais as leis de saúde mental (inimputabilidade, capacidade e restrição civil). Na quarta seção do livro, você leu a respeito de questões da criança e a família que estão envolvidas na psicologia forense. Neste capítulo final, focamos alguns aspectos da psicologia forense que muitas vezes são negligenciados e sobre os quais se faz menos sensacionalismo. Contudo, alguns podem argumentar que essas questões constituem a fatia maior da prática forense. A maior parte da nossa discução até agora centrou-se nos aspectos criminais da psicologia forense, com exceções significativas, mas neste capítulo final toda a atenção está voltada diretamente para os aspectos civis da psicologia forense.

A ampla área das ações judiciais por danos pessoais e discriminação no emprego está cada vez mais se tornando o foco da psicologia forense e impõe uma variedade de desafios peculiares aos psicólogos forenses. Um aspecto é que essas áreas estão incluídas no direito civil. O sistema civil, assim como o sistema criminal, pode ter significativos efeitos terapêuticos ou antiterapêuticos, e as exigências legais específicas podem torná-los ainda mais significativos em alguns dos aspectos civis que vamos discutir. Em segundo lugar, existe uma variedade de aspectos do direito civil com os quais um psicólogo forense deve estar familiarizado quando realiza avaliações de amplo espectro como reivindicações de indenizações de trabalhadores, avaliações clínicas independentes, assédio sexual ou qualquer alegação de discriminação no emprego. Em um nível muito básico, o conhecimento da lei de atos ilícitos é essencial, mas a consciência das diferenças entre negligência, atos ilícitos intencionais e responsabilidade estrita também é importante. O psicólogo forense deve estar especialmente consciente das diferenças entre as avaliações terapêuticas e forenses que discutimos no Capítulo 2 e da importância de avaliar a possibilidade de simulação. Por fim, os psicólogos forenses devem estar atentos em sua prática e não cair na armadilha de uma falsa sensação de segurança ao aplicar métodos padrão de avaliação e tratamento a situações em que eles podem não se aplicar diretamente como parecia inicialmente. De um modo geral, as questões forenses civis oferecem uma oportunidade estimulante para os psicólogos forenses causarem um impacto terapêutico no sistema legal.

Base legal para casos de danos pessoais: atos ilícitos e o direito civil

A estrutura de boa parte do direito civil está contida no conceito legal dos atos ilícitos (*torts* ou *tort law*). Os **atos ilícitos** se referem a um ilícito civil, não um ilícito penal, que uma pessoa comete contra outra e que resulta em danos físicos ou psicológicos. Existem muitos termos usados para designar os danos psicológicos como dor e sofrimento, danos emocionais, sofrimento emocional e prejuízo emocional. Em geral, há quatro elementos que constituem um ato ilícito e fornecem a base para um processo civil que possa ter um resultado mais terapêutico por meio da compensação da pessoa que sofre um dano. Precisa haver um dever ou obrigação, precisa haver uma violação daquele dever, precisa ter ocorrido danos devido à violação e a violação deve ser a causa próxima dos danos (Greenberg, 2003).

A presença de um *dever ou obrigação legal* é o primeiro elemento de um ato ilícito (Douglas, Huss, Murdoch, Washington e Koch, 1999). Um dever legal requer que a pessoa se conduza de uma determinada maneira ou arrisque ser alvo de um processo. Todos temos deveres, como membros da sociedade, nos quais não pensamos continuamente. Os proprietários têm o dever de manter a sua propriedade cuidada (p. ex., retirando a neve das calçadas) de modo que os convidados não se machuquem. Todos temos um dever com os outros motoristas de dirigir um automóvel de maneira responsável. Se uma pessoa atravessa a rua com o tráfego vindo em sua direção ou não aciona o pisca, ela violou aquele dever e abre a possibilidade de um processo judicial caso tenha causado um acidente, além de possíveis sanções criminais. Entretanto, esse primeiro elemento é de pouca importância para o psicólogo forense, mas é primordial a partir de um ponto de vista legal.

O segundo elemento de um ato ilícito é ter ocorrido uma *violação daquele dever* (Douglas et al., 1999). Existem muitas questões que são relevantes para identificar se um dever foi violado e a natureza da violação. Negligência, atos ilícitos intencionais e responsabilidade estrita são três categorias legais relevantes para o segundo elemento de um ato ilícito. **Negligência** ocorre quando um indivíduo não age de uma maneira razoável para evitar a violação de um dever. Negligência não envolve uma determinação de intenção ou o processo de pensamento de uma pessoa, mas apenas a sua conduta. Por exemplo, Adam tem com Leah o dever de evitar passar correndo quando ela atravessa a rua perto do *campus*. Esse dever parece ser razoável. No entanto, digamos que Leah está falando ao telefone celular e não presta atenção quando ingressa na via com tráfego intenso. Se for uma situação de negligência, a questão passa a ser se uma pessoa razoável teria batido no carro de Leah sob aquelas circunstâncias. Se uma pessoa razoável não teria batido nela, Adam violou o dever. Não importa se ele teve a intenção de atingi-la ou não. Entretanto, alguns atos são **atos ilícitos**

intencionais em que a intenção é o ponto chave e as consequências do comportamento não. Presuma que Adam estivesse andando na rua atirando com sua pistola de esguicho em alvos na calçada e não percebesse que Leah estava vindo em sua direção até acertar no suéter que ela ganhou no Natal. Para que esse seja considerado um ato intencional, Adam deveria ter pretendido acertar em Leah ou saber que seria muito provável que alguém fosse atingido se ele continuasse a atirar nas coisas. Ações que constituem **ataque (*assault*)** e **agressão (*battery*)** são atos ilícitos intencionais comuns. **Responsabilidade estrita** é uma área em que não é importante provar que a conduta foi errada, mas simplesmente que alguém estava fazendo algo perigoso. Leah teme que Adam venha atrás dela e atire nela por vingança por ela ter entrado com um processo contra ele. Assim, ela decidiu armazenar alguns explosivos em seu carro. Leah não é uma especialista em explosivos e não tem ideia da natureza instável destes. Tamika passa casualmente pelo carro de Leah em um estacionamento em um dia quente e os explosivos instáveis explodem, machucando Tamika. Leah poderia ser considerada estritamente responsável pelo seu comportamento e Tamika poderia processá-la.

São no terceiro e quarto elemento de um ato ilícito que o psicólogo forense é útil para a corte. O terceiro critério necessário para que ocorra um ato ilícito é que deve haver algum *dano* ou *prejuízo*. Originalmente, esse critério significava alguma forma de dano físico, portanto, a menos que Leah tivesse uma infecção no olho por Adam ter acertado seu rosto com a pistola d'água, ela não sofreria nenhum dano real por ficar um pouco molhada.

Contudo, a lei agora reconhece danos psicológicos ou dor e sofrimento como prejuízos recuperáveis em casos de atos ilícitos. Os danos podem vir na forma de prejuízos econômicos ou não econômicos (Van Dorsten e James, 2002). Os danos econômicos consistem de uma perda de salários passados ou futuros ou despesas médicas devido a um dano resultante. Os prejuízos não econômicos incluem dor física ou emocional e sofrimento, e embora não exista um valor monetário vinculado a uma quantidade específica de dor e sofrimento, as cortes devem vincular um valor a estes com o objetivo de compensar a vítima de um ato ilícito. A maioria dos sistemas legais não permite que o querelante inflija uma quantidade igual de dor e sofrimento ao acusado que foi considerado culpado, de modo que a compensação financeira é o método normal de compensação.

O quarto elemento final de um ato ilícito é que o dano deve ser a causa próxima da violação do dever original. Causa próxima é a causa primária, imediata ou substancial do dano. Às vezes o teste *mas e se* é usado nesses casos. Mas e se Adam atingisse o rosto de Leah, ela teria sofrido uma infecção que cegaria seu olho direito? Em caso negativo, a ação de Adam é a causa próxima. Contudo, se Leah posteriormente lavasse suas lentes de contato em uma pia suja, poderia ser alegado que um organismo existente na pia causou a infecção posterior e não a arma de esguicho de Adam. Para haver a compensação de um dano por violação do dever que causou um prejuízo particular, a ação original deve ser a causa próxima.

Em casos de ato ilícito, um querelante pode receber indenizações compensatórias ou indenizações punitivas. As **inde-**

nizações compensatórias são a norma e sugerem que o acusado precisa compensar o querelante pelo prejuízo que este sofreu. As indenizações compensatórias devem indenizar o querelante depois que ele foi prejudicado. Em contraste, as **indenizações punitivas** pretendem punir o acusado pelo seu comportamento, e não simplesmente auxiliar o querelante na sua recuperação em um nível anterior de funcionamento. As indenizações punitivas podem ser determinadas em alguns casos em que a conduta do acusado foi especialmente horrível ou repreensível. Essas indenizações sofreram algumas críticas porque muitos acusam a determinação excessiva de danos punitivos como uma indicação de que o sistema civil americano está fora de controle, sendo que os jurados definem uma quantia excessiva de dinheiro para incidentes menores. De fato, aproximadamente meia dúzia de estados não permitem indenizações punitivas, mas apenas danos compensatórios. O Quadro 13.1 descreve uma ação judicial que é com frequência citada como exemplo dessas decisões excessivas do júri (Quadro 13.1).

Prática forense geral em casos de danos pessoais

Como ocorre com outros aspectos da prática forense, o direito estabelece os fundamentos para o trabalho clínico que vai au-

---

Quadro 13.1 *Liebeck* vs. *Restaurantes McDonald's*: um ponto de referência para a reforma dos atos ilícitos

Liebeck vs. *Restaurantes McDonald's* ou o caso do café do McDonald's, como é mais comumente chamado, foi uma ação judicial no começo da década de 1990 que ocupou as manchetes nacionais. Contava-se na época que Stella Liebeck era uma mulher idosa que havia derramado café do McDonald's no colo enquanto saía do guichê do *drive thru* de um restaurante McDonald's. Também foi relatado posteriormente que ela processou o McDonald's e recebeu milhões de dólares como resultado. Esse caso foi identificado como um dos muitos exemplos de um júri fora de controle que concedeu uma quantidade excessiva de indenizações punitivas a um querelante. Muitos estados argumentaram que, ao eliminar ou limitar as indenizações punitivas, essas decisões civis fora de controle poderiam ser evitadas. Entretanto, o público ouviu apenas uma parte da história nesse caso.

Há muitos aspectos do caso que não foram relatados pela imprensa popular ou que receberam pouca atenção. Primeiramente, a Sra. Liebeck não estava tentando manipular o café ou despejar creme e açúcar enquanto saía do drive thru. O motorista do veículo na verdade parou quando ela tentava acomodar seu café no assento do passageiro. Em segundo lugar, seus prejuízos foram significativos. Ela teve queimaduras de terceiro grau nas coxas, nádegas e virilha, foi hospitalizada por mais de uma semana quando fez enxertos de pele e foi tratada durante dois anos depois disso. Em terceiro lugar, ela originalmente requereu $20.000 para compensar suas despesas médicas e honorários do advogado e o McDonald's recusou, oferecendo apenas $800. O advogado dela também propôs vários outros acordos antes do julgamento, mas o McDonald's recusou cada um deles. Em quarto lugar, o McDonald's tinha sido alertado repetidamente por preparar seu café a uma temperatura excessivamente alta e vinha recebendo centenas de reclamações há anos. Por fim, o valor determinado pelo júri foi reduzido de $2,9 milhões para $640.000. No entanto, esse caso continua a ser usado incorretamente como um exemplo das decisões fora de controle que envolvem danos punitivos.

xiliar as cortes a tratarem de questões que são submetidas a ela. Em casos de danos pessoais, está muito claro que as tarefas mais importantes dos psicólogos forenses provêm diretamente dos elementos do ato ilícito. Greenberg (2003) identificou as tarefas básicas das avaliações forenses em casos de danos pessoais. Primeiramente, o psicólogo forense precisa estabelecer uma linha de base ou nível pré-mórbido do funcionamento psicológico. Essa tarefa é um pouco como avaliar insanidade, uma vez que ela é retrospectiva. Segundo, a natureza e gravidade do sofrimento precisam ser determinadas. Terceiro, o psicólogo forense precisa determinar a extensão e gravidade de qualquer prejuízo no funcionamento. Quarto, a causa psicológica dos prejuízos deve ser determinada, e, finalmente, em quinto lugar, devem ser determinadas as intervenções psicológicas que podem reduzir o dano psicológico.

Essas tarefas são provenientes dos elementos descritos anteriormente. O psicólogo forense deve retroceder no tempo e tentar determinar o nível de funcionamento psicológico do paciente antes do incidente em questão, para comparar o funcionamento atual com seu funcionamento anterior e identificar se ocorreu algum prejuízo. A natureza e gravidade do sofrimento e os danos psicológicos levam diretamente à presença de danos e à compensação resultante. A causa psicológica do prejuízo vai determinar se o incidente foi a causa próxima do sofrimento ou dano. A natureza de quaisquer intervenções que podem reduzir ou aliviar os danos emocionais é importante para determinar os danos pelos quais seria apropriado indenizar o querelante ou compensá-lo por prejuízos econômicos e não econômicos.

Também é importante reconhecer as diferenças entre avaliações forenses e terapêuticas que já identificamos no Capítulo 2. O conhecimento dessas diferenças pode ser ainda mais importante em caso de danos pessoais. Por exemplo, a nossa discussão anterior sobre a natureza do cliente é relevante para os casos de danos pessoais. Os encaminhamentos nesses casos podem vir de advogados particulares, como eles fazem em muitas outras questões que já discutimos. No entanto, os médicos também podem ser fonte de muitos encaminhamentos por danos pessoais (Walfish, 2006). Nesses casos, um médico pode encaminhar para um psicólogo um paciente que ele está atendendo para determinar se existe uma base psicológica para os sintomas que o paciente está relatando. Esse encaminhamento acontece antes de qualquer ação legal e é uma consulta adicional entre o médico e o psicólogo. Embora as informações sejam compartilhadas diretamente com o médico que encaminhou e talvez um advogado, se houver algum advogado envolvido, o paciente é o cliente porque é ele quem está contratando o psicólogo para os serviços. Obviamente, as outras diferenças entre avaliações terapêuticas e psicológicas também se aplicam às avaliações de danos pessoais, e o ganho financeiro potencial, nesses casos, também proporciona ao cliente certo incentivo para se apresentar de uma determinada maneira.

Simulação em casos de danos pessoais

Alguns argumentam que os incentivos financeiros são tão grandes nos casos de danos pessoais que existe um risco aumentado de simulação. O Manual

Diagnóstico e Estatístico dos Transtornos Mentais (DSM-IV TR; APA, 2000) alerta especificamente para a simulação nesses tipos de avaliações. Entretanto, não está claro se a simulação é uma preocupação maior nos casos de danos pessoais do que em outras situações forenses. McLearen, Pietz e Denney (2003) afirmaram que os índices de simulação variam significativamente em contextos psiquiátricos civis, e revisões da literatura sugerem que de 2 a 64% dos querelantes de danos pessoais simulam danos cerebrais. Em um estudo, Lees-Haley (1997) encontraram que 20 a 30% os querelantes de danos pessoais apresentavam possível simulação. Além do mais, parece que o recebimento de indenização financeira está relacionado a relatos de dor aumentada e sucessos mais limitados no tratamento de pacientes com dor crônica e dano cerebral (Binder e Rohling, 1996; Rohling, Binder e Langhinrichsen-Rohling, 1995). Esses achados eram ainda mais pronunciados naqueles indivíduos com danos menos graves (Rohling et al., 1995). Lees-Haley (1992) apontou que pacientes neuropsicológicos, avaliados como parte das queixas por danos pessoais, relataram índices altos de queixas associadas a prejuízo neuropsicológico. A maioria deles identificou o prejuízo associado à queixa como a causa dos seus sintomas, apesar da miríade de outras causas potenciais e da natureza leve dos sintomas (p. ex., dores de cabeça, problemas de concentração, irritabilidade).

Além do mais, existem evidências de que os advogados treinam seus clientes em uma tentativa de fazer com que eles se saiam bem em testes psicológicos e neuropsicológicos. Um estudo demonstrou que 75% dos advogados fornecem informações aos clientes sobre os testes a que eles vão se submeter e sobre o modo pelo qual eles devem responder (Victor e Abeles, 2004). Não somente os advogados admitem treinar as testemunhas, mas quase 50% deles acreditam que sempre ou usualmente deveriam informar os clientes a respeito das escalas de validade designadas para detectar simulação em muitos testes psicológicos (Wetter e Corrigan, 1995). Evidências disponíveis sugerem que o treinamento realmente faz com que os clientes pareçam mais prejudicados em termos de prejuízos neuropsicológicos e doença mental, mas os psicólogos conseguem detectar a maioria dos indivíduos treinados (Victor e Abeles, 2004). A partir de uma perspectiva psicológica, treinar uma testemunha é completamente antiético, mas preparar uma testemunha é completamente adequado. No entanto, treinar uma testemunha ou influenciar inadequadamente o seu testemunho é visto como antiético pela American Bar Association (ABA, 2006). Ainda permanece uma pergunta: quando é que preparar uma testemunha ultrapassa a linha que diferencia a preparação do treinamento? Estudiosos legais admitem que o treinamento de testemunhas é o segredinho sujo dos advogados nos julgamentos (Gersham, 2002).

Além do mais, os peritos psicológicos podem ainda influenciar o exagero dos sintomas nos clientes em casos de danos pessoais. William, Lees-Haley e Djanogly (1999) identificaram casos em que um psiquiatra deu uma cópia dos critérios diagnósticos para TEPT antes de avaliar o cliente, e um psicólogo descreveu verbalmente os sintomas do TEPT para um grupo de clientes antes que lhes fosse administrado um teste psicológico. Até mesmo os questionamentos repetidos de um profissional da saúde ou as expectativas de um avaliador podem aumentar a probabilidade de um cliente relatar determinados sintomas (Williams et al., 1999). Como consequência, os psicólogos forenses devem ser especialmente cuidadosos para identificar simulação quando avaliam queixas de danos pessoais.

Conforme mencionado no Capítulo 2, existem muitas abordagens para avaliar a simulação além da entrevista clínica. Uma das medidas utilizadas com maior frequência em avaliações de danos pessoais é o MMPI ou MMPI-2 (Lees-Haley, 1992). Em termos práticos, o MMPI-2 é identificado como aceitável para uso na avaliação de simulação por mais peritos (92%) do que qualquer outra medida e é recomendado por 67% dos peritos nos casos em que se suspeita de simulação, seguido de perto pela Entrevista Estruturada de Sintomas Relatados (SIRS; 58%) que discutimos no Capítulo 2 (Lally, 2003). Além das escalas clínicas que avaliam uma variedade de doenças mentais, o MMPI-2 também contém diversas escalas destinadas a avaliar estilos incomuns de respostas tais como exagero e defensividade.

Estudos que examinam a eficácia dessas escalas fizeram algumas abordagens interessantes. Cramer (1995) pediu que estudantes universitários lessem informações sobre uma doença mental específica (p. ex., depressão e esquizofrenia paranoide) e depois se submetessem ao MMPI-2. Esses estudantes puderam produzir resultados mais acurados do que os estudantes a quem foi pedido que simulassem sintomas do transtorno sem nenhuma informação adicional sobre os transtornos específicos. No entanto, Cramer (1995) conseguiu diferenciar os simuladores informados e os não informados dos indivíduos que realmente padeciam de depressão e esquizofrenia paranoide. Esses resultados foram replicados para outros transtornos e, quando foram oferecidos incentivos financeiros para que fossem produzidos resultados válidos para esses transtornos, 95% dos simuladores foram detectados (Wetter, Baer, Berry, Robison e Sumpter, 1993). Pesquisas também sugeriram que várias escalas do MMPI-2 são capazes de identificar indivíduos que tentam fingir danos cerebrais (Berry e Butcher, 1998). Os resultados do MMPI-2 para indivíduos envolvidos em litígio são geralmente mais exagerados e sugerem mais doença mental do que para os indivíduos não envolvidos em litígios. Contudo, essas escalas têm suas limitações e para psicólogos forenses devem estar conscientes delas quando realizarem avaliações de danos pessoais (Butcher e Miller, 2006).

Danos típicos envolvidos em queixas de danos pessoais

Há uma variedade de diferentes danos apresentados por querelantes de danos pessoais que os psicólogos forenses podem avaliar. Esta seção discutirá três dos mais proeminentes: transtorno de estresse pós-traumático (TEPT), dano neuropsicológico e dor crônica. Contudo, há uma variedade de doenças psicologicamente relacionadas das quais alguém pode sofrer nessas situações. Em geral, há três grandes áreas de danos pelos quais as cortes vão compensar os querelantes segundo a lei do ato ilícito. Historicamente, as cortes tinham mais probabilidade de compensar as vítimas que sofriam danos físicos que conduziam a danos psicológicos. As cortes provavelmente tinham dificuldade em compensar as vítimas nesses tipos de casos porque o caminho causal era facilmente identificado e parecia mais legítimo aos olhos das cortes porque o dano físico legitimava o dano psicológico (Melton et al., 1997). Um exemplo desse tipo de dano seria se alguém fosse assaltado e, no processo, sustentasse que teve um traumatismo craniano. O traumatismo craniano pode levar a problemas de atenção, falta de concentração, algum prejuízo da memória ou até mesmo mudanças na personalidade.

Casos em que um indivíduo sofre apenas um dano psicológico são muito mais difíceis. Embora esses casos tenham se tornado muito mais comuns, ser compensado por danos estritamente psicológicos é difícil (McLearen et al., 2003). As cortes são mais desconfiadas desses tipos de danos porque acham que, em geral, há uma falta de evidências concretas do dano em comparação com um dano físico. Um dos primeiros casos em que os danos psicológicos foram vistos como compensáveis ocorreu em 1348. Nesse caso, um hóspede em uma pousada atirou uma machadinha na esposa do proprietário, mas ela se esquivou e não sofreu nenhum dano físico. O esposo entrou com uma ação por dor e sofrimento mental e recebeu indenização para sua esposa (Mendelson, 1995). Embora alegações estritas de danos psicológicos sejam difíceis de provar na corte, o TEPT está se tornando uma base comum para danos nesses casos, como discutiremos mais tarde neste capítulo.

O terceiro e último tipo de dano que é compensável é a piora de uma condição psicológica preexistente. Uma pessoa com episódios preexistentes de depressão maior pode alegar que o assalto que sofreu aumentou a gravidade do transtorno e fez com que ela procurasse tratamento adicional. Nesses casos, é importante que se tenha uma ideia clara da linha de base ou funcionamento pré-mórbido da pessoa antes do incidente e um período de estabilidade identificado. As dificuldades envolvidas nesses tipos de casos devem ficar claras. Não somente o querelante tem que provar a existência de uma doença ou dano psicológico, mas também deve provar que isso piorou desde o evento específico em questão.

Transtorno de estresse pós-traumático (TEPT)

O TEPT provavelmente representa o maior transtorno psicológico dos querelantes nos casos de danos pessoais e tem um impacto maior no sistema da corte do que qualquer outra doença mental na história (Stone, 1993). Conforme sugerido anteriormente, provavelmente existe uma razão para o crescente embasamento no TEPT em litígios por danos pessoais. O TEPT proporciona ao querelante uma forma de tornar seu sofrimento emocional mais tangível ao tê-lo apoiado pela presença de um transtorno psicológico. Contudo, a depressão maior e muitos outros transtornos de ansiedade também proporcionam parâmetros mais tangíveis do que dor e sofrimento emocional. Há mais alguma coisa a respeito do TEPT? Sim, o TEPT é o único transtorno mental que, como parte dos seus critérios diagnósticos, necessita de um evento desencadeante para que seja diagnosticado o transtorno. Essa relação causal, seja ela diferente da maioria dos transtornos mentais ou não, em realidade, proporciona uma relação causal mais clara para as cortes. Considerando que um evento específico deve ser a causa próxima dos danos psicológicos, as cortes consideram favoravelmente esse tipo de caminho causal.

Além da presença de um evento traumático, referido como Critério A (isto é, presença de um trauma) nos critérios diagnósticos do DSM, existem outros grupos importantes de sintomas do TEPT (APA, 2000). Para ser diagnosticada com TEPT, uma pessoa deve apresentar sintomas dos Critérios A, B, C e D por pelo menos um mês. Se os sintomas estiverem presentes de dois dias a quatro semanas, a pessoa poderá ser diagnosticada com outra doença mental, Transtorno de Estresse Agudo. O Critério B consiste de reviver diferentes sintomas como recordações aflitivas do evento, sonhos aflitivos e *flashbacks*. O Critério C é o grupo de sintomas de esquiva e inclui sintomas como tentar evitar pensamentos, sentimentos, lugares ou pessoas associadas ao trauma e a incapacidade de relembrar certas informações importantes sobre o trauma. O grupo final de sintomas, o Critério D, focaliza a excitabilidade aumentada, como perturbações do sono, uma resposta de susto aumentada ou vigilância excessiva do ambiente à sua volta. Dependendo do grupo de sintomas, uma pessoa deve vivenciar um evento traumático que satisfaça o Critério A e vivencie um, três ou dois sintomas dos Critérios B, C e D respectivamente.

Vivenciar muitos desses sintomas é bastante normal para pessoas que passaram por uma situação traumática ou que provocou extrema ansiedade. Por exemplo, muitas pessoas se envolvem em um acidente de carro em algum momento da sua vida. Você ou alguém que você conhece vivenciou algum desses sintomas depois? Você ficava assustado sempre que ouvia o som de pneus freando? Embora esses tipos de reações sejam normais após um acidente de carro, para serem diagnosticados como TEPT, um número particular desses sintomas precisa durar um mês, sendo que serão considerados TEPT crônico se durarem pelo menos três meses (APA, 2000).

O único problema a partir de um ponto de vista legal é que o TEPT está cada vez mais sendo visto como tendo múltiplas causas. Originalmente, acreditava-se que as pessoas desenvolviam TEPT como consequência de uma exposição a um evento traumático, originalmente julgado como "fora da faixa normal da experiência humana" quando foi identificado no DSM-III (APA, 1980, p. 238). Agora, o evento deve "envolver medo intenso, impotência ou horror" e a pessoa precisa ser "confrontada com um evento ou eventos que envolveram morte ou grave ferimento, reais ou ameaçados, ou uma ameaça à integridade física, própria ou de outros" (APA, 2000, p. 467). A exposição ao evento traumático que é considerada a causa ou a causa principal do TEPT.

O desenvolvimento das pesquisas sugere agora que existe uma gama de fatores externos ao trauma original, incluindo eventos pré-trauma e pós-trauma que contribuem para o desenvolvimento do TEPT (Young e Yehuda, 2005). Fatores anteriores ao trauma, como uma história de outra doença mental e padrões particulares de personalidade relacionados a emoções negativas ou ansiedade excessiva (Blanchard et al., 1996; Mason, Turpin, Woods, Wardope e Rowlands, 2006) aumentam a probabilidade de que alguém exposto a um evento traumático desenvolva TEPT. Outros fatores pós-trauma, como o medo de morrer na situação, estressores sociais adicionais, perda do apoio social, busca de litígio e a presença de terapia apropriada estão relacionados ao desenvolvimento do TEPT (Blanchard et al., 1996; Mason et al., 2006; Young e Yehuda, 2005). A maioria das pessoas que realmente vivenciam um evento traumático que se qualificaria segundo o Critério A, talvez quase 70%, não desenvolve TEPT. Essa conceitualização multicausal do TEPT pode limitar o seu uso futuro na corte ou ficar exposta a críticas em um contexto legal. As cortes acreditam que um psicólogo forense pode diferenciar com facilidade os fatores que ocorreram antes do trauma, a partir do trauma e os eventos que ocorreram após o trauma, mas esse processo frequentemente se revela extremamente difícil (Young e Yehuda, 2005). Entretanto, no futuro, as cortes poderão considerar as pesquisas em desenvolvimento que apoiam marcadores neurobiológicos e respostas fisiológicas características em indivíduos com TEPT como mais tangíveis para fins legais e, mais uma vez, fazer do TEPT uma justificativa mais aceitável para dor emocional e sofrimento a partir de uma perspectiva legal (Mendelson, 1995).

Os psicólogos forenses que avaliam TEPT em casos de danos pessoais apresentam uma variedade de medidas estabelecidas à sua disposição, mas devem ser cautelosos ao avaliarem o TEPT no contexto de litígio. O atual padrão ouro para avaliação do TEPT é a Escala de TEPT Administrada pelo Clínico (CAPS) e as pesquisas indicam que ela é uma ferramenta confiável e válida para a avaliação do TEPT (Koch, O'Neil e Douglas, 2005). Além de avaliar os sintomas específicos no Critério B, C e D, o psicólogo forense precisa estabelecer que o trauma satisfaça o Critério A. Atualmente, não há uma medida psicológica que possa avaliar definitivamente se o TEPT foi causado por uma alegação legal específica (Greenberg, Otto e Long, 2003). O psicólogo forense pode, portanto, ter uma abordagem objetiva e focar na gravidade do dano físico ou dano à propriedade pessoal resultante (Malmquist, 1996) ou, então, assumir uma visão mais abrangente que pode incluir algumas indicações subjetivas (Koch et al., 2005).

No entanto, as cortes estão cansadas de considerar as respostas subjetivas do cliente, mesmo que não pareça aumentar dramaticamente a prevalência de TEPT (ver Koch et al., 2005). Além disso, as avaliações do Critério A para TEPT requer um exame minucioso de eventos traumáticos passados, os quais aumentam a probabilidade de padecer de TEPT. Considerando que a maioria das pessoas vivencia um evento traumático na vida, é importante que o examinador também faça o rastreamento de exposição passada a trauma para satisfazer os elementos de ato ilícito. Os querelantes que sofrem de TEPT têm maior probabilidade de se lembrarem de mais sintomas do que relataram originalmente. Harvey e Bryant (2000) entrevistaram vítimas de acidentes um mês e dois anos depois do seu acidente. Os indivíduos que estavam vivenciando sintomas mais graves de TEPT após dois anos lembraram sofrer de mais sintomas dois anos depois do que eles originalmente lembraram em um mês após o acidente. Os indivíduos que não vivenciavam sintomas dois anos após o acidente na verdade agora minimizavam o relato de sintomas do trauma que eles originalmente relataram em um mês.

Danos por traumatismo cranioencefálico (TCE)

Além do TEPT, um número significativo de litigantes por danos pessoais sofre de traumatismo craniano ou dano cerebral traumático (TCE). É bem claro o crescimento desses tipos de avaliações, observando-se que, antes de 1980, os neuropsicólogos raramente estavam envolvidos no sistema legal, mas hoje a maioria deles está envolvida em avaliações forenses devido às avaliações de indivíduos que apresentam TCEs (Barth, Ruff, Espe-Pfeifer, 2005; Taylor, 1999). A gravidade de um TCE geralmente está associada à duração de tempo em que a pessoa fica inconsciente, à extensão da amnésia associada e à presença de um dano penetrante no crânio. Os TCEs leves são usualmente caracterizados por menos de 30 minutos de inconsciência e ausência de danos graves à parte exterior do crânio. A Escala de Coma de Glasgow (ECG) é uma escala observacional usada como avaliação breve de danos cerebrais. A escala é usada para avaliar a consciência geral e envolve uma avaliação dos danos nas habilidades motoras e verbais da vítima com escores que variam de três a quinze. Os escores de três a oito indicam um TCE grave; de nove a doze indicam um TCE moderado; e de treze a quinze indicam um TCE leve (Barth et al., 2005). Entretanto, existe confusão e discordância quanto a definições específicas para os diferentes níveis de gravidade dos TCEs, que podem dificultar o diagnóstico (Barth et al., 2005).

Figura 13.1 Acidentes com veículos automotores são uma fonte significativa de reivindicações de danos pessoais e a causa mais prevalente de TEPT e TCEs leves. Photo © Lane V. Erickson/Shutterstock.

Os Centros para Controle e Prevenção de Doenças estimam que anualmente 1,5 milhão de pessoas sofrem de TCEs e que 75% dessas pessoas sofrem de TCEs leves de diferentes formas (apud Barth et al., 2005). A causa mais comum de TCEs são os acidentes com veículos automotores (42%), quedas (24%), agressões com arma de fogo (14%) e concussão devido a atividades relacionadas a esportes (12%) (Parker, 2001) (ver Figura 13.1). No entanto, apenas uma minoria das vítimas (15%) continua a vivenciar sintomas por mais de um ano (Guerrero, Thurman e Sniezek, 2000).

As avaliações neuropsicológicas de TCEs apresentam muitos aspectos complexos. É difícil avaliar o nível de funcionamento pré-mórbido em casos de neuropsicologia, fora dos testes anteriores. As cortes comumente se baseiam nos psicólogos forenses que praticam neuropsicologia para aplicar os resultados dos seus testes ao mundo real, especialmente no que se refere ao funcionamento futuro. Essa tarefa pode se revelar difícil porque o examinador precisa generalizar a partir dos testes administrados sob condições muito precisas e constantes para ambientes do mundo real que são tudo, menos constantes e controlados (McLearen et al., 2003). Por exemplo, uma vez tive uma cliente que não apresentava déficits de memória significativos em diversas medidas psicológicas. Essa mesma cliente tinha genuinamente dificuldades em achar o seu caminho de volta para casa e certa vez esqueceu seu filho em cima do carro, só se dando conta disso quando o marido chegou em casa mais tarde e encontrou o bebê na sua cadeirinha em cima do carro. Por fim, como acontece em outros casos de danos, frequentemente é muito difícil diferenciar danos cerebrais das tentativas de simular ou fingir a condição, especialmente quando o TCE é de proporção menor (Ackerman, 1999). Combine essa tendência geral com o fato de que não é incomum se identificar um dano neuropsicológico, mesmo em indivíduos que estão simulando ou em indivíduos normais que estão tentando parecer idênticos aos portadores de danos cerebrais (Millis e Putnam, 1996). Um levantamento de neuropsicólogos revelou que eles encontraram indicações de simulação em 29% dos que lhes foram encaminhados por danos pessoais e que uma porcentagem idêntica de indivíduos que alegava danos cerebrais leves exibia indicações de provável simulação (Mittenberg, Patton, Canyock e Condit, 2002).

Apesar da sua "objetividade" como um dano com bases físicas e a admissibilidade nas cortes (Stern, 2001, p. 93), os psicólogo forenses que avaliam transtornos neuropsicológicos precisam empregar grandes esforços para avaliar a simulação em todos os aspectos da sua avaliação. Os testes de inteligência são comumente usados nessas avaliações. De fato, Lees-Haley, Smith, Williams e Dunn (1996) encontraram que os neuropsicólogos os utilizavam em 76% de todas as suas avaliações forenses. Felizmente, é relativamente difícil simular em testes de inteligência sem ser detectado. Aqueles que tentam simular via de regra dão respostas inconsistentes na diferentes subescalas e não são sofisticados em muitas das suas respostas (Ackerman, 1999). As tarefas de memória são um pouco diferentes na medida em que é relativamente fácil para os reclamantes simularem prejuízos em tarefas como a Escala Wechsler de Memória (WMS) e a Escala Wechsler de Memória-Revisada (WMS-R), mas existem certas indicações que diferenciam os simuladores daqueles que são genuinamente reclamantes com danos cerebrais (Mittenberg, Tremont e Rayls, 1996). Também há testes designados especificamente para avaliar a simulação em avaliações neuropsicológicas, como o Teste de Memória Visual de Rey para Detecção de Simulação, com 15 itens, e o Teste de Simulação de Memória (TOMM). Além disso, muitos testes neuropsicológicos são testes de escolha forçada, em que a probabilidade de responder resultaria em 50% correto, enquanto os simuladores frequentemente ficam abaixo dessa probabilidade na sua tentativa de parecerem prejudicados.

Há uma controvérsia significativa no campo da neuropsicologia que tem um impacto direto na prática forense. Em geral, há duas abordagens amplas para avaliação neuropsicológica. Um neuropsicólogo pode usar a **abordagem de bateria fixa** ou a **abordagem de processo flexível**. A abordagem de bateria fixa necessita que o examinador administre um conjunto de testes neuropsicológicos padronizados de uma forma idêntica para obter um quadro abrangente do cliente. A abordagem de bateria fixa significa, às vezes, que alguns dos testes não são diretamente relevantes para o prejuízo potencial e, portanto, o tempo de administração pode ser longo. A abordagem de bateria fixa é a abordagem mais tradicional para administrar testes neuropsicológicos e muito do apoio que existe por trás de diferentes tarefas neuropsicológicas está baseado nessa abordagem. Na abordagem de processo flexível, o examinador é mais seletivo quanto às tarefas específicas que solicita ao examinando e geralmente seleciona testes que avaliam apenas as áreas em que os sintomas sugerem possível prejuízo. Essa abordagem é mais direcionada e geralmente leva menos tempo para ser administrada. A controvérsia surge porque muitos dos testes neuropsicológicos não foram testados empiricamente fora da sua bateria original, e o examinador pode perder indicações de prejuízo que não se enquadram nos seus parâmetros mais limitados, como criado pelo número de testes escolhidos. Surge uma questão legal porque a administração flexível foi criticada, por vezes com sucesso, por não satisfazer os critérios científicos de admissibilidade de *Daubert* (Capítulo 3) ou mesmo os critérios de aceitação geral. No entanto, também existem casos em que a abordagem de bateria flexível foi admitida porque era geralmente aceita ou atendia às exigências de *Daubert*. Os resultados da pesquisa de Lees-Haley e colaboradores (1996) parecem sugerir que ambas abordagens estão em geral disseminadas entre os neuropsicólogos em avaliações forenses.

Dor crônica

A área final em que as queixas de danos pessoais e a psicologia forense se sobrepõem é a da avaliação da dor crônica. À primeira vista, pode parecer que os psicólogos forenses não teriam nada a ver com avaliar alguém quanto ao grau de dor crônica que está vivenciando. Muitas pessoas associam a dor a uma base física clara e presumem que um médico seria unicamente o responsável pela avaliação da dor de um paciente. No entanto, na maioria esmagadora das vezes não há um teste objetivo para avaliar a gravidade da dor que uma pessoa está experimentando. Além do mais, a dor é muito mais uma experiência psicológica em que as pessoas a vivenciam de formas diferentes dependendo de uma série de variáveis psicológicas, apesar dos danos físicos similares.

É extensa a história do exame do papel dos fatores psicológicos na experiência subjetiva da dor (Gatchel e Kishino, 2005). Há tempo existem correlações estabelecidas entre personalidade e dor. Os indivíduos que sofrem de dor crônica estão em maior risco de suicídio, depressão, ansiedade, abuso de substância (Dersh, Polatin e Gatchel, 2002) e foram identificados como uma das maiores preocupações de saúde pelo Surgeon General (Hanscom e Jex, 2001). A crença em um tipo de personalidade específica que é mais suscetível ao relato de dor crônica está em grande parte ultrapassada (Gatchel e Kishino, 2005). Embora os transtornos de personalidade sejam mais comuns naqueles que padecem de dor crônica, há pouca consistência quanto ao transtorno de personalidade específico que é mais provável em indivíduos que a experimentam (Gatchel e Kishino, 2005). As pesquisas também sugerem que existe uma variedade de fatores cognitivos que se relacionam ao relato de dor (Pincus, 2005). Parece haver um bom apoio ao papel do lócus de controle, distorções cognitivas como catastrofização, atenção, esquiva do medo e estratégias globais de enfrentamento na experiência da dor (Linton, Vlaeyen e Ostelo, 2002). Por exemplo, os profissionais começaram a reconhecer uma diferença entre as pessoas que exibem uma resposta ativa de enfrentamento e aquelas que apresentam uma resposta passiva de enfrentamento. Os indivíduos que enfrentam passivamente relatam mais dor (Pincus, 2005). Finalmente, o retorno ao trabalho é frequentemente usado como um tipo de padrão ouro nos casos de dor crônica. Pesquisas sugerem que as variáveis psicológicas influenciam mais como motivos para que o indivíduo retorne ao trabalho do que os sintomas físicos (Galagher et al., 1989).

O papel do psicólogo forense em relação à avaliação e tratamento da dor crônica é difícil. Ele deve estar consciente das diferentes variáveis psicológicas relacionadas à dor crônica, mas também saber que elas podem contribuir para a experiência de dor ou ser o resultado da vivência pessoal de uma dor grave e crônica. Por exemplo, um indivíduo pode ser mais propenso a experimentar dor crônica devido a um estilo de personalidade ou pode desenvolver um determinado tipo de personalidade (p. ex., depressão) porque a pessoa tem de viver com uma incapacidade crônica. Gatchel e Weinsberg (2000) recomendaram uma abordagem gradual na avaliação da dor crônica em que os clínicos comecem por um exame global do indivíduo e progressivamente se tornem mais específicos no fator psicológico que estão avaliando. Embora exista uma variedade de medidas da personalidade, como o MMPI-2, Inventário Beck de Depressão ou o Inventário de Sintomas 90-Revisado, que são muito apropriados para avaliação da personalidade em pacientes com dor crônica, existem poucas medidas padronizadas para a avaliação dos fatores cognitivos relevantes (Pincus, 2005). Entretanto, esses dados continuam a ser usados para determinar o potencial para reabilitação da pessoa, o que levaria diretamente a alguma compensação que esteja sendo buscada (por exemplo, salários perdidos, custo da terapia) e a extensão da dor e sofrimento.

Além de avaliar a dimensão psicológica e cognitiva que podem estar relacionadas à experiência de dor do paciente, os psicólogos forenses também devem avaliar a motivação (Gatchel e Kishino, 2005). As pessoas que experienciam dor crônica frequentemente limitam a sua atividade para evitar sentir dor. As pessoas que se satisfazem com essas limitações depois que foram esgotadas todas as opções médicas são candidatos fracos para um programa de gerenciamento da dor que pode auxiliá-los a superar as limitações associadas à sua dor (Gatchel e Kishino, 2005). Além da motivação geral para lidar com a dor, pode haver ganhos secundários associados à manutenção da experiência de dor.

Como ocorre com os TCEs, existem evidências de uma ligação entre a compensação pela dor crônica e relatos de dor crônica. Uma metanálise dos estudos disponíveis focalizando a dor crônica indicou que indivíduos que buscam compensação relatam mais dor e têm menos probabilidade de se beneficiarem com o tratamento (Rohling et al., 1995). Além do mais, tem havido um aumento drástico no número de indivíduos que buscam indenização por dor crônica. Um estudo encontrou quase 2.700% de aumento nos gastos financeiros relativos a um dano com dor crônica, danos na coluna lombar, enquanto a incidência de dor na coluna lombar permaneceu constante (Fordyce, 1985). Na verdade, apenas um quarto de todas as queixas de incapacidade envolve dor na coluna lombar, mas elas ainda respondem por uma maioria das indenizações distribuídas por queixas de incapacidade (Spengler et al., 1986).

Como consequência, é extremamente importante identificar a simulação em avaliações de dor crônica. Embora existam medidas para avaliar diretamente percepções de dor crônica, muitos psicólogos forenses avaliam as características de personalidade que acompanham ou outros sintomas neuropsicológicos na simulação. O MMPI-2 continua a ser um dos métodos mais comuns usados para avaliar a simulação e é também incorporado às avaliações de dor crônica. Parece haver diferenças consistentes no MMPI-2 entre os indivíduos que estão sofrendo dor crônica e estão buscando compensação financeira e aqueles que não estão buscando compensação. Dush, Simons, Platt, Nation e Ayres (1994) verificaram que os indivíduos que buscavam indenização por meio das cortes tinham maior probabilidade de relatar sintomas óbvios e menor probabilidade de relatar sintomas positivos no MMPI-2. Em outro estudo que avaliou sintomas neuropsicológicos entre indivíduos com dor crônica não passaram em duas ou mais verificações de validade em uma série de testes neuropsicológicos, enquanto nenhum dos indivíduos que não conseguiram buscar indenização não passou em duas ou mais das mesmas verificações de validade (Meyers e Diep, 2000). Fracassar nas verificações de validade em um instrumento como o MMPI-2 sugere que a pessoa está dando respostas distorcidas ou está potencialmente simulando. Assim sendo, os psicólogos forenses que avaliam indivíduos que sofrem de dor crônica devem estar conscientes dos diferentes estilos de resposta às medidas psicológicas e neuropicológicas e do aumento da probabilidade de simulação nessas situações.

Avaliação clínica psicológica independente

Embora a maior parte deste capítulo tenha focado em questões relacionadas a alegações de danos pessoais em geral, também há tipos específicos de avaliação forense que ocorrem no contexto civil. As Avaliações Clínicas Independentes (ACIs) são avaliações que acontecem por solicitação das companhias de seguro em queixas de incapacidade que estão em andamento. Essas companhias seguram um determinado indivíduo e precisam de uma avaliação independente quanto à incapacidade dele que o impediria de trabalhar. Essas avaliações são muito parecidas com as avaliações de danos pessoais, exceto porque elas não necessitam de uma avaliação da causa próxima. Embora possa ser apropriado examinar a causa subjacente e suas circunstâncias, o psicólogo forense não precisa formar uma opinião quanto ao fato das circunstâncias originais serem a causa próxima de uma incapacidade. Em vez disso, ele apenas precisa avaliar os sintomas atuais e a eficácia do tratamento no que diz respeito à capacidade da pessoa de funcionar no seu local de trabalho (Vore, 2007).

Embora as ACIs psicológicas sejam similares às avaliações de danos pessoais, existem diferenças significativas a partir de um ponto de vista legal. Uma questão básica nas ACIs psicológicas é a definição de incapacidade que impede a pessoa de trabalhar. Uma incapacidade pode ser de fato, social ou legal. Uma **incapacidade de fato** satisfaz os critérios de incapacidade, conforme definido no contrato do seguro, como uma doença ou dano que impeça a pessoa de realizar o seu trabalho ou algum trabalho. Uma **incapacidade social** geralmente se refere a alguma coisa que não está coberta pela linguagem específica de um contrato. Por exemplo, um médico pode contrair uma doença contagiosa que o impeça de trabalhar como cirurgião. Uma **incapacidade legal** via de regra se refere a uma situação em que alguém não pode trabalhar devido à revogação ou suspensão de uma licença. Em geral, essas queixas de incapacidade podem estar relacionadas a uma ocupação específica ou a qualquer ocupação e representam uma consideração importante para um examinador forense. O questionamento feito quando do encaminhamento pode ser se o segurado é incapaz de trabalhar na sua ocupação particular devido a um dano psicológico ou incapaz de trabalhar em qualquer ocupação. Por exemplo, seria compreensível que um domador de leões de circo ficasse incapaz de continuar seu trabalho como domador depois de ter sido ferido por um leão. Se a sua apólice fornecesse uma compensação caso ele não fosse capaz de continuar na sua ocupação específica, então ele seria elegível para receber benefícios continuados. No entanto, se a apólice exigisse que ele ficasse incapaz de desempenhar qualquer ocupação, o psicólogo forense teria que considerar se um dano psicológico em particular impediria que ele trabalhasse com os macacos, operando uma máquina de algodão doce ou fazendo outra coisa que não tivesse nenhuma relação com o que fazia no circo.

De um modo geral, muitas questões práticas legais e clínicas pertinentes ao trabalho forense em geral pertencem às ACIs. Vore (2007) sugere que os psicólogos forenses que realizam ACIs devem seguir os fatores relevantes para qualquer avaliação forense. Esses passos incluem a realização de uma avaliação completa, a identificação de algum déficit específico que prejudique a capacidade do segurado de desempenhar o seu trabalho (não a avaliação das questões legais relativas à presença de uma incapacidade), o embasamento da opinião em dados objetivos claramente delineados e, finalmente, a avaliação da presença de distorção ou simulação. Como ocorre com todas as alegações de danos pessoais, a simulação ou exagero é uma consideração especialmente importante (Richman et al., 2006). Os psicólogos forenses que realizam ACIs também devem ser cuidadosos com questões legais e éticas relevantes para as avaliações forenses, tais como evitar relações duais, identificar o cliente (isto é, a companhia de seguros), obter um consentimento esclarecido e trabalhar dentro do âmbito de sua prática (Evans, 1992). Nesses casos, o direito está cada vez mais examinando minuciosamente a natureza independente dessas avaliações para evitar conflitos de interesse que possam surgir a partir da tentativa dos psicólogos de parecerem independentes, mas na realidade funcionarem como representantes das companhias de seguro. A sua intenção seria apresentar um resultado mais terapêutico por meio da realização de exames verdadeiramente independentes.

Indenização ao trabalhador

Outra área da prática forense que está relacionada a danos pessoais é a indenização ao trabalhador. As leis de indenização ao trabalhador tinham a intenção de compensar os trabalhadores que foram feridos enquanto desempenhavam responsabilidades relacionadas ao trabalho. Os empregadores adquirem um seguro para fornecer esse benefício, e os empregados são indenizados pelos seus danos, independentemente de a culpa ser do empregado ou do empregador (Charlton, Fowler e Ivandick, 2006). Antes das leis de indenização ao trabalhador, os empregados que se ferissem no trabalho somente podiam ser indenizados por meio de queixas de danos pessoais de acordo com a lei dos atos ilícitos. Como consequência, os empregadores tinham inúmeras defesas potenciais de acordo com a lei dos atos ilícitos discutida anteriormente (Melton et al., 1997). As leis de indenização ao trabalhador foram desenvolvidas para reduzir as dificuldades que os empregados tinham de receber indenizações por danos sofridos no trabalho porque o sistema passado era encarado como falho ou antiterapêutico.

Contudo, ao modernizar o processo por danos pessoais, ambas as partes renunciaram a certos direitos legais que normalmente teriam. Os empregadores não podem apresentar muitas defesas que teriam sido viáveis para eles segundo a lei dos atos ilícitos. Os empregados não podem buscar as indenizações ilimitadas que poderiam decorrer de uma ação de danos pessoais. Embora empregadores e empregados precisem abrir mão de certos direitos, o processo teve um impacto geral mais terapêutico (Lippel, 1999). Os empregados renunciaram ao direito de indenização potencialmente ilimitada e, em vez disso, obtiveram uma probabilidade maior de indenização e um plano fixo de indenizações. Outro aspecto interessante das reclamações de indenização ao trabalhador é que elas não são destinadas a indenizar o empregado como são as tradicionais indenizações compensatórias no direito civil. A indenização ao trabalhador pretende repor a perda do ordenado e pagar por despesas adicionais que possam ter incorrido como consequência do dano relacionado ao trabalho.

Para os psicólogos forenses, o processo não muda muito. Os empregados que buscam uma indenização sofrem os mesmos danos sofridos nas queixas de danos pessoais. Um empregado pode estar fazendo uma entrega e se envolver em um acidente de trânsito no caminho daquela entrega. Ele pode, então, desenvolver TEPT (ver Quadro 13.2, para uma visão atual na avaliação de TEPT relacionada ao trabalho) como consequência e buscar uma indenização por meio do programa de indenizações ao trabalhador. Outro empregado que está trabalhando em um depósito pode sofrer danos na coluna ou cair enquanto está empilhando material em uma prateleira e, desse modo, sofrer um traumatismo craniano. Em todos esses casos, o empregado pode buscar uma indenização por meio da reclamação de indenização do trabalhador, pois ele passaria por um processo muito mais longo e incerto por meio de uma queixa por danos pessoais. Contanto que esses eventos resultem em danos ou incapacidade, que corram durante o curso do trabalho e sejam acidentais, as leis de indenização aos trabalhadores podem ser invocadas (Meriano, 2001). Como ocorre em todas as avaliações em que o examinando está

Quadro 13.2 O papel das avaliações psicológicas em veteranos de combate na guerra do Iraque

Embora não seja abrangido pela indenização ao trabalhador, a crescente prevalência do TEPT entre os veteranos da guerra no Iraque está relacionada à nossa discussão sobre essas queixas. No entanto, em vez de estarem sob a égide da indenização ao trabalhador, os veteranos com queixas de TEPT estão buscando o acesso aos benefícios por incapacidade concedidos pelos seus benefícios militares e regulamentos militares. Além do mais, essas avaliações e o recebimento desses benefícios estão recebendo uma atenção crescente, uma vez que os veteranos retornam do Iraque com índices de TEPT relacionados ao combate que são duas, três ou quatro vezes maiores do que os índices dos combatentes anteriores, sendo que 50% dos que retornam sofrem de sintomas de TEPT. Embora essas queixas não sejam rotineiramente tratadas como queixas para indenização do trabalhador, elas envolvem avaliações psicológicas dos veteranos para que possam requerer os benefícios por incapacidade por meio do exército. Essas avaliações de incapacidade se parecem com as avaliações forenses discutidas neste capítulo e são similares a outro tipo de avaliação forense não discutido: as avaliações para benefícios do seguro social. Por exemplo, elas possuem exigências específicas a serem satisfeitas, da mesma maneira como as exigências legais para outras causas civis. Os regulamentos militares determinam que o TEPT não seja resultado de uma condição preexistente, que deve ter sido causado pelas suas experiências e que o TEPT resulte em uma incapacidade que impeça serviço futuro ou reduza a capacidade de trabalhar em uma ocupação civil. Além do mais, essas situações estão ganhando manchetes, pois pelo menos uma ação foi impetrada contra a Administração dos Veteranos (VA) em nome de veteranos que alegam que a VA falhou em lhes conceder os benefícios obrigatórios por incapacidade, em tratar dos problemas do grupo e que deu pouca atenção aos veteranos que retornam com transtorno de estresse pós-traumático.

buscando incentivos financeiros, o psicólogo forense deve fazer um esforço especial para avaliar a possibilidade de simulação ou de exagero dos sintomas em uma tentativa de receber uma indenização maior.

Assédio sexual e discriminação no emprego

Uma área final do direito civil que deriva da nossa discussão anterior das queixas tradicionais por danos pessoais é a avaliação de assédio sexual e discriminação no emprego. A discriminação ocorre no ambiente de trabalho por uma variedade de razões, e a Lei dos Direitos Civis de 1964 identificou gênero, etnia, religião e origem nacional como identificadores de classes de pessoas que devem ser protegidas legalmente contra discriminação. Outras leis deram proteção a outros grupos de pessoas e outros mecanismos legais específicos que podem precisar ser tratados além das exigências da Ação dos Direitos Civis de 1964 (Vasquez, Baker e Shullman, 2003). Além do mais, discriminação e assédio não são entidades completamente independentes e podem surgir no contexto da indenização ao trabalhador e reivindicações por danos pessoais em geral.

As queixas de discriminação resultam de efeitos discriminatórios ou de tratamento discriminatório. Os **efeitos discriminatórios** requerem que o querelante demonstre que um grupo inteiro foi afetado negativamente por uma política ou prática geral do local de trabalho. O **tratamento discriminatório** requer apenas que se demonstre que uma pessoa foi prejudicada. O assédio é uma forma de discriminação que requer que tenha havido uma alteração adversa no local de trabalho. O assédio sexual é uma forma de assédio que envolve comportamentos sexuais indesejados. Pesquisas encontraram que aproximadamente 49% das mulheres e 33% dos homens foram alvo de algum tipo de atenção sexual indesejada (ver Douglas e Koch, 2001b). O assédio sexual pode incluir **assédio *quid pro quo***, em que o empregador ou um supervisor espera que o empregado concorde com demandas ou comportamentos sexuais para que possa manter o seu emprego. Também pode ser incluído o assédio hostil no trabalho. O **assédio hostil no trabalho** se aplica aos casos em que as demandas ou comportamentos sexuais tornam o ambiente de trabalho insuportável (Douglas e Koch, 2001b).

O papel do psicólogo forense nas causas de discriminação e assédio é único em comparação com as outras áreas exploradas neste capítulo. Ele é chamado para determinar se ocorreu o assédio ou discriminação e seus efeitos no réu (Vasquez et al., 2003). É claro que não faz parte da prática de um psicólogo forense determinar realmente a ocorrência física da discriminação ou assédio, nem por que isso ocorreu. No entanto, ele pode examinar o estado psicológico do acusado após os eventos alegados para determinar se existe algo que apoie os danos alegados pelo réu. Também existe uma literatura significativa nas ciências sociais examinando o impacto da discriminação e assédio no ambiente de trabalho que pode ser consultada pelo psicólogo forense (Fiske, 1998). Por exemplo, um psicólogo forense frequentemente precisa determinar se o comportamento foi indesejado ao determinar por que ele ocorreu. O psicólogo forense também deve ter em mente que existe uma diferença significativa na forma como homes e mulheres percebem uma atenção como sendo indesejada. É incumbência do psicólogo forense estar familiarizado com a literatura psicológica que examina a miríade de diferenças individuais e o impacto das várias formas de discriminação e assédio. Esse conhecimento é geralmente um desafio para a maioria dos psicólogos forenses e não deve ser subestimado quando se considera que aquele profissional está qualificado para realizar esses tipos de avaliações. Além das exigências legais únicas e da literatura científica que as acompanha, essas avaliações envolvem o mesmo conteúdo e procedimentos discutidos ao longo de todo este texto e este capítulo. O psicólogo forense que faz essas avaliações deve estar consciente de dificuldades legais gerais, tais como a identificação do cliente, os testes psicológicos que são adequados e padronizados nessas situações e o aumento das chances de simulação quando estão em questão incentivos financeiros.

Resumo

Este capítulo foi dedicado às áreas do direito civil que com frequência são ignoradas nas discussões da psicologia forense. Danos pessoais e discriminação estão baseados nas leis dos atos ilícitos e apresentam inúmeros desafios aos psicólogos forenses que atuam nessa área. Embora os psicólogos devam se manter dentro de sua prática, continua a ser importante que eles estejam familiarizados com as leis que governam os atos ilícitos e as exigências mais peculiares específicas de algumas das áreas especializadas como o assédio sexual.

As leis dos atos ilícitos representam a estrutura legal para muitas das leis civis e requerem a presença de quatro elementos que apoiem uma ação civil. Deve haver um dever que o acusado tinha para com o querelante. Deve ter havido uma violação desse dever pelo acusado. Devem ter ocorrido danos devido à violação desse dever. E, por fim, a violação desse dever deve ter sido a causa próxima dos danos que o querelante sofreu. Nos precessos tradicionais de atos ilícitos, todos esses elementos devem estar presentes para que o querelante entre com uma ação ou receba uma indenização do acusado. As indenizações podem ser compensatórias, buscando compensar o querelante, ou punitivas, com a intenção de punir o acusado pela violação daquele dever.

Embora muitos temas anteriores de avaliação forense pertençam aos casos de danos pessoais, também há tarefas únicas às quais o psicólogo forense deve dar atenção. Ele precisa estabelecer um nível pré-mórbido de funcionamento para comparar com o estado psicológico atual para que possa determinar o começo ou piora dos danos psicológicos. Deve ser determinada a extensão do prejuízo que resultou dos danos e também a causa do prejuízo. A tarefa final do psicólogo forense é identificar as intervenções que ajudarão a reduzir o dano ou o prejuízo resultante do dano.

Uma questão que parece ser especificamente importante em casos de danos pessoais é a probabilidade de simulação ou exagero dos sintomas, com o objetivo de receber remunerações financeiras adicionais. Há claras evidências de que os indivíduos envolvidos em diferentes alegações de danos pessoais relatam sintomas mais graves que relataram originalmente antes do litígio e relatam mais sintomas em comparação com os indivíduos prejudicados que não buscam litígio. Também fica evidente que os advogados incentivam os clientes a alterarem as respostas que dão aos testes psicológicos e neuropsicológicos. Essa prática, embora possa ser legalmente ética, compromete a avaliação psicológica e apresenta um desafio ao psicólogo forense que procura manter a integridade da avaliação. Existem muitos métodos concebidos para avaliar simulação e exagero, incluindo o uso de ferramentas especialmente delineadas e construídas em escalas de validade para os testes mais comumente usados nessas situações.

As ações por danos pessoais envolvem uma variedade de danos que podem ser avaliados pelos psicólogos forenses. O TEPT é um transtorno psicológico adequado especialmente manipulado para uso no direito civil devido aos critérios diagnósticos únicos. Para ser diagnosticada com TEPT, uma pessoa deve ser exposta a um trauma psicológico e, assim, estabelecer o elemento de causa próxima de um ato ilícito. Ainda existem diversos fatores, tanto pré quanto pós-trauma, que continuam a tornar mais difícil uma relação inicialmente direta e isso pode diminuir a utilidade do TEPT aos olhos das cortes. Os TCEs referem-se a outro dano que ocorre comumente em queixas de danos pessoais. Os TCEs também vêm aparecendo com maior frequência no sistema legal, ao passo que eram extremamente raros apenas uma década atrás. Apesar dos seus critérios físicos aparentemente mais objetivos, os TCEs também apresentam dificuldades como os índices aumentados de simulação e o uso de baterias fixas ou flexíveis. A dor crônica é o terceiro maior dano sofrido pelos querelantes de danos pessoais. Existe uma variedade de diferentes fontes de dor crônica, mas os danos na coluna lombar são os mais prevalentes. Os psicólogos forenses precisam dispor de conhecimentos em relação aos diferentes fatores psicológicos que estão relacionados ao desenvolvimento e manutenção da dor crônica.

Também há tipos específicos de queixas de danos pessoais que cada vez mais estão se tornando parte da prática forense. As ACIs psicológicas são avaliações únicas relacionadas às queixas de danos pessoais. As ACIs surgem quando uma companhia de seguros está procurando uma avaliação independente da incapacidade de um segurado e apresentam algumas diferenças legais comparadas às queixas de danos pessoais em geral. Essas queixas geralmente focam a capacidade da pessoa para trabalhar. As ACIs psicológicas são o resultado das reivindicações de indenização dos trabalhadores, mas essas reivindicações não necessitam de uma ACI. As avaliações para indenização aos trabalhadores surgem quando um indivíduo foi prejudicado no trabalho e está buscando uma forma de seguro que requer que os empregadores descontem dos seus empregados. Diferentemente de outras queixas de danos pessoais, a intenção da indenização aos trabalhadores é cobrir as perdas salariais e outros custos que resultam dos danos relacionados ao emprego. Um tipo final de queixa de danos pessoais envolve alegações de discriminação ou assédio sexual. Essas queixas requerem que os querelantes demonstrem que foram discriminados ou assediados sexualmente até o ponto de sofrerem prejuízos. Esses casos requerem que os psicólogos forenses tenham conhecimentos especializados nas suas habilidades de avaliação clínica e também tenham conhecimento da literatura existente de ciências sociais relevante para as queixas de discriminação e assédio sexual. Independentemente de o caso ser por danos pessoais diretos ou uma das questões mais especializadas, os psicólogos forenses estão cada vez mais sendo envolvidos nesses aspectos civis da lei.

Termos-chave

abordagem de bateria fixa
abordagem de processo flexível
agressão (*battery*)
assédio hostil no trabalho
assédio *quid pro quo*
ataque (*assault*)
atos ilícitos
atos ilícitos intencionais
efeitos discriminatórios
incapacidade de fato
incapacidade legal
incapacidade social
indenizações compensatórias
indenizações punitivas
negligência
responsabilidade estrita
tratamento discriminatório

Leitura complementar

Hickling, E. J., & Blanchard, E. B. (1999). *The international handbook of road traffic accidents & psychological trauma: Current understanding,* *treatment, and law.* New York; Elsevier Science.

Young, G., Kane, A. W., & Nicholson, K. (2005). *Psychological knowledge in court: PTSD, pain, and TBI.* New York: Springer.

Glossário

abordagem de bateria fixa – abordagem para realizar avaliações neuropsicológicas em que o examinador administra um grupo padronizado de testes neuropsicológicos de maneira idêntica para obter uma visão abrangente do cliente.

abordagem de processo flexível – abordagem para realizar avaliações neuropsicológicas em que o examinador administra testes não relacionados que têm como alvo déficits neuropsicológicos específicos.

abuso (*battering*) – forma de violência doméstica frequentemente caracterizada por violência mais grave e um enorme controle financeiro e interpessoal da vítima.

agressão (*battery*) – termo legal usado no direito civil para se referir à violência real, enquanto "ataque" se refere à ameaça de violência.

âmbito da prática – parâmetros de conhecimento profissional em que um psicólogo deve praticar.

amicus curiae – termo latino para "amigo da corte". Refere-se a uma curta manifestação legal redigida por uma parte neutra, que tem a intenção de auxiliar a corte a chegar a uma decisão.

amostra clínica – usado na pesquisa psicológica para se referir a um grupo de pessoas que procuram assistência para dificuldades psicológicas ou emocionais.

amostra da comunidade – termo usado em pesquisa psicológica para se referir a um grupo de pessoas da comunidade em geral e que não são alvo por estarem buscando assistência para assuntos de doença mental.

aprendizagem passiva da evitação – déficit de aprendizagem que torna menos provável que os psicopatas inibam seu comportamento para evitar a punição.

aptidão – termo sinônimo de capacidade, usado comumente no direito canadense.

assédio *quid pro quo* – assédio sexual em que o empregador ou um supervisor espera que o empregado concorde com demandas ou comportamentos sexuais para que possa manter seu emprego.

assédio hostil no trabalho – assédio sexual em que as demandas ou comportamentos sexuais tornam o ambiente de trabalho insuportável.

ataque (*assault*) – termo legal utilizado no direito civil para se referir à ameaça de violência, enquanto "agressão" se refere à violência física real.

ato ilícito – violação do direito civil.

atos ilícitos intencionais – categoria de atos ilícitos que indica que é necessário um ato intencional ou propositado para responsabilidade, como em casos de ataque e agressão.

automatismo – defesa criminal que alega que as ações de um acusado são automáticas ou involuntárias, como em meio a uma crise ou durante o sono.

avaliação baseada nos pontos fortes – abordagem de avaliação que focaliza os pontos fortes ou aspectos positivos da pessoa em vez de seus déficits ou desvantagens.

avaliação de ameaça – forma de avaliação de risco concebida para avaliar a seriedade de ameaças que podem levar à violência futura.

avaliação de risco – avaliação psicológica designada para identificar a probabilidade de uma pessoa cometer violência no futuro, junto com a gravidade, iminência e natureza dessa violência.

avaliação terapêutica – avaliação psicológica realizada para auxiliar em futura terapia ou melhorar o funcionamento psicológico de uma pessoa.

avaliações de risco atuariais – abordagem de avaliação do risco de violência que tende a ser fixa e baseada em fundamentos matemáticos.

avaliações de risco clínicas – uma forma de avaliação do risco de violência em que a decisão está baseada na educação e experiência do avaliador e sem a assistência de qualquer outro instrumento formal de avaliação atuarial ou estruturada.

avaliador de políticas – psicólogos que usam o seu treinamento em metodologia da pesquisa para avaliar a eficácia das políticas, regulações e leis governamentais.

bens – outro nome para propriedade.

capacidade diminuída – uma defesa legal que reduz ou elimina a responsabilidade criminal de um acusado devido a um estado mental diminuído, quando é exigido um estado mental particular para cometer um crime.

coerção – refere-se ao ato de obrigar uma pessoa, pela força ou pela autoridade, a participar de um tratamento de saúde mental.

common law – leis baseadas nos costumes e tradições presentes em muitos países que foram anteriormente colônias da Grã-Bretanha.

confiabilidade – termo científico relacionado à consistência e estabilidade da medida.

corte de apelação – tribunal cujo papel é examinar as decisões e ações de cortes inferiores.

cortes distritais – cortes de primeira instância no sistema federal de cortes dos Estados Unidos.

delinquência juvenil – comportamento que é uma violação do direito criminal, mas é cometido por indivíduos que ainda não se tornaram adultos.

desinstitucionalização – processo que envolve a libertação de doentes mentais de instituições psiquiátricas e o incentivo para que se integrem à comunidade.

desistentes – indivíduos que cometeram crimes juvenis, mas interromperam o seu padrão criminal quando adultos.

devido processo – uma garantia de que o processo judicial será justo e o julgamento imparcial.

direito criminal – leis que focam as disputas entre os indivíduos e a sociedade em geral. O estado ou governo é o representante da sociedade no direito criminal e faz acusações contra um indivíduo que o viola.

distorções cognitivas – termo usado para descrever cognições ou pensamentos errôneos, frequentemente presentes em indivíduos com doença mental.

doutrina dos anos tenros – doutrina legal que indicava uma clara preferência por conceder a guarda dos filhos às suas mães por estarem em desenvolvimento e a percepção de que as mulheres eram mais apropriadas para criá-los.

efeitos discriminatórios – são exigências na lei de discriminação de que o querelante demonstre que um grupo inteiro foi afetado negativamente por uma política ou prática geral do local de trabalho.

emoções fraudulentas – característica frequentemente encontrada em psicopatas em que eles imitam a expressão emocional, mas não vivenciam a emoção em si.

entrevista estruturada – entrevista clínica que requer que o entrevistador faça perguntas específicas e siga procedimentos específicos.

entrevista não estruturada – tipo de entrevista clínica em que o entrevistador não segue perguntas específicas ou um formato específico.

entrevista semiestruturada – tipo de entrevista que tem um formato recomendado, mas que não precisa ser seguido à risca.

evidência de caráter – testemunho usado para descrever o caráter geral de uma pessoa e sua reputação na comunidade. Está em contraste com a evidência substantiva, que é usada para provar um fato em debate em um julgamento.

evidência de síndrome – evidências que cada vez mais estão sendo admitidas nas cortes e se referem a um conjunto de sintomas que ocorrem juntos de maneira significativa e que tipicamente têm um evento desencadeante.

evidência substantiva – evidência usada para provar uma questão diante da corte. Refere-se à evidência típica admitida em um litígio e está em contraste com a evidência de caráter que não está diretamente relacionada à questão da corte, mas, em vez disso, se refere à reputação de uma pessoa.

exibicionista – pessoa que padece de uma parafilia caracterizada por obter gratificação sexual pela exposição dos próprios genitais às outras pessoas.

fatores de proteção – características que reduzem a probabilidade de alguém cometer violência ou outros crimes no futuro.

fatores dinâmicos – fatores de risco que normalmente mudam com o passar do tempo e têm mais probabilidade de ser receptivos a tratamento ou intervenção para reduzir o risco.

fatores estáticos – características usadas para avaliar o risco de violência que são normalmente inflexíveis e não se alteram. Os fatores estáticos com frequência são chamados de fatores históricos.

femicídio – assassinato de uma mulher.

frotteuristas – indivíduos que sofrem de uma parafilia caracterizada por esfregar os genitais em pessoas desconhecidas em locais públicos.

ganho secundário – ganho que alguém extrai do sofrimento por doença mental.

gerenciamento do risco – forma de avaliação de risco em que o objetivo não é somente avaliar a propensão à violência futura, mas reduzir ou gerenciar a propensão de modo que ela não resulte em comportamento violento.

guarda compartilhada – forma de guarda em que os pais compartilham a guarda do filho ou filhos e ambos têm responsabilidade constante pelos cuidados a eles.

guarda dividida – forma de guarda em que a guarda de muitos filhos é dividida entre os dois pais.

guarda física – guarda baseada no genitor com quem a criança vive e é primariamente responsável pelos seus cuidados diários. As combinações de guarda, como a guarda única e guarda compartilhada, normalmente se referem à guarda física da criança, e não à guarda legal.

guarda legal – forma de guarda que permite que o guardião tome decisões legais referentes à criança, tais como um tratamento médico.

guarda parcial – forma de guarda em que cada um dos genitores recebe guarda única durante diferentes períodos do ano.

guarda única – forma de guarda em que um indivíduo recebe a custódia dos filhos.

habilidades funcionais – habilidades que influenciam o funcionamento de uma pessoa dentro do contexto legal e que interagem com o próprio processo legal.

honorários de contingência – acordo pelo qual um profissional, normalmente um advogado, recebe honorários com base nos resultados. Por exemplo, os advogados rotineiramente recebem uma porcentagem das indenizações recebidas em uma ação civil, mas não recebem nada se não forem vitoriosos na corte.

ideográfico – refere-se ao estudo de eventos únicos específicos ou individuais e normalmente é usado no contexto da avaliação do risco de violência.

in absentia – expressão em latim que significa "na ausência" e usada para indicar a proibição legal de um indivíduo estar ausente em determinados procedimentos legais.

incapacidade de fato – incapacidade legal que satisfaz os critérios para uma incapacidade, conforme explicitado no contrato do seguro, tais como uma doença ou prejuízo que impeçam a pessoa de realizar o seu trabalho ou qualquer trabalho.

incapacidade grave – uma das exigências para restrição civil em algumas jurisdições ou um componente de perigo à pessoa em outras jurisdições, que é caracterizada por uma incapacidade de suprir suas necessidades básicas, como alimento, abrigo e segurança.

incapacidade legal – incapacidade que impede que alguém trabalhe devido à revogação ou suspensão de uma licença.

incapacidade social – incapacidade que impede que alguém desempenhe seu trabalho porque é socialmente indesejável, mas que normalmente não é abrangida pela linguagem específica de um contrato e pode não incapacitá-lo fisicamente em outros aspectos.

indenizações compensatórias – indenizações financeiras concedidas em julgamentos civis que pretendem compensar o réu por danos sofridos.

indenizações punitivas – indenizações concedidas em um julgamento civil, em contraste com as indenizações compensatórias, que pretendem punir os acusados pelo seu comportamento.

índice de base – frequência ou prevalência de um evento particular, usado no contexto de violência.

informações de arquivo – informações obtidas de fontes externas, tais como instituições de saúde mental, prisões, escolas e médicos, que são utilizadas com frequência para subsidiar testes psicológicos ou elaborar relatórios em primeira mão de avaliações psicológicas.

instrumento forensemente relevante – medidas psicológicas que focam questões clínicas que são comuns no sistema legal tais como psicopatia ou violência futura, mas que não foram concebidas para serem usadas especificamente no sistema legal.

instrumentos forenses especializados – medidas psicológicas diretamente relevantes para um padrão legal específico e as habilidades que se relacionam àquele padrão legal.

instrumentos para avaliação forense – medidas psicológicas com intenção de uso em contextos forenses.

intoxicação – defesa legal que alega que a capacidade normal de uma pessoa está inibida pelo consumo de álcool ou drogas.

julgamento profissional estruturado – forma de avaliação do risco de violência em que o indivíduo usa uma ferramenta estruturada de avaliação de risco que fornece orientações referentes aos fatores de risco a serem considerados, mas que não requer uma decisão definitiva.

junk science – termo utilizado em decisões legais para se referir ao testemunho de um perito baseado em achados pobres ou sem comprovação.

jurisdição – poder da corte de decidir sobre um assunto em uma região geográfica particular, como um país ou estado.

jurisprudência – lei criada pelas opiniões dos juízes baseada em decisões das cortes de apelação. Está em contraste com a lei codificada, que é criada pelo poder legislativo.

jurisprudência terapêutica – estudo das leis e do processo legal como um agente para promover resultados terapêuticos ou positivos e evitar resultados antiterapêuticos.

justiça dos procedimentos – noção que tem seu foco no processo pelo qual as decisões são tomadas e não no resultado dessas decisões.

lei civil – lei focada nas disputas entre dois indivíduos, em oposição ao direito criminal que focaliza as disputas entre um indivíduo e a sociedade. As disputas civis geralmente envolvem danos pessoais ou danos à propriedade.

lei codificada – lei criada pelos ramos legislativos do governo. Está em contraste com a jurisprudência, que é criada pelas cortes.

liberação condicional – forma de restrição externa que implica que uma pessoa concorde em participar de tratamento como paciente ambulatorial depois de sua internação. Se ela não cumpre as condições da liberação, é levada de volta para o hospital como paciente interno.

mediação – processo legal por meio do qual são resolvidas disputas mediante negociação feita por uma figura de autoridade neutra e estranha à corte.

melhor interesse da criança – padrão legal corrente usado em casos de guarda nos Estados Unidos que focaliza a concessão da guarda com base no que é melhor para a criança, e não nos interesses dos pais ou de outras partes.

mens rea – expressão do latim significando "mente culpada" que é usada para indicar a intenção de cometer um crime. A presença de *mens rea* é uma exigência para a culpa em muitos crimes.

"mercenário" – termo negativo usado para descrever um perito que testemunha para uma parte específica em um julgamento e está disposto a testemunhar sobre o que aquela parte deseja em consequência de ser pago pelo trabalho.

metanálise – técnica estatística que permite a combinação quantitativa dos dados de inúmeros estudos.

molestador de crianças – pessoa que abusa sexualmente de uma criança.

molestador de crianças extrafamília – pessoa que abusa sexualmente uma criança que não tenha parentesco com o molestador.

molestador de crianças intrafamília – pessoa que ataca uma criança que tem relação com o molestador ou é membro da família do molestador.

necessidades criminogênicas – objetivos que os criminosos têm ou as necessidades que eles satisfazem quando cometem crimes.

negligência – tipo de ato ilícito em que o indivíduo não age como uma pessoa razoável agiria sob determinadas circunstâncias.

nomotética – refere-se ao estudo das leis científicas universais ou gerais que são aplicáveis a grupos de pessoas. O termo é usado frequentemente em avaliação de risco de violência para contrastar com decisões ideográficas tomadas sobre os indivíduos.

ofensa de *status* – infrações juvenis que não seriam consideradas violações das leis criminais se cometidas por um adulto.

ônus da prova – o dever de estabelecer ou provar uma alegação que uma parte apresenta em relação à outra. A acusação tipicamente tem o ônus de provar a sua causa contra o réu em julgamentos criminais e o autor tem o ônus de provar a sua causa em assuntos civis.

ordem de restrição – ordem legal dada por um juiz proibindo que uma parte faça algo, normalmente impedindo o contato entre duas partes no contexto de uma relação doméstica violenta.

pacientes psiquiátricos civis – termo usado para descrever indivíduos internados civilmente em instituições psiquiátricas.

padrão ALI – padrão legal para inimputabilidade desenvolvido pelo American Legal Institute que tem seu foco em uma pessoa que não é responsável criminalmente se o seu comportamento "for resultado de doença ou defeito mental [e] carecer de capacidade substancial para compreender a criminalidade (erro) da sua conduta ou de adequar sua conduta às exigências da lei". Também é referido como a regra de *Brawner*.

padrão de prova – o grau de prova necessário para prevalecer em uma ação legal.

padrão *M'Naghten* – padrão de inimputabilidade que se aplica se o acusado sofrer de um defeito da razão, ou de doença da mente, a ponto de não entender a natureza e qualidade do ato ou não saber que o que estava fazendo era errado. É o padrão mais frequentemente usado nos Estados Unidos.

parafilia – classe ampla de transtornos mentais caracterizada por pensamentos, impulsos e comportamentos sexuais anormais.

parafilia SOE – tipo de parafilia que não se enquadra nas exigências de um diagnóstico específico de qualquer outro subtipo de parafilia, mas que é um transtorno sexual, uma parafilia sem outra especificação.

parens patriae – expressão latina que significa "pais do país", que é a base de uma doutrina legal que encoraja o estado a agir como o pai de alguém que tem necessidade de proteção.

pedófilo – pessoa que padece de um subtipo de parafilia, em que o indivíduo relata pensamentos, impulsos ou comportamentos que indicam atração sexual por crianças pré-púberes.

perfil criminal – processo pelo qual as características de um crime e da cena do crime são coletados e organizados sistematicamente para identificar suspeitos em potencial.

persistentes – indivíduos que cometeram crimes juvenis e mantêm o seu padrão criminal quando adultos.

pletismógrafo peniano – método falométrico de avaliação em agressores sexuais que consiste em avaliar a excitação do indivíduo diante de estímulos sexuais por meio de aparelhos fisiológicos.

poder de polícia – doutrina legal que concede ao estado poderes de agir da maneira necessária para proteger o bem-estar geral da sociedade.

predador sexual – termo legal que descreve um agressor sexual que é mentalmente doente e tem probabilidade de cometer um crime sexual futuro. Como consequência, essa pessoa é restringida civilmente depois de cumprir sua sentença criminal original para prevenir uma agressão sexual futura.

prejudicial – que causa danos ou prejuízos, normalmente usado no contexto da proibição de uma evidência que é mais prejudicial do que probatória.

prevenção de recaída – forma de tratamento usada com agressores sexuais em que o indivíduo é ensinado a identificar situações em que há probabilidade de recaída ou de cometer um crime sexual, com o objetivo de evitar essas situações.

princípio da responsividade – ideia de que o tratamento deve ser adequado às necessidades do indivíduo que está sendo tratado e, assim, ser adaptado especificamente a ele para aumentar a probabilidade de eficácia.

prisões obrigatórias – prática que determina que os oficiais de polícia prendam uma pessoa quando está claro que ocorreu violência doméstica, a despeito do desejo das partes envolvidas.

programa de graduação conjunta – tipo de programa de graduação em que o aluno recebe um título em psicologia e um em direito simultaneamente.

psicologia clínica – ramo da psicologia que tem seu enfoque na avaliação e tratamento da doença mental.

psicologia forense – ramo da psicologia caracterizado como a interseção entre o direito e a psicologia clínica em que os psicólogos tentam auxiliar as cortes a resolverem questões legais.

psicologia penitenciária – ramo da psicologia clínica que foca a aplicação da psicologia clínica a indivíduos encarcerados em cadeias e prisões.

psicopatas de sucesso – termo usado para se referir a indivíduos psicopatas que provavelmente não serão encarcerados e tendem a ser mais inteligentes, provêm de *status* socioeconômico mais alto e cometem crimes de colarinho branco.

psicopatia – construto clínico caracterizado por déficits no funcionamento interpessoal e emocional que aumenta a probabilidade de um indivíduo se comportar de uma maneira antissocial.

psicopatia primária – subtipo de psicopatia em que o indivíduo está livre de ansiedade e melhor representa um verdadeiro psicopata.

psicopatia secundária – forma de psicopatia causada por desvantagens sociais e inclui a expressão ocasional de ansiedade.

recuperação da capacidade – processo de recuperação de uma pessoa até um nível de funcionamento mental que lhe possibilite participar adequadamente do processo legal.

regra de *Brawner* – padrão legal para inimputabilidade que tem seu foco no fato de uma pessoa não ser responsável criminalmente se o seu comportamento for "resultado de doença ou defeito mental e carecer de capacidade substancial para compreender a criminalidade (erro) da sua conduta ou de adequar sua conduta às exigências da lei". Também é referida como regra ALI.

regra de *Durham* – padrão para inimputabilidade que considera se o crime é produto de doença mental no acusado. Também é chamada de regra do produto.

regra do produto – padrão para inimputabilidade que considera se o crime é produto de doença mental no acusado. Também é chamada de regra de Durham.

reincidência – repetição de comportamento criminoso normalmente definida por outra condenação criminal e posterior encarceramento.

responsabilidade estrita – tipo de ato ilícito em que não é importante provar que a conduta estava errada, mas apenas provar que alguém estava fazendo algo que causou danos.

restrição civil ambulatorial tradicional – alternativa para o tratamento com hospitalização que requer que a pessoa satisfaça os critérios para restrição civil e permite que os indivíduos restringidos busquem tratamento externo.

restrição civil preventiva – forma de restrição civil em que um indivíduo não satisfaz as exigências legais para restrição civil, mas que se espera que deteriore no futuro e vá satisfazer as exigências.

restrição de emergência – forma civil de restrição em que uma pessoa pode ser detida por um breve período de tempo, normalmente 24 a 48 horas, com poucas proteções de devido processo ou as formalidades que existem em restrições prolongadas.

restrição prolongada – uma forma de restrição civil em que um indivíduo é mantido por um período prolongado de tempo em uma instituição psiquiátrica com o exame regular da sua situação para avaliar a sua saúde mental e periculosidade.

stare decisis – expressão latina que significa "deixar a decisão se manter" e é indicativa da tendência em manter determinações anteriores da corte.

testador – pessoa que faz um testamento.

teste da besta selvagem – padrão de inimputabilidade definido por uma privação total de entendimento e memória e pela falta de reconhecimento de que está agindo como um bebê, um bruto ou uma fera selvagem.

teste do impulso irresistível – exigência legal para inimputabilidade frequentemente acrescentada ao padrão *M'Naghten* que determina que um acusado seja considerado inimputável se o seu comportamento for o resultado de um impulso que ele não pode controlar.

teste objetivo – testes de personalidade em que é feita uma pergunta ao indivíduo e espera-se que ele responda de uma maneira estruturada e direta, como em uma escala de pontuação ou em um formato verdadeiro/falso.

teste projetivo – teste de personalidade que envolve a apresentação de estímulos ambíguos.

testemunha de fato – testemunha que tem conhecimento direto dos eventos na disputa de uma causa. Uma testemunha de fato com frequência é referida simplesmente como testemunha ou testemunha ocular se ela na verdade assistiu os eventos em disputa.

testemunho final sobre a questão – testemunho de perito em que o especialista apresenta uma conclusão que responde à questão legal final, a questão que está atualmente diante da corte.

transmissão intergeracional da violência – achado em psicologia de que as vítimas de violência em uma geração (filhos de pais violentos) têm maior probabilidade de perpetrarem violência contra a geração seguinte (seus próprios filhos).

transtorno da personalidade antissocial – transtorno mental listado no DSM, caracterizado por comportamento antissocial, mas distinto da psicopatia.

transtorno de estresse pós-traumático – transtorno de ansiedade precipitado por um evento traumático que leva a sintomas que envolvem a revivência do evento, esquiva de estímulos relacionados e aumento na agitação.

tratamento discriminatório – uma exigência na lei de discriminação de que o querelante demonstre que uma pessoa foi prejudicada por práticas discriminatórias.

validade – termo científico relacionado à precisão da medida.

valor probatório – ajuda a provar um ponto particular, usado no contexto da proibição da admissão de evidência que seja mais prejudicial do que probatória.

vara distrital – nível de uma corte de julgamento no sistema estadual de cortes.

violência instrumental – violência cometida com um propósito ou de uma maneira planejada ou organizada.

violência reativa – forma de violência que ocorre por emoção, tal como raiva ou medo.

voyeurs – indivíduos que sofrem de uma parafilia caracterizada por receber gratificação sexual mediante a observação recorrente de atos sexuais ou dos órgãos sexuais de outros.

Referências

Abel, G. G., Blanchard, E. B., & Becker, J. V. (1978). An integrated treatment program for rapists. In R. T. Rada (Ed.), *Clinical aspects of rapists* (pp. 161–214). New York: Grune & Stratton.

Abel, G. G., Gore, D. K., Holland, C. L., Camp, N., Becker, J. V., & Rathner, J. (1989). The measurement of the cognitive distortions of child molesters. *Annals of Sex Research, 2*, 135–152.

Abel, G. G., Mittelman, M. S., & Becker, J. V. (1985). Sexual offenders: Results of assessments and recommendations for treatment. In M. H. Ben-Aron, S. J. Hucker, & C. D. Webster (Eds.), *Clinical criminology: Current concepts* (pp. 191–205). Toronto: M & M Graphics.

Abel, G. G., Osborn, C. A., & Twig, D. A. (1993). Sexual assault throughout the lifespan: Adult offenders with juvenile histories. In H. E. Barbaree, W. L. Marshall, & S. M. Hudson (Eds.), *The juvenile sex offender* (pp. 104–117). New York: Guilford.

Abidin, R. R. (1990). *Parenting stress index* (3rd ed.). Odessa, FL: Psychological Assessment Resources.

Ackerman, M. J. (1999). Essentials of personal injury assessment. In M. J. Ackerman (Ed.), *Essentials of forensic psychological assessment*. New York: John Wiley & Sons, Inc.

Ackerman, M. J., & Ackerman, M. C. (1997). Custody evaluation practices: A survey of experienced professionals (revisited). *Professional Psychology: Research, and Practice, 28*, 137–145.

Ackerman, M. J., & Schoendorf, K. (1992). ASPECT: *Ackerman-Schoendorf scales for parent evaluation of custody-manual*. Los Angeles: Western Psychological Services.

Ackerson, K. S., Brodsky, S. L., & Zapf, P. A. (2005). Judges' and psychologists' assessments of legal and clinical factors in competence for execution. *Psychology, Public Policy, and Law, 11*, 164–193.

Actkinson, T. R. (2000). Master's and myth: Little known information about a popular degree. *Eye on Psi Chi, 4*, 19–21.

Addington v. Texas, 441 U.S. 418 (1979).

Aguilar, R. J., & Nightingale, N. N. (1994). The impact of specific battering experiences on the self-esteem of abused women. *Journal of Family Violence, 9*, 35–45.

Allbright, A., Levy, F., & Wagle, N. C. (2002). Outpatient civil commitment laws: An overview. *Mental and Physical Disability Law Reporter, 26*, 179–182.

Allen, R. J., & Miller, J. S. (1995). The expert as educator: Enhancing the rationality of verdicts in child sex abuse prosecutions. *Psychology, Public Policy, and Law, 1*, 323–338.

Alterman, A. I., Cacciola, J. S., & Rutherford, M. J. (1993). Reliability of the revised psychopathy checklist in substance abuse populations. *Psychological Assessment, 5*, 442–448.

Amato, P. R. (2001). Children of divorce in the 1990s: An update of the Amato and Keith (1991) meta-analysis. *Journal of Family Psychology, 15*, 355–370.

American Academy of Child and Adolescent Psychiatry. (1997). Practice parameters for child custody evaluation. *Journal of the American Academy of Child and Adolescent Psychiatry, 36*, 57S–68S.

American Bar Association. (2006). Model rules of professional conduct. Retrieved December 20, 2006, from http://www.abanet.org/cpr/mrpc/mrpc_toc.html

American Law Institute. (1962). Model penal code. Philadelphia: Author.

American Psychiatric Association. (1980). *Diagnostic and statistical manual of mental disorders-III*. Washington DC: Author.

American Psychiatric Association. (2000). *Diagnostic and statistical manual of mental disorders-IV-TR*. Washington DC: Author.

American Psychological Association. (1994). Guidelines for child custody evaluations in divorce proceedings. *American Psychologist, 49*, 677–680.

American Psychological Association. (2002). Ethical principles of psychologists and code of conduct. *American Psychologist, 57*, 1060–1073.

Andrews, C. K. (2005). Trial consulting: Moving psychology into the courtroom. In R. D. Morgan, T. L. Kuther, & C. J. Habben (Eds.), *Life after graduate school in psychology: Insider's advice from new psychologists* (pp. 257–274). New York, Psychology Press.

Andrews, D. A., Zinger, I., Hoge, R. D., & Bonta, J. (1996). Does correctional treatment work? A clinically relevant and psychologically informed meta-analysis. In D. F. Greenberg (Ed.), *Criminal careers* (Vol. 2, pp. 437–472). Brookfield, VT: Dartmouth Publishing Company Limited.

Antonowicz, D. H., & Ross, R. R. (1994). Essential components of successful rehabilitation programs for offenders. *International Journal of Offender Therapy and Comparative Criminology, 38*, 97–104.

Appelbaum, K. L., & Fisher, W. H. (1997). Judges' assumptions about the appropriateness of civil and forensic commitment. *Psychiatric Services, 48*, 710–712.

Appelbaum, K. L., Fisher, W. H., Nestelbaum, Z., & Bateman, A. (1992). Are pretrial commitments for forensic evaluation used to control nuisance behavior? *Hospital & Community Psychiatry, 43*, 603–607.

Appelbaum, P. S. (2004). Psychiatric advance directives and the treatment of committed patients. *Psychiatric Services, 55*, 751–752, 763.

Appleby, L. (1992). Suicide in psychiatric patients: Risk and prevention. *British Journal of Psychiatry, 161*, 749–758.

Arboleda-Florez, J. E., Love, E. J., Fick, G., O'Brien, K., Hashman, K., & Aderibgbe, Y. (1995). An epidemiological study of mental illness in a remanded population. *International Medical Journal, 2*, 113–126.

Archer, J. (2000). Sex differences in aggression between heterosexual partners: A meta-analytic review. *Psychological Bulletin, 126*, 651–680.

Archer, R. P., Buffington-Vollum, J. K., Stredny, R. V., & Handel, R. W. (2006). A survey of psychological test use patterns among forensic psychologists. *Journal of Personality Assessment, 87*, 85–95.

Association of Family and Conciliation Courts. (n.d.). *Model standards of practice for child custody evaluation.* Milwaukee, WI: Author.

Atkins v. Virginia, 536 U.S. 304, 153 L. Ed. 2d 335, 122 S. Ct. 2242 (2002).

Augimeri, L., Koegl, C., Webster, C. D., & Levene, K. (2001). *Early assessment risk list for boys: EARL-20B, Version 2.* Toronto: Earlscourt Child and Family Centre.

Azevedo, D. (1996). Disarming hired guns. *Medical Economics, 73,* 174–183.

Babcock, J. C., Green, C. E., & Robie, C. (2004). Does batterers' treatment work? A meta-analytic review of domestic violence treatment. *Clinical Psychology Review, 23,* 1023–1053.

Babcock, J. C., Miller, S. A., & Siard, C. (2003). Toward a typology of abusive women: Differences between partner-only and generally violent women in the use of violence. *Psychology of Women Quarterly, 27,* 153–161.

Babiak, P., & Hare, R. D. (2006). *Snakes in suits: When psychopaths go to work.* New York: Regan Books/HarperCollins Publishers.

Bagby R. M., Nicholson, R. A., Buis, T., & Bacchiochi, J. R. (2000). Can the MMPI-2 validity scales detect depression feigned by experts? *Assessment, 7,* 55–62.

Banks v. Goodfellow L. R., 5 Q.B. 549 (1870).

Barbaree, H. E. (2005). Psychopathy, treatment behavior, and recidivism: An extended follow-up of Seto and Barbaree. *Journal of Interpersonal Violence, 20,* 1115–1131.

Barbaree, H. E., Seto, M. C., Langton, C. M., & Peacock, E. J. (2001). Evaluating the predicting accuracy of six risk assessment instruments for adult sex offenders. *Criminal Justice and Behavior, 28,* 490–521.

Bardwell, M. C., & Arrigo, B. A. (2002). Competency to stand trial: A law, psychology, and policy assessment. *Journal of Psychiatry and Law, 30,* 147–269.

Barefoot v. Estelle, 462 U.S. 880 (1983).

Barnett, O. W., & Fagan, R. W. (1993). Alcohol use in male spouse abusers and their female partners. *Journal of Family Violence, 8,* 1–25.

Bartel, P., Borum, R., & Forth, A. (2000). *Structured assessment for violence risk in youth (SAVRY).* Tampa, FL: Louis de la Parte Florida Mental Health Institute, University of South Florida.

Barth, J. T., Ruff, R., & Espe-Pfeifer, P. (2005). Mild traumatic brain injury: Definitions. In G. Young, A. W. Kane, & K. Nicholson (Eds.), *Psychological knowledge in court: PTSD, pain, and TBI* (pp. 55–69). New York: Springer.

Baumgartner, J. V., Scalora, M. J., & Huss, M. T. (2002). Assessment of the Wilson Sex Fantasy Questionnaire among child molesters and nonsexual forensic offenders. *Sexual Abuse: Journal of Research and Treatment, 14,* 19–30.

Bauserman, R. (2002). Child adjustment in joint-custody versus sole-custody arrangements: A meta-analytic review. *Journal of Family Psychology, 16,* 91–102.

Becker, J. V., Cunningham-Rather, J., & Kaplan, M. S. (1986). Adolescent sexual offenders: Demographics, criminal and sexual histories, and recommendations for reducing future offenses. *Journal of Interpersonal Violence, 1,* 431–445.

Beckham, J. C., Annis, L. V., & Bein, M. F. (1986). Don't pass go: Predicting who returns from court as remaining incompetent for trial. *Criminal Justice and Behavior, 13,* 99–109.

Beckham, J. C., Annis, L. V., & Gustafson, D. J. (1989). Decision making and examiner bias in forensic expert recommendations for not guilty by reason of insanity. *Law and Human Behavior, 13,* 79–87.

Benjamin, G. A. H., & Gollan, J. K. (2003). *Family evaluation in custody litigation:*

Reducing risks of ethical infractions and malpractice. Washington, DC: American Psychological Association.

Benjamin, L. T. (2006). Hugo Münsterberg's attack on the application of scientific psychology. *Journal of Applied Psychology, 91*, 414–425.

Bennett, G. T., & Kish, G. R. (1990). Incompetency to stand trial: Treatment unaffected by demographic variables. *Journal of Forensic Sciences, 35*, 403–412.

Bennett, N. S., Lidz, C. W., Monahan, J., Mulvey, E. P., Hoge, S. K., Roth, L. H., et al. (1993). Inclusion, motivation, and good faith: The morality of coercion in mental hospital admission. *Behavioral Sciences and the Law, 11*, 295–306.

Benson, M. L., Wooldredge, J., Thistlethwaite, A. B., & Fox, G. L. (2004). The correlation between race and domestic violence is confounded with community context. *Social Problems, 51*, 326–342.

Bernet, W. (2002). Child custody evaluations. *Child and Adolescent Psychiatric Clinics of North America, 11*, 781–804.

Berry, D. T. R., & Butcher, J. N. (1998). Detecting of feigning of head injury symptoms on the MMPI-2. In C. R. Reynolds (Ed.), *Critical issues in neuropsychology* (pp. 209–238). New York: Plenum Press.

Bersoff, D. N., Goodman-Delahunty, J., Grisso, J. T., Hans, V. P., Poythress, N. G., & Roesch, R. (1997). Training in law and psychology: Models from the Villanova Conference. *American Psychologist, 52*, 1301–1310.

Bigelow, D. A., Bloom, J. D., Williams, M., & McFarland, B. H. (1999). An administrative model for close monitoring and managing high risk individuals. *Behavioral Sciences and the Law, 17*, 225–237.

Binder, L. M., & Rohling, M. L. (1996). Money matters: Meta-analytic review of the effects of financial incentives on recovery after closed-head injury. *American Journal of Psychiatry, 153*, 7–10.

Bishop, D., & Frazier, C. (2000). Consequences of transfer. In J. Fagan & F. E. Zimring (Eds.), *The changing borders of juvenile justice: Transfer of adolescents to the criminal court* (pp. 227–276). Chicago: University of Chicago Press.

Black, B., & Singer, J. A. (1993). From Frye to Daubert: A new test for scientific evidence. *Shepard's Expert and Science Evidence Quarterly, 1*, 19–39.

Black, D. A., Heyman, R. E., & Slep, A. M. S. (2001). Risk factors for male-to-male partner sexual abuse. *Aggression and Violent Behavior, 6*, 269–280.

Blackburn, R. (1996). What *is* forensic psychology? *Legal and Criminological Psychology, 1*, 3–16.

Blair, R. J. R. (1999). Responsiveness to distress cues in the child with psychopathic tendencies. *Personality and Individual Differences, 27*, 135–145.

Blair, R. J. R., Jones, L., Clark, F., & Smith, M. (1997). The psychopathic individual: A lack of responsiveness to distress cues? *Psychophysiology, 34*, 192–198.

Blanchard, E. B., Hickling, E. J., Taylor, A. E., Loos, W. R., Forneris, C. A., & Jaccard, J. (1996). Who develops from motor vehicle accidents? *Behaviour Research and Therapy, 34*, 1–10.

Blanchard, R., Klassen, P., Dickey, R., Kuban, M. E., & Blak, T. (2001). Sensitivity and specificity of the phallometric test for pedophilia in non admitting sex offenders. *Psychological Assessment, 13*, 118–126.

Blau, T. H. (1998). *The psychologist as expert witness* (2nd ed.). New York: John Wiley & Sons, Inc.

Boccaccini, M. T. (2002). What do we really know about witness preparation. *Behavioral Sciences and the Law, 20*, 161–189.

Boccaccini, M. T., & Brodsky, S. L. (2002). Believability of expert and lay witnesses: Implications for trial consultation. Professional *Psychology: Research and Practice, 33*, 384–388.

Bodholdt, R. H., Richards, H. R., & Gacono, C. B. (2000). Assessing psychopathy in adults: The psychopathy checklist-revised and screening version. In C. B. Gacono (Ed.), *The clinical and forensic assessment of psychopathy: A practitioners guide* (pp. 55–86). Mahwah, NJ: Lawrence Erlbaum Associates.

Boer, D. P., Hart, S. D., Kropp, P. R., & Webster, C. D. (1997). *Manual for the Sexual Violence Risk – 20*. Burnaby, British Columbia: Mental Health, Law, and Policy Institute, Simon Fraser University.

Boothby, J. L., & Clements, C. B. (2000). A national survey of correctional psychologists. *Criminal Justice and Behavior, 27*, 716–732.

Bonnie, R. J., & Grisso, T. (2000). Adjudicative competence and youthful offenders. In T. Grisso, & R. G. Schwartz (Eds.), *Youth on trial: A developmental perspective on juvenile justice* (pp. 73–103). Chicago: University of Chicago Press.

Bonsack, C., & Borgeat, F. (2005). Perceived coercion and need for hospitalization related to psychiatric admission. *International Journal of Law and Psychiatry, 28*, 342–347.

Borum, R. (1996). Improving the clinical practice of violence risk assessment: Technology, guidelines, and training. *American Psychologist, 51*, 945–956.

Borum, R. (2000). Assessing violence risk among youth. *Journal of Clinical Psychology, 56*, 1263–1288.

Borum, R. (2003a). Managing at-risk juvenile offenders in the community. *Journal of Contemporary Criminal Justice, 19*, 114–137.

Borum, R. (2003b). Not guilty by reason of insanity. In T. Grisso (Ed.), *Evaluating competencies: Forensic assessments and instruments* (2nd ed., pp. 193–228). New York: Kluwer/Plenum.

Borum, R., & Fulero, S. M. (1999). Empirical research on the insanity defense and attempted reforms: Evidence toward informed policy. *Law and Human Behavior, 23*, 117–135.

Borum, R., & Grisso, T. (1995). Psychological test use in criminal forensic evaluations. *Professional Psychology: Research and Practice, 26*, 465–473.

Borum, R., & Grisso, T. (1996). Establishing standards for criminal forensic reports: An empirical analysis. *Bulletin of the American Academy of Psychiatry & the Law, 24*, 297–317.

Borum, R., & Otto, R. (2000). Advances in forensic assessment and treatment. *Law and Human Behavior, 24*, 1–7.

Bottoms v. Bottoms, 249 Va. 410, 457 S.E. 2d 102 (1995).

Bottoms, B., Costanzo, M., Greene, E., Redlich, A., Woolard, J., & Zapf, P. (2004). Careers in Psychology and the Law: A guide for prospective students. Available online at http://ap-ls.org/students/careers%20in%20psychology.pdf

Bow, J. N., & Quinnell, F. A. (2001). Psychologists' current practices and procedures in child custody evaluations: Five years after American Psychological Association guidelines. *Professional Psychology: Research, and Practice, 32*, 261–268.

Bow, J. N., Quinnell, F. A., Zarnoff, M., & Assemany, A. (2002). Assessment of sexual abuse allegations in child custody cases. *Professional Psychology: Research and Practice, 33*, 566–575.

Bowie v. Arder, 476 N. W. 2d 649 (1991).

Boyle, D. J., & Vivian, D. (1996). Generalized versus spouse-specific anger/hostility and men's violence against intimates. *Violence and Victims, 11*, 293–317.

Bradford, J. M. W. (1985). Organic treatments for the male sexual offender. *Behavioral Sciences and the Law, 3*, 355–375.

Bradley, A. (2003). Child custody evaluations. In W. T. O'Donohue & E. R. Levensky (Eds.), *Handbook of forensic psychology: Resource for mental health and legal professionals* (pp. 234–243). New York: Elsevier.

Braff, J., Arvanites, T., & Steadman, H. J. (1983). Detention patters of successful and unsuccessful insanity defendants. *Criminology, 21*, 439–448.

Brakel, S. J., Parry, J., & Weiner, B. (1985). *The mentally disabled and the law* (3rd ed.). Chicago: American Bar Foundation.

Brewer, N., & Williams, K. (2005). *Psychology and law: An empirical perspective*. New York: Guilford.

Bricklin, B. (1989). *Perception of relationships test manual*. Furlong, PA: Village Publishing.

Bricklin, B. (1990a). *Bricklin perceptual scales manual*. Furlong, PA: Village Publishing.

Bricklin, B. (1990b). *Parent awareness skills survey manual*. Furlong, PA: Village Publishing.

Bricklin, B., & Elliot, G. (1991). *Parent perception of child profile manual*. Furlong, PA: Village Publishing.

Brigham, J. C. (1999). What is forensic psychology, anyway? *Law and Human Behavior, 23*, 273–298.

Brinkley, C. A., Bernstein, A., & Newman, J. P. (1999). Coherence in the narratives of psychopathic and nonpsychopathic criminal offenders. *Personality and Individual Differences, 27*, 519–530.

Brodin, M. S. (2005). Behavioral science evidence in the age of Daubert: Reflections of a skeptic. *University of Cincinnati Law Review, 73*, 867–943.

Brodsky, S. L. (1991). *Testifying in court: Guidelines and maxims for the expert witness*. Washington, DC: American Psychological Association.

Brodsky, S. L., & Bennett, A. L. (2005). Psychological assessments of confessions and suggestibility in mentally retarded suspects. *Journal of Psychiatry and Law, 33*, 359–366.

Brodsky, S. L., Caputo, A. A., & Domino, M. L. (2002). The mental health professionals in court. In B. Van Dorsten (Ed.), *Forensic psychology: From classroom to courtroom* (pp. 17–33). New York: Kluwer Academic/Plenum.

Brodzinsky, D. M. (1993). On the use and misuse of psychological testing in child custody evaluations. *Professional Psychology: Research and Practice, 24*, 213–219.

Brown, D. R. (1992). A didactic group program for persons found unfit to stand trial. *Hospital & Community Psychiatry, 43*, 732–733.

Brown, S. L., & Forth, A. E. (1997). Psychopathy and sexual assault: Static risk factors, emotional precursors, and rapist subtypes. *Journal of Consulting and Clinical Psychology, 65*, 848–857.

Bullock, J. L. (2003). Involuntary treatment of defendants found incompetent to stand trial. *Journal of Forensic Psychology Practice, 2*, 1–33.

Bumby, K. M. (1993). Reviewing the guilty but mentally ill alternative: A case of the blind "pleading" the blind. *Journal of Psychiatry & Law, 21*, 191–220.

Bumby, K. M. (1996). Assessing the cognitive distortions of child molesters and rapists: Development and validation of the MOLEST and RAPE scales. *Sexual Abuse: A Journal of Research and Treatment, 8*, 37–54.

Bumpass, L. (1984). Some characteristics of children's second families. *American Journal of Sociology, 90*, 608–623.

Burgess, A., & Holstrom, L. (1974). Rape trauma syndrome. *American Journal of Psychiatry, 131*, 980–986.

Burt, M. R. (1980). Cultural myths and supports for rape. *Journal of Personality and Social Psychology, 38*, 217–230.

Burton, N. M., & Steadman, H. J. (1978). Legal professionals' perceptions of the insanity defense. *Journal of Psychiatry & Law, 6*, 173–187.

Busch, A. L., & Rosenberg, M. S. (2004). Comparing women and men arrested for domestic violence: A preliminary report. *Journal of Family Violence, 19*, 49–57.

Butcher, J. N. (2002). Assessment in forensic practice: An assessment approach. In B. Van Dorsten (Ed.), *Forensic psychology: From classroom to courtroom* (pp. 65–82). New York: Kluwer Academic/Plenum.

Butcher, J. N., & Miller, K. B. (2006). Personality assessment in personal injury litigation. In I. B. Weiner & A. K. Hess (Eds.), *The handbook of forensic psychology* (pp. 140–166). Hoboken, NJ: John Wiley & Sons.

Cale, E. M., & Lilienfeld, S. O. (2002). Histrionic personality disorder and antisocial personality disorder: Sex-differentiated manifestations of psychopathy. *Journal of Personality Disorders, 16*, 52–72.

Callahan, L. A., Steadman, H. J., McGreevy, M. A., & Robbins, P. C. (1991). The volume and characteristics of insanity defense pleas: An eight-state study. *Bulletin of the American Academy of Psychiatry and the Law, 19*, 331–338.

Camp, B. H., & Thyer, B. A. (1994). Treatment of adolescent sex offenders: A review of empirical research. *Journal of Applied Social Sciences, 17*, 191–206.

Campbell, J. C. (1995). Prediction of homicide of and by battered women. In J. C. Campbell (Ed.), *Assessing the risk of dangerousness: Potential for further violence of sexual offenders, batterers, and child abusers* (pp. 93–113). Newbury Park, CA: Sage.

Campbell, J. C., Sharps, P., & Glass, N. (2001). Risk assessment for intimate partner homicide. In G. F. Pinard & L. Pagani (Eds.), *Clinical assessment of dangerousness: Empirical contributions* (pp. 136–157). New York: Cambridge University Press.

Campbell, J. C., Webster, D., Kozioi-McLain, J., Block, C., Campbell, D., Curry, M. A., et al. (2003). Risk factors for femicide in abusive relationships: Results from a multisite case control study. *American Journal of Public Health, 93*, 1089–1097.

Cantos, A. L., Neidig, P. H., & O'Leary, K. D. (1994). Injuries of women and men in a treatment program for domestic violence. *Journal of Family Violence, 9*, 113–124.

Carbonell, J. L., Heilbrun, K., & Friedman, F. L. (1992). Predicting who will regain competency: Initial promise unfulfilled. *Forensic Reports, 5*, 67–76.

Cascardi, M., Langhinrichsen, J., & Vivian, D. (1992). Marital aggression: Impact, injury, and health correlates for husbands and wives. *Archives of Internal Medicine, 152*, 1178–1184.

Cascardi, M., O'Leary, K. D., & Schlee, K. A. (1999). Co-occurrence and correlates of posttraumatic stress disorder and major depression in physically abused women. *Journal of Family Violence, 14*, 227–249.

Cassells, C., Paterson, B., Dowding, D., & Morrison, R. (2005). Long-and short-term risk factors in the prediction of inpatient suicide: A review of the literature. *Crisis, 26*, 53–63.

Cattaneo, L. B., & Goodman, L. A. (2005). Risk factors for reabuse in intimate partner violence: A cross-disciplinary critical review. *Trauma, Violence, & Abuse, 6*, 141–175.

Cazanave, N. A., & Straus, M. A. (1990). Race, class, network embeddedness, and family violence: A search for potent support systems. In M. A. Straus and R. J. Gelles (Eds.), *Physical violence in American families: Risk factors and adaptations to violence in 8,145 families* (pp. 321–339). New Brunswick, NJ: Transaction Publishers.

Chaplin, T. C., Rice, M. E., & Harris, G. T. (1995). Salient victim suffering and the sexual responses of child molesters. *Journal of Consulting and Clinical Psychology, 63*, 249–255.

Charlton, M., Fowler, T. L., & Ivandick, M. J. (2006). *Law and mental health professionals: Colorado*. Washington, DC: American Psychological Association.

Cherlin, A. J., Furstenberg, F. F., Chase-Lansdale, L., Kiernan, K. E., Robins, P. K., Morrison, D. R., et al. (1991). Longitudinal studies of effects of divorce on children in Great Britain and the United States. *Science, 252*, 1386–1389.

Christiansen, A. R., & Thyer, B. A. (2002). Female sexual offenders: A review of empirical research. *Journal of Human Behavior in the Social Environment, 6*, 1–16.

Christianson, S., Forth, A. E., Hare, R. D., Strachan, C., Lidberg, L., & Thorell, L. (1996). Remembering details of emotional events: A comparison between psychopathic and nonpsychopathic offenders. *Personality and Individual Differences, 20*, 437–443.

Cirincione, C., Steadman, H. J., & McGreevy, M. A. (1995). Rates of insanity acquittals and the factors associated with successful insanity pleas. *Bulletin of the American Academy and the Law, 23*, 399–409.

Clark v. Arizona, 126 S. Ct. 2709 (2006).

Clark, C. R. (2006). Specific intent and diminished capacity. In I. B. Weiner & A. K. Hess (Eds.), *The handbook of forensic psychology* (3rd ed., pp. 364–391). Hoboken, NJ: John Wiley & Sons, Inc.

Clark, C. R., Holden, C. E., Thompson, J. S., Watson, P. L., & Wightman, L. H. (1993). Forensic treatment in the United States: A survey of selected forensic hospitals treatment at Michigan's forensic center. *International Journal of Law and Psychiatry, 16*, 71–81.

Clavelle, P. R., & Turner, A. D. (1980). Clinical decision-making among professionals and paraprofessionals. *Journal of Clinical Psychology, 36*, 833–838.

Clayton, R. R., Leukefeld, C. G., Donohew, L., Bardo, M. et al. (1995). Risk and protective factors: A brief review. *Drugs & Society, 8*, 7–14.

Cleckley, H. (1941). *The mask of sanity* (5th ed.). Saint Louis: C. V. Mosby and Company.

Clements, C. M., Sabourin, C. M., & Spiby, L. (2004). Dysphoria and hopelessness following battering: The role of perceived control, coping, and self-esteem. *Journal of Family Violence, 19*, 25–36.

Clingempeel, W. G., & Henggeler, S. W. (2003). Aggressive juvenile offenders transitioning into emerging adulthood: Factors discriminating persistors and desistors. *American Journal of Orthopsychiatry, 73*, 310–323.

Cochrane, R. E., Grisso, T., & Frederick, R. I. (2001). The relationship between criminal charges, diagnoses and psycholegal opinions among federal pretrial defendants. *Behavioral Sciences and the Law, 19*, 565–582.

Cocozza, J., & Steadman, H. (1974). Some refinements in the measurement and prediction of dangerous behavior. *American Journal of Psychiatry, 131*, 1012–1020.

Colbach, E. M. (1997). The trouble with American forensic psychiatry. *Internatio-*

nal *Journal of Offender Therapy and Comparative Criminology, 41*, 160–167.

Coles, E. M. (2004). Psychological support for the concept of psycholegal competencies. *International Journal of Law and Psychiatry, 27*, 223–232.

Coles, E. M., & Veiel, H. O. F. (2001). Expert testimony and pseudoscience: How mental health professionals are taking over the courtroom. *International Journal of Law and Psychiatry, 24*, 607–625.

Colorado Department of Public Safety. (2004). *Report on the safety issues raised by living arrangements for and location of sex offenders in the community*. Denver, CO: Sex Offender Management Board.

Commons, M. L., Miller, P. M., & Gutheil, T. G. (2004). Expert witness perceptions of bias in experts. *The Journal of the American Academy of Psychiatry and the Law, 32*, 70–75.

Connecticut Department of Public Safety v. Doe, 123 S.Ct. 1160, 538 U.S. 1 (2003).

Conroy, M. A. (2002). Assessment of sexual offenders. In B. Van Dorsten (Ed.), *Forensic psychology: From classroom to courtroom* (pp. 219–246). New York: Kluwer Academic/Plenum Publishers.

Cooke, D. J., & Michie, C. (1999). Psychopathy across cultures: North America and Scotland compared. *Journal of Abnormal Psychology, 108*, 58–68.

Cooke, D. J., & Michie, C. (2001). Refining the construct of psychopath: Towards a hierarchical model. *Psychological Assessment, 13*, 171–188.

Cooper, D. K., & Grisso, T. (1997). Five year research update (1991–1995): Evaluations for competence to stand trial. *Behavioral Sciences and the Law, 15*, 347–364.

Cooper, J., & Neuhaus, I. M. (2000). The "hired gun" effect: Assessing the effect of pay, frequency of testifying, and credentials on the perception of expert testimony. *Law and Human Behavior, 24*, 149–171.

Cooper, V. G., & Zapf, P. A. (2003). Predictor variables in competency to stand trial decisions. *Law and Human Behavior, 27*, 423–436.

Cornell, D. G. (2005). School violence: Fears versus facts. In K. Heilbrun, N. E. S. Goldstein, & R. E. Redding, *Juvenile delinquency: Prevention, assessment, and intervention* (pp. 45–66). New York: Oxford University Press.

Cornell, D. G. (2007). *Myths about youth violence and school safety*. Retrieved on June 23, 2007 from http://youthviolence.edschool.virginia.edu/pdf/myths-about-youth-violence-and-school-safety.pdf

Cornell, D. G., Warren, J., Hawk, G., Stafford, E., Oram, G., & Pine, D. (1996). Psychopathy in instrumental and reactive violent offenders. *Journal of Consulting and Clinical Psychology, 64*, 783–790.

Corrado, R. R., Cohen, I., Hart, S., & Roesch, R. (2000). Comparative examination of the prevalence of mental disorders among jailed inmates in Canada and the United States. *International Journal of Law and Psychiatry, 23*, 633–647.

Corrado, R. R., Vincent, G. M., Hart, S. D., & Cohen, I. M. (2004). Predictive validity of the Psychopathy Checklist: Youth Version for general and violent recidivism. *Behavioral Sciences & the Law, 22*, 5–22.

Cottle, C. C., Lee, R. J., & Heilbrun, K. (2001). The prediction of criminal recidivism in juveniles: A meta-analysis. *Criminal Justice and Behavior, 28*, 367–394.

Covington v. Harris, 419 F.2d 617, 620–21 (D.C. Cir. 1969).

Craig, L. A., Beech, A., & Browne, K. D. (2006). Cross-validation of the Risk Matrix 2000 sexual and violent scales. *Journal of Interpersonal Violence, 21*, 612–633.

Craig, L. A., Browne, K. D., & Stringer, I. (2004). Comparing sex offender risk assessment measures on a UK sample. *International Journal of Offender Therapy and Comparative Criminology, 48*, 7–27.

Craig, R. J. (2004). Introduction to forensic psychological practice. In R. J. Craig (Ed.), *Personality-guided forensic psychology* (pp. 3–37). Washington, DC: American Psychological Association.

Cramer, K. M. (1995). The effects of description clarity and disorder type on MMPI-2 fake bad validity indices. *Journal of Clinical Psychology, 51*, 831–840.

Crotty, H. D. (1924). The history of insanity as a defense to crime in English criminal law. *California Law Review, 12*, 105–123.

Cruise, K. R., & Rogers, R. (1998). An analysis of competency to stand trial: An integration of case law and clinical knowledge. *Behavioral Sciences and the Law, 16*, 35–50.

Cullen, F. T., & Gendreau, P. (1989). The effectiveness of correctional rehabilitation: Reconsidering the "nothing works" debate. In L. Goodstein & D. L. MacKenzie (Eds.), *The American prison: Issues in research and policy* (pp. 23–44). New York: Plenum Press.

Cunningham, M. D., & Goldstein, A. M. (2003). Sentencing determinations in death penalty cases. In A. M. Goldstein (Ed.), *Handbook of psychology: Vol. 11. Forensic psychology* (pp. 381–406). Hoboken, NJ: John Wiley & Sons.

Cunningham, M. D., & Reidy, T. J. (1999). Don't confuse me with the facts: Common errors in violence risk assessment at capital sentencing. *Criminal Justice and Behavior, 26*, 20–43.

Cunradi, C. B., Caetano, R., Clark, C. L., & Schafer, J. (1999). Alcohol-related problems and intimate partner violence among white, black, and Hispanic couples in the U.S. *Alcoholism: Clinical and Experimental Research, 23*, 1492–1501.

Curran, D., & Mallinson, P. (1944). Psychopathic personality. *Journal of Mental Science, 90*, 266–286.

Cutler, B. L., Dexter, H. R., & Penrod, S. D. (1990). Nonadversarial methods for sensitizing jurors to eyewitness evidence. *Journal of Applied Social Psychology, 20*, 1197–1207.

Dahir, V. B., Richardson, J. T., Ginsburg, G. P., Gatowski, S. I., & Dobbin, S. A. (2005). Judicial application of Daubert to psychological syndrome and profile evidence. *Psychology, Public Policy, and Law, 11*, 62–82.

Daubert v. Merrell Dow Pharmaceuticals, Inc. 113 S. Ct. 2795 (1993).

Davis, M. H. (1983). Measuring individual differences in empathy: Evidence for multidimensional approach. *Journal of Personality and Social Psychology, 44*, 113–126.

Dawson, R. O. (2000). Judicial waiver in theory and practice. In J. Fagan & F. E. Zimring (Eds.), *The changing borders of juvenile justice: Transfer of adolescents to the criminal court* (pp. 45–82). Chicago: University of Chicago Press.

Day, R., & Wong, S. (1996). Anomalous perceptual asymmetries for negative emotional stimuli in the psychopath. *Journal of Abnormal Psychology, 105*, 648–652.

De Hart, M., McKenzie, K., & Peuskens, J. (2001). Risk factors for suicide in young people suffering from schizophrenia: A long-term follow-up study. *Schizophrenia Research, 47*, 127–134.

DeMatteo, D., & Edens, J. F. (2006). The role and relevance of the Psychopathy Checklist-Revised in court: A case law survey of U.S. courts (1991–2004). *Psychology, Public Policy, and Law, 12*, 214–241.

DeMatteo, D., & Marczyk, G. (2005). Risk factors, protective factors, and the prevention of antisocial behavior among juveniles. In K. Heilbrun, N. E. S. Goldstein, & R. E. Redding, *Juvenile delinquency: Prevention, assessment, and intervention* (pp. 19–44). New York: Oxford University Press.

Department of Health and Human Services. (2001). *Youth violence: A report of the Surgeon General*. Rockville, MD: Author.

Dersh, J., Polatin, P., & Gatchel, R. (2002). Chronic pain and psychopathology: Research findings and theoretical considerations. *Psychosomatic Medicine, 64*, 773–786.

Devenport, J. L., & Cutler, B. L. (2004). Impact of defense-only and opposing eyewitness experts on juror judgments. *Law and Human Behavior, 28*, 569–576.

DeVoe, J. F., Ruddy, S. A., Miller, A. K., Planty, M. Snyder, T. D., Peter, K., et al. (2002). *Indicators of school crime and safety: 2002*. (NCES 2003-0009/NCJ196753). Washington, DC: U.S. Department of Education and Justice, American Institutes of Research.

de Vogel, V., De Ruiter, C., & van Beek, D., & Mead, G. (2004). Predictive validity of the SVR-20 and Static-99 in a Dutch sample of treated sex offenders. *Law and Human Behavior, 28*, 235–251.

Dirks-Linhorst, P. A., & Linhorst, D. M. (2006). A description of the design and costs of an insanity acquittee conditional release, monitoring, and revocation system. *International Journal of Forensic Mental Health, 5*, 55–65.

Dobash R. E., & Dobash, R. P. (1979). *Violence against wives: A case against the patriarchy*. New York: The Free Press.

Doren, D. M. (2002). *Evaluating sex offenders: A manual for civil commitments and beyond*. Thousand Oaks, CA: Sage.

Doren, D. M. (2004). Toward a multidimensional model for sexual recidivism risk. *Journal of Interpersonal Violence, 19*, 835–856.

Dorfman, L., & Shiraldi, V. (2001, April). *Off balance: Youth, race, and crime in the news*. Washington, DC: Building Blocks for Youth Initiative.

Douglas, K. S., & Dutton, D. G. (2001). Assessing the link between stalking and domestic violence. *Aggression and Violent Behavior, 6*, 519–546.

Douglas, K. S., Huss, M. T., Murdoch, L. L., Washington, D. O., & Koch, W. J. (1999). Posttraumatic stress disorder stemming from motor vehicle accidents: Legal issues in Canada and the United States. In E. J. Hickling & E. B. Blanchard (Eds.), *The international handbook of road traffic accidents & psychological trauma: Current understanding, treatment and law* (pp. 271–289). New York: Elsevier Science.

Douglas, K. S., & Koch, W. J. (2001a). Civil commitment and civil competence: Psychological issues. In R. A. Schuller, & J. R. P Ogloff, *Introduction to psychology and law: Canadian perspectives* (pp. 353–374). Toronto: University of Toronto Press.

Douglas, K. S., & Koch, W. J. (2001b). Psychological injuries and tort litigation: Sexual victimization and motor vehicle accidents. In R. A. Schuller & J. R. P. Ogloff (Eds.), *Introduction to psychology and law: Canadian perspectives* (pp. 405–425). Toronto: University of Toronto Press.

Douglas, K. S., & Ogloff, J. R. P. (2003). Multiple facets of risk for violence: The impact of judgmental specificity on structured decisions about violence risk. *International Journal of Forensic Mental Health, 2*, 19–34.

Douglas, K. S., Ogloff, J. R. P., Nicholls, T. L., & Grant, I. (1999). Assessing risk for violence among psychiatric patients: The HCR-20 violence risk assessment scheme and the Psychopathy Checklist: Screening Version. *Journal of Consulting and Clinical Psychology, 67,* 917–930.

Douglas, K. S., & Skeem, J. L. (2005). Violence risk assessment: Getting specific about being dynamic. *Psychology, Public Policy, and Law, 11,* 347–383

Douglas, K. S., & Webster, C. D. (1999). The HCR-20 violence risk assessment scheme: Concurrent validity in a sample of incarcerated offenders. *Criminal Justice and Behavior, 26,* 3–19.

Douglas, K. S., Yeomans, M., & Boer, D. P. (2005). Comparative validity analysis of multiple measures of violence risk in a sample of criminal offenders. *Criminal Justice and Behavior, 32,* 479–510.

Dowden, C., & Andrews, D. A. (2000). Effective correctional treatment and violent reoffending: A meta-analysis. *Canadian Journal of Criminology, 42,* 449–467.

Dowden, C., Antonowicz, D., & Andrews, D. A. (2003). The effectiveness of relapse prevention with offenders: A meta-analysis. *International Journal of Offender Therapy and Comparative Criminology, 47,* 516–528.

Doyle, J. M. (2005). *True witness: Cops, courts, science, and the battle against misidentification.* New York: Palgrave.

Doyle, M., Dolan, M., & McGovern, J. (2002). The validity of North American risk assessment tools in predicting in-patient violent behaviour in England. *Legal and Criminological Psychology, 7,* 141–154.

Drogin, E. Y., & Barrett, C. L. (2007). Off the witness stand: The forensic psychologist as consultant. In A. M. Goldstein (Ed.), *Forensic psychology: Emerging topics and expanding roles* (pp. 465 – 488). Hoboken, NJ: John Wiley & Sons.

Drope v. Missouri, 420 U.S. 162, 95 S.Ct. 896 (1975).

D'Silva, K., Duggan, C., & McCarthy, L. (2004). Does treatment really make psychopaths worse? A review of the evidence. *Journal of Personality Disorders, 18,* 163–177.

Durham v. United States, 214 F.2d 862 (1954).

Dush, D. M., Simons, L. E., Platt, M., Nation, P. C., & Ayres, S. Y. (1994). Psychological profiles distinguishing litigating and nonlitigating pain patients: Subtle, and not so subtle. *Journal of Personality Assessment, 62,* 299–313.

Dusky v. United States, 362 U.S. 402, 80 S.Ct. 788 (1960).

Dutton, D. G. (2002). Personality dynamics of intimate abusiveness. *Journal of Psychiatric Practice, 8,* 216–228.

Dutton, D. G., & Kropp, P. R. (2000). A review of domestic violence risk instruments. *Trauma, Violence, & Abuse, 1,* 171–181.

Dutton, D. G., Starzomski, A., & Ryan, L. (1996). Antecedents of abusive personality and abusive behavior in wife assaulters. *Journal of Family Violence, 11,* 113–132.

Dvoskin, J. A., & Spiers, E. M. (2004). On the role of correctional officers in prison mental health. *Psychiatric Quarterly, 75,* 41–59.

Edens, J. F. (2001). Misuses of the Hare Psychopathy Checklist-Revised in court. *Journal of Interpersonal Violence, 16,* 1082–1093.

Edens, J. F. (2006). Unresolved controversies concerning psychopathy: Implications for clinical and forensic decision making. *Professional Psychology: Research and Practice, 37,* 59–65.

Edens, J. F., Buffington-Vollum, J. K., & Keilen, A., Roskamp, P., & Anthony, C. D. (2005). Predictions of future dangerousness in capital murder trials: Is it time to "disinvent the wheel?" *Law and Human Behavior, 29,* 55–86.

Edens, J. F., Colwell, L. H., Desforges, D. M., & Fernandez, K. (2005). The impact of mental health evidence on support for capital punishment: Are defendants labeled psychopathic considered more deserving of death? *Behavioral Sciences and the Law, 23,* 603–625.

Edens, J. F., & Douglas, K. S. (2006). Assessment of interpersonal aggression and violence. *Assessment, 13,* 221–226.

Edens, J. F., Guy, L. S., & Fernandez, K. (2003). Psychopathic traits predict attitudes toward a juvenile capital murderer. *Behavioral Sciences and the Law, 21,* 807–828.

Edens, J. F., Marcus, D. K., Lilienfeld, S. O., & Poythress, N. G. (2006). Psychopathic, not psychopath: Taxometric evidence for the dimensional structure of psychopathy. *Journal of Abnormal Psychology, 115,* 131–144.

Edens, J. F., & Petrila, J. (2006). Legal and ethical issues in the assessment and treatment of psychopathy. In C. J. Patrick (Ed.), *Handbook of psychopathy* (pp. 573–588). New York: Guilford Press.

Edens, J. F., Petrila, J., & Buffington-Vollum, J. K. (2001). Psychopathy and the death penalty: Can the Psychopathy Checklist-Revised identify offenders who represent "a continuing threat to society?" *Journal of Psychiatry & Law, 29,* 433–481.

Edens, J. F., Poythress, N. G., Nicholson, R. A., & Otto, R. K. (1999). Effects of state organizational structure and forensic examiner training on pretrial competence assessments. *Journal of Behavioral Health Services & Research, 26,* 140–150.

Edens, J. F., Skeem, J. L., Cruise, K. R., & Cauffman, E. (2001). Assessment of "juvenile psychopathy" and its association with violence: A critical review. *Behavioral Sciences and the Law, 19,* 53–80.

Edwards, W., & Hensely, C. (2001). Contextualizing sex offender management legislation and policy: Evaluating the problem of latent consequences in community notification laws. *International Journal of Offender Therapy and Comparative Criminology, 45,* 83–101.

Elbogen, E. B., Huss, M. T., Tomkins, A. J., & Scalora, M. J. (2005). Clinical decision making about psychopathy and violence risk assessment in public sector mental health settings. *Psychological Services, 2,* 133–141.

Elbogen, E. B., Patry, M., & Scalora, M. J. (2003). The impact of community notification laws on sex offender treatment attitudes. *International Journal of Law and Psychiatry, 26,* 207–219.

Elbogen, E. B., Williams, A. L., Kim, D., Tomkins, A. J., & Scalora, M. J. (2001). Gender and perceptions of dangerousness in civil psychiatric patients. *Legal and Criminological Psychology, 6,* 215–228.

Emery, R. E. (1999). *Marriage, divorce, and children's adjustment* (2nd ed.). Thousand Oaks, CA: Sage.

Emery, R. E., Laumann-Billings, L., Waldron, M., Sbarra, D. A., & Dillon, P. (2001). Child custody mediation and litigation: Custody contact, and co-parenting 12 years after the initial dispute resolution. *Journal of Consulting and Clinical Psychology, 69,* 323–332.

Emery, R. E., Otto, R. K., & O'Donohue, W. T. (2005). A critical assessment of child custody evaluations. *Psychological Science, 6,* 1–29.

Ennis, B. J., & Litwack, T. R. (1974). Psychiatry and the presumption of expertise:

Flipping coins in the courtroom. *California Law Review, 62,* 693–752.

Ertl, M. A., & McNamara, J. R. (1997). Treatment of juvenile sex offenders: A review of the literature. *Child and Adolescent Social Work Journal, 14,* 199–221.

Evans, R. W. (1992). The use of "independent medical examinations" in forensic neuropsychology. *American Journal of Forensic Psychology, 10,* 3–14.

Ewing, C. P. (2003). Expert testimony: Law and practice. In A. M. Goldstein (Ed.), *Handbook of psychology: Vol. 11. Forensic psychology* (pp. 55–66). Hoboken, NJ: John Wiley & Sons.

Ewing, C. P., & McCann, J. T. (2006). Dan White: The myth of the Twinkie defense. *Minds on trial: Great cases in law and psychology* (pp. 69–80). New York: Oxford University Press.

Faigman, D. L. (2001). Embracing the darkness: *Logerquist v. McVey* and the doctrine of ignorance is an excuse. *Arizona State Law Journal, 33,* 87–101.

Faigman, D. L., & Monahan, J. (2005). Psychological evidence at the dawn of the law's scientific age. *Annual Review of Psychology, 56,* 631–659.

Faigman, D. L., Porter, E., & Saks, M. J. (1994). Check your crystal ball at the courthouse door, please: Exploring the past, understanding the present, and worrying about the future of scientific evidence. *Cardoza Law Review, 15,* 1799–1834.

Faigman, D. L., & Wright, A. J. (1997). The battered woman syndrome in the age of science. *Arizona Law Review, 39,* 67–115.

Fals-Stewart, W. (2003). The occurrence of partner physical aggression on days of alcohol consumption: A longitudinal diary study. *Journal of Consulting and Clinical Psychology, 71,* 41–52.

Fanniff, A. M., & Becker, J. V. (2006). Specialized assessment and treatment of adolescent sex offenders. *Aggression and Violent Behavior, 11,* 265–282.

Farrington, D. P., & Loeber, R. (2000). Epidemiology of juvenile violence. *Child and Adolescent Psychiatric Clinics of North America, 9,* 733–747.

Fazel, S., & Danesh, J. (2002). Serious mental disorder in 23,000 prisoners: A systematic review of 62 surveys. *Lancet, 359,* 545–550.

Fein, R. A., & Vossekuil, F. (1998). *Protective intelligence and threat assessment investigations: A guide for state and local law enforcement officials.* Washington, DC: U.S. Secret Service.

Fein, R. A., & Vossekuil, F. (1999). Assassination in the United States: An operational study of recent assassins, attackers, and near-lethal approachers. *Journal of Forensic Science, 44,* 321–333.

Feldbau-Kohn, S., Schumacher, J. A., & O'Leary, K. D. (2000). Partner abuse. In V. B. Van Hasselt & M. Hersen (Eds.), *Aggression and violence: An introductory text* (pp. 116–134). Needham Heights, MA: Allyn & Bacon.

Felner, R. D., Rowlison, R. T., Farber, S. S., Primavera, J., & Bishop, T. A. (1987). Child custody resolution: A study of social science involvement and impact. *Professional Psychology: Research and Practice, 18,* 468–474.

Fenner, G. M. (1996). The Daubert handbook: The case, its essential dilemma, and its progeny. *Creighton Law Review, 29,* 939–1089.

Ferguson, C. J., & Meehan, D. C. (2005). An analysis of females convicted of sex crimes in the State of Florida. *Journal of Child Sexual Abuse, 14,* 75–89.

Fernandez, Y. M., & Marshall, W. L. (2003). Victim empathy, social self-esteem and psychopathy in rapists. *Sexual Abuse: A Journal of Research and Treatment, 15,* 11–26.

Fernandez, Y. M., Marshall, W. L., Lightbody, S., & O'Sullivan, C. (1999). The child molester empathy measure: Description and an examination of its reliability and validity. *Sexual Abuse: A Journal of Research and Treatment, 11,* 17–31.

Ferris, L. E., Sandercock, J., Hoffman, B., Silverman, M., Barkun, H., Carlisle, J., et al. (1997). Risk assessments for acute violence to third parties: A review of the literature. *Canadian Journal of Psychiatry, 42,* 1051–1060.

Finkel, N. J. (1989). The Insanity Defense Reform Act of 1984: Much ado about nothing. *Behavioral Sciences & the Law, 7,* 403–419.

Finkel, N. J. (1990). De facto from insanity instructions: Toward the remaking of common law. *Law and Human Behavior, 14,* 105–122.

Finkel, N. J., & Handel, S. F. (1988). Jurors and insanity: Do test instructions instruct? *Forensic Reports, 1,* 65–79.

Finkel, N. J., & Handel, S. F. (1989). How jurors construe "insanity." *Law and Human Behavior, 13,* 41–59.

Finkel, N. J., Shaw, R., Bercaw, S., & Koch, J. (1985). Insanity defenses: From the jurors' perspective. *Law & Psychology Review, 9,* 77–92.

Finkel, N. J., & Slobogin, C. (1995). Insanity, justification, and culpability: Toward a unifying scheme. *Law and Human Behavior, 19,* 447–464.

Fiske, S. (1998). Stereotyping, prejudice, and discrimination. In D. T. Gilbert, S. T. Fiske, & G. Lindzey (Eds.), *The handbook of social psychology, Vol. 2* (4th ed., pp. 357–411). New York: McGraw-Hill.

Fitch, W. L. (2003). Sexual offender commitment in the United States: Legislative and policy concerns. *Annals of the New York Academy of Sciences, 989,* 489–501.

Follingstad, D. R., Rutledge, L. L., Berg, B. J., & Hause, E. S. (1990). The role of emotional abuse in physically abusive relationships. *Journal of Family Violence, 5,* 107–120.

Ford v. Wainwright, 477 U.S. 399 (1986).

Fordyce, W. E. (1985). Back pain, compensation, and public policy. In J. C. Rosen & L. J. Solomon (Eds.), *Prevention in health psychology* (pp. 390–400). Hanover, NH: University Press of New England.

Forth, A. E. (1995). Psychopathy in adolescent offenders: Assessment, family background, and violence. *Issues in Criminological & Legal Psychology, 24,* 42–44.

Forth, A. E., Hart, S. D., & Hare, R. D. (1990). Assessment of psychopathy in male young offenders. *Psychological Assessment, 2,* 342–344.

Forth, A. E., Kosson, D. S., & Hare, R. D. (2003). *Hare Psychopathy Checklist: Youth Version (PCL:YV).* Toronto: Multi-Health Systems.

Foucha v. Louisiana, 112 S.Ct. 1780 (1992).

Frankel, M. S. (1989). Professional codes: Why, how, and with what impact? *Journal of Business Ethics, 8,* 109–115.

Frazier, P., & Borgida, E. (1985). Rape trauma syndrome evidence in court. *American Psychologist, 40,* 984–993.

Freemon, F. R. (2001). The origin of the medical expert witness: The insanity of Edward Oxford. *The Journal of Legal Medicine, 22,* 349–373.

Freeman-Longo, R. E. (1996). Prevention or problem? *Sexual Abuse: A Journal of Research and Treatment, 8,* 91–100.

French, S. A., & Gendreau, P. (2006). Reducing prison misconducts: What works? *Criminal Justice and Behavior, 33,* 185–218.

Frendak v. United States, 408 A.2d 364 (1979).

Frick, P. J., Bodin, S. D., & Barry, C. T. (2000). Psychopathic traits and conduct problems in community and clinic-referred samples of children: Further development of the Psychopathy Screening Device. *Psychological Assessment, 12,* 382–393.

Frick, P. J., O'Brien, B. S., Wooton, J. M., & McBurnett, K. (1994). Psychopathy and conduct problems in children. *Journal of Abnormal Psychology, 103,* 700–707.

Frye v. United States, 293 F. 1013 (D.C. Cir 1923).

Fukunaga, K. K., Pasewark, R. A., Hawkins, M., & Gudeman, H. (1981). Interexaminer agreement and concordance of psychiatric opinions and court verdict. *Law and Human Behavior, 5,* 325–329.

Fulero, S. M., & Finkel, N. J. (1991). Barring ultimate issue testimony: An "insane" rule? *Law and Human Behavior, 15,* 495–507.

Furby, L., Weinrott, M. R., & Blackshaw, L. (1989). Sex offender recidivism: A review. *Psychological Bulletin, 105,* 3–30.

Gallagher, R. M., Rauh, V., Haugh, L. D., Milhous, R., Callas, P. W., Langelier, R., et al. (1989). Determinants of return-to-work among low back pain patients. *Pain, 39,* 55–67.

Garbarino, J. (1999). *Lost boys: Why our sons turn violent and how we can save them.* New York: Free Press.

Gardner, R. A. (1994). Differentiating between true and false sex-abuse accusations in child-custody disputes. *Journal of Divorce and Remarriage, 21,* 1–20.

Gardner, R. A. (1998). *The Parental Alienation Syndrome* (2nd ed.). Cresskill, NJ: Creative Therapeutics, Inc.

Gardner, W., Hoge, S. K., Bennett, N., Roth, L. H., Lidz, C. W., Monahan, J., et al. (1993). Two scales for measuring patients' perceptions for coercion during mental hospital admission. *Behavioral Sciences and the Law, 11,* 307–321.

Gardner, W., & Lidz, C. (2001). Gratitude and coercion between physicians and patients. *Psychiatric Annals, 31,* 125–129.

Gardner, W., Lidz, C. W., Hoge, S. K., Monahan, J., Eisenberg, M. M., Bennett, N. S., et al. (1999). Patients' revision of their beliefs about the need for hospitalization. *American Journal of Psychiatry, 156,* 1385–1391.

Gardner, W., Lidz, C., Mulvey, E. P., & Shaw, E. (1996a). Clinical versus actuarial predictions of violence in patients with mental illnesses. *Journal of Consulting and Clinical Psychology, 64,* 602–609.

Gardner, W., Lidz, C. W., Mulvey, E. P., & Shaw, E. C. (1996b). A comparison of actuarial methods for identifying repetitively violent patients with mental illnesses. *Law & Human Behavior, 20,* 35–48.

Garlund, K. (2005). Does Societal Input Lead to Successful Sex Offender Legislation? *Law & Psychology Review, 29,* 197–210.

Gatchel, R. J., & Kishino, N. (2005). Influence of personality characteristics of pain patients: Implications for causality in pain. In G. Young, A. W. Kane, & K. Nicholson (Eds.), *Psychological knowledge in court: PTSD, pain, and TBI* (pp. 149–162). New York: Springer.

Gatchel, R. J., & Weisberg, J. N. (2000). *Personality characteristics of pain patients: Recent advances and future directions.* Washington, DC: American Psychological Association.

Gates, P. H. (2003). Competency v. responsibility: Competing standards, interests and the administration of justice. *Journal of Forensic Psychology Practice, 3,* 79–88.

Gee, D. G., Devilly, G. J., & Ward, T. (2004). The content of sexual fantasies for sexual offenders. *Sexual Abuse: Journal of Research and Treatment, 16,* 315–331.

Geffner, R., Franey, K. C., & Falconer, R. (2003). Adult sexual offenders: Current issues and future directions. *Journal of Child Sexual Abuse, 12,* 1–16.

Gendreau, P. (1996). Offender rehabilitation: What we know and what needs to be done. *Criminal Justice and Behavior, 23,* 144–161.

Gendreau, P., Goggin, C., & Smith, P. (2002). Is the PCL-R really the "unparalleled" measure of offender risk? A lesson in knowledge cumulation. *Criminal Justice and Behavior, 29,* 397–426.

General Electric Co. v. Joiner, 118 S. Ct. 512 (1997).

Gersham, B. L. (2002). Witness coaching by prosecutors. *Cardozo Law Review, 23,* 829–863.

Gillstrom, B. J., & Hare. R. D. (1988). Language-related hand gestures in psychopaths. *Journal of Personality Disorders, 2,* 21–27.

Givelber, D., & Strickler, L. (2006). Junking good science: Undoing Daubert v Merrill Dow through cross-examination and argument. *American Journal of Public Health, 96,* 33–37.

Glosoff, H. L., Herlihy, B., & Spence, E. B. (2000). Privileged communication in the counselor-client relationship. *Journal of Counseling & Development, 78,* 454–462.

Glover, G. R., Leese, M., & McCrone, P. (1999). More severe mental illness is more concentrated in deprived areas. *British Journal of Psychiatry, 175,* 544–548.

Godinez v. Moran 509 U.S. 389 (1993).

Godwin, C. D., & Helms, J. L. (2002). Statistics and trends in juvenile justice and forensic psychology. In N. G. Ribner (Ed.), *The California School of Professional Psychology handbook of juvenile forensic psychology* (pp. 3–28). San Francisco, CA: Jossey-Bass.

Golding, J. M. (1999). Intimate partner violence as a risk factor for mental disorders: A meta-analysis. *Journal of Family Violence, 14,* 99–132.

Golding, S. L. (1992a). Increasing the reliability, validity, and relevance of psychological expert evidence: An introduction to the special issue on expert evidence. *Law and Human Behavior, 16,* 253–256.

Golding, S. L. (1992b). Studies of incompetent defendants: Research and social policy implications. *Forensic Reports, 5,* 77–83.

Golding, S. L., Eaves, D., & Kowaz, A. M. (1989). The assessment, treatment and community outcome of insanity acquittees: Forensic history and response to treatment. *International Journal of Law and Psychiatry, 12,* 149–179.

Golding, S. L., Roesch, R., & Schreiber, J. (1984). Assessment and conceptualization of competency to stand trial: Preliminary data on the Interdisciplinary Fitness Interview. *Law and Human Behavior, 8,* 321–334.

Goldstein, A. M. (2003). Overview of forensic psychology. In A. M. Goldstein (Ed.), *Handbook of psychology: Vol. 11. Forensic psychology* (pp. 3–20). Hoboken, NJ: John Wiley & Sons.

Goldstein, A. M., Morse, S. J., & Shapiro, D. L. (2003). Evaluation of criminal responsibility. In A. M. Goldstein (Ed.), *Handbook of forensic psychology: Vol. 11. Forensic psychology* (pp. 381–406). Hoboken, NJ: John Wiley & Sons, Inc.

Goodman, L. A., Dutton, M. A., & Bennett, L. (2000). Predicting repeat abuse among arrested batterers: Use of the Danger Assessment Scale in the criminal justice system. *Journal of Interpersonal Violence, 15,* 63–74.

Gothard, S., Viglione, D. J., Meloy, J. R., & Sherman, M. (1995). Detection of malingering in competency to stand trial evaluations. *Law and Human Behavior, 19*, 493–505.

Gottlieb, M. C. (2000). Consulting and collaborating with attorneys. In F. W. Kaslow (Ed.), *Handbook of couple and family forensics: A sourcebook for mental health and legal professionals* (pp. 491–506). Hoboken, NJ: John Wiley & Sons.

Gould, J. W. (1999). Scientifically crafted child custody evaluations, Part two: A paradigm for forensic mental health records. *Family and Conciliation Courts Review, 37*, 159–178.

Grann, M., Belfrage, H., & Tengstrom, A. (2000). Actuarial assessment of risk for violence: Predictive validity of the VRAG and the historical part of the HCR-20. *Criminal Justice and Behavior, 27*, 97–114.

Grann, M., & Wedin, I. (2002). Risk factors for recidivism among spousal assault and spousal homicide offenders. *Psychology, Crime, & Law, 8*, 5–23.

Gravitz, M. A. (1995). First admission (1846) of hypnotic testimony in court. *American Journal of Clinical Hypnosis, 37*, 326–330.

Greenberg, S. A. (2003). Personal injury examinations in torts for emotional distress. In A. M. Goldstein (Ed.), *Handbook of psychology: Vol. 11. Forensic psychology* (pp. 233–258). New York: John Wiley & Sons, Inc.

Greenberg, S. A., Otto, R. K., & Long, A. C. (2003). The utility of psychological testing in assessing emotional damages in personal injury litigation. *Assessment, 10*, 411–419.

Greenfield, D. P., & Witt, P. H. (2005). Evaluating adult Miranda waiver competency. *Journal of Law and Psychiatry, 33*, 471–489.

Greenfield, L., Rand, M. R., Craven, D., Klaus, P. A., Perkins, C. A., Ringel, C., et al. (1998). *Violence by intimates: Analysis of data on crimes by current or former spouses, boyfriends, and girlfriends* (Vol. 14), NCJ–167237. Washington, DC: U.S. Department of Justice, Office of Justice Programs, Bureau of Justice Statistics.

Gretton, H. M., Hare, R. D., & Catchpole, R. E. H. (2004). Psychopathy and offending from adolescence to adulthood: A 10-year follow-up. *Journal of Consulting and Clinical Psychology, 72*, 636–645.

Gretton, H. M., McBride, M., Hare, R. D., O'Shaughnessy, R., & Kumka, G. (2001). Psychopathy and recidivism in adolescent sex offenders. *Criminal Justice and Behavior, 28*, 427–449.

Grisso, T. (1988). *Competency to stand trial evaluations: A manual for practice*. Sarasota, FL: Professional Resource Exchange, Inc.

Grisso, T. (1991). A developmental history of the American Psychology-Law Society. *Law and Human Behavior, 15*, 213–231.

Grisso, T. (1992). Five-year research update (1986–1990): Evaluations for competence to stand trial. *Behavioral Sciences and the Law, 10*, 353–369.

Grisso, T. (1993). The differences between forensic psychiatry and forensic psychology. *Bulletin of the American Academy of Psychiatry and Law, 21*, 133–145.

Grisso, T. (1995). Saleem Shah's contributions to forensic clinical assessment. *Law and Human Behavior, 19*, 25–30.

Grisso, T. (1996). Society's retributive response to juvenile violence: A developmental perspective. *Law and Human Behavior, 20*, 229–247.

Grisso, T. (2003a). *Evaluating competencies: Forensic assessments and instruments*. New York: Kluwer Academic/Plenum Publishers.

Grisso, T. (2003b). Waiver of rights to silence and legal counsel. In T. Grisso (Ed.) *Evaluating competencies: Forensic assessments and instruments* (pp. 149–192). New York: Kluwer Academic/Plenum Publishers.

Grisso, T. (2003c). Forensic evaluation in delinquency cases. In A. M. Goldstein (Ed.), *Handbook of psychology: Vol. 11. Forensic psychology* (pp. 315–334). New York: John Wiley & Sons, Inc.

Grisso, T. (2004). Reply to "a critical review of published competency-to-confess measures." *Law and Human Behavior, 28,* 719–724.

Grisso, T., & Appelbaum, P. S. (1995). The MacArthur Treatment Competence Study: II. Measures of abilities related to competence to consent to treatment. *Law and Human Behavior, 19,* 127–148.

Grisso, T., & Appelbaum, P. S. (1998). *MacArthur competence assessment tool for treatment (MacCAT-T).* Sarasota, FL: Professional Resource Press.

Grisso, T., Cocozza, J. J., Steadman, H. J., Greer, A., & Fisher, W. H. (1996). A national survey of hospital and community-based approaches to pretrial mental health evaluations. *Psychiatric Services, 47,* 642–644.

Grisso, T., Davis, J., Vesselinov, R., Appelbaum, P. S., & Monahan, J. (2000). Violent thoughts and violent behavior following hospitalization for mental disorder. *Journal of Consulting and Clinical Psychology, 68,* 388–398.

Grisso, T., Steinberg, L., Woolard, J., Cauffman, E., Scott, E., Graham, S., et al. (2003). Juveniles competence to stand trial: A comparison of adolescents' and adults' capacities as trial defendants. *Law and Human Behavior, 27,* 333–363.

Groscup, J. L., Penrod, S. D., Studebaker, C. A., Huss, M. T., & O'Neil, K. M. (2002). The effects of Daubert on the admissibility of expert testimony in state and federal criminal cases. *Psychology, Public Policy, and Law, 8,* 339–372.

Grubin, D. (1999). Actuarial and clinical assessment of risk in sex offenders. *Journal of Interpersonal Violence, 14,* 331–343.

Guerrero, J., Thurman, D. J., & Sniezek, J. E. (2000). Emergency department visits associated with traumatic brain injury: United States, 1995–1996. *Brain Injury, 14,* 181–186.

Gunnoe, M. L., & Braver, S. L. (2001). The effects of joint legal custody on mothers, fathers, and children controlling for factors that predispose a sole maternal versus joint legal award. *Law and Human Behavior, 25,* 25–43.

Gutheil, T. G. (1999). A confusion of tongues: Competence, insanity, psychiatry, and the law. *Psychiatric Services, 50,* 767–773.

Gutheil, T. G., & Simon, R. I. (1999). Attorneys' pressure on the expert witness: Early warning signs of endangered honesty, objectivity, and fair competition. *Journal of the American Academy of Psychiatry and the Law, 27,* 546–553.

Gutheil, T. G., & Simon, R. I. (2004). Avoiding bias in expert testimony. *Psychiatric Annals, 34,* 260–270.

Gutheil, T. G., & Sutherland, P. K. (1999). Forensic assessment, witness credibility and the search for truth through expert testimony in the courtroom. *Journal of Psychiatry & Law, 27,* 289–312.

Guy, L. S., & Douglas, K. S. (2006). Examining the utility of the PCL: SV as a screening measure using competing factor models of psychopathy. *Psychological Assessment, 18,* 225–230.

Guy, L. S., Edens, J. F., Anthony, C., & Douglas, K. S. (2005). Does psychopathy predict institutional misconduct among adults? A meta-analytic investigation.

Journal of Consulting and Clinical Psychology, 73, 1056–1064.

Guyer, C. G. (2000). Spouse abuse. In F. W. Kaslow (Ed.), *Handbook of couple and family forensics: A sourcebook for mental health and legal professionals* (pp. 206–234). Hoboken, NJ: John Wiley & Sons.

Haas, L. J. (1993). Competence and quality in the performance of forensic psychologists. *Ethics & Behavior, 3*, 251–266.

Hagen, M. (1997). *Whores of the court: The fraud of psychiatric testimony and the rape of American justice*. New York: Regan Books.

Hall, A. S., Pulver, C. A., & Cooley, M. J. (1996). Psychology of best interest standard: Fifty state statutes and their theoretical antecedents. *The American Journal of Family Therapy, 24*, 171–180.

Hall, G. C. N. (1995). Sexual offender recidivism revisited: A meta-analysis of recent treatment studies. *Journal of Clinical and Consulting Psychology, 63*, 802–809.

Hall, G. C. N., Proctor, W. C., & Nelson, G. M. (1988). Validity of physiological measures of pedophilic sexual arousal in a sexual offender population. *Journal of Consulting and Clinical Psychology, 56*, 118–122.

Haller, L. H. (2000). Forensic aspects of juvenile violence. *Child and Adolescent Psychiatric Clinics of North America, 9*, 859–881.

Hamparian, D. M., Schuster, R., Dinitz, S., & Conrad, J. P. (1978). *The violent few: A study of dangerous juvenile offenders*. Lexington, MA: Heath.

Haney, C. (1980). Psychology and legal change: On the limits of a factual jurisprudence. *Law and Human Behavior, 4*, 147–199.

Hanscom, D., & Jex, R. (2001). Sleep disorder, depression, and musculoskeletal pain. *Spineline*, Sept/Oct, 20–31.

Hanson, R. K. (2002). Recidivism and age: Follow-up data from 4,673 sexual offenders. *Journal of Interpersonal Violence, 17*, 1046–1062.

Hanson, R. K., & Bussière, M. T. (1998). Predicting relapse: A meta-analysis of sexual offender recidivism studies. *Journal of Consulting and Clinical Psychology, 66*, 348–362.

Hanson, R. K., Cadsky, O., Harris, A., & Lalonde, C. (1997). Correlates of battering among 997 men: Family history, adjustment, and attitudinal differences. *Violence and Victims, 12*, 191–208.

Hanson, R. K., Gordon, A., Harris, A. J., Marques, J. K., Murphy, W., & Quinsey, V. L., et al. (2002). First report of the collaborative data project on the effectiveness of psychological treatment for sex offenders. *Sexual Abuse: A Journal of Research and Treatment, 14*, 169–194.

Hanson, R. K., & Harris, A. J. R. (2000). Where should we intervene? Dynamic predictors of sexual offense recidivism. *Criminal Justice and Behavior, 27*, 6–35.

Hanson, R. K., Morton, K. E., & Harris, A. J. R. (2003). Sexual offender recidivism risk: What we know and what we need to know. *Annals of the New York Academy of Sciences, 989*, 154–166.

Hanson, R. K., & Morton-Bourgon, K. E. (2005). The characteristics of persistent sexual offenders: A meta-analysis of recidivism studies. *Journal of Consulting and Clinical Psychology, 73*, 1154–1163.

Hare, R. D. (1991). *The Hare Psychopathy Checklist-Revised*. Toronto: Multi-Health Systems.

Hare, R. D. (1996). Psychopathy: A clinical construct whose time has come. *Criminal Justice and Behavior, 23*, 25–54.

Hare, R. D. (1999). *Without conscience: The disturbing world of the psychopaths among us*. New York: Guilford.

Hare, R. D. (2001). Psychopaths and their nature: Some implications for understanding human predator violence. In A. Raine & J. Sanmartin (Eds.), *Violence and psychopathy* (pp. 5–34). New York: Kluwer Academic/Plenum Publishers.

Hare, R. D. (2003). *The Hare Psychopathy Checklist-Revised* (2nd ed.). Toronto: Multi-Health Systems.

Hare, R. D., Clark, D., Grann, M., & Thorton, D. (2000). Psychopathy and the predictive validity of the PCL-R: An international perspective. *Behavioral Sciences & the Law, 18*, 623–645.

Hare, R. D., & Hart, S. F. (1996). *Psychopathy and the PCL-R: Clinical and forensic application*. Toronto: Multi-Health Systems.

Hare, R. D., & Neumann, C. S. (2006). The PCL-R assessment of psychopathy: Development, structural properties, and new directions. In C. J. Patrick (Ed.), *Handbook of psychopathy* (pp. 58–88). New York: Guilford Press.

Hare, R. D., McPherson, L. M., & Forth, A. E. (1988). Male psychopaths and their criminal career. *Journal of Consulting and Clinical Psychology, 56*, 710–714.

Hare, R. D., Williamson, S. E., & Harpur, T. J. (1988). Psychopathy and language. In T. E. Moffitt, & S. A Mednick, *Biological contributions to crime causation* (pp. 66–92). Dordrecht, Netherlands: Martinus Nijhoff Publishing.

Harris, A., Phenix, A., Hanson, R. K., & Thorton, D. (2003). *Static-99 coding rules: Revised–2003*. Ottawa, Canada: Solicitor General of Canada.

Harris, G. T., & Rice, M. E. (1997). Mentally disordered offenders: What research says about effective service. In C. D. Webster & M. A. Jackson (Ed.), *Impulsivity: Theory, assessment, and treatment* (pp. 361–393). New York, Guilford Press.

Harris, G. T., & Rice, M. E. (2006). Treatment of psychopathy: A review of empirical findings. In C. J. Patrick (Ed.), *Handbook of psychopathy* (pp. 555–572). New York: Guilford Press.

Harris, G. T., Rice, M. E., & Cormier, C. A. (1991). Psychopathy and violent recidivism. *Law and Human Behavior, 15*, 625–637.

Harris, G. T., Rice, M. E., & Cormier, C. A. (2002). Prospective replication of the Violence Risk Appraisal Guide in predicting violent recidivism among forensic patients. *Law and Human Behavior, 26*, 377–394.

Harris, G. T., Rice, M. E., & Quinsey, V. L. (1993). Violent recidivism of mentally disordered offenders: The development of a statistical prediction instrument. *Criminal Justice and Behavior, 20*, 315–335.

Harris, G. T., Rice, M. E., & Quinsey, V. L. (1998). Appraisal and management of risk in sexual aggressors: Implications for criminal justice policy. *Psychology, Public Policy, and Law, 4*, 73–115.

Hart, S. F. (1998). The role of psychopathy in assessing risk for violence: Conceptual and methodological issues. *Legal and Criminological Psychology, 3*, 121–137.

Hart, S. D. (2005). *Advances in spousal violence risk assessment*. Retrieved on June 14, 2006 from http://dcj.state.co.us/odvsom/Domestic_Violence/DV_Pdfs/HartPresentation052504.pdf

Hart, S. D., & Hare, R. D. (1992). Predicting fitness to stand trial: The relative power of demographic, criminal, and clinical variables. *Forensic Reports, 5*, 53–65.

Hart, S. F., & Dempster, R. J. (1997). Impulsivity and psychopathy. In C. D. Webster & M. A. Jackson (Eds.), *Impulsivity: Theory, assessment, and treatment* (pp. 212–232). New York: Guilford Press.

Hart, S. F., Forth, A. E., & Hare, R. D. (1990). Performance of criminal psychopaths on selected neuropsychological tests. *Journal of Abnormal Psychology, 99*, 374–379.

Hart, S. F., Michie, C., & Cooke, D. J. (2007). Precision of actuarial risk assessment instruments: Evaluating the "margins of error" of group v, individual predictions of violence. *British Journal of Psychiatry, 190*, 60–65.

Harvey, A. G., & Bryant, R. A. (2000). Memory for acute stress disorder symptoms: A two-year prospective study. *Journal of Nervous and Mental Disease, 1888*, 602–607.

Heckert, D. A., & Gondolf, E. W. (2000). Assessing assault self-reports by batterer program participants and their partners. *Journal of Family Violence, 15*, 181–197.

Heckert, D. A., & Gondolf, E. W. (2004). Battered women's perceptions of risk versus risk factors and instruments in predicting repeat reassault. *Journal of Interpersonal Violence, 19*, 778–800.

Heilbrun, K. (1987). The assessment of competency for execution: An overview. *Behavioral Sciences and the Law, 5*, 383–396.

Heilbrun, K. (1997). Prediction versus management models relevant to risk assessment: The importance of legal decision-making context. *Law and Human Behavior, 21*, 347–359.

Heilbrun, K. (2003). Developing principles of forensic mental health assessment. In K. Heilbrun (Ed.), *Principles of forensic mental health assessment* (pp. 3–18). New York: Kluwer Academic/Plenum.

Heilbrun, K., & Collins, S. (1995). Evaluation of trial competency and mental state at the time of offense report characteristics. *Professional Psychology: Research and Practice, 26*, 61–67.

Heilbrun, K., & Griffin, P. (1999). Forensic assessment: A review of programs and research. In R. Roesch, S. Hart, & J. R. P. Ogloff (Eds.), *Psychology and the law: State of the discipline* (pp. 242–278). Dordrecht, The Netherlands: Kluwer Academic/Plenum Publishers.

Heilbrun, K., Hart, S., Hare, R. D., Gustafson, D., Nunez, C., & White, A. (1998). Inpatient and post discharge aggression in mentally disordered offenders. *Journal of Interpersonal Violence, 13*, 514–526.

Heilbrun, K., Lee, R. J., & Cottle, C. C. (2005). Risk factors and intervention outcomes: Meta-analyses of juvenile offending. In K. Heilbrun, N. E. S. Goldstein, & R. E. Redding (Eds.), *Juvenile delinquency: Prevention, assessment, and intervention* (pp. 3–18). New York: Oxford University Press.

Heilbrun, K., O'Neil, M. L., Strohman, L. K., Bowman, Q., & Philipson, J. (2000). Expert approaches to communicating violence risk. *Law and Human Behavior, 24*, 137–148.

Heilbrun, K., Rogers, R., & Otto, R. (2002). Forensic assessment: Current status and future directions. In J. R. P. Ogloff (Ed.), *Taking psychology and law into the twenty-first century* (pp. 119–146). New York: Kluwer Academic/Plenum Publishers.

Heinze, M. C., & Grisso, T. (1996). Review of instruments assessing parenting competencies used in child custody evaluations. *Behavioral Sciences and the Law, 14*, 293–313.

Hemphill, J., & Hare, R. D. (2004). Some misconceptions about the Hare PCL-R and risk assessment: A reply to Gendreau, Goggin, and Smith. *Criminal Justice and Behavior, 31*, 203–243.

Hemphill, J., Hare, R. D., & Wong, S. (1998). Psychopathy and recidivism: A review. *Legal and Criminological Psychology, 3*, 139–170.

Hemphill, J. F., & Hart, S. F. (2003). Forensic and clinical issues in the assessment of psychopathy. In A. M. Goldstein (Ed.), *Handbook of psychology: Vol. 11. Forensic psychology* (pp. 87–107). Hoboken, NJ: John Wiley & Sons.

Henggeler, S. W., Rowland, M. D., Randall, J., Ward, D. M., Pickrel, S, G., Cunningham, et al. (1999). Home-based multisystemic therapy as an alternative to the hospitalization of youths in psychiatric crisis: Clinical outcomes. *Journal of the American Academy of Child & Adolescent Psychiatry, 38*, 1331–1339.

Henggeler, S. W., & Schoenwald, S. K. (1994). Boot camps for juvenile offenders: Just say no. *Journal of Child and Family Studies, 3*, 243–248.

Henriques, Z., & Manatu-Rupert, N. (2001). Living on the outside: African-American women before, during, and after imprisonment. *The Prison Journal, 81*, 6–19.

Henry, B., Caspi, A., Moffitt, T. E., Harrington, H., & Silva, P. A. (1999). Staying in school protects boys with poor self-regulation in childhood from later crime: A longitudinal study. *International Journal of Behavioral Development, 23*, 1049–1073.

Henson, D. E., & Rubin, H. B. (1971). Voluntary control of eroticism. *Journal of Applied Behavior Analysis, 4*, 37–44.

Hervé, H. F., Hayes, P. J., & Hare, R. D. (2003). Psychopathy and sensitivity to the emotional polarity of metaphorical statements. *Personality and Individual Differences, 35*, 1497–1507.

Hess, A. (1999). Practicing principled forensic psychology: Legal, ethical, and moral considerations. In I. B. Weiner & A. K. Hess (Eds.), *Handbook for forensic psychology* (2nd ed., pp. 673–699). Hoboken, NJ: John Wiley & Sons.

Hess, A. (2006). Serving as an expert witness. In I. B. Weiner & A. K. Hess (Eds.), *Handbook for forensic psychology* (3rd ed., pp. 652–697). Hoboken, NJ: John Wiley & Sons.

Hess, K. D. (2006). Understanding child domestic law issues: Custody, adoptions, and abuse. In I. B. Weiner & A. K. Hess (Eds.), *The handbook of forensic psychology* (3rd ed., pp. 98–123). Hoboken, NJ: John Wiley & Sons.

Hesseltine, D. (1995). The evolution of the capital punishment jurisprudence of the United States Supreme Court and the impact of *Tuilaepa v. California* on that evolution. *San Diego Law Review, 32*, 593–635.

Hiatt, K. D., & Newman, J. P. (2006). Understanding psychopathy: The cognitive side. In C. J. Patrick (Ed.), *Handbook of psychopathy* (pp. 334–352). New York: Guilford Press.

Hickling, E. J., & Blanchard, E. B. (1999). *The international handbook of road traffic accidents & psychological trauma: Current understanding, treatment and law*. New York: Elsevier Science.

Hiday, V. A. (1988). Civil commitment: A review of empirical research. *Behavioral Sciences and the Law, 6*, 15–43.

Hiday, V. A. (2003) Outpatient commitment: The state of empirical research on its outcomes. *Psychology, Public Policy, and the Law, 9*, 8–32.

Hiday, V. A., & Goodman, R. R. (1982). The least restrictive alternative to involuntary hospitalization, outpatient commitment: Its use and effectiveness. *Journal of Psychiatry and Law, 10*, 81–96.

Hiday, V. A., Swartz, M. S., Swanson, J., & Wagner, H. R. (1997). Patient perceptions of coercion in mental hospital admission. *International Journal of Law and Psychiatry, 20*, 227–241.

Hilton, N. Z., & Harris, G. T. (2005). Predicting wife assault: A critical review and implications for policy and practice. *Trauma, Violence, and Abuse, 6*, 3–23.

Hilton, N. Z., Harris, G. T., & Rice, M. E. (2001). Predicting violence by serious wife assaulters. *Journal of Interpersonal Violence, 16*, 408–423.

Hilton, N. Z., Harris, G. T., & Rice, M. E. (2004). A brief actuarial assessment for the prediction of wife assault recidivism: The Ontario Domestic Assault Risk Assessment. *Psychological Assessment, 16*, 267–275.

Hoffman, A. M., & Summers, R. W. (2001). *Teen violence: A global view (a world view of social issues)*. Westport, CT: Greenwood Press.

Hoge, R. D., & Andrews, D. A. (1996) *Assessing the youthful offender: Issues and techniques*. New York: Plenum Press.

Hoge, R. D., Andrews, D. A., & Leschied, A. W. (1996) An investigation of risk and protective factors in a sample of youthful offenders. *Journal of Child Psychology and Psychiatry, 37*, 419–424.

Hoge, S. K., Bonnie, R. J., Poythress, N., & Monahan, J. (1992). Attorney-client decision-making in criminal cases: Client competence and participation as perceived by their attorneys. *Behavioral Sciences & the Law, 10*, 385–394.

Hoge, S. K., Bonnie, R. J., Poythress, N., Monahan, J., Eisenberg, M., & Feucht-Haviar, T. (1997). The MacArthur adjudicative competence study: Development and validation of a research instrument. *Law and Human Behavior, 21*, 141–179.

Hoge, S. K., Lidz, C. W., Eisenberg, M., Gardner, W., Monahan, J., Mulvey, E., et al. (1997). Perceptions of coercion in the admission of voluntary and involuntary psychiatric patients. *International Journal of Law and Psychiatry, 20*, 167–181.

Hoge, S. K., Lidz, C. W., Eisenberg, M., Monahan, J., Bennett, N., Gardner, W., et al. (1998). Family, clinician, and patient perceptions of coercion in mental hospital admission: A comparative study. *International Journal of Law and Psychiatry, 21*, 131–146.

Hoge, S. K., Lidz, C., Mulvey, E., Roth, L., Bennett, N., Siminoff, L., et al. (1993). Patient, family, and staff perceptions of coercion in mental hospital admission: An exploratory study. *Behavioral Sciences and the Law, 11*, 281–293.

Hoge, S. K., Poythress, N., Bonnie, R., Eisenberg, M., Monahan, J., Feucht-Haviar, T., et al. (1996). Mentally ill and non-mentally ill defendants' abilities to understand information relevant to adjudication: A preliminary study. *Bulletin of the American Academy of Psychiatry and the Law, 24*, 187–197.

Holtzworth-Munroe, A. (2005). Female perpetration of physical aggression against an intimate partner: A controversial new topic study. *Violence and Victims, 20*, 251–259.

Holtzworth-Munroe, A., Beatty, A., Beak, S., & Anglin, K. (1995). The assessment and treatment of marital violence: An introduction for the marital therapist. In N. S. Jacobsen & A. S. Gurman (Eds.), *Clinical handbook of couple therapy* (pp. 317–339). New York: Guilford Press.

Holtzworth-Munroe, A., Meehan, J. C., Herron, K., Rehman, U., & Stuart, G. L. (2000). Testing the Holtzworth-Munroe and Stuart (1994) batterer typology. *Journal of Consulting and Clinical Psychology, 68*, 1000–1019.

Holtzworth-Munroe, A., Smutzler, N., & Bates, L. (1997b). A brief review of the research on husband violence: Part III: Sociodemographic factors, relationship factors, and differing consequences of husband and wife violence. *Aggression and Violent Behavior, 2*, 285–307.

Holtzworth-Munroe, A., Smutzler, N., & Sandin, E. (1997a). A brief review of the research on husband violence. *Aggression and Violent Behavior*, 2, 179–213.

Holtzworth-Munroe, A., & Stuart, G. L. (1994). Typologies of male batterers: Three subtypes and the differences among them. *Psychological Bulletin*, 116, 476–497.

Homant, R. J., & Kennedy, D. B. (1987). Subjective factors in clinicians' judgments of insanity: Comparison of a hypothetical case and actual case. *Professional Psychology: Research and Practice*, 18, 439–446.

Home Office (1998). *Criminal statistics for England and Whales 1997*. London: Home Office.

Horvath, L. S., Logan, T. K., & Walker, R. (2002). Child custody cases: A content analysis of evaluation in practice. *Professional Psychology: Research, and Practice*, 33, 557–565.

Hotaling, G. T., & Sugarman, D. B. (1986). An analysis of risk markers in husband to wife violence: The current state of knowledge. *Violence and Victims*, 1, 101–124.

Hotaling, G. T., & Sugarman, D. B. (1990). A risk marker analysis of assaulted wives. *Journal of Family Violence*, 5, 1–13.

Houskamp, B. M., & Foy, D. W. (1991). The assessment of posttraumatic stress disorder in battered women. *Journal of Interpersonal Violence*, 6, 367–375.

Howe, V., Foister, K., Jenkins, K., Skene, L., Copolov, D., & Keks, N. (2005). Competence to give informed consent in acute psychosis is associated with symptoms rather than diagnosis. *Schizophrenia Research*, 77, 211–214.

Howells, K., Day, A., & Thomas-Peter, B. (2004). Changing violent behaviour: Forensic mental health and criminological models compared. *Journal of Forensic Psychiatry and Psychology*, 15, 391–406.

Hubbard, K. L., & Zapf, P. A. (2003). The role of demographic, criminal, and psychiatric variables in examiners' predictions of restorability to competency to stand trial. *International Journal of Forensic Mental Health*, 2, 145–155.

Hubbard, K. L., Zapf, P. A., & Ronan, K. A. (2003). Competency restoration: An examination of the differences between defendants predicted restorable and not restorable to competency. *Law and Human Behavior*, 27, 127–139.

Humphrey v. Cady, 405 U.S. 504 (1972).

Huss, M. T. (2001a). Psychology and law, then, now, and in the next century. In S. F. Davis & J. Halonen (Eds.), *The many faces of psychological research in the twenty-first century*. Available online at: http://teachpsych.org/resources/e-books/faces/script/Ch11.htm.

Huss, M. T. (2001b). What is forensic psychology? It's not Silence of the Lambs! *Eye on* Psi Chi, 5, 25–27.

Huss, M. T., Covell, C. N., & Langhinrichsen-Rohling, J. (2006). Clinical implications for the assessment and treatment of antisocial and psychopathic domestic violence perpetrators. *Journal of Aggression, Maltreatment, & Trauma*, 13, 61–87.

Huss, M. T., & Langhinrichsen-Rohling, J. (2000). Identification of the psychopathic batterer: The clinical, legal, and policy implications. *Aggression and Violent Behavior*, 5, 403–422.

Huss, M. T., & Langhinrichsen-Rohling, J. (2006). Assessing the generalization of psychopathy in a clinical sample of domestic violence perpetrators. *Law and Human Behavior*, 30, 571–586.

Huss, M. T., & Ralston, A. (2006, March). Assessing domestic violence recidivism and treatment outcome across a batterer typology. Paper presented at the Annual conference of the American Psychology-Law Society, St. Petersburg, FL.

Huss, M. T., & Skovran, L. (2008). Forensic clinical psychology: Sensationalism and reality. In S. F. Davis & W. Buskist (Eds.), *Handbook of psychology in the 21st century* (356–365). Thousand Oaks, CA: Sage Publishers.

Huss, M. T., Tomkins, A. J., Garbin, C. P., Schopp, R. F., & Kilian, A. (2006). Battered women who kill their abusers: An examination of commonsense notions, cognitions, and judgments. *Journal of Interpersonal Violence, 21*, 1–18.

Huss, M. T., & Zeiss, R. A. (2005). You have the right to not have a hearing: An evaluation of the impact of fully advising civilly committed patients on their rights. *International Journal of Law and Psychiatry, 28*, 334–341.

Ibn-Tamas v. U.S., 407 A.2d 626 (1979).

Imwinkelried, E. J. (1993, September). The Daubert decision: Frye is dead, long live the federal rules of evidence. *Trial*, pp. 60.

In re Gault 387 US 1; 18 L. Ed. 2d 527; 87 S.Ct. 1428 1 (1967).

Insanity Defense Reform Act (1984). Public Law 98–473, 18 U.S. C. Sections 401–406.

Intrator, J., Hare, R., Stritzke, P., & Brichtswein, K. (1997). A brain imaging (single photon emission computerized tomography) study of semantic and affective processing in psychopaths. *Biological Psychiatry, 42*, 96–103.

Jackson v. Indiana, 406 U.S. 715 (1972).

Janofsky, J. S., Vandewalle, M. B., & Rappeport, J. R. (1989). Defendants pleading insanity: An analysis of outcome. *Bulletin of the American Academy of Psychiatry and the Law, 17*, 203–211.

Janus, E. S. (2000). Sexual predator commitment laws: Lessons for law and the behavioral sciences. *Behavioral Sciences and the Law, 18*, 5–21.

Jasinski, J. I., & Kantor, G. K. (2001). Pregnancy, stress and wife assault: Ethnic differences in prevalence, severity, and onset in a national sample. *Violence and Victims, 16*, 219–232.

Jeffrey, R. W., & Pasewark, R. A. (1983). Altering opinions about the insanity plea. *Journal of Psychiatry & Law, 11*, 29–40.

Jenkins v. United States, 113 U.S. App. D.C. 300, 307 F 2d. 637 (1962).

John Jay Report. (2004). *The nature and scope of the problem of sexual abuse of minors by catholic priests and deacons in the United States*. Retrieved November 30, 2006, from http://www.usccb.org/nrb/johnjaystudy/

Johnson, B. R. (2004). Involuntary commitment. In W. O'Donohue & E. Levensky (Eds.), *Handbook of forensic psychology* (pp. 767–780). San Diego, CA: Elsevier Academic Press.

Johnson, J. J., & Helms, J. L. (2002). Treatment in institutions: Mental health needs of incarcerated youth. In N. G. Ribner (Ed.), *The California School of Professional Psychology handbook of juvenile forensic psychology* (pp. 367–388). San Francisco, CA: Jossey-Bass.

Johnson, M. P. (1995). Patriarchal terrorism and common couple violence: Two forms of violence against women. *Journal of Marriage & the Family, 57*, 283–294.

Johnston, J. R. (1995). Research update: Children's adjustment in sole custody compared to joint custody families and principles of custody decision making. *Family and Conciliation Courts Review, 33*, 415–425.

Johnstone, L., & Cooke, D. J. (2004). Psychopathic-like traits in childhood: Conceptual and measurement concerns. *Behavioral Sciences and the Law, 22*, 103–125.

Johnstone, B., Schopp, L. H., & Shigaki, C. L. (2000). Forensic psychological evaluation. In R. G. Frank & T. R. Elliot (Eds.), *Handbook of rehabilitation psychology* (pp.

345–358). Washington DC: American Psychological Association.

Jones, L. M., Finkelhor, D., & Halter, S. (2006). Child maltreatment trends in the 1990s: Why does neglect differ from sexual or physical abuse? *Child Maltreatment, 11,* 107–120.

Jones v. United States 463 U.S. 354 (1983).

Julian, T. W., & McKenry, P. C. (1993). Mediators of male violence toward female intimates. *Journal of Family Violence, 8,* 39–56.

Kansas v. Crane, 122 S. Ct. 867 (2002).

Kansas v. Hendricks, 117 S. Ct. 2072 (1997).

Kantor, G. K., & Straus, M. A. (1990). Response of victims to the police and police to the assaults on wives. In M. A. Straus & R. J. Gelles (Eds.), *Physical violence in American families* (pp. 473–487). New Brunswick, NJ: Transaction Publishers.

Kantor, G. K., Jasinski, J. L., & Aldarondo, E. (1994). Sociocultural status and incidence of marital violence in Hispanic families. *Violence and Victims, 9,* 207–222.

Keefe, B., & Pinals, D. A. (2004). Durable power of attorney for psychiatric care. *Journal of the American Academy of Psychiatry and the Law, 32,* 202–204.

Keilin, W. G., & Bloom, L. J. (1986). Child custody evaluation practices: A survey of experienced professionals. *Professional Psychology: Research and Practice, 17,* 338–346.

Kelly, J. B. (2000). Children's adjustment in conflicted marriage and divorce: A decade of review of research. *Journal of the American Academy of Child and Adolescent Psychiatry, 39,* 93–973.

Kemp, A., Green, B. L., Hovanitz, C., & Rawlings, E. I. (1995). Incidence and correlates of posttraumatic stress disorder in battered women: Shelter and community samples. *Journal of Interpersonal Violence, 10,* 43–55.

Kendall, W. D. B., & Cheung, M. (2004). Sexually violent predators and civil commitment laws. *Journal of Child Sexual Abuse, 13,* 41–57.

Kent v. United States, 383 U.S. 541 (1966).

Kiehl, K. A., Smith, A. M., Mendrek, A., Forster, B. B., Hare, R. D., & Liddle, P. F. (2004). Temporal lobe abnormalities in semantic processing by criminal psychopaths as revealed by functional magnetic resonance imaging. *Psychiatry Research: Neuroimaging, 130,* 27–42.

Kiesler, C. A., & Simpkins, C. G. (1993). *The unnoticed majority in psychiatric inpatient care.* New York: Plenum Press.

Klassen, D., & O'Connor, W. A. (1988a). A prospective study of predictors of *violence* in adult male mental health admissions. *Law and Human Behavior, 12,* 143–158.

Klassen, D., & O'Connor, W. A. (1988b). Predicting violence in schizophrenic and non-schizophrenic patients: A prospective study. *Journal of Community Psychology, 16,* 217–227.

Klassen, D., & O'Connor, W. A. (1990). Assessing the risk of violence in released mental patients: A cross validation study. *Psychological Assessment: A Journal of Consulting and Clinical Psychology, 1,* 75–81.

Knapp, S., & VandeCreek, L. (2001). Ethical issues in personality assessment in forensic psychology. *Journal of Personality Assessment, 77,* 242–254.

Knapp, S., & VandeCreek, L. (2006). Forensic psychology. In S. Knapp and L. VandeCreek, Practical ethics for psychologists: A positive approach (pp. 161–173). Washington, DC: American Psychological Association.

Knight, R. A., & Guay, J. (2006). The role of psychopathy in sexual coercion against women. In C. J. Patrick (Ed.), *Handbook of psychopathy* (pp. 512–532). New York: Guilford Press.

Koch, W. J., & Douglas, K. S. (2001). Psychology's intersection with family law. In R. A. Schuller, & J. R. P. Ogloff (Eds.), *Introduction to psychology and law: Canadian perspectives* (pp. 375–406). Toronto: University of Toronto Press.

Koch, W. J., O'Neil, M., & Douglas, K. S. (2005). Empirical limits for the forensic assessment of PTSD litigants. *Law and Human Behavior, 29,* 121–149.

Kosson, D. S. (1996). Psychopathy and dual-task performance under focusing conditions. *Journal of Abnormal Psychology, 105,* 391–400.

Kosson, D. S., & Newman, J. P. (1986). Psychopathy and the allocation of attentional capacity in a divided-attention situation. *Journal of Abnormal Psychology, 95,* 257–263.

Kosson, D. S., Smith, S. S., & Newman, J. P. (1990). Evaluating the construct validity of psychopathy in Black and White male inmates: Three preliminary studies. *Journal of Abnormal Psychology, 99,* 250–259.

Kozol, H., Boucher, R., & Garofalo, R. (1972). The diagnosis and treatment of dangerousness. *Crime and Delinquency, 18,* 371–392.

Krauss, D. A., & Sales, B. D. (2000). Legal standards, expertise, and experts in the resolution of contested child custody cases. *Psychology, Public Policy, and Law, 6,* 843–879.

Kravitz, H. H., & Kelly, J. (1999). An outpatient psychiatry program for offenders with mental disorders found not guilty by reason of insanity. *Psychiatric Services, 50,* 1597–1605.

Kress, K. (2000). An argument for assisted outpatient treatment for persons with serious mental illness illustrated with reference to a proposed statute for Iowa. *Iowa Law Review, 85,* 1269–1386.

Krisberg, B., & Wolf, A. M. (2005). Juvenile offending. In K. Heilbrun, N. E. S. Goldstein, & R. E. Redding, *Juvenile delinquency: Prevention, assessment, and intervention* (pp. 67–84). New York: Oxford University Press.

Kropp, P. R., & Hart, S. D. (2000). The spousal assault risk assessment (SARA) guide: Reliability and validity in adult male offenders. *Law and Human Behavior, 24,* 101–118.

Kropp, P. R., Hart, S. D., Webster, C. D., & Eaves, D. (1998). *Spousal assault risk assessment: User's guide.* Toronto: Multi-Health System Inc. and British Columbia Institute Against Family Violence.

Kumho Tire Co., Ltd. v. Carmichael, 119 S. Ct. 1167 (1999).

Kurtz, A. (2002). What works for delinquency? The effectiveness of interventions for teenage offending behaviour, *The Journal of Forensic Psychiatry, 13,* 671–692.

La Fond, J. Q. (2003). Outpatient commitment's next frontier: Sexual predators. *Psychology, Public Policy, and Law, 9,* 159–182.

Ladds, B., & Convit, A. (1994). Involuntary medication of patients who are incompetent to stand trial: A review of empirical studies. *Bulletin of the American Academy of Psychiatry & the Law, 22,* 519–532.

Lake v. Cameron, 364 F.2d. 657 (1966).

Lally, S. J. (2003). What tests are acceptable for use in forensic evaluations? A survey of experts. *Professional Psychology: Research and Practice, 34,* 491–498.

Lalumière, M. L., Harris, G. T., Quinsey, V. L., & Rice, M. E. (2005). *The causes of rape: Understanding individual differences in male propensity for sexual aggression.* Washington DC, American Psychological Association.

Lalumière, M., & Quinsey, V. L. (1994). The discriminability of rapists from non rapists using phallometric measures: A meta-analysis. *Criminal Justice and Behavior, 21*, 150–175.

Lamb, H. R., & Grant, R. W. (1982). The mentally ill in an urban county jail. *Archives of General Psychiatry, 39*, 17–22.

Landenberger, N. A., & Lipsey, M. W. (2005). The positive effects of cognitive-behavioral programs for offenders: A meta-analysis of factors associated with effective treatment. *Journal of Experimental Criminology, 1*, 451–476.

Langelier, P., & Nurcombe, B. (1985). Residual parental rights: Legal trends and controversies. *Journal of the American Academy of Child Psychiatry, 24*, 793–796.

Langevin, R., Curnoe, S., & Bain, J. (2000). A study of clerics who commit sexual offenses: Are they different from other sex offenders? *Child Abuse & Neglect, 24*, 535–545.

Langton, C. M., & Marshall, W. L. (2001). Cognition in rapists: Theoretical patterns by typological breakdown. *Aggression and Violent Behavior, 6*, 499–518.

Langhinrichsen-Rohling, J. (2005). Top 10 greatest "hits": Important findings and future directions for intimate partner violence research. *Journal of Interpersonal Violence, 20*, 108–118.

Langhinrichsen-Rohling, J., Huss, M. T., & Ramsey, S. (2000). The clinical utility of batterer typologies. *Journal of Family Violence, 15*, 37–54.

Langhinrichsen-Rohling, J., Huss, M. T., & Rohling, M. L. (2006). Aggressive behavior. In M. Hersen (Ed.), *Clinician's handbook of adult behavioral assessment* (pp. 371–400). San Diego: Elsevier Academic Press.

Langhinrichsen-Rohling, J., Palarea, R. E., Cohen, J., & Rohling, M. L. (2000). Breaking up is hard to do: Unwanted pursuit behaviors following the dissolution of a romantic relationship. *Violence and Victims, 15*, 73–90.

Leavitt, N., & Maykuth, P. L. (1989). Conformance to attorney performance standards: Advocacy behavior in a maximum security prison hospital. *Law and Human Behavior, 13*, 217–230.

Lees-Haley, P. R. (1997). MMPI-2 base rates for 492 personal injury plaintiffs: Implications and challenges for forensic assessment. *Journal of Clinical Psychology, 53*, 745–755.

Lees-Haley, P. R. (1992). Neuropsychological complaint base rates of personal injury claimants. *Forensic Reports, 5*, 385–391.

Lees-Haley, P. R., Smith, H. R., Williams, C. W., & Dunn, J. T. (1996). Forensic neuropsychological test usage: An empirical survey. *Archives of Clinical Neuropsychology, 11*, 45–51.

Leisring, P. A., Dowd, L., & Rosenbaum, A. (2003). Treatment of partner aggressive women. *Journal of Aggression, Maltreatment & Trauma, 7*, 257–277.

Leonard, K. E., & Blane, H. T. (1992). Alcohol and marital aggression in a national sample of young men. *Journal of Interpersonal Violence, 7*, 19–30.

Leonard, K. E., & Quigley, B. M. (1999). Drinking and marital aggression in newlyweds: An event-based analysis of drinking and the occurrence of husband marital aggression. *Journal of Studies on Alcohol, 60*, 537–545.

Lessard v. Schmidt, 349 F. Supp 1078 E. D. Wis (1972).

Levensky, E. R., & Fruzzetti, A. E. (2003). Partner violence: Assessment, prediction, and intervention. In W. T.

O'Donohue & E. R. Levensky (Eds.), *Handbook of forensic psychology* (pp. 713–741). New York: Elsevier Science.

Levenson, J. S. (2004). Sexual predator civil commitment: A comparison of selected and released offenders. *International Journal of Offender Therapy and Comparative Criminology, 48*, 638–648.

Levenson, J. S., & Cotter, L. P. (2005). The impact of sex offender residence restrictions: 1,000 feet from danger or one step from absurd. *International Journal of Offender Therapy and Comparative Criminology, 49*, 168–178.

Levenson, M. R., Kiehl, K. A., & Fitzpatrick, C. M. (1999). Assessing psychopathic in a noninstitutionalized population. *Journal of Personality and Social Psychology, 68*, 151–158.

Levenston, G. K., Patrick, C. J., Bradley, M. M., & Lang, P. J. (2000). The psychopath as observers: Emotion and attention in picture processing. *Journal of Abnormal Psychology, 109*, 373–385.

Levin, S. M., & Stava, L. (1987). Personality characteristics of sex offenders: A review. *Archives of Sexual Behavior, 16*, 57–79.

Lidz, C. W. (1998). Coercion in psychiatric care: What have we learned from research? *Journal of the American Academy of Psychiatry and Law, 26*, 631–637.

Lidz, C. W., Hoge, S. K., Gardner, W., Bennett, N. S., Monahan, J., Mulvey, E. P., et al. (1995). Perceived coercion in mental hospital admission: Pressures and process. *Archives of General Psychiatry, 52*, 1034–1039.

Lidz, C. W., Mulvey, E. P., & Gardner, W. (1993). The accuracy of predictions of violence to others. *Journal of the American Medical Association, 269*, 1007–1011.

Lidz, C. W., Mulvey, E. P., Hoge, S. K., Kirsch, B. L., Monahan, J., Bennett, N. S., et al. (1997). The validity of mental patients' accounts of coercion-related behaviors in the hospital admission process. *Law and Human Behavior, 21*, 361–376.

Lidz, C. W., Mulvey, E. P., Hoge, S. K., Kirsch, B. L., Monahan, J., Eisenberg, M., et al. (1998). Factual sources of psychiatric patients' perceptions of coercion in the hospital admission process. *American Journal of Psychiatry, 159*, 1254–1260.

Lidz, C. W., Mulvey, E. P., Hoge, S. K., Kirsch, B. L., Monahan, J., Bennett, N. S., et al. (2000). Sources of coercive behaviours in psychiatric admissions. *Acta Psychiatrica Scandinavica, 101*, 73–79.

Lilienfeld, S. O. (1992). The association between antisocial personality and somatization disorders: A review and integration of theoretical models. *Clinical Psychology Review, 12*, 641–662.

Lilienfeld, S. O., & Hess, T. H. (2001). Psychopathic personality traits and somatization: Sex differences in the mediating role of negative emotionality. *Journal of Psychopathology and Behavioral Assessment, 23*, 11–24.

Lilienfeld, S. O., Lynn, S. J., & Lohr, J. M. (2003). *Science and pseudoscience in clinical psychology.* New York: Guilford Press.

Link, B. G., Monahan, J., Stueve, A., & Cullen, F. T. (1999). Real in their consequences: A sociological approach to understanding the association between psychotic symptoms and violence. *American Sociological Review, 64*, 316–332.

Link, B. G., & Stueve, A. (1994). Psychotic symptoms and the violent/illegal behavior of mental patients compared to community controls. In J. Monahan & H. J. Steadman (Eds.), *Violence and mental disorder: Developments in risk assessment* (pp. 137–159). Chicago: University of Chicago Press.

Linton, S. J., Vlaeyen, J., & Ostelo, R. (2002). The back pain beliefs of health care providers: Are we fear avoidant? *Journal of Occupational Rehabilitation, 12,* 223–232.

Lippel, K. (1999). Therapeutic and anti-therapeutic consequences of workers' compensation. *International Journal of Law and Psychiatry, 22,* 521–546.

Lipsey, M. W. (1992). The effect of treatment on juvenile delinquents: Results from meta-analysis. In F. Lösel, D. Bender, & T. Bliesener (Eds.), *Psychology and law: International perspectives* (pp. 131–143). Oxford: Walter De Gruyter.

Lipsey, M. W., & Derzon, J. H. (1998). Predictors of violent or serious delinquency in adolescence and early adulthood: A synthesis of longitudinal research. In R. Loeber, & D. P. Farrington (Eds.), *Serious & violent juvenile offenders: Risk factors and successful interventions* (pp. 86–105). Thousand Oaks, CA: Sage Publications.

Lipsey, M. W., & Wilson, D. B. (1998). Effective intervention for serious juvenile offenders: A synthesis of research. In R. Loeber & D. P. Farrington (Eds.), *Serious & violent juvenile offenders: Risk factors and successful interventions* (pp. 313–345). Thousand Oaks, CA: Sage Publications.

Lipsitt, P., Lelos, D., & McGarry, A. L. (1971). Competency for trial: A screening instrument. *American Journal of Psychiatry, 128,* 105–109.

Littell, J. H. (2005). Lessons from a systematic review of effects of multisystemic therapy. *Children and Youth Services Review, 27,* 445–463.

Litwack, T. R. (2001). Actuarial versus clinical assessments of dangerousness. *Psychology, Public Policy, and Law, 7,* 409–443.

Litwack, T. R. (2003). The competency of criminal defendants to refuse, for delusional reasons, a viable insanity defense recommended by counsel. *Behavioral Sciences and the Law, 21,* 135–156.

Litwack, T. R., Zapf, P. A., Groscup, J. L., & Hart, S. D. (2006). Violence risk assessment: Research, legal, and clinical considerations. In I. B. Weiner & A. K. Hess (Eds.), *Handbook of forensic psychology* (3rd ed., pp. 487–533). Hoboken, NJ: John Wiley & Sons, Inc.

Lloyd, S. A. (1990). Conflict types and strategies in violent marriages. *Journal of Family Violence, 5,* 269–284.

Loeb, P. A. (1996). *Independent living scales manual.* San Antonio: The Psychological Corporation.

Logan, T. K., Leukefeld, C., & Walker, B. (2000). Stalking as a variant of intimate violence: Implications from a young adult sample. *Violence and Victims, 15,* 91–111.

Loh, W. D. (1981). Perspectives on psychology and law. *Journal of Applied Social Psychology, 11,* 314–355.

Looman, I., & Marshall, W. L. (2005). Sexual arousal in rapists. *Criminal Justice and Behavior, 32,* 367–389.

Losel, F. (1998). Treatment and management of psychopathy. In D. J. Cooke, A. E. Forth, & R. D. Hare (Eds.), *Psychopathy: Theory, research, and implications for society* (pp. 303–354). Dordect, The Netherlands: Kluwer Academic Publishers.

Louisiana v. Hughes, 841 So. 2d 718 (La. 2003).

Louth, S. M., Hare, R. D., & Linden, W. (1998). Psychopathy and alexithymia in female offenders. *Canadian Journal of Behavioral Sciences, 30,* 91–98.

Lussier, P. (2005). The criminal activity of sexual offenders in adulthood: Revisiting the specialization debate. *Sexual Abuse: A Journal of Research and Treatment, 17,* 269–292.

Lutzker, J. R. (2000). Child Abuse. In V. B. Van Hasselt & M. Hersen (Eds.), *Aggression and violence: An introductory text* (pp.

54–66). Needham Heights, MA: Allyn & Bacon.

Lynam, D. R., Caspi, A., Moffit, T. E., Loeber, R., & Stouthamer-Loeber, M. (2007). Longitudinal evidence that psychopathy scores in early adolescence predict adult psychopathy. *Journal of Abnormal Psychology, 116*, 155–165.

Lyon, D. R., & Ogloff, J. R. P. (2000). Legal and ethical issues in psychopathy assessment. In C. B. Gacano (Ed.), *The clinical and forensic assessment of psychopathy: A practitioners guide* (pp. 139–173). Mahwah, NJ: Lawrence Erlbaum Associates, Publishers.

Maccoby, E. E., Mnookin, R. H., Depner, C. E., & Peters, H. E. (1992). *Dividing the child: Social and legal dimensions of child custody.* Cambridge, MA: Harvard University Press.

Mahler, H., & Co, B. T. (1984). Who are the "committed?": Update. *Journal of Nervous and Mental Disease, 172*, 189–196.

Maiuro, R. D., Cahn, T. S., Vitaliano, P. P., Wagner, B. C., & Zegree, J. B. (1988). Anger, hostility, and depression in domestically violent versus generally assaultive men and nonviolent control subjects. *Journal of Consulting and Clinical Psychology, 56*, 17–23.

Malinosky-Rummell, R., & Hansen, D. J. (1993). Long-term consequences of childhood physical abuse. *Psychological Bulletin, 114*, 68–79.

Malmquist, C. P. (1996). The use and misuse of psychiatry in sexual harassment cases. *Psychiatric Annals, 26*, 146–156.

Margolin, G., Burman, B., & John, R. S. (1989). Home observations of married couples reenacting naturalistic conflicts. *Behavioral Assessment, 11*, 101–118.

Margolin, G., Gordis, E. B., Oliver, P. H., & Raine, A. (1995). A physiology based typology of batterers – Promising but preliminary: Comment on Gottman et al. (1995). *Journal of Family Psychology, 9*, 264–271.

Margolin, G., John, R. S., & Gleberman, L. (1988). Affective responses to conflictual discussions in violent and nonviolent couples. *Journal of Consulting and Clinical Psychology, 56*, 24–33.

Marques, J. K., Day, D. M., Nelson, C., & West, M. (1994). Effects of cognitive-behavioral treatment on sex offender recidivism. *Criminal Justice and Behavior, 21*, 28–54.

Marques, J. K., & Nelson, C. (1989). Elements of high-risk situations for sex offenders. In D. R. Laws (Ed.), *Relapse prevention with sex offenders* (pp. 35–46). New York: Guilford Press.

Marques, J. K., Wiederanders, M., Day, D. M., Nelson, C., & van Ommeren, A. (2005). Effects of relapse prevention program on sexual recidivism: Final results from California's Sex Offender Treatment and Evaluation Project (SOTEP). *Sexual Abuse: A Journal of Research and Treatment, 17*, 79–107.

Marshall, W. L. (1996). Assessment, treatment, and theorizing about sex offenders: Developments during the past twenty years and future directions. *Criminal Justice and Behavior, 23*, 162–199.

Marshall, W. L. (1998). Diagnosing and treating sexual offenders. In I. B. Weiner & A. K. Hess (Eds.), *The handbook of forensic psychology* (2nd ed., pp. 640–670). Hoboken, NJ: John Wiley & Sons, Inc.

Marshall, W. L. (2006). Diagnosis and treatment of sexual offenders. In I. B. Weiner & A. K. Hess (Eds.), *The handbook of forensic psychology* (3rd ed., pp. 790–818). Hoboken, NJ: John Wiley & Sons, Inc.

Marshall, W. L., & Fernandez, Y. M. (2000). Phallometric testing with sexual offenders: Limits to its value. *Clinical Psychology Review, 20*, 807–822.

Marshall, W. L., Kennedy, P., Yates, P., & Serran, G. (2002). Diagnosing sexual sadism in sexual offenders: Reliability across diagnosticians. *International Journal of Offender Therapy and Comparative Criminology, 46*, 668–677.

Martinson, R. (1974). What works? Questions and answers about prison reform. *The Public Interest, 10*, 22–54.

Mason, S., Turpin, G., Woods, D., Wardope, J., & Rowlands, A. (2006). Risk factors for psychological distress following injury. *British Journal of Clinical Psychology, 45*, 217–230.

Matthews, J. K., Matthew, R., & Speltz, K. (1991). Female sexual offenders: A typology. In M. Q. Patton (Ed.), *Family sexual abuse* (pp. 199–219). Newbury Park, CA: Sage.

McDermott, B. E., & Thompson, J. W. (2006). The review panel process: An algorithm for the conditional release of insanity acquittees. *International Journal of Law and Psychiatry, 29*, 101–111

McDonald v. United States, 312 F.2d 844 (D.C. Cir 1962).

McFarlane, J., Parker, B., & Soeken, K. (1995). Abuse during pregnancy: Frequency, severity, perpetrator, and risk factors of homicide. *Public Health Nursing, 12*, 284–289.

McGafferty, G., & Dooley, J. (1990). Involuntary outpatient commitment: An update. *Mental and Physical Disability Law Reporter, 14*, 277–287.

McGarry, A. L. (1973). *Competency to stand trial and mental illness*. DHEW Publication No. (HSM) 73–9105.

McGinley, H., & Pasewark, R. A. (1989). National survey of the frequency and success of the insanity plea and alternate pleas. *Journal of Psychiatry & Law, 17*, 205–221.

McGrath, R. J., Cumming, G. F., & Burchard, B. L. (2003). *Current practices and trends in sexual abuser management: The Safer Society 2002 nationwide survey*. Brandon, VT: Safer Society Foundation, Inc.

McGrath, R. J., Cumming, G., Livingston, J. A., & Hoke, S. E. (2003). Outcome of a treatment program for adult sex offenders: From prison to community. *Journal of Interpersonal Violence, 18*, 3–17.

McGraw, B., Farthing-Capowich, D., & Keilitz, I. (1985). The guilty but mentally ill plea and verdict: Current state of knowledge. *Villanova Law Review, 30*, 117–191.

McIntosh, J. A., & Prinz, R. J. (1993). The incidence of alleged sexual abuse in 603 family court cases. *Law and Human Behavior, 17*, 95–101.

McKenna, B. G., Simpson, A. I. F., & Coverdale, J. H. (2000). What is the role of procedural justice in civil commitment. *Australian and New Zealand Journal of Psychiatry, 34*, 671–676.

McLearen, A. M., Pietz, C. A., & Denney, R. I. (2003). Evaluation of psychological damages. In W. T. O'Donohue & E. R. Levensky (Eds.), *Handbook of forensic psychology: Resource for mental health and legal professionals* (pp. 267–299). New York: Elsevier.

McNeece, C. A., & Jackson, S. (2004). Juvenile justice policy: Current trends and 21st century issues. In A. Roberts (Ed.), *Juvenile justice sourcebook: Past, present, and future* (pp. 41–68). New York: Oxford University Press.

McNiel, D. E., & Binder, R. L. (1987). Predictive validity of judgments of dangerousness in emergency civil commitment. *American Journal of Psychiatry, 144*, 197–200.

McNiel, D. E., & Binder, R. L. (1991). Clinical assessment of the risk of violence among psychiatric inpatients. *American Journal of Psychiatry, 148*, 1317–1321.

Mears, D. P., Carlson, M. J., Holden, G. W., & Harris, S. D. (2001). Reducing domestic violence revictimization: The effects of individual and contextual factors and type of legal intervention. *Journal of Interpersonal Violence, 16,* 1260–1283.

Meehl, P. E. (1954). *Clinical versus statistical prediction: A theoretical analysis and a review of the evidence.* Minneapolis, MN: University of Minnesota.

Meloy, J. R. (2000). Stalking (obsessional following). In J. R. Meloy (Ed.), *Violence risk and threat assessment* (pp. 167–191). San Diego, CA: Specialized Training Services.

Melton, G. B., Huss, M. T., & Tomkins, A. J. (1999). Training in forensic psychology and law. In I. B. Weiner & A. K. Hess (Eds.), *Handbook of forensic psychology* (2nd ed., pp. 700–720). New York: John Wiley & Sons.

Melton, G. B., Petrila, J., Poythress, N. G., & Slobogin, C. (1997). *Psychological evaluations for the courts: Handbook for mental health professionals and lawyers.* New York: Guilford.

Mendelson, G. (1995). Posttraumatic stress disorder as psychiatric injury in civil litigation. *Psychiatry, Psychology, and Law, 2,* 53–64.

Mercado, C. C., Schopp, R. F., & Bornstein, B. H. (2005). Evaluating sex offenders under sexually violent predator laws: How might mental health professionals conceptualize the notion of volitional impairment? *Aggression and Violent Behavior, 10,* 289–309.

Meriano, C. (2001). Compensation for stress and mental injury under worker's compensation. *Work, 17,* 257–261.

Meyers, J. E., & Diep, A. (2000). Assessment of malingering in chronic pain patients using neuropsychological tests. *Applied Neuropsychology, 7,* 133–139.

Michigan Compiled Laws, Section 722.23, (1970).

Mickenberg, I. (1987). A pleasant surprise: The guilty but mentally ill verdict has both succeeded in its own right and successfully preserved the traditional role of the insanity defense. *University of Cincinnati Law Review, 55,* 943–996.

Miller, R. D. (1987). *Involuntary civil commitment of the mentally ill in the post-reform era.* Springfield, IL: Charles C Thomas.

Miller, R. D. (2003). Hospitalization of criminal defendants for evaluation of competence to stand trial or for restoration of competence: Clinical and legal issues. *Behavioral Sciences and the Law, 21,* 369–391.

Millis, S. R., & Putnam, S. H. (1996). Evaluation of malingering in the neuropsychological examination of mild head injury, *Neuro-Rehabilitation, 7,* 55–65.

Millon, T., Simonsen, E., Birket-Smith, M., & Davis, R. D. (1998). Historical conceptions of psychopathy in the United States and Europe. In T. Millon, E. Simonsen, M. Birket-Smith, & R. D. Davis, *Psychopathy: Antisocial, criminal, and violent behavior* (pp. 3–31). New York: Guilford Press.

Milner, J. S. (1986). *The child abuse potential inventory: Manual* (2nd ed.). Webster, NC: Psytec.

Miner, M. H., & Coleman, E. (2001). Advances in sex offender treatment and challenges for the future. *Journal of Psychology & Human Sexuality, 13,* 5–24.

Minnesota Department of Corrections (2003). *Level three sex offenders residential placement issues.* St. Paul, MN: Author.

Miranda v. Arizona, 384 U.S. 436 (1966).

Mitchell, K. J., & Finkelhor, D. (2001). Risk of crime victimization among youth exposed to domestic violence. *Journal of Interpersonal Violence, 16,* 944–964.

Mitchell, R. E., & Hodson, C. A. (1983). Coping with domestic violence: Social support and psychological health among battered women. *American Journal of Community Psychology, 11*, 629-654.

Mittenberg, W., Patton, C., Canyock, E. M., & Condit, D. C. (2002). Base rates of malingering and symptom exaggeration. *Journal of Clinical and Experimental Neuropsychology, 24*, 1094-1102.

Mittenberg, W., Tremont, G., & Rayls, K. R. (1996). Impact of cognitive function on MMPI-2 validity in neurologically impaired patients. *Assessment, 3*, 157-163.

M'Naghten's Case, 8 Eng. Rep 718 (1843).

Mobley, M. J. (1999). Psychotherapy with criminal offenders. In I. B. Weiner & A. K. Hess (Eds.), *Handbook for forensic psychology* (2nd ed., pp. 603-639). Hoboken, NJ: John Wiley & Sons.

Mobley, M. J. (2006). Psychotherapy with criminal offenders. In I. B. Weiner & A. K. Hess (Eds.), *Handbook for forensic psychology* (3rd ed., pp. 751-789). Hoboken, NJ: John Wiley & Sons.

Moffitt, T. E. (1993). Adolescence-limited and life-course-persistent antisocial behavior: A developmental taxonomy. *Psychological Review, 100*, 674-701.

Moffitt, T. E. (2006). Life-course-persistent versus adolescence-limited antisocial behavior. In D. Cicchetti & D. J. Cohen (Eds.), *Developmental psychopathology: Vol. 3. Risk, disorder, and adaptation* (2nd ed., pp. 570-598). Hoboken, NJ: John Wiley & Sons.

Monahan, J. (1981). *The clinical prediction of violent behavior*. Rockville, MD, NIMH.

Monahan, J. (1984). The prediction of violent behavior: Toward a second generation of theory and policy. *American Journal of Psychiatry, 141*, 10-15.

Monahan, J. (1988). Risk assessment of violence among the mentally disordered: Generating useful knowledge. *International Journal of Law and Psychiatry, 11*, 249-257.

Monahan, J. (1992). Risk assessment: Commentary on Poythress and Otto. *Forensic Reports, 5*, 151-154.

Monahan, J. (1996). Violence prediction: The past twenty and the next twenty years. *Criminal Justice and Behavior, 23*, 107-120.

Monahan, J. (2002). The MacArthur studies of violence risk. *Criminal Behaviour and Mental Health, 12*, 67-72.

Monahan, J. (2003). Violence risk assessment. In A. M. Goldstein (Ed.), *Handbook of psychology: Vol. 11. Forensic psychology* (pp. 527-540). Hoboken, NJ: John Wiley & Sons.

Monahan, J., & Arnold, J. (1996). Violence by people with mental illness: A consensus statement by advocates and researchers. *Psychiatric Rehabilitation Journal, 19*, 67-70.

Monahan, J., Heilbrun, K., Silver, E., Nabors, E., Bone, J., & Slovic, P. (2002). Frequency formats, vivid outcomes, and forensic settings. *International Journal of Forensic Mental Health, 1*, 121-126.

Monahan, J., & Shah, S. A. (1989). Dangerousness and commitment of the mentally disordered in the United States. *Schizophrenia Bulletin, 15*, 541-553.

Monahan, J., & Silver, E. (2003). Judicial decision thresholds for violence risk management. *International Journal of Forensic Mental Health, 2*, 1-6.

Monahan, J., & Steadman, H. J. (1996). Violent storms and violent people: How meteorology can inform risk communication in mental health law. *American Psychologist, 51*, 931-938.

Monahan, J., & Steadman, H. L. (1994). *Violence and mental disorder: Developments in risk assessment*. Chicago: The University of Chicago Press.

Monahan, J., Steadman, H. J., Robbins, P. C., Appelbaum, P., Banks, S., Grisso, T., et al. (2005). An actuarial model of violence risk assessment for persons with mental disorders. *Psychiatric Services, 56,* 810–815.

Monahan, J., Steadman, H. J., Silver, E., Appelbaum, P. S., Robbins, P. C., Mulvey, E. P., et al. (2001). *Rethinking risk assessment: The MacArthur study of mental disorder and violence.* New York: Oxford University Press.

Monahan, J., & Walker, L. (1980). Social science research in law: A new paradigm. *American Psychologist, 43,* 465–472.

Monson, C. M., Gunnin, D. D., Fogel, M. H., & Kyle, L. (2001). Stopping (or slowing) the revolving door: Factors related to NGRI acquittees' maintenance of a conditional release. *Law and Human Behavior, 25,* 257–267.

Montross, L. P., Zisook, S., & Kasckow, J. (2005). Suicide among patients with schizophrenia: A consideration of risk and protective factors. *Annals of Clinical Psychiatry, 17,* 173–182.

Moran, R. (1981). *Knowing right from wrong: The insanity defense of Daniel McNaughtan.* New York: The Free Press.

Moriarity, J. C. (2001). Wonders of the invisible world: Prosecutorial syndrome and profile evidence in the Salem Witchcraft trials. *Vermont Law Review, 26,* 43–99.

Mossman, D. (1994). Assessing predictions of violence: Being accurate about accuracy. *Journal of Consulting and Clinical Psychology, 62,* 783–792.

Mossman, D. (1999). "Hired guns," "whores," and "prostitutes": Case law references to clinicians of ill repute. *Journal of the American Academy of Psychiatry and the Law, 27,* 414–425.

Mossman, D., & Kapp, M. B. (1998). "Courtoom whores"? – or why do attorneys call us?: Findings from a survey on attorneys' use of mental health experts. *Journal of the American Academy of Psychiatry and the Law, 26,* 27–36.

Moye, J. (2003). Guardianship and conservatorhsip. In T. Grisso (Ed.) *Evaluating competencies: Forensic assessments and instruments* (pp. 309–389). New York: Kluwer Academic/Plenum Publishers.

Mumley, D. L., Tillbrook, C. E., & Grisso, T. (2003). Five year research update (1996–2000): Evaluations for competence to stand trial (adjudicative competence). *Behavioral Sciences and the Law, 21,* 329–350.

Munsterberg, H. (1908). *On the witness stand.* New York: Doubleday, Page, and Company.

Murphy, C. M., & Cascardi, M. (1993). Psychological aggression and abuse in marriage. In R. L. Hampton, T. P. Gollotta, G. R. Adams, E. H. Potter, & R. P. Weissberg (Eds.), *Family violence: Prevention and treatment* (pp. 86–112). Newbury Park, CA: Sage.

Murrie, D. C., & Warren, J. I. (2005). Clinician variation in rates of legal sanity opinions: Implications for self-monitoring. *Professional Psychology: Research and Practice, 36,* 519–524.

Myers, B., & Arena, M. P. (2001). Trial consultation: A new direction in applied psychology. *Professional Psychology: Research and Practice, 32,* 386–391.

National Adolescent Perpetrator Network. (1993). The revised report from the National Task Force on Juvenile Sex Offending. *Juvenile and Family Court Journal, 44,* 1–120.

National School Safety Center (2003). School associated violent deaths. Westlake Village, CA. Retrieved March 17, 2007 from http://www.schoolsafety.us/School-Associated-Violent-Deaths-p-6.html

Nebraska Revised Statutes § 28-311.03 (Cum. Supp. 2004).

Newman, J. P. (1998). Psychopathic behavior: An information processing perspective. In D. J. Cooke, R. D. Hare, & A. Forth (Eds.), *Psychopathy: Theory, research and implications for society* (pp. 81–104). The Netherlands: Kluwer Academic Publishers.

Newman, J. P., MacCoon, D. G., Vaughn, L. J., & Sadeh, N. (2005). Validating a distinction between primary and secondary psychopathy with measures of Gray's BIS and BAS constructs. *Journal of Abnormal Psychology, 114,* 319–323.

Newman, J. P., Schmitt, W. A., & Voss, W. D. (1997). The impact of motivationally neutral cues on psychopathic individuals: Assessing the generality of the response modulation hypothesis. *Journal of Abnormal Psychology, 106,* 563–575.

Nicholls, T. L., Ogloff, J. R. P., & Douglas, K. S. (2004). Assessing risk for violence among male and female civil psychiatric patients: The HCR-20, PCL: SV, and VSC. *Behavioral Sciences & the Law, 22,* 127–158.

Nichols, H. R., & Molinder, I. (1996). *Multiphasic sexual inventory II handbook.* Tacoma, WA: Nichols & Molinder Associates.

Nicholson, R. A. (1999). Forensic assessment. In R. Roesch, S. Hart, & J. R. P. Ogloff (Eds.), *Psychology and the law: State of the discipline* (pp. 121–167). Dordrecht, The Netherlands: Kluwer Academic/Plenum Publishers.

Nicholson, R. A., Barnard, G. W., Robbins, L., & Hankins, G. (1994). Predicting treatment outcome for incompetent defendants. *Bulletin of the American Academy of Psychiatry and Law, 22,* 367–377.

Nicholson, R. A., Briggs, S. R., & Robertson, H. C. (1988). Instruments for assessing competency to stand trial: How do they work? *Professional Psychology: Research and Practice, 19,* 383–394.

Nicholson, R. A., Ekenstam, C., & Norwood, S. (1996). Coercion and the outcome of psychiatric hospitalization. *International Journal of Law and Psychiatry, 19,* 201–217.

Nicholson, R. A., & Kugler, K. E. (1991). Competent and incompetent criminal defendants: A quantitative review of comparison research. *Psychological Bulletin, 109,* 355–370.

Nicholson, R. A., & McNulty, J. L. (1992). Outcome of hospitalization for defendants found incompetent to stand trial. *Behavioral Sciences & the Law, 10,* 371–383.

Nicholson, R. A., & Norwood, S. (2000). The quality of forensic psychological assessments, reports, and testimony: Acknowledging the gap between promise and practice. *Law and Human Behavior, 24,* 9–44.

Nicholson, R. A., Norwood, S., & Enyart, C. (1991). Characteristics and outcomes of insanity acquittees in Oklahoma. *Behavioral Sciences and the Law, 9,* 487–500.

Nicholson, R. A., Robertson, H. C., Johnson, W. G., & Jensen, G. (1988). A comparison of instruments for assessing competency to stand trial. *Law and Human Behavior, 12,* 313–321.

Nietzel, M. T., McCarthy, D. M., & Kern, M. J. (1999). The current state of the empirical literature. In R. Roesch, S. Hart, & J. R. P. Ogloff (Eds.), *Psychology and the law: State of the discipline* (pp. 25–52). Dordrecht, The Netherlands: Kluwer Academic/Plenum Publishers.

Norris, D. M. (2003). Forensic consultation and the clergy sexual abuse crisis. *Journal of the American Academy of Psychiatry and the Law, 31,* 154–157.

Nusbaum, D. J. (2002). The craziest reform of them all: A critical analysis of the constitutional implications of "abolishing the insanity defense." *Cornell Law Review, 87,* 1509–1571.

O'Brien, B. S., & Frick, P. J. (1996). Reward dominance: Associations with anxiety, conduct problems, and psychopathy in children. *Journal of Abnormal Child Psychology, 24,* 223–240.

O'Brien, M., Mortimer, L., Singleton, N., Meltzer, H., & Goodman, R. (2003). Psychiatric morbidity among women prisoners in England and Wales. *International Review of Psychiatry, 15,* 153–157.

O'Connor v. Donaldson, 422 U.S. 563 (1975).

O'Donohue, W., Letourneau, E., & Dowling, H. (1997). Development and preliminary validation of a paraphilic sexual fantasy questionnaire. *Sexual Abuse: A Journal of Research and Treatment, 9,* 167–78.

O'Farrell, T. J., Fals-Stewart, W., Murphy, M., & Murphy, C. M. (2003). Partner violence before and after individually based alcoholism treatment for male alcoholic patients. *Journal of Consulting and Clinical Psychology, 71,* 92–102.

Ogloff, J. R. P. (1991). A comparison of insanity defense standards on juror decision making. *Law and Human Behavior, 15,* 509–531.

Ogloff, J. R. P. (1999). Ethical and legal contours of forensic psychology. In R. Roesch, S. Hart, & J. R. P. Ogloff (Eds.), *Psychology and the law: State of the discipline* (pp. 405–422). Dordrecht, The Netherlands: Kluwer Academic/Plenum Publishers.

Ogloff, J. R. P. (2002). Identifying and accommodating the needs of the mentally ill people in gaols and prisons. *Psychiatry, Psychology, and Law, 9,* 1–33.

Ogloff, J. R. P. (2004). Invited introductory remarks to the special issue. *Canadian Journal of Behavioural Sciences, 36,* 84–86.

Ogloff, J. R. P., & Cronshaw, S. F. (2001). Expert psychological testimony: Assisting or misleading the trier of fact? *Canadian Psychology, 42,* 87–91.

Ogloff, J. R. P., & Finkelman, D. (1999). Psychology and law: An overview. In R. Roesch, S. D. Hart, & J. R. P. Ogloff (Eds.), *Psychology and law: The state of the discipline* (pp. 1–20). Dordrecht, Netherlands: Kluwer Academic Publishers.

Ogloff, J. R. P., & Rose, V. G. (2005). The comprehension of judicial instructions. In N. Brewer and K. D. Williams (Eds.), *Psychology and law: An empirical perspective* (pp. 407–444). New York: Guilford Press.

Ogloff, J. R. P., Wong, S., & Greenwood, A. (1990). Treating criminal psychopaths in a therapeutic community program. *Behavioral Sciences and the Law, 8,* 81–90.

O'Leary, K. D. (1999). Psychological abuse: A variable deserving critical attention in domestic violence. *Violence and Victims, 14,* 3–23.

O'Leary, K. D., & Curley, A. (1985). Assertion training for abused wives: A potentially hazardous treatment. *Journal of Marital & Family Therapy, 1,* 319–322.

O'Leary, K. D., Heyman, R. E., & Jongsma, A. E. (1998). *The couples psychotherapy treatment planner.* Hoboken, NJ: John Wiley & Sons, Inc.

O'Leary, K. D., Malone, J., & Tyree, A. (1994). Physical aggression in early marriage: Prerelationship and relationship effects. *Journal of Consulting and Clinical Psychology, 62,* 594–602.

O'Leary, K. D., Vivian, D., & Malone, J. (1992). Assessment of physical aggression against women in marriage: The need for multimodal assessment. *Behavioral Assessment, 14,* 5–14.

O'Leary, K. D., & Woodin, E. M. (2006). Bringing the agendas together: Partner and child abuse. In J. R. Lutzker (Ed.), *Preventing violence: Research and evidence-*

based intervention strategies (pp. 239–258). Washington, DC: American Psychological Association.

Olmstead v. L. C., 527 U.S. 581 (1999).

Ostrom, B. J., Kauder, N. B., & LaFountain, R. C. (2001). *Examining the work of state courts, 2001.* Williamsburg, VA: National Center for State Courts.

O'Toole, M. E. (2000). *The school shooter: A threat assessment perspective.* Quantico, VA: Federal Bureau of Investigation, National Center for the Analysis of Violent Crime.

Otto, R. K. (1989). Bias and expert testimony of mental health professionals in adversarial proceedings: A preliminary investigation. *Behavioral Sciences and the Law, 7,* 267–273.

Otto, R. K. (1992). Prediction of dangerous behavior: A review and analysis of "second generation" research. *Forensic Reports, 5,* 103–133.

Otto, R., & Borum, R. (2003). Evaluation of youth in the juvenile justice system. In W. T. O'Donohue & E. R. Levensky (Eds.), *Handbook of forensic psychology: Resource for mental health and legal professionals* (pp. 873–895). New York: Elsevier Science.

Otto, R. K., Buffington-Vollum, J. K., & Edens, J. F. (2003). Child custody evaluation. In A. M. Goldstein (Ed.), *Handbook of psychology: Vol. 11. Forensic psychology* (pp. 179–208). New York: John Wiley & Sons, Inc.

Otto, R. K., Edens, J. F., & Barcus, E. H. (2000). The use of psychological testing in child custody evaluations. *Family and Conciliation Courts Review, 38,* 312–340.

Otto, R. K., & Heilbrun, K. (2002). The practice of forensic psychology: A look toward the future in the light of the past. *American Psychologist, 57,* 5–18.

Packer, I. K., & Borum, R. (2003). Forensic training in practice. In A. M. Goldstein (Ed.), *Handbook of psychology: Vol. 11. Forensic psychology* (pp. 21–32). Hoboken, NJ: John Wiley & Sons, Inc.

Palarea, R. E., Zona, M. A., Lane, J. C., & Langhinrichsen-Rohling, J. (1999). The dangerous nature of intimate relationship stalking: Threats, violence, and associated risk factors. *Behavioral Sciences and the Law, 17,* 269–283.

Palmore v. Sidoti, 466 U.S. 429, 104 S. Ct. 1879, 80 L. Ed. 2d 421 (1984).

Parker, R. S. (2001). *Concussive brain trauma: Neurobehavioral impairment and maladaption.* London: CRC Press.

Pasewark, R. A., & McGinley, H. (1985). Insanity plea: National survey of frequency and success. *Journal of Psychiatry & Law, 13,* 101–108.

Pasewark, R. A., Pantle, M. L., & Steadman, H. J. (1982). Detention and rearrest rates of persons found not guilty by reason of insanity and convicted felons. *American Journal of Psychiatry, 139,* 892–897.

Pastors, M. C., Moltó, J., Vila, J., & Lang, P. J. (2003). Startle reflex modulation, affective ratings and autonomic reactivity in incarcerated Spanish psychopaths. *Psychophysiology, 40,* 934–938.

Pate v. Robinson, 383 U.S. 375 (1966).

Paterson, B. (2006). Newspaper representations of mental illness and the impact of the reporting of "events" on social policy: The "framing" of Isabel Schawartz and Jonathan Zito. *Journal of Psychiatric and Mental Health Nursing, 13,* 294–300.

Patrick, C. (1994). Emotion and psychopathy: Startling new insights. *Psychophysiology, 31,* 319–330.

Patry, M. W., Stinson, V., & Smith, S. M. (2008). CSI effect: Is popular television transforming Canadian society? In J. Greenberg & C. Elliott (Eds.), *Communications in question: Canadian perspectives on controversial issues in communication studies* (pp. 291–298). Scarborough, Ontario: Thompson-Nelson.

Patterson, C. M., & Newman, J. P. (1993). Reflectivity and learning from aversive events: Toward a psychological mechanism for the syndromes of disinhibition. *Psychological Review, 100,* 716–738.

Penrod, S. D., & Cutler, B. L. (1987). Assessing the competencies of juries. In I. B. Weiner & A. K. Hess (Eds.), *Handbook for forensic psychology* (pp. 293–318). New York: John Wiley & Sons.

People v. McQuillan, 392 Mich. 511, 221 N.W.2d 569 (1974).

People v. Wells 33 Cal.2d 330 (1949).

Perlin, M. L. (2003). Therapeutic jurisprudence and outpatient commitment law: Kendra's law as a case study. *Psychology, Public Policy, and the Law, 9,* 183–208.

Perlin, M. (1996). Myths, realities, and the political world: The anthropology of insanity defense attitudes. *Bulletin of the American Academy of Psychiatry and the Law, 24,* 5–26.

Perlin, M. L. (1992). Fatal assumption: A critical evaluation of the role of counsel in mental disability cases. *Law and Human Behavior, 16,* 39–59.

Peruzzi, N., & Bongar, B. (1999). Assessing risk for completed suicide in patients with major depression: Psychologists' views of critical factors. *Professional Psychology: Research and Practice, 30,* 576–580.

Petrella, R. C., & Poythress, N. G. (1983). The quality of forensic evaluations: An interdisciplinary study. *Journal of Consulting and Clinical Psychology, 51,* 76–85.

Pham, T. H., Vanderstukken, O., Philippot, P., & Vanderlinden, M. (2003). Selective attention and executive functions deficits among criminal psychopaths. *Aggressive Behavior, 29,* 393–405.

Pincus, T. (2005). Effect of cognition on pain experiences and pain behavior: Diathesis-stress and the casual conundrum. In G. Young, A. W. Kane, & K. Nicholson (Eds.), *Psychological knowledge in court: PTSD, pain, and TBI* (pp. 163–180). New York: Springer.

Pinta, E. R. (2001). The prevalence of serious mental disorders among U.S. prisoners. In G. Landsberg & A. Smiley (Eds.), *Forensic mental health: Working with offenders with mental illness* (pp. 12-1–12-10). Kingston, NJ: Civic Research Institute.

Pithers, W. D., Marques, J. K., Gibat, C. C., & Marlatt, G. A. (1983). Relapse prevention with sexual aggressives: A self-control model of treatment and maintenance of change. In J. C. Greer & I. R. Stuart (Eds.), *The sexual aggressor: Current perspectives on treatment* (pp. 214–239). New York: Van Nostrand Reinhold.

Plante, T. G. (2003). Priests behaving badly: What do we know about priest sex offenders? *Sexual Addiction and Compulsivity, 9,* 93–97.

Platt, A. M., & Diamond, B. L. (1965). The origins and development of the "wild beast" concept of mental illness and its relation to theories of criminal responsibility. *Journal of the History of the Behavioral Sciences, 1,* 355–367.

Pokorny, A. (1983). Prediction of suicide in psychiatric patients: Report of a prospective study. *Archives of General Psychiatry, 40,* 249–257.

Pollock, A. L., & Webster, B. D. (1993). Psychology and the law: The emerging role of forensic psychology. In K. S. Dobson & D. J. Dobson (Eds.), *Professional psychology in Canada* (pp. 391–412). Ashland, OH: Hogrefe & Huber Publishers.

Porter, S., Campbell, M. A., Woodworth, M., & Birt, A. R (2001). A new psychological conceptualization of the sexual psychopath. In F. Columbus (Ed.), *Advances in psychology research* (Vol. 7, pp. 21–36). Hauppauge, NY: Nova Science Publishers, Inc.

Porter, S., Campbell, M. A., Woodworth, M., & Birt, A. R. (2002). A new psychological conceptualization of the sexual psychopath. In S. P. Shohov (Ed.), *Advances in psychology research* (Vol. 15, pp. 51–65). Hauppauge, NY: Nova Science Publishers, Inc.

Porter, S., Fairweather, D., Drugge, J., Hervé, H., & Birt, A. (2000). Profiles of psychopathy in incarcerated sexual offenders. *Criminal Justice and Behavior, 27*, 216–233.

Porter, S., & Woodworth, M. (2006). Psychopathy and aggression. In C. J. Patrick (Ed.), *Handbook of psychopathy* (pp. 481–494). New York: Guilford Press.

Pothast, H. L., & Allen, C. M. (1994). Masculinity and femininity in male and female perpetrators of child sexual abuse. *Child Abuse & Neglect, 18*, 753–767.

Poulsen, H. D., & Engberg, M. (2001). Validation of psychiatric patients' statements on coercive measures. *Acta Psychiatrica Scandinavica, 103*, 60–65.

Poulson, R. L. (1990). Mock juror attribution of criminal responsibility: Effects of race and the guilty but mentally ill (GBMI) verdict option. *Journal of Applied Social Psychology, 20*, 1596–1611.

Poulson, R. L., Braithwaite, R. L., Brondino, M. J., & Wuensch, K. L. (1997). Mock jurors' insanity defense verdict selections: The role of evidence, attitudes, and verdict options. *Journal of Social Behavior and Personality, 12*, 743–758.

Poulson, R. L., Wuensch, K. L., & Brondino, M. J. (1998). Factors that discriminate among mock jurors' verdict selections: Impact of the guilty but mentally ill verdict option. *Criminal Justice and Behavior, 25*, 366–381.

Poythress, N. G. (1992). Expert testimony on violence and dangerousness: Roles for mental health professionals. *Forensic Reports, 5*, 134–150.

Poythress, N. G., Bonnie, R. J., Hoge, S. K., Monahan, J., & Oberlander, L. B. (1994) Client abilities to assist counsel and make decisions in criminal cases: Findings from three studies. *Law and Human Behavior, 18*, 437–452.

Poythress, N., Melton, G. B., Petrila, J., & Slobogin, C. (2000). Commentary on "the Mental State at the Time of the Offense Measure". *Journal of the American Academy of Psychiatry and the Law, 28*, 29–32.

Poythress, N. G., Nicholson, R., Otto, R. K., Edens, J. F., Bonnie, R. J., Monahan, J., et al. (1999). *The MacArthur Competence Assessment Tool-Criminal Adjudication: Professional manual*. Odessa, FL: Psychological Assessment Resources, Inc.

Pulliam v. Smith, 348 N.C. 616, 501 S.E.2d 898 (1998).

Prentky, R., Harris, B., Frizzell, K., & Righthand, S. (2000). An actuarial procedure for assessing risk with juvenile sex offenders. *Sexual Abuse: A Journal of Research and Treatment, 12*, 71–94.

Quinsey, V. L., Harris, G. T., Rice, M. E., & Cormier, C. A. (1998). *Violent offenders: Appraising and managing risk*. Washington, DC: American Psychological Association.

Quinsey, V. L., Harris, G. T., Rice, M. E., & Cormier, C. A. (2006). *Violent offenders: Appraising and managing risk* (2nd ed.). Washington, DC: American Psychological Association.

Quinsey, V. L., Rice, M. E., & Harris, G. T. (1995). Actuarial prediction of sexual recidivism. *Journal of Interpersonal Violence, 10*, 85–105.

Raeder, M. S. (1997). The better way: The role of batterers' profiles and expert "social framework" background in cases implicating domestic violence. *University of Colorado Law Review, 68*, 147–207.

Rand, M., & Strom, K. (1997). *Violence-related injuries treated in hospital emergency departments* (NCJ 156921). Washington, DC: U.S. Department of Justice.

Randazzo, M. R., Borum, R., Vossekuil, B., Fein, R., Modzlelski, W., & Pollack, W. (2006). Threat assessment in schools: Empirical support and comparison with other approaches. In S. R. Jimerson & M. Furlong (Eds.), *Handbook of school violence and school safety: From research to practice* (pp. 147–156). Mahwah, NJ: Lawrence Erlbaum Associates Publishers.

Rapp, L. A., & Wodarski, J. S. (1997). Juvenile violence: The high risk factors, current interventions, and implications for social work practice. *Journal of Applied Social Sciences, 22*, 3–14.

Redding, R. E., Floyd, M. Y., & Hawk, G. L. (2001). What judges and lawyers think about the testimony of mental health experts: A survey of the courts and bar. *Behavioral Sciences and the Law, 19*, 583–594.

Redding, R. E., Goldstein, N. E. S., & Heilbrun, K. (2005). Juvenile delinquency: Past and present. In K. Heilbrun, N. E. S. Goldstein, & R. E. Redding, *Juvenile delinquency: Prevention, assessment, and intervention* (pp. 3–18). New York: Oxford University Press.

Reed, J. (1996). Editorial: Psychopathy – A clinical and legal dilemma. *British Journal of Psychiatry, 168*, 4–9.

Regina v. Lavelle, 65 C.R. (3d) 387 (1988).

Regina v. Mohan, 89 C.C.C. (3d) 402 (S.C.C.) (1994).

Regina v. Whittle, 2 S.C.R. 914 (1994).

Rennison, C. M. (2003). *Intimate partner violence, 1993–2001* (NCJ 197838). Washington, DC: U.S. Department of Justice.

Rex v. Arnold, 16 How. St. Tr. (1724).

Rice, M. E., & Harris, G. T. (1997). Cross-validation and extension of the Violence Risk Appraisal Guide for child molesters and rapists. *Law and Human Behavior, 21*, 231–241.

Rice, M. E., & Harris, G. T. (1995). Violent recidivism: Assessing predictive validity. *Journal of Consulting and Clinical Psychology, 63*, 737–748.

Rice, M. E., Harris, G. T., & Cormier, C. A. (1992). An evaluation of a maximum security therapeutic community for psychopaths and other mentally disordered offenders. *Law and Human Behavior, 16*, 399–412.

Rice, M. E., Harris, G. T., & Quinsey, V. L. (1990). A follow-up of rapists assessed in a maximum-security psychiatric facility. *Journal of Interpersonal Violence, 5*, 435–448.

Richardson, J. T., Ginsburg, G. P., Gatowski, S., & Dobbin, S. (1995). The problems associated with applying Daubert to psychological syndrome evidence. *Judicature, 79*, 10–16.

Richman, J., Green, P., Gervais, R., Flaro, L., Merten, T., Brockhaus, R., et al. (2006). Objective tests of symptom exaggeration in independent medical examinations. *Journal of Occupational and Environmental Medicine, 48*, 303–311.

Riggins v. Nevada, 112 S. Ct. 1810 (1992).

Riggs, D. S., Kilpatrick, D. G., & Resnick, H. S. (1992). Long-term psychological distress associated with marital rape and aggravated assault: A comparison to other crime victims. *Journal of Family Violence, 7*, 283–296.

Righthand, S., Prentky, R., Knight, R., Carpenter, E., Hecker, J. E., & Nangle, D. (2005). Factor structure and validation of the Juvenile Sex Offender Assessment Protocol (J-SOAP). *Sexual Abuse: Journal of Research and Treatment, 17*, 13–30.

Robbins, M. A. (1995). What is a parent? *Michigan Family Law Journal, 23*, 48–52.

Robbins, P. C., Monahan, J., & Silver, E. (2003). Mental disorders, violence, and gender. *Law and Human Behavior, 27*, 561–571.

Roberts, A. (2004). Trends, policies, critical issues, and controversies. In A. Roberts (Ed.) *Juvenile justice sourcebook: Past, present, and future* (pp. 5–40). New York: Oxford University Press.

Roberson, S. (2005). Forensic Psychology: Exciting career opportunities in the legal arena. In R. D. Morgan, T. L., Kuther, & C. J. Habben (Eds.), *Life after graduate school in psychology: Insider's advice from new psychologists* (pp. 125–138). New York: Psychology Press.

Roberts, C. F., Golding, S. L., & Fincham, F. D. (1987). Implicit theories of criminal responsibility: Decision making and the insanity defense. *Law and Human Behavior, 11*, 207–232.

Robins, L. N., & Regier, D. A. (1991). *Psychiatric disorders in America: The epidemiological catchment area study*. New York: Free Press.

Rodenhauser, P., & Khamis, H. J. (1988). Predictors of improvement in maximum security forensic hospital patients. *Behavioral Sciences & the Law, 6*, 531–542.

Rodriguez, J., LeWinn, L., & Perlin, M. L. (1983). The insanity defense under siege: Legislative assaults and legal rejoinders. *Rutgers Law Journal, 14*, 397–430.

Roehl, J., & Guertin, K. (1998). *Current use of dangerousness assessments in sentencing domestic violence offenders: Final Report*. Pacific Grover, CA: State Justice Institute.

Roesch, R., & Golding, S. L. (1980). *Competency to stand trial*. Urbana, IL: University of Illinois Press.

Roesch, R., Hart, S. D., & Ogloff, J. R. P. (1999). *Psychology and law: The state of the discipline*. Dordrecht, Netherlands: Kluwer Academic Publishers.

Roesch, R., Webster, C. D., & Eaves, D. (1984). *The fitness interview test: A method for examining fitness to stand trial*. Toronto: Research Report of the Centre of Criminology, University of Toronto.

Roesch, R., Zapf, P. A., Eaves, D., Webster, C. D. (1998). *The fitness interview test (revised edition)*. Burnaby, BC: Mental Health, Law & Policy Institute, Simon Fraser University.

Rogers, R. (1984). *Rogers criminal responsibility assessment scales (R-CRAS) and test manual*. Odessa, FL: Psychological Assessment Resources.

Rogers, R. (1987). Assessment of criminal responsibility: Empirical advances and unanswered questions. *Journal of Psychiatry & Law, 15*, 73–82.

Rogers, R. (1988). Clinical assessment of malingering and deception. In R. Rogers, *Structured interviews and dissimulation* (pp. 250–268). New York: Guilford Press.

Rogers, R. (2000). The uncritical acceptance of risk assessment in forensic practice. *Law and Human Behavior, 24*, 595–605.

Rogers, R., Bagby, R. M., Couch, M., & Cutler, B. (1990). Effects of ultimate opinions on juror perceptions of insanity. *International Journal of Law and Psychiatry, 13*, 225–232.

Rogers, R., & Ewing, C. P. (2003). The prohibition of ultimate opinions: A misguided enterprise. *Journal of Forensic Psychology Practice, 3*, 65–75.

Rogers, R., Gillis, J. R., McMain, S., & Dickens, S. E. (1988). Fitness evaluations: A retrospective study of clinical, criminal, and sociodemographic characteristics. *Canadian Journal of Behavioural Science, 20*, 192–200.

Rogers, R., Grandjean, N., Tillbrook, C. E., Vitacco, M. J., & Sewell, K. W. (2001). Recent interview-based measures of competency to stand trial: A critical review augmented with research data. *Behavioral Sciences and the Law, 19,* 503–518.

Rogers, R., Jackson, R. L., Sewell, K. W., & Harrison, K. S. (2004). An examination of the ECST-R as a screen for feigned incompetency to stand trial. *Psychological Assessment, 16,* 139–145.

Rogers, R., Jordan, M. J., & Harrison, K. S. (2004). A critical review of published competency-to-confess measures. *Law and Human Behavior, 28,* 707–718.

Rogers, R., Kropp, P. R., Bagby, R. M., & Dickens, S. E. (1992). Faking specific disorders: A study of the Structured Interview of Reported Symptoms. *Journal of Clinical Psychology, 48,* 643–648.

Rogers, R., Salekin, R. T., Sewell, K. W., Goldstein, A., & Leonard, K. (1998). A comparison of forensic and nonforensic malingerers: A prototypical analysis of explanatory models. *Law and Human Behavior, 22,* 353–367.

Rogers, R., Sewell, K. W., & Goldstein, A. (1994). Explanatory models of malingering: A prototypical analysis. *Law and Human Behavior, 18,* 543–552.

Rogers, R., Sewell, K. W., Grandjean, N. R., & Vitacco, M. (2002). The detection of feigned mental disorders on specific competency measures. *Psychological Assessment, 14,* 177–183.

Rogers, R., & Shuman, D. W. (2000a). *Conducting insanity evaluations* (2nd ed.). New York: Guilford Press.

Rogers, R., & Shuman, D. W. (2000b). The mental state at the time of the offense measure: Its validation and admissibility under Daubert. *Journal of the American Academy of Psychiatry and the Law, 28,* 23–28.

Rogers, R., & Shuman, D. W. (2005). *Fundamentals of forensic practice: Mental health and criminal law.* New York: Springer.

Rohling, M. L., Binder, L. M., & Langhinrichsen-Rohling, J. (1995). Money matters: A meta-analytic review of the association between financial compensation and the experience and treatment of chronic pain. *Health Psychology, 14,* 537–547.

Roper v. Simmons, 543 U.S. 551, 564–567, 125 S. Ct. 1183, 161 L. Ed. 2d 1 (2005).

Rosenbaum, A., & Leisring, P. A. (2003). Beyond power and control: Towards an understanding of partner abusive men. *Journal of Comparative Family Studies, 34,* 7–22.

Rosenfeld, B. D. (1992). Court-ordered treatment of spouse abuse. *Clinical Psychology Review, 12,* 205–226.

Rosenhan, D. L. (1973). On being sane in insane places. *Science, 27,* 356–369.

Rossetti, S. J. (2002). The Catholic church and child sexual abuse. *America, 186,* 8–15.

Roskes, E., Feldman, R., & Baerga, M. (2003). Doing justice for mental illness and society: federal probation and pretrial services officers as mental health specialists. *Federal Probation, 67,* 13–19.

Rotgers, F. R., & Barrett, D. (1996). Daubert v. Merrell Dow and expert testimony by clinical psychologists: Implications and recommendations for practice. *Professional Psychology: Research and Practice, 27,* 467–474.

Rothberg, J. M., & Geer-Williams, C. (1992). A comparison and review of suicide prediction scales. In R. W. Maris, A. L. Berman, J. T. Maltsberger, & R. I. Yufit (Eds.), *Assessment and prediction of suicide* (pp. 202–217). New York: Guilford Press.

Roussy, S., & Toupin, J. (2000). Behavioral inhibition deficits in juvenile psychopaths. *Aggressive Behavior, 26,* 413–424.

Rutherford, M. J., Cacciola, J. S., Alterman, A. I., & McKay, J. R. (1996). Reliability and validity of the revised psychopathy checklist in women methadone patients. *Assessment*, 3, 145–156.

Rutter, M., Giller, H., & Hagell, A. (1998). *Antisocial behavior by young people*. New York: Cambridge University Press.

Ryba, N. L., Cooper, V. G., & Zapf, P. A. (2003). Juvenile competence to stand trial evaluations: A survey of current practices and test usage among psychologists. *Professional Psychology: Research and Practice*, 34, 499–507.

Salekin, R. T. (2002a). Psychopathy and therapeutic pessimism: Clinical lore or clinical reality? *Clinical Psychology Review*, 22, 79–112.

Salekin, R. T. (2002b). Clinical evaluation of youth considered for transfer to adult criminal court: Refining practice and directions for science. *Journal of Forensic Psychology Practice*, 2, 55–72.

Salekin, R. T. (2006). Psychopathy in children and adolescents: Key issues in conceptualization and assessment. In C. J. Patrick (Ed.), *Handbook of psychopathy* (pp. 389–414). New York: Guilford Press.

Salekin, R. T., Rogers, R., & Sewell, K. W. (1996). A review and meta-analysis of the psychopathy checklist and psychopathy checklist–revised: Predictive validity of dangerousness. *Clinical Psychology Science and Practice*, 3, 203–215.

Salekin, R. T., Rogers, R, Ustad, K. L., & Sewell, K. W. (1998). Psychopathy and recidivism among female inmates. *Law and Human Behavior*, 22, 109–128.

Sales, B. D., Miller, M. O., & Hall, S. R. (2005). *Laws affecting clinical practice*. Washington, DC: American Psychological Association.

Sales, B. D., & Shuman, D. W. (1993). Reclaiming the integrity of science in expert testimony. *Ethics & Behavior*, 3, 223–229.

Sales, B. D., & Shuman, D. W. (2005). Admitting expert testimony: Evolution and interpretation. In B. D. Sales & D. W. Shuman (Eds.), *Experts in the court: Reconciling law, science, and professional knowledge* (pp. 27–42). Washington, DC: American Psychological Association.

Sapp, J. (2005). Public reaction to the conviction and death of a pedophile priest. *Journal of Psychological Inquiry*, 10, 43–45.

Saradjian, J. (1996). *Women who sexually abuse children: From research to clinical practice*. Chichester, England: Wiley & Sons.

Sartin, R. M., Hansen, D. J., & Huss, M. T. (2006). Domestic violence treatment response and recidivism: A review and implications for the study of family violence. *Aggression and Violent Behavior*, 11, 425–440.

Sato, R. A., & Heiby, E. M. (1992). Correlates of depressive symptoms among battered women. *Journal of Family Violence*, 7, 229–245.

Saunders, D. G. (1996). Feminist-cognitive-behavioral and process-psychodynamic treatments for men who batter: Interaction of abuser traits and treatment models. *Violence and Victims*, 11, 393–414.

Saunders, J. W. S. (2001). Experts in court: A view from the bench. *Canadian Psychology*, 42, 109–118.

Savitsky, J. C., & Lindblom, W. D. (1986). The impact of the guilty but mentally ill verdict on juror decisions: An empirical analysis. *Journal of Applied Social Psychology*, 16, 686–701.

Schafer, J. (1996). Measuring spousal violence with the Conflict Tactics Scale: Notes on reliability and validity issues. *Journal of Interpersonal Violence*, 11, 572–585.

Schall v. Martin, 467 U.S. 253 (1984).

Schmitt, W. A., & Newman, J. P. (1999). Are all psychopathic individuals lowanxious? *Journal of Abnormal Psychology, 108*, 353-358.

Schneider, C. (1991). Discretion rules, and law: Child custody and the UMDA best interest standard. *Michigan Law Review, 89*, 215-246.

Schopp, R. F. (2001). *Competence, condemnation, and commitment: An integrated theory of mental health law.* Washington, DC: American Psychological Association.

Schopp, R. F. (2003). Outpatient civil commitment: A dangerous charade or a component of a comprehensive institution of civil commitment? *Psychology, Public Policy, and the Law, 9*, 33-69.

Schopp, R. F., Pearce, M., & Scalora, M. (1998). Expert testimony and sexual predator statutes after Hendricks. *Expert Evidence, 6*, 1-21.

Schram, D. D., & Milloy, C. D. (1995). *Community notification: A study of offender characteristics and recidivism.* Seattle, WA: Washington State Institute for Public Policy.

Schuller, R. A., & Ogloff, J. R. P. (2001). *Introduction to psychology and law: Canadian perspectives.* Toronto: University of Toronto Press.

Schuller, R. A., Wells, E., Rzepa, S., & Klippenstine, M. A. (2004). Rethinking battered woman syndrome evidence: The impact of alternative forms of expert testimony on mock jurors' decision. *Canadian Journal of Behavioural Science, 36*, 127-136.

Schultz, B., Dixon, E., Lindberger, J., & Ruther, N. (1989). *Solomon's sword.* San Francisco: Jossey-Bass.

Schumacher, J. A., Feldbau, S., Slep, A. M. S., & Heyman, R. E. (2001). Risk factors for male-to-female partner physical abuse. *Aggression and Violent Behavior, 6*, 281-352.

Schumacher, J. A., Slep, A. M. S., & Heyman, R. E. (2001). Risk factors for male-to-female partner psychological abuse. *Aggression and Violent Behavior, 6*, 253-268.

Scott, C. L., & Gerbasi, J. B. (2003). Sex offender registration and community notification challenges: The supreme court continues its trend. *Journal of the American Academy of Psychiatry and the Law, 31*, 494-501.

Searight, H. R., Oliver, J. M., & Grisso, J. T. (1983). The community competence scale: Preliminary reliability and validity. *American Journal of Community Psychology, 11*, 609-613.

Segal, S. P., Laurie, T. A., & Segal, M. J. (2001). Factors in the use of coercive retention in civil commitment evaluations in psychiatric emergency services. *Psychiatric Services, 52*, 514-520.

Sell v. United States, 282 F. 3d 560 (2003).

Seto, M. C., & Barbaree, H. E. (1999). Psychopathy, treatment behavior, and sex offender recidivism. *Journal of Interpersonal Violence, 14*, 1235-1248.

Seto, M. C., Lalumière, M. L., & Blanchard, R. (2000). The discriminating validity of a phallometric test for pedophilic interests among adolescent sex offenders against children. *Psychological Assessment, 12*, 319-327.

Sfiligoj, T. M. (2003). A comparison of stalkers and domestic violence batterers. *Journal of Psychological Practice, 8*, 20-45.

Shannon v. United States, 512 US 573 (1994).

Shapiro, D. (2002). Ethical issues in forensic psychological evaluation. In B. Van Dorsten (Ed.), *Forensic psychology: From classroom to courtroom* (pp. 34-64). New York: Kluwer Academic/Plenum.

Sherman, L. W. (1992). *Policing domestic violence.* New York: The Free Press.

Sherman, L. W., & Berk, R. A. (1984). The specific deterrent effects of arrest for domestic assault. *American Sociological Review, 49*, 261-272.

Shoemaker, D. J., & Wolfe, T. W. (2005). *Juvenile justice: A reference handbook*. Santa Barbara, CA: ABC-CLIO Press.

Shore, J. H., Breakey, W., & Arvidson, B. (1981). Morbidity and mortality in the commitment process. *Archives of General Psychiatry, 38*, 930–934.

Shuman, D. W., & Greenberg, S. A. (2003). The expert witness, the adversary system and the voice of reason: Reconciling impartiality and advocacy. *Professional Psychology: Research and Practice, 34*, 219–224.

Shuman, D. W., Greenberg, S. A., Heilbrun, K., & Foote, W. E. (1998). An immodest proposal: Should treating mental health professionals be barred from testifying about their patient. *Behavioral Sciences and the Law, 16*, 509–523.

Sickmund, M. (1994). *Juvenile justice bulletin: How juveniles get to criminal court* (NCJ 150309). Washington, DC: U.S. Department of Justice, Office of Justice Programs, Office of Juvenile Justice and Delinquency Prevention.

Siegel, A. M., & Elwork, A. (1990). Treating incompetence to stand trial. *Law and Human Behavior, 14*, 57–65.

Silver, E. (1995). Punishment or treatment? Comparing the lengths of confinement of successful and unsuccessful insanity defendants. *Law and Human Behavior, 19*, 375–388.

Silver, E., Cirincione, C., & Steadman, H. J. (1994). Demythologizing inaccurate perceptions of the insanity defense. *Law and Human Behavior, 18*, 63–70.

Silverstein, L. B. (1996). Fathering is a feminist issue. *Psychology of Women Quarterly, 20*, 3–37.

Simon, L. (1995). A therapeutic jurisprudence approach to the legal processing of domestic violence cases. *Psychology, Public Policy, and Law, 1*, 43–79.

Simpson, L. E., & Christensen, A. (2005). Spousal agreement regarding relationship aggression on the Conflict Tactics Scale-2. *Psychological Assessment, 17*, 423–432.

Singer, M. T., & Nievod, A. (1987). Consulting and testifying in court. In I. B. Weiner & A. K. Hess (Eds.), *Handbook for forensic psychology* (pp. 529–554). Oxford, England: John Wiley & Sons.

Sjösted, G., & Grann, M. (2002). Risk assessment: What is being predicted by actuarial prediction instruments. *International Journal of Forensic Mental Health, 1*, 179–183.

Sjöstedt, G., & Långström, N. (2002). Assessment of risk for criminal recidivism among rapists: A comparison of four different measures. *Psychology, Crime, and Law, 8*, 24–40.

Skeem, J. L., Edens, J. F., Camp, J., & Colwell, L. H. (2004). Are there ethnic differences in levels of psychopathy? A meta-analysis. *Law and Human Behavior, 28*, 505–527.

Skeem, J. L., & Golding, S. L. (2001). Describing jurors' personal conceptions of insanity and their relationship to case judgments. *Psychology, Public Policy, and Law, 7*, 561–621.

Skeem, J. L., Golding, S. L., Cohn, N. B., & Berge, G. (1998). Logic and reliability of evaluations of competence to stand trial. *Law and Human Behavior, 22*, 519–547.

Skeem, J. L., Johansson, P., Andershed, H., Kerr, M., & Louden, J. E. (2007). Two subtypes of psychopathic violent offenders that parallel primary and secondary variants. *Journal of Abnormal Psychology, 116*, 395–409.

Skeem, J. L., & Mulvey, E. P. (2001). Psychopathy and community violence among civil psychiatric patients: Results from the MacArthur Violence Risk Assessment Study. *Journal of Consulting and Clinical Psychology, 69,* 358–374.

Slobogin, C. (1996). Therapeutic jurisprudence: Five dilemmas to ponder. In D. B. Wexler & B. J. Winick (Edss.), *Law in a therapeutic key* (pp. 763–793.). Durham, NC: Carolina Academic Press.

Slobogin, C., Melton, G. B., & Showalter, C. R. (1984). The feasibility of a brief evaluation of mental state at the time of the offense. *Law and Human Behavior, 8,* 305–320.

Slovenko, R. (1995). Assessing competency to stand trial. *Psychiatric Annals, 25,* 392–393, 397.

Slovenko, R. (1999). The mental disability requirement in the insanity defense. *Behavioral Sciences and the Law, 17,* 165–180.

Slovenko, R. (2006). Civil competency. In I. B. Weiner & A. K. Hess (Eds.), *Handbook for forensic psychology* (3rd ed., pp. 190–210). Hoboken, NJ: John Wiley & Sons.

Slovic, P., Monahan, J., & MacGregor, D. G. (2000). Violence risk assessment and risk communication: The effects of using actual cases, providing instruction, and employing probability versus frequency formats. *Law and Human Behavior, 24,* 271–296.

Snyder, H. N. (2000). Juvenile arrests 1999. *Juvenile Justice Bulletin.* Washington, DC: U.S. Department of Justice, Office of Juvenile Justice and Delinquency Prevention.

Snyder, H. N., & Sickmund, M. (1999). *Juvenile offenders and victims: 1999 national report.* Washington, DC: U.S. Department of Justice, Office of Juvenile Justice and Delinquency Prevention.

Songy, D. G. (2003). Psychological and spiritual treatment of Roman Catholic clerical sex offenders. *Sexual Addiction & Compulsivity, 10,* 123–137.

Spanos, N. P., Dubreuil, S. C., & Gwynn, M. I. (1991). The effects of expert testimony concerning rape on the verdicts and beliefs of mock jurors. *Imagination, Cognition and Personality, 11,* 37–51.

Spengler, D. M., Bigos, S. J., Martin, N. A., Zeh, J., Fisher, L., & Nachemson, A. (1986). Back injuries in industry: A retrospective study. I. Overview and cost analysis. *Spine, 11,* 241–245.

Spidel, A., Vincent, G., Huss, M. T., Winters, J., Thomas, L., & Dutton, D. G. (2007). Psychopathy: Subtyping perpetrators of domestic violence. In H. F. Hervé & J. C. Yuille (Eds.), *Psychopathy: Theory, research, and practice* (pp. 327–342). Mahwah, NJ: Lawrence Erlbaum Associates.

Srebnik, D. S., & La Fond, J. Q. (1999). Advance directives for mental health treatment. *Psychiatric Services, 50,* 919–925.

Stadtland, C., Hollweg, M., Kleindienst, N., Dietl, J., Reich, U., & Nedopil, N. (2005). Risk assessment and prediction of violent and sexual recidivism in sex offenders: Long-term predictive validity of four risk assessment instruments. *Journal of Forensic Psychiatry and Psychology, 16,* 92–108.

Stafford, K. P. (2002). Civil commitment. In B. Van Dorsten (Ed.), *Forensic psychology: From classroom to courtroom.* New York: Kluwer Academic/Plenum Publishers.

Stafford, K. P. (2003). Assessment of competence to stand trial. In A. M. Goldstein (Ed.), *Handbook of Psychology: Vol. 11. Forensic psychology* (pp. 359–380). Hoboken, NJ: John Wiley & Sons, Inc.

Stanley, B., & Galietta, M. (2006). Informed consent in treatment and research. In I. B. Weiner & A. K. Hess (Eds.), *Handbook for forensic psychology* (3rd ed., pp. 751–789). Hoboken, NJ: John Wiley & Sons.

Stanovich, K. E. (2004). The Rodney Dangerfield of the sciences. In K. E. Stanovich, *How to think straight about psychology* (pp. 175–198). Boston: Allyn and Bacon.

Stark, E., & Flitcraft, A. (1988). Violence among intimates: An epidemiological review. In V. B. Van Hasselt, R. L. Morrison, A. S. Bellack, & M. Hersen (Eds.) *Handbook of family violence* (pp. 293–317). New York: Plenum Press.

State v. Guatney, 207 Neb. 501, 299 NW 2d 538 (1980).

State v. Pike, 49 N. H. 399 (1869).

Steadman, H. J. (1992). Comment on Otto and Poythress. *Forensic Reports, 5*, 155–158.

Steadman, H. J., Callahan, L. A., Robbins, P. C., & Morrissey, J. P. (1989). Maintenance of an insanity defense under Montana's "abolition" of the insanity defense. *American Journal of Psychiatry, 146*, 357–360.

Steadman, H. J., Gounis, K., Dennis, D., Hopper, K., Roche, B., Swartz, M., et al. (2001). Assessing the New York City involuntary outpatient commitment pilot program. *Psychiatric Services, 52*, 330–336.

Steadman, H. J., Keitner, L., Braff, J., & Arvanties, T. M. (1983). Factors associated with a successful insanity plea. *American Journal of Psychiatry, 140*, 401–405.

Steadman, H. J., McGreevy, M. A., Morrissey, J. P., Callahan, L. A., Robbins. P. C., & Cirincione, C. (1993). *Before and after Hinckley: Evaluating insanity defense reform*. New York: Guilford Press.

Steadman, H. J., Monahan, J., Harstone, E., Davis, S., & Robbins, P. (1982). Mentally disordered offenders: A national survey of patients and facilities. *Law and Human Behavior, 6*, 31–38.

Steffen, L., & Ackerman, M. (1999). Essentials of juvenile assessment. In M. Ackerman (Ed.), *Essentials of forensic psychological assessment* (pp. 165–207). New York: John Wiley and Sons, Inc.

Steinberg, L., Grisso, T., Woolard, J., Cauffman, E., Scott, E., Graham, S., et al. (2003). Juveniles' competence to stand trial as adults. *Social Policy Report, 17*, 3–7, 10–11, 13–15.

Stern, B. H. (2001). Admissibility of neuropsychological testimony after *Daubert* and *Kumho*. *NeuroRehbilitation, 16*, 93–101.

Steuerwald, B. L., & Kosson, D. S. (2000). Emotional experiences of the psychopath. In C. B. Gacano (Ed.), *The clinical and forensic assessment of psychopathy: A practitioners guide* (pp. 111–135). Mahwah, NJ: Lawrence Erlbaum Associates.

Stith, S. M., Smith, D. B., Penn, C. E., Ward, D. B., & Tritt, D. (2004). Intimate partner physical abuse perpetration and victimization risk factors: A meta-analytic review. *Aggression and Violent Behavior, 10*, 65–98.

Stone, A. A. (1993). Post-traumatic stress disorder and the law: Critical review of the new frontier. *Bulletin of the American Academy of Psychiatry and Law, 21*, 23–26.

Stouthamer-Loeber, M., Loeber, R., Farrington, D. P., & Zhang, Q. (1993). The double edge of protective and risk factors for delinquency: Interrelations and developmental patterns. *Development and Psychopathology, 5*, 683–701.

Straus, M. A., & Gelles, R. J. (1986). Societal change and change in family violence from 1975 to 1985 as revealed by two national surveys. *Journal of Marriage & the Family, 48*, 465–479.

Straus, M. A., & Gelles, R. J. (1988). Violence in American families: How much is there and why does it occur? In E. W. Nunnally, C. S. Chilman, & F. M. Cox (Eds.), *Troubled relationships* (pp. 141–162). Newbury Park, CA: Sage Publications.

Straus, M. A., & Gelles R. J. (1990). *Physical violence in American families: Risk factors and adaptations to violence in 8,145 fami-*

lies. New Brunswick, NJ: Transaction Publishers.

Straus, M. A., Gelles, R. J., & Steinmetz, S. K. (1980). *Behind closed doors: Violence in the American family*. New York: Anchor/Doubleday.

Straus, M. A., Hamby, S. L., Boney-McCoy, S., & Sugarman, D. B. (1996). The revised Conflict Tactics Scales (CTS2): Development and preliminary psychometric data. *Journal of Family Issues, 17*, 283–316.

Straus, M. A., & Smith, C. (1990). Violence in Hispanic families in the United States: Incidence rates and structural interpretations. In M. A. Straus & R. J. Gelles (Eds.), *Physical violence in American families: Risk factors and adaptations to violence in 8,145 families* (pp. 341–367). New Brunswick, NJ: Transaction Publishers.

Strier, F. (1999). Wither trial consulting? Issues and projects. *Law and Human Behavior, 23*, 93–115.

Sullivan, C. M. (2006). Interventions to address intimate partner violence: The current state of the field. In J. R. Lutzker (Ed.), *Preventing violence: Research and evidence-based intervention strategies* (pp. 195–212). Washington, DC: American Psychological Association.

Sullivan, E. A., & Kosson, D. S. (2006). Ethnic and cultural variations in psychopathy. In C. J. Patrick (Ed.), *Handbook of psychopathy* (pp. 437–458). New York: Guilford Press.

Swanson, J. (1994). Mental disorder, substance abuse, and community violence: An epidemiological approach. In J. Monahan & H. J. Steadman (Eds.), *Violence and mental disorder: Developments in risk assessment* (pp. 101–136). Chicago: University of Chicago Press.

Swanson, J. W., Swartz, M. S., Borum, R., Hiday, V. A., Wagner, H. R., & Burns, B. J. (2000). Involuntary out-patient commitment and reduction in violent behavior in persons with severe mental illness. *British Journal of Psychiatry, 176*, 324–331.

Swanson, J. W., Swartz, M. S., Elbogen, E. B., Wagner, H. R., & Burns, B. J. (2003a). Effects of involuntary outpatient commitment on subjective quality of life in persons with severe mental illness. *Behavioral Sciences & the Law, 21*, 473–491.

Swanson, J. W., Swartz, M. S., Hannon, M. J., Elbogen, E. B., Wagner, H. R., McCauley, et al. (2003b). Psychiatric advance directives: A survey of persons with schizophrenia, family members, and treatments providers. *International Journal of Forensic Mental Health, 2*, 73–86.

Swanson, J., Swartz, M., Ferron, J., Elbogen, E., & Van Dorn, R. (2006). Psychiatric advance directives among public mental health consumers in five U.S. cities: Prevalence, demand, and correlates. *Journal of the American Academy of Psychiatry and the Law, 34*, 43–57.

Swartz, M. S., Hiday, V. A., Swanson, J. W., Wagner, H. R., Borum, R., & Burns, B. J. (1999). Measuring coercion under involuntary outpatient commitment: Initial findings from a randomized controlled trial. *Research in Community Mental Health, 10*, 57–77.

Swartz, M. S., Swanson, J. W., & Hannon, M. J. (2003). Does fear of coercion keep people away from mental health treatment? Evidence from a survey of persons with schizophrenia and mental health professionals. *Behavioral Sciences & the Law, 21*, 459–472.

Swartz, M. S., Swanson, J. W., Hiday, V. A., Wagner, H. R., Burns, B. J., & Borum, R. (2001). A randomized controlled trial of out patient commitment in North Carolina. *Psychiatric Services, 52*, 325–329.

Tanenhaus, D. S. (2000). The evolution of transfer out of the juvenile court. In J. Fagan & F. E. Zimring (Eds.), *The changing borders of juvenile justice: Transfer of adolescents to the criminal court* (pp. 13–43). Chicago: University of Chicago Press.

Tarasoff v. Regents of the University of California, 17 Cal. 3d 425, 551 P.2d 334, 131 Cal. Rptr. 14 (Cal. 1976),

Tarolla, S. M., Wagner, E. F., Rabinowitz, J., & Tubman, J. G. (2002). Understanding and treating juvenile offenders: A review of current knowledge and future directions. *Aggression and Violent Behavior, 7*, 125–143.

Taslitz, A. E. (1995). Daubert guide to the Federal Rules of Evidence: A not-so-plain meaning. *Harvard Journal of Legislation, 32*, 3–35.

Taylor, J. S. (1999). The legal environment pertaining to clinical neuropsychology. In J. J. Sweet (Ed.), *Forensics Neuropsychology* (pp. 419–442). Lisse, The Netherlands: Swets & Zeitlinger.

Tengström, A., Grann, M., Långström, N., & Kullgren, G. (2000). Psychopathy (PCL-R) as a predictor of violent recidivism among criminal offenders with schizophrenia. *Law and Human Behavior, 24*, 45–58.

Teplin, L. A. (1983). The criminalization of the mentally ill: Speculation in search of data. *Psychological Bulletin, 94*, 54–67.

Teplin, L. A. (1984). Criminalizing mental disorder: The comparative arrest rate of the mentally ill. *American Psychologist, 39*, 794–803.

Teplin, L. A. (2001). Police discretion and mentally ill persons. In G. Landsberg & A. Smiley (Eds.), *Forensic mental health: Working with offenders with mental illness* (pp. 28-1–28-11). Kingston, NJ: Civic Research Institute.

Teplin, L. A., McClelland, G. M., Abram, K. M., & Weiner, D. A. (2005). Crime victimization in adults with severe mental illness: Comparison with the National Crime Victimization. *Archives of General Psychiatry, 62*, 911–921.

Thompson, M. P., & Kingree, J. B. (2006). The roles of victim and perpetrator alcohol use in intimate partner violence outcomes. *Journal of Interpersonal Violence, 21*, 163–177.

Thor, P. (1993). Finding incompetency in guardianship: Standardizing the process. *Arizona Law Review, 35*, 739–764.

Timmons-Mitchell, J., Bender, M. B., Kishna, M. A., & Mitchell, C. C. (2006). An independent effectiveness trial of multisystemic therapy with juvenile justice youth. *Journal of Clinical Child and Adolescent Psychology, 35*, 227–236.

Tjaden P., & Thoeness, N. (1998). *Stalking in America: Findings from the National Violence Against Women Survey.* Washington, DC: National Institute of Justice, U.S. Department of Justice.

Torres, A. N., Boccaccini, M. T., & Miller, H. A. (2006). Perceptions of the validity and utility of criminal profiling among forensic psychologists and psychiatrists. *Professional Psychology Research and Practice, 37*, 51–58.

Turkheimer, E., & Parry, C. D. (1992). Why the gap? Practice and policy in civil commitment hearings. *American Psychologist, 47*, 646–655.

Tyler, T. R. (2006). Restorative justice and procedural justice: Dealing with rule breaking. *Journal of Social Issues, 62*, 307–326.

Tyler, J., Darville, R., & Stalnaker, K. (2001). Juvenile boot camps: A descriptive analysis of program diversity and effectiveness. *Social Science Journal, 38*, 445–460.

United States v. Brawner, 471 F. 2d 969 (D.C. Cir. 1972).

United States v. Hinckley, 525 F. Supp. 1342 (D. D.C. 1981).

U.S. Department of Health and Human Services, National Center on Child Abuse and Neglect. (1995). *Child maltreatment 1993: Reports from the States to the National Center on Child Abuse and Neglect*. Washington, DC: US Government Printing Office.

U.S. Department of Justice. (1999). *Women offenders*. NCJ 175688. Washington, DC: Bureau of Justice Statistics.

U.S. Department of Justice. (2001). *Office of Juvenile Justice and Delinquency Prevention research 2000*. Washington, DC: Author.

U.S. Department of Justice. (2002). *Uniform crime report: 2001*. Washington, DC: Government Printing Office.

U.S. Surgeon General. (2001). *Youth violence: A report of the Surgeon General*. Rockville, MD: U.S. Dept. of Health and Human Services.

Vandiver, D. M., & Teske, R. (2006). Juvenile female and male sex offenders: A comparison of offender, victim, and judicial processing characteristics. *International Journal of Offender Therapy and Comparative Criminology, 50*, 148–165.

Van Dorsten, B. (2002). Forensic psychology. In B. Van Dorsten (Ed.), *Forensic psychology: From classroom to courtroom* (pp. 1–16). New York: Kluwer/Plenum.

Van Dorsten, B., & James, L. B. (2002). Forensic medical psychology. In B. Van Dorsten (Ed.), *Forensic psychology: From classroom to courtroom*. New York: Kluwer Academic/Plenum Publishers.

Vasquez, M. J. T., Baker, N. L., & Shullman, S. L. (2003). Assessing employment discrimination and harassment. In A. M. Goldstein (Ed.), *Handbook of psychology: Vol. 11. Forensic psychology* (pp. 259–277). New York: John Wiley & Sons, Inc.

Verger, D. M. (1992). The making of the insanity plea. *American Journal of Forensic Psychology, 10*, 35–47.

Verona, E., & Vitale, J. (2006). Psychopathy in women: Assessment, manifestations, and etiology. In C. J. Patrick (Ed.), *Handbook of psychopathy* (pp. 415–436). New York: Guilford Press.

Victor, T. L., & Abeles, N. (2004). Coaching clients to take psychological and neuropsychological tests: A clash of ethical obligations. *Professional Psychology: Research and Practice, 35*, 373–379.

Viljoen, J. I., Roesch, R., Ogloff, J. R. P., & Zapf, P. A. (2003). The role of Canadian psychologists in conducting fitness and criminal responsibility evaluations. *Canadian Psychology, 44*, 369–381.

Viljoen, J. L., Roesch, R., & Zapf, P. A. (2002). Interrater reliability of the Fitness Interview Test across 4 professional groups. *Canadian Journal of Psychiatry, 47*, 945–952.

Vitale, J. E., & Newman, J. P. (2001). Using the Psychopathy Checklist-Revised with female samples: Reliability, validity, and implications for clinical utility. *Clinical Psychology: Science and Practice, 8*, 117–132.

Vitale, J. E., Newman, J. P., Bates, J. E., Goodnight, J., Dodge, K. A., & Pettit, G. S. (2005). Deficient behavioral inhibition and anomalous selective attention in a community sample of adolescents with psychopathic traits and low-anxiety traits. *Journal of Abnormal Child Psychology, 33*, 461–470.

Vitale, J. E., Smith, S. S., Brinkley, C. A., & Newman, J. P. (2002). The reliability and validity of the Psychopathy Checklist-Revised in a sample of female offenders. *Criminal Justice and Behavior, 29*, 202–231.

Vivian, D. & Langhinrichsen-Rohling, J. (1994). Are bi-directionality violent couples mutually victimized? A gender-sensitive comparison. *Violence and Victims, 9*, 107–124.

Vore, D. A. (2007). The disability psychological independent medical evaluation: Case law, ethical issues, and procedures. In A. M. Goldstein (Ed.), *Forensic psychology: Emerging topics and expanding roles* (pp. 489-510). Hoboken, NJ: John Wiley & Sons.

Waite, D., Keller, A., McGarvey, E. L., Wieckowski, E., Pinkerton, R., & Brown, G. (2005). Juvenile sex offender re-arrest rates for sexual, violent nonsexual, and property cirimes: A 10-year follow-up. *Sexual Abuse: A Journal of Research and Treatment, 17*, 313-331.

Walfish, S. (2006). Conducting personal injury evaluations. In I. B. Weiner & A. K. Hess (Eds.), *The handbook of forensic psychology* (pp. 124-139). Hoboken, NJ: John Wiley & Sons.

Walker, L. E. (1979). *The battered woman.* New York: Harper and Row.

Walker, L. E. (1984). *The battered woman syndrome.* New York: Springer.

Wallace, J. F., Vitale, J. E., & Newman, J. P. (1999). Response modulation deficits: Implications for the diagnosis and treatment of psychopathy. *Journal of Cognitive Psychotherapy, 13*, 55-70.

Waller, E. M., & Daniel, A. E. (2005). Purpose and utility of child custody evaluations: Attorney's perspective. *Journal of the American Academy of Psychiatry and the Law, 33*, 199-207.

Wallerstein, J. S., & Blakeslee, S. (1989). *Second chances: Men, women, and children a decade after divorce.* New York: Ticknor & Fields.

Walters, G. D. (2003a). Changes in outcome expectancies and criminal thinking following a brief course of psychoeducation. *Personality and Individual Differences, 35*, 691-701.

Walters, G. D. (2003b). Predicting criminal justice outcomes with the psychopathy checklist and lifestyle criminality screening form: A meta-analytic comparison. *Behavioral Sciences and the Law, 21*, 89-102.

Wardell, L., Gillespie, D. L., & Leffler, L. (1983). Science and violence against wives. In D. Finkelhor, R. J. Gelles, G. T. Hotaling, & M. A. Straus (Eds.), *The dark side of families: Current family violence research* (pp. 69-84). Beverly Hills, CA: Sage Publications.

Warner, J. E., & Hansen, D. J. (1994). The identification and reporting of physical abuse by physicians: A review and implications for research. *Child Abuse and Neglect, 18*, 11-25.

Warren, J. I., Murrie, D. C., Stejskal, W., Colwell, L. H., Morris, J., Chauhan, P., et al. (2006). Opinion formation in evaluating the adjudicative competence and restorability of criminal defendants: A review of 8,000 evaluations. *Behavioral Sciences and the Law, 24*, 113-132.

Warren, J. I., Rosenfeld, B., Fitch, W. L., & Hawk, G. (1997). Forensic mental health clinical evaluations: An analysis of interstate and intersystematic differences. *Law and Human Behavior, 21*, 377-390.

Washington v. Harper, 494 U.S. 210 (1990).

Washington v. United States, 129 U.S. App. D.C. 29 (1967).

Webster, C., Douglas, K., Eaves, D., & Hart, S. (1997). *HCR-20 Assessing risk for violence: version II.* Burnaby, British Columbia: Mental Health, Law & Policy Institute, Simon Frazier University.

Weiler, B. L., & Widom, C. S. (1996). Psychopathy and violent behavior in abused and neglected young adults. *Criminal Behavior and Mental Health, 6*, 253-271.

Weiner, B. A. (1985). The insanity defense: Historical development and present status. *Behavioral Sciences and the Law, 3*, 3-35.

Weiner, I. B., & Hess, A. K. (2006). *The handbook of forensic psychology*. Hoboken, NJ: John Wiley & Sons, Inc.

Werner, E. (2000). Protective factors and individual resilience. In J. P. Shonkoff & S. J. Meisels (Eds.), *Handbook of early childhood intervention* (2nd ed., pp. 115–132). New York: Cambridge University Press.

Wertheimer, A. (1993). A philosophical examination of coercion for mental health issues. *Behavioral Sciences and the Law, 11*, 239–258.

Wetter, M. W., Baer, R. A., Berry, D. T. R., Robison, L. H., & Sumpter, J. (1993). MMPI-2 profiles of motivated fakers given specific symptom information: A comparison to matched patients. *Psychological Assessment, 5*, 317–323.

Wetter, M. W., & Corrigan, S. K. (1995). Providing information to clients about psychological tests: A survey of attorneys' and law students' attitudes. *Professional Psychology: Research and Practice, 26*, 474–477.

Wettstein, R. M., Mulvey, E. P., & Rogers, R. (1991). A prospective comparison of four insanity defense standards. *The American Journal of Psychiatry, 148*, 21–27.

Wexler, D. B., & Winick, B. J. (1991). *Essays in therapeutic jurisprudence*. Durham, NC: Carolina Academic Press.

Wheatman, S. R., & Shaffer, D. R. (2001). On finding for defendants who plead insanity: The crucial impact of dispositional instructions and opportunity to deliberate. *Law and Human Behavior, 25*, 167–183.

Whittemore, K. E., & Kropp, P. R. (2002). Spousal assault risk assessment: A guide for clinicians. *Journal of Forensic Psychology Practice, 2*, 53–64.

Widom, C. S. (1976). Interpersonal and personal construct systems in psychopaths. *Journal of Consulting and Clinical Psychology, 44*, 614–623.

Widom, C. S. (1989). Does violence beget violence? A critical examination of the literature. *Psychological Bulletin, 106*, 3–28.

Wieter v. Settle, 193 F. Supp. 318 (W.D. Mo. 1961).

Weithorn, L. A., & Grisso, T. (1987). Psychological evaluations in divorce custody: Problems, principles, and procedures. In L. A. Weithorn (Ed.), *Psychology and child custody determinations: Knowledge, roles, and expertise* (pp. 157–181). Lincoln: University of Nebraska Press.

Wildman, R. W., Batchelor, E. S., Thompson, L., Nelson, F. R., Moore, J. T., Patterson, M. E., et al. (1978). *The Georgia Court Competency Test: An attempt to develop a rapid, quantitative measure of fitness for trial*. Unpublished manuscript.

Wilkinson, A. P. (1997). Forensic psychiatry: The making-and breaking-of expert opinion testimony. *Journal of Psychiatry and Law, 25*, 51–112.

Williams, C. W., Lees-Haley, P. R., & Djanogly, S. E. (1999). Clinical scrutiny of litigants' self-reports. *Professional Psychology: Research and Practice, 30*, 361–367.

Williams, K. R., & Houghton, A. B. (2004). Assessing the risk of domestic violence reoffending: A validation study. *Law and Human Behavior, 28*, 437–455.

Williamson, S., Hare, R. D., & Wong, S. (1987). Violence: Criminal psychopaths and their victims. *Canadian Journal of Behavioral Sciences, 19*, 454–462.

Williamson, S., Harpur, T. J., & Hare, R. D. (1991). Abnormal processing of affective words by psychopaths. *Psychophysiology, 28*, 260–273.

Wilson, M., Johnson, H., & Daly, M. (1995). Lethal and nonlethal violence against wives. *Canadian Journal of Criminology, 37*, 331–361.

Winick, B. J. (1983). Incompetency to stand trial: Developments in the law. In J. Monahan & H. J. Steadman (Eds.), *Mentally disordered offenders* (pp. 3–38). New York: Plenum Press.

Winick, B. J. (1995). Ambiguities in the legal meaning and significance of mental illness. *Psychology, Public Policy, and the Law, 3*, 534–611.

Winick, B. J. (1995). Reforming incompetency to stand trial and plead guilty: A restated proposal and response to Professor Bonnie. *Journal of Criminal Law and Criminology, 85*, 571–624.

Winick, B. J. (1998). Sex offender laws in the 1990s: A therapeutic jurisprudence analysis. *Psychology, Public Policy, and Law, 4*, 505–570.

Winick, B. J. (2001). The civil commitment hearing: Applying the law therapeutically. In L. E. Frost & R. J. Bonnie (Eds.), *The evolution of mental health law* (pp. 291–308). Washington, DC: American Psychological Association.

Witt, P. H., Bosley, J. T., & Hiscox, S. P. (2002). Evaluation of juvenile sex offenders. *Journal of Psychiatry and Law, 30*, 569–592.

Wolfers, O. (1993). The paradox of women who sexually abuse children. In M. Elliot (Ed.), *Female sexual abuse of children* (pp. 93–99). New York: Guilford Press.

Wollert, R. (2006). Low base rates limit expert certainty when current actuarials are used to identify sexually violent predators: An application of Bayes's theorem. *Psychology, Public Policy, and Law, 12*, 56–85.

Woodworth, M., & Porter, S. (2002). In cold blood: Characteristics of criminal homicides as a function of psychopathy. *Journal of Abnormal Psychology, 111*, 436–445.

Wulach, J. S. (1980). The incompetency plea: Abuses and reforms. *Journal of Psychiatry and Law, 8*, 317–328.

Wyatt v. Stickney, 324 F. Supp. 387 (M.D. Ala. 1972).

Wyer, M., Gaylord, S., & Grove, E. (1987). The legal context of child custody evaluations. In L. A. Weithorn (Ed.), *Psychology and child custody determinations* (pp. 4–22). Lincoln: University of Nebraska Press.

Young, G., Kane, A. W., & Nicholson, K. (2005). *Psychological knowledge in court: PTSD, pain, and TBI*. New York: Springer.

Young, G., & Yehuda, R. (2005). Understanding PTSD: Implications for court. In G. Young, A. W. Kane, & K. Nicholson (Eds.), *Psychological knowledge in court: PTSD, pain, and TBI* (pp. 55–69). New York: Springer.

Youngberg v. Romeo, 457 US 307 (1982).

Zapf, P. A., Boccaccini, M. T., & Brodsky, S. L. (2003). Assessment of competency for execution: Professional guidelines and an evaluation checklist. *Behavioral Sciences and the Law, 21*, 103–120.

Zapf, P. A., Hubbard, K. L., Cooper, V. G., Wheeles, M. C., & Ronan, K. A. (2004). Have the courts abdicated their responsibility for determination of competency to stand trial to clinicians? *Journal of Forensic Psychology Practice, 4*, 27–44.

Zapf, P. A., Golding, S. L., & Roesch, R. (2006). Criminal responsibility and the insanity defense. In I. B. Weiner & A. K. Hess (Eds.), *The handbook of forensic psychology* (3rd ed., pp. 332–363).

Zapf, P. A., & Roesch, R. (1997). Assessing fitness to stand trial: A comparison of institution-based evaluations and a brief screening interview. *Canadian Journal of Community Mental Health, 16*, 53–66.

Zapf, P. A., & Roesch, R. (2001). A comparison of MacCAT-CA and the FIT for making determinations of competency to stand trial. *International Journal of Law and Psychiatry, 24,* 81–92.

Zapf, P. A., Skeem, J. L., & Golding, S. L. (2005). Factor structure and validity of the MacArthur Competence Assessment Tool–Criminal Adjudication. *Psychological Assessment, 17,* 433–445.

Zapf, P. A., & Viljoen, J. L. (2003). Issues and considerations regarding the use of assessment instruments in the evaluation of competency to stand trial. *Behavioral Sciences and the Law, 21,* 351–367.

Zapf, P. A., Viljoen, J. L., Whittemore, K. E., Poythress, N. G., & Roesch, R. (2002). Competency: Past, present, and future. In J. R. P. Ogloff (Ed.), *Taking psychology and the law into the 21st century* (pp. 171–198). New York: Kluwer Academic/Plenum Publishers.

Zgourides, G., Monto, M., & Harris, R. (1997). Correlates of adolescent male sexual offense: Prior adult sexual contact, sexual attitudes, and use of sexually explicit material. *International Journal of Offender Therapy and Comparative Criminology, 41,* 272–283.

Zimring, F. E. (1998). *American youth violence.* New York: Oxford University Press.

Zimring, F. E. (2000a). The punitive necessity of waiver. In J. Fagan & F. E. Zimring (Eds.), *The changing borders of justice: Transfer of adolescents to the criminal court* (pp. 207–226). Chicago: University of Chicago Press.

Zimring, F. E. (2000b). Penal proportionality for the young offender: Notes on immaturity, capacity, and diminished responsibility. In T. Grisso & R. G. Schwartz (Eds.), *Youth on trial* (pp. 271–289). Chicago: University of Chicago Press.

Zinermon v. Burch, 494 U. S. 113 (1990).

Zinger, I., & Forth, A. E. (1998). Psychopathy and Canadian criminal proceedings: The potential for human rights abuses. *Canadian Journal of Criminology, 40,* 237–276.

Zinnermon v. Burch, 494 U.S. 113 (1990).

Índice Onomástico

Ackerman, M. C., 306–309
Ackerman, M. J., 306–309
Annis, L. V., 188–189, 212–214
Anthony, C., 113–114
Antonowicz, D. H., 59–61, 153–154
Appelbaum, P. S., 237–238
Arrigo, B. A., 208–210
Arvidson, B., 239–240
Atkins, Daryl, 50–51
Azevedo, D., 73–74

Babcock, J. C., 262–263
Babiak, Paul, *Snakes in Suits* (2006), 98
Bacon, Kevin, 141–142
Baldwin, Alec, 316–317
Bardo, Robert, 268–269
Bardwell, M. C., 208–210
Barefoot, Thomas, 121
Barrett, C. L., 61–62
Basinger, Kim, 316–317
Baumgartner, J. V., 147–148
Bazelon, David, 67–68, 176–178
Beckham, J. C., 188–189, 212–214
Bein, M. F., 212–214
Benjamin, Charles, 27–28
Benson, M. L., 254–255
Bercaw, S., 182–183
Berge, G., 209–210
Berk, R. A., 265–266
Bernado, Paul, 128–129, *129–130*, 130–131
Bernet, W., 303–305
Bernstein, A., 103–104

Bersoff, D. N., 37–38
Bianchi, Kenneth, 192–193
Birket-Smith, M., 91
Birt, A. R., 101–102
Blair, R. J. R., 105–106
Blakeslee, S., 311–313
Blau, Theodore H., 21, 22, 73–74
Bloom, L. J., 305–308
Boccaccini, M. T., 73–74
Bodholdt, R. H., 96–97
Bolt, Betsey, 66
Borum, R., 187–188, 202–203, 291–292
Bow, J. N., 315–317
Brady, J., 178–179
Braver, S. L., 313–314
Breakey, W., 239–240
Brichtswein, K., 105–107
Bricklin, Barry, 307–308
Brigman, Amariah, 66
Brinkley, C. A., 103–104
Brodsky, S. L., 72–74, 188–189
Browne, K. D., 153–154
Bryant, R. A., 330
Bundy, Ted, 91
Buono, Angelo, 192–193
Bussière, M. T., 148–149

Cadsky, O., 255–256
Callahan, L. A., 183–186
Camp, J., 109–111
Campbell, M. A., 101–102
Carbonell, J. L., 210–211
Cascardi, M., 251–253
Caspi, A., 111–112

Cattaneo, L. B., 258–259
Chaplin, T. C., 146–147
Cherlin, A. J., 312–313
Cho, Seung-Hui, 292–293
Christiansen, A. R., 160–161
Cirincione, C., 184–185
Clark, F., 105–106
Cleckley, Hervey, 94–96, 102–109
Mask of Sanity (1941), 92
Clingempeel, W. G., 283–285
Close, Glen, 109–110
Co, B. T., 239–240
Cochrane, R. E., 188–192, 207–208
Cohn, N. B., 209–210
Coles, E. M., 74–75
Collins, S., 202–203, 208–209
Colwell, L. H., 109–111, 113–115
Commons, M. L., 78–79
Cooke, D. J., 95–96, 110–111
Cooper, J., 73–74
Cooper, V. G., 207–208, 289–290
Cormier, C. A., 106–107
Cornell, D. G., 99–100
Cottle, C. C., 281–282, 284–285
Couey, John, 141–142
Craig, L. A., 153–154
Cramer, K. M., 326–327
Crook, Shirley, 27–28
Cruise, Tom, 164–165
Cunningham, M. D., 113–114
Custer, George Armstrong, 67
Cutler, B. L., 72–73

Dahmer, Jeffrey, 91, 171–172
Danesh, J., 57–58
Davis, R. D., 91
Day, D. M., 154–155
De Niro, Robert, 178–179
Delahanty, Thomas, 178–179
DeMatteo, D., 112–113
Dempster, R. J., 99–100
Denney, R. I., 325–326
Desforges, D. M., 113–115
Devenport, J. L., 72–73
Diamond, B. L., 171
Dietz, Park, 171–172
Djanogly, S. E., 325–327
Donaldson, Kenneth, 223–224
Douglas, K. S., 113–114, 268–270
Douglas, Michael, 98, 109–110
Drogin, E. Y., 61–62
Drummond, Edward, 174
Dunn, J. T., 331–333
Durham, Monte, 176–178
Dutton, D. G., 255–256, 268–270

Edens, J. F., 109–111, 112–115
Edens, John, 87–88, 91
Elwork, A., 212–213
Emery, R. E., 310–311, 314–315
Enyart, C., 186–187
Eunick, Tiffany, 274
Ewing, C. P., 68
Minds on Trial (2006), 193–194

Farrington, D. P., 284–285
Fazel, S., 57–58
Ferguson, C. J., 160–161
Ferguson, Colin, 215–217
Fernandez, K., 113–115
Fincham, F. D., 183–184
Finkel, N. J., 182–183
Finkelhor, D., 255–256
Finkelman, D., 33–34
Flitcraft, A., 251–252
Ford, Alvin, 214–215
Foster, Jodie, 178–179
Fox, G. L., 254–255
Frankel, M. S., 79–80
Frederick, R. I., 207–208

Friedman, F. L., 210–211
Fualaau, Vili, 159
Fukunaga, K. K., 188–190
Furby, L., 155–156

Gardner, R. A., 316–317
Gardner, W., 126–127, 234–235
Gatchel, R. J., 334–335
Gault, G., 276
Gelles, R. J., 248–250
Gendreau, P., 60–61
Geoghan, John, 160–162
Gere, Richard, *191–192*
Gillstrom, B. J., 103–104
Golding, J. M., 251–252
Golding, S. L., 182–184, 209–211
Goldstein, Andrew, 230–231
Goodman, L. A., 258–259
Gothard, S., 206–207
Gravitz, M. A., 66
Green, C. E., 262–263
Greenberg, S. A., 324–325
Greenwood, A., 106–107
Grigson, James, 121
Grisso, T., 43, 187–188, 197, 202–203, 205–208, 214–215, 237–238
Groscup, J. L., 71–72
Grossett-Tate, Kathleen, 274
Guay, J., 101–102
Gudeman, H., 188–189
Gunnoe, M. L., 313–314
Gustafson, D. J., 188–189
Gutheil, T. G., 76–77
Guy, L. S., 113–114

Hagen, Margaret, *Whores of the Court* (1997), 75–77
Hall, A. S., 301–302
Hall, G. C. N., 154–156
Hall, S. R., 185–186
Haney, C., 32–34
Hanson, R. K., 148–151, 154–156, 255–256
Hare, Robert, 92, 93–100, 103–107, 109–110, 207–208
Snakes in Suits (2006), 98
Without Conscience (1999), 91

Harris, A., 255–256, 258–260
Harris, A. J. R., 149–151
Harris, G. T., 106–107, 126–127, 258–259
Hart, S. D., 118, 124–125, 207–208
Hart, S. F., 99–100, 105–106
Harvey, A. G., 330
Hawkins, M., 188–189
Hayes, P. J., 103–104
Healy, William, 24–26
Heiby, E. M., 251–252
Heilbrun, K., 50–51, 133–135, 202–203, 208–211, 284–286
Hemphill, J. F., 91, 98–100
Henggeler, S. W., 283–285
Hervé, H. F., 103–104
Hess, A., 65–66, 79–80
Heyman, R. E., 257–258
Hillside Strangler, 190–193
Hilton, N. Z., 258–259
Hinckley, John, 171–172, 178–180
Holmolka, Karla, *129–130*, 130–131
Holtzworth-Munroe, A., 262–265, 268–269
Homant, R. J., 188–189
Horvath, L. S., 308–309
Hubbard, K. L., 210–211
Huss, M. T., 71–72, 102–103, 234–235

Intrator, J., 105–107

Johnson, John, 66
Jolie, Angelina, 109–110
Jones, L., 105–106
Jones, William, 50–51
Julian, T. W., 256–257

Kaczynski, Ted, 215–217
Kanka, Megan, 162–163
Keilin, W. G., 305–308
Kelly, J., 186–187
Kennedy, D. B., 188–189
Keys, Gabriel, *277–278*
Klassen, D., 123–124, 126–127
Knight, R. A., 101–102

Koch, J., 182–183
Kosson, D. S., 109–111
Kravitz, H. H., 186–187
Kropp, P. R., 258–260
Kugler, K. E., 207–208, 211–212

Lafave, Debra, 159
Lally, S. J., 202–203
Lalonde, C., 255–256
Lalumière, M. L., 146–147, 155–156
Langhinrichsen-Rohling, J., 102–103
Lee, R. J., 284–285
Lees-Haley, P. R., 325–327, 333–334
Letourneau, Mary Kay, 159
Letterman, David, 267–269
Lewis, Ronald, 276
Libby, Lewis "Scooter", Jr., 70
Lidz, C. W., 126–127
Liebeck, Stella, 323–324
Lindblom, W. D., 182–183
Lipsey, M. W., 287–288
Littell, J. H., 288–289
Loeber, R., 111–112
Lunsford, Jessica, 141–142
Lynam, D. R., 111–112

McCann, J. T., *Minds on Trial* (2006), 193–194
McCarthy, Timothy, 178–179
Maccoby, E. E., 313–314
MacGregor, D. G., 138–139
McKenry, P. C., 256–257
McLearen, A. M., 325–326
McNulty, J. L., 210–211
Madonna, 267–269
Mahler, H., 239–240
Malone, J., 256–257
Marques, J. K., 154–157
Marshall, E. Pierce, 30–31
Marshall, J. Howard, 30–31
Marshall, W. L., 143–144, 146–148
Martinson, Robert, 59–60
Meehan, D. C., 160–161
Meloy, J. R., 206–207, 267–269

Melton, G. B., 35–36, 75–76, 87–88
Michie, C., 95–96, 110–111
Miller, M. O., 185–186
Millon, T., 91
Mitchell, K. J., 255–256
M'Naghten, Daniel, 174–177
Mobley, M. J., 58–59
Moffitt, T. E., 111–112
Monahan, John, 32–33, 122–125, 127–128, 130–131, 135–139
Morton-Bourgon, K. E., 149–151
Mossman, D., 126–127
Mulvey, E. P., 101–102, 126–127
Munsterberg, Hugo, *On the Witness Stand* (1908), 24, 66–67
Murphy, C. M., 252–253
Murrie, D. C., 188–189

Nelson, C., 154–155
Nesbitt, Eric, 50–51
Neuhaus, I. M., 73–74
Newman, J. P., 103–104, 109–110
Nicholson, R. A., 186–187, 203–204, 207–208, 210–212
Nietzel, M. T., 66, 72–73
Norris, D. M., 62–63
Norwood, S., 186–187, 203–204

O'Connor, W. A., 123–124, 126–127
Ogloff, J. R. P., 33–34, 106–107
O'Leary, K. D., 252–253, 256–257
Orne, Martin, 192–193
Otto, R. K., 50–51, 123–125, 188–189

Padilla, Jose, 42
Pasewark, R. A., 186–189
Penrod, S. D., 71–72
Petrella, R. C., 54–55
Petrila, J., 112–113
Pietz, C. A., 325–326
Plame, Valerie, 70
Platt, A. M., 171
Porter, S., 99–102

Poulson, R. L., 182–184
Poythress, N. G., 54–55

Quinsey, V. L., 101–102, 126–127, 146–147

Reagan, Ronald, 178–179
Redding, R. E., 75–76
Reidy, T. J., 113–114
Rice, M. E., 106–108, 126–127
Roberts, C. F., 183–184
Robie, C., 262–263
Rogers, R., 50–51, 59–60, 188–192
Rosenhan, David, 225–227
Ross, R. R., 59–61, 153–154
Roussy, S., 111–112
Ryan, L., 255–256
Ryba, N. L., 289–290

Salekin, R. T., 98, 106–109
Sales, B. D., 185–186
Sato, R. A., 251–252
Savitsky, J. C., 182–183
Schaeffer, Rebecca, 268–269
Schiavo, Terri, 237–239
Schumacher, J. A., 257–258
Seligman, Martin, 84–85
Sell, Charles, 236–238
Sewell, K. W., 108–109
Shaffer, D. R., 182–183
Shapiro, D., 82–83
Shaw, R., 182–183
Sherman, L. W., 265–266
Sherman, M., 206–207
Shore, J. H., 239–240
Shuman, D. W., 190–192
Siegel, A. M., 212–213
Silver, E., 130–131, 138–139, 185–186
Simmons, Christopher, 27–28
Simon, L., 266–267
Simon, R. I., 76–77
Simonsen, E., 91
Simpson, Nicole Brown, 86
Simpson, O. J., 86
Skeem, J. L., 101–102, 109–111, 182–183, 209–210
Slep, A. M. S., 257–258

Slovic, P., 138–139
Smith, Anna Nicole, 29–31
Smith, H. R., 331–333
Smith, M., 105–106
Smith, S. S., 109–110
Spears, Britney, 212–213
Stafford, K. P., 199–201
Stark, E., 251–252
Starzomski, A., 255–256
Steadman, H. J., 137–138
Stern, William, 24
Stouthamer-Loeber, M., 111–112, 284–285
Straus, M. A., 247–251, 266–267
Stringer, I., 153–154
Stritzke, P., 105–107
Stuart, G. L., 262–263, 268–269
Studebaker, C. A., 71–72
Sullivan, E. A., 110–111
Swanson, Jeffrey, 231–234
Swartz, Marvin, 231–234

Tate, Lionel, 274
Thistlethwaite, A. B., 254–255
Thurman, Uma, 269–270
Thyer, B. A., 160–161
Toupin, J., 111–112
Tracy, Judge, 173
Tyree, A., 256–257

Ustad, K. L., 108–109

Veiel, H. O. F., 74–75
Verona, E., 108–110
Victoria, Queen, 174
Viglione, D. J., 206–207
Vitale, J. E., 108–112
Vore, D. A., 336–337

Waite, D., 285–286
Walker, Lenore E. A., 32–33, 84–86, 251–252
Wallerstein, J. S., 311–313
Warren, J. I., 188–189, 208–209
Webdale, Kendra, 229–231
Weisberg, J. N., 334–335
West, M., 154–155
Wetterling, Jacob, 162–163

Wheatman, S. R., 182–183
White, Dan, 193–194
Whittemore, K. E., 258–260
Widom, Cathy, 98
Wigmore, John Henry, 67
Williams, C. W., 325–327, 331–333
Williamson, S., 99–101
Wilson, D. B., 287–288
Winick, B. J., 209–210
Witmer, Lightner, 24–26
Wong, B. D., *212–213*
Wong, S., 98–100, 106–107
Woodworth, M., 99–102
Wooldredge, J., 254–255
Wulach, J. S., 201–202
Wyatt, Ricky, 236–237

Yates, Andrea, 171–172, 175

Zapf, P. A., 207–208, 210–211, 289–290
Zeis, R. A., 234–235
Zhang, Q., 284–285

Índice Remissivo

AACAP (Academia Americana de Psiquiatria da Infância e da Adolescência), 303–304
ABA (American Bar Association), 325–326
abordagem de bateria fixa, 333–334
abordagens ideográficas, 33–34, 128–129
abordagens nomotéticas, 33–34, 128–129
ABPP (American Board of Professional Psychology), 37–38
absolvições por inimputabilidade
    confinamento, 186–187
    disposição, 185–187
    e doença mental, 184–185
    e homicídio, 185–186
    periculosidade, 186–187
    reincidência, 186–187
    supervisão, 186–187
abuso de álcool e violência doméstica, 255–257
abuso de droga e violência doméstica, 255–257
abuso de substância
    e agressores sexuais, 155–157
    e violência doméstica, 255–257
abuso infantil
    consequências, 314–317
    e guarda dos filhos, 314–317
    prevalência, 314–315
abuso sexual
    e violência doméstica, 257–258
    políticas, 62–63

Academia Americana de Psiquiatria Infantil e da Adolescência (AACAP), 303–304
acidentes com veículos automotores, 331–333
ACIs *veja* avaliações clínicas independentes (ACIs)
ACLU (União das Liberdades Civis Americana), 223–224
acordos de guarda dos filhos
    impactos, 313–314
    metanálises, 313–314
    pesquisa, 313–314
acordos financeiros, peritos, 81–83
Administração dos Veteranos (VA), 338–339
adolescentes
    comportamento antissocial, 111–112
    programas de intervenção juvenil, 273
    psicopatia, 110–112
    responsabilidades, 273
    veja também juvenis
advogado, direitos de abrir mão, 214–217
advogados
    atitudes de restrição civil, 228–229
    e consultoria forense, 61–63
    pressão, e credibilidade dos testemunhos de peritos, 76–78
AFCC (Associação da Família e Cortes de Conciliação), 303–304

afro-americanos
    agressores, 109–111
    guarda dos filhos, 300–301
    violência doméstica, 254–255
agressão, 323
    veja também agressão sexual
agressão sexual, 86
    definições, 141–142
agressões sexuais, anteriores, 148–150
agressoras do sexo feminino do tipo incestuoso, 160–161
agressoras sexuais do sexo feminino, 159–161
    coagidas por homens, 160–161
    cuidadora não parente/babá, 160–161
    predispostas intergeracionalmente, 160–161
    prevalência, 159
    professora/amante, 160–161
    tipo incestuoso, 160–161
agressores
    criminais, 41
    diferenças de gênero, 56–57
    doença mental, 56–59
    fatores etários, 99–100
    mentalmente perturbados, 56–57
    professora/amante, 160–161
    tipos de, 56–57
    violentos, 56–57
    veja também infratores juvenis; agressores sexuais
agressores cuidadores não parentes/babá, 160–161

agressores professor/amante, 160–161
agressores sexuais, 141–168
　avaliação, 144–154: limitações, 144
　avaliação de risco, 148–151, 165–166
　avaliação falométrica, 144–147
　avaliação psicológica, 146–149
　características, 141–144
　clero como, 160–162
　como psicopatas, 100–102
　déficits, 155–156
　distorções cognitivas, 147–148
　e abuso de substância, 155–157
　empatia com a vítima, 147–148
　farmacoterapia, 156–157
　fatores de risco, 148–149
　grupos especiais, 156–162
　instrumentos de avaliação de risco, 150–154
　legislação, 161–167
　leis de notificação, 162–164
　leis de residência, 163–164
　manejo, 153–157
　metanálises, 149–151, 154–156
　negação, 155–156
　pesquisa, 141
　predições de violência futura, 121
　preferências sexuais, 144–147
　prevenção de recaída, 156–157
　registro, 162–164
　reincidência, 144, 148–151
　terapia cognitiva, 155–156
　terapia cognitivo-comportamental, 155–156
　tipos de, 101–102
　tratamento, 153–157
　uso do termo, 141–142
　veja também molestadores de crianças; agressoras sexuais do sexo feminino; agressores sexuais juvenis; estupradores
agressores sexuais juvenis, 157–158, 284–286
　diferenças no gênero, 285–286
　homens, 285–286
　mulheres, 285–286

prevalência, 157–158
reincidência, 285–286
Alabama (EUA), leis de internação, 236–237
alegações de incapacidade, 335–336
ALI (American Law Institute), Código Penal Modelo, 177–179
alucinações de comando, 175–177
âmbito da prática, 44, 74–76, 79–81, 112–113, 197
　e avaliação do risco de violência, 120
　e avaliações de capacidade, 208–210
　e evidência de síndrome, 87–88
　no direito civil, 321–322
　questões, 107–109
　veja também prática forense
ameaça/controle-domínio (TCO) delírios, 241–242
América do Norte, psicopatia na, 110–111
American Bar Association (ABA), 325–326
American Board of Professional Psychology (ABPP), 37–38
American Law Institute (ALI) Código Penal Modelo, 177–179
veja também padrão ALI
American Psychology-Law Society, fundação, 25–27
amicus curiae, 27–28
　definição, 121
amostras clínicas, violência doméstica, 248–250
amostras da comunidade, violência doméstica, 251–252
antecedentes familiares
　e delinquência juvenil, 281–284
　e violência doméstica, 255–256
Antisocial Process Screening Device (ASPD), 111–112
APA (Associação Americana de Psiquiatria), 121
APA veja Associação Americana de Psicologia (APA)
aprendizagem passiva da evitação, 104–105

aptidão
　uso do termo, 200–201
　veja também capacidade
Arizona (EUA), leis para predadores sexualmente violentos, 164–165
Arizona, Clark vs. (2006), 180–182
Arizona, Miranda vs. (1966), 214–215
Arnold, Rex vs. (1724), 173
Árvore de Classificação Interativa (ICT), 127–128
As duas faces de um crime (filme), 191–192
ASPD (Antisocial Process Screening Device), 111–112
ASPECT (Escalas Ackerman-Schoendorf para Avaliação dos Pais para Custódia), 307–308
assassinato veja homicídio
assédio
　assédio quid pro quo, 339–340
　hostil no trabalho, 339–340
　sexual, 338–340
assédio hostil no trabalho, 339–340
assédio quid pro quo, 339–340
assédio sexual, 338–340
Associação Americana de Psicologia (APA), 27–28
　Diretrizes para Avaliações de Guarda dos Filhos, 302–304
　Primeiros membros, 67
　Princípios Éticos dos Psicólogos e Código de Conduta (2002), 79–83
Associação Americana de Psiquiatria (APA), 121
Associação da Família e Cortes de Conciliação (AFCC), 303–304
assumindo a sala do tribunal, críticas, 74–75
ataque, 323
ataque com armas de massa, 42
Atkins vs. Virginia (2002), 27–28, 50–51
atos
　natureza dos, 174–175
　qualidade dos, 174–175
atos ilícitos, 322–324
　condições para, 27–29

definição, 322
elementos, 322–323
intencionais, 323
atos ilícitos intencionais, 323
Atração fatal (filme), 109–110
autoestima
   e síndrome da mulher espancada, 251–252
   e violência doméstica, 252–253
automatismo, 191–194
avaliação, 31–32
   agressores sexuais, 144–154
   baseada nos pontos fortes, 282–283
   pacientes psiquiátricos, 239–240
   perigo para os outros, 240–242
   perigo para si mesmo, 239–241
   veja também avaliação de risco; avaliação falométrica; avaliação forense; avaliação terapêutica
avaliação baseada nos pontos fortes, 282–283
avaliação de ameaça
   jovens, 290–292
   tiroteios em escolas, 293–295
Avaliação de Capacidade para se Submeter a Julgamento – Revisada (ECST-R), 206–207
avaliação de risco
   administrações múltiplas, 134–135
   agressores sexuais, 148–151, 165–166
   antecedentes históricos, 123–125
   atuarial, 120, 227–228
   campo de estudo, 117
   causas legais, 122
   clínica, 120, 125–132
   comunicação, 137–139
   controle pós-avaliação, 134–135
   e manejo de risco, 133–135
   e psicopatia, 98, 135–136
   eficácia, 136–138
   em cortes juvenis, 290–292
   estruturadas, 125–132
   evolução, 122–125
   fatores de proteção, 132–136
   objetivos, 133–135

   precisão, 135–138
   questões, 135–137
   violência doméstica, 252–254, 258–261
   veja também avaliações de risco atuariais;
   avaliação de risco de violência
Avaliação de Risco de Agressão Conjugal (SARA), 131–132, 259–260
avaliação de risco de violência sexual, 150–154
avaliação de risco estruturada, 125–132
Avaliação do Estado Mental no Momento do Delito (MSE), 189–191
avaliação do risco de violência, 118–119
   características, 117–120
   componentes, 124–125
   desenvolvimento, 126–127
   e âmbito da prática, 120
   e comportamento passado, 136–137
   e jurisprudência terapêutica, 120
   itens, 126–128
   limitações, 128–131
   pesquisa, 124–125
   precisão, 127–128
   realidades legais da, 120–122
Avaliação do Risco de Agressão Doméstica de Ontário (ODARA), 259–260
Avaliação Estruturada das Capacidades dos Réus Criminais de MacArthur (MacSAD-CD), 204–206
Avaliação Estruturada de Risco de Violência nos Jovens (SAVRY), 291–292
avaliação falométrica
   agressores sexuais, 144–147
   aplicações, 145–147
   estupradores, 146–147
   molestadores de crianças, 146–147
avaliação forense, 41–56, 63–64
   avaliações de risco em agressores sexuais, 165–166

   clientes, 44–45
   conceitos centrais em, 43–44
   confiabilidade, 43–44
   consequências, 44–45
   e avaliação terapêutica comparada, 44–45, 63–64
   ganhos secundários na, 51–53
   informações de arquivo, 51–53
   métodos e procedimentos:
     entrevista, 45–48
     testagem psicológica, 47–52
   objetivos, 42, 44–45
   perspectiva do examinando, 44–45
   relação avaliador-examinando, 44–45
   relatórios escritos, 53–55
   relevância legal, 43
   tarefas em, 42–43
   validade, 43–44
   veja também testes psicológicos
avaliação psicológica, agressores sexuais, 146–149
Avaliação Rápida de Risco de Reincidência de Agressão Sexual (RRASOR), 151, 153
avaliação terapêutica
   clientes, 44–45
   consequências, 44–45
   definição, 42–43
   e avaliação forense comparada, 44–45, 63–64
   objetivos, 44–45
   perspectiva do examinando, 44–45
   relação avaliador-examinando, 44–45
avaliações clínicas independentes (ACIs)
   definição, 335–337
   psicológicas, 335–338
avaliações clínicas independentes psicológicas, 335–338
avaliações de capacidade, 197, 198, 201–204
   abordagem ampla das, 205–207
   descrição funcional, 205–206
   e âmbito da prática, 208–210
   e simulação, 206–207
   elementos contextuais, 207–208

em cortes juvenis, 289-291
explicações causais, 205-206
frequência de uso, 203-204
objetivos, 205-206
opiniões conclusivas, 205-207
padronizadas, 203-206
prevalência, 200-201
reparação prescritiva, 205-207
significância interativa, 205-207
testes psicológicos, 208-209
avaliações de guarda dos filhos
critérios, 307-309
diretrizes profissionais, 301-304
e mediação, 310-311, 314-315
e parcialidade, 297
encontros, 303-305
estágios, 303-306
estudos, 305-309
formatos, 303-306
informações colaterais, 304-306
juízo de valor, 297
levantamentos da prática clínica, 305-309
métodos, 303-306
prática forense em, 303-311
questões, 308-311
testes psicológicos, 304-309
avaliações de inimputabilidade, 187-190
em cortes juvenis, 290-291
procedimentos, 187-188
validade, 188-190
avaliações de risco atuariais, 120, 125-126, 131-132, 227-228
críticas, 127-129
avaliações de risco clínicas, 120, 125-132
avaliações para transferência em cortes juvenis, 288-290
avaliações psicológicas, veteranos de guerra, 338-339
avaliadores de políticas, psicólogos forenses como, 31-32

Bacharel em Direito (LLBs), 35-36
Banks vs. *Goodfellow* (1870), 217-218
Barefoot vs. *Estelle* (183), 120-122

Bateria Psicológica Luria-Nebrasca, 50-51
BDI-II *veja* Inventário de Depressão de Beck-II (BDI-II)
Behavioral Sciences and the Law (periódico), 26-27
Beijos que matam (filme), 21
bem-estar psicológico e estressores, 57-58
Bendictina e defeitos congênitos, 69
bens, crianças como, 298
BICS *veja* padrão de melhor interesse da criança (BICS)
BPS (Escalas Perceptuais de Bricklin), 307-308
BPSS (Parent Awareness Skills Survey), 307-308
brancos
agressores, 109-111
guarda dos filhos, 300-301
violência doméstica, 254-255
Brawner, Estados Unidos vs. (1972), 177-179
Bryce State Mental Hospital (Alabama, EUA), 236-237
Burch, Zinermon vs. (1990), 233-234

Cady, Humphrey vs. (1972), 223-224
CAI (Instituição de Avaliação de Capacidade para se Submeter a Julgamento), 203-205
Caixas de Skinner, 119
Califórnia (EUA), 29-31
leis para predadores sexualmente violentos, 165-166
California Forestry Association, 216-217
Câmara dos Lordes (Reino Unido), 174
Cameron, Lake vs. (1966), 223
Canadá, 126-127, 131-132
defesa de inimputabilidade, 176-177
internação ambulatorial, 229-230
padrões de capacidade, 200-201
programas de psicologia forense, 35-37

serial killers, 128-131
sistema legal
Suprema Corte, 68
tiroteios em escolas, 291-293
CAP (Inventário de Abuso Potencial Infantil), 307-308
capacidade, 197
civil, 215-219
criminal, 197-217
decisões de tratamento, 237-238
definições, 200-201
e evidência de síndrome, 87-88
e guarda, 218-219
e inimputabilidade comparada, 173, 199, 221-222
e procedimentos legais, 197
e restrição civil comparada, 221-222
e testes psicológicos, 80-81
em procedimentos criminais, 198-199
medidas, 203-208
padrões, 200-201
para executar testamentos, 217-219
para recusar defesa de inimputabilidade, 215-217
para renunciar aos direitos Miranda, 214-217
para ser executado, 214-215
para ser sentenciado, 198
para tratamento, 216-218
peritos, 79-81
variáveis, 208-210
capacidade criminais, 197-217
Capacidade para se Submeter a Julgamento (CST), 199-208
jovens, 289-290
prevalência, 200-201
procedimentos, 200-202
Capacidade para ser Executado (CFE), 214-215
capacidade para ser julgado, 198
capacidades civis, 215-219
CAPS (Escala de TEPT Administrada pelo Clínico), 330
características dos réus incapazes, 206-208
hospitalizações, 210-211
recuperação da capacidade, 209-214

características psicológicas, violência doméstica, 255–257
Carmichael, Kumho Tire Co. vs. (1999), 71–72
Carolina do Norte (EUA), leis de internação preventiva, 230–231
carreiras, em psicologia forense, 31–32
caso M'Naghten (1843), 174–177
casos de danos pessoais
  bases legais, 322–324
  dor crônica em, 333–336
  no direito civil, 321–322
  prática forense geral em, 324–327
  prejuízos típicos em, 326–336
  simulação em, 325–326327
  transtorno de estresse pós-traumático em, 328–330
  traumatismo craniano em, 330–334
casos de inimputabilidade, parcialidade em, 188–189
causa próxima, 27–29, 323
CCS (Escala de Capacidade Comunitária), 218–219
celebridades, perseguição, 267–270
celibato sexual, 161–162
Centros de Controle e Prevenção de Doenças (EUA), 331–332
cérebros, psicopatas, 105–107
certo vs. errado, 175
CFE (Capacidade para ser Executado), 214–215
Chattahoochee State Hospital (Flórida, EUA), 223–224
CID-10 (Classificação Internacional de Doenças), 96–97
ciência
  corrupção da, 75–79
  veja também ciência forense
ciência (periódico), 226–227
ciência forense
  e aplicação da lei, 23
  percepções errôneas, 21–22
ciências sociais, teorias das, 32–33
Clark vs. Arizona (2006), 180–182
Classificação de Risco de Violência (COVR), 127–128
  limitações, 128–129

Classificação internacional de doenças (CID-10), 96–97
clero como agressor sexual, 160–162
clientes, identificação, 44–45
clínicos especialistas, definição, 37–38
clínicos informados legalmente, definição, 37–38
clínicos proficientes, definição, 37–38
cobras de terno, uso do termo, 98
códigos éticos, 79–80
coerção
  diferenças étnicas, 235–236
  fontes, 235–237
  frequência, 235–237
  impactos, 234–235
  níveis de, 233–234
  pesquisa, 235–236
  restrição civil, 233–237
Columbine High School (Colorado, EUA), 291–292
common law
  e filhos, 298
  uso do termo, 31–32
companheiros
  delinquentes, 281–284
  pró-sociais, 282–283
companheiros delinquentes e delinquência juvenil, 281–284
companheiros pró-sociais, 282–283
compensação
  dor crônica, 335–336
  financeira, 323
Competence Screening Test (CST), 203–205
competição, e credibilidade do testemunho do perito, 77–79
comportamento
  alteração, 119
  passado, 136–138
  predição, 119
  veja também terapia cognitivo-comportamental (TCC); comportamento criminal
comportamento antissocial, 60–61
  em jovens, 111–112
comportamento criminal
  culpabilidade, 273
  e psicopatia, 97–103

comportamento passado, e avaliação do risco de violência, 136–138
conduta inadequada, gerenciamento, 58–59
confiabilidade,
  avaliações de insanidade, 188–190
  definição, 43
  em avaliação forense, 43–44
  entre avaliadores, 189–190
  evidência científica, 69–71
  predições de violência, 122
confiabilidade entre os avaliadores, 189–190
confidencialidade, 80–82
conflito conjugal e desenvolvimento da criança, 311–313
Congresso dos Estados Unidos, 162–163, 179–180
Connecticut (EUA), 270–271
consentimento esclarecido, 80–82
  e restrição civil, 221–222
consequências prejudiciais das evidências, 68–69
Constituição dos Estados Unidos
  risco duplo, 164–165
  Sexta Emenda, 198
consulta, 31–32, 66
  visões da, 61–62
  veja também consulta forense
consulta forense, 41, 61–64
  e peritos opositores, 62–63
  e questões de política, 62–63
  papéis, 61–63
  questões éticas, 61–62
consultoria em julgamentos, uso do termo, 61–62
controle dos impulsos, problemas, 175
correlações, 44
corrupção científica, fontes de, 78–79
Corte de Apelação (EUA), 25–26
Corte de Apelações do Texas, 171–172
Corte de Apelações dos Estados Unidos, 176–178
cortes, 31–32
  tipos de, 29–30

veja também cortes estaduais; cortes juvenis; Suprema Corte dos Estados Unidos
cortes de apelação, 29–30
cortes distritais, 29–30
cortes estaduais, 29–30
   conflito entre, 30–31
cortes federais, 29–30
cortes juvenis
   antecedentes históricos, 273–277
   avaliação da receptividade ao tratamento, 286–287
   avaliação de risco, 290–292
   avaliações de capacidade, 289–291
   avaliações de inimputabilidade, 290–291
   avaliações para transferência, 288–289
   faixa etária, 277
   mudanças, 274–277
   objetivos, 274
   oferta de tratamento, 286–289
   processos nas, 277–279
   psicólogos forenses nas, 274–275, 285–292
COVR *veja* Classificação do Risco de Violência (COVR)
CPS (Escala de Psicopatia Infantil), 111–112
Crane, Kansas vs. (2002), 122
crenças morais e credibilidade do testemunho do perito, 77–78
crenças políticas e credibilidade do testemunho do perito, 77–78
criação de perfil
   atiradores em escolas, 293–294
   criminal, 23
   étnico, 83–84
crime
   estatísticas, 278–281
   propriedade, 280–282
   veja também crime juvenil; crimes violentos
crime juvenil
   aumento, 277–281
   mulheres, 280–281
   prevalência, 278–281

crimes contra a propriedade, jovens, 280–282
crimes violentos
   crianças, 273
   índices, 282–284
criminalização, dos mentalmente doentes, 57–58
criminosos mentalmente perturbados, 56–57
crises agudas
   determinantes, 58–59
   manejo, 58–59
Critérios de Michigan do Melhor Interesse da Criança (1970), 300
CSI (*Investigação Criminal*) (programa de TV), 21
CST (Competency Screening Test), 203–205
CST *veja* Capacidade para se submeter a julgamento (CST)
CTS *veja* Escala de Tática de Conflito (CTS)
CTS2 (Escala de Tática de Conflito-2), 250–251
culpado mas mentalmente doente (GBMI), 179–184, 190–191
   críticas, 180–181
cumprimento da lei e ciência forense, 23
cumprimento da sentença, 307–308

dano físico e violência, 118
danos, 323
   consequências, 328–329
   em casos de danos pessoais, 326–336
   psicológicos, 322
   veja também casos de danos pessoais; danos por traumatismo craniano (TCE)
danos não econômicos, 323
danos psicológicos
   terminologia, 322
DAS (Escala de Avaliação do Perigo), 261–263
Daubert vs. *Merrell Dow* (1993), 30–31, 69–72, 87–88, 333–334

Dawson College (Montreal, Canadá), 291–293
decisões de tratamento
   capacidade, 237–238
   direitos, 236–239
defeitos congênitos, Bendictina e, 69
defesa de inimputabilidade, 198–199
   abolição, 180–181
   capacidade para recusar, 215–217
   desafios à, 180–182
   justificativa para, 171–173
   percepções do público, 183–186
   questões, 171
defesa Twinkie, 193–194
déficits cognitivos e psicopatia, 104–105
déficits de aprendizagem e psicopatia, 104–105
déficits neuropsiocológicos, psicopatas, 105–106
delinquência juvenil, 56–57, 273–296
   diferenças étnicas e raciais, 281–282
   e antecedentes familiares, 281–284
   e companheiros delinquentes, 281–284
   e escolas, 281–282
   e gangues, 281–284
   e nível socioeconômico, 283–284
   eficácia do tratamento, 286–288
   fatores de proteção, 282–285
   fatores de risco, 281–283
   tratamento, 286–289
   uso do termo, 278–279
   visão geral, 278–283
delírios, 171, 174, 223–224
   ameaça/controle e domínio, 241–242
depressão
   e violência doméstica, 251–257
   veja também transtorno bipolar
depressão e esquizofrenia paranoide, 326–327

depressão maníaca *veja* transtorno bipolar
desamparo aprendido, 84–85
desenvolvimento infantil e conflito conjugal, 311–314
desinstitucionalização e restrição civil
    ambulatorial, 229–230
desistentes, 283–285
desvio sexual, medida falométrica, 144
deveres
    legais, 322
    violação, 27–29, 322–323
deveres legais, 322
devido processo, jovens, 274, 276–277
diferenças de gênero
    agressores, 56–57
    agressores sexuais juvenis, 285–286
    perpetração de violência doméstica, 247, 266–268
    psicopatas, 108–110
diferenças étnicas e raciais
    coerção, 235–236
    delinquência juvenil, 281–282
    psicopatia, 109–111
    violência doméstica, 254–255
diferenças transculturais e psicopatia, 109–111
    veja também diferenças étnicas
direito civil
    âmbito da prática, 321–322
    casos de danos pessoais no, 321–342
    discriminação no, 321–342
    e psicologia forense, 26–29
    prática forense, 26–27
direito criminal
    e psicologia forense, 26–28
    prática forense, 26–27
Direito e Comportamento Humano (periódico), 26–27
direito estatutário, 31–32
direito inglês, 175
direitos civis, 122
direitos de capacidade, e pena de morte, 214–215

direitos Miranda, 289–290
    capacidade para dispensar, 214–217
diretivas prévias, saúde mental, 237–239
diretrizes éticas para psicólogos forenses, 79–80
diretrizes profissionais, avaliações de
    guarda dos filhos, 301–304
discriminação
    emprego, 321, 338–340
    no direito civil, 321–342
discriminação no emprego, 321, 338–340
distorções cognitivas
    agressores sexuais, 147–148
    eliminação, 58–59
    medidas, 147–148
Distrito de Columbia (DC) (EUA), 164–165, 176–178
divórcio
    efeitos nos filhos, 311–313
    índices, 298
    resultados positivos, 313–315
    reuniões para guarda dos filhos, 303–305
doença mental
    avaliação, 46–47, 49–51: retrospectiva, 176–177
    definição legal, 225–226
    e absolvições por inimputabilidade, 184–185
    e inimputabilidade comparada, 173
    e periculosidade, 185–187
    e restrição civil, 225–227
    e violência, 227–228
    infratores, 56–59
    parcialidade em retrospectiva, 225–227
    prevalência, 57–59
    prisioneiros, 57–58
    questões de definição, 174–175
    uso do termo, 225–226
    veja também inimputabilidade
Donaldson, O'Connor vs. (1975), 121, 122, 223–224
dor crônica
    compensação, 335–336

    em casos de danos pessoais, 333–336
doutrina dos anos tenros, 299
DSM-IV TR *veja Manual Diagnóstico e Estatístico dos Trantornos Mentais-IV*
    Texto Revisado (DSM-IV TR)
duplo risco, 164–165
Durham vs. *Estados Unidos* (1954), 176–178
Dusky vs. *Estados Unidos* (1960), 200–201

EARL (Lista de Avaliação Precoce de Risco), 291–292
ECST-R (Avaliação de Capacidade para se Submeter
    a Julgamento – Revisada), 206–207
educação e treinamento
    em psicologia forense, 34–39
    veja também programas de doutorado; programas de graduação conjunta; treinamento forense
efeito "pistoleiro de aluguel", 73–74, 76–77
efeitos discriminatórios, 339–340
emoções
    e psicopatas, 103–105
    simuladas, 104–105
emoções fraudulentas, 104–105
empatia com a vítima, agressores sexuais, 147–148
entendimento, falta de, 178–179
entrevista em avaliação forense, 45–48
Entrevista Estruturada para Sintomas Relatados (SIRS), 46–47, 191–192
    aplicações, 53, 326–327
entrevistas
    não estruturadas, 45–48
    semiestruturadas, 46–47
    veja também entrevistas clínicas; entrevistas estruturadas
entrevistas clínicas
    detecção de simulação, 53
    não estruturadas, 45–48
    procedimentos, 45–46
    semiestruturadas, 46–47

veja também entrevistas estruturadas
entrevistas estruturadas, 46–48
para transtorno de estresse pós-traumático, 47–48
entrevistas não estruturadas, 45–48
entrevistas semiestruturadas, 46–47
errado *vs.* certo, 175
Escala da Tática de Conflito (CTS), 247–250
aplicações, 250–251
Escala de Avaliação do Perigo, 261–262
Escala de Coma de Glasgow (GCS), 331–332
Escala de Capacidade Comunitária (EACS), 218–219
Escala de Psicopatia Infantil (CPS), 111–112
Escala de Tática de Conflito-2 (CTS2), 247–249
Escala de TEPT Administrada pelo Clínico (CAPS), 330
Escala Wechsler de Inteligência para Adultos-Revisada (WAIS-R), 202–203, 306–308
Escala Wechsler de Inteligência para Adultos-IV (WAIS-IV), 50–51
Escala Wechsler de Memória (WMS), 331–333
Escala Wechsler de Memória-Revisada (WMS-R), 331–333
Escalas de Ackerman-Schoendorf para Avaliação dos Pais para Custódia (ASPECT), 307–308
Escalas de Rogers para Avaliação de Responsabilidade Criminal (R-CRAS), 50–51, 190–191
Escalas Perceptuais de Bricklin (BPS), 307–308
Escalas Wechsler de inteligência, utilização, 51–52
Escócia, psicopatia na, 110–111
escola de graduação, 34–35
escolas e delinquência juvenil, 281–282

Escritório Federal de Investigação (FBI) (EUA), Centro Nacional para Análise de Crimes Violentos, 293–294
espancadores, tipologia, 265–266
espancamento e violência doméstica comparada, 269–270
especialização, em psicologia forense, 37–38
esquizofrenia, 55–56, 230–231
e violência, 241–242
estado, responsabilidades do, 221–222
estado mental e inimputabilidade, 173
estado mental no momento do delito (MSO), 173
Estado vs. Motorista (1921), 25–26
Estado vs. Pike (1869), 176–177
Estados Unidos (EUA)
agressores sexuais jovens, 157–158
clero como agressor sexual, 160–162
cortes juvenis, 273, 276–277
justiça juvenil *vs.* adulta sistemas, 277
padrões de capacidade, 200–201
padrões de inimputabilidade, 175–182
psicologia forense, 25–27
psicopatia nos, 110–111
reformas da lei de saúde mental, 23
registro de agressores sexuais, 162–163
restrição civil ambulatorial, 229–231
sistema judiciário, 29–30
sistema legal, 29–32
testemunho pericial, 66, 87–88
Estados Unidos, Durham vs. (1954), 176–178
Estados Unidos, Dusky vs. (1960), 200–201
Estados Unidos, Frendak vs. (1979), 215–217
Estados Unidos, Frye vs. (1923), 68

Estados Unidos, Jenkins vs. (1962), 25–26, 67–68, 87–88, 120
Estados Unidos, Kent vs. (1966), 276, 288–289
Estados Unidos, McDonald vs. (1962), 177–178
Estados Unidos, Sell vs. (2003), 211–212, 236–238
Estados Unidos vs. *Brawner* (1972), 177–179
Estático-115, 127–128, 150–151
aplicações, 151, 153–154
itens, 152
Estelle, Barefoot vs. (1983), 120–122
estímulos fisiológicos e psicopatas, 105–106
estratégias de enfrentamento, 58–59
estresse
agudo, 329
veja também transtorno de estresse pós-traumático (TEPT)
estressores e bem-estar psicológico, 57–58
Estudo de Avaliação de Risco MacArthur, 127–128, 138–139
estudos de júris simulados, avaliação dos padrões
de insanidade, 181–184
estupradores, 143–144
avaliação falométrica, 146–147
como psicopatas, 100–102
jovens, 284–285
metanálises, 146–147
reincidência, 148–150
ética
e consultoria forense, 61–62
e peritos, 78–83
Europa, psicopatia na, 110–111
evidência científica
admissibilidade, 71–72
confiabilidade, 69–71
relevância, 69
validade, 70
evidência de caráter, 86
evidência de síndrome
e âmbito da prática, 87–88
e capacidade, 87–88
e testemunho pericial, 83–88
questões, 83–88

evidência substantiva, 86
evidências
  caráter, 86
  consequências prejudiciais das, 68–69
  substantivas, 86
  valor probativo das, 68–69
  veja também evidência científica; evidência de síndrome
exames cruzados, de testemunhas peritos, 71–73
examinandos
  aprendizagem de lições, 54–55
  ganhos secundários, 53
  veja também relação avaliador-examinando
execução, capacidade para, 214–215
exibicionistas, 143–144
experimentação, 33–34
famílias, na psicologia forense, 245–272
fantasias sexuais, medidas, 147–148
farmacoterapia, agressores sexuais, 156–157
fatores de proteção, 132–136
  delinquência juvenil, 282–285
  fontes de, 282–283
fatores de risco, 132–136, 138–140
  agressores sexuais, 148–149
  características, 134–135
  delinquência juvenil, 177–179
  dinâmicos, 132–135
  estáticos, 132–133
  reincidência sexual, 148–150
  violência doméstica, 252–259
  violência juvenil, 234–231
fatores de risco dinâmicos, 132–135
fatores de risco estáticos, 132–133
FBI (Escritório Federal de Investigação) (EUA), 293–294
femicídio, prevalência, 257–259
filhos
  como bens, 298
  crimes violentos, 273
  e a lei comum, 298
  efeitos da guarda infantil nos, 311–315
  efeitos do divórcio nos, 311–313
  na psicologia forense, 247–318
  psicopatia, 110–112
  veja também adolescentes; jovens
FIT (Fitness Interview Test), 204–205
Fitness Interview Test (FIT), 204–205
Fitness Interview Test-Revised (FIT-R), 204–205
FIT-R (Fitness Interview Test-Revised), 204–205
Flórida (EUA), 159, 160–161, 223–224, 277–278
  leis sobre capacidade, 289–290
fMRI (imagens por ressonância magnética funcional), 106–107
Ford vs. *Wainwright* (1986), 214–215
forense
  origem do termo, 23
  uso do termo, 23
FRE (Regras Federais de Evidências) (EUA), 70, 71, 75–76
Frendak vs. *Estados Unidos* (1979), 215–217
frotteuristas, 144
Frye vs. *Estados Unidos* (1923), 68

Gabinete de Estatísticas da Justiça (EUA), 251–252
gangues e delinquência juvenil, 281–284
ganhos secundários
  em avaliação forense, 51–53
  examinandos, 53
Garota interrompida (filme), 109–110
Gault, In re (1967), 276–277
GBMI *veja* culpado mas mentalmente doente (GBMI)
GCCT-MSH (Teste de Capacidade da Corte da Geórgia Hospital Estadual do Mississipi), 204–205
GCS (Escala de Coma de Glasgow), 331–332

General Electric Company vs. *Joiner* (1997), 71–72
gerenciamento
  agressores sexuais, 153–157
  de conduta inadequada, 58–59
  objetivos, 58–59
  veja também gerenciamento de risco
gerenciamento do risco
  e avaliação de risco, 133–135
  objetivos, 134–135
  violência doméstica, 259–260
Goodfellow, Banks vs. (1870), 217–218
gravidez e violência doméstica, 257–258
grupos especiais
  e agressores sexuais, 156–157, 161–162
  e psicopatia, 107–108, 111–112
guarda compartilhada, 299, 313–314
guarda dividida, 298–299
guarda dos filhos, 297–318
  compartilhada, 299, 313–314
  diretrizes profissionais, 301–304
  dividida, 298–299
  e abuso infantil, 314–317
  e psicologia forense, 297–298
  efeitos nos filhos, 311–315
  física, 299
  história legal, 298–301
  legal, 299
  leis, 301–304
  padrões legais, 299–301
  pais homossexuais, 300–301
  parcial, 298
  preferência biológica, 300–301
  preferência pelo genitor heterossexual, 300–301
  preferências, 299–301
  pressupostos, 298–301
  resultados positivos pós-divórcio, 313–315
  tipos de, 298–299, 313–314
  única, 298, 313–314
  veja também padrão de melhor interesse da criança (BICS)
guarda e capacidade, 218–219
guarda física, 299

guarda parcial, 298
guardião, uso do termo, 71
Guia de Avaliação de Risco de Violência (VRAG), 151, 153–154
Guia de Avaliação de Risco de Violência Doméstica, 127–128
Guia de Avaliação do Risco de Violência Sexual (SORAG), 150–151
   aplicações, 151, 153–154
   itens, 152

habilidades funcionais, 205–207
Havaí (EUA), 188–189
HCR-39, 129–132
   escala Clínica, 133–134
   escala de Risco, 133–134
   escala Histórica, 132–133
   itens, 129–132, 136–138
Hendricks, Kansas vs. (1997), 122
hispânicos, violência doméstica, 254–255
história legal, guarda dos filhos, 298, 300–301
Histórico/Clínico/Manejo do Risco-20 *veja* HCR-39
homens
   agressores sexuais juvenis, 285–286
   como perpetradores de violência doméstica, 247
   veja também mulheres; diferenças de gênero
homicídio
   e absolvições de insanidade, 185–186
   e violência doméstica, 257–259
Homosassa (Flórida, EUA), 141–142
honorários de contingência, 82–83
hospitais psiquiátricos, 223
hospitalização involuntária, 221–222, 233–234
   veja também restrição civil
hospitalização voluntária, 233–234
   e restrição civil ambulatorial comparada, 231–234

hospitalizações
   acusados incapazes, 210–211
   atitudes em relação a, 234–235
   involuntárias, 221–222, 233–234
   veja também hospitalização voluntária
hostilidade e violência doméstica, 255–256
Humphrey vs. *Cady* (1972), 223–224

IAFs *veja* instrumentos de avaliação forense (IAFs)
ICT (Árvore de Classificação Interativa), 127–128
Idaho (US) e defesa de inimputabilidade, 180–181
identificação de testemunhas, estudos iniciais, 24
IDRA *veja* Lei de Reforma da Defesa de Inimputabilidade (IDRA) (1984) (EUA)
igreja católica, políticas, 62–63
Illinois Law Review, 67
imagens por ressonância magnética funcional (fMRI), 106–107
in absentia, 199–201
in re gault (1967), 276–277
incapacidade da mente, 182–183
incapacidade grave, uso do termo, 227–228
incapacidades
   de fato, 336–337
   graves, 227–228
   legais, 336–337
   sociais, 336–337
incêndio criminoso, jovens, 281–282
incentivos financeiros e credibilidade do testemunho do perito, 76–77
indenização compensatória, 323–324
indenização dos trabalhadores, 337–339
indenização financeira, 323
indenizações
   compensatórias, 323–324
   econômicas, 323

   excessivas, 323–324
   não econômicas, 323
   punitivas, 323–324
indenizações financeiras, 323
Independent Living Scales, 240–241
Indiana, Jackson vs. (1972), 201–203, 209–210
Índice de Estresse Parental (PSI), 307–308
índices de base de violência, 136–138
informações de arquivo
   em avaliação forense, 51–53
   necessidade de, 51–52
   tipos de, 51–52
informações de terceiros, 51–52
infrações juvenis, 275, 278–283
infratores criminais, tratamento forense, 41
infratores juvenis
   desistentes, 283–285
   em cortes de adultos, 280–281
   persistentes, 283–285
   redução da idade, 280–281
infratores predispostos intergeracionalmente, 160–161
infratores violentos, 56–57
inibidores da recaptação de serotonina (SSRIs), 156–157
inimputabilidade
   concepções errôneas, 183–187
   definição, 119
   e capacidade comparada, 173, 199, 221–222
   e doença mental comparada, 173
   e estado mental, 173
   e responsabilidade criminal, 171–196
   e restrição civil comparada, 221–222
   índices de alegações, 183–185
   testemunho psicológico sobre, 25–26, 31–32
   uso do termo, 173
   veja também doença mental; inocente por motivo de inimputabilidade (NGRI)

inocente por motivo de inimputabilidade (NGRI), 171–172, 178–186, 188–189
  decisões, 189–190
  e restrição civil, 221–222
insatisfação conjugal e violência doméstica, 256–257
Instituto Psicopático Juvenil de Chicago, 24–26
instruções judiciais, 72–74
Instrumento de Avaliação de Capacidade para Adjudicação criminal de MacArthur (MacCAT-CA), 204–206
Instrumento de Avaliação de Capacidade para se Submeter a Julgamento (CAI), 203–205
Instrumento de Avaliação de Capacidade para Tratamento de MacArthur
  (MacCAT-T), 217–218, 237–238, 240–241
instrumentos de avaliação de risco, agressores
  sexuais, 150–154
Instrumento de Rastreamento de Agressores Sexuais
  de Minnesota-Revisado, 127–128
instrumentos forensemente especializados
  definição, 50–51
  vantagens, 50–51
instrumentos forenses relevantes
  definição, 50–51
  vantagens, 50–51
instrumentos para avaliação forense (IAFs), 50–51, 189–192
  uso, 51–52
  veja também instrumentos forensemente relevantes; instrumentos forenses especializados
internação de jovens, 277–278
intervenções de justiça criminal,
  violência doméstica, 264–267
intoxicação, 191–194
Inventário Clínico Multiaxial de Millon-III (MCMI-III), 49
  aplicações, 306–307

Inventário de Abuso Infantil Potencial (CAP), 307–308
Inventário de Depressão de Beck-II (BDI-II), 334–335
  confiabilidade, 43
  validade, 43
Inventário de Fantasias Sexuais de Wilson, 147–148
Inventário de Sintomas-90-Revisado, 334–335
Inventário Multifásico de Personalidade de Minnesota-II
  aplicações, 50–51, 306–307, 334–336
  em avaliações de danos pessoais, 326–327
  escalas de validade, 53
  (MMPI-II), 49, 80–81, 191–192, 202–203
  utilização, 51–52

Jackson vs. *Indiana* (1972), 201–203, 209–210
Janesboro (Arkansas, EUA), 291–292
jargão, 54–55
  esquiva, 54–55
  veja também jargão clínico
jargão clínico,
  definições, 55–56
  desvantagens, 54–55
Jenkins vs. *Estados Unidos* (1962), 25–26, 67–68, 87–88, 120
John Jay College (Nova York), 161–162
Joiner, General Electric Company vs. (1997), 71–72
jovens
  assalto, 280–281
  avaliação de ameaça, 290–292
  capacidade para se submeter a julgamento, 289–290
  comportamento antissocial, 111–112
  crimes contra a propriedade, 280–282
  devido processo, 274, 276–277
  e pena de morte, 27–28
  estupradores, 284–285
  incêndio criminoso, 281–282

  jurisprudência terapêutica, 275–276
  molestadores de crianças, 284–285
  ofensas de *status*, 275, 280–281
  punição, 275, 277
  questões especiais, 291–295
  reabilitação, 274–277
  receptividade ao tratamento, 290–292
  reincidência, 281–282, 288–289
  roubo, 280–282
  Terapia Multifásica, 287–289
  uso do termo, 273
jovens *veja* adolescentes; juvenis
JT *veja* jurisprudência terapêutica (JT)
julgamento clínico, precisão pesquisa, 125–127
Julgamento Clínico Atuarial Estruturado, 151, 153
julgamentos profissionais estruturados (SPJs), 129–132
  eficácia, 130–132
junk science, 69
Juris Doctorates (JDs), 35–36
jurisdições, 29–31
jurisprudência, 31–32
jurisprudência terapêutica (JT), 39, 87–88, 112–113, 197
  campo de estudo, 32–33
  definição, 32–33
  e avaliação do risco de violência, 120
  e violência doméstica, 247, 264–266
  jovens, 275–276
  confidencialidade, 81–82
justiça
  juvenil, 273–296
  procedimental, 235–236
justiça dos procedimentos, 235–236
justiça juvenil, 273, 89

Kansas (EUA), e defesa de inimputabilidade, 180–181
Kansas vs. *Crane* (2002), 122
Kansas vs. *Hendricks* (1997), 122
Kent vs. *Estados Unidos* (1966), 276, 288–289

KKK (Ku Klux Klan), 214–215
Ku Klux Klan (KKK), 214–215
Kumho Tire Co. vs. *Carmichael* (1999), 71–72

Lake vs. *Cameron* (1966), 223
latinos, violência doméstica, 254–255
Legislação, 31–32
legislação, agressores sexuais, 161–167
legislaturas, 31–32
lei
  caso, 31–32
  comum inglesa, 173–174, 199
  conflitos, 33–35
  definitiva, 33–34
  e psicologia, 31–35, 39
  estatutária, 31–32
  ex post facto, 164–165
  inglesa, 175
  veja também direito civil; *common law*,
    direito criminal; leis de saúde mental
Lei de Kendra (1999), 229–231
Lei de Megan (1996), 162–163
Lei de Proteção e Segurança Infantil de Adam
  Walsh (2006), 165–166
Lei de Reforma da Defesa de Inimputabilidade (IDRA) (1984)
  (EUA), 75–76, 178–183
  provisões, 179–180
Lei dos Direitos Civis (1964) (EUA), 338–340
Lei e ordem (programa de TV), 171–172, 211–212, *212–213*
Lei Jacob Wetterling (1994), 162–163
Lei Jessica Lunsford (2005), 141–142
Lei Uniforme de Divórcio e Casamento (1979) (EUA), 299, 301–302
Lei Uniforme de Jurisdição de Custódia Infantil (1969) (EUA), 301–302
leis de notificação, agressores sexuais, 162–164

leis de residência, agressores sexuais, 163–164
leis de saúde mental
  e psicologia forense, 169–243
  reformas, 23
leis *ex post facto*, 164–165
Lessard vs. *Schmidt* (1972), 223
levantamentos da prática clínica, avaliações
  de guarda infantil, 305–309
liberação condicional, 230–233
Liebeck vs. *Restaurantes McDonald's* (1994), 323–324
Lista de Avaliação Precoce de Risco (EARL), 291–292
LLBs (Bacharel em Direito), 35–36
LNNB (Bateria Neuropsicológica Luria-Nebraska), 50–51
Los Angeles (Califórnia, EUA), 192–193, 268–269

MacArthur Admission Experience Interview, 234–235
MacArthur Foundation Research Network, 204–205
MacCAT-CA (Instrumento de Avaliação de Capacidade para Adjudicação Criminal de MacArthur), 204–206
MacCAT-T (Instrumento de Avaliação de Capacidade para Tratamento de MacArthur), 217–218, 237–238, 240–241
MacSAD-CD (Avaliação Estruturada das Capacidades de Réus Criminais de MacArthur), 204–206
Maine (EUA), 177–178
Manual de Diagnóstico e Estatístico dos Transtornos Mentais-IV Texto
  doença mental, 225–226
  parafilia, 141–144
  Revisado (DSM-IV TR), 96–97
  simulação, 325–326
  transtorno de estresse pós-traumático (TEPT), 251–252
manutenção, objetivos, 58–59
Martin, Schall vs. (1984), 120–121
McDonald vs. *Estados Unidos* (1962), 177–178

MCMI-III *veja* Inventário Clínico Multiaxial de
  Millon-III (MMCI-III)
McQuillan, People vs. (1974), 179–180
mediação e avaliações de guarda dos filhos, 310–311, 314–315
medicamentos psicoterápicos, 57–58
memória de longo prazo, prejuízo, 50–51
mens rea, 26–28, 171–172, 193–194
  definição, 119
  negação, 191–192
mentalmente doente
  criminalização, 57–58
  hospitalizações involuntárias, 221–222
Merrell Dow, Daubert vs. (1993), 30–31, 69–72, 87–88, 333–334
metanálises
  acordos de guarda dos filhos, 313–314
  agressores sexuais, 149–151, 154–156
  definição, 66
  estudos transculturais, 109–111
  estupradores, 146–147
  programas de intervenção juvenil, 287–288
  psicopatia, 113–114; e comportamento criminal, 98–100
  reabilitação de infratores, 59–60
  testemunho do perito, 66
  tratamento da psicopatia, 106–108
  tratamento da violência doméstica, 261–263
Michigan (EUA), 179–180
  absolvições por inimputabilidade, 186–187
Minnesota (EUA), 162–163
  leis para predadores sexualmente violentos, 165–166
Minority report (filme), 164–165
Miranda vs. *Arizona* (1966), 214–215
mitos
  inimputabilidade, 183–187
  tiroteios em escolas, 293–294

mitos sobre inimputabilidade, 183–187
MMPI-II *veja* Inventário de Personalidade Multifásico de Minnesota-II (MMPI-II)
modelo de dois fatores, 95–97, 111–112
Modelo Duluth, 260–261, 261–262
modelos feministas, violência doméstica, 260–261, 261–262
molestadores de crianças, 141–142
   avaliação falométrica, 146–147
   como psicopatas, 100–102
   diagnósticos, 143–144
   e pedofilia, 146–147
   extrafamiliares, 149–150
   intrafamiliares, 149–150
   juvenis, 284–285
   padres da igreja católica, 161–162
   prevenção de recaída, 156–157
   reincidência, 148–150
   tipos de, 149–150
   uso do termo, 143–144
Montana (EUA), defesa de inimputabilidade, 180–181
Motorista, Estado vs. (1921), 25–26
MSbP (Síndrome de Munchausen por Procuração), 86–88
MSE (Avaliação do Estado Mental no Momento do Delito), 189–191
MSO (estado mental no momento do delito), 173
MST *veja* Terapia Multifásica (MST)
mulheres
   agressoras sexuais juvenis, 285–286
   como perpetradoras de violência doméstica, 247, 266–268
   crime juvenil, 280–281
   e psicopatia, 108–110, 130–131
   reincidência, 108–109
   veja também síndrome da mulher espancada (SME); diferenças de gênero; homens

mulheres agressoras sexuais coagidas por homens, 160–161
My sister Sam (programa de TV), 268–269

não responsável por motivo de inimputabilidade (NRRI), 171–172
Nebraska (EUA), leis sobre perseguição, 267–268
Nebraska, Universidade de, 35–36
necessidades criminogênicas
   definição, 60–61
   e recidiva, 60–61
negação, agressores sexuais, 155–156
negligência, 27–29, 322–323
Nevada (EUA) e defesa de inimputabilidade, 180–181
New Hampshire (EUA), 162–163
NGRI *veja* inocente por motivo de inimputabilidade (NGRI)
nível socioeconômico, (SES), 257–258
   e delinquência juvenil, 283–284
   e violência doméstica, 254–255
notoriedade e credibilidade do testemunho do perito, 77–78
Nova Jersey (EUA), 162–163
Nova York (EUA), 120–121, 186–187, 215–217
NRRI (não responsável por motivo de inimputabilidade), 171–172

O'Connor vs. *Donaldson* (1975), 121–224
ODARA (Avaliação de Risco de Agressão Doméstica de Ontário), 259–260
ofensas
   juvenis, 175–179, 275
   sexuais anteriores, 148–150
   status, 275, 280–281
ofensas de *status*, jovens, 275, 280–281
ônus da prova, 178–179
ordem de restrição, 265–267

organizações profissionais em psicologia forense, 25–27

pacientes psiquiátricos
   avaliação, 239–240
   tratamento, 239–240
pacientes psiquiátricos civis, violência em, 101–102
padrão ALI, 177–179, 181–183, 190–191
   críticas, 178–179
padrão de melhor interesse da criança (BICS)
   críticas, 301–302
   pesquisa, 300–301
   princípios, 299–300
padrão de prova, 178–180
padrão Frye, 68–69, 71, 88
   críticas, 69
padrão *M'Naghten*, 174–179, 181–183, 190–191
   críticas, 175
padres da igreja católica
   agressores sexuais, 160–162
   molestadores de crianças, 161–162
padrões
   capacidade, 200–201
   guarda dos filhos, 299–301
   veja também padrão ALI; padrão do melhor interesse da criança (BICS); padrão Frye; padrões de inimputabilidade; padrão *M'Naghten*
padrões de inimputabilidade, 173–182
   antecedentes históricos, 173–178
   avaliação, estudos com júri simulado, 181–184
   cronologia, 181–182
padrões legais, guarda dos filhos, 299–301
Paducah (Kentuky, EUA), 291–292
pais homossexuais e guarda dos filhos, 300–301
países com direito comum, 31–32
países da Comunidade Britânica, sistema adversarial, 33–34

parafilia SOE (sem outra especificação), 143-144
parafilias
　definição, 141-144
　tipos de, 143-144
parceiros íntimos
　e perseguidores, 268-270
　violência doméstica, avaliação, 250-253
parcialidade
　e avaliação de guarda dos filhos, 297
　e credibilidade do testemunho do perito, 75-76-78-79
　em casos de inimputalidade, 188-189
　falta de reconhecimento de, 78-79
　percebida, 76-77
　retrospectiva, 225-227
parens patriae, 275
　e restrição civil, 221-224
Parent Awareness Skills Survey (BPSS), 307-308
PAS (Síndrome da Alienação Parental), 315-317
PCL (*Psychopathy Checklist*), 93
PCL:SV (*Psychopathy Checklist: Screening Version*), 93
PCL-R *veja Psychopathy Checklist – Revised* (PCL-R)
PCL:YV (*Psychopathy Checklist: Youth Version*), 93, 111-112
pedofilia
　diagnóstico, 143-144
　molestadores de crianças, 146-147
　uso do termo, 143-144
pena de morte, 120, 121
　e direitos de capacidade, 214-215
　e os jovens, 27-28
　e retardo mental, 27-28, 50-51
　limitações da eligibilidade, 112-114
Penetanguishene (Ontario, Canadá), 126-127, 131-132
Percepção do Relacionamento (PORT), 307-308
Percepção Paterna do Filho (PPCP), 307-308

perfil criminal, 23
perfil étnico, 83-84
perfis
　psicológicos, 22
　questões, 83-88
　uso do termo, 83-84
periculosidade
　absolvições por inimputabilidade, 186-187
　e doença mental, 185-187
　e restrição civil, 117, 223-224, 226-228
　futura, 121-124
　predições, 123-125, 133-134, 221-222
　uso do termo, 124-125
perigo para os outros, 226-227
　avaliação, 240-242
perigo para si mesmo, 226-228
　avaliação, 239-241
peritos
　combinações financeiras, 81-83
　competência, 79-81
　confiabilidade dos, 177-178
　critérios de seleção, 76-77
　e ética, 78-83
　locais *vs.* nacionais
　papéis, 65-88
　relações múltiplas, 82-83
　veja também peritos opositores
peritos oponentes, 72-73
　e consultoria forense, 62-63
perseguição, 247, 267-271
　comportamentos, 269-271
　prevalência, 267-268
　questões de definição, 267-268
perseguidores
　e parceiros íntimos, 268-270
　erotomaníacos, 267-269
　obsessivos, 268-269
　tipos de, 268-270
persistentes, 283-285
perspectiva do examinando
　na avaliação forense, 44-45
　na avaliação terapêutica, 44-45
pesquisa, 33-34
　psicólogos e, 24

veja também pesquisa de avaliação de risco
pesquisas em avaliação de risco, 123-125
　primeira geração, 123-124
　segunda geração, 123-127
　terceira geração, 123-126
PhDs, em psicologia, 35-36
Pike, Estado vs. (1869), 176-177
Pinellas Park (Florida, EUA), 277-278
Playboy, 29-31
pletismógrafo peniano (PPG), 144-147
　procedimentos, 144-145
poder de polícia e restrição civil, 221-224
polígrafos, questões, 68
PORT (Percepção do Relacionamento), 307-308
Povo vs. *McQuillan* (1974), 179-180
PPCP (Percepção Paterna do Filho), 307-308
PPG *veja* pletismógrafo peniano (PPG)
prática, âmbito da *veja* âmbito da prática
prática forense
　áreas, 41
　em avaliações de guarda dos filhos, 303-311
　em causas de danos pessoais, 324-327
predadores sexuais, 141-142, 164-165
　veja também predadores sexualmente
　　violentos (SVPs)
predadores sexualmente violentos (SVPs)
　audiências para restrição civil, 83-84
　identificação, 164-165
　leis, 163-167
predições
　comportamento, 119
　periculosidade, 123, 133-134, 221-222
　veja também predições de violência

predições de violência, 119–121
  confiabilidadee, 122
  pesquisa, 123–125
  validade, 122
  veja também periculosidade
preferências sexuais, agressores sexuais do sexo masculino, 144–147
prevenção de recaída, agressores sexuais, 156–157
princípio da responsividade, 60–61
prisioneiros, doença mental, 57–58
prisões obrigatórias, 264–266
procedimentos criminais, capacidade em, 198–199
procedimentos legais e capacidade, 197
processos de apelação, 29–30
profissionais de saúde metal inescrupulosos, 76–77
programas de apoio, 266–267
programas de doutorado
  em psicologia, 34–36
  em psicologia forense, 34–37
programas de especialização, treinamento forense, 36–37
programas de graduação, em psicologia, 34–35
programas de graduação conjunta, 36–37
  desvantagens, 35–37
  treinamento forense, 35–37
programas de intervenção juvenil
  adolescentes, 273
  eficácia, 286–288
  metanálises, 287–288
programas de mestrado em psicologia, 34–35
programas de tratamento para agressores sexuais
  abandonos, 154–156
  componentes, 155–157
  críticas, 154–156
  eficácia, 153–156
programas especiais, objetivos, 58–60
programas gerais, treinamento forense, 36–38

programas para agressores
  de sucesso, 59–62
  eficácia, 59–60
  sem sucesso, 60–61
programas para pacientes ambulatoriais, 58–59
programas pós-doutorado, 35–38
prova
  ônus da, 178–179
  padrão de, 178–180
PSI (Índice de Estresse Parental), 307–308
psicologia
  aspectos criminais, 27–30
  cognitiva, 23–24
  do desenvolvimento, 23–24
  e direito, 31–35, 39: conflitos, 33–35
  e sistema legal, 23–24
  fisiológica, 23–24
  PhDs em, 35–36
  policial, 24
  probabilística, 33–34
  programas de doutorado em, 34–36
  programas de graduação em, 34–35
  programas de mestrado em, 34–35
  social, 23–24
  uso do termo, 119
  veja também psicologia clínica; psicologia penitenciária, psicologia forense
psicologia aconselhamento, programas, 36–37
psicologia clínica
  e sistema legal, 23–24
  programas, 36–37
psicologia clínica forense, 39
  desenvolvimento, 25–26
psicologia cognitiva, 23–24
psicologia correcional, 24
  e psicologia forense comparada, 56–57
psicologia do desenvolvimento, 23–24
psicologia forense
  aspectos criminais, 27–30
  campo de estudo, 21–23
  carreiras em, 31–32

  clínica, 25–26
  crianças na, 245–272
  definição, 23–24, 39
  desenvolvimento, 25–26
  e direito civil, 26–29
  e direito criminal, 26–28
  e guarda dos filhos, 297–298
  e leis de doença mental, 169–243
  e psicologia penitenciária comparada, 56–57
  e violência, 89–168
  educação e treinamento em, 34–39
  especialização em, 37–38
  estudos iniciais, 24–26
  famílias em, 245–318
  fundamentos, 19–88
  história, 24–27
  natureza do campo, 21
  organizações profissionais, 25–27
  origens, 23
  principais áreas da, 26–32
  programas de doutorado, 34–37
  questões civis, 319–342
  visão geral, 21–40
psicólogos
  aconselhamento, 24
  background educacional, 24
  clínicos, 24
  e pesquisa, 24
  e testemunhos de peritos, 25–26
  papéis, 22
  veja também psicólogos forenses
psicólogos conselheiros, 24
psicólogos forenses
  ambientes de trabalho, 31–32
  caminhos para se tornar, 34–39
  como avaliadores de políticas, 31–32
  como testemunhas peritas, 62–63, 65–66
  críticas, 205–206
  diretrizes éticas, 79–80
  e avaliação de doença mental, 176–177
  e avaliações de capacidade, 208–209

e sistema adversarial, 65
papéis, 22–23, 31–32, 62–63:
em cortes juvenis, 274–275,
285–286-291–292
psicopatas
características, 91–97: de Cleckley, 92, 94
e emoções, 103–105
cérebros, 105–107
de sucesso, 97, 98
déficits neuropsicológicos, 105–106
diferenças no gênero, 108–110
e estímulos fisiológicos, 105–106
fatores etários, 99–100
sexuais, 112–113
uso do termo, 91–92
psicopatia, 91–115
adolescentes, 110–112
avaliação, 46–47
bases biológicas, 105–107
crianças, 110–112
diferenças étnicas, 109–111
diferenças transculturais, 109–111
e avaliação de risco, 98, 135–136
e comportamento criminal, 97–103
e déficits cognitivos, 104–105
e déficits de aprendizagem, 104–105
e grupos especiais, 107–112
e mulheres, 108–110, 130–131
e sentença capital, 112–115
e transtorno da personalidade antissocial comparado, 96–97
e violência, 97–103
e violência doméstica, 101–103
e violência instrumental, 99–101
e violência sexual, 100–102
generalização, 109–110
prevalência, 97, 108–109
primária, 95–97
questões afetivas, 102–105
questões de limites, 92
questões éticas, 112–115
questões interpessoais, 102–105

questões legais, 112–115
secundária, 95–97
tratamento, 106–108: metanálises, 106–108
uso do termo, 91
psicopatologia, fingimento, 53
psicoterapia
veja também terapia cognitivo-comportamental (TCC)
violência doméstica, 260–265
psiquiatras
background educacional, 24
forenses, 208–209
psiquiatras forenses e avaliações de capacidade, 208–209
psiquiatria forense
campo de estudo, 24
uso do termo, 24
Psychopathy Checklist (PCL), 93
Psycopathy Checklist: Screening Version (PCL:SV), 93
Psychopathy Checklist: Youth Version (PCL:YV), 93, 111–112
Psychopathy Checklist Revised (PCL-R), 46–47, 93–97, 102–103, 106–108, 114–115
crianças, 110–112
e diferenças transculturais, 110–111
escores de ponto de corte, 113–114
fator de dois modelos, 95–97, 111–112
itens, 94–96
limitações, 109–110
mulheres, 108–109
utilização, 51–52
Pullian vs. *Smith* (1998), 300–301
punição, jovens, 275, 277

QI (Quociente de Inteligência), 50–51
QoL (qualidade de vida), 233–234
qualidade de vida (QoL), 233–234
queixosos, 27–29
Questão de honra (filme), 211–212

questões afetivas, e psicopatia, 102–105
questões civis, psicologia forense, 319–342
questões de política e consulta forense, 62–63
questões de saúde mental e testemunho pericial, 67–68
questões éticas, psicopatia, 112–115
questões interpessoais e psicopatia, 102–105
questões legais, psicopatia, 112–115
Quociente de Inteligência (QI), 50–51

raiva e violência doméstica, 255–256
rapport, estabelecimento de, 44–48
R-CRAS (Escalas de Rogers para Avaliação da Responsabilidade Criminal), 50–51, 190–191
reabilitação
jovens, 274–277
veja também reabilitação de infratores
reabilitação de agressores
eficácia, 59–60, 153–154
grupos, 47–48
metanálises, 59–60
receptividade ao tratamento, jovens, 286–287
recuperação da capacidade, 55–56, 209–214
programas, 211–214
reforma dos atos ilícitos, 323–324
Regentes da Universidade da Califórnia, Tasaroff vs. (1976), 121, 122
registro de agressores sexuais, 162–164
regra de *Brawner*, 177–179, 181–182
críticas, 178–179
regra de *Durham*, 176–179, 181–182
questões, 177–178
regra do produto, 176–178, 181–182

Regras Federais de Evidência
(FRE) (EUA), 70, 71, 75–76
reincidência, 59–60
   absolvições por inimputabilidade, 186–187
   agressores sexuais, m144, 148–151
   agressores sexuais juvenis, 285–286
   e necessidades criminogênicas, 60–61
   estupradores, 148–150
   jovens, 281–282, 288–289
   molestadores de crianças, 148–150
   mulheres, 108–109
   violência doméstica, 258–261
   violência não sexual, 284–285
   veja também reincidência sexual
reincidência sexual, 100–101
   fatores de risco, 148–150
   fatores etários, 149–150
   índices, 149–150
Reino Unido (UK)
   agressores sexuais jovens, 157–158
   padrões de inimputabilidade, 173–177
   psicopatia no, 110–111
relação avaliador-examinando
   na avaliação forense, 44–45
   na avaliação terapêutica, 44–45
relação terapeuta-cliente, relacionamentos e violência doméstica, 256–258
relações extraforenses e credibilidade do testemunho do perito, 76–77
relações múltiplas, peritos, 82–83
relações pai-filho, 307–308
relações professor-aluno,
   agressoras sexuais do sexo feminino, 160–161
relatórios
   de inimputabilidade, 187–188
   formais, 53
   veja também relatórios escritos

relatórios escritos
   diretrizes, 53–55
   em avaliação forense, 53–55
relatórios forenses, escritos, 53–55
relevância de evidências científicas, 69
responsabilidade, 27–29
   diminuída, 191–194
   veja também responsabilidade criminal
responsabilidade criminal
   conceito de, 171
   e inimputabilidade, 171–196
   questões, 191–194
responsabilidade estrita, 323
Restaurantes McDonald's, Liebeck vs. (1994), 323–324
restrição
   emergência, 229–230
   preventiva, 230–231
   prolongada, 228–229
   veja também restrição civil; restrição civil ambulatorial
restrição civil, 230–231
restrição civil, 55–56, 221–243
   abolição, 123–124
   antecedentes históricos, 221–225
   audiências, 228–230
   coerção, 233–237
   critérios para, 224–229
   direitos de decisão de tratamento, 236–239
   direitos de recusa de tratamento, 236–239
   e capacidade comparada, 221–222
   e consentimento esclarecido, 221–222
   e doença mental, 225–227
   e inimputabilidade comparada, 221–222
   e necessidade de tratamento, 227–229
   e *parens patriae*, 221–224
   e periculosidade, 117, 223–224, 226–228
   e poder de polícia, 221–224
   emergência, 229–230
   jurisprudência, 224–225

   objetivos, 221–222
   ordenada pela corte, 228–229
   prática, 238–222
   procedimentos, 228–234
   prolongada, 228–229
   visão geral, 221–225
   veja também restrição civil ambulatorial
restrição civil ambulatorial, 229–233
   critérios, 229–231
   e desinstitucionalização, 229–230
   e hospitalização voluntária comparada, 231–234
   exame empírico da, 231–234
   questões, 230–233
   tipos de, 230–231
   tradicional, 230–231
restrição civil ambulatorial tradicional, 230–231
restrição civil preventiva, 230–231
restrição de emergência, 229–230
restrição prolongada, 228–229
retardo mental
   e pena de morte, 27–28, 50–51
   questões de definição, 50–51
Rex vs. *Arnold* (1724), 173
risco comunicação, 137–139
risco de suicídio, 134–135, 239–241
   avaliação, 240–241
risco de violência
   uso do termo, 124–125
   veja também avaliação do risco de violência
Risco de Violência Sexual-20 (SVR-20), 131–132
   aplicações, 150–151, 153–154
   itens, 152
roda do poder e do controle, 260–261, *261–262*
Roper vs. *Simmons* (2005), 27–28
roubo, jovens, 280–281
RRASOR (Avaliação Rápida de Risco de Reincidência de Agressão Sexual), 151, 153
Rússia, hospitais psiquiátricos, 223

sadismo sexual, 143–144
São Francisco (California, EUA), 183–184
SARA (Avaliação de Risco de Agressão Conjugal), 131–132, 259–260
saúde mental
  diretivas prévias, 237–239
  objetivos, 57–58
SAVRY (Avaliação Estruturada do Risco de Violência nos Jovens), 291–292
Schall vs. *Martin* (1984), 120–122
Scmidt, Lessard vs. (1972), 223
Seinfeld (programa de TV), 143–144
Sell vs. *Estados Unidos* (2003), 211–212, 236–238
sentença capital
  e psicopatia, 112–115
  veja também pena de morte
serial killers, 128–129, *129–130*, 130–131, 192–193
SES *veja* nível socioeconômico (SES)
Silêncio dos inocentes (filme), 21
Simmons, Roper vs. (2005), 27–28
simulação
  avaliação, 321
  detecção, 53
  e avaliações de capacidade, 206–207
  e inimputabilidade, 190–192
  e testes neuropsicológicos, 325–326
  e testes psicológicos, 325–326
  em casos de danos pessoais, 325–327
  traumatismo craniano, 331–334
Síndrome da Alienação Parental (PAS), 316-317
Síndrome da Mulher Espancada (SME), 33–35, 83–86, 130–131
  e autoestima, 254–255
  e violência doméstica, 253–254
Síndrome de Munchausen por Procuração (MSbP), 86–88
síndrome do abuso sexual infantil, 84–86

síndrome do trauma de estupro, 84–86
síndromes, 86, 315–317
  tipos de, 84–85
  uso do termo, 83–84
  veja também síndrome da mulher espancada (SME)
SIRS *veja* Entrevista Estruturada para Sintomas Relatados (SIRS)
sistema adversarial, 33–34
  e etnia, 79–80
  e os psicólogos forenses, 65
sistema legal
  auxílio, 65
  e ética, 79–80
  e psicologia, 23–24
  e psicologia clínica 23–24
  estrutura, 29–32
  objetivos, 57–58
  veja também sistema adversarial
sistemas de julgamento, 29–30
sistemas de justiça
  juvenil *vs.* adulto, 277
  veja também sistema legal
SME *veja* Síndrome da Mulher Espancada (SME)
Smith, Pulliam vs. (1998), 300–301
Sopranos, Os (série de TV), 107–108
SORAG *veja* Guia de Avaliação de Risco de Violência Sexual (SORAG)
SPECT (tomografia computadorizada por emissão de fóton único), 105–107
SPJs *veja* julgamentos profissionais estruturados (SPJs)
SSRIs (inibidor da recaptação de serotonina), 156–157
stare decisis, 33–34
Stickney, Wyatt vs. (1972), 236–237
Suécia, psicopatia na, 110–111
Suprema Corte da Califórnia, 193–194
Suprema Corte da Virgínia, 50–51
Suprema Corte de Michigan, 179–180

Suprema Corte do Arizona (EUA), 87–88
Suprema Corte do Canadá, 68
Suprema Corte dos Estados Unidos, 29–30, 50–51, 68
  admissibilidade de evidência científica, 71–72
  agressores sexuais, 141, 162–163
  decisões, 27–28, 30–31, 69–71–72
  defesa de inimputabilidade, 180–182, 185–186
  e avaliação do risco de violência, 120–124
  guarda dos filhos, 300–301
  justiça juvenil, 276–277
  limitações para elegibilidade à pena de morte, 112–114
  padrões de capacidade, 200–202, 214–215
  restrição civil, 223–225, 229–230, 236–238
Suprema Corte *veja* Suprema Corte dos Estados Unidos
SVPs *veja* predadores sexualmente violentos (SVPs)
SVR-20 *veja* Risco de Violência Sexual-20 (SVR-20)
Sybil (filme), 192–193

Talmud, 171
Tarasoff vs. *Regentes da Universidade da Califórnia* (1976), 121, 122
TAT *veja* Teste de Apercepção Temática (TAT)
Taxi driver (filme), 178–179
TCE *veja* traumatismo craniano (TCE)
TCC *veja* terapia cognitivo-comportamental (TCC)
TCO (ameaça/controle-domínio) delírios, 241–242
TEPT *veja* transtorno de estresse pós-traumático (TEPT)
terapia cognitiva, agressores sexuais, 155–156
terapia cognitivo-comportamental (TCC), 60–61
  agressores sexuais, 155–156
  violência doméstica, 260–263

terapia magnum, 106-107
Terapia Multifásica (MST)
  ensaios clínicos randomizados, 287-289
  juvenil, 287-289
  princípios, 287-288
  questões, 288-289
terapia para romper as defesas, 107-108
término do relacionamento e violência doméstica, 257-258
testadores, 217-218
testamentos, 29-31
  capacidade para executar, 217-219
teste da besta selvagem, 173-174, 181-183
Teste de Apercepção Infantil,
  aplicação, 306-308
Teste de Apercepção Temática (TAT), 49
  aplicações, 306-308
Teste de Capacidade da Corte da Geórgia Mississipi Versão Revisada (GCCT-MSH), 204-205
Teste de Memória Visual de Rey de 15 Itens para
  Detecção de Simulação, 331-334
Teste de Rorschach, 49
  aplicações, 306-307
  utilização, 51-52
Teste de Simulação de Problemas de Memória (TOMM), 53, 333-334
teste de Stroop, 104-105, 111-112
Teste de Trilhas A, 50-51
  utilização, 51-52
Teste de Trilhas B, 50-51
  utilização, 51-52
teste do impulso irresistível, 175-177, 182-183
testemunhas
  fato, 303-304
  treinamento, 325-326
  veja também testemunhos periciais
testemunhas de fato, 303-304
testemunho
  psicológico, 25-26, 31-32
  veja também testemunho do pericial; testemunho sobre a questão final
testemunho pericial, 61-62, 65-88
  críticas, 74-79: corrupção da ciência, 75-79; assumindo a sala do tribunal, 74-75; testemunho sobre a questão final, 74-76
  desafios ao, 71-74
  e evidência de síndrome, 83-88
  e questões de doença mental, 67-68
  e tomada de decisão dos jurados, 66
  limitações, 310-311
  metanálises, 66
testemunho psicológico sobre inimputabilidade, 25-26, 31-32
testemunho final sobre a questão, 74-76
  impactos, 75-76
  questões, 75-76
testemunhos periciais
  antecedentes históricos, 66-68
  credibilidade, fatores que afetam, 73-74
  exames transversais dos, 71-73
  psicólogos como, 25-26
  psicólogos forenses como, 62-63, 65-66
testes de inteligência, 50-51
  aplicações, 331-333
testes de personalidade, 50-51, 334-335
  objetivos, 47-49
  projetivos vs. objetivos, 47-49
  utilização, 51-52
  veja também testes projetivos de personalidade
testes de projetivos personalidade, 47-49
  desvantagens, 49
  utilização 51-52
  vantagens, 49
testes neuropsicológicos, 50-51
  e simulação, 325-326
  utilização, 51-52
testes objetivos de personalidade, 47-49
testes psicológicos, 54
  e capacidade, 80-81
  em avaliação forense, 47-52
  em avaliações de capacidade, 208-209
  em avaliações de guarda dos filhos, 304-309
  em simulação, 325-326
  questões, 306-307
  tipos de, 47-51
  utilização, 51-52
  veja também testes de personalidade
testosterona, redução, 156-157
Texas (EUA), 29-31, 121
  lei, 175
  leis para predadores sexualmente violentos, 164-165
tiroteios em escolas, 275, 291-295
  avaliação de ameaça, 293-295
  e perfil, 293-294
  mitos, 293-294
tomada de decisão dos jurados e testemunho pericial, 66
TOMM (Teste de Simulação de Problemas de Memória), 53, 333-334
tomografia computadorizada por emissão de fóton único (SPECT), 105-107
Tory Party (UK), 174
TPA *veja* transtorno da personalidade antissocial (TPA)
transmissão intergeracional da violência, 255-256
transtorno bipolar, 193-194
  e violência, 241-242
transtorno da personalidade antissocial (TPA), 57-58, 91-92, 114-115
  e psicopatia comparada, 96-97
  prevalência, 97
  uso do termo, 96-97
  veja também psicopatia
transtorno da personalidade *borderline*, 109-110

transtorno da personalidade dissocial
  uso do termo, 96–97
  veja também psicopatia
transtorno de estresse agudo, 329
transtorno de estresse pós--traumático
  avaliação, 330
  critérios diagnósticos, 329
  e violência doméstica, 251–252
  em casos de danos pessoais, 328–330
  entrevistas estruturadas, 47–48
  etiologia, 329–330
  fatores pós-trauma, 330
  relacionado a combates, 338–339
  relacionado ao trabalho, 337–339
  sintomas, 329
  (TEPT), 27–29, 34–35, 42
  treinamento, 325–327
transtorno de identidade dissociativo, 191–192, 192–193
transtornos da personalidade, 225–226, 334–335
  borderline, 109–110
  dissocial, 96–97
  veja também transtorno da personalidade
    antissocial (TPA); psicopatia
tratamento, 31–32
  agressores sexuais, 153–157
  capacidade para, 216–218
  delinquência juvenil, 286–289
  direitos de recusa, 236–239
  discriminatório, 339–340
  necessidade de, e internação civil, 227–229
  pacientes psiquiátricos, 239–240
  veja também terapia cognitivo--comportamental (TCC);
    infratores; programas de tratamento de
    Terapia Multifásica (MST); tratamento baseado na comunidade; tratamento forense;
    tratamento do agressor

tratamento baseado na comunidade, 58–59
  violência doméstica, 266–267
tratamento do agressor
  antecedentes históricos, 59–60
  tipos de, 58–60
  veja também programas de tratamento e agressores sexuais
tratamento forense, 41, 55–64
  infratores criminais, 41
  programas para infratores, 59–62
  sujeitos de, 56–59
  tipos de, 58–60
traumatismo craniano (TCE)
  avaliação, 331–332
  em casos de danos pessoais, 330–334
  gravidade, 331–332
  simulação, 331–333
treinamento
  testemunhas, 325–326
  transtorno de estresse pós--traumático (TEPT), 325–327
treinamento forense
  modelos, 35–38
  níveis de, 37–39
  programas de especialização, 36–37
  programas de graduação conjunta, 35–37
  programas gerais, 36–38

U. S. Department of Justice, estatísticas
  de crimes, 278–281
Unabomber, 215–217
  Manifesto, 216–217
União das Liberdades Civis Americana (ACLU), 223–224
Universidade da Califórnia-Berkeley (EUA), 216–217
Universidade de Harvard (EUA), 216–217
Universidade de Michigan (EUA), 216–217
Universidade Simon Frase (British Columbia, Canadá), 36–37

Universidade Tech da Virgínia (Virginia, EUA), 292–293
Utah (EUA) e defesa de inimputabilidade, 180–181

VA (Administração dos Veteranos), 338–339
validade
  avaliações de inimputabilidade, 188–190
  definição, 43
  evidência científica, 70
  na avaliação forense, 43–44
  predições de violência, 122
valor probatório das evidências, 68–69
Vara Distrital de Apelações, DC, 68
varas distritais, 29–30
veteranos de combate na guerra do Iraque,
  avaliações psicológicas, 338–339
veteranos de guerra
  avaliações psicológicas, 338–339
  entrevistas estruturadas, 47–48
violência
  avaliações clínicas de, 125–127
  características, 117–120
  como opção, 118–120
  definições, 117–118, 127–128, 136–137
  e dano físico, 118
  e doença mental, 227–228
  e psicologia forense, 89–168
  e psicopatia, 97, 102–103
  em pacientes psiquiátricos civis, 101–102
  emocional, 118
  fatores de risco, 240–242
  índices de base, 136–138
  medidas atuariais de, 126–129
  na escola, 275, 291–295
  prevalência, 119
  tendências futuras, 117
  transmissão intergeracional da, 255–256
  uso do termo, 117–118

veja também violência doméstica; violência instrumental; violência juvenil; violência não sexual; violência sexual
violência doméstica, 247–272
  amostras clínicas, 248–250
  amostras da comunidade, 248–250
  avaliação, 247–254
  avaliação de risco, 252–254, 258–261
  características psicológicas, 255–256
  consequências psicológicas, 251–253
  diferenças étnicas, 254–255
  e abuso comparado, 262–263, 266–267
  e abuso de substância, 255–257
  e abuso sexual, 257–258
  e autoestima, 252–253
  e depressão, 251–252, 256–257
  e gravidez, 257–258, 260–261
  e histórico familiar, 254–255, 257–258
  e homicídio, 257–259
  e hostilidade, 255–256
  e insatisfação conjugal, 256–257
  e jurisprudência terapêutica, 247, 264–266
  e nível socioeconômico, 253–255
  e psicopatia, 101–102, 103
  e raiva, 255–256
  e síndrome da mulher espancada, 251–253
  e término do relacionamento, 261–262
  e transtorno de estresse pós-traumático, 251–252
  entre parceiros íntimos, 250–251
  fatores contextuais, 256–257
  fatores de risco, 252–259
  fatores demográficos, 270–271
  fatores históricos, 253–254
  gerenciamento do risco, 259–260
  intervenções da justiça criminal, 264–267
  medidas, 127–128, 247–249, 252–253
  medidas, 258–261
  modelos feministas, 260–262
  perpetração, diferenças no gênero, 266–267
  perpetradores do sexo feminino, 266–267
  perpetradores do sexo masculino, 247
  prevalência, 247–253
  psicoterapia, 260–265
  questões de relacionamento, 256–257
  reincidência, 258–260
  terapia cognitivo-comportamental, 260–263
  tratamento, 260–267:
    baseado na comunidade, 264–265; educativo, 260–265; eficácia, 258–259, 261–263, 265–266
    psicológico, 260–265
    tipos de, 251–252
  veja também perseguição
violência em escolas, 275, 291–295
violência instrumental, 99–100
  e psicopatia, 99–101
violência juvenil, 274
  fatores de risco, 283–286
  não sexual, 283–285
  sexual, 284–286
  visão geral, 282–286
violência não sexual
  jovens, 283–285
  reincidência, 284–285
violência sexual
  e psicopatia, 100–102
  jovens, 180–182
  medidas, 127–128
  veja também violência não sexual
Virgínia (EUA)
  absolvições por inimputabilidade, 185–186
  leis para predadores sexualmente violentos, 164–165
Virgínia, Atkins vs. (2002), 27–28, 50–51
volição, 175, 178–180
voyeurs, 144
VRAG *veja* Guia de Avaliação de Risco de Violência (VRAG)

Wainwright, Ford vs. (1986), 214–215
WAIS-IV (Escala Wechsler de Inteligência para Adultos-IV), 50–51
WAIS-R (Escala Wechsler de Inteligência para Adultos – Revisada), 202–203, 306–308
Wallstreet (filme), 98
Washington (DC, EUA), 178–179
Washington (EUA)
  leis de notificação, 163–164
  leis para predadores sexualmente violentos, 165–166
West Nickel Mines Amish School (Pensilvânia, EUA), 292–293
WMS (Escala Wechsler de Memória), 331–333
WMS-R (Escala Wechsler de Memória-Revisada), 331–333
Woodsman, The (filme), 141–142
Wyatt vs. *Stickney* (1972), 236–237

Zinermon vs. *Burch* (1990), 233–234
zoofilia, 144